教育法治建设蓝皮书 2024

中国教育法治发展
研究报告

主　编　李　蓬
副主编　魏海深　郑　磊　车　骋

A RESEARCH REPORT ON
THE DEVELOPMENT OF CHINA'S
RULE OF LAW IN EDUCATION 2024

郑州大学出版社

图书在版编目(CIP)数据

中国教育法治发展研究报告. 2024 / 李蓬主编.
郑州：郑州大学出版社, 2024.12. --（教育法治建设蓝皮书）. -- ISBN 978-7-5773-0778-7

Ⅰ. D922.164

中国国家版本馆 CIP 数据核字第 20244XG410 号

中国教育法治发展研究报告　2024

ZHONGGUO JIAOYU FAZHI FAZHAN YANJIU BAOGAO　2024

策划编辑	王卫疆	封面设计	王　微
责任编辑	宋妍妍	版式设计	王　微
责任校对	樊建伟	责任监制	朱亚君

出版发行	郑州大学出版社	地　　址	郑州市大学路40号(450052)
出 版 人	卢纪富	网　　址	http://www.zzup.cn
经　　销	全国新华书店	发行电话	0371-66966070
印　　刷	河南瑞之光印刷股份有限公司		
开　　本	787 mm×1 092 mm　1 / 16		
印　　张	25	字　　数	602 千字
版　　次	2024 年 12 月第 1 版	印　　次	2024 年 12 月第 1 次印刷
书　　号	ISBN 978-7-5773-0778-7	定　　价	128.00 元

本书如有印装质量问题,请与本社联系调换。

郑州大学依法治校丛书编委会

主 任

别荣海 李 蓬

副主任

沈开举 魏海深 赵大鹏

编 委（以姓氏笔画为序）

万香波 王红建 车 骋 申新生
邢 昕 孙晓波 杨会永 李永超
李岩峰 吴 超 吴军超 汪流明
张世勋 苗连营 罗敬党 郑 磊
钱建成 徐明亮 韩 恒 韩良良
窦靖伟 薛建龙 冀 娟

为教育强国时代答卷书写教育法治篇章

沈开举①

习近平总书记指出,教育是国之大计、党之大计,是强国建设、民族复兴之基,建成教育强国是近代以来中华民族梦寐以求的美好愿望;全面依法治国是国家治理的一场深刻革命,关系党执政兴国,关系人民幸福安康,关系党和国家长治久安。教育携手法治,二者交相辉映,共同开启了中国教育事业蓬勃兴盛、稳健前行的崭新篇章。

当今世界百年未有之大变局加速演进,教育也面临着前所未有的机遇与挑战。人民群众对优质教育的热切期盼、对教育公平的深切关注、对教育质量的更高要求,比任何时期都更加迫切和强烈。人工智能与互联网技术的迅猛发展,为教育带来了翻天覆地的变化。然而,这也引发了一系列亟待解决的法律问题,如教育管理、网络安全、知识产权保护等。在此背景下,教育法治必须紧跟时代步伐,充分发挥其固根基、稳预期、利长远的保障作用,为教育创新营造出一个健康有序、充满活力的法治环境。

党的十八大以来,中国特色社会主义教育法治体系日益完善,依法治校理念深入人心;教育权益保障机制不断健全,教育行政执法愈发规范;以宪法为核心的法治宣传教育更加广泛深入,教育领域治理体系和治理能力现代化水平持续提升。中国教育法治在实践探索中积累了宝贵的经验,同时也面临着诸多值得深入探究

---

① 沈开举,郑州大学法学院教授,中国法学会行政法学研究会副会长,教育立法研究基地(教育部政策法规司和郑州大学共建)执行主任。

与思考的课题。在全国教育大会上,习近平总书记着眼未来,明确提出教育强国建设需要妥善处理的"五个重大关系"。其中,正确处理规范有序与激发活力的关系,是做好学校管理、深化教育综合改革等工作的重要原则,也是教育法治工作的核心要求。

近年来,郑州大学认真学习贯彻习近平法治思想和习近平总书记关于教育的重要论述,深入贯彻落实教育部关于进一步加强高校法治工作的部署要求。学校依托综合性研究型大学的学科优势,于2016年成立依法治校研究所,致力于依法治校基础理论和教育法治应用研究的探索与实践。2020年,学校与教育部政策法规司携手共建教育立法研究基地,出版了一系列依法治校丛书,成功举办了多场教育法治学术研讨会,产出了诸多高质量的教育法治研究成果。郑州大学依法治校研究所更荣获"河南省新型高校品牌智库"称号,为教育法治工作贡献了独特的郑大智慧和力量。

《中国教育法治发展研究报告 2024》一书,是郑州大学充分发挥教育法治理论研究优势,联合教育部政策法规司其他教育立法研究基地,汇聚全国教育法治领域的诸多专家学者,共同深入研究分析我国教育法治发展的智慧结晶。本书以总报告为引领,辅以专题研究报告、案例研究报告和教育法学发展报告,全面系统地梳理了我国教育法治的发展变迁,深入剖析了当前教育法治建设的现状与挑战,旨在为教育事业未来发展提出富有洞见的意见与建议。

本书中,学者们以法学研究者的敏锐洞察力,观察并记录着我国教育事业发展的点滴经验;以教育工作者的深厚情怀,融入并分析着我国教育事业发展的生动状况;以教育行政相对人的真挚情感,体会并表达着对我国教育事业发展的殷切期望。愿本书能够成为见证、参与并推动我国教育事业发展,特别是教育法治工作的重要力量,以教育法治的丰硕研究成果,为教育强国的时代答卷书写教育法治篇章。

是为序。

目录

中国教育法治发展研究报告 2024

第一编 总报告 　　001

党的十八大以来我国教育法治建设的成就、经验与展望 ………… 郑　磊 / 003

第二编 专题研究报告 　　023

校外培训监管立法研究报告 …………… 管　华　苏成军　赖宇昂 / 025
《中华人民共和国教师法》修订研究报告 …………… 王红建　王　蕊 / 047
来华国际学生管理立法研究报告 ………… 邢　昕　吕广振　吴　姗 / 061
高等教育领域"放管服"改革的理论与实践 … 魏海深　孙远太　苗丰豪 / 079
教育行政监管执法体制机制研究报告 …………… 汪　溢　李玮妹 / 101
校园矛盾纠纷多元解决机制研究报告 ……………………………………
　　　　　　　　　　　　　　申素平　郝盼盼　延　然　王子渊 / 109
高校信访法治化的内在逻辑和完善路径 ………… 王智勇　刘雅婷 / 149
高校法治工作专业力量角色与价值分析 ………… 陈　娇　张海涛 / 159
我国残障人受教育权保障状况研究（2017—2021 年）………………
　　　　　　　　　　　　　　　　　　　　　刘　璞　乔安心 / 168
中国高等学校依法治校评估报告 ………………………… 王惠莹 / 182

第三编 案例研究报告 　　195

智慧教育的法治保障 …………………………… 崔梦雪　熊樟林 / 197
政府购买义务教育学位的法治逻辑、地方实践与制度完善 ……………
　　　　　　　　　　　　　　　　　　　　　卢若彤　郑　磊 / 218
行政法视角下上海某高校田某开除学籍案解析 ……… 梁雪红　黄　鑫 / 238

— 1 —

2021年和2022年校外教育培训行政处罚案件实证研究 ………………………………………………………………………… 李永超　宋　慈/248

学位授予纠纷司法审查研究——基于85份学位授予纠纷裁判文书 ………………………………………………………………………… 杨　倩/271

高校教师管理纠纷司法案例研究报告(2022年度) ……………………………………………… 郑　宁　穆随心　刘　蓓　程　洁/286

中小学教育惩戒案例研究报告 ……………………………… 车　骋/304

2022年教育纠纷司法案例研究报告 ……………… 潘伟杰　顾心瑜/314

义务教育学区划分案例研究报告——以张某诉郑州市二七区教育局学区划分案为例 ……………………………… 杨会永　刘恩晓/347

第四编　教育法学发展报告

教育法典编纂研究评述 ………………………………… 周　恒/365
中国教育法学学科建设现状与展望 ……………… 周　详　刘植萌/376

第一编

总报告

党的十八大以来我国教育法治建设的成就、经验与展望

郑 磊[①]

党的十八大以来,我国教育法治建设以习近平新时代中国特色社会主义思想为指导,深入贯彻落实习近平法治思想和习近平总书记关于教育的重要论述,全面推进依法治教、依法办学、依法治校,取得历史性成就、发生格局性变化。党的二十大报告提出,到2035年"建成教育强国",并对"办好人民满意的教育"作出专门部署。回顾党的十八大以来我国教育法治建设取得的重大成就,认真总结新时代我国教育法治建设的基本经验,科学谋划未来一个时期教育法治建设的目标任务,对于更好地发挥法治在建设教育强国中的保障作用具有重要意义。

一、党的十八大以来我国教育法治建设取得的重大成就

(一)教育法律法规体系完备度大幅提升

教育立法是教育法治建设的龙头环节。党的十八大以来,我国教育立法从完善体系和提高质量两个维度、国家立法和地方立法两个层面共同发力,已经形成了包括9部教育法律、16部教育行政法规和一大批部门规章、地方性教育法规规章在内的比较完备的教育法律体系。

从教育立法类型看,党的十八大以来,覆盖家庭教育、学校教育、社会教育的法律法规体系基本形成。在家庭教育方面,2021年《中华人民共和国家庭教育促进法》(以下简称《家庭教育促进法》)的颁布,填补了教育类型立法的空白,构筑起家庭教育的基本法律规范。在学校教育方面,2023年6月2日国务院常务会议讨论并原则通过《中华人民共和国学前教育法(草案)》,全国人大常委会计划于年内初次审议。至此,除普通高中教育外,我国学校教育法律制度基本形成。在社会教育方面,《中华人民共和国公共文化服务保障法》《中华人民共和国公共图书馆法》《博物馆条例》等法律、行政法规的制定,为图

---

① 郑磊,郑州大学法学院副教授,研究方向为教育法学、土地法学、行政法学。

书馆、博物馆、科技馆、美术馆、青少年宫、体育馆(场)等公共文化体育设施履行社会教育职责提供了有效的法治保障。

从教育立法质量看,党的十八大以来,深入贯彻落实习近平总书记关于教育的重要论述,主动适应新时代对教育事业提出的新要求,我国先后完成《中华人民共和国义务教育法》(以下简称《义务教育法》)、《中华人民共和国高等教育法》(以下简称《高等教育法》)、《中华人民共和国民办教育促进法》(以下简称《民办教育促进法》)、《中华人民共和国教育法》(以下简称《教育法》)、《中华人民共和国职业教育法》(以下简称《职业教育法》)、《高等教育自学考试暂行条例》、《残疾人教育条例》、《民办教育促进法实施条例》等法律、行政法规的修订工作,《中华人民共和国学位条例》(以下简称《学位条例》)、《中华人民共和国教师法》(以下简称《教师法》)的修订正在紧锣密鼓地进行,所有现行教育法律即将处于根据新时代要求完成修订的状态。[①] 经过这一轮全面修订,我国教育立法在丰富指导思想、落实党的教育方针、维护教育公益性、促进教育公平、扩大学校办学自主权、保护师生合法权益等方面实现质的跃升,不仅实现有法可依,而且以科学立法引领和推动教育高质量发展的基本格局基本形成。

党的十八大以来,我国教育立法还在国家和地方两个层面同步发力。除了前述国家立法外,地方教育法规、规章建设成效同样突出。在托育立法方面,《上海市学前教育与托育服务条例》《南京市婴幼儿托育机构管理办法》率先作出探索;在学前教育方面,北京、江苏等10个省(市)率先制定学前教育条例;在老年(人)教育方面,天津、山东等4个省(市)率先制定老年(人)教育条例;在职业教育方面,江苏、吉林两省率先制定职业教育校企合作促进条例;在终身教育方面,上海、福建等3个省(市)率先制定终身教育促进条例;在社区教育方面,成都市制定社区教育促进条例;2015年《立法法》修改赋予设区的市地方立法权之后,以河南为例,在17个设区的市中,新乡、安阳等9个设区的市制定了中小学校幼儿园规划建设条例;等等。这些地方性教育法规、规章的制定和实施,抓住了推动教育高质量发展的要害,紧贴办好人民满意的教育的急迫需求,丰富了依法治教的制度供给。

(二)教育系统法治政府建设稳步推进

法治政府建设是全面依法治国的"重点任务和主体工程",要率先突破。党的十八大以来,教育系统法治政府建设在完善教育公共服务体系、深化教育领域"放管服"改革、加强教育行政执法等方面稳步推进,为全面依法治教在教育系统法治政府建设上率先突破打下坚实基础。

完善教育公共服务体系。《中华人民共和国宪法》(以下简称《宪法》)第19条第1款规定:"国家发展社会主义的教育事业,提高全国人民的科学文化水平。"第46条规定:

---

① 王大泉:《我国教育法典化的意义与路径》,《中国教育报》2022年9月15日第6版。

"中华人民共和国公民有受教育的权利和义务。国家培养青年、少年、儿童在品德、智力、体质等方面全面发展。"教育公共服务是政府公共服务职能的重要组成部分,是公民受教育权实现的重要保障。党的十八大以来,我国大力发展普惠性学前教育,深入推进义务教育优质均衡发展,全面提升高中阶段教育普及水平,加快发展现代职业教育,推动高等教育体制机制创新和高质量发展。自2012年以来,国家财政性教育经费支出占GDP(国内生产总值)比例连续10年保持在4%以上。① 根据教育领域公共服务的特点,制定《教育领域中央与地方财政事权和支出责任划分改革方案》(国办发〔2019〕27号)。围绕"学有所教",《国家基本公共服务标准(2021年版)》明确政府提供教育领域公共服务的范围和方式。② 根据《政府购买服务管理办法》,深入推进教育领域政府购买服务改革。十年来,我国教育基本公共服务制度体系更加健全,教育基本公共服务更加均衡。

深化教育领域"放管服"改革。党的十八大以来,在政府职能转变方面,教育领域"放管服"和"管办评分离"改革持续深入推进,积极构建政府、学校、社会之间新型关系。③ 在高等教育方面,国家教育体制改革领导小组办公室印发《关于进一步落实和扩大高校办学自主权完善高校内部治理结构的意见》(教改办〔2014〕2号),教育部等五部门联合印发《关于深化高等教育领域简政放权放管结合优化服务改革的若干意见》(教政法〔2017〕7号),持续扩大高校办学自主权、完善高校内部治理结构。在中小学方面,教育部等八部门联合印发《关于进一步激发中小学办学活力的若干意见》(教基〔2020〕7号),进一步落实和扩大中小学在育人方式、资源配置、人事管理等方面的自主权。总体来看,教育领域简政放权力度不断加大,放管结合不断深化,政务服务持续优化,各级各类学校办学自主权得到进一步落实和扩大(见表1)。

表1 2013年以来教育领域取消、下放和调整的行政审批项目

序号	取消、下放和调整的项目	取消、下放和调整的依据
1	中外合作办学机构以及内地(祖国大陆)与香港特别行政区、澳门特别行政区、台湾地区合作办学机构聘任校长或者主要行政负责人核准	国发〔2013〕19号
2	高等学校部分特殊专业及特殊需要的应届毕业生就业计划审批	
3	省级人民政府自行审批、调整的高等职业学校使用超出规定命名范围的学校名称审批	国发〔2013〕44号
4	民办学校聘任校长核准	

---

① 《国家财政性教育经费支出占GDP比例连续10年保持在4%以上》,中国教育部网,http://www.moe.gov.cn/fbh/live/2022/54875/mtbd/202209/t20220927_665350.html,2023年7月23日。
② 国家发展改革委等关于印发《国家基本公共服务标准(2021年版)》的通知(发改社会〔2021〕443号)。
③ 《教育部关于深入推进教育管办评分离 促进政府职能转变的若干意见》(教政法〔2015〕5号)。

续表 1

序号	取消、下放和调整的项目	取消、下放和调整的依据
5	高等学校设置和调整第二学士学位专业审批(子项)	国发〔2014〕5 号
6	利用互联网实施远程高等学历教育的教育网校审批	
7	高等教育自学考试专科专业审批(子项,下放)	
8	国家重点学科审批	
9	高等学校博士学科点专项科研基金审批	国发〔2014〕27 号
10	高等学校新农村发展研究院审批	
11	教育部科技查新机构认定	国发〔2015〕11 号
12	高等学校赴境外设立教育机构(含合作)及采取其他形式实施本科及以上学历教育审批	国发〔2015〕27 号(国务院决定取消的非行政许可审批事项目录)
13	省级自学考试机构开考高等教育自学考试本科专业审批(子项)	
14	孔子学院(课堂)设置及年度项目审批	
15	全国普通高校本科生分学校招生计划、研究生分地区分部门分学校招生计划审批	国发〔2015〕27 号(国务院决定调整为政府内部审批的事项目录)
16	国家和省级教育考试机构与外国及我国港澳台地区考试机构或其他组织合作举办境外考试审批	
17	高等学校面向全国招生和跨省招生生源计划审批	
18	高等学校境外办学实施专科教育或者非学历高等教育审批	国发〔2015〕57 号
19	校外学习中心(点)审批	
20	高等教育自学考试专科专业审批(取消)	国发〔2016〕9 号
21	省域范围内跨地区举办中小学校际体育竞赛审批	
22	教育网站和网校审批	
23	港澳台本科在读学生转读内地(祖国大陆)普通高等学校本科生的审批	
24	对教育部实施的高等学校设置尚未列入《普通高等学校本科专业目录》的新专业审批的初审	
25	普通中小学、幼儿园、中等职业学校(含民办)章程核准	国发〔2017〕7 号
26	自费出国留学中介服务机构资格认定	
27	高等学校副教授评审权审批	
28	民办学校招生简章和广告备案核准	
29	高等学校教授评审权审批	国发〔2017〕46 号

此外,根据清理评比达标表彰评估工作要求,先后取消全国教育技术装备与实验教学优秀论文评选、优秀教学案例评选、计算机辅助普通话水平测试特别贡献奖、全国电教系统表彰、全国教育门户网站评选、优秀研究生校园媒体评选、非全日制攻读硕士学位全

国考试考务工作先进单位和先进工作者评选等评比达标表彰评估项目等。①

加强教育行政执法。教育行政执法一直是我国教育法治建设的"短板",有观点甚至认为,"总结改革开放40年教育法治建设的不足,最大的问题是执法不力"②。党的十八大以来,在建立健全教育行政执法体制机制、落实教育行政执法职责方面,我国取得了一些积极进展。2019年12月,教育部印发《关于加强教育行政执法工作的意见》(教政法〔2019〕17号)。全面开展校外培训综合治理以来,又对教育行政执法提出新的急迫的要求。2021年11月,教育部机关首批68人取得行政执法证,其中,校外教育培训监管司全体工作人员取得了执法证。2022年1月,教育部、中央编办、司法部印发《关于加强教育行政执法 深入推进校外培训综合治理的意见》(教监管〔2022〕1号),校外培训监管行政执法体系建设驶入快车道。《校外培训行政处罚暂行办法》已于2023年10月15日起施行,教育部正在组织修订《教育行政处罚暂行实施办法》。

(三)教育法治监督体系更加严密

严密的法治监督体系,是法律有效实施的重要保证。党的十八大以来,在坚持和完善党和国家监督体系的整体框架之下,教育法治监督体系不断完善,对权力运行的制约与监督更加严密。

一是人大监督更加常态化。根据《中华人民共和国各级人民代表大会常务委员会监督法》(以下简称《人大监督法》)规定,全国人大常委会和县级以上地方各级人大常委会依法行使监督职权,监督的方式包括听取和审议人民政府的专项工作报告、法律法规实施情况的执法检查、规范性文件的备案审查、询问和质询、特定问题调查等。党的十八大以来,在听取和审议专项工作报告方面,全国人大常委会先后听取了国务院关于高等教育改革与发展工作情况的报告(2016年)、关于国家财政教育资金分配和使用情况的报告(2017年)、关于推动城乡义务教育一体化发展提高农村义务教育水平工作情况的报告(2018年)、关于学前教育事业改革和发展情况的报告(2019年)、关于教师队伍建设和教师法实施情况的报告(2021年)、关于考试招生制度改革情况的报告(2023年)等;在执法检查方面,全国人大常委会启动义务教育法的执法检查(2013年)、职业教育法的执法检查(2015年)、高等教育法首次执法检查(2019年);在备案审查方面,全国人大常委会法工委2021年备案审查工作情况报告披露,国务院有关主管部门对有的民族自治地方民族教育条例等法规提出合宪性审查建议;在询问方面,2015年6月30日,全国人大常委会首次就职业教育法实施情况开展专题询问,时任国务院副总理刘延东到会应询。这些人大监督工作的开展,有力地推动了教育法律法规的实施和完善。

二是行政监督体系不断完善。党的十八大以来,教育监督评估、审计监督、统计监督等行政监督体系不断完善,监督力度不断加大。在教育督导评估方面,《教育法》第25条

---

① 《国务院关于取消76项评比达标表彰评估项目的决定》(国发〔2013〕34号)。
② 李连宁:《教育法治的回顾与展望》,《中国高教研究》2019年第3期,第31页。

规定:"国家实行教育督导制度和学校及其他教育机构教育评估制度。"国务院教育督导委员会、教育部认真贯彻实施《教育法》《教育督导条例》,制定《督学管理暂行办法》《教育督导问责办法》《县域义务教育优质均衡发展督导评估办法》《县域学前教育普及普惠督导评估办法》等行政规范性文件,树立教育督导评估的权威性,推动督导评估"长出牙齿"。在统计监督方面,教育部贯彻落实中共中央办公厅、国务院办公厅《关于更加有效发挥统计监督职能作用的意见》,出台《教育统计管理规定》(教育部令第44号),加强教育统计法治建设,有效发挥教育统计监督作用。在审计监督方面,教育部修订出台《教育系统内部审计工作规定》(教育部令第47号),完善教育系统内部审计制度。

三是司法监督守正创新。党的十八大以来,为完善人民法院对教育行政权力行使的监督,2018年《最高人民法院关于适用〈中华人民共和国行政诉讼法〉的解释》第24条在司法解释层面明确了高等学校的行政诉讼被告资格,将"关于审理高等教育行政案件适用法律若干问题的规定"纳入《最高人民法院2020年度司法解释立项计划》。2018年10月,针对校园安全问题,最高人民检察院向教育部发送"一号检察建议"。这是历史上首次以最高人民检察院名义发出的检察建议。2017年《中华人民共和国行政诉讼法》(以下简称《行政诉讼法》)修改,在第25条增设"行政公益诉讼条款";2020年《中华人民共和国未成年人保护法》(以下简称《未成年人保护法》)修改,在第106条增设"公益诉讼条款"。检察机关据此办理了"福清市检察院督促消除幼儿园安全隐患行政公益诉讼案""无锡市人民检察院督促保护学生个人信息行政公益诉讼案""海宁市人民检察院督促规范民办学校办学行政公益诉讼案""重庆市綦江区人民检察院督促保护残疾未成年人受教育权行政公益诉讼案"等典型案件。

(四)依法治校水平显著提升

在法治国家、法治政府、法治社会一体建设的布局中,依法治校主要属于法治社会建设的范畴。《法治社会建设实施纲要(2020—2025年)》提出:"全面推进基层单位依法治理,企业、学校等基层单位普遍完善业务和管理活动各项规章制度,建立运用法治方式解决问题的平台和机制。"党的十八大以来,各级各类学校贯彻落实《全面推进依法治校实施纲要》《依法治教实施纲要(2016—2020年)》,以依法治校示范校创建强化典型带动、示范引领,依法治校全面提速并不断走向深入。

一是以章程为核心的学校规章制度体系基本形成。在我国,依法治校中"法"的范围不仅包括国家法律,还包括党内法规、规范性文件以及校内规章制度。三者的制定主体、功能定位、适用范围、规范效力、实施保障等各不相同,共同构成了学校治理的规范体系。其中,学校章程是校内规章制度的基础。按照《全面推进依法治校实施纲要》《高等学校章程制定暂行办法》等文件要求,目前全国所有高校和大部分中小学都已经制定了章程,基本形成以章程为核心的学校规章制度体系。

二是现代学校治理结构不断完善。在加强和改善党对学校的领导方面,公办高校全面落实高校党委领导下的校长负责制,公办中小学校建立中小学校党组织领导的校长负责制,民办学校党的建设不断加强。在厘清高校行政权力和学术权力关系方面,教育部制定《高等学校学术委员会规程》,完善学术治理体系;在厘清高校行政权力和民主管理监督权力方面,落实《学校教职工代表大会规定》,完善民主管理和监督机制;在构建政府、学校、社会、家长等多元主体新型关系方面,贯彻落实《普通高等学校理事会规程(试行)》《中小学法治副校长聘任与管理办法》等,建立中小学家长委员会制度,依法健全社会参与机制。

三是师生合法权益保障和救济制度逐步健全。党的十八大以来,教育部修订《普通高等学校学生管理规定》(教育部令第41号),制定《中小学教育惩戒规则(试行)》《未成年人学校保护规定》,为师生合法权益保障和救济提供法治保障。落实《高等学校信息公开办法》《教育部关于推进中小学信息公开工作的意见》等要求,保障师生员工和社会公众的知情权、参与权、表达权和监督权。一些地方和学校制定学生申诉办法、教师申诉办法,不断完善教师学生权益救济制度。

(五)教育系统法治宣传教育蓬勃开展

法治宣传教育是全面推进依法治国的长期性、基础性工作。党的十八大以来,教育系统以习近平法治思想引领法治教育工作,推进普法与依法治校有机融合,法治教育蓬勃开展。

一是持续开展以宪法为核心的青少年法治宣传教育。习近平总书记强调,"要坚持法治教育从娃娃抓起"。党的十八届四中全会首次明确提出"把法治教育纳入国民教育体系,从青少年抓起,在中小学设立法治知识课程"。根据党的十八届四中全会决定和全国人大常委会《关于开展第七个五年法治宣传教育的决议》要求,教育部2016年印发实施《青少年法治教育大纲》,对青少年法治教育的目标、内容、要求、途径等作出了明确规定,标志着青少年法治教育走上正轨化和规范化的轨道。着力开展以宪法为核心的法治宣传教育,持续举办全国学生"学宪法 讲宪法"活动,研制《普通高等学校宪法学教学重点指南》。全面推进习近平法治思想融入学校教育,将"习近平法治思想概论"纳入法学专业核心必修课。

二是繁荣教育法学理论研究。党的十八大以来,教育法学学科取得长足发展,逐渐跳出教育科学分支的局限,和法学学科深度交叉,教育法学理论研究成果不断涌现。2017年以来,教育部政策法规司与高校、科研院所合作共建近20家教育立法研究基地,极大地推动了教育法学理论研究的有组织科研。2013年2月,中共中央办公厅、国务院办公厅印发《关于加强新时代法学教育和法学理论研究的意见》,明确提出加强教育法学等学科建设。

(六)教育领域党内法规和规范性文件日益完善

党内法规体系是中国特色社会主义法治体系的重要组成部分。党的十八大以来,党内法规制度建设取得重大成就,其中包括制定、修订了一批基础性、关键性教育领域党内法规和规范性文件,为教育领域全面从严治党、依规治党提供了制度保障。

《中国共产党党内法规制定条例》第3条规定:"党内法规是党的中央组织,中央纪律检查委员会以及党中央工作机关和省、自治区、直辖市党委制定的体现党的统一意志、规范党的领导和党的建设活动、依靠党的纪律保证实施的专门规章制度。"《中国共产党党内法规和规范性文件备案审查规定》第2条第2款规定,规范性文件是党组织在履行职责过程中形成的具有普遍约束力、在一定时期内可以反复适用的文件。"当党内法规规范党的建设活动时,调整的是党内关系,既调整党组织之间的关系、党员之间的关系以及党组织和党员之间的关系,又调整党与非党组织之间的关系";"当党内法规规范党的领导活动时,从根本上讲调整的党与非党组织之间的关系,即党与人大、政府……企事业单位等之间的关系"。因此,党内法规和规范性文件不仅具有党内约束力,也具有很强的外部性效应。

党的十八大以来,党中央先后制定、修订《中国共产党普通高等学校基层组织工作条例》《高等学校领导人员管理暂行办法》《中小学校领导人员管理暂行办法》《关于坚持和完善普通高等学校党委领导下的校长负责制的实施意见》《关于建立中小学校党组织领导的校长负责制的意见(试行)》《关于深化中管高校纪检监察体制改革的意见》《关于加强民办学校党的建设工作的意见(试行)》……教育领域一系列党内法规和规范性文件的出台,为坚持和加强党对教育工作的全面领导提供了坚实的制度保障。

二、党的十八大以来我国教育法治建设的基本经验

党的十八大以来,教育法治建设在实践中发展,在继承中创新,积累了一系列来之不易、弥足珍贵的经验,需要长期坚持。这些基本经验贯穿重要成就的各个方面,而不仅是某一个方面。概括起来,主要有以下几条。

(一)坚持党对教育法治建设的全面领导

坚持党对全面依法治国的领导,是习近平法治思想"十一个坚持"①之首。党的十八大以来,在教育法治建设问题上,党领导立法、保证执法、支持司法、带头守法得到全面生动体现。

一是严格贯彻落实党的教育方针和习近平总书记关于教育的重要论述,牢牢把握教育法治建设的政治方向。党的十八大以来,习近平总书记对教育工作发表了一系列重要论述,教育法治建设及时跟进将这些重要论述转化为法律的刚性约束和制度规范。例

---

① "十一个坚持"即:坚持党对全面依法治国的领导;坚持以人民为中心;坚持中国特色社会主义法治道路;坚持依宪治国、依宪执政;坚持在法治轨道上推进国家治理体系和治理能力现代化;坚持建设中国特色社会主义法治体系;坚持依法治国、依法执政、依法行政共同推进,法治国家、法治政府、法治社会一体建设;坚持全面推进科学立法、严格执法、公正司法、全民守法;坚持统筹推进国内法治和涉外法治;坚持建设德才兼备的高素质法治工作队伍;坚持抓住领导干部这个"关键少数"。

如,围绕"全面贯彻党的教育方针",2021年《教育法》修订时,把"党的领导"写入第3条,把第5条修改为"教育必须为社会主义现代化建设服务、为人民服务,必须与生产劳动和社会实践相结合,培养德智体美劳全面发展的社会主义建设者和接班人",及时将最新的党的教育方针转化为国家法律规范。党的十八大以来,习近平总书记对家庭、家教和家风建设发表诸多重要论述。2021年制定的《家庭教育促进法》在第1条就规定"引导全社会注重家庭、家教、家风",这正是家庭教育促进法落实习近平总书记关于家庭教育重要论述的直接体现。

二是及时将党中央关于教育工作的决策部署转化为教育法律制度。党的十八大以来,党中央、国务院印发《关于加强和改进新形势下高校思想政治工作的意见》《关于学前教育深化改革规范发展的若干意见》《关于深化教育教学改革全面提高义务教育质量的意见》《关于进一步减轻义务教育阶段学生作业负担和校外培训负担的意见》等一系列政策文件,覆盖学前教育、义务教育、普通高中等各个学段,涵盖德育、劳育、体育、美育等各个方面。例如,在法律层面,2021年修订《教育法》,将"劳动教育"写入第5条;2022年修订《职业教育法》,将党中央关于职业教育改革发展的决策部署转化为教育法律制度。在部门规章层面,《普通高等学校辅导员队伍建设规定》(教育部43号令)是贯彻落实《中共中央 国务院关于加强和改进新形势下高校思想政治工作的意见》的具体体现;《新时代高等学校思想政治理论课教师队伍建设规定》(教育部46号令)是贯彻落实《关于深化新时代学校思想政治理论课改革创新的若干意见》的具体体现。

三是加强党对教育法治建设工作的集中统一领导。党的十八大以来,在国务院学位委员会、国家教育体制改革领导小组、国务院教育督导委员会等国务院议事协调机构基础上,为贯彻落实《关于加强和改进新形势下大中小学教材建设的意见》,国务院又决定成立国家教材委员会。2018年3月,中共中央印发《深化党和国家机构改革方案》,组建中央教育工作领导小组,作为党中央决策议事协调机构。随后,省、市、县级党委设立教育工作领导小组及其办事机构。教育工作领导小组的成立,为统筹推进教育法治建设提供了更加有力的组织保障。例如,在党内法规制定方面,《中国共产党普通高等学校基层组织工作条例》经中央教育工作领导小组会议审议通过后报党中央审议通过。在国家法律方面,《职业教育法修订草案(送审稿)》先后经国务院职业教育工作部际联席会议、中央教育工作领导小组会议审议后,方才报请国务院审议。在行政规范性文件层面,《中小学教材管理办法》《职业院校教材管理办法》《普通高等学校教材管理办法》经国家教材委员会全体会议审议通过,报中央教育工作领导小组同意,而后由教育部印发。

(二)坚持以人民为中心的教育法治建设理念

办好人民满意的教育,关键在于站稳以人民为中心的根本立场。党的十八大以来,我国教育法治建设秉承"以人民为中心"理念,"坚持教育公益性原则,把教育公平作为国家基本教育政策",并将之融入教育立法、执法、司法的全过程。主要表现在以下三个方面:

一是坚持教育公益性原则,支持和规范民办教育发展。教育事业是重要的民生事业,公益性是教育事业的基本属性。公办教育自毋庸多言,民办教育亦是如此。《民办教育促进法》第3条第1款明确规定:"民办教育事业属于公益性事业,是社会主义教育事业的组成部分。"对学校教育的不同阶段而言,又尤以义务教育的公益属性最为突出。是故,《义务教育法》第2条第2款规定:"义务教育是国家统一实施的所有适龄儿童、少年必须接受的教育,是国家必须予以保障的公益性事业。"党的十八大以来,我国教育法治建设以"教育公益性原则"为指导,先后完成《民办教育促进法》《民办教育促进法实施条例》的修订,坚决遏制民办教育某些领域中出现的过度资本化、过度商业化现象,规范民办义务教育发展,规范"公参民"学校。起草学前教育法,明确学前教育事业的公益属性,提高公办园和普惠性民办园比例。

二是聚焦立德树人根本任务,落实中央"双减"决策部署。教育的根本目的是促进人的全面发展。一段时间以来,中小学生课业负担过重,校外培训机构无序发展,已经严重地影响儿童、青少年的全面、健康和快乐成长。"课改""减负"不仅仅是个教育问题,还是一个基本权利问题。如果说中小学"课改""教改"是为了改革现行的教育方式,保障儿童、青少年快乐学习权的话,"减负"更多地指向儿童、青少年的休闲和娱乐权。为多数国家和地区宪法和国际公约所确认的一系列基本权利,如受教育权、儿童休闲和娱乐权构成了"双减政策"的法律基础。在我国,儿童、青少年的快乐学习权和休闲娱乐权分别通过《教育法》《未成年人保护法》两类部门法得以确立。党的十八大以来,党中央、国务院高度重视"双减"工作,先后印发《关于规范校外培训机构发展的意见》《关于进一步减轻义务教育阶段学生作业负担和校外培训负担的意见》等文件。全国人大常委会专门听取《国务院关于有效减轻过重作业负担和校外培训负担,促进义务教育阶段学生全面健康发展情况的报告》。经中央编委批准,教育部成立校外教育培训监管司,制定出台《校外培训行政处罚暂行办法》(教育部令第53号)。

三是完善维护教育公平的司法保障制度。为维护考试公平与秩序,依法惩治国家教育考试中的作弊行为,全国人大常委会2015年《刑法修正案(九)》和2015年修改《教育法》的决定,明确将组织考试作弊、非法出售、提供试题、答案、代替考试等入刑,最高人民法院、最高人民检察院出台《关于办理组织考试作弊等刑事案件适用法律若干问题的解释》,发挥刑法对公民行为价值取向的引领作用。针对陆续曝光的冒名顶替上大学事件,继2020年《刑法修正案(十一)》增设冒名顶替罪之后,2021年全国人大常委会修改《教育法》与《刑法》相衔接,完善冒名顶替入学行为的法律责任,捍卫教育公平这块维系社会稳定的重要基石。

(三)坚持全面深化教育领域综合改革和教育法治建设相统一相协调

习近平总书记强调,改革与法治如鸟之两翼、车之两轮,要坚持在法治下推进改革,在改革中完善法治。党的十八大以来,我国教育法治建设的一个突出特点是党中央、国务院全面深化教育领域综合改革的任务和举措部署到哪里,教育法治建设工作就跟进到哪里,始终坚持改革和法治相统一相协调。

一是坚持在法治下推进教育领域综合改革。党的十八届四中全会通过的《中共中央关于全面推进依法治国若干重大问题的决定》(以下简称《决定》)提出,要实现立法和改革决策相衔接,"做到重大改革于法有据"。具体到教育领域,改革涉及办学体制、管理体制、考试招生、教育评价、学校内部管理等方方面面,与人民群众最关心最直接最现实的利益问题密切相关,必须坚持以法治思维和法治方式深入推进改革。以深化民办教育分类管理改革为例,即遵循了重大改革必须有法律依据的原则。"民办学校实行分类管理,允许举办营利性民办学校是一项重大改革,涉及法律原则的调整。因此,根据中央决策,先修订《民办教育促进法》,明确分类管理的原则,为进一步改革举措的出台明确了依据和方向。"①2016年11月7日,十二届全国人大常委会第二十四次会议审议通过《关于修改〈中华人民共和国民办教育促进法〉的决定》,2016年12月29日,国务院印发《关于鼓励社会力量兴办教育 促进民办教育健康发展的若干意见》(国发〔2016〕81号)。2016年12月30日,教育部等五部门联合印发《民办学校分类登记实施细则》和由教育部等三部门联合印发的《营利性民办学校监督管理实施细则》随即正式对外发布,标志着民办学校分类管理改革进入实施阶段。2015年修订《义务教育法》决定将教材价格管理权限下放到省级管理,国家发展改革委等四部门随即印发通知,废止此前出台的有关文件。②

二是坚持在改革中完善教育法治。党的十八届四中全会《决定》提出,要实现立法和改革决策相衔接,立法要"主动适应改革和经济社会发展需要"。实践证明行之有效的,要及时上升为法律。对不适应改革要求的法律法规,要及时修改和废止。党的十八大以来,围绕党的十八大报告提出的"深化教育领域综合改革"总体要求,党中央、国务院印发《关于深化教育体制机制改革的意见》《关于深化考试招生制度改革的实施意见》《深化新时代教育评价改革总体方案》《关于深化新时代教育督导体制机制改革的意见》《关于深化现代职业教育体系建设改革的意见》,我国先后完成《教育法》《高等教育法》《义务教育法》《民办教育促进法》《职业教育法》《高等教育自学考试暂行条例》《残疾人教育条例》《民办教育促进法实施条例》等法律、行政法规的修订,以立法形式固化改革成果,确保教育法治建设与教育领域综合改革的节奏相适应。

(四)坚持教育法治建设与教育规律相统一

教育有其规律,必须按教育规律办人民满意的教育。同样地,教育法治建设也必须与教育规律相统一,而不能违反教育规律和法治建设的一般规律。党的十八大以来,我国教育法治建设遵循教育规律,以高质量教育法治建设助推教育事业高质量发展,为教

---

① 教育部政策法规司:《〈民办教育促进法〉修改的意义及与〈意见〉出台的关系》,中国民办教育协会网,https://www.canedu.org.cn/site/content/1806.html,2017年1月18日。
② 国家发展改革委 教育部 司法部 新闻出版广电总局《关于下放教材及部分服务价格定价权限有关问题的通知》(发改价格〔2015〕1199号)。

育强国建设夯实法治基础。

主要体现在以下两个方面：

一是坚持推进学校自主办学，落实和扩大学校办学自主权。高等教育和中小学教育既有相同点，又有不同点。相同点是都要落实学校办学自主权主体地位。例如，教育部等八部门印发《关于进一步激发中小学办学活力的若干意见》，保障中小学"五个自主"[①]。不同点是高校既承担人才培养职能，还负有科学研究职能。而科学研究是遵循公认的学术准则探索真理的创造性活动，高校因"保障学术自由"的需要而享有更大自主权。因此，"科学研究"以及与之关联的高校办学自主权、学术治理、学位授予等是高等教育法治不同于中小学法治的鲜明特征。例如，在我国台湾地区，就分别形成了"以国民教育基本权利为核心的学校法制"和"以学术自由为核心的大学法制"。《宪法》第47条是学术自由的法律基础。《高等教育法》第32条至38条对高校在招生、学科设置、教学、科研、国际交流、内部组织机构设置、财务管理等方面的自主办学事项作出法律确认。党的十八大以来，国家教育体制改革领导小组办公室《关于进一步落实和扩大高校办学自主权完善高校内部治理结构的意见》，教育部等五部门《关于深化高等教育领域简政放权放管结合优化服务改革的若干意见》等着力解决的就是推进教育、科技、财政、人事等行政部门依法行政，保障高校办学自主权的问题。

二是夯实产教融合、校企合作的职业教育法治基础。职业教育与普通教育是两种不同的教育类型，既有相通之处，也有很大不同。如德国的综合研究型大学和应用技术大学二分即例证。产教融合、校企合作、传承技术技能、促进就业创业，是现代职业教育的基本特征。党的十八大以来，党中央、国务院先后印发《关于加快发展现代职业教育的决定》《关于推动现代职业教育高质量发展的意见》《关于深化现代职业教育体系建设改革的意见》等指导性文件，对职业教育改革提出许多新理念新战略新举措。2022年《职业教育法》的修订，遵循职业教育规律，以增强职业教育服务经济社会发展能力为核心，推动破解职业教育改革发展中的一系列热点难点问题。例如，《职业教育法》第3条首次明确职业教育与普通教育具有同等重要地位；第4条将"行业指导、校企合作"纳入职业教育管理体制表述之中，突出企业主体地位、推动产教融合。教育部等六部门印发《职业学校校企合作促进办法》，国家发展改革委、教育部印发《建设产教融合型企业实施办法（试行）》，教育部等四部门修订印发《职业学校兼职教师管理办法》，为职业学校校企合作、产教融合、"双师型"教师队伍建设提供法治保障。在地方层面，江苏省在全国范围内率先出台《江苏省职业教育校企合作促进条例》，从省级地方性法规层面保障和促进职业教育校企合作、产教融合。

---

① "五个自主"即：学校在遵循学科教学基本要求基础上，可自主安排教学计划、自主运用教学方式、自主组织研训活动、自主实施教学评价；对于学科间关联性较强的学习内容，可自主统筹实施跨学科综合性主题教学。

(五)坚持凝聚教育法治建设合力

教育是全社会的事业。习近平总书记在全国教育大会上强调:"办好教育事业,家庭、学校、政府、社会都有责任。"党的十八大以来,我国教育法治建设坚持党的全面领导,不断凝聚起全面推进依法治教的强大合力。具体表现为以下三个层次:

一是坚持党中央集中统一领导,充分发挥地方积极性、主动性、创造性。一方面,加强党中央对教育工作的集中统一领导,充分发挥党中央决策议事协调机构统筹协调、整体推进职能作用。以考试招生制度改革为例,习近平总书记亲自主持中央全面深化改革领导小组会议、中央政治局会议、中央政治局常委会会议审议通过考试招生制度改革方案。2014年9月,国务院印发《关于深化考试招生制度改革的实施意见》,启动了恢复高考以来最全面、最系统、最深刻的一次考试招生制度改革。① 另一方面,充分发挥地方的主动性、积极性。教育总体为中央与地方共同事务,遵循在中央的统一领导下,充分发挥地方的主动性、积极性的原则。在地方立法层面,一些地方先行先试,制定了一大批涉及学前教育、职业教育等的地方性法规、地方政府规章。在教育行政执法方面,一些地方探索组建教育综合行政执法队伍,一些地方探索实行跨领域跨部门综合执法,相对集中行使教育行政处罚权。在教育纠纷解决领域,一些地方制定学生申诉办法、教师申诉办法,一些地方探索建立家校矛盾纠纷调处机制,组建家校矛盾纠纷调处委员会。

二是加强党的工作机关、行政机关和司法机关协同治理。党总揽全局、协调各方,是我国国家治理的显著优势。在教育法治建设上,这一点得到充分体现。党的十八大以来,党中央集中统一领导下,组织、宣传、法院、检察院、公安机关、司法行政部门等深度参与教育法治建设工作,协同推进教育治理体系和治理能力现代化。经国务院同意,建立国务院职业教育工作部际联席会议制度,调整完善民办教育工作部际联席会议制度,充分发挥全国治理教育乱收费部际联席会议作用,加强职业教育、民办教育、校外培训、教育收费等事项上的协同治理。中共中央组织部、教育部印发《高等学校领导人员管理暂行办法》《中小学校领导人员管理暂行办法》等,为建设高素质领导人员队伍提供制度支撑。最高人民法院、最高人民检察院、教育部发布《关于落实从业禁止制度的意见》,最高人民检察院、教育部、公安部印发《关于建立教职员工准入查询性侵违法犯罪信息制度的意见》等,多方协同发力,提升治理效能。教育部在全面总结法治副校长工作的经验与做法基础上,经最高人民法院、最高人民检察院、公安部、司法部同意,制定《中小学法治副校长聘任与管理办法》,做实做细,充分发挥法院、检察院、公安机关、司法行政部门的法治副校长在协助开展法治教育、学生保护、安全管理、预防犯罪、依法治理等方面的积极作用。

三是坚持依法治教、依法行政、依法治校一体建设、共同推进。习近平总书记在全国

---

① 怀进鹏:《国务院关于考试招生制度改革情况的报告——2023年10月21日在第十四届全国人民代表大会常务委员会第六次会议上》,中国人大网,http://www.npc.gov.cn/npc/c2/c30834/202310/t20231024_432553.html,2023年10月24日。

教育大会上强调,"要着眼于'管好',坚持依法治教、依法办学、依法治校,完善办学制度,强化从严治校机制,不断健全教育管理制度体系"。就依法治教、依法行政、依法治校之间的关系而言:①依法治教是相对于依法治国而言的;②依法行政是针对教育行政部门等行政机关和学校、学生、教师之间的关系而言的;③依法治校是针对学校内部治理结构以及学校与教师、学生之间的关系而言的。党的十八大以来,在依法治教方面,党中央、国务院印发《中国教育现代化 2035》,教育部印发《依法治教实施纲要(2016—2020 年)》等对依法治教作出整体部署。在依法行政方面,党的十八届三中全会正式明确"管办评分离"改革思路,2015 年教育部印发《关于深入推进教育管办评分离促进政府职能转变的若干意见》,进一步理顺政府、学校和社会职责边界。在依法治校方面,教育部先后制定或修订《中小学教育惩戒规则(试行)》《未成年人学校保护规定》《学校食品安全与营养健康管理规定》《普通高等学校学生管理规定》《高等学校预防与处理学术不端行为办法》《普通高等学校理事会规程(试行)》《普通高等学校招生违规行为处理暂行办法》《高等学校学术委员会规程》《幼儿园工作规程》《学位论文作假行为处理办法》等部门规章,织密依法治校的制度之网。

(六)坚持抓住"人"这个关键因素

法治建设,离不开"人"这个关键要素。在教育法治建设领域,一要坚持抓住领导干部这个"关键少数",二要坚持把教师队伍建设作为基础工作。

一是完善教育系统领导干部、学校管理人员监督管理制度。党的十八大以来,教育系统领导干部、学校管理者选拔任用和管理监督制度日趋完善。《监察法》及其实施条例将公办学校中从事管理的人员纳入监察对象。根据《事业单位领导人员管理暂行规定》和有关法律法规,中共中央组织部、教育部制定《高等学校领导人员管理暂行办法》《中小学校领导人员管理暂行办法》,努力建设一支符合好干部标准的高素质学校领导人员队伍。教育部印发《普通高中校长专业标准》《中等职业学校校长专业标准》《幼儿园园长专业标准》,为校长教师考核评价提供基准依据。

二是完善教师队伍建设和管理法律制度。党的十八大以来,我国认真执行教师法,制定《普通高等学校辅导员队伍建设规定》《新时代高等学校思想政治理论课教师队伍建设规定》等部门规章,教育部等五部门印发《关于加强新时代中小学思想政治理论课教师队伍建设的意见》,出台新时代高校、中小学、幼儿园教师职业行为十项准则及违规处理指导意见,全面加强教师思想政治和师德师风建设。最高人民检察院、教育部、公安部印发《关于建立教职员工准入查询性侵违法犯罪信息制度的意见》,把好学校教职员工"入口关"。研制外籍教师聘任和管理办法,规范外籍教师管理。加快推进教师法修订工作,已形成了教师法修订建议稿。[①]

---

① 怀进鹏:《对教师队伍建设和教师法实施情况报告的意见和建议》,中国人大网,http://www.npc.gov.cn/npc/c2/c30834/202111/t20211118_314829.html,2021 年 11 月 18 日。

三、新时代教育法治建设的未来展望

党的二十大对教育科技人才、法治建设等作出重大部署,提出"在法治轨道上全面建设社会主义现代化国家",预示着建设教育强国也必须与法治更加深度融合。当前和今后一个时期,教育法治建设要着力抓好以下几方面工作:

(一)加强教育法治建设的顶层设计

以规划引领法治建设,是我国法治建设的一条基本经验。在教育领域,《国家中长期教育改革和发展规划纲要(2010—2020年)》《全面推进依法治校实施纲要》《依法治教实施纲要(2016—2020年)》《中国教育现代化2035》等纲领性、指导性文件,对推动教育法治发展发挥了重要作用。展望未来,应继续推进规划型法治建设之路。

一是在《中国教育现代化2035》基础上,建议进一步面向2035年制定《教育强国建设规划纲要》,对未来十余年教育事业发展作出重大顶层设计,其中设专章对教育法治建设作出部署。

二是贯彻落实《中央党内法规制定工作规划纲要(2023—2027年)》,制定《中国共产党教育工作条例》,提高党对教育工作的全面领导的制度化规范化水平。

三是对标面向2035年的《教育强国建设规划纲要》《中国教育现代化2035》,滚动制定新的《依法治教实施纲要》,以中央教育工作领导小组名义印发,压茬推进教育法治建设。

四是衔接全国人大常委会立法规划或年度立法工作计划、国务院年度立法工作计划,坚持"查漏补缺、急用先立"原则,梳理、编制《教育法律、行政法规、部门规章立法项目预研方案》,做好立法预研制工作。

五是完善统筹加快建设教育强国、科技强国、人才强国一体建设的体制机制,统筹教育法治、科技法治和人才法治建设。

(二)实施教育法典编纂带动战略

一是积极研究推进教育法典编纂工作。2020年11月16日,习近平总书记在中央全面依法治国工作会议上指出:"要总结编纂民法典的经验,适时推动条件成熟的立法领域法典编纂工作。"《法治中国建设规划(2020—2025年)》提出:"对某一领域有多部法律的,条件成熟时进行法典编纂。"2021年4月21日公布的《全国人大常委会2021年度立法工作计划》提出,"研究启动环境法典、教育法典、行政基本法典等条件成熟的行政立法领域的法典编纂工作"。为此,教育部将推动教育法典化立法研究列入2022年工作要点。2023年9月7日发布的《十四届全国人大常委会立法规划》提出:"积极研究推进环境(生态环境)法典和其他条件成熟领域的法典编纂工作。"从《十四届全国人大常委会立法规划》对法典编纂工作的表述看,仍然保持了一定的开放性。应当看到,当前我国已经形成比较完备的教育法律规范体系,教育法律执法检查、教育行政执法、司法、法律服务实践积累了丰富经验,教育法律规范得到普遍遵守、教育法治观念普遍增强,教育法理论研究达到较高水平,人民群众和社会各方面对教育法典寄予很大的期盼,我国编纂教育法典已经具有较好的现实基础,也契合从"教育大国"迈向"教育强国"的新时代要求。实施以"教育法典编纂"带动教育法律体系完善的"带动战略",具有重要现实意义。具体而言,可采用"预可研—立项—可研—初步设计—施工—验收"的"法典编纂工程学"方法,将教育法典编纂工作从理想变成现实。

二是加强教育重点领域立法。实施教育法典编纂"带动战略",意味着必须以构建服务全民终身学习的教育法律体系为目标,遵循教育规律,坚持问题导向,对教育全周期、全类型、教育管理全链条进行梳理,及时查漏补缺,完善教育重点领域立法。在已经完成《教育法》《义务教育法》《高等教育法》《职业教育法》《民办教育促进法》《家庭教育促进法》制定或修订的基础上,加快完成《学前教育法》《教师法》及《国家通用语言文字法》、《学位法》(《学位条例》修订后名称)的制定或修订工作,推动《残疾人教育条例》《教育督导条例》上升为《特殊教育法》《教育质量保障法》,新制定《终身学习法》《教材建设和管理法》《国家教育考试法》《社会教育促进法》,为教育法典编纂奠定坚实的单行法基础。

以教材建设和管理立法为例。党的十八大以来,党中央、国务院高度重视教材建设和管理工作,习近平总书记对教材建设作出一系列重要论述。这些重要论述的内容包括"强化教材建设国家事权地位""教材建设必须由国家统筹管理""围绕立德树人目标设计教材体系""加快构建中国特色哲学社会科学学科体系和教材体系""创新教材编写、推广、使用体制机制""用心打造培根铸魂、启智增慧的精品教材""社会主义核心价值观进教材""宪法教材建设"等,涉及教材体系、教材编写、教材使用、教材管理等方方面面。党的二十大报告提出,要"加强教材建设和管理"。2023 年 5 月 29 日,习近平总书记在主持中共中央政治局第五次集体学习时再次强调:"加强教材建设和管理,牢牢把握正确政治方向和价值导向,用心打造培根铸魂、启智增慧的精品教材。"但是,正如习近平总书记 2016 年 5 月 17 日在哲学社会科学工作座谈会上的讲话中指出的那样:"经过努力,我们在实施马克思主义理论研究和建设工程的过程中,教材建设取得了重要成果,但总体看这方面还是一个短板。"因此,积极研究论证、及时启动教材建设和管理立法,对于建设教育强国、办人民满意的教育具有重大现实意义。

再比如,产品质量有《产品质量法》《农产品质量安全法》《食品安全法》《药品管理法》等,教育质量也应当有教育质量保障法。这就要求按照《教育法》第 5 条确认的"党的教育方针"这一总标准,确立新时代教育的思想政治、品行和专业质量标准。围绕这三大教育质量标准,在"管办评分离"背景下,除了外部质量控制系统,如教学评估、学科评估、教育督导、专业认证、学位论文抽检、学位授权点合格评估外,学校也应着力构建校内教育质量保障制度体系、实施体系、保障体系、监督体系。

(三) 完善教育行政执法体制机制

习近平总书记在党的十八届四中全会指出:"法律的生命力在于实施,法律的权威也在于实施。""如果有了法律而不实施、束之高阁,或者实施不力、做表面文章,那制定再多法律也无济于事。"①长期以来,教育行政执法,无论从执法队伍、执法能力,还是执法规范,都是当前我国教育法治建设的一个短板。不少人认为教育法律法规相对较"软",缺乏"牙齿";一些教育行政部门和工作人员依法治教、依法行政意识不强;教育行政执法机构不健全、执法能力薄弱、不愿执法、不会执法、执法质量不高等问题客观存在,已经远远不能满足教育治理的现实需要。展望未来,完善教育行政执法体制机制需要做好以下几个方面的工作:

一是要明确教育执法范围。要认真梳理教育法律法规规章中的行政处罚、行政强制、行政检查、行政许可等执法事项,按照《国务院办公厅关于全面推行行政执法公示制度执法全过程记录制度重大执法决定法制审核制度的指导意见》(国办发〔2018〕118号)、《国务院办公厅关于全面实行行政许可事项清单管理的通知》(国办发〔2022〕2号)要求,编制并公示《行政执法事项清单》《行政许可事项清单》,及时动态调整清单。

二是要加强教育行政执法队伍建设。教育行政部门应按照权责清晰、事权统一、精简效能的原则设置执法机构。教育行政部门应当依据国家相关标准,提出确定教育行政执法人员数量的合理意见,并按程序报同级编制主管部门审批。省级人民政府可自主决定适合本省的相对集中行政处罚权、行政许可权模式。行政执法人员应当持证上岗,定期开展培训和考核。其中,根据《行政处罚法》第58条第2款的规定,教育行政部门中初次从事行政处罚决定法制审核的人员,应当通过国家统一法律职业资格考试取得法律职业资格。根据《行政复议法》第6条第2款的规定,教育部行政复议机构中初次从事行政复议工作的人员,还应当通过国家统一法律职业资格考试取得法律职业资格,并参加统一职前培训。

三是全面推进严格规范公正文明执法。严格、规范、公正、文明是新时代行政执法工作的"八字诀"。加快修订《教育行政处罚暂行实施办法》,严格执行《校外培训行政处罚暂行办法》,按照贯彻国务院办公厅《关于进一步规范行政裁量权基准制定和管理工作的意见》(国办发〔2022〕27号)、《提升行政执法质量三年行动计划(2023—2025年)》(国办发〔2023〕27号)、《教育部关于加强教育行政执法工作的意见》(教政法〔2019〕17号)、《教育部 中央编办 司法部关于加强教育行政执法 深入推进校外培训综合治理的意见》(教监管〔2022〕1号)等文件要求,强化重点领域执法,规范执法程序,改进执法方式,提高执法水平,努力让人民群众在每一个执法行为中都感受到公平正义。

四是健全行政执法协调监督机制。按照"分工明确、权责统一、协同治理"的原则,深

---

① 习近平:《论坚持全面依法治国》,中央文献出版社,2020,第96页。

入推进跨部门综合监管执法。例如,在校外培训监管中,按照许可、登记、行业主管、行政执法等各环节,推进教育、人社、市场监管、民政、文旅、体育、公安等"行—行"协同机制和"行—刑"衔接机制。强化行政执法监督,完善教育行政执法人员资格管理、行政执法案件管理系统、行政执法案卷评查、行政执法评议考核、行政执法责任制和责任追究制度。探索完善教育行政执法与纪检监察监督贯通的协调工作机制。

(四)大胆探索教育数字化转型的法治引领

当前,以人工智能、大数据、区块链等为代表的新一轮科技革命和产业变革,正在推动教育组织、教育模式、教学方式等发生深刻变革,教育法治同样要主动应变。2023年5月29日,习近平总书记在主持中共中央政治局第五次集体学习时指出:"教育数字化是我国开辟教育发展新赛道和塑造教育发展新优势的重要突破口。"《数字中国建设整体布局规划》明确提出:"完善法律法规体系,加强立法统筹协调,研究制定数字领域立法规划,及时按程序调整不适应数字化发展的法律制度。"例如,《学位法(草案)》拟规定,学位论文或者实践成果存在人工智能代写等学术不端行为的,可以撤销学位。因此,必须大胆探索和发挥法治在教育数字化转型的引领和保障作用,为世界贡献中国智慧、中国方案。

在地方性法规规章层面,可以借鉴《浙江省数字经济促进条例》《无锡市数字化转型促进条例》等地方立法经验,鼓励和支持地方探索制定教育数字化转型法规规章,发布促进教育数字化转型的若干政策措施。在部门规章层面,跟踪评估教育部等五部门《关于加强普通高等学校在线开放课程教学管理的若干意见》实施情况,及时总结问题和经验,探索制定《普通高等学校在线开放课程管理暂行办法》。在法律、行政法规层面,梳理教育数字化转型对教师资格、教学组织、教材使用、考试评价等带来的影响,及时提请全国人大常委会作出授权决定或国务院决定在一定期限内在部分地方暂时调整或者暂时停止适用行政法规的部分规定。

(五)加强教育涉外法治建设

"坚持统筹推进国内法治和涉外法治"是习近平法治思想的核心内容之一。完善教育涉外法治建设是扩大教育对外开放、全面推进依法治教的题中之义。

在"引进来"方面,《中华人民共和国海南自由贸易港法》已经迈出一大步,允许境外高等教育机构在海南自由贸易港设立实施理工农医类学科专业教育的学校或者具有独立法人资格的校区,教育部、海南省人民政府联合制定《境外高等教育机构在海南自由贸易港办学暂行规定》,以行政规范性文件形式作出规定。未来可以考虑借鉴韩国在仁川自由经济区(IFFZ)设立了仁川国际大学城(Incheon Global Campus)的经验,在海南自由贸易港建立国际大学城。在中外合作办学方面,目前经教育部批准和备案的中外合作办学机构、项目已近2000多家,应加快《中外合作办学条例》及其实施办法修订进度,进一步完善支持和规范中外合作办学的制度机制。在留学中国方面,教育部已经制定《学校招收和培养国际学生管理办法》《来华留学生高等教育质量规范(试行)》《高等学校国际学生勤工助学管理办法》等部门规章、行政规范性文件。在外籍教师方面,应衔接教师法修订、教育科技人才一体化布局,联合公安、人社、出入境管理、外专局等,尽快出台《外籍教师聘任和管理办法》。此外,还应考虑衔接《外商投资法》和《自由贸易试验区外商投资准入特别管理措施(负面清单)》,完善教育对外开放的其他法律法规。

在"走出去"方面,我国已与50个国家签署了高等教育学历学位互认协议。[①] 部分高校迈出国门,积极"走出去"在境外开展办学,特别是"一带一路"沿线国家和地区。教育部2015年已废止《高等学校境外办学暂行管理办法》,高校在境外办学方面享有更大的办学自主权。《学位法(草案)》拟规定:"对在学位授予单位学习的中国境外个人,可以按照本法规定授予或者撤销相应学位。"另外,针对"国外水博"泛滥问题,建议教育部在谋划教育涉外法律法规规章体系时,把制定《国(境)外学历学位认证评估办法》纳入。

(六)加强教育法学学科建设

2023年2月,中共中央办公厅、国务院办公厅印发《关于加强新时代法学教育和法学理论研究的意见》,提出要"加强立法学、文化法学、教育法学、国家安全法学、区际法学等学科建设"。加强教育法学基础理论研究,形成完善的中国特色社会主义教育法学理论体系、学科体系、课程体系,对于培养教育法治人才、服务教育法治建设具有重要意义。

展望未来,教育法学研究和学科建设应当做好以下几点:第一,深入研究教育法学的基本概念、基本原理、基本制度,提炼和总结具有标识性的中国概念,构建中国特色社会主义教育法治理论与建设模式,为推动在法治轨道上全面建设教育强国提供坚实的法学理论支撑;第二,坚持中国问题意识、坚持实践导向,认真研究宪法与教育法的关系,党内法规、纪检监察与教育法治的关系,教育法治与科技法治、人才法治的关系等,着力开拓教育法学新局面;第三,坚持有组织科研,以教育法典编纂为牵引,合理布局研究机构,汇聚整合研究力量,立足系统观念推动教育法律体系完善;第四,注重适当超前,前瞻性地研究数字教育对教育法治带来的新问题新挑战。

---

① 新华社:《中国已与54个国家签署高等教育学历学位互认协议》,中华人民共和国中央人民政府网,http://www.gov.cn/xinwen/2020-09/05/content_5540890.htm,2021年9月5日。

第二编

专题研究报告

校外培训监管立法研究报告[①]

管 华 苏成军 赖宇昂[②]

校外培训在教育领域扮演着重要的角色。《关于进一步减轻义务教育阶段学生作业负担和校外培训负担的意见》(以下简称《双减意见》)要求减轻义务教育阶段学生校外负担,加强监管,规范校外培训。校外培训市场的复杂性和多样性,给立法带来了困难和挑战。在我国,尽管已有相关政策和法规对校外培训进行了一定程度的规范,但监管法律依据仍然不足,监管体系还未彻底形成。在各界共同努力下,校外培训立法进行了初步探索和尝试,与之相关的问题也不容忽视。本报告对以上各方面进行研究和讨论,力求了解校外培训现状,洞察现存问题和挑战,并通过总结经验和评估,寻找合理的解决方案,以期进一步推动校外培训的规范管理和多元发展,为未来相关立法提供参考。

一、校外培训监管现状

《双减意见》提出减轻学生校外负担的总要求,校外减负目标直指校外培训。为强化监管,中央国家机关和地方出台了一系列执行政策,形成以政策为主的监管格局,取得一定成效。校外培训监管立法方面,专门立法不足,同时,教育部、国务院开始立法立规尝试,取得了一定成绩。

(一)政策监管初见成效

《双减意见》出台以来,中央国家机关制定了一系列规范性文件,形成了政策为主的监管局面。表1梳理了《双减意见》颁布以来中央国家机关出台的主要规范性文件。

[①] 广西教育科学"十四五"规划2023年度资助经费重点课题(A类)"校外培训监管立法研究"(项目批准号:2023A068);广西大学应用经济学学科交叉科研项目"RCEP与教育法典编纂的衔接研究"(项目批准号:2023JJJXC20)。

[②] 管华,法学博士,广西大学法学院教授,博士研究生导师;苏成军,广西大学法学院研究生;赖宇昂,广西大学法学院研究生。

表1 《双减意见》颁布以来国家出台的主要规范性文件

序号	规范性文件名称	出台时间
1	《中共中央办公厅 国务院办公厅印发〈关于进一步减轻义务教育阶段学生作业负担和校外培训负担的意见〉的通知》	2021/7/24
2	《教育部办公厅关于进一步明确义务教育阶段校外培训学科类和非学科类范围的通知》	2021/7/28
3	《民政部办公厅关于进一步加强校外培训机构登记管理的通知》	2021/8/24
4	《教育部办公厅关于印发〈中小学生校外培训材料管理办法(试行)〉的通知》	2021/8/25
5	《教育部办公厅等三部门关于将面向义务教育阶段学生的学科类校外培训机构统一登记为非营利性机构的通知》	2021/8/30
6	国家发展改革委 教育部 国家市场监管总局《关于加强义务教育阶段学科类校外培训收费监管的通知》	2021/9/2
7	教育部办公厅《关于坚决查处变相违规开展学科类校外培训问题的通知》	2021/9/3
8	《教育部办公厅人力资源和社会保障部办公厅关于印发〈校外培训机构从业人员管理办法(试行)〉的通知》	2021/9/9
9	《关于做好现有线上学科类培训机构由备案改为审批工作的通知》	2021/9/10
10	《教育部办公厅 市场监管总局办公厅关于印发〈中小学生校外培训服务合同(示范文本)〉的通知》	2021/9/27
11	《教育部办公厅关于印发〈义务教育阶段校外培训项目分类鉴别指南〉的通知》	2021/11/8
12	《教育部办公厅中国科协办公厅关于利用科普资源助推"双减"工作的通知》	2021/11/25
13	《教育部办公厅关于认真做好寒假期间"双减"工作的通知》	2022/1/5
14	教育部 中央编办 司法部《关于加强教育行政执法 深入推进校外培训综合治理的意见》	2022/1/25
15	《教育部办公厅关于开展义务教育阶段学科类校外培训治理"回头看"工作的通知》	2022/3/31
16	《教育部办公厅 应急管理部办公厅关于印发〈校外培训机构消防安全管理九项规定〉的通知》	2022/5/17
17	《教育部办公厅关于做好2022年暑期校外培训治理有关工作的通知》	2022/6/22
18	教育部等十三部门《关于规范面向中小学生的非学科类校外培训的意见》	2022/11/30
19	《教育部办公厅关于做好2023年寒假期间校外培训治理有关工作的通知》	2022/12/29
20	《教育部关于成立全国校外教育培训监管专家委员会的通知》	2023/1/13
21	《教育部办公厅 财政部办公厅 科技部办公厅文化和旅游部办公厅 体育总局办公厅关于印发〈校外培训机构财务管理暂行办法〉的通知》	2023/3/14
22	《教育部办公厅 中国消费者协会秘书处关于开展校外培训"平安消费"专项行动的通知》	2023/4/26
23	《教育部办公厅关于做好2023年暑期校外培训治理有关工作的通知》	2023/6/21
24	《教育部办公厅关于做好校外培训机构从业人员准入查询工作的通知》	2023/7/5

《双减意见》出台后,中央层面出台了24个执行政策,围绕校外培训的分类、培训准入、培训收费、从业人员、安全管理、监管执法等方面制定措施,形成以政策监管为主的局面。

2022年10月28日,在第十三届全国人民代表大会常务委员会第三十七次会议上,教育部部长怀进鹏作"国务院关于有效减轻过重作业负担和校外培训负担,促进义务教育阶段学生全面健康发展情况"的报告,从工作开展情况、形势研判、下一步工作考虑等三个维度全面总结、规划。在校外培训的治理成效方面,报告指出,义务教育阶段线下学科类培训机构数量由原来的12.4万个压减至4932个,压减率96%,线上学科类培训机构由原来的263个压减至34个,压减率87.1%。"虚火"渐降,校外培训治理取得一定成效。

(二)监管法律依据不足

《双减意见》提出要从严监管,依法治理,全面规范校外培训行为。中央和地方出台的系列执行性政策,法律位阶较低,无法为执法提供直接的法律依据。纵观现有的教育法律,校外培训监管领域的专属立法几乎空白。[①] 除了《教育法》《民办教育促进法》有零星条款规范校外培训,针对性的专门立法不足。[②]《教育法》第76条规定了学校及其他教育机构违规招生的处罚,《民办教育促进法实施条例》第64条规定了民办学校出资、办学、安全等方面违法行为的处罚措施。然而,校外培训的违法行为与民办学校并不完全相同,民办学校的规定不能全覆盖校外培训违法情形。处罚法定是《行政处罚法》的基本原则,对校外培训机构的违法情形,现有法律并未规定。例如,针对校外培训机构违反培训时间、培训教材、预收费等规定,违规超前超纲教学、开展隐形学科类培训等,尚无法律明确规定的处罚。以超前超纲教学为例,各类政策文本均要求"从严查处",执法部门却只能下达整改通知书,无法作出处罚。此外,处罚的规定不细致,对校外培训违法行为的行政处罚多为罚款。长沙市2023年上半年行政处罚违规校外培训24起,其中对个人的罚款最高48 511元,最低1200元,两者相差40倍。[③] 对于"罚哪些、罚多少",《民办教育促进法实施条例》却未具体规定。

从合法性的角度审视校外培训监管,法律依据分散,监管执法只能参照民办学校的规定,针对性不足。部分条款只规定了违法情形,没有规定具体的处罚标准,也没有赋予部门处罚权限,监管的法律依据不足。

---

① 吴遵民等:《关于我国校外培训立法的几点思考——基于"双减"政策落实与校外培训治理》,《教育治理现代远程教育研究》2022年第5期,第21页。

② 祁占勇、于茜兰:《校外培训机构治理政策的内容分析》,《现代教育管理》2019年第3期,第44-50页。

③ 湖南教育网:《给学生退费约24万元!罚款24万元!长沙上半年行政处罚违规校培机构》,网易新闻网,https://www.163.com/dy/article/IA0IRLE905168VJR.html,2023年7月19日。

(三)监管体系尚未完备

校外培训的监管体系包括政府监管和社会监管。

政府监管方面,执法能力不强。2022年2月,教育部、中央编办、司法部等部门联合出台《关于加强教育行政执法深入推进校外培训综合治理的意见》,提出要健全行政执法体制,强化教育行政部门行政执法职责。目前,教育行政部门的行政监管能力不高。执法队伍方面,力量不足。部分县区未设置教育执法机构,执法人员不足。① 部分地方的教育执法人员难以满足联合执法需要。② 执法能力方面,专业经验不多。教育行政部门搭其他部门的执法便车,存在依赖其他部门帮忙执法现象。③ 部分县区执法人员对法律知识的掌握不足,对执法程序不熟悉。有的县区执法人员的理论功底不够,执法经验不多。④ 中国政法大学校长马怀德指出,教育行政部门对校外培训的法治监管经验不足,存在执法职责不清、能力不强,执法程序不完善、执法队伍不强、执法不充分等问题。⑤

社会监管方面,多元主体参与不够。当前,校外培训的监管以政府为中心,其他主体的参与不多。一是社会主体参与意愿不强。在"双减"的共同场域中,政府是强支持者,家长是摇摆者,机构是弱反对者。⑥ 家长、学生有较强的培训需求,校外培训机构顾虑自身利益,并不愿意参与监管。二是社会参与的渠道不广。虽建立举报制度,但渠道单一,发挥作用较小。此外,媒体、社会组织参与监督的力度不够。三是行业自律作用不显著。行业协会具有"行业引领、行业自律、行业监督、行业协调、行业服务"的职能。2023年6月,中国民办教育协会培训教育专业委员会举办"培训教育行业规范有序发展研讨会",发布了《校外培训机构行业服务规范(征求意见稿)》,中国民办教育协会会长刘林指出,要不断强化行业规范。目前我国校外培训行业协会的引领作用才初步出现,真实有效的行业规范作用尚未体现。日本校外培训行业协会负责全国校外培训机构的准入、机构资格认定、教师资格认定等工作,取得较好治理效果,这一经验值得我们借鉴。

---

① 湘潭市教育局:《湘潭市教育局2021年度行政执法工作报告》,湘潭市政府网,http://jy.xiangtan.gov.cn/13025/23124/content_1004430.html,2022年1月27日。

② 南开区教育局:《2021年和平教育局行政执法工作报告》,天津市和平人民政府官网,https://www.tjhp.gov.cn/zw/zfxxgk/fdzdgknr/zdmsxx/jy/202203/t20220322_5834957.html,2022年2月25日。

③ 中国教育报:《人大代表呼吁建立教育执法机构》,教育部官网,http://www.moe.gov.cn/jyb_xwfb/s5147/201703/t20170315_299647.html,2017年3月15日。

④ 南开区教育局:《教育局2021年行政执法工作报告》,天津市南开区人民政府官网,https://www.tjnk.gov.cn/NKQZF/ZWGK5712/nkfzzfjsgk/fzzfjsqk/202202/t20220225_5813859.html,2022年2月25日。

⑤ 许睿、李海洋:《推动"双减"深化校外培训行政执法全面加强》,《中国商报》2022年2月22日第2版。

⑥ 靳玉乐、黄声华:《"双减"政策的风险评估及其化解——基于利益相关主体需求的分析》,《西南大学学报》2022年第6期,第188-190页。

(四)监管立法尝试

《双减意见》的执行不断深入,国家在立法层面也有所尝试。《教育部2022年工作要点》提出"要推动校外培训监管立法",2022年11月,《校外培训行政处罚暂行办法(征求意见稿)》(以下简称《暂行办法》)由教育部向社会征求意见。《暂行办法》明确了处罚的种类、程序,实施机关及职责,违法行为及处罚措施,执法监督和法律责任等内容,为校外培训监管行政处罚提供了法律依据。《暂行办法》的处罚强度较高,对隐形、变异培训的监管制度设计让披着"马甲"的培训也无处藏身,将有利于规范培训行为。但《暂行办法》仅为部门规章,仍需加强立法,提高法律位阶。① 由于部门规章只能规定警告、通报批评和一定数额的罚款,执法迫切需要的责令停业、吊销营业执照的处罚依据,部门规章无权规定,只能由法律、行政法规规定。行政法规层面的立法,国务院正在起草《校外培训监管监督管理条例》。

二、校外培训监管立法经验总结与问题分析

习近平总书记强调,"法律是治国之重器,良法是善治之前提"。在校外教育培训监管领域,中央和地方开展了丰富实践,积累了监管经验,立法目的逐渐明确,校外培训正向教育公益性回归,行政执法体制不断规范,监管体制逐渐形成,为未来的监管立法提供了有益的经验和基础。与此同时持续优化的空间仍然存在:校外培训相关标准仍需完善、大学生家教发展空间有待拓展、拔尖创新人才培养亟需教育模式革新、培训时间规安排可更有弹性、多方权益保障需要关注。针对这些问题,需要深入分析并找到有效解决方式,以确保立法目的能够实现,最大限度地发挥法律的生命力。

(一)校外培训监管立法经验总结

1. 立法目的逐渐明确

立法监管校外培训机构,目的在于创建一个公平、高质量且有益于未成年人健康成长的教育环境。而在实现这些目的的过程中,需要在提升校外培训质量与维护未成年人身心健康之间找到平衡。

促进未成年人的健康成长是校外培训监管的主要目的。《未成年人保护法》第4条规定:"保护未成年人,应当坚持最有利于未成年人的原则。"其中包括尊重未成年的人格尊严、保护未成年的隐私权和个人信息、听取未成年人的意见,以及适应未成年人身心健康发展的规律和特点等。校外培训作为面向未成年人的教育活动,应当保证其遵循《未

---

① 杨飒:《明晰违规校外培训行政处罚边界 打掉披着"马甲"的培训有法可依了》,《光明日报》2022年11月25日第8版。

成年人保护法》的指导原则,符合未成年人的身心健康特点和教育规律,满足未成年人多样化、个性化的学习需求,不得损害未成年人的身心健康、学习兴趣和创造力,为未成年人的全面发展和健康成长创造良好条件。

规范校外培训活动的过程,也是建立完善的未成年人权益保护机制的过程。一方面,校外培训是补充校内教育的重要方式,关系未成年人受教育权。规范校外培训活动,以保证未成年人接受优质、全面的教育,不论地理位置、家庭经济状况等,都有机会获得适应自身需求和能力的教育,实现教育公平。另一方面,过重的学习负担会对未成年人的身心健康产生负面影响。通过规范校外培训活动,关注学生的实际需求,合理安排课程和作业量,防止学习压力过大造成身心损害,从而保障未成年人的健康权。同时,未成年人除了学习,还需要有足够的时间进行休闲和娱乐,这对他们的个性发展和心理健康有着重要的作用。通过规范校外培训活动,合理安排学习和休闲时间,保障未成年人休息和娱乐的权利。

实现提高校外培训质量和维护未成年人身心健康之间保持平衡是校外培训监管的最终目的。法律制度需要在不同的权益和价值之间寻找平衡,秩序和正义是法律的两个基本价值,共同构成法律的基础。在健全的法律制度中,秩序和正义应该相辅相成。[①] 秩序为社会提供一个稳定的框架,使得个人和组织能够预测并理解他人的行为,从而进行合理的决策;正义为秩序提供标准,确保每个社会成员人权得到保障,资源得到公平分配,以及不公正行为得到惩处。因此,在校外培训监管的问题上,这种平衡就体现在如何在维持教育秩序和实现教育正义之间找到平衡。提高校外培训质量和维护未成年人身心健康事关未成年人的受教育权和健康权。校外培训监管法律制度通过规范校外培训活动,提高校外培训质量,促进所有未成年人都有平等机会接受高质量教育维持教育秩序,通过尊重和保护未成年人的权利,维护未成年人身心健康实现教育正义。

综上,促进未成年人健康成长是校外培训监管立法的主要目的,规范校外培训活动,提高校外培训质量是实现目标的手段和方式。通过规范校外培训活动,提高校外培训质量,保护学生权益、减少课外负担,并关注身心健康,实现全面发展,这样的努力有助于构建良好的教育生态。在提高校外培训质量和维护未成年人身心健康之间保持平衡,实现教育秩序和教育正义相辅相成,是校外培训监管的最终目的。

2. 校外培训向教育公益性回归

公益性原则是校外培训监管的基本原则。第一,从立法层面明确校外培训公益属性。根据《民法典》《教育法》《民办教育促进法》等法律规定,非营利法人、非营利性民办学校和校外培训机构本身都具有公益性。中央和地方通过《双减意见》及其实施方案促进校外培训和学校教育优势互补、良性互动,推动教育公平,满足受教育者多样化的需

[①] [美]E.博登海默:《法理学:法律哲学与法律方法》,邓正来译,中国政法大学出版社,2017,第332页。

求,平衡教育的公益性和市场的营利性,促进校外培训市场健康有序发展。第二,建立严格的准入机制促进回归公益性。要求校外培训机构符合法定条件和标准方可开展教育培训活动,禁止资本过度进入校外培训行业,防止过度商业化倾向和过度追求经济利益。国务院提出对校外培训机构严格审批登记,《双减意见》要求坚持从严审批机构,地方出台各类校外培训机构准入指引,从设立条件、组织机构、培训内容、师资队伍、办学场所、收费管理、组织保障等多方面作出具体明确规定,以资质审查和准入机制遏制校外培训机构逐利性,促进回归公益性。第三,校外培训收费向公益性回归。强化对收费的监督管理,包括明确收费标准、科学定价、防止高收费等,以避免校外培训过度逐利。《双减意见》要求,为了确保校外培训的公益属性得到充分体现,地方政府在制定收费标准时应严格考虑成本因素,并将其向社会公众公开。为贯彻这一要求,地方政府推行政府统一指导价的做法,并对校外培训的收费时长和监管逐步规范。

3. 行政执法不断规范

中央和地方政府在规范校外培训监管行政执法方面有所作为[①],实践中制定了规范行政执法流程、加强日常监管和严惩违法行为、强化校外培训监管行政执法协调机制以及地方政府责任与问责等方案,形成了一套完整的监管框架,为校外培训治理提供了坚实的基础。

(1)强化行政执法协调机制。各地强化校外培训监管行政执法协调机制。

首先,明确单独执法、联合执法、综合执法并存的多种执法模式。单独执法由单一的教育行政部门独立负责,执法形式为部门内综合执法,不涉及其他部门的合作;联合执法由教育行政部门与市场监管、网信、公安、体育、文化和旅游等相关部门,在各自职责内,对涉及校外培训的问题开展跨部门联合执法;综合执法由综合行政执法部门依法对校外培训机构行使省政府批准的综合行政执法事项的行政处罚权及与行政处罚相关的行政检查、行政强制措施等职权。

在教育行政执法体制改革中,山东省青岛市、广西壮族自治区南宁市、上海市浦东新区通过设立教育行政机关内部的职能科室,上海市、北京市海淀区通过设立直属事业单位委托执法,上海市浦东新区、山东省潍坊市通过政府购买服务委托执法,探索加强教育行政部门内综合执法模式。上海市通过建立"上海市规范教育培训市场管理联席会议"制度,山东省青岛市通过建立部门间联合执法和与区市间联动执法机制,浙江省义乌市开展由教育监察大队参与或协调属地街镇、联合多部门实行联合执法的模式,探索跨部门联合执法模式。浙江省义乌市、天津市使用成立综合执法局或街道综合执法机构的方式,将教育行政执法纳入政府综合执法范畴或纳入街镇综合执法工作,探索政府综合执

---

① 教育部、中央编办、司法部:《关于加强教育行政执法 深入推进校外培训综合治理的意见》,中华人民共和国教育部官网,http://www.moe.gov.cn/srcsite/A29/202202/t20220207_597479.html,2022年1月29日。

法模式。①

其次,明确执法层级。各级教育行政部门中负责校外培训监管的机构承担具体的校外培训监管行政执法职能,明确分级负责的基本原则,教育部主要负责拟订校外培训监管行政执法工作标准和规范并监督实施,省级教育行政部门主要负责拟订本地校外培训监管行政执法工作实施方案,市级教育行政部门主要负责监督指导、县级教育行政部门主要负责查处本地区校外培训违法违规行为。同时各地坚持分工合作,明确监管主体职责。浙江省教育厅等十部门联合下发《关于加强校外培训监管行政执法工作的实施意见》,详尽规定了浙江省教育行政部门、科技、文化旅游、体育等行业主管部门、综合行政执法部门、机构编制部门、党委政法部门、公安部门在校外培训监管方面的具体分工。各地在开展校外培训综合治理方面采取了不同的做法,一些省份采取了较为具体和实用的措施。浙江省《关于加强校外培训监管行政执法工作的实施意见》探索实施网格、镇街、部门等分工负责、多级联动和违法违规问题发现、报告、处置全链条闭环机制,意图通过延伸监管触角,实施群防群治,形成城乡一体、全域覆盖、资源整合、上下联动的校外培训监管行政执法体系。另外,各地压实乡镇、街道责任将校外培训治理纳入村(社区)网格化管理,开展综合治理。

(2)规范行政执法流程。各地在加强教育行政执法深入推进校外培训综合治理的过程中,探索推行规范执法流程制度,确保执法行为的合法性和公正性。

首先,推行执法公示、记录和审核制度。如内蒙古自治区教育厅等十一部门联合下发《关于加强教育行政执法 深入推进校外培训综合治理的实施方案》(以下简称内蒙古《方案》),明确落实行政执法公示制度,主动公示、公开有关行政执法信息,接受社会监督;落实行政执法全过程记录制度,通过文字记录、音像记录等方式,对行政执法行为进行记录并归档,实现全过程留痕和可追溯管理;落实重大行政执法决定法制审核制度,未经法制审核或者审核未通过,不得作出行政执法决定。

其次,制定指导目录,各地教育行政部门细化指导目录。教育部根据现行法律法规和政策规定,梳理各级教育行政部门校外培训执法职能,拟出台《校外培训监管行政执法事项指导目录》,各地教育行政部门将根据地方立法情况,细化地方《校外培训监管行政执法事项指导目录》。如内蒙古《方案》要求参考适用教育部《校外培训监管行政处罚流程图》《校外培训监管行政处罚文书格式范本》和《校外培训监管行政执法事项指导目录》,推进校外培训机构管理地方立法,细化地方《校外培训监管行政执法事项指导目录》。同时,建立健全档案管理制度。如内蒙古《方案》提出建立健全行政执法档案的收集、整理、归档等行政执法档案管理制度。通过规范化教育行政执法行为,内蒙古自治区在校外培训监管领域取得显著成绩,包括实现校外培训监管行政执法的质量、效率以及人员执法能力的持续提升。在2022年度人民网网上群众工作中,内蒙古教育厅被评为

---

① 李改、赵京:《教育行政执法体制机制改革实践探索》,《中国教育》2018年第24期,第47—49页。

"实干担当单位"。①

(3)加强日常监管,严惩违法行为。各地加强日常监管并严惩违法行为,采取了加强内设机构和执法力量、加强日常监管和执法巡查,以及建立行政执法与刑事司法衔接机制等措施。各地教育行政部门根据本地实际情况,制定具体方案,建立校外培训监管机构,承担校外培训监管行政执法工作,严格实行执法人员持证上岗制度。各地还要求增加执法力量,充实一线执法人员,配齐配强工作力量。各地定期梳理群众反映强烈的突出问题,每年部署不少于2次集中专项整治,及时通报校外培训违法违规典型案例。河北省教育厅等五部门联合下发《关于加强教育行政执法深入推进校外培训综合治理的实施方案》,甘肃省教育厅等三部门联合下发《关于加强教育行政执法 深入推进校外培训综合治理的实施方案》,还采取柔性执法的方式,给予校外培训机构容错纠错的空间,预防和化解违法风险。各地完善了行政执法与刑事司法衔接机制,加强信息共享,实现"两法衔接"信息平台建设,加强行政执法与打击犯罪之间的衔接,例如内蒙古《方案》提出完善行政主管部门与司法部门的联席会议、信息共享、案情通报、案件移送、执法联动等制度。

(4)规范地方政府责任与问责机制。各地推动地方政府把加强校外培训监管行政执法、推进校外培训综合治理纳入重要议事日程,制定实施方案,层层压实责任。党委作为领导机构,在校外培训治理中起核心和统领作用,政府作为执行机构,承担具体治理任务。山西省教育厅等七部门联合下发《关于加强教育行政执法 深入推进校外培训综合治理的实施方案》,要求建立重大教育违法事项通报制度,省级行政主管部门对各地履行执法责任不力、导致发生侵害群众重大利益的教育违法案件予以通报。各地教育行政部门健全校外培训监管执法监督机制,加强和完善执法案卷管理和评查、执法考核评议等制度,全面落实"谁执法谁普法"的普法责任制,建立校外培训社会监督员队伍,拓宽社会监督渠道,探索公众参与模式。河北、山西还要求建立省级或各地设立的校外培训联合执法工作组、学科鉴别专家、非学科教学专家指导等五支队伍,强化校外培训执法、监督、鉴别、指导和引领。

4.监管体制逐渐形成

《双减意见》发布后,各省市结合自身实际情况,出台了一系列关于校外培训治理的政策文件,涵盖了设立、办学过程、收费、广告、场地、人员等监管内容,其中包括建立培训机构的设立审批与登记、规范监管主体、培训收费管理、培训材料管理、培训场所管理以及监管机制等方案内容。

(1)学科类机构设立与登记。各地在校外培训监管政策中对学科类机构的设立审批与登记的做法有所不同,但总的来说,学科类培训全部登记为非营利性,线上培训由备案

---

① 内蒙古自治区教育厅:《内蒙古自治区教育厅2022年法治政府建设工作情况的报告》,内蒙古自治区教育厅官网,https://jyt.nmg.gov.cn/zfxxgk/fdzdgknr/bmwj/202301/t20230119_2218060.html,2023年1月5日。

制改为审批制。比如,黑龙江省《关于进一步减轻义务教育阶段学生作业负担和校外培训负担的实施意见》规定,不再审批义务教育阶段、高中阶段的学科类校外培训,把限制学科类培训的范围延伸到高中;《广西壮族自治区学科类校外培训机构管理办法》规定了设立学科类校外培训机构的条件和程序;《上海市学科类校外培训机构设置标准》则规定了学科类校外培训的设置标准。

(2)监管主体。各地方政府对校外培训进行监管,并针对不同领域确定了相应的监管主体。具体来说,海南、河北、山西、内蒙古、浙江、甘肃等省份的教育行政部门、文旅、科技、工商、公安、消防、环保等行政主管部门都参与了校外培训的监管。同时,相关部门还根据实际情况,制定了实施方案,以提高校外培训的监管能力。值得注意的是,各个监管主体在日常监管、行政执法、监督机制等方面,都有着明确的职责和标准,力求全方位地推进校外培训治理工作。

(3)培训材料审查。各地对校外培训材料管理的做法包括设立校外培训材料审核委员会、加强培训材料的意识形态审查、审查培训材料的低俗内容、侵权盗版问题。地方政府规定,校外培训材料必须经过审核,并对审核内容作了相应规定。例如黑龙江省《关于进一步减轻义务教育阶段学生作业负担和校外培训负担的实施意见》规定校外培训机构审核委员会须从严审核培训材料的低俗、侵权盗版等问题。《江西省校外培训机构监管办法(试行)》要求加强培训材料的意识形态审查,不得违背党的教育方针和社会主义办学方向。

(4)安全监督与广告管理。各地都针对培训机构的空间、安全等方面进行督导与约束,以保障学生的安全。《江西省校外培训机构监管办法(试行)》要求培训机构需落实消防、食品、建筑、安防等部门要求,对没有配齐消防设施、灭火器材、消防安全标志、疏散通道、安全出口、消防物联网智能终端、保安人员、安防"八小件"的培训机构进行约谈;《广西壮族自治区学科类校外培训机构管理办法》要求同一培训时段内生均面积不低于3平方米;《上海市学科类校外培训机构设置标准》要求在培训机构公共场所安装视频监控设备。在校外培训广告管理方面,《福建省2022年整治校外培训机构不规范问题减轻中小学生课外负担工作方案》规定,严禁在主流媒体、新媒体、居民区以线上线下的形式发布校外培训广告。《江西省校外培训机构监管办法(试行)》限制校外培训广告只能在培训场所、网站公示,不得违规对外发布招生简章和广告。

此外,黑龙江省《关于进一步减轻义务教育阶段学生作业负担和校外培训负担的实施意见》提出"十项管理"作为常态化监管内容,涉及校外培训机构资格认定管理、教学行为管理、网课使用管理、教务人员管理、财务收费管理、招生合同管理、防疫及消防安全管理、部门联动管理、政府督导管理、整治出口管理。《江西省校外培训机构监管办法(试行)》提出建立"双减"工作联席工作会议,建立定期会商机制,职能部门间加强沟通协作,充分发挥联合监管的作用。

各地各部门还采取了多种措施,对线上线下的学科类校外培训机构进行了大规模的清理整顿。包括组织校外培训专题大会、督导工作、推广全国平台、加强审核登记、资金监管、体系化培训、制定星级评定办法、建立社会监督员队伍等。同时,还有一些值得借鉴的经验做法,比如可以发挥民办教育协会的作用助力《双减意见》落地。

地方校外培训监管政策的优势特色在于其能够快速响应,各省市在中央"双减"文件出台后迅速行动,快速制定了地方"双减"的实施办法。例如,北京市在中央双减目标时间的基础上提前一年,制定了两年内减轻学生校外培训负担的目标。可见地方政府对校外培训的治理并不凭空产生,而是在确保治理效果的同时,针对当地实际情况进行调整和完善。

(二)校外培训监管立法问题分析

1. 校外培训相关标准仍需完善

国务院办公厅《关于规范校外培训机构发展的意见》首次提出"分类管理"的基本原则,《双减意见》把校外培训划分为学科类和非学科类,对校外培训对象的年龄也加以界定。然而,政策执行过程中存在学科类与非学科类的区分可操作性不强、培训对象年龄界定标准不统一的问题。

学科类与非学科类区分标准的可操作性不强。一是学科类与非学科类边界模糊,区分困难。教育部办公厅印发的《义务教育阶段校外培训项目分类鉴别指南》(以下简称《分类鉴别指南》),把学科类的范围认定为思想道德与政治、语文、数学、外语、物理、化学、地理、生物等,认定学科类培训的主要目的是升学。由于学科类与非学科类本身边界模糊,加之现实复杂,该规定并不能为分类提供确定的依据。例如,学习英美文化是否算作学英语存在争议。体育特长生以升学为目的参加体育培训,是否属于学科类培训也存在不确定性。可见,面对复杂情形,擦边球式培训很难界定。校外培训刻板"二分"为学科类、非学科类,忽视了两者的交叉性,操作的可行性不高。二是学科类与非学科类的区分依赖于专家鉴定制度,难以认定变异培训。《分类鉴别指南》从培训内容、目的、方式及评价等四个方面界定学科类校外培训,建立专家鉴别制度。然而,专家鉴定制度很难鉴定变异培训。第十三届全国人民代表大会常务委员会第三十七次会议上,教育部部长怀进鹏在"国务院关于有效减轻过重作业负担和校外培训负担,促进义务教育阶段学生全面健康发展情况的报告"中指出,"高端家政""住家教师"等变异培训发现难、认定难。专家鉴别以查看培训材料、采访等方式开展,不同于培训机构,变异培训用"服务"外衣开展培训,留痕少,取证难,专家鉴定制度难以认定是否开展学科类培训。

培训对象的年龄标准不统一。减轻义务教育阶段学生校外负担是《双减意见》目标之一,校外培训监管对象直指义务教育阶段。对于义务教育阶段之外的培训对象的年龄界定,现有规定存在不同的说法,例如是否应包括3~6岁的学龄前儿童,或扩展至0~6岁学龄前儿童,抑或是否应包括高中生。《江苏省文化艺术类非学科类校外培训机构管理办法》规定,培训对象为义务教育阶段中小学生及幼儿园适龄儿童。但适龄儿童的年龄究竟是指0~6岁还是3~6岁,仍存在不明确之处。此外,《校外培训行政处罚暂行办法(征求意见稿)》《校外培训机构从业人员管理办法(试行)》均把校外培训的对象界定为"3 周岁以上学龄前儿童、中小学生"。这一规定,又把培训对象扩大到高中生及 3~6 岁学龄前儿童。不同的政策文件对校外培训对象的年龄界定不一致,导致了校外培训的界定不统一。

2. 大学生家教发展空间有待拓展

大学生家教是我国高等教育的鼓励行为。我国《高等教育法》第 56 条规定:"高等学校应当对学生的社会服务和勤工助学活动给予鼓励和支持,并进行引导和管理。"《高等学校学生勤工助学管理办法(2018 年修订)》第 6 条规定,勤工助学活动由学校统一组织和管理;第 9 条规定,组织开展勤工助学活动是学校学生工作的重要内容;第 23 条规定,组织开展校外勤工助学应注重与学生学业的有机结合。大学生参加勤工助学活动是进行劳动教育的重要途径。通过勤工助学,有助于激发大学生热爱劳动的内生动力,兼职家教既符合大学生的特征,又具有勤工助学的性质。《双减意见》出台后,师范院校组织大学生勤工助学形式的兼职家教也结束了。创办二十余年的华东师范大学家教服务中心为学校提供了大量勤工助学岗位,在政策出台后不久,发布声明称终止业务。

"双减"背景下,校外培训治理没有为大学生兼职家教预留空间。《双减意见》出台后,2021 年 9 月 8 日,有网友在浙江政务服务网咨询,提问"大学生家教是否为双减限制行为,是否违规违法"。两天后,杭州市教育局回答了该网友提问,指出根据《双减意见》第 14 条的规定,必须具备相应教师资格才能开展学科类培训,因此大学生若担任学科类家教,应取得相应的教师资格,即大学生兼职家教也须持证上岗。依据此答复,由于大学生兼职家教被定为"双减"的限制行为,大学生家教的可能性几乎没有。

3. 拔尖创新人才培养亟需教育模式革新

党的二十大报告提出,全面提高人才自主培养质量,着力造就拔尖创新人才,聚天下英才而用之。如何培养拔尖创新人才是教育强国建设需要思考的重要命题。

创新是引领发展的第一动力,人才是第一资源。习近平总书记在二十届中央政治局第二次集体学习时指出,要加快科技自立自强步伐,解决外国"卡脖子"问题,要实现人才强国、科技强国、创新驱动发展战略有效联动,坚持教育发展、科技创新、人才培养一体推进。科技人才与国家的发展进程息息相关,是摆脱外国限制的重要因素。加强拔尖创新人才培养,才能确保科技人才源源不断。人才培养的贯通性,决定了中小学阶段必须储备足够的人才种子。对义务教育阶段的人才培养而言,又可分为早期发现与早期培养。过多限制校外培训,一定程度上不利于拔尖人才的早期发现与培养。

限制培训机构参与组织竞赛,不利于拔尖创新人才的早期发现。我国的人才培养体系遗漏了学龄前和基础教育阶段。[①] 义务教育阶段通过竞赛选拔创新人才,学科性的竞

---

① 阎琨、吴菡、张雨颀:《构建中国拔尖人才培养体系:现状、方向和路径》,《中国高教研究》2023 年第 5 期,第 13 页。

赛和成绩仍是选拔的重要依据。① 2023年中关村"教育+科技"创新周活动中,褚宏启教授做"中小学英才学生的选拔与培养"演讲,指出我国面临英才教育覆盖面小且中小学阶段英才开发不足的问题,②"双减"背景下,我国规定禁止校外培训机构参与组织、主办竞赛,阻断了社会力量对拔尖创新型人才培养的推动力,不利于国家对拔尖创新人才的发现。

过多限制校外培训,阻碍了社会主体参与拔尖创新人才的早期培养。我国的拔尖创新人才培养由学校单一主体转向多员主体参与。2023年5月,教育部等十八部门联合下发《关于加强新时代中小学科学教育工作的意见》,提出要整合资源,内外联合,重在协作,构建家校社协同机制。我国拔尖创新人才的培养存在早期培养不足的问题,必须把培养迁移。③ 然而,我国很难找到面向中小学的拔尖培养项目。校外培训作为学校教育的有益补充,可以弥补拔尖创新人才培养不足的问题,限制校外培训的参与,阻碍了社会力量对拔尖创新人才的作用发挥。

4.培训时间安排应更有弹性

国务院办公厅《关于规范校外培训机构发展的意见》规定,培训结束时间不得晚于20:30,并不切合各地实际。我国地域辽阔,从东到西跨5个时区,最大时差达到4小时。对新疆维吾尔自治区来说,与北京时差两小时以上,校外培训不得超过20:30并不符合实际。乌鲁木齐市中小学作息时间表显示,小学的下午放学时间为20:00,初中的晚餐时间为20:00—20:30,晚自习放学时间为22:30。从小学放学到20:30,只有半小时,而初中生则完全没有参加校外培训的时间。校外培训时间的全国性规定不够灵活,不完全符合各地实际。

5.多方权益保障需要关注

机构转型发展、从业人员再就业困难。2016年,中国教育学会发布的《中国辅导教育行业及辅导机构教师现状调查报告》显示,校外辅导教师人数达700万~850万。④"双减"背景下,学科类培训机构的收入减少,部分场所被迫关停,需转型发展并安置从业人

---

① 殷玉新、赵乐:《建构具有中国特色的拔尖创新人才培养模式》,《中国社会科学报》2023年4月8日第4版。
② 吴壹麟:《国家督学褚宏启:注重因材施教,落实拔尖创新人才培养》,网易网,https://www.163.com/edu/article/I5TNM0EE00297VGM.html,2023年5月29日。
③ 阎琨、吴菡、张雨颀:《构建中国拔尖人才培养体系:现状、方向和路径》,《中国高教研究》2023年第5期,第13页。
④ 智见:《报告显示:2016年中国课外辅导教师规模700万~850万》,搜狐网,https://www.sohu.com/a/122820729_120194,2016年12月28日。

员。① 据估计,全国有300万～400万学科类校外培训从业人员面临转岗再就业。②"双减"效果的实证研究,通过对10省域抽样调查,认为机构从业人员再就业难题突出,转型发展困难。③

教育的自主权有所受限。《双减意见》执行不断深入,大量学科类校外培训被迫关停,部分县区甚至出现学科类培训清零。江西省教育厅公布的数据显示,截至2022年3月,江西省123个县中有97个县学科类培训机构压减率100%。④ 学科类校外培训机构完全清零,学生没有选择学科类校外培训的可能性,限制了学生接受校外教育的自主选择权。因此,在校外培训监管的共同场域中,机构及从业人员合法利益面临一定挑战,家长及受教育者的教育选择空间有所收窄。

三、校外培训监管立法的设想

为了有效监督和管理校外培训机构,未来的校外培训监管立法展望需要聚焦于以下关键方面:明确校外培训的范围、推进校外培训多元发展与规范管理,以及兼顾平衡多元主体的利益。这些努力的目标是构建一个更加完善、规范的监管框架,促进校外培训行业的健康发展,同时最大限度地维护未成年人的合法权益。

(一)明确校外培训的范围

1. 明确校外培训的操作性定义

准确界定校外培训的操作性定义,对于有效监管、权益保护、行业发展和学术研究的推进都至关重要。

首先,准确定义校外培训的非学校教育教学性质。根据《关于规范校外培训机构发展的意见》,面向中小学生的校外培训机构开展的是非学历教育培训,而非学校教育。以学校物理边界为界限,校外培训是学校教育延伸到学校之外的教学活动;以学校教育教学计划为标准,包括学校教育计划内的课外活动和学校学制教学计划之外的非正规教育。⑤

其次,具体指出校外培训包括政府资助的公共教育补助项目,如面向贫困学生、学习困难学生、拔尖学生的公费培训。贫困学生和学习困难学生,常常面临由于家庭环境和

---

① 靳玉乐、黄声华:《"双减"政策的风险评估及其化解——基于利益相关主体需求的分析》,《西南大学学报》2022年第6期,第190页。
② 姚晓丹:《"双减"后,大批教育培训从业者面临转岗再就业 转岗如何转出新舞台》,《光明日报》2021年11月30日第7版。
③ 董圣足等:《"双减"之下校外培训治理:成效、问题及对策》,《上海教育科研》2022年第7期,第19-20页。
④ 张兵:《江西省教育厅厅长郭杰忠:依法有效净化校外培训》,《民生周刊》2022年第5期,第55-57页。
⑤ 王敬波:《校外培训立法的三个基础问题》,《探索与争鸣》2022年第9期,第89页。

学校条件等因素所带来的不利,为了弥补这些差距,公费的补差培训成为必要的手段。另外,公费培训还包括学校组织的公益补课,或者购买优质的教育资源,提供有挑战性的学科内容和项目,以培养拔尖创新人才。

再次,指明校外培训包括面向3~6岁学龄前儿童的培训。3~6岁的儿童通常会进入幼儿园接受学前教育,以及参加帮助学龄前儿童从幼儿园顺利过渡到小学阶段的幼小衔接培训。学前教育在儿童成长和学习中起重要作用,确保学前阶段的教育衔接具有连贯性和平稳过渡至关重要。学前教育与幼小衔接培训中,存在一些培训机构或活动可能超出学龄前儿童的学习内容或超出教育规划纲要的范围,使得儿童面临过早接触过于学术化或学科特定内容的情况。因此,有必要将面向3~6岁学龄前儿童的培训纳入校外培训进行监管。

最后,明确校外培训不包括0~3岁的早期教育和高中阶段的培训。0~3岁早期教育主要集中于满足婴幼儿的基本生活需求和情感需求,培养其基础认知和社交能力。校外培训注重于学科知识、技能以及兴趣的培养,重在加强学生的学科素养和实践能力,两者之间在内容和特征方面呈现出显著的差异。就高中阶段培训而言,法律和政策关切点都聚焦于义务教育阶段的校外培训领域。《家庭教育促进法》第26条规定,县级以上地方人民政府应当强化对义务教育阶段学生作业负担和校外培训负担的监督与管理,对于校外培训的监管范围明确限定于义务教育阶段。此外,主要政策目的如《双减意见》所述,旨在有效减轻义务教育阶段学生过重的课业负担和校外培训负担。

2. 允许符合设立条件的学科类校外培训机构存在

对学科类校外培训机构进行严格监管,旨在规范其经营行为和教育质量,而不是采取全面取缔或消除的措施。我国《宪法》第19条第4款明确规定,国家鼓励集体经济组织、国家企业事业组织和其他社会力量依照法律规定举办各种教育事业。《教育法》第26条第2款规定,国家鼓励企业事业组织、社会团体、其他社会组织及公民个人依法举办学校及其他教育机构。《民办教育促进法》第3条第2款规定,国家对民办教育实行积极鼓励、大力支持、正确引导、依法管理的方针。校外培训作为一种重要的社会力量办学形式具有宪法和法律依据。

学科类校外培训作为社会力量办学的重要形式,能够提供专业化的学科教育,满足学生个性化的学习需求。因此,允许符合设立条件的学科类校外培训机构存在,遵守宪法规定的社会力量办学原则,保障其合法经营权和从业人员的就业权,同时提供多样性的教育选择和丰富的教育资源。一方面,要求义务教育阶段学科类校外培训机构必须登记为非营利性机构。可以参照将现有学科类校外培训机构统一登记为非营利性机构的办法①,要求未来的义务教育阶段学科类校外培训机构必须进行非营利性机构登记,一律不得上市融资,严禁资本化运作,确保机构的运营符合社会公益性质。另一方面,对学科类校外培训机构建立明确的许可标准。《市场准入负面清单(2022版)》规定,未获得许可不得设立特定教育机构的事项包括"面向中小学生的校外培训机构等其他教育机构筹设、办学许可",即校外培训机构准入为许可准入类。相比非学科类校外培训相对灵活的准入条件,可以对学科类校外培训机构设置更加严格的准入条件,要求对准入条件进行细致的实体审查,实现对学科类校外培训机构的严格管控,确保其经营办学合法合规。

3. 为大学生家教行为预留空间

根据我国《高等教育法》第56条的规定,高等学校的学生在课余时间可以参加社会服务和勤工助学活动,但不得影响学业任务的完成。勤工助学活动是劳动教育的重要组成部分,有助于培养大学生的劳动意识、勤俭节约精神和社会责任感。大学生相比未成年人具有较为丰富的知识和教学能力,在家教领域可以为未成年人提供专业指导和辅导。对大学生而言,参与家教行为是一种勤工助学的方式,可以缓解经济压力,提供经济来源。校外培训监管立法为大学生家教行为预留空间,是基于上位法的规定、劳动教育的重要性、教育资源的合理利用和经济压力的缓解的合理考量。

首先,明确立法对大学生家教行为的鼓励和支持态度。参考《全国中小学勤工俭学暂行工作条例》将勤工俭学活动视为劳动教育的组成部分,可将大学生家教行为也纳入勤工俭学范畴。在立法中明确大学生勤工俭学的家教行为,是促进教育与社会发展相结合,培养德智体美劳全面发展的社会主义建设者和接班人,为社会主义教育事业作出贡献的有效途径之一。

其次,明确大学生家教行为范围。应当明确家教行为的范围和界限,以将其与校外培训机构的教学活动区分开来,可以规定家教行为是大学生在课余时间为中小学生提供学科辅导和知识传授的非正规教育活动。

再次,区分不同类型的从业人员。《校外培训机构从业人员管理办法(试行)》规定校外培训机构的从业人员主要包括在校外培训机构工作的教学人员、教研人员以及其他人员,在校外培训机构中负责培训授课、培训研究以及提供辅助服务等工作。应当将从事家教的大学生同校外培训机构从业人员区分,明确从事家教的大学生属于以个人或私人组织的形式从事校外培训活动,不需要具备教师资格等特定的专业资质条件,与正规的培训机构没有直接或间接的雇佣关系的个体工商户。

最后,根据从业特点和影响程度进行不同程度的监管。可以根据上述区分,针对校外培训机构的从业人员和从事家教的个体从业人员分别适用不同的规定和管理措施。

---

① 教育部办公厅等三部门《关于将面向义务教育阶段学生的学科类校外培训机构统一登记为非营利性机构的通知》,中国政府网,https://www.gov.cn/zhengce/zhengceku/2021-09/10/content_5636571.htm,2021年8月30日。

对于校外培训机构的从业人员,按照校外培训监管规定的资质和背景作出要求;对于从事家教的个体从业人员,可以采取相对宽松的弱监管模式,放宽一些限制,鼓励其提供个性化、灵活性强的教学服务,但同时也要确保其教学行为符合道德和法律的要求。

(二)推进校外培训多元发展与规范管理

1. 明确监管行政执法体制

一方面,明确党委和政府领导下各部门分工负责的联合执法模式。校外培训监管行政执法涉及综合执法、联合执法和协作执法等多种模式。《关于加强教育行政执法 深入推进校外培训综合治理的意见》指出,目前主要任务集中在加强和健全校外培训监管行政执法机制,着重推动各地在党委和政府的统一领导下建立各部门联合执法机制,同时强化教育行政部门在校外培训监管中的执法职责,要求各部门在党委和政府的统一领导下,明确分工负责,共同参与校外培训监管行政执法。在教育行政执法改革中,联合执法作为中间阶段具有重要过渡性质。[1] 联合执法模式以协同多个部门共同处理特定执法事项为特点,在尚未全面实行教育综合行政执法的地区,成为主要的执法实践形式。确定党委和政府领导下各部门分工负责的联合执法模式,通过整合多个部门的执法资源,协同处理教育行政执法问题,解决多头执法和重复执法等问题,提高执法效率,从而为逐步实现教育综合行政执法目标奠定基础。

同时,建立教育行政部门吹哨机制。具体问题的发现和处理往往会牵涉多个部门的职责,单一部门往往难以全面覆盖,"吹哨—报到"的机制可以通过协调多部门的力量,弥补单一部门监管的盲点,提高整体监管效率效果。[2] 县级教育行政部门主要负责查处本地区校外培训违法违规行为,在日常监管工作中发现校外培训机构存在违法或违规行为时,通过专设的平台向其他相关部门"吹哨",传递信息和需求。收到"吹哨"的其他部门,例如市场监管、网信、公安等部门,迅速对吹哨信息进行核实确定,并根据自身职责进行针对性处理。在处理中如果涉及多个部门的职责时,各部门间要进行有效的信息分享和资源整合,形成联合执法力量,通过协作配合取得更好的效果,共同对相关问题进行处理。教育行政部门应在其职责范围内追踪各相关部门对"吹哨"事项的处理情况,经过共同处理后的结果,需要及时反馈给最初的"吹哨"单位,并向社会公众提供反馈。通过"吹哨—报到"机制,推进执法部门快速响应,减少处理过程中沟通协调时间,提高整体执法效率,准确调动和利用各部门专业能力,在保证执法公正有效的同时,避免资源的错配和浪费。

另一方面,还应允许地方根据实际情况灵活采取符合地方特色的执法模式。教育部办公厅《关于开展教育行政执法体制改革试点工作的通知》明确提出当前需要整合执法主体,相对集中执法权,推进综合执法。教育部《关于加强教育行政执法工作的意见》强

---

[1] 胡劲松、邓素怡:《论教育行政执法的"综合转向"》,《教育研究》2023年第2期,第128页。
[2] 杨华:《县乡中国 县域治理现代化》,中国人民大学出版社,2022,第95页。

调要积极推进教育领域综合执法,结合教育特点和地方实际,探索将部分涉及面广、影响面大的执法事项纳入地方政府综合执法范畴。一些地方已在教育领域进行综合执法试点,为教育综合行政执法提供了可借鉴的改革实践。另外,《关于加强教育行政执法 深入推进校外培训综合治理的意见》也强调,已整合实行综合执法的地区可继续探索。因此,应容许地方因地制宜,采用适合地方的执法模式。地方在选定行政执法模式时,应综合考虑地方现实、教育发展需求和执法资源等多重因素,充分权衡单独执法、联合执法以及综合执法等多种模式的优劣,从而选择适合当地情境的执法体制,以确保监管执法更具包容性和可操作性。

2. 鼓励免费的校外培训

免费的校外培训是指在学校教育教学活动安排之外向学生提供的免费教育培训活动。免费的校外培训教育可以帮助贫困学生和学习困难学生获得平等的学习机会,弥补教育资源不平衡;有助于培养拔尖创新人才,促进国家人才创新和发展,是建设教育强国、促进教育公平的有效途径。

一方面,鼓励面向贫困学生、学习困难学生、拔尖学生的公费培训。我国乡村地区教育存在包括教师短缺、学校管理多重任务、校外辅导机构不足等问题,集中连片困难地区的儿童处在家庭教育水平低、留守儿童问题、父母养育焦虑等困境。[①] 国家自2019年开始密集出台包含公益性在线教育条款的规范性文件,以加强教育改革、提高义务教育质量、缩小城乡教育差距。其中,《关于深化教育教学改革全面提高义务教育质量的意见》强调发展公益性在线教育,免费为农村和边远贫困地区学校提供优质学习资源以加快缩小城乡教育差距,《关于引导规范教育移动互联网应用有序健康发展的意见》通过国家数字教育资源公共服务体系整合、共享优质教育资源来引导规范教育移动互联网应用的发展,《双减意见》要求充分利用社会资源,发挥好少年宫、青少年活动中心等校外活动场所在课后服务中的作用;要求加强免费线上学习以促进教育资源均衡发展和教育公平。

具体来说,鼓励举办公费的校外培训,充分利用少年宫、青少年活动中心等校外活动场所的资源和优势,结合学校课程安排,提供多样化、专业化的课后服务。对于贫困学生和学习困难学生,提供公费补差培训。学校为未能通过义务教育期末考试的学生提供公费补差,由学校教师提供补课服务。另外,重新引入义务教育阶段的留级制度,即在学生未能达到年级学业要求时留级,相应的教育费用则由留级生个人承担。除此之外,通过政府购买并无偿提供面向贫困学生、学习困难学生、拔尖学生公益性免费在线教育资源,也可以促使教育公平的实现。还应鼓励和支持培训机构提供一些免费培训,通过政府、培训机构的共同努力,不断提升公益性教育资源的质量和可持续发展能力。

另一方面,允许境外非营利性培训网站经审批后提供理工类学科免费培训教育。境

---

① 郝文武:《"双减"要努力促进家庭教育公平》,《中国教育学刊》2023年第3期,第20页。

外课程网站涉及意识形态安全和价值观等问题,应被限制进入。但在较少涉及意识形态安全和价值观的理工类学科,如数学、物理、化学、体育、艺术、生物等领域,可以允许境外非营利性培训网站经审批之后提供免费校外培训教育。就如可汗学院,是一个旨在为任何地方、任何人提供免费的、世界一流教育的非盈利组织,它提供了数学、科学、艺术、人文、经济、计算机等多个领域的在线课程、视频和练习。它的使命是让每个人都能享受到高质量的教育,促进教育公平和终身学习。对于这样的境外免费培训网站,明确规定数学、物理、化学等理工类学科允许境外非营利性培训网站从事免费校外培训教育,通过审批机制审批对境外非营利性培训网站,明确相关机构或委托相关部门负责监管允许进入的境外培训网站的运营和内容,明确禁止境外课程网站传播或宣传违背国家法律法规、破坏国家安全和社会稳定的内容。通过鼓励部分学科相关资源的引入和共享,拓宽培养创新型人才的途径,引入更多高质量的教育资源,提供丰富的学科知识和学术探究机会,为建设教育强国提供人才支撑。

3. 仅对营利性校外培训机构规模进行宏观调控

营利性校外培训机构的无序发展,削弱学校教育的主体地位和作用,加重学生课外负担,导致教育资源过度集中,加大城乡、区域、家庭之间的教育差距,给家庭带来沉重的经济负担和精神压力,也给社会带来如消费欺诈、行业垄断等诸多问题。《加快推进教育现代化实施方案(2018—2022年)》提出要"合理控制民办义务教育阶段办学规模"。因此,有必要对营利性校外培训机构的规模进行调控。

国家对非营利性和营利性民办教育实施分类管理,对非营利性民办学校优先发展持鼓励和支持态度。《促进民办教育健康发展的若干意见》明确对非营利性民办教育实施差别化扶持政策,优先引导社会力量举办非营利性民办学校。《民办教育促进法》及《民办教育促进法实施条例》明确对非营利性和营利性民办教育适用的差别化扶持政策,重点引导、优先扶持非营利性民办教育办学。《双减意见》发布后,各地纷纷开展"营改非"工作,学科类校外培训机构统一登记为非营利性机构。非营利性校外培训机构也属于非营利性民办教育的一部分,也应得到引导和支持。非营利性校外培训机构在提供丰富教育资源、创新教育模式和个人选择权利等方面对国家人才培养也具有积极贡献。因此,立法可以不对其规模进行宏观调控,而更加注重对营利性校外培训机构的规模进行合理的宏观调控。

4. 培训时间不宜太细

校外培训机构的过度开展培训活动,侵犯了未成年人充分休息和娱乐的权利。为防止过度的学业负担对未成年人身心健康造成不利影响,立法应当明确校外培训时间的要求,但是需要注意避免过于详尽和细致的规定。由于教育需求和地方特点的多样性,立法可能无法适应不同情况的变化和灵活调整,立法应保持一定的宽松度,以便教育行政部门根据实际情况和专业判断制定具体的培训时间安排,维护法律安定性,兼顾法律的可操作性和适应性,发挥地方校外培训主管部门的专业性和实践经验。

首先,对校外培训时间作出原则性规定。确立校外培训时间的基本限制条件,保证教育行政管理的合法性和秩序性。如《未成年人保护法》明确规定校外培训时间不得违反国家相关规定,不得与当地中小学的教学时间相冲突,学科类不得占用国家法定节假日、休息日及寒暑假期等。

其次,作出涉及限制的具体规定。在立法中可以设定一些具体的限制,控制每节课时长,规定线下培训每节课时长不得超过45分钟,线上培训每节课时长不得超过30分钟,避免长时间连续集中学习;限制每日培训结束时间,线上每日培训结束时间不得晚于20:30,线下每日培训结束时间不得晚于21:00,保证足够的休息时间,各地可以根据当地的实际作息时间,制定符合本地时区和生活习惯的校外培训时间标准;限制每周培训总时长,规定每周培训总时长不得超过240分钟,确保学生在校外培训和其他活动之间有适当的平衡,促进学生全面发展。

最后,注重灵活性和适应性。立法规定较为明确的时长限制,便于校外培训主管部门监督和执行,立法还应该给予地方一定的灵活性,允许地方根据实际情况和发展趋势进行定期评估和修订校外培训时间规定,以便根据地方特点、社会环境和教育需求的变化作出及时调整。

5. 允许校外培训机构开展科技竞赛

拔尖创新人才是在新知识创造、新领域开拓和新技术发明方面具有卓越能力和成就的人才,对于科技创新、产业发展和国家发展至关重要。拔尖创新人才在各个领域具有杰出的创新能力和创造力,能够推动科技进步和社会发展,是学科发展和前沿研究推动的重要力量,是国家自主创新能力的重要支撑。党的二十大报告提出要"全面提高人才自主培养质量,着力造就拔尖创新人才,聚天下英才而用之"[①]。

虽然在当前校外培训中,以竞赛为目的的培训往往要求学生在学科知识之外投入大量时间和精力,给学生带来身心压力和焦虑,过于强调应试和竞争成绩,常常需要家庭投入大量的金钱和资源,有必要对以竞赛为目的的校外培训作出限制,但是,物理、化学等基础学科的科技竞赛同样是培养拔尖创新人才的有效途径。构建中国的拔尖人才培养体系,需要加强基础学科支撑,注重培养学生的基础知识和基本技能[②],加强科学、数学、工程、技术等学科的教育。《全民科学素质行动规划纲要(2021—2035年)》也强调,要培育一大批具备科学家潜质的青少年群体,要将弘扬科学精神贯穿于育人全链条,要提升基础教育阶段科学教育水平。因此,立法中可以禁止校外培训机构以竞赛为目的开展培训活动,但应当允许物理、化学等基础学科的科技竞赛,以助力培养拔尖创新人才,提高青少年科学素质。

---

① 新华社:《习近平:高举中国特色社会主义伟大旗帜 为全面建设社会主义现代化国家而团结奋斗——在中国共产党第二十次全国代表大会上的报告》,中国政府网,https://www.gov.cn/xinwen/2022-10/25/content_5721685.htm,2022年10月25日。

② 阎琨、吴菡、张雨颀:《构建中国拔尖人才培养体系:现状、方向和路径》,《中国高教研究》2023年第5期,第14页。

(三) 回应多元主体的需求

"双减"事关国家、机构、家庭利益,对国家而言,要平衡好"最有利于未成年人"与拔尖创新人才培养,对机构来说,希望保护切身合法利益,对家庭来讲,希望多样的教育选择。在推进校外培训监管立法中,要积极回应各主体的需求。

1. 回应机构:合法利益的保护需求

校外培训机构的利益诉求表现为存在的合理性和合法性,留住生源,顺利转型,稳定收益。[①] 政府监管的同时,要体现对机构合法权益的保护。

一要保护信赖利益。根据《行政许可法》第8条的规定,已生效的行政许可,在所依据的法律法规废止或重大情形变化时,为了公共利益的需要可以变更,由此带来的损失应予补偿。《双减意见》对校外培训要求"已发放许可的机构统一登记为非营利性机构",实施这一规定给机构带来利益冲击。因此,各级在实施监管时,要倾听诉求,引导机构转型、从业人员再就业,充分保障机构的合法利益。一方面,要引导学科类校外培训转型发展。通过引导学科类机构向非学科类转型,促使机构合法合规经营,也可以通过政府购买服务的形式,以一定的经济补偿引导机构开展免费培训,还可以发挥机构优势,引导其开展教师培训。另一方面,要充分保障从业人员再就业。要多形式开展就业帮扶,针对性开展教育疏导,让从业人员充分理解监管的重要意义,使其走出失落状态,要拓宽就业渠道,举办校外培训从业人员专场招聘,引导从业人员多元就业,针对性引导部分从业人员进入教育系统;要体现特殊关怀,对再就业困难人员要跟踪帮扶,确保帮扶到位。

二要程序正当。中共中央、国务院《关于促进民营经济发展壮大的意见》指出,要依法保护民营企业产权和企业家权益,完善监管执法体系。开展监管执法时,要按照规定的程序,推行教育与处罚相结合,多用劝导、提醒等方式,确保执法简约、公正、规范。

2. 回应家庭:多样化的教育选择需求

一要引导家庭转变教育观念。"双减"的实施效果很大程度由国家、社会、个人的教育观念决定。[②] 对家庭而言,不应一味地、盲目地把孩子送去参加校外培训,父母要认真履行《家庭教育促进法》规定的家庭教育责任,及早发现孩子的兴趣爱好、特长,并开展针对性、个性化培养。要尽快出台《家庭教育促进法》配套实施条例,创新宣传机制,促进家庭教育观念转变,以需求侧转变为校外培训行业降火。

二要保障私教育的自主选择权。校外教育是家长的个人选择行为,在削减校外培训机构背景下,出现个人"高端家政""住家教师"等新型培训,双方以个人雇佣关系签订劳

---

① 陈春平、何子耕:《"双减"政策主体的利益诉求与调适》,《上海教育评估研究》2023年第1期,第14页。

② 陈春平、何子耕:《"双减"政策主体的利益诉求与调适》,《上海教育评估研究》2023年第1期,第17页。

务合同,具有合法性。调查发现,家长选择学科类校外培训的动因有七种:日常辅导、课后看护、未来发展、升学择校、学校补充、短板弥补、发展优势。[①] 家庭对课后看护、短板弥补类的辅导选择,折射出家长对孩子的教育需求仍旺盛。

三要开源节流。限制管控学科类校外培训,并不能根绝校外培训。新疆、浙江等地推出的"爱心托管班"帮助家长解决暑期"看娃难"困扰。浙江绍兴市整合社会资源,在农村、街道社区推出暑期公益托管班。据统计,2022年暑假绍兴市各地工会共开办了130多家暑期爱心托管班。[②] 这一模式值得参考借鉴,以官方名义遴选一批符合要求的校外培训机构、公益场馆提供免费服务,充分保障家庭多元化的校外教育需求。

[①] 刘钧燕:《家庭校外培训需求动因及对落实"双减"政策的启示》,《全球教育展望》2021年第11期,第90页。

[②] 周梦琪:《浙江绍兴公益托管班让留守儿童"放飞"》,《社会与公益》2022年第9期,第44-46页。

《中华人民共和国教师法》修订研究报告

王红建　王　蕊[①]

一、《中华人民共和国教师法》修订的背景

百年大计,教育为本,教育是国之大计、党之大计。教育大计,教师为本,教师是立教之本、兴教之源。民族的复兴始于教育,教育的复兴始于教师。高素质教师队伍才能成就高素质人才队伍的培养和发展,才能有助于中华民族的伟大复兴。改革开放40多年来,中国教育发展成就举世瞩目。我国教育总体上达到中上等国家水平。但面对新时代的要求,我们无法回避教师队伍建设"不均衡、不充分、不适应"的问题。[②] 作为教育领域中首次采用"章一条"模式、开启规范立法先河的法律,《中华人民共和国教师法》(以下简称《教师法》)起草历时8年、历经两届全国人民代表大会审议,于1993年10月31日由第八届全国人民代表大会常务委员会第四次会议通过,1994年1月1日起施行。施行之后的《教师法》一直是我国教师队伍建设的法律基础,在维护教师合法权益和促进我国教育健康发展等方面发挥了重要作用。然而随着现代社会、经济和政治等的快速发展和变化,《教师法》一些规定已经滞后于社会经济和教育发展的进程,存在诸多亟待修改的问题。

从2004年教育部办公厅发布《教育部办公厅关于〈教师法〉研究修订工作有关问题的通知》(教师厅函〔2004〕5号)迄今,实际上关于《教师法》修订的呼吁已经持续了20余年。2009年8月27日,第十一届全国人民代表大会常务委员会第十次会议通过《全国人民代表大会常务委员会关于修改部分法律的决定》,对《教师法》进行过一次修正。2018年1月,中共中央、国务院印发《关于全面深化新时代教师队伍建设改革的意见》(以下简称《意见》),这是新中国成立以来我国第一次以中共中央的名义发布加强教师队伍建设的意见。《意见》就如何加强新时代教师队伍建设作出了一系列重大战略部署,具有前瞻

[①] 王红建,男,汉族,河南驻马店人,郑州大学法学院教授,河南省特聘教授、法学博士、博士生导师;王蕊,女,汉族,河南邓州人,郑州大学宪法学与行政法学硕士研究生,河南师道律师事务所律师。

[②] 管培俊:《关于修改〈教师法〉的若干问题》,《教师发展研究》2021年第1期,第51页。

性和指导性。2018年2月,教育部、国家发展改革委、财政部、人力资源和社会保障部等联合发布《教师教育振兴行动计划(2018—2022年)》。2018年9月,第十三届全国人大常委会将《教师法》的修订作为二类项目列入立法规划,即"需要加紧工作、条件成熟时提请审议的法律草案"。2019年1月,全国人大教科文卫委员会、教育部组织有关专家在北京举办《教师法》修订调研座谈会。教育部于2019年启动《教师法》修订工作,委托中国教育学会、北京大学、华中师范大学等7家单位分7个专题开展立法课题研究,《教师法》的修改工作提上议事日程。2019年2月,中共中央、国务院发布《中国教育现代化2035》、中共中央办公厅、国务院办公厅发布《加快推进教育现代化实施方案(2018—2022年)》。2019年6月,中共中央、国务院发布《关于深化教育教学改革全面提高义务教育质量的意见》。因此可以看出,党中央和国务院发布的一系列指导性、政策性文件,对新时代教师队伍的建设提出了新的要求,《教师法》已难以适应新时代教师队伍生存发展、建设与管理的实际需求,其修订势在必行。2021年10月21日,在第十三届全国人民代表大会常务委员会第三十一次会议上,教育部部长怀进鹏受国务院委托,向全国人大常委会报告教师队伍建设和《教师法》实施情况,报告介绍了教师队伍建设和《教师法》实施重点工作情况,指出了教师队伍建设和《教师法》实施中存在的问题,报告了《教师法》修订工作进展与计划,提出了加强教师队伍建设的下一步考虑:要全面加强教师思想政治与师德师风建设,着力构建高质量教师发展体系,全力打造高水平专业化教师队伍,重点破解教师队伍建设瓶颈难题,持续推进教师队伍建设综合改革。在广泛听取意见,认真研究、反复修改基础上,2021年11月29日,教育部发布《中华人民共和国教师法(修订草案)(征求意见稿)》(以下简称《征求意见稿》),面向社会公开征求意见。从《征求意见稿》的内容来看,直接回应了新时代教师队伍建设的很多问题和要求。2022年5月6日,全国人大常委会公布2022年度立法工作计划,将《教师法》的修改纳入预备审议的项目。

随着修法"窗口"的开启,学界围绕《教师法》修订进行了热烈讨论和学术争鸣。[①] 时任《教师法》起草执笔人的孙霄兵认为,《教师法》是我国教育法治进程中一部具有转向意义的教育法律,该法所确立的基本原则和主体框架是重新思索教师立法的前提和基础,需在修法时予以继承和发展。[②] 余雅风、劳凯声认为,科学认识教师职业的特性是构建教师法律制度的前提,也是完善教师立法的基础。[③] 余清臣则从专业性视角审视了《教师法》修订,并从增加宣誓要求、设置实习期、加强待遇保障等维度进行了制度建构。[④] 基

[①] 任海涛:《教育法学者关于〈教师法〉修改的争鸣》,《湖南师范大学教育科学学报》2019年第5期,第9-20页。

[②] 孙霄兵、龙洋:《〈教师法〉的法治价值和立法原则 兼论我国改革开放40年教育立法传统》,《中国高教研究》2019年第3期,第35-38页。

[③] 余雅风、劳凯声:《科学认识教师职业特性 构建教师职业法律制度》,《教育研究》2015年第12期,第36-42页。

[④] 余清臣:《基于教师专业性哲学审视的〈教师法〉修订》,《中国教育学刊》2020年第4期,第28-34页。

于此,有学者指出,《教师法》修订不仅应遵循立法规律,也要明确教师权利义务的公共性和专业性,正视不同阶段及不同教师群体的差异性。① 湛中乐则从立法重心、调控视角、规则设计、法律衔接等维度探讨了《教师法》修订的基本立场和总体思路。② 此外,还有学者探讨了教师法律地位、申诉制度、法律责任与权益保障存在的具体问题及修改建议。由此可见,现有研究既有对修订立场与总体思路所做的顶层思考,也有对教师专业性、法律地位与申诉条款等的具体探讨。这些研究不仅加深了学理认识,也为正在进行的修法工作提供了启发借鉴。③ 本文从诸多讨论热点中选择部分进行分析和讨论,力争为《教师法》修订增砖添瓦。

二、《教师法》修订中有争议的问题

《中国教育现代化2035》目标的实现,在很大程度上将取决于教师队伍建设改革的进程。而改革亟待法律支持。《征求意见稿》共9章57条,分别为总则、权利和义务、资格和准入、聘任和考核、培养和培训、保障和待遇、奖惩和申诉、法律责任、附则。《征求意见稿》比现行《教师法》规定的43条多14条,其他多处内容也大幅度扩充,为教师发展提供更为坚实的法治保障。"要凸显教师的主体地位,把尊重和保护教师的基本权利、专业权利和民主管理与监督的权利放在突出位置。"④《征求意见稿》对《教师法》自实施以来被广泛关注和讨论的教师法的立法本位、教师的法律身份、教师的权利义务、教师的资格准入、教师聘任制度、教师管理制度、教师救济制度、教师荣誉制度等重要问题进行了回应,在提高教师社会地位和福利待遇、增强教师职业吸引力、规范教师管理制度、保障教师权益等方面具有重要意义。⑤ 但是,《征求意见稿》也存在一些长期争议未决的问题。

(一)公立高校教师及民办学校、培训机构教师的法律地位如何确定

《法学大辞典》中,"法律地位"指"法律规定的法律关系主体的权利与义务的实际状态"。《教师法》对教师的定位是专业人员,《征求意见稿》延续了教师专业人员的地位,第2条对教师概念的定义是"教师是指在各级各类学校和其他教育机构中专门从事教育教学工作的专业人员"。在坚持各级各类教师是专业人员的同时,《征求意见稿》第

---

① 余雅风、齐建立:《〈教师法〉修订对新时代教师队伍建设的应然回应》,《中国教育学刊》2020年第4期,第15-21页。
② 湛中乐、靳澜涛:《论〈教师法〉修订的基本立场和总体思路》,《教师发展研究》2019年第4期,第18-25页。
③ 段斌斌、孙霄兵:《〈教师法〉修订可以通过司法反哺立法——兼评〈教师法修订草案(征求意见稿)〉》,《湖南师范大学教育科学学报》2021年第5期,第90页。
④ 王大泉:《依法尊重和保障教师权利》,《中国教育报》2016年4月27日第5版。
⑤ 湛中乐、王岩:《〈教师法〉修订对教师权利义务条款的完善——兼评〈教师法修订草案(征求意见稿)〉第9—14条》,《中国人民大学教育学刊》2022年第5期,第75页。

13条又明确"公办中小学教师是国家公职人员"。公办中小学教师的法律身份从一重变为双重。① 明确教师的法律身份是教师队伍建设中的根本性问题。我国学者对教师法律身份的不同观点归纳起来主要有以下几种:"国家工作人员""公务员""教育公务员""公务雇员""特殊的劳动者""雇员"。② 2018年中共中央、国务院发布的《关于全面深化新时代教师队伍建设改革的意见》明确提出,"凸显教师职业的公共属性、强化教师承担的国家使命和公共教育服务的职责,确立公办中小学教师作为国家公职人员特殊的法律地位,明确中小学教师的权利和义务,强化保障和管理③,首次确立了公办中小学教师的身份为国家公职人员的法律地位。此次《征求意见稿》第13条对此予以确认:"公办中小学教师是国家公职人员,依据规范公职人员的相关法律规定,享有相应权利,履行相应义务。各级人民政府及其有关部门应当依法加强对公办中小学教师的保障和管理。"然而需要指出的是,公办中小学教师"依据规范公职人员的相关法律规定,享有相应权利,履行相应义务"的这一规定具有一定的模糊性,因为该规定并不意味着公办中小学教师可以直接适用《公务员法》,如何将该规定落地,仍需配套的相关法律政策的规定。

但是,公立高校教师、民办学校教师以及培训机构教师的法律地位如何界定,《征求意见稿》并未进一步明确,依然留下了诸多争议和讨论。

(二)教师学历水平作何要求

20世纪80年代起,随着国家义务教育制度的实施,大量适龄儿童进入学校,但教师资源严重匮乏,教师学历普遍偏低。依据《教师法》(1993年)和《教师资格条例》(1995年)规定,高中教师应当具有本科及以上学历,初中教师应当具有专科及以上学历,小学教师应当具有中师及以上学历,学历达标成为教师队伍建设的重要任务之一。到2001年,96.81%的小学教师具有中师及以上学历,88.80%的初中教师具有专科及以上学历,70.71%的高中教师具有本科及以上学历。中小学教师(指中小学专任教师)学历达标取得了显著成绩,但中小学教师的学历提升进程仍然在稳步向前推进。④ 但是,实践中农村及偏远地区中小学教师学历偏低(这当然也与我国农村地区师资力量短缺、待遇偏低等相关),与城市中小学教师学历还有很大差距,存在参差不齐现象。

需要注意的是,普通商品出现了质量不合格的可以报废,而不合格的教师则会影响几代人。因此,执行教师职业准入制度,需要立法并严格执法。现行《教师法》规定小学教师的准入门槛是"中等师范学校毕业及其以上学历",但目前实际在岗教师的学历水平却比

---

① 申素平、郝盼盼:《从教师法律地位的变化看〈教师法〉的修订》,《中小学管理》2022年第1期,第39页。

② 张军、刘梦婷:《教师法律身份的类型观及其界定依据——关于教师法律身份的〈教师法〉修订研究述评》,《教师教育研究》2020年第4期,第45-51页。

③ 陈鹏:《重新确立教师的法律地位是〈教师法〉修订的核心问题》,《中国教育学刊》2020年第4期,第3页。

④ 侯小兵:《中小学教师学历提升的趋势分析》,《现代中小学教育》2016年第2期,第73页。

《教师法》规定的要高出许多(实践中主要集中在发达地区和城市)。教育部发布的《2022年全国教育事业发展统计公报》显示,全国义务教育阶段本科以上学历专任教师比例为81.02%,普通高中本科及以上学历专任教师比例为99.03%。因此现行《教师法》规定的教师学历水平已经不适合现代社会的发展,需要修订以适应时代发展。

(三)教师工资报酬权如何保障

教师职业受尊重,才会吸引更多优秀人才从教。保障教师权益的一项重要权利就是工资报酬权。现行《教师法》第25条虽然规定"教师的平均工资收入水平应当不低于或者高于当地公务员的平均工资收入水平,并逐步提高",但是,由于教师国家公职人员身份未在法律中得以确认,权利的义务责任主体界定不明确,具体规定也未出台,未建立联动机制,成为"无牙的老虎"。① 又如,《教师法》第38条规定"地方人民政府对违反本法规定,拖欠教师工资或者侵犯教师其他合法权益的,应当责令其限期改正"。"责令其限期改正"的主体是谁?"限期"时间多长?这些关键性、根本性问题都没有作出明确规定。② 因此,导致教师的工资报酬权在一定的历史时期没有充分实现,这与2014年4月国务院颁布的《事业单位人事管理条例》、2018年12月修订的《公务员法》、2018年12月修订的《劳动法》等规定的工资及标准显得格格不入。部分区域中小学教师工资待遇偏低,职业吸引力不足,师范专业生源下降,使得"保障教师的合法权利"的立法初衷遭遇教育实践尴尬。③ 同时,幼儿园教师工资待遇偏低导致人员调动、流失等严重问题,当前仍在制定中的学前教育法草案也并未明确提及学前教育教师的工资保障标准。《2018年全国义务教育均衡发展督导评估工作报告》表明,一些地方"教师年平均工资收入远低于当地公务员"等问题仍然存在,拖欠教师工资的种种行为时有发生。永远不用担心没人当教师,问题是由谁来当教师。④ 因此,"教育投入需更多向教师倾斜",如何保障教师的工资报酬权,一直以来都是教师权益保障工作的难点,也是讨论的热点。

(四)教育惩戒权的合法性争议

教师在教育教学过程中对有不良行为的学生进行教育惩戒,既是育人的一部分,又是维护教学秩序的需要。近年来,屡屡发生有学生因教师当众批评不当、体罚等导致学生自杀、自残的现象发生,教师的教育惩戒权广受教育界和法学界等普遍关注。因现行《教师法》对此并没有明确的界定,故导致司法实践中对教师的教育惩戒权界定产生诸多

---

① 于维涛:《〈教师法〉"待遇"部分修改的功能定位、法理分析与具体建议》,《中国教师》2022年第4期,第15页。
② 白杨:《提高立法的专业性是努力方向》,《人民政协报》2019年3月26日第12版。
③ 于维涛:《〈教师法〉"待遇"部分修改的功能定位、法理分析与具体建议》,《中国教师》2022年第4期,第14页。
④ 管培俊:《关于修改〈教师法〉的若干问题》,《教师发展研究》2021年第1期,第51页。

分歧,比如:教育惩戒的限度是什么?是否应当考虑学生的个体、心理承受力的差异?关于教师的教育惩戒权的性质,学界针对其性质主要有三种学说:"权力说""权利说""复合说"。"权力说"主张教育惩戒权是国家教育权力的延伸[①],其性质接近教育行政权力,因此教育惩戒可以被理解为一种行政行为[②];"权利说"的代表性观点是监护权转移说,即认为教育惩戒权源于父母对未成人的监护权,未成年人在学校时,父母将其转移给了教师和学校[③];"复合说"即前两种学说的折中[④]。在十三届全国人大常委会第三十一次会议上,怀进鹏部长作《国务院关于教师队伍建设和教师法实施情况的报告》,其中提及《教师法》修订要增加教育惩戒权,再次引发教育界的广泛关注。

2019年7月,中共中央、国务院发布了《关于深化教育教学改革全面提高义务教育质量的意见》,提出了"制定实施细则,明确教师教育惩戒权"。2020年12月23日,教育部颁布了《中小学教育惩戒规则(试行)》,并于2021年3月1日起施行。这是我国第一次以部门规章的形式对教育惩戒作出规定,系统规定了教育惩戒的定义、属性、适用范围以及实施的规则、程序、要求等,确认了教师和学校均可以作为教育惩戒的主体,通过立法为教育惩戒提供规章层面的规范依据,其争议点主要集中在适用范围和性质界定的问题。《中小学教育惩戒规则(试行)》第2条第2款规定教育惩戒是一种教育行为,未再使用"手段"或"职权"的描述。但是在上位法没有规定教育惩戒权尤其是该权利涉及减损学生权利的情形下,《中小学教育惩戒规则(试行)》规定教育惩戒权的合法性存在欠缺。

(五)教师师德失范行为如何规范

近年来,教师暴力对待未成年学生、导师压榨研究生等事件时有发生,唤起公众对教师法律责任追究机制的思考。[⑤] 习近平总书记在全国教育大会上强调:"对教师队伍中存在的问题,要坚决依法依纪予以严惩。"[⑥]教育部2018年发布《教育部关于高校教师师德失范行为处理的指导意见》(教师〔2018〕17号),从政策上为高校教师师德失范行为提供依据。然而,现行《教师法》第37条关于对教师进行行政处分或者解聘的规定,在适用过程中暴露了立法不周延、行政处分及解聘规则难以回应师德规范新要求,以及未充分考

---

① 陈胜祥:《"教师惩戒权"的概念辨析》,《教师教育研究》2005年第1期,第74-77页。
② 任海涛:《"教育惩戒"的概念界定》,《华东师范大学学报(教育科学版)》2019年第4期,第142-153页。
③ 劳凯声:《中国教育法制评论》,教育科学出版社,2007,第103页。
④ 湛中乐、王岩:《〈教师法〉修订对教师权利义务条款的完善——兼评〈教师法修订草案(征求意见稿)〉9—14条》,《中国人民大学教育学刊》2022年第5期,第80页。
⑤ 于一帆:《教师法律责任的双规制缺陷与整合——兼评〈教师法(修订草案)(征求意见稿)〉教师法律责任条款》,《复旦教育论坛》2022年第2期,第27页。
⑥ 管华、张鑫:《教师法修改应明示:体罚适用治安处罚》,《湖南师范大学教育科学学报》2022年第3期,第19页。

虑行政处分与解聘各自特性等问题:第一,对教师处分与解聘进行了一体化立法,着重规范了三类行政处分与解聘的情形,忽略了行政处分与解聘的不同之处,不符合法治精神和比例原则;第二,未将师德规范转化为法律要求,使得一些师德失范比如有偿补课、性骚扰或者猥亵学生的教师安然无恙。因此,如何科学规范教师师德失范行为,亟待明确。

(六)教师申诉救济制度障碍如何完善

现行《教师法》第39条对教师行政申诉事项采取概括式的立法模式,导致申诉范围的解释空间和实际效用面临疑问。因相对比,现行《行政复议法》《行政诉讼法》对受案范围采取了肯定列举为主、概括与否定列举为辅的模式。[①] 实际上教师可以申诉的事项有很多,包括教师工资待遇发放、聘任考核和职称评定等。高校教师职称评审权逐渐下放至高校后,教师职称评审过程中的争议逐渐涌现,甚至存在因职称评审纠纷而产生的非正常信访活动。由于行政申诉、司法诉讼程序无法正常吸纳实体争议,教师只能被动采取政策博弈、法外解决等非程序化的纠纷处理方式。[②] 目前司法实践中,当教师对申诉处理决定不服进入诉讼程序,法院仅审查教育行政部门作出的申诉处理决定的合法性,而不对争议的本质即学校作出对教师的处理是否合法、是否适当作出裁判,往往从而导致在现行法律框架下申诉受理机关是唯一可以对争议作出裁判的机构。[③] 这也使得申诉处理机关倾向对申诉做消极处理,维持学校的处理决定,而非实质性审查,以此对教师权利义务不产生实际影响,从而借助《最高人民法院关于适用〈中华人民共和国行政诉讼法〉的解释》第1条第2款第(十)项之规定,规避自身责任。[④] 因此,很多教师争议在诉讼程序中只是从受案范围、申诉处理决定的形式及程序等进行审查,从根本上无法实质性解决争议。如果教师选择了行政申诉程序,但无法获得救济或者救济不力,其获得司法裁判权的资格仍应得到保障。[⑤]

而对于申诉是否是行政诉讼的前置条件,法院之间有不同的观点。在"向某某案"[⑥]中,人民法院认为,司法作为最后一道防线,须在穷尽其他救济途径不能时方可动用。同时根据特殊优于一般的法理,在有特殊规定的前提下应优先适用特殊规定。故上

---

① 于浩、郑晓军:《教师行政申诉事项类型区分及程序构造——以〈教师法〉第39条之修改完善为切入点》,《复旦教育论坛》2019年第6期,第20页。
② 于浩、郑晓军:《教师行政申诉事项类型区分及程序构造——以〈教师法〉第39条之修改完善为切入点》,《复旦教育论坛》2019年第6期,第24页。
③ 湛中乐:《论我国高等学校教师申诉制度的完善》,载《中国教育法律评论(第6辑)》,教育科学出版社,2009,第116页。
④ 陈洪磊:《司法场域中〈教师法〉的表达与实践——基于337份适用〈教师法〉裁判文书的分析》,《教师教育研究》2021年第3期,第48页。
⑤ 于浩、郑晓军:《教师行政申诉事项类型区分及程序构造——以〈教师法〉第39条之修改完善为切入点》,《复旦教育论坛》2019年第6期,第24页。
⑥ 详见湖南省怀化市中级人民法院(2015)怀中立行终字第3号判决书。

诉人应先依《教师法》的特殊规定向相关部门提出申诉,而非直接提起行政诉讼。而在"肖某某案"①中,人民法院却对当事人越过申诉救济而迳行提起行政诉讼持较为包容的态度,直接对是否属于受案范围进行审查。司法裁判的抵牾造成了救济程序运行的混乱,需要对申诉与诉讼的关系在修法时进行明确。②

(七)增设国家教师奖是否必要

近几年,于漪、张桂梅等中小学教师先后获得"人民教育家""全国教书育人楷模"等荣誉称号,受到各种表彰和奖励,在全社会产生了广泛的影响,整体上提升了教师在人们心目中的地位。充分激发广大教师的教育情怀和工作热情,是教育可持续创新发展的重中之重,精神与物质的激励应是双轨并行。如何奖励、表彰教师,奖励体系的框架虽然有,但具体的标准大多不明晰,奖励体系缺乏透明,导致实际操作中过程混乱和程序冗余,不利于提升教师的积极性,也不利于在全国弘扬教师的精神。因此,设立国家级的教师奖项实属必要。

三、《教师法》修订的几点建议

关于《教师法》的修订,有三个基本认识需要明确。第一,为满足教育生态与教师队伍建设的需要,《教师法》修订已经不能止于"小修小改",而要结合"互联网+"时代的整体教育生态进行立法完善,使其法律概念、逻辑与语言经由修订变得更加科学规范,以更好地实现我国教师法律制度的体系化;第二,《教师法》修订本身不是目的,同时还要考量修订之后法律如何实施与执行的问题;第三,无论教育如何变革,教育立法技术怎样先进,《教师法》的基本法理、核心概念、基本原则和制度框架还应保持一定的延展性和稳定性,亦即协调好法律的稳定必要性与变化必要性之间的关系。因应于此,《征求意见稿》在既有条款的基础上对教师法制架构与内涵进行了整体扩充,围绕着"教师""教师职业"等核心概念,直面核心问题、回应实践关切,充分体现了对教师职业和专业规律的尊重。③

(一)明确公立高校教师和非公立学校教师法律地位

教师法律地位是构造教师法律制度、厘清教师法律关系的逻辑起点。"每一种法律关系的'中心'应该是在该法律关系中享有权利和利益的当事人,当事人本身的法律地位

---

① 详见贵州省高级人民法院(2014)黔高立行终字第7号判决书。
② 陈洪磊:《司法场域中〈教师法〉的表达与实践——基于337份适用〈教师法〉裁判文书的分析》,《教师教育研究》2021年第3期,第48页。
③ 朱旭东:《论中国教师队伍建设的法律支撑——基于〈教师法〉修订的分析》,《中国教育学刊》2022年第5期,第24页。

应该首先予以明确。"①新中国成立以来,我国公立高校教师的法律地位经历了大致三个阶段:新中国成立初期公立高校教师属于国家干部阶段、计划经济体制转向市场经济体制时期公立高校教师法律地位不明确(未全面落实聘用制,施行计划经济时期的干部编制进行管理)阶段、2000年后事业单位人事制度改革后依然法律地位不明确(公立高校教师在公立高校施行人事聘用制度后,到底属于公职人员还是劳动人员不明确)阶段。目前针对公立高校教师国内学界主要有"公务员说""劳动者说"以及"事业单位工作人员说"。②"公务员说"认为公立高校教师作为公务员,由政府任用,受其管理。教师作为公务员适用公务员法的权利义务、福利待遇及奖惩等规定,其与学校形成的是一种行政法律关系。③"劳动者说"或"雇员说"认为高校教师的聘用合同无论是从平等自愿的形式上看还是从权利义务的内容上看,都应当属于劳动合同,在法学理论上应将公立高校教师定位为劳动者。④"事业单位工作人员说"认为高校教师作为事业单位中的职工,其法律地位应当定位为《人事条例》中提及的"事业单位工作人员"。⑤

公立中小学教师即义务教育阶段的教师,其法律身份界定体现公务性的特点是无可厚非的,而对于公立高校教师和非公立学校教师,其工作的自主性更强,在法律地位的界定时更应该体现出专业自主性的特点。对于高校教师和非公立学校的教师(包括但不限于民办学校教师、培训机构等教师),由于其工作的自主性比较大,流动性也比较高,因此在进行法律身份定位时,应该从教师的灵活性方面考虑,释放教师的发展活力,促进教师队伍的见识,对这些教师法律地位的界定应该从尊重教师的自主性出发,在兼顾教师职业特点的基础上,进行合理的界定。⑥

1. 建议公立高校教师的法律地位为"专业人员"

公立高校可以根据发展需要,依据《教育法》和聘用制合同的办法对教师进行管理。对于高校而言,其公益性在递减而市场性在增强,这就决定其教师法律身份应不同于义务教育阶段教师的法律身份。高校面临的激烈竞争对教师专业性的要求更高:一方面,要求教师在教育目标、教学内容、课程设置等方面体现教育公共性;另一方面,对教师师德、专业素养都有更高要求,以保证立德树人的教育目标在高校的贯彻落实。所以,高校教师的法律身份应该定位在"专业人员"。

---

① 王俊:《绩效与问责:国外公立学校教师法律修订的动向及反思》,《中国教育学刊》2021年第12期,第83页。
② 秦涛、仇叶:《公立高校教师法律地位的再定义:教师法修订的核心》,《复旦教育论坛》2020年第5期,第29页。
③ 陈鹏、祁占勇:《教育法学的理论与实践》,中国社会科学出版社,2006,第302页。
④ 劳凯声等:《规矩方圆——教育管理与法律》,中国铁道出版社,1997,第193页。
⑤ 黄霄:《我国高校教师法律地位探析》,《现代经济信息》2016年第9期,第304-305页。
⑥ 张军、刘梦婷:《教师法律身份的类型观及其界定依据——关于教师法律身份的〈教师法〉修订研究述评》,《教师教育研究》2020年第4期,第50页。

2. 建议民办学校、培训机构教师的法律地位为"学校聘用人员"

民办学校和各类线上、线下培训机构可以根据发展需要，依据《教育法》和聘用制合同的管理办法对学校的教师进行管理。民办学校以及各种培训机构的教师，市场性更强，这就决定其教师的法律身份应与基础教育和公立高校教师的法律身份有所不同，民办学校教师的法律身份应该定位在"学校聘用人员"。

（二）提高教师学历水平准入门槛

教师是提高教育质量的关键，没有高水平的教师队伍，很难构建健康的教育生态，也难以应对日益复杂的教育任务。2021年10月21日，教育部部长怀进鹏在第十三届全国人民代表大会常务委员会第三十一次会议上所作的《国务院关于教师队伍建设和教师法实施情况的报告》中提到，我国教师队伍建设工作取得明显进展。报告显示，我国教师队伍规模不断扩大，专任教师总数由1993年的1097.89万人提高到2020年的1792.97万人，增长63.31%。教师学历水平不断提升，1993年至2020年，小学教师学历合格率从84.7%提高到99.98%，初中教师学历合格率从59.9%提高到99.89%，高中教师学历合格率从51.5%提高到98.79%，幼儿园教师专科以上学历占比从2.8%增长至85.75%，小学教师本科以上学历占比从0.18%增长至66%，高中教师研究生学历占比从不到1%增长至11.47%，高校具有博士学位教师占比从1.70%增长至27.75%。这是我国教师队伍专业化水平不断提高的有力体现。此次《征求意见稿》提高了教师的学历门槛，对取得教师资格应当具备的相应学历学位提出了较以往更高的要求。《征求意见稿》规定，取得幼儿园教师资格，应当具备高等学校学前教育专业专科或者其他相关专业专科毕业及其以上学历；取得中小学教师资格，应当具备高等学校师范专业本科或者其他相关专业本科毕业及其以上学历，并获得相应学位；取得普通高等学校教师资格，应当具备硕士研究生毕业及其以上学历，并获得相应学位。《征求意见稿》明确了取得教师资格需同时满足学历要求和通过教师资格考试两个条件，"学历要求"与"通过教师资格考试"由"或"的关系变为"和"的关系。[①] 并且，与现行《教师法》规定相比，变化幅度较大的是小学教师的准入门槛，从现行"中等师范学校毕业及其以上学历"提高到了本科及以上学历。这是我国高等教育普及化时代下的大势所趋。中国教育科学研究院教师发展研究所所长易凌云指出，提升教师学历要求是高质量教育发展的内在要求，学历在很大程度上反映教师在职前阶段专业知识和专业能力的储备水平，对学历要求的提高就是对教师专业素养要求的提高。

---

① 申素平、郝盼盼：《从教师法律地位的变化看〈教师法〉的修订》，《中小学管理》2022年第1期，第41页。

(三)提升教师工资报酬权

随着我国财政收入水平的提升,政府对教师工资的保障越来越到位,到 2020 年,全国 31 个省(区、市)已全部按预算安排实现义务教育教师工资收入水平不低于当地公务员的目标。与此次明确公办中小学教师的国家公职人员地位相适应。① 此次《征求意见稿》第 38 条规定"中小学、幼儿园教师的平均工资收入水平应当不低于或者高于当地公务员的平均工资收入水平,并逐步提高",将幼儿园教师的平均工资水平纳入不低于或高于当地公务员平均工资水平的行列之中,这意味着在教师工资待遇标准方面,率先明确了幼儿园教师工资的待遇保障标准,将幼儿园教师与义务教育阶段的教师同等对待,而且,《征求意见稿》第 37 条规定"公办中小学教师工资、福利、社会保障单位缴费、津贴以及奖励、培训等所需经费,按照事权和支出责任相适应的原则,分别列入各级财政预算予以保障",这在一定程度上也大大强化了对教师待遇等权益的保障。然而需要指出的是,针对教师待遇,建议《教师法》完善内容体系,确保规范协调一致;增设新条款内容,赋予新时代特征(比如,参照《劳动法》和《事业单位人事管理条例》增加"执行国家规定的工时制度""将中小学教师和幼儿园教师现行的工资标准提高 10%"等);合理配置权利和义务,增强法律可操作性提升;明确权利的监督主体,规范法律责任。② 教师工资报酬制度如何落到实处,仍然是需要各项制度配套并执行下去才会取得效果,依然是一个值得我们关注的问题。

(四)合法、科学落实教育惩戒权

尽管教育部于 2021 年 3 月颁布的《中小学教育惩戒规则(试行)》已经确认了学校和教师作为教育惩戒主体,在实施惩戒时应遵循的方式、程序和要求做了详细阐释,但是《中小学教育惩戒规则(试行)》在法律位阶上属于部门规章,而教育惩戒的一些惩戒方式对学生的权利进行了限制和减损,根据《中华人民共和国立法法》的相关规定,该部门规章应当有相应的上位法进行规定。于是,《征求意见稿》将"教育惩戒"纳入教师基本权利条款,不但回应了上述立法难题,而且也回应了实践中诸多对教育惩戒适用对象的讨论,确认了其适用于所有学段而不仅局限于中小学范畴。但是,在高等教育语境中,大学教师是否有权对作为成年人的大学生实施惩戒存在争议。在美国的司法判例中,法院认为教师基于教育目的具有教育惩戒的权利,但仅局限于中小学生而不包括大学

---

① 申素平、郝盼盼:《从教师法律地位的变化看〈教师法〉的修订》,《中小学管理》2022 年第 1 期,第 41 页。

② 于维涛:《〈教师法〉"待遇"部分修改的功能定位、法理分析与具体建议》,《中国教师》2022 年第 4 期,第 13 页。教育部教师工作司委托课题"教师队伍保障与《教师法》修改研究"的阶段性研究成果。

生。① 那么,我国高校教育惩戒如何适用,惩戒的限度是什么? 是否应当考虑每个学生的个体和心理承受能力? 幼儿园学生即幼儿是否可以适用教育惩戒,具体适用何种方式和程度?《征求意见稿》并未进一步明确界定,这仍然值得我们思考和讨论。

同时,《征求意见稿》将"教育惩戒"放在第9条第3项"指导评价权"之中,避免了在权利条款中单列一项而被认为系教师"权利"所面临的性质争议,然而,将"教育惩戒"与"表扬""奖励""批评"并列属于指导评价权条款之中,容易造成"教育惩戒"与"表扬""奖励""批评"平行,是附属于教师指导评价权的手段行为。② 另外,此次修订草案并未展开关于"教育惩戒"授权、限权的内容。不过,尽管教育惩戒在实施过程中还有许多规则细节有待探讨、完善,但此次修订草案从法律层面确立了教师的权利和义务,将切实推动教育惩戒问题在实践中得到更科学、合理的解决。

(五)建立完善的师德失范责任机制

高家伟认为,学校与教师之间的关系既有基于聘任合同或劳动合同这一非权力手段所确立的私法关系,也有基于管理这一权力手段所确立的公法关系。③《教师法》是一项人员立法或职业立法的成功先例,确立了教师队伍统一优惠和管理的法律统一原则,"既解决待遇问题,又解决队伍建设管理问题"④。近年来,我国对师德规范的重视程度日渐增强,对师德失范行为的处理也加大了力度。2018年教育部印发《新时代中小学教师职业行为十项准则》,同时配套印发了《中小学教师违反职业道德行为处理办法(2018年修订)》,这两个文件在师德失范处理中发挥着重要作用。⑤ 此次《征求意见稿》将师德失范行为纳入了法治轨道,不仅在基本义务中明确师德规范的要求,而且具体规定了师德失范行为需要承担的法律后果,比如《征求意见稿》第48条、第52条分别针对教师的师德失范行为进行了科学规范罗列,新增了有偿补课、性骚扰或猥亵学生、因特定行为受到治安管理处罚等行为,并对之前的三类情形进行了修订,使之更加科学严谨。如对故意不完成教育教学任务、体罚学生等情形增加了程度限定,即只有造成严重损失或严重后果,才可给予开除或解聘。同时,对侮辱学生、影响恶劣进行了操作界定,将其明确为性骚扰或猥亵学生。此外,增加了兜底规定,以防挂一漏万。当然,有些规范仍有待斟酌和完善,如"体罚学生造成人身损害等严重后果的"。事实上,除体罚外,变相体罚也可造成

---

① 湛中乐、王岩:《〈教师法〉修订对教师权利义务条款的完善——兼评〈教师法修订草案(征求意见稿)〉第9—14条》,《中国人民大学教育学刊》2022年第5期,第81页。

② 湛中乐、王岩:《〈教师法〉修订对教师权利义务条款的完善——兼评〈教师法修订草案(征求意见稿)〉第9—14条》,《中国人民大学教育学刊》2022年第5期,第80页。

③ 高家伟:《教育行政法》,北京大学出版社,2007,第245页。

④ 孙霄兵、龙洋:《〈教师法〉的法治价值和立法原则——兼论我国改革开放40年教育立法传统》,《中国高教研究》2019年第3期,第35-38页。

⑤ 申素平、郝盼盼:《从教师法律地位的变化看〈教师法〉的修订》,《中小学管理》2022年第1期,第42页。

人身伤害或精神损害等严重后果,且这些行为的性质与体罚并无二致,也是法律令行禁止的行为,有必要进行规制,以编织概念周延、规范严密的法网。为此,可做如下修改,即"体罚、变相体罚造成人身伤害或精神损害等严重后果"①。

(六)完善教师维权救济途径

虽然《征求意见稿》第49条和第50条分别规定了教师校内救济和外部救济,明确了教师针对学校或者其他教育机构作出的处分决定或者考核结论不服,或者认为学校的处理及其他管理行为侵害其合法权益的,享有申诉、仲裁、复议的权利,确定了教师合法维权的途径,明确教师申诉是一种基础性的救济途径。教师应当先向学校或者其他教育机构申诉,对申诉处理决定不服的,再向学校主管教育行政部门申诉或者向同级综合人事管理部门申请人事争议仲裁。若对教育行政部门申诉处理决定不服的,可以提起行政复议。教师认为当地人民政府有关行政部门侵犯其教师权利的,也可以申诉,由同级人民政府或者上一级人民政府有关部门作出处理。有学者认为,规范的校内申诉制度可以为教师提供程序公正,尽可能地在校内解决晋升纠纷。校内申诉制度的核心是解聘听证制度,在听证参加人员方面,应当包括被解聘教师、教师代表、学校与学院学术委员会成员、相关职能部门代表、学生代表,从而综合考量教师的科研、教学工作状况;听证会应全面搜集当事人的陈述及其他资料,未纳入听证笔录的材料不能作为高校解聘教师的依据。②

但是,《征求意见稿》依然没有明确教师行政诉讼的维权途径,仅仅提到了对教育行政部门作出的申诉处理决定不服可以提起行政复议,那么就无法解决如果不服行政复议能否提起行政诉讼的问题。然而根据原国家教育委员会发布的《关于〈中华人民共和国教师法〉若干问题的实施意见》(教人〔1995〕81号)相关规定,申诉处理机关逾期未作出处理或久拖不决的,或者当事人对申诉处理决定不服的,"其申诉内容直接涉及人身权、财产权及其他属于行政复议、行政诉讼受案范围事项的,可以依法提起行政复议或者行政诉讼"。然而该实施意见仅是一个部门规范性文件,并非法律、法规,在司法实践中未被真正适用。因此,如何规范及通过何种形式规定救济途径之间的衔接,值得科学考量。

另外,需要注意的是,对于行政复议审查申诉处理决定的合法性涉及审查内容和审查强度,《征求意见稿》并未明确,这不利于具体实践操作,应该制定相应审查标准。笔者认为,针对教师维权的争议无论是行政复议程序还是行政诉讼程序,对于审查内容,复议中也应该审查教师与学校或教育行政部门的基础争议。当事人不经复议直接提起诉讼的,可以将学校列为第三人,亦对基础争议进行实质审理,而非仅审查教师与申诉机关间的争议。对于司法审查的强度,应当处理好教师权益保护、学校自主权与司法权间的关

---

① 段斌斌、孙霄兵:《〈教师法〉修订可以通过司法反哺立法——兼评〈教师法修订草案(征求意见稿)〉》,《湖南师范大学教育科学学报》2021年第5期,第96页。
② 刘旭东:《我国高校"非升即走"制度的困境研判与规范理路——基于〈教师法(征求意见稿)〉修订内容的研究》,《教育发展研究》2022年第5期,第59页。

系。例如,对于司法实践频发的教师解聘、辞退争议,由于对当事人利益影响较大,法院应当匹配较强的审查强度,既要进行实体审查,又要进行程序审查。而教师职称评定属于自主办学的范畴,进行程序审查与形式审查即可。在涉及学术问题方面,由于法官并不擅长学术判断,故应充分尊重专家意见。[①] 因此,建立科学完善的教师救济制度,才能更好地维护教师合法权益。

(七)科学建立国家教师奖的配套制度

建立教师荣誉制度,对教师进行表彰、奖励,强化教师待遇保障,全社会营造尊师重教的氛围,使广大教师职业荣誉感、获得感、幸福感不断增强。《征求意见稿》第 7 条规定:"国家建立教师荣誉表彰制度,设立国家教师奖,对有重大贡献的教师,依照国家有关规定授予人民教育家、全国教书育人楷模、全国模范教师、全国优秀教师等称号。各级人民政府及其有关部门健全相应的表彰、奖励体系,对有突出贡献的教师按照国家有关规定予以表彰、奖励。"第 46 条明确了六项给予教师表彰、奖励的具体情形;第 47 条鼓励政府部门和学校构建完善的教师激励体系,旨在终结表彰奖励时无法可依、曲折烦琐,以及执行过程中的偏差。这引发了一定程度的关注。然而,设立国家教师奖,并非奖项名称为"国家教师奖",而是指一种层级、一种类型的奖励和荣誉,《征求意见稿》并未对该奖项制度的具体实施进行明确的界定,因此在建立具体配套制度时,应当有更详细的规定,包括奖项名称、评选周期、范围、流程、标准等,并且保证科学、公正、公开评选该奖项,避免因奖项评选滋生其他问题,适得其反。

---

① 陈洪磊:《司法场域中〈教师法〉的表达与实践——基于337份适用《教师法》裁判文书的分析》,《教师教育研究》2021 年第 3 期,第 56 页。

来华国际学生管理立法研究报告[①]

邢 昕 吕广振 吴 姗[②]

教育兴则国家兴,教育强则国家强。党的二十大报告明确指出,"教育、科技、人才是全面建设社会主义现代化国家的基础性、战略性支撑",又一次突出强调了教育在国家现代化建设中优先发展的战略地位。教育对外开放是教育现代化建设的重要组成部分。20世纪80年代,教育对外开放作为国家改革开放的重要抓手,被融入国家现代化建设总体布局之中;新时代加快和扩大教育对外开放已经成为教育现代化最鲜明的时代特征和重要推动力。教育对外开放强调走出去和引进来相结合,当前我国已经成为"世界最大的国际学生生源国和亚洲最大的留学目的地国"[③],来华国际学生教育作为我国教育对外开放的关键领域,既是对外形象的窗口和中外友好交往的桥梁,也是一种独特的战略资源,能够不断提升中国教育的国际影响力。

教育法治化是教育现代化建设的应有之义。教育现代化建设必须用法治思维和法治方式深化改革,特别是将依法治校贯穿于学校办学的全过程,把依法治理作为学校治理的基本理念和基本方式,而学生管理法治化是其中最为重要的组成部分。教育对外开放和教育法治化是教育现代化建设的两个核心环节,而来华国际学生管理法治化研究恰巧位于二者结合部,系我国教育现代化建设的重要领域和关键议题。其中,来华国际学生教育管理立法情况的调研分析又是来华国际学生管理法治化研究的基础,是来华国际学生教育事业现代化建设的前提。为生动展现我国来华国际学生管理法治化发展进程,特别是系统梳理我国来华留学生管理立法领域的实践发展,将以"来华国际学生管理立法"研究报告,对来华国际学生管理立法的整体情况进行系统性分析和体系性解读,以期为来华留学生管理法治化发展指明方向。

[①] 本文系团中央"大学生志愿服务课题"(2022ZYLX45)阶段性成果。
[②] 邢昕,郑州大学法学院讲师、法学博士,教育立法研究基地(教育部政策法规司和郑州大学共建)研究员;吕广振,郑州大学法学院工会主席、团委书记,郑州大学公共管理专业在读博士研究生;吴姗,郑州大学法学院宪法学与行政法学硕士研究生,教育立法研究基地(教育部政策法规司和郑州大学共建)助理研究员。
[③] 张烁:《教育部等八部门印发意见加快和扩大新时代教育对外开放》,《人民日报》2020年6月23日。

一、来华国际学生的规范含义

国际学生来华留学的历史悠久。早在春秋战国时期,我国就有培养国际学生的先例。① 伴随着农业、商业、军事、文化等方面的繁荣发展,我国封建王朝国际学生教育在隋唐时期曾一度达到顶峰。以日本为例,当时日本政府派遣两种国际学生访华学习。一种为"留学生",指的是遣唐使回日本后还长期居留中国学习的青年学生;另一种为"还学生",指的是遣唐使完成外交任务后,须同遣唐使一起回日本的短期考察学生。② 此后,来华国际学生留学活动不断延续,亦成为国家发展和教育繁荣的重要组成部分。

受到不同时期用语习惯的影响,对于进入我国学习的其他国家学生,有留学生、来华留学生、外国留学生、国际学生等不同的称谓。实际上,上述称谓在本质上并无实质性差异,只是强调的侧重点不同。2006 年,联合国教科文卫组织(United Nations Educational, Scientific and Cultural Organization)在《全球教育摘编》中对离开原国籍地而到其他国家和地区进行学习的学生定义为国际学生(international student)。③ 随后经济合作与发展组织(Organisation for Economic Co-operation and Development)也支持这一定义,并对"国际学生(international student)"和"外国学生(foreign student)"等相近词汇做了区别。在我国,《学校招收和培养国际学生管理办法》(教育部第 42 号令)第 2 条第 2 款对国际学生的规范含义进行了明确的界定,强调"本法所称国际学生,是指根据《中华人民共和国国籍法》不具有中国国籍且在学校接受教育的外国学生"。需要注意的是,若无特指情况下,任何一个国家"国际学生"都可以分为两类,即一类是本国接收的他国学生,另一类是从本国前往他国学习的学生。为保障文章论证的严谨性和研究对象的特定性,本研究报告采用"来华国际学生"一词,聚焦于高等教育中外国来华国际学生教育管理立法的相关研究。

二、来华国际学生管理立法的历史演进

来华国际学生管理立法指的是,我国在对来华国际学生进行管理过程中所适用的全部法律规范的统称。从前文来华国际学生术语的变化,亦可引证我国来华国际学生管理历史悠久。

新中国成立前,我国业已在来华国际学生管理中进行了部分立法的初步探索和零星实践。例如,1909 年 11 月,清朝末年设立的中央教育行政机构——学部曾向清政府上呈

---

① 栾凤池、马万华:《来华留学教育问题与对策探析》,《清华大学教育研究》2011 年第 5 期,第 20 页。
② 穆梓:《现代化进程中的我国留学生运动》,《当代青年研究》1994 年第 3 期,第 31 页。
③ According to the UNESCO Institute for Statistics'(UIS) Global Education Digest (2006): An internationally mobile student has left his or her country, or territory of origin, and moved to another country or territory with the singular objective of studying.

《学部奏请准外国学生入堂折》,奏请准令外国人入中国各大学。① 同年12月,为对来华国际学生的录取、管理等进行规范,学部公布了《学部优待外国留学生(北京)》政策。② 中华民国时期,政府为了鼓励国际学生来华求学,也通过出台《外国留学生医药费发给规则》等法律文件的方式为国际学生来华留学补贴医药费③,并为其减免学费。④ 抗日战争全面爆发后,尽管国家处于动荡局面,但对国际学生来华留学仍持开放态度。1947年,政府颁布了《外国留学生优待办法》以及《华侨学生优待办法》等⑤,设置专项立法对来华国际学生进行管理。然而受限于当时历史环境和法治发展,新中国成立之前来华国际学生管理法治化进程缓慢。

新中国成立后,从当初生源较为稀少到如今的世界第三大国际学生输入国,中国来华国际学生管理事业已经走过了七十多个春秋,其法治发展也历经了四个不同的历史阶段(见图1),每个阶段来华国际学生管理立法都各具特色。

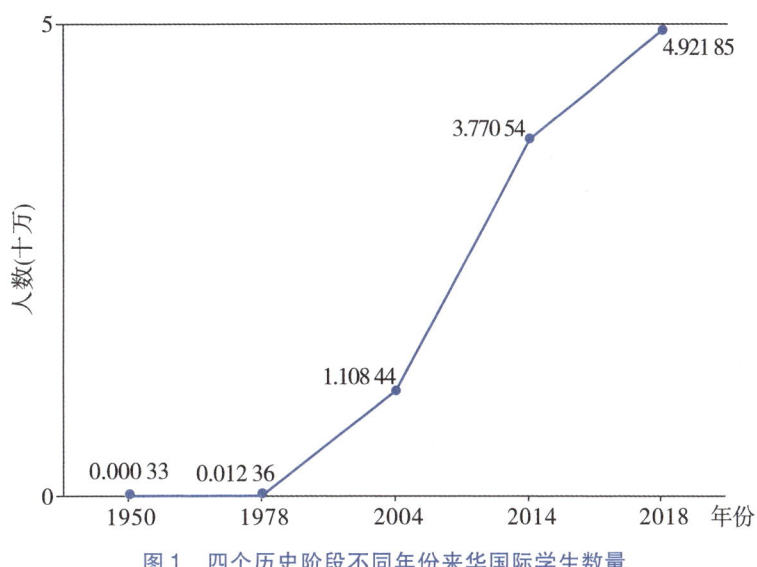

图1 四个历史阶段不同年份来华国际学生数量

(一)1949—1977年:来华国际学生管理专项立法初步探索

新中国成立初期,中国积贫积弱、百废待兴。在萧条的经济背景下,教育事业发展缓慢,教育立法活动稀缺,来华国际学生管理更是步履维艰。当时招收来华国际学生工作只能从与新中国建立外交关系和对华友好的东欧国家率先开始。1950年底至1951年

---

① 北京大学校史研究室:《北京大学史料第一卷(1898—1911)》,北京大学出版社,1993,第454页。
② 《申报》1909年12月2日第5版。
③ 《外国留学生医药费发给规则》,《教育公报》1917年第11期,第33-34页。
④ 《国立学校对于外国留学生均免收学费请饬知学界函》,《外交公报》1924年第34期,第13页。
⑤ 《教育通讯(汉口)》复刊3,1947年第7期,第37页。

初,第一批来自捷克、波兰、罗马尼亚、保加利亚、匈牙利5国的33名东欧学生抵华,自此开启了新中国来华国际学生教育新的历史篇章。① 1959年,我国开始接收非洲籍学生。20世纪60年代初,我国开始接收少量来自西欧、北美和日本的学生。

来华国际学生数量不断增加、来源国不断增多的现实情况促使来华国际学生管理体制进一步革新与发展,这一阶段来华国际学生管理立法也进行了初步探索。1955年8月10日,高等教育部颁发了《各人民民主国家来华留学生暂行管理办法(草案)》,该草案对来华国际学生教育管理的归口部门做了具体规定:"关于分配学习的学校,确定统一管理制度,以及审查教学计划与工作报告等,均由中央人民政府负责办理。"②1962年,我国颁布了《外国留学生工作试行条例(草案)》,该草案明确来华国际学生工作在国务院外事办公室外国留学生、实习生工作指导小组的指导下,由教育部归口管理,并指出接受和培养国际学生是我国应尽的一项国际主义义务,也是促进我国同各国间文化交流、增进我国同各国人民之间友谊的一项重要工作。这些法律法规的颁布实施,为来华国际学生管理立法开辟了道路、探索了路径。然而,此后十几年,受"左倾"错误思想影响,包括来华国际学生教育在内的全国教育事业发展遭到严重破坏,来华国际学生管理立法也受到了消极影响。

总体来说,新中国成立以来直至改革开放初期,来华国际学生管理相关立法呈现出如下三大特点:第一,有意识地恢复来华国际学生管理立法活动,为规范来华国际学生管理提供了法治支撑。这一时期,尽管国家总体发展困难重重,但始终重视教育在国家发展中的重要作用,并通过来华国际学生管理立法的方式,规范国际学生在华学习教育与日常生活。第二,这一时期国家发展更多聚焦于经济建设,来华国际学生管理立法虽有初步探索尝试,但立法层级较低③,更多的是教育部、外交部、财政部等以通知、意见的形式,将来华留学政策下发至使、领馆和高等院校④,其影响范围和辐射力度有限。第三,受到高度集中的计划经济体制影响,这一阶段来华国际学生教育管理体制的封闭化属性极强,来华留学生教育立法活动以中央政府为主导的自上而下式权力运行模式为主,地方政府和各学校的活力并未能完全释放。

---

① 教育部:《教育部举办中国首届留华毕业生新年招待会》,中华人民共和国教育部网,http://www.moe.gov.cn/jyb_xwfb/gzdt_gzdt/moe_1485/tnull_4786.html,2004年12月9日。
② 李滔:《中华留学教育史录,1949年以后》,高等教育出版社,2000,第300页。
③ 以北大法宝为搜索引擎,1949—1977年有关来华国际学生的法律规范为零。
④ 1949—1977年来华国际学生留学政策主要有《关于东欧交换来华留学生生活待遇暂行标准的特征》《关于为捷、波等五国来华学生办理语言训练的通知》《关于加强对东欧交换来华留学生管理工作的协议(草案)》《关于东欧兄弟国家来华留学生入学条件、手续统一规定》《关于外国来华留学生患病的医疗问题的通知》《关于外国留学生的医疗工作的通知》《关于来华留学生工作的几项规定与说明》《关于管理外国来华留学生在工作制度及待遇标准的修改和补充意见》《关于接受外国留学生入中国高等学校学习的规定和接受外国留学生注意事项》《关于外国留学生医疗保健工作的规定(草案)》。

（二）1978—2000 年：来华国际学生管理立法纵深发展

伴随着改革开放政策的实施，来华国际学生数量及其教育管理发展也初具规模。1978 年，我国进入改革开放新阶段，计划经济体制向市场经济体制的转轨使得中国社会面貌、经济实力和人民生活都发生了翻天覆地的变化，这也推动来华留学生教育事业迎来第一波热潮。据统计，1978 年我国来华国际学生人数共计 1236 人[①]，1990 年至 1998 年来华国际学生人数共计 234 691 人。[②] 实施改革开放政策以后，自费来华国际学生大量涌入，来华国际学生国别构成开始多样化，来华国际学生数量迅速增加，党中央对来华国际学生事业也给予了越来越多的支持，来华国际学生管理工作开始由封闭逐渐走向开放。

这一阶段来华国际学生教育管理工作受到了党和政府的高度重视，来华国际学生管理立法也不断完善和发展。1979 年，国务院批准《关于接收自费外国来华留学生收费标准问题的请示》，为自费来华留学工作做好了准备。1985 年，国务院发布了《外国留学生管理办法》，这是新中国第一部对来华国际学生进行体系化系统性管理的行政法规，从来华国际学生接收、教学、实习实践到生活、组织领导等各方面进行规范，勾勒出了来华国际学生管理的初步大纲。1989 年，原国家教委发布的《关于招收自费外国来华留学生的有关规定》使高校拥有了更大的自主招生权力。2000 年，教育部、外交部、公安部以 9 号令的形式公布《高等学校接受外国留学生管理规定》，为高校的国际学生招生和管理工作提供了依据。

1978 年至 20 世纪末这 20 多年间，受到国际形势和国家政策的影响，来华国际学生教育活动不断繁荣，与此同时，来华国际学生教育管理法治化进程也进一步加快，实现纵深发展。这一阶段来华国际学生管理立法最显著的特点体现在放权与赋权，我国政府出台多项系统性的政策法规，尝试从过去对来华国际学生教育的高度集中化管理中抽离。国务院逐渐放权，高校拥有了越来越多的招生与办学自主权。来华国际学生教育管理法规政策由封闭逐步走向开放，管理模式由政府直接管理逐步朝着"学校成为主体、政府负责调控"的方向转变，我国来华国际学生教育法治化建设实现了纵深发展（见表1）。

---

① 中共中央人民政府：《教育部：改革开放 30 年在华学习留学生增加近 180 倍》，中华人民共和国中央人民政府网，http://www.gov.cn/govweb/jrzg/2009-04/01/content_1275219.htm，2009 年 4 月 1 日。
② 程家福：《新中国来华留学教育结构研究（1950—2007 年）》，华东师范大学博士学位论文，2009，第 92-109 页。

表 1　北大法宝 1978—2000 年来华国际学生专项立法

序号	效力层级	公布/修改时间	名称
1	行政法规	1985 年	《外国留学生管理办法》(现行有效)
2	部门规章	1991 年	《中华人民共和国海关对非居民学生进出境行李物品管理规定》(已失效)
		1995 年	《外国来华留学生经费管理办法》(已失效)
		1997 年	《外国留学生奖学金年度评审暂行办法》(现行有效)
		1999 年	《中小学接受外国学生管理暂行办法》(已失效)
		1999 年	《教育部关于执行〈中小学接受外国学生管理暂行办法〉有关问题的通知》(现行有效)
		2000 年	《高等学校接受外国留学生管理规定》(已失效)
3	部门规范性文件	1979 年	《教育部、外交部、公安部关于安排外国留学生专业实习和实践活动的试行办法》(现行有效)
		1984 年	《外国留学生办理海关手续须知》(现行有效)
		1986 年	《外国留学生来华学习的有关规定》(已失效)
		1988 年	《国家教育委员会关于招收和培养外国来华留学研究生的暂行规定》(现行有效)
		1989 年	《民政部关于外国留学生在校学习期间结婚问题的有关规定》(已失效)
		1991 年	《国务院学位委员会关于在部分普通高等学校试行〈关于普通高等学校授予来华留学生我国学位试行办法〉的通知》(现行有效)
		1992 年	《公安部、国家教委、外交部关于妥善解决外国留学生在华非法居留问题的通知》(现行有效)
		1992 年	《国家教委、财政部关于颁发外国来华留学生经费开支标准及管理办法的通知》(现行有效)
		1992 年	《国家教育委员会关于印发〈接受外国来华留学研究生试行办法〉的通知》(已失效)
		1993 年	《国家教委、财政部关于调整来华留学生奖学金生活费标准的通知》(现行有效)
		1994 年	《国家教育委员会关于在外国来华留学生中执行〈普通高等教育学历证书管理暂行规定〉及其实施细则的通知》(已失效)
		1995 年	《国家教委、财政部关于调整来华留学生奖学金生活费标准的通知》(现行有效)
		1995 年	《国家教委关于外国留学生凭〈汉语水平证书〉注册入学的规定》(现行有效)
		1996 年	《国家教育委员会、国家中医药管理局关于加强来华接受中医药本科教育留学生教学质量宏观管理的通知》(已失效)
		1998 年	《国家教委、国家计委有关调整自费来华留学生收费标准的通知》(现行有效)
		1999 年	《教育部、财政部关于调整外国留学生奖学金生活费标准的通知》(已失效)

(三) 2001—2013 年：来华国际学生管理立法跨越式发展

进入 21 世纪后，国内外利好环境使得我国来华国际学生教育管理事业进入第二个迅速发展期。这一时期，受到中国加入世界贸易组织(WTO)的影响，我国改革开放进一步发展，来华国际学生教育管理实现了跨越式发展，不仅来华国际学生总体数量不断增多，来华国际学生规模层次也有所提升。根据教育部统计数据显示，2004 年来华国际学生总数首次突破 10 万人[①]，2012 年来华国际学生总数首次突破 30 万人。[②] 这十几年来，来华国际学生人数呈井喷式增长，来华国际学生教育管理事业取得前所未有的成就。

面对日益庞大的来华国际学生群体，来华国际学生管理立法也因时而变。2001 年《教育部国际合作与交流司关于中国政府奖学金的管理规定》明确公开中国政府奖学金类别、提供对象、申请条件、期限等。2007 年，教育部发布《教育部办公厅关于试行普通高等学校外国留学生新生学籍和外国留学生学历证书电子注册的通知》，要求建立来华国际学生学历生从入学到毕业的完整信息，供国际学生和有关机构网上查询，以此强化对普通高等学校招收国际学生行为的监督。2009 年《教育部关于对中国政府奖学金本科来华留学生开展预科教育的通知》要求对中国政府奖学金本科来华国际学生新生在进入专业学习前开展预科教育。与此同时，《国家中长期教育改革和发展规划纲要(2010—2020年)》和《留学中国计划》对来华留学发展思路、目标措施和保障机制等方面提出了一系列要求，成为指导来华国际学生教育管理事业的纲领性文件。

21 世纪以来，来华国际学生管理立法国际化战略明显，实现了跨越式发展。自我国加入世界贸易组织以来，来华国际学生管理立法活动站在国际视角谋划全局，旨在通过法治化手段为来华国际学生教育管理事业发展提供充沛的制度保障和政策支撑。这一时期在继承以往来华国际学生立法在招生录取、学籍管理等领域发展经验的基础上，实现了该部分领域的跨越式发展，并不断与国际社会接轨(见表 2)。

[①] 教育部：《2004 年来华留学生数量又创历史新高》，中华人民共和国教育部网，http://www.moe.gov.cn/jyb_xwfb/gzdt_gzdt/moe_1485/tnull_7477.html，2005 年 5 月 20 日。

[②] 教育部：《2012 年全国来华留学生简明统计报告》，中华人民共和国教育部网，http://www.moe.gov.cn/jyb_xwfb/gzdt_gzdt/s5987/201303/t20130307_148379.html，2013 年 3 月 7 日。

表 2　北大法宝 2001—2013 年来华国际学生专项立法

序号	效力位阶	公布/修改时间	名称
1	部门规范性文件	2003 年	《国家外汇管理局关于在华留学人员办理退学换汇有关问题的通知》（已失效）
		2007 年	《教育部关于印发〈来华留学生医学本科教育（英语授课）质量控制标准暂行规定〉的通知》（现行有效）
		2007 年	《教育部办公厅关于试行普通高等学校外国留学生新生学籍和外国留学生学历证书电子注册的通知》（现行有效）
		2008 年	《教育部、财政部关于调整外国留学生奖学金生活费标准的通知》（已失效）
		2009 年	《教育部关于规范我高等学校接受外国留学生有关工作的通知》（已失效）
		2011 年	《教育部办公厅关于进一步做好外国留学生学历证书管理和电子注册工作的通知》（现行有效）
2	部门工作文件	2004 年	《教育部办公厅关于启用全国来华留学生管理信息系统的通知》（现行有效）
		2009 年	《教育部关于对中国政府奖学金本科来华留学生开展预科教育的通知》（现行有效）
		2010 年	《教育部办公厅关于外国留学生可凭〈新汉语水平考试（HSK）成绩报告〉注册入学的通知》（现行有效）
		2010 年	《教育部关于印发留学中国计划的通知》（现行有效）

（四）2014 年至今：来华国际学生管理立法提质增效

2014 年以来"一带一路"倡议的提出不仅为国际合作提供了战略平台，亦对来华国际学生教育赋予了更重要的时代使命，为来华留学生教育事业带来了新的发展契机。2015 年，我国成为世界第三大国际学生输入国。2017 年，我国成为亚洲最大的留学目的国。2018 年共计来华国际学生 492 185 人，这也是新中国成立以来，来华国际学生中学历生数量首次超过非学历留学生数量。① 新冠疫情导致全球教育国际化进入低潮期，我国来华国际学生规模也同样受此影响有所下降，但随着经济社会全面恢复常态运行，当前来华留学已经回暖，并呈现出加速发展之势。

新时代来华国际学生教育事业的发展也推动了来华国际学生管理立法提质增效。

---

① 教育部：《2018 年来华留学统计》，中华人民共和国教育部网，http://www.moe.gov.cn/jyb_xwfb/gzdt_gzdt/s5987/201904/t20190412_377692.html，2019 年 4 月 12 日。

2017年《学校招收和培养国际学生管理办法》正式颁布实施,在尊重学校自主权、提高培养质量、优化管理服务、加强监督管理等方面做了详细的规定,为学校招收和培养来华国际学生提供了有力的指导;2018年《来华留学生高等教育质量规范(试行)》规定了来华国际学生教育的人才培养目标及其要素构成,在国家层面上首次规制了来华国际学生教育标准;2020年教育部发布的《教育部关于规范我高等学校接受国际学生有关工作的通知》对来华国际学生申请进入我高等学校本专科阶段学习作出补充性规定;2021年教育部、公安部、人力资源和社会保障部、国家移民管理局联合制定的《高等学校国际学生勤工助学管理办法》实现了来华国际学生勤工助学国家立法领域的零突破,为勤工助学活动健康有序开展提供了法治保障(见表3)。

表3 北大法宝2014年至今来华国际学生专项立法

序号	效力位阶	公布/修改时间	名称
1	部门规章	2016年	《国务院学位委员会关于来华留学生攻读临床医学类硕士专业学位的意见》(现行有效)
		2017年	《学校招收和培养国际学生管理办法》(现行有效)
		2018年	《来华留学生高等教育质量规范(试行)》(现行有效)
		2020年	《教育部关于规范我高等学校接受国际学生有关工作的通知》(现行有效)
		2021年	《高等学校国际学生勤工助学管理办法》(现行有效)

这一阶段的来华国际学生管理立法活动不仅仅注重量的积累,更多的在于质的突破,其发展呈现出如下特质:第一,立法层级不断提升,用高质量、高层级立法保障来华国际学生教育管理规范化。这一时期,来华国际学生管理立法中部门规章数量不断增加,在招收与培养、质量规范、勤工助学等领域都实现突破了原有的立法空白,提升了立法质效。第二,这一阶段,承接来华国际学生的地方政府及相关学校的活力进一步被释放,有关来华国际学生管理的地方性立法增多;各类学校,特别是高等院校对来华国际学生管理设置了专项立法,既形成了完备的来华国际学生管理立法体系,也充分考虑各地区、各学校来华国际学生管理的特殊性,有针对性地进行立法实践。

三、来华国际学生管理立法的体系构成

随着来华国际学生管理及其立法实践的纵深发展,当前我国来华国际学生管理立法体系逐渐完善。当前语境下,来华国际学生管理立法体系包括法律、法规、规章以及各个学校校内规范。其中,既包含普遍适用于特定群体,来华国际学生需要遵守的普遍性规范,也包含针对来华国际学生管理所颁布的特定性规范。

来华国际学生管理的普遍性规范中,由于来华国际学生这一群体兼具外国人与学生两种身份,因而根据来华国际学生不同的身份,可以将其法律规范划分为两大类:一是普遍适用于所有外国人的法律法规。根据《中华人民共和国宪法》(以下简称《宪法》)第32条第1款的规定,"中华人民共和国保护在中国境内的外国人的合法权利和利益,在中国境内的外国人必须遵守中华人民共和国的法律"。因而,来华国际学生需依法遵守《中华人民共和国刑法》(以下简称《刑法》)、《中华人民共和国行政处罚法》(以下简称《行政处罚法》)、《中华人民共和国治安管理处罚法》(以下简称《治安管理处罚法》)、《中华人民共和国出境入境管理法》(以下简称《出入境管理法》)、《中华人民共和国外国人入境出境管理条例》(以下简称《出入境管理条例》)等中华人民共和国相关法律。二是普遍适用于所有学生的法律法规。如《教育法》第69条以及《高等教育法》第67条等规定,境外个人符合我国规定的条件并办理有关手续后,可以进入中国境内学校及其他教育机构学习,其合法权益受国家保护。此外,各校在其校内学生管理规范中也明确普遍适用于所有在校学生,亦包含来华国际学生。

来华国际学生管理的特定性规范中,根据规定内容的差异性和立法层级的差异性,来华国际学生管理立法有不同的分类。

1. 根据规定内容的差异性分类

根据规定内容的差异性,来华国际学生管理特定性规范又可细分为综合规范和专项规范。综合规范是指对来华国际学生管理问题进行一般性、综合性、概括性的规定,例如《学校招收和培养国际学生管理办法》《来华留学生高等教育质量规范(试行)》《外国留学生管理办法》等;专项规范是指对来华留学生管理特定领域进行规范,典型的领域包括勤工助学、奖助学金等。例如《高等学校国际学生勤工助学管理办法》就针对来华国际学生勤工助学问题进行了系统性规范。

2. 根据立法层级的差异性分类

根据立法层级的差异性,可以将来华国际学生管理立法分为如下三类:

(1)在全国范围内,具有普遍适用性的来华国际学生管理法律法规。包括《外国留学生管理办法》(1985年)、《外国留学生奖学金年度评审暂行办法》(1997年)、《学校招收和培养国际学生管理办法》(2017年)、《来华留学生高等教育质量规范(试行)》(2018年)、《高等学校国际学生勤工助学管理办法》(2021年)等。

(2)在某一特定地区范围内,具有特定适用性的来华国际学生管理地方性法规、规章以及规范性文件等。以北大法宝为搜索引擎,全国31个省级行政单位(不包含我国港澳台地区)中,北京、上海、天津、重庆、河北、山西、吉林、江苏、浙江、江西、湖北、广东、海南、四川、贵州、云南、陕西、广西、宁夏、青海20个省级行政单位制定了有关来华国际学生的地方性法规、地方规范性文件,已经制定地方性法规的省份占到全国总省份的64.5%。而目前各省市关于来华国际学生的法规多集中于奖学金方面,其次是收费标准与综合性管理。(见图2和表4)

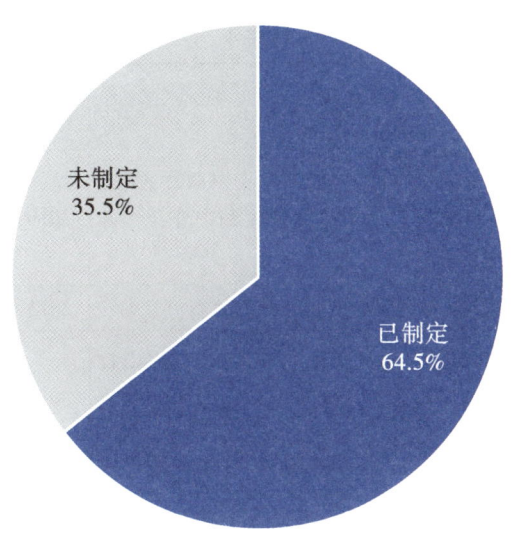

图2 全国各省份(不包含我国港澳台地区)是否制定
来华国际学生地方性规范占比

表4 来华国际学生地方性法规、地方规范性文件选编

序号	省级行政单位	文件	发布时间	发布部门
1	河北	《河北省发展和改革委员会、河北省财政厅、河北省教育厅关于扩大学校自费来华留学生收费自主权的通知》	2019年	河北省发展和改革委员会、河北省财政厅、河北省教育厅
2	山西	《山西省发展和改革委员会、山西省财政厅、山西省教育厅关于放开高等学校自费来华留学生收费标准的通知》	2020年	山西省发展和改革委员会、山西省财政厅、山西省教育厅
3	吉林	《吉林省财政厅关于下达2022年度民办高校省政府外国留学生奖学金的通知》	2022年	吉林省财政厅
4	江苏	《高等学校国际学生勤工助学管理办法》	2022年	江苏省教育厅、江苏省公安厅、江苏省人社厅
		《江苏省教育厅关于大力发展外国留学生教育的意见》	2011年	江苏省教育厅
5	浙江	《浙江省教育厅、浙江省财政厅关于印发浙江省政府来华留学生奖学金管理办法的通知》	2013年	浙江省教育厅、浙江省财政厅
6	江西	《江西省教育厅关于进一步完善来华留学生报批程序的通知》	2007年	江西省教育厅
		《江西省教育厅关于重申来华留学生报批程序的通知》	2008年	江西省教育厅

续表 4

序号	省级行政单位	文件	发布时间	发布部门
7	湖北	《湖北省发展和改革委员会、湖北省财政厅、湖北省教育厅关于放开自费来华留学生和中外合作办学学费标准的通知》	2019 年	湖北省发展和改革委员会、湖北省财政厅、湖北省教育厅
8	广东	《广东省政府来粤留学生奖学金管理暂行办法》	2013 年	广东省财政厅、教育厅
9	海南	《海南省发展和改革委员会、海南省财政厅、海南省教育厅关于放开我省自费来华留学生学费标准有关问题的通知》	2019 年	海南省发展和改革委员会、海南省财政厅、海南省教育厅
10	四川	《四川省财政厅、四川省教育厅关于印发四川省外国留学生政府奖学金管理办法的通知》	2016 年	四川省财政厅、四川省教育厅
11	贵州	《贵州省教育厅关于印发贵州省外国留学生奖学金管理办法(试行)的通知》	2013 年	贵州省教育厅
12	云南	《云南省物价局、省教育委员会关于调整云南省自费来华留学生收费标准的通知》	1999 年	云南省物价局、省教育委员会
13	陕西	《陕西省教育厅转发教育部关于规范我高等学校接受外国留学生有关工作的通知》	2010 年	陕西省教育厅
14	北京	《北京地区高等学校招收和培养国际学生管理办法的通知》	2020 年	北京市教育委员会、北京市人民政府外事办公室、北京市公安局
14	北京	《北京市幼儿园、中小学招收和培养国际学生管理办法》	2021 年	北京市教育委员会、北京市人民政府外事办公室、北京市公安局
14	北京	《北京市外国留学生"一带一路"奖学金项目管理办法(试行)》	2016 年	北京市教育委员会、北京市财政局
14	北京	《北京市来华留学生高等教育质量发展指标体系(试行)》	2021 年	北京市教育委员会
14	北京	《留学人员申请办理外国人居留证签证管理办法》	2000 年	北京市公安局
15	上海	《上海市财政局等关于进一步完善上海市外国留学生政府奖学金资助体系和提高资助标准的通知》	2015 年	上海市财政局
15	上海	《上海市外国留学生政府奖学金申请办法》	2015 年	上海市教育委员会
15	上海	《上海市教育委员会、上海市发展和改革委员会、上海市财政局关于进一步做好本市公办高等学校自主确定自费来华留学生收费标准有关工作的通知》	2021 年	上海市教育委员会、上海市发展和改革委员会、上海市财政局

续表 4

序号	省级行政单位	文件	发布时间	发布部门
16	天津	《天津市教委、天津市财政局关于印发天津市外国留学生政府奖学金管理暂行办法的通知》	2016 年	天津市教育委员会、天津市财政局
		《天津市教育委员会关于加强天津市高校外国留学生管理工作的通知》	2009 年	天津市教育委员会
		《天津市教委关于公办中小学校国际学生收费有关事项的通知》	2018 年	天津市教育委员会
17	重庆	《重庆市教育委员会、重庆市人民政府外事办公室、重庆市公安局关于印发重庆市幼儿园、中小学招收和培养国际学生管理办法的通知》	2022 年	重庆市教育委员会、重庆市人民政府外事办公室、重庆市公安局
		《重庆市教育委员会、重庆市人民政府外事办公室、重庆市公安局关于印发重庆市高等学校招收和培养国际学生管理办法的通知》	2019 年	重庆市教育委员会、重庆市人民政府外事办公室、重庆市公安局
		《重庆市教育委员会、重庆市财政局、重庆市人民政府外事办公室关于印发《重庆市人民政府外国留学生市长奖学金申请办法的通知》	2007 年	重庆市教育委员会、重庆市财政局、重庆市人民政府外事办公室
18	广西	《广西壮族自治区教育厅、广西壮族自治区外事办公室、广西壮族自治区公安厅关于印发广西壮族自治区学校招收和培养国际学生管理规定的通知》	2019 年	广西壮族自治区教育厅、广西壮族自治区外事办公室、广西壮族自治区公安厅
		《南宁市人民政府关于印发南宁市东盟国家留学生奖学金管理办法的通知》	2011 年	南宁市人民政府
		《南宁市人民政府关于印发南宁市国际友好城市留学生奖学金管理办法的通知》	2020 年	南宁市人民政府
		《广西壮族自治区财政厅关于印发广西政府东盟国家留学生奖学金管理办法的通知》	2010 年	广西壮族自治区财政厅
19	宁夏	《宁夏回族自治区教育厅关于进一步加快我区来华留学工作发展的意见》	2016 年	宁夏回族自治区教育厅
20	青海	《青海省教育厅、青海省财政厅关于印发青海省外国留学生政府奖学金管理办法(试行)的通知》	2018 年	青海省教育厅、青海省财政厅

(3)在某一特定学校范围内,具有特定适用性的来华国际学生管理校内规范。目前我国教育领域相关立法中,高等学校依法治校工作及其管理专项立法成果较为显著,且高校学生管理涉及领域相较于义务教育等较为广泛,因而本研究报告以各省份双一流高校作为样本数据,窥视学校内部来华国际学生管理立法的发展情况。受历史文化、宗教信仰等方面的影响,来华国际学生管理和本土学生管理之间势必存在差异,来华国际学生教育管理既是高等教育的重要组成部分,亦是我国对外交往的重要窗口,有必要在高校内部对之进行单独规定,进而对来华国际学生进行依法科学管理。为了有针对性地对来华国际学生进行教育管理,各高校首先在校内规范制定上蓄力,统计样本中有81.5%的高校针对本校来华国际学生制定了相关校内规范(见图3)。如上海交通大学制定了《上海交通大学留学生日常事务办理办法及规定》(2017)、吉林大学制定了《吉林大学国际学生(本科生)管理规定(试行)》(2021)、郑州大学制定了《来华留学生纪律处分规定》(2014)等,不同学校所涉及的典型领域如表5所示。

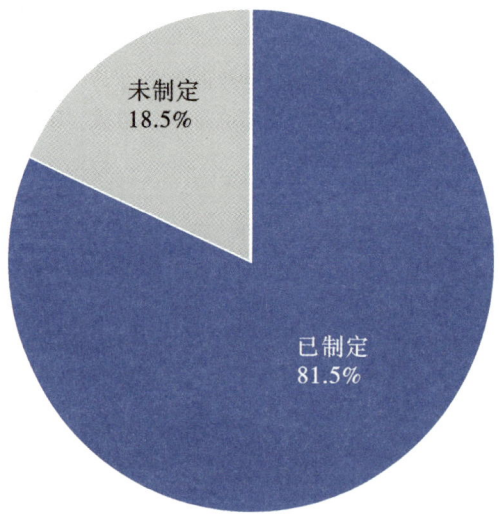

图3 各省份双一流高校是否制定特殊性
来华国际学生管理规定占比①

---

① 全国31个省级行政单位制定特殊性来华国际学生管理规定的双一流高校有:北京大学、清华大学、中国人民大学、北京航空航天大学、北京理工大学、北京师范大学、中央民族大学、复旦大学、上海交通大学、同济大学、华东师范大学、中南大学、湖南大学、西安交通大学、西北工业大学、西北农林科技大学、吉林大学、哈尔滨工业大学、河北工业大学、河南大学、郑州大学、石河子大学、太原理工大学、山西大学、青海大学、宁夏大学、海南大学、西藏大学、贵州大学、南昌大学、华南理工大学、浙江大学、中山大学、华中科技大学、武汉大学、东南大学、南京大学、大连理工大学、山东大学、中国海洋大学、四川大学、南开大学、中国科学技术大学、厦门大学。未制定的有:重庆大学、天津大学、电子科技大学、东北大学、内蒙古大学、云南大学、广西大学、新疆大学、兰州大学、国防科技大学。

表5 双一流高校来华国际学生管理规定涉及领域

序号	涉及领域	典型高校
1	综合管理	清华大学、复旦大学、河南大学
2	奖学金管理	北京航空航天大学、同济大学
3	学籍管理	中央民族大学、厦门大学
4	住宿管理	吉林大学、东南大学
5	应急管理	中国人民大学、青海大学
6	招生管理	北京大学、上海交通大学
7	勤工助学	贵州大学、海南大学
8	纪律管理	北京师范大学、郑州大学
9	签证与居留	华南理工大学、山西大学
10	请假程序	中国海洋大学、西北农林科技大学
11	保险管理	河北工业大学、哈尔滨工业大学

四、来华国际学生管理立法的典型领域

来华国际学生管理立法所包含的内容繁杂，其中既有招生录取、教育教学等领域的内容，也包含实习实践、就业毕业等领域的内容，涵盖来华国际学生从入学端到毕业端的全过程和全阶段，其中以招生录取、勤工助学等管理领域最为典型，本报告将以上述两个领域作为典型进行系统化研究。

（一）招生录取领域

招生录取作为来华国际学生教育的起点活动，招生录取活动法治化水平一定程度上影响了来华国际学生管理立法的发展水平。作为一种跨越国别的教育交流活动，国际学生的招生录取工作很大程度上受经济政治发展的影响。从新中国成立之初到改革开放初期，面对复杂和艰巨的国内外形势，党和政府对来华国际学生招生录取采取统揽全局，集中管理的工作方式。1950年，政务院文化教育委员会制定了《交换留学生计划》，规定国际学生的交换数量、学习内容（或专业）都由政府确定。1955年，高等教育部发布《对于中国与各友好国家互派留学生的几项做法》，对来华国际学生入学条件、手续、语言要求、入学时间、分配专业和院校、学习和生活费用等做了明确规定。1979年，教育部、外交部、文化部、公安部制定的《外国留学生工作试行条例（修订稿）》规定接受来华国际学生的学校和专业，均由教育部与有关部门和学校商定后决定。随着改革开放政策的逐步推进，国家开始支持高等学校与外国高等学校开展校际交流与合作，来华国际学生招生录取工作日益开放化和自主化。1988年国家教委发布《关于招收和培养外国来华

留学研究生的暂行规定》,对高校招收和培养来华留学研究生赋予了更大的权力,规定对申请攻读硕士学位的来华国际学生,由学校进行资格审查并考核录取。2000年,教育部、外交部、公安部发布《高等学校接受外国留学生管理规定》,将来华国际学生分为学历教育类学生和非学历教育类学生,并规定来华国际学生的录取由高等学校决定,高等学校可以自行招收校际交流国际学生和自费国际学生。2017年的《学校招收和培养国际学生管理办法》秉持高校自主招生的原则,进一步细化来华国际学生分类,增加预科生这一非学历教育的类别。(见表6)

表6 北大法宝中与来华国际学生招生录取相关的法律规范

时效性	特征	法律规范
现行有效	概括性	《中华人民共和国教育法》
		《中华人民共和国高等教育法》
		《普通高等学校学生管理规定》
		《中等职业学校学生学籍管理办法》
	专门性	《来华留学生高等教育质量规范(试行)》
		《学校招收和培养国际学生管理办法》
		《国家教育委员会关于招收和培养外国来华留学研究生的暂行规定》
		《外国留学生管理办法》
		《教育部关于印发〈留学中国计划〉的通知》
已失效	专门性	《高等学校接受外国留学生管理规定》

随着来华留学教育不断提质增效,中国政府愈发注重来华留学招生录取工作并通过法治化手段对相关制度和方式进行固化,一方面建立了更加完备、更加系统的招生体系,另一方面不断填补来华国际学生管理立法空白点,不断完善来华国际学生立法体系。为了响应国家对来华国际学生招生录取工作法治化的倡导,各个高校积极响应,并针对各个高校招生录取工作的独特性,发挥大学自治活力,通过细化招生录取细则、设置专门负责机构的方式来规范来华国际学生招生录取工作。例如,上海交通大学颁布了《上海交通大学关于招收国际研究生的管理办法》[①],中国人民大学颁布了《中国人民大学国际学生招生工作规则》《中国人民大学招收和培养国际学生管理办法》,太原理工大学颁布了《太原理工大学外国留学生招生与管理办法(试行)》[②]等。

---

① 上海交通大学:《上海交通大学关于招收国际研究生的管理办法》,上海交通大学网,https://gk.sjtu.edu.cn/Data/View/1522,2019年10月1日。
② 太原理工大学:《太原理工大学外国留学生招生与管理办法(试行)》,太原理工学院国际交流中心阿富汗研究中心,http://ciee.tyut.edu.cn/info/1019/1062.htm,2017年1月26日。

（二）勤工助学领域

勤工助学,指的是学生在校学习期间利用课余时间,依法通过自己的劳动取得合法报酬,用于改善学习和生活条件的社会实践活动。改革开放以来,自费国际学生大量涌入我国,而自费国际学生中不少都是来自经济欠发达的亚非国家,面临较大的经济压力,自费国际学生大都选择勤工助学来补贴生活花费。通过勤工助学活动,来华国际学生不仅获得报酬以补贴留学费用,更能通过参与各类社会活动,迅速提高汉语水平,融入当地生活。

关于来华国际学生勤工助学的法律规范,2000年,教育部、外交部、公安部联合发布的《高等学校接受外国留学生管理规定》第26条首次从国家层面对来华国际学生可以进行勤工助学活动作出了原则性规范。此后多年颁布的法律法规,都在坚持此原则的基础上对勤工助学和实习活动进行了不同程度的细化。如2012年全国人大常委会颁布的《出入境管理法》规定了构建来华国际学生勤工助学管理制度的主要部门为国务院教育主管部门,并且要求其会同国务院其他有关部门对来华国际学生勤工助学的岗位范围和时限作出规定。2013年,国务院颁布的《出入境管理条例》首次提出来华国际学生需要在校外勤工助学或者实习的,应当经所在学校同意后,向公安机关出入境管理机构申请居留证件加注勤工助学或者实习地点、期限等信息。实践中,如果来华国际学生的居留签证上没有加注相应的打工信息,就在校外从事勤工助学或实习等工作,将依法被视为非法打工。上述规定在一定程度上规范了来华国际学生勤工助学活动的同时,也由于部分规定过于笼统,欠缺可操作性,难以应对日渐复杂的社会状况。来华国际学生非法就业、非法打工等现象的出现一方面给高校依法管理带来了巨大的挑战,另一方面也不利于社会的稳定和发展。为有效缓解上述负面影响,2021年,教育部、公安部、人力资源和社会保障部、国家移民管理局等四部门联合颁布了《高等学校国际学生勤工助学管理办法》,对来华国际学生参与校内外勤工助学的必备条件、工作时限、工作范围、最低酬金等方面作出全方位详细规定,为来华国际学生勤工助学管理法治化、促进来华留学提质增效奠定了坚实基础。（见表7）

实践中,我国部分高校在来华国际学生勤工助学领域的管理立法中走在了前列。例如,海南大学对勤工助学的申请条件、撤销条件、岗位、范围、工时、酬金以及权益保护等都作出了详细的规定。[①] 太原理工大学也通过制定《太原理工大学国际学生勤工助学管理办法》[②]的方式,一方面依法规范校内来华国际学生勤工助学活动,另一方面为之参与勤工助学、融入中国社会提供制度支持。

[①] 《海南大学国际学生勤工助学管理办法》,海南大学国际教育学院网,https://hd.hainanu.edu.cn/gjjy/info/1235/3193.htm,2020年9月22日。

[②] 《太原理工大学国际学生勤工助学管理办法》,太原理工学院国际交流中心阿富汗研究中心,http://ciee.tyut.edu.cn/lxTYUT/gzzd.htm,2020年4月30日。

表7 北大法宝中与来华国际学生勤工助学相关的法律规范

时效性	规范特征	规范名称
现行有效	概括性	《中华人民共和国教育法》
		《中华人民共和国高等教育法》
		《高等学校勤工助学管理办法》
		《普通高等学校学生管理规定》
		《中华人民共和国出境入境管理法》
		《中华人民共和国外国人入境出境管理条例》
		《国家教委、财政部关于在普通高等学校设立勤工助学基金的通知》
	专门性	《高等学校国际学生勤工助学管理办法》
		《学校招收和培养国际学生管理办法》
		《教育部关于印发〈留学中国计划〉的通知》
已失效	概括性	《国家教委、财政部关于进一步做好高等学校勤工助学工作意见的通知》
	专门性	《高等学校接受外国留学生管理规定》

教育是国家之根基,社会之大计。来华国际学生教育作为中国高等教育的重要组成部分,其不仅是衡量高等教育质量的重要指标,亦是深化中外经济文化交流、提升国家文化软实力的重要载体。新中国成立以来,我国来华国际学生管理立法历经四个阶段的发展,在立法体系构成、内容规范等领域成效显著。来华国际学生管理立法作为高等教育法治化的重要组成部分,已经成为我国教育治理体系和治理能力现代化建设的显著标识。然而,需要保持清醒的是,尽管我国来华国际学生管理立法已经取得了瞩目成就,但在高校管理部门权责分配、高校管理与社会治理衔接等领域亦尚存不足,未来仍需不断完善来华国际学生管理立法体系,填补来华国际学生管理立法空白点,打通来华国际学生管理法治化建设堵点,一方面推动来华国际学生管理法治化发展,另一方面以点带面,实现教育领域整体治理能力和治理体系现代化的纵深发展。

高等教育领域"放管服"改革的理论与实践

魏海深　孙远太　苗丰豪[①]

2015年以来,党和政府在全国范围内推行"放管服"改革措施,将优化服务、简政放权、放管结合定为改革的核心要素。"放管服"改革首先在政府行政领域推行,取得了一定的改革效果,而后政府将改革目光聚焦于教育领域。2017年3月,由教育部牵头,中央编办、发改委、财政部、人社部五部门联合发文《关于深化高等教育领域简政放权放管结合优化服务改革的若干意见》,标志着"放管服"改革在高等教育领域的全面展开。文件表明,高等教育领域的"放管服"改革,是在完善中国特色现代化大学制度的基础上,增强学校的办学自主权。"放"是党和政府及其职能部门将行政权力进行下放,学校拥有更多的行政决策权,优化众多行政审批事务的流程,并明确权责主体,扩大大学组织的管理权限,以大学为核心,发挥多主体治理优势,将高等教育发展权力细化性地下放给大学、市场与社会;"管"是政府通过制度建设、技术创新、机制完善等方式,将政府发挥的作用聚焦于监督监管,营造高等教育发展所需要的优良环境,减少微观层面的直接介入,增强宏观层面发展方向的实际把控,将直接干预转变为间接管理;"服"是增强向高等教育的公共服务供给能力,从最现实的需要与利益入手,解决大学发展最迫切的问题,践行以学生为本的服务宗旨。"放管服"改革通过重塑高等教育领域中政府、高校、市场与社会的关系,提升高等教育的治理效能。

学术界关于高等教育"放管服"的研究众多,多聚焦以下三个方向:一是以廖伟伟为代表,从行政法规角度研究"放管服"改革,提出改革应与立法合理衔接,通过深度清理没有法律法规依据的非行政许可性审批来实现权力的下放[②];刘业进提出以"法无授权不可为""法无禁止皆可为"的法治精神建立现代化高等教育管理制度,具体落实权力清单、责任清单与负面清单,进而实现全面依法行政[③]。二是以胡敏为代表,从"放管服"的指导思

[①] 魏海深,郑州大学党政办副主任,副教授;孙远太,郑州大学政治与公共管理学院教授,博士生导师;苗丰豪,郑州大学政治与公共管理学院2021级硕士研究生。

[②] 廖伟伟:《行政法视角下高等教育"放管服"改革的本质、要点与路径——兼论我国教育行政执法的重大变革》,《重庆高教研究》2017年第6期,第28-37页。

[③] 刘业进:《高等教育"放管服"改革的三张清单:权力清单、责任清单与负面清单》,《南京师大学报(社会科学版)》2020年第2期,第53-67页。

想入手,主张政府通过"放管服"思想的自我革命,提升高校的介入领域,实现与高校资源配置的共同治理,完善资源配置服务体系,指导高等教育领域内的资源配置改革。① 三是以姚荣为代表,从高等教育权力构成角度入手,认为高等教育领域中"放管服"仍面临政府"放不下"与高校"接不住"的困境,需要从统筹规范主义与功能主义两种改革路径,提出政府与高校的分权,要从行政性分权向法律分权与功能分权转化,实现政府依法监管与高校依法治理的协同提升。② 在高校的内部管理中,引导高校管理由"集权"向"分权"、由"掌控"向"共治"、由"审批导向"向"服务导向"转型。此外的高等教育"放管服"研究则关注高校经费管理、科研管理、职称评定,招标采购等具体领域改革。③

"放管服"改革既是高等教育未来发展的机遇,又是高等教育发展所面临的困境。因此,本文立足高等教育"放管服"改革的理论与实践,通过梳理归纳高校"放管服"的一些典型案例,总结高校"放管服"改革的进展与不足,提出优化高校"放管服"改革的对策建议,进一步发挥"放管服"改革对治理效能的提升作用。

一、"放管服"改革的理论基础

(一)新公共管理理论

新公共管理理论是相对于传统公共管理理论所提出的创新理论。传统的科层制在发展过程中一些固有缺陷逐渐显露,尤其在信息化时代下,传统的行政管理模式已经难以满足社会对公共服务效率与质量的需求,在此背景下学界提出新公共管理理论。新公共管理理论将公共管理的核心定在效率与服务上,重视政府、市场与社会的协作,弱化了科层权力,放手让职业管理人员发挥作用。新公共管理的特点是私有化、市场化、绩效衡量与问责,它是近几十年全球政府改革的主要范式,也是当今公共管理领域体系较为完善的理论之一。新公共管理强调管理主义,力求减少政治对政府管理的束缚,崇尚明确或量化的绩效评价体系,注重治理效率,关注产出的控制与结果导向,弱化管理过程与程序化控制。新公共管理理论挖掘市场在公共管理中的作用,将政府管理类比企业,视公民为顾客,注重公民驱动政府的路径,将市场化的竞争机制引入政府,提出竞争性政府,倒推政府部门提高行政效率、降低服务成本、优化服务质量。在市场化注重效率的背景下,新公共管理不仅鼓励政府部门之间的竞争,还提出通过合同外包、政府采购等方式,引入私营部门参与公共服务的竞争。

---

① 胡敏:《高校资源配置的府学关系及其"放管服"改革》,《苏州大学学报(教育科学版)》2017年第3期,第46—53页。
② 姚荣:《高等教育领域"放管服"改革的两难困境与破解策略》,《南京师大学报(社会科学版)》2022年第1期,第37—46页。
③ 《高校办学自主权落实情况评估研究》课题组(本文执笔:吴景松):《"放管服"改革:高等教育治理机制创新的基石》,《中国高等教育》2020年第Z1期,第47—49页。

(二)新公共服务理论

"划桨"而不是"掌舵"。新公共服务理论是新公共管理理论的另一个方向的发展,主张政府在管理过程中要提供服务而不是管控,将满足公众合理诉求视为政府治理关系的核心,认为公共服务的内涵在于提升民众对公共服务的认同和尊重。在公共服务理论中,基层社区的地位受到重视,强调公民的社会属性与身份属性,要求政府建立与社区和公民之间的双向对话通道。在公共行政人员的职责划分中,要求其既要履行公务责任,又不能将工作任务单纯地定义为管理或掌舵,而是要将部分工作重心放在为公众提供优质的服务。新公共服务理论更加突出服务的重要性,政府部门的权力来源于人民,理应将权力转化为服务反馈于人民,服务性弥补原有公共管理理论的缺陷。在新公共服务的内涵系统中,公共权力来源于公民赋予,其权力来源决定其要建立与公众的协作、配合与支持,通过行政手段在实践中为公众解决难题。新公共服务理论吸收了传统公共行政理论的优点,适应了社会发展的需求,能够帮助政府建立其更加民主、符合公民利益的新公共服务理论体系,为服务型政府的建构提供了理论支撑。新公共服务理论符合当代社会服务的全新思维,能够为"放管服"改革提供引领与路径探索的理论支撑。

(三)流程再造理论

流程再造理论最早源于企业管理,企业为了提升工作效率,降低经营成本,增强市场竞争力,通过对生产流程的优化设计,使企业在市场竞争中具有质量与价格优势。20世纪70年代,部分发达资本主义国家在政府职能的改革过程中,借鉴了企业的流程再造思想,逐步发展形成了政府流程再造理论。政府流程再造理论是面向政府的公共服务部门,其目的主要为改变政府的组织模式,调整办事流程与办法,以提升公共服务能力,具有一定的变革属性。在政府的流程再造理论中,流程再造依据公民的社会需要,对政府的政策方案、治理过程以及方法进行修正与调整,再造的流程主张通过减少政府运行过程中的上下备案层级,提升公众的满意度与服务价值,从制度设计到具体实施的流程,都体现政府流程再造的理论价值。"放管服"改革与流程再造理论高度契合,为改革提供了积极的理论指导,为高等教育"放管服"改革研究提供了科学的理论工具。

(四)协同治理理论

协同治理是一种新的治理策略,社会的快速发展促使公共服务所涉及的领域广泛,一项公共事务涉及多个部门或利益相关者,进而相关决策需要各方势力协商合作。协同治理最早是公共部门为解决跨部门公共问题的一种手段,逐渐地演变为公共治理中的一种理论范式。协同治理的特点在于给予决策者一种治理跨层级、跨领域集体行动治理范式,致力于多元化的政策响应。因此,相对于传统公共行政的集体行动机制设置而言,协同治理结构建立了一种可以吸纳多主体参与及合作的场景,让这些原本被传统行政主体排除在外的利益相关者有机会参与政策的制定过程,成为打破传统决策流程进行政策创新的主要因素。① 协同治理以促进公共利益为目标,在原有的治理理论的基础上强调协同合作的重要性。在一项关联多方利益复杂的公共事务中,是需要以协同治理理论为指导,建立多元治理协同机制,共同参与治理活动。尽管协同治理理论还未形成稳定、共识的范式,现有研究仍存在一定的不足,但协同治理的理念在信息化与多样化的社会发展背景下,已经开始了探索性实践。协同治理期望建立一种新的治理结构,解决传统科层制中部门间的壁垒,即便尚未有充实的证据证明这一治理路径,但众多学者仍认同协同治理的潜能是巨大的。在高等教育"放管服"改革中,很多事务需要采取放管结合的策略,需要加强跨部门间的合作协同,需要以协同治理理论指导实践。

二、高等教育领域"放管服"改革的政策分析

(一)相关政策分析

本部分以我国高等教育领域"放管服"改革以来相关部门颁布或者印发的政策文本为研究对象,以"高等教育""'放管服'改革"等为关键词在国务院政策文件库、教育部等中央部委官方网站以及"北大法宝"中国法律检索系统对相关政策文件进行检索与搜寻,最终共筛选出29份政策文本,各政策文本的具体信息如表1所示。

笔者在选取政策文本时遵循以下原则:第一,权威性原则。即所有政策文本的主要发文机关均为国务院、中央各部委及其办事机构,而不包括单独由省级政府及以下部门机关所颁布的政策,这有效保证了政策所辐射范围的统一性和稳定性,同时所选取的政策文本主要囊括了通知、意见、公告和报告等规范和权威性内容。第二,时效性原则。2015年,我国首次提出了"放管服"改革的概念,2016年,时任国务院总理李克强在北京大学召开高等教育改革创新座谈会,明确指出抓紧研究制定相关政策文件,所有政策文本的颁布时间为2016—2023年,同时剔除了失效政策文件,均为现行有效政策文件,有效契合了我国高等教育领域"放管服"改革的发展历程。第三,相关性原则。即所有政策文本都是在高等教育的基础上开展的"放管服"改革,避免了与基础教育、职业教育、特殊教育以及经济社会领域"放管服"改革相关政策的混淆,保证了政策分析的客观性与准确性。

---

① Davies, Althea L, Rehema M. White "Collaborative in natural resource governance: Reconciling stakeholder expectations in deer management in Scotland," *Journal of Environmental Management* 112(2012): 160-169.

表1 2016—2023年高等教育领域"放管服"改革政策文本汇总表

政策名称	发布时间	发布主体
《国务院关于高等教育改革与发展工作情况的报告》	2016.8.31	国务院
《教育部关于印发刘延东副总理在深化教育督导改革暨第十届国家督学聘任工作会议上讲话的通知》	2016.10.28	教育部
《教育部关于印发〈教育部2017年工作要点〉的通知》	2017.1.22	教育部
《教育部关于"十三五"时期高等学校设置工作的意见》	2017.1.25	教育部
《教育部关于规范和加强直属高校国有资产管理的若干意见》	2017.12.25	教育部
《教育部关于印发〈教育部2018年工作要点〉的通知》	2018.1.31	教育部
《教育部关于在自由贸易试验区优化营利性民办学校审批服务的通知》	2019.11.19	教育部
《教育部关于进一步加强高等学校法治工作的意见》	2020.7.15	教育部
《教育部关于印发〈教育类研究生和公费师范生免试认定中小学教师资格改革实施方案〉的通知》	2020.9.4	教育部
《中共教育部党组关于深入学习贯彻习近平总书记在中国政法大学考察时重要讲话精神的通知》	2017.5.5	中共教育部党组
《中共教育部党组关于认真学习贯彻习近平总书记在庆祝改革开放40周年大会上重要讲话精神的通知》	2018.12.28	中共教育部党组
《中共教育部党组关于教育系统学习贯彻党的十九届四中全会精神的通知》	2019.11.6	中共教育部党组
《中共教育部党组关于教育系统学习贯彻党的十九届五中全会精神的通知》	2020.11.10	中共教育部党组
《教育部办公厅关于落实国务院决定取消中央指定地方实施行政审批事项的通知》	2016.3.4	教育部办公厅
《教育部办公厅关于进一步推动高校落实科技成果转化政策相关事项的通知》	2017.12.26	教育部办公厅
《教育部办公厅关于2017年教育部政府信息公开工作年度报告的公告》	2018.3.28	教育部办公厅
《教育部办公厅关于印发〈教育部贯彻落实国务院办公厅2018年政务公开工作要点实施方案〉的通知》	2018.5.30	教育部办公厅
《教育部办公厅关于2018年教育部政府信息公开工作年度报告的公告》	2019.3.27	教育部办公厅
《教育部办公厅关于印发〈深化"证照分离"改革实施方案〉的通知》	2021.11.3	教育部办公厅
《教育部、国家发展改革委关于做好2016年普通高等教育招生计划编制和管理工作的通知》	2016.4.22	教育部、国家发展改革委

续表1

政策名称	发布时间	发布主体
《教育部 人力资源和社会保障部关于印发〈高校教师职称评审监管暂行办法〉的通知》	2017.10.20	教育部、人力资源和社会保障部
《教育部等五部门关于深化高等教育领域简政放权放管结合优化服务改革的若干意见》	2017.3.31	教育部、中央编办、国家发展改革委、财政部、人力资源和社会保障部
《教育部 海南省人民政府印发〈关于支持海南深化教育改革开放实施方案〉的通知》	2019.6.20	教育部、海南省人民政府
《教育部等五部门关于印发〈普通高等教育学科专业设置调整优化改革方案〉的通知》	2023.2.21	教育部、国家发展改革委、工业和信息化部、财政部、人力资源和社会保障部
《人力资源和社会保障部 教育部关于深化高等学校教师职称制度改革的指导意见》	2020.12.31	人力资源和社会保障部、教育部
《共青团中央 教育部 全国学联印发〈关于巩固高校学生会(研究生会)改革成果的若干措施〉的通知》	2023.2.13	共青团中央、教育部、全国学联
《共青团中央 中共教育部党组关于印发〈深化学校共青团改革的若干措施〉的通知》	2020.6.12	共青团中央、中共教育部党组
《共青团中央 中共教育部党组印发〈关于改革创新高校共青团工作切实增强思想政治引领实效的若干措施〉的通知》	2022.6.7	共青团中央、中共教育部党组
《教育部办公厅 财政部办公厅 国家发展改革委办公厅关于全面取消国内高等教育学历学位认证服务收费的通知》	2018.6.15	教育部办公厅、财政部办公厅、国家发展改革委办公厅

资料来源:国务院政策文件库、教育部等中央部委官网、"北大法宝"中国法律检索系统。

经过对29份政策文本发布时间的梳理(见图1),可以发现我国高等教育领域"放管服"改革政策文本每年的颁布数量存在一定的差异性,其中2017年颁布的相关政策文件数量最多,达到了7份,这与2017年教育部等五部门颁布的《关于深化高等教育领域简政放权放管结合优化服务改革的若干意见》具有密切的关系,其为我国高等教育在进入内涵式发展阶段、改革进入攻坚期和深水区的背景下,加快推进高等教育领域"放管服"改革指明了方向,相应地也推动了政策领域的逐渐完善,向社会释放了高等教育领域必须改革的强烈信号。此外,高等教育领域"放管服"改革政策在2020年及之前每年颁布的数量明显要多于2020年之后的三年,这从侧面反映出相关政策在经历多年的发展之后正逐渐趋向于完善并形成了一个比较完备的政策体系,政策空间在不断缩小,但同时我们也应该高度警惕新时代发展进程中高等教育领域"放管服"改革所暴露的新问题。

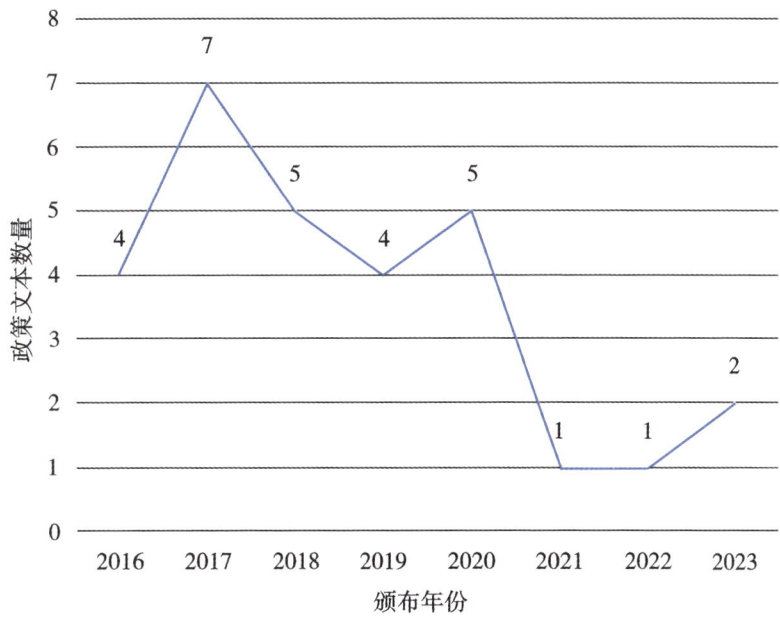

图1　2016—2023年高等教育领域"放管服"改革政策文本颁布数量

本文主要从政策主体、政策工具以及政策目标三个维度，运用UCINET 6和NVivo 12Plus等质性分析软件对29份高等教育领域"放管服"改革政策文本内容进行单一维度的分析，接着再对政策工具与政策目标两个维度进行交叉分析，以便更加深入地掌握相关改革政策内在的运行机制和协调机理。在进行具体编码之前，笔者通过运行NVivo 12plus词频查询功能，对政策文本中排名前100的词频进行统计发现，"教育"一词出现的频次最高，其次是"工作""制度"和"高校"，并形成了政策文本的词汇云（见图2）。其中，词语的字号越大，表明该词语在政策文本中出现的频次越多，这为进一步深入编码和分析政策文本提供了依据和参考。

（二）政策主体分析

政策主体是指在特定的政策环境中直接或间接地影响政策过程及结果的行动者，既包括政策颁布或者制定的主体，如立法机关和行政决策机关，也包括政策参与或者影响的主体，如利益集团和公众个人。本文的政策主体维度所分析的主要是政策颁布主体，反映的是政策颁布机关的数量以及各个机关之间颁布政策文件的关联程度。随着社会经济的迅速发展和新课程改革的不断深入，涉及的政策颁布主体也会越来越多，通过对高等教育领域"放管服"改革政策颁布主体的分析，可以更加清晰地观察到改革工作开展过程中各主体之间的协调和合作程度。

通过对上述29份政策文本的分类与统计，其颁布主体呈现出多元化的特征，共涉及国务院、教育部、人力资源和社会保障部、国家发展和改革委员会、财政部以及共青团中

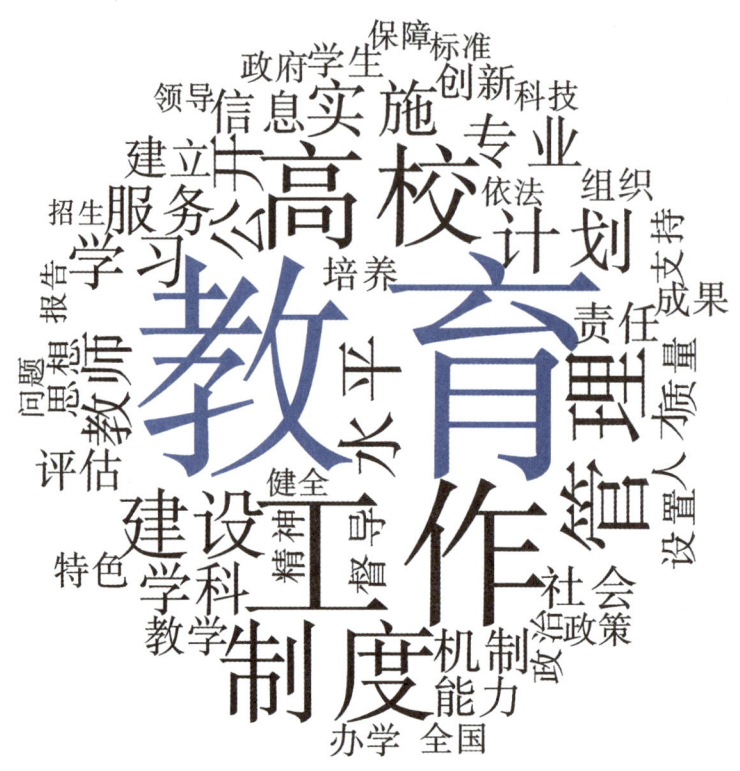

图2　高等教育领域"放管服"改革政策文本词汇云

央等12个部门,其中发文形式主要包括单独发文和联合发文两种。考虑到中共教育部党组全面领导本单位工作,教育部办公厅、财政部办公厅、国家发展改革委办公厅分别负责本单位文电档案、政务公开等日常转运工作,为方便统计,将其发文归于所属部门发文数量之中。教育部(含党组和办公厅,下同)是高等教育领域"放管服"改革政策文本发文数量最多的部门,涵盖了28份政策文本,占比达到97%,其中独立发文18份,占比达到62%,可见教育行政部门在高等教育改革中所占据的重要地位,同时也反映了教育部门对相关工作开展推进的重视程度。此外,发文量较大的部门分别是人力资源和社会保障部和国家发展改革委(含办公厅,下同)各4份,财政部(含办公厅,下同)和共青团中央各3份,国务院、中央编办、工业和信息化部以及全国学联各1份,除国务院单独发文以外,其余部门均与教育部联合发文,进一步体现了教育部在深入推进高等教育领域"放管服"改革的重要作用。为直观展现相关政策颁布主体之间的协同合作关系,笔者将各部门联合情况进行统计整理之后形成了对称矩阵表,通过运行UCINET program可视化社会网络查询功能,最终生成了高等教育领域"放管服"改革政策主体协作关系图(见图3)。图3中每个节点分别对应着一个发文主体,节点之间的连线代表着两主体之间存在着协同合作关系,其中线条颜色越深,表明两主体之间联合发文的数量就越多,两者关系就越紧密。从图3中可以直观地看出,教育部作为绝对的发文核心,参与了除国务院之外的

28份政策颁布,同时其与人力资源和社会保障部、国家发展改革委、财政部以及团中央之间线条颜色明显深于其他线条,这表明教育部同这些部门协同关系最为密切,合作协调程度最高。

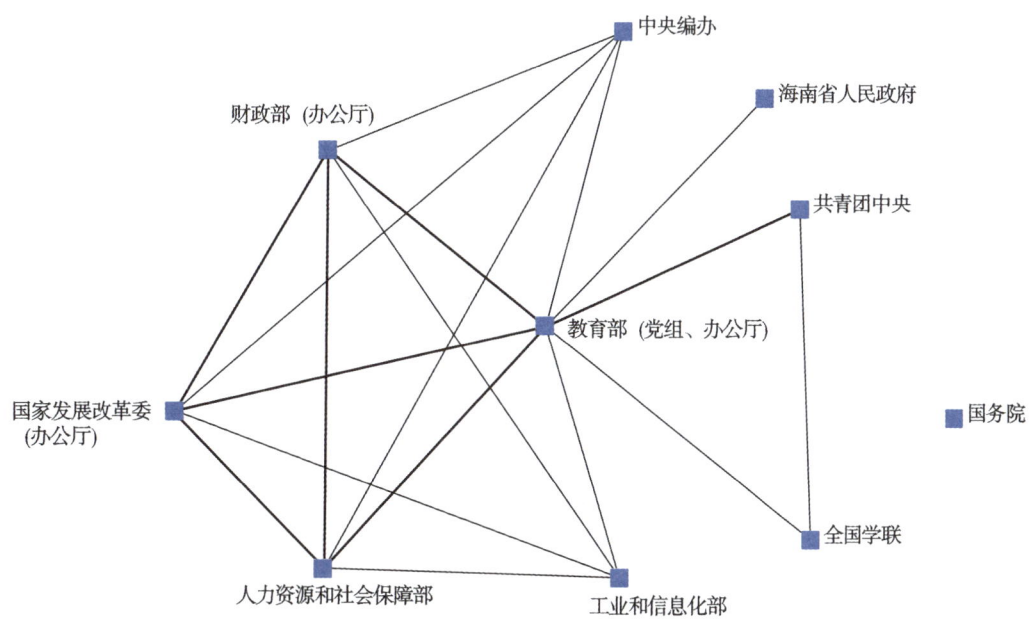

图3　高等教育领域"放管服"改革政策主体协作关系

(三)政策工具分析

政策工具是相关部门通过影响和治理社会过程,为解决某一社会问题或者达成一定的政策目标而采用的具体手段和方法,其主要体现了实现相应政策目标或者结果这一特性,简单来说,政策工具就是达成政策目标的手段。

关于政策工具的类型,以往学者有着不同的分类标准。罗斯威尔和泽哥菲尔德(Rothwell and Zegveld)根据政策对技术产生影响层面的不同,将政策工具分为供给型、环境型和需求型三种类型[1];加拿大公共政策学者豪利特和拉米什(M. Howlett & M. Ramesh)根据政策工具使用过程中国家力量介入公共物品服务和提供的强制性程度,将政策工具分为自愿性、混合性和强制性三种类型[2];麦克唐纳尔和埃莫尔(L. M. McDonell & R. F. Elmore)根据工具所要获得的目标将政策工具分为命令性、激励性、能力建设和系

---

[1] Roy Rothwell and Walter Zegveld, *Reindustrialization and Technology*, London: Longman Group Limited, 1985, p. 6.

[2] Michael Howlett and M. Ramesh, *Studying Public Policy:Policy Cycles and Policy Subsystems*, Oxford: Oxford University, 1995:85.

统变革四种类型①;施耐德和英格拉姆(Schneider H. and Ingram H.)根据相似的标准将政策工具分为权威型、诱因型、能力型、象征及劝说型、学习型五种类型②。以上四种政策工具类型对于教育领域政策文本的研究具有重要的作用和意义。政策工具维度的分析正是在此基础上,为进一步契合高等教育领域"放管服"改革政策文本的特点和内在要求,结合刘声涛关于新时代高等教育评价改革政策工具的研究③,将政策工具分为权威型工具、激励型工具、能力型工具、学习型工具以及系统型工具五种类型。权威型工具主要是指以正当性权威为基础,为实现目标对政策对象施加强制影响的工具;激励型工具是指通过财政或者金融等经济性以及荣誉奖励等正向激励和处罚通报等负向激励对政策对象施加影响的工具;能力型工具是指相关部门通过援助、培训等形式提高目标群体行动能力的工具;学习型工具是指相关部门督促政策对象通过学习研究、交流探讨、互动协商等形式提高思想认知水平和政策接受度的工具;系统性工具是指通过自上而下整体制度、体系的变革来实现政策目标的工具,具体表现为方案规划、制度完善、资源配置、机制建设以及党建引领等。通过对以上五种政策工具使用类型的梳理和内容的统计,最终形成了政策工具分析维度表(见表2),五种政策工具各有侧重,将有利于对政策文本的条理化和规范化分析。

表2 高等教育领域"放管服"改革政策主体分析维度表

政策工具	权威型工具	命令规定、标准规范、规格水平、行动准则
	激励型工具	奖励表彰、工作职责、评估监督、政策保障、处罚惩戒
	能力型工具	学科训练、教学能力、学生培养、信息服务
	学习型工具	学习研究、思想创新、交流探讨、互动协商
	系统性工具	方案规划、制度体系、项目设计、党建引领、机制建设

通过 NVivo 12Plus 软件对政策文本进行编码统计,最终得出政策文本中五种政策工具类型使用的参考点以及文本来源数量。统计结果显示,共形成235条文本编码,如表3所示,权威型工具在政策文本中数量最多,共形成82个参考点,涉及所有政策文本,编码占比达到34.89%,其余依次是激励型工具、能力型工具、学习型工具以及系统性工具,编码占比分别达到24.26%、17.87%、12.34%以及10.64%。根据政策工具编码数量分析结果可知,目前高等教育领域"放管服"改革过程中,相关部门倾向于使用权威性工具以及激励性工具,二者占比接近6成,这在一定程度上能够快速集中力量和发挥各方合力投入改革之中,然而对于学习型和系统型工具的使用不足,反映出当前政策在一定程度

---

① 陈学飞:《教育政策研究基础》,人民教育出版社,2011,第323-337页。
② Schneider H, Ingram H., "Behavioral Assumptions of Policy Tools". *Journal of Politics*, 2(1990): 513.
③ 刘声涛:《新时代高等教育评价改革政策工具研究》,《大学教育科学》2022年第1期,第81-88页。

上忽视了党建核心引领等系统性作用的发挥,同时在改革的过程中会出现教育行政部门盲目推动政策或者政策对象一味被动接受政策安排的问题,不利于信息的交流与沟通,缺乏深度的变革,进而降低了改革的效率和质量,对我国高等教育事业的发展极易造成不利影响。

表3 政策工具分析统计表

分析维度	父节点	子节点	参考点	政策文本	编码占比
政策工具	权威型工具	命令规定、标准规范、规格水平、行动准则	82	29	34.89%
	激励型工具	奖励表彰、工作职责、评估监督、政策保障、处罚惩戒	57	21	24.26%
	能力型工具	学科训练、教学能力、学生培养、信息服务	42	18	17.87%
	学习型工具	学习研究、思想创新、交流探讨、互动协商	29	18	12.34%
	系统性工具	方案规划、制度体系、项目设计、党建引领、机制建设	25	17	10.64%

(四)政策目标分析

政策目标是政策执行预期可以达到的目的、要求和结果,也就是指政策实施最终要达到的目的。通过前期对29份政策文本的词频分析可以发现,新课程改革政策的目标主要集中于管理、工作、制度、建设等多个领域,最终是为了实现"放管服"的深入改革以及教育强国体系的建立和完善,因此本文在借鉴蔡昱君等对于我国高等教育教学质量改革发展变迁研究[①]以及曹晓婕等对高等教育领域"放管服"改革政策文本分析[②]的基础上,进一步整理将高等教育"放管服"改革政策目标根据其本身要求归纳为"放——简政放权""管——放管结合"以及"服——优化服务"三个方向,结合政策文本的具体内容进行细化整理。简政放权主要包含权力下放、自主办学、社团组织、办事流程以及学科与专业设置等具体内容;放管结合主要包含监管职能、监管机制、编制岗位、职称评审、科研经费、国有资产以及教学管理与评估等具体内容;优化服务主要包含教师培训、学生培养、

---

① 蔡旻君、郭瑞璇、李芒:《我国高等教育教学质量改革发展之变迁——基于2000—2019年的政策文本分析》,《当代教育论坛》2021年第4期,第11-22页。

② 曹晓婕、阎凤桥:《政令统一与因地制宜:高等教育领域"放管服"改革九省市政策文本分析》,《国家教育行政学院学报》2021年第10期,第76-85页。

基础设施、办学水平、引领规划、科研成果转化以及信息技术应用等具体内容。最终形成政策目标分析维度表，如表4所示。

表4 高等教育领域"放管服"改革政策主体分析维度表

政策目标	具体内容
放——简政放权	权力下放、自主办学、社团组织、办事流程、学科与专业设置
管——放管结合	监管职能与机制、人事制度、职称评审、教学科研、国有资产
服——优化服务	教师培训、学生培养、基础设施、办学规划、科研成果

将政策目标的实现领域作为一种维度，通过NVivo 12Plus软件对政策文本进行编码统计与分析，最终得出政策文本中三种政策目标的参考点和所涉及政策文本的数量，如表5所示。统计结果显示，共形成编码146条，三种政策目标的文本内容编码参考点大致呈现一种比较均衡的状态，其中"简政放权"参考点数量最多，共有54条，其次是"放管结合"，为48条，最后是"优化服务"，为44条，三者占比分别为36.99%、32.88%、30.14%，分别涉及政策文本20份、17份、18份。由政策目标分析结果可知，相对于"管"和"服"，国家及相关部门更加注重改革过程中行政权力的下放和办事流程的优化，以赋予高校办学更多的自主权，实现"专业的人干专业的事"，这也有效契合了高等教育"放管服"改革的首要目标，即简政放权，提高高等教育资源的配置效率，从而实现我国高等教育事业的平稳健康发展。

表5 政策目标分析统计表

分析维度	父节点	子节点	参考点	政策文本	编码占比
政策目标	放——简政放权	权力下放、自主办学、社团组织、办事流程、学科与专业设置	54	20	36.99%
	管——放管结合	监管职能与机制、人事制度、职称评审、教学科研、国有资产	48	17	32.88%
	服——优化服务	教师培训、学生培养、基础设施、办学规划、科研成果	44	18	30.14%

（五）政策工具—政策目标二维分析

通过前期的编码与整理，将政策工具作为横向维度，政策目标作为纵向维度，从而构建出政策工具与政策目标的二维分析架构，将有助于更加清晰直观地了解各个政策工具在每种政策目标上的使用程度，进而全面多方位地分析当前改革政策中政策工具的不足以及政策制定存在的问题，为提出具有针对性的建议和对策提供客观依据。将政策工具与政策目标两个维度的政策文本编码参考点导入 NVivo 12Plus 软件进行交叉分析，可得出新课程改革政策工具与政策目标二维分析表，如表6所示。可以发现在我国高等教育领域"放管服"改革政策中权威型、激励型和能力型政策工具使用次数较多，而学习型和系统型政策工具使用次数明显偏少。通过对分析表的横向比较，三类政策目标中"管"使用政策工具的次数最多，达到48次，占比为42.48%，这反映了在改革过程中仍然强调相关部门的"管"，在一定程度上忽视了"放"和"服"；在实现"放"和"服"等目标的过程中使用政策工具的次数基本持平，分别达到32次和33次，占比分别为28.32%和29.20%。通过对二维分析表的纵向比较可以发现，在五种政策工具类型中，权威型工具的出现次数远远高于其余四种政策工具，达到了57次，占比超过50%；其次为激励型和能力型工具，均为22次，占比为19.47%；学习型和系统型工具整体偏少，总占比仅为10.62%。整体来看，当前高等教育领域"放管服"改革更倾向于权威型工具的使用，而忽略了系统型工具的引领和学习型工具的交流作用。经过政策工具与政策目标的二维分析，发现二者的整体契合度不高，联系紧密度较低，缺乏对系统型和学习型政策工具的有效运用，这也在一定程度上阻碍了高等教育领域"放管服"改革工作的深入推进。

表6 政策工具—政策目标二维分析表

交叉维度	权威型工具	激励型工具	能力型工具	学习型工具	系统型工具	总计
放——简政放权	17	7	3	1	4	32
管——放管结合	26	11	6	1	4	48
服——优化服务	14	4	13	2	0	33
总计	57	22	22	4	8	113

三、高等教育领域"放管服"改革的实践探索

为全面深入贯彻党的教育方针，坚持社会主义办学方向，完善中国特色现代大学制度，破除束缚高等教育改革发展的体制机制障碍，进一步向地方和高校放权，给高校松绑减负、简除烦苛，扩大学校办学自主权，激发广大教学科研人员教书育人、干事创业的积极性和主动性，培养符合新时期中国特色社会主义现代化建设需要的各类人才，增强我国教育事业的国际竞争力，加快教育强国建设，2017年3月，教育部等五部门联合发布了《关于深化高等教育领域简政放权放管结合优化服务改革的若干意见》（以下简称《意见》），这为全面深化"放管服"改革，推进高等教育内涵式发展，提高我国高等教育质量指明了方向，同时这也是社会转型与高等教育转型发展相互叠加的历史时期深化高等教

育综合改革的重要举措,是落实和扩大高校办学自主权的必然要求,进而激发高校活力,切实统筹推进我国高校"双一流"建设进程。①《意见》针对高校学科专业、人员编制、进人用人、职称评审、薪酬分配、经费使用、内部治理、监管服务等方面改革任务提出了明确要求,自其实施以来,全国各地高校立足本校历史沿革和当前实际,不断努力大胆实践,积极探索发展新模式,逐步完善了内部治理结构,取得了一系列显著成效。

为系统总结有益改革经验,本文选取北京大学等五所高校展示了创新做法,主要聚焦于相关高校近年来围绕改革出台的主要文件、具体的创新举措以及事项的操作流程等,以便于更加直观地呈现我国高等教育领域"放管服"改革在现实中的应用与进展。

(一)北京大学:坚持学术导向与国际标准,构建特色改革模式

北京大学认真贯彻落实教育部等五部门《意见》,积极探索师资人事制度、学术委员会制度以及师德考核机制等多项改革,始终坚持学术导向和国际标准,构建了具有鲜明特色的改革模式,着力提升自身科研创新能力和综合竞争力。在师资人事制度方面,北京大学注重构建开放性和国际化用人机制,在提高教师招聘和职务晋升标准的同时,努力克服计划经济体制下形成的教师队伍"只进不出、只上不下"、职务晋升"以内部提升为主,外部竞争缺乏"、教师招聘"自产自销比例过大"等教师人事管理体制弊端,坚持人才是第一资源的指导思想,建立了总量控制、按需设岗、公开招聘、平等竞争、择优聘用、分级流动、岗位管理的教师聘任和职务晋升制度,从而不断提高教师的教学科研水平和综合素质,增强教师队伍的竞争力,以适应创建世界一流大学的要求。此外,北京大学为从根本上改善学缘结构,实现与国际接轨,坚持人才招聘的开放性原则和公开公正原则,面向国内外公开招聘教师,设立长聘制,坚持人才招聘机制的国际化,同时坚持流动性原则,建立"非升即走"和合同化用人模式,突出竞争机制的引入,积极打破僵化的人事管理体制以期形成"能进能出"的充满活力的人事制度。② 在学术治理体系建设方面,北京大学坚决落实"教授治学",于2018年6月审议通过《北京大学学术委员会章程》(以下简称《章程》),进一步完善了学术委员会制度,有效保障了学术委员会作用的发挥,促进了学术整体性的进步,在健全和完善学术治理体系方面进行了积极有益的探索。根据《章程》的规定,学术委员会分为校学术委员会、学部学术委员会、学院(系、所、中心)学术委员会,分别是所在单位的最高学术机构,统筹行使学术事务的决策、审议、评定和咨询等职权,坚守学校使命,维护学校学术声誉,倡导学术自由,鼓励学术创新,服务学校发展战略,独立、公平、公正地履行职责,这大大有利于全校学术水平、学科发展水平、人才培养

---

① 教育部:《加快推进高等教育领域"放管服"改革》,中华人民共和国教育部官网,http://www.moe.gov.cn/jyb_xwfb/s271/201704/t20170406_301996.html,2017年4月6日。
② 教育部政法司:《高等教育领域"放管服"改革实践操作指南(第一期)》,中华人民共和国教育部官网,http://www.moe.gov.cn/jyb_xxgk/xxgk/neirong/fenlei/sxml_zcfg/zcfg_jyfzjs/jyfzjs_pfhd/201811/t20181108_354042.html,2018年11月8日。

质量的提升。① 在师德建设和考核方面,北京大学出台了《北京大学教师行为规范》《北京大学师德考核实施办法》《北京大学师德"一票否决"实施细则(试行)》等政策文件,注重完善建设实施细则,实施师德"一票否决"制,不断健全学校师德建设长效机制。按照学校要求,师德考核贯穿于教师日常教育教学、科学研究和社会服务的全过程,师德表现是教师绩效考核、职称(职务)评聘、岗位聘用和奖惩的首要内容,这有效改进了教师职称评审方法,加强了学校教师思想政治和师德师风建设。②

(二)厦门大学:优化科研经费管理,创新服务模式

为认真贯彻《关于进一步完善中央财政科研项目资金管理等政策的若干意见》和教育部等五部门《意见》等国家及教育部"放管服"改革文件精神,全国多个地方和高校都在积极探索高校经费管理尤其是科研项目经费使用和管理、学校财务流程简化和经费权下放的创新实践,并出台了一系列政策或措施,有效提升了高校经费管理效率和服务质量。厦门大学是典型性代表之一。

厦门大学于2017年11月出台了《厦门大学贯彻落实教育部等五部门〈关于深化高等教育领域简政放权放管结合优化服务改革的若干意见〉的实施办法》,不断健全制度保障,加强项目绩效管理,以人本财务为创新护航,优化财务服务,释放活力、提高效益,推进学校财务"放管服"改革进程。首先,厦门大学通过优化科研项目经费管理,不断提升经费使用效益,比如规范科研项目的预算调整,规定财政科研项目经费预算一般不予调整,确需调整的,遵循"先报批、后使用"的原则,在任务执行周期内进行,同时加强对间接经费的使用管理,如《厦门大学医学院科技项目间接经费使用管理规定》中指出,间接经费足额预算的项目,在经费入账时按到账金额和批复的预算比例计提,学校与学院/项目组按3∶7分配。其次,厦门大学通过建立科研经费管理的绩效考核制度和奖惩机制,保障管理的有效性。为了使科研团队高质高效地进行科学研究,充分调动科研积极性,建立了一系列相关激励机制,如《厦门大学纵向科研项目资金管理办法》规定,"对科研项目取得的社会效益和经济效益进行考核和评价,对规范、科学、有效使用科研经费并作出突出成果的项目、单位或个人,学校给予表彰和奖励;对组织不力或行为不当的科研团队、个人和院(系)、直属单位进行管理干预和相应的处罚。学校将科研经费管理绩效纳入院系负责人的考核范围",同时通过制定监督和奖惩制度,明确各单位责任,形成了"统一领导、分级分类管理、责任到人"的科研项目资金管理体制。最后,厦门大学为促进财务工作管理方式的创新和服务质量的提高,使财务工作流程变得更为规范、简洁和标准,更好

---

① 教育部政法司:《高等教育领域"放管服"改革实践操作指南(第五期)》,中华人民共和国教育部官网,http://www.moe.gov.cn/s78/A02/gongzuo/fangguanfu/201905/t20190514_382025.html,2019年5月14日。

② 教育部政法司:《高等教育领域"放管服"改革实践操作指南(第十四期)》,中华人民共和国教育部官网,http://www.moe.gov.cn/s78/A02/gongzuo/fangguanfu/202009/t20200921_489438.html,2020年9月21日。

地为全校师生提供财务相关业务的服务,按照"互联网+"财务服务的工作思路,进一步开发和完善了财务管理信息系统,比如完善了科研预算管理系统,建立了专项经费预算管理、银校互联、网上综合查询、网上薪酬申报以及网上报账等系统,大大增强了财务管理信息系统的运转效能,有利于科研人员节省报账事务办理时间,从而潜心从事科研工作,进一步提高了工作效率。①

(三)吉林大学:以师生为本,建设行政服务中心

全国各地各高校积极探索,在"一站式"服务体系构建方面纷纷出台了一系列措施,有效优化了学校管理服务质量。吉林大学实施简政放权放管结合优化服务改革方案以来,学校不断加强领导,优化顶层设计,放管结合、优化服务,其中吉林大学行政服务中心有效解决了学校校区多、体量大、办事不方便的现实问题,得到了师生高度认可和兄弟高校关注。

吉林大学行政服务中心采取集中式受理、协同化办理、信息化运行,以师生办事需求为导向,以流程优化、重构、再造为切入点,为广大师生和相关社会公众提供便捷、高效、规范的行政服务,让师生少跑路、节约时间成本。首先,吉林大学建立了服务中心建设管理体制机制,比如成立服务中心建设工作领导小组,组长由学校书记、校长担任,副组长由党群、行政工作分管校领导担任,有效确保了服务中心建设工作的有效开展,同时在广泛调研、听取师生意见的基础上,以校长办公室为主体牵头中心建设具体事项,服务中心积极推动事项联办机制,对涉及两个以上部门协同办理的事项进行流程优化再造,推动事项联审联办,目前已实现学籍变动事项和党员发展、转正事项联办。其次,吉林大学不断优化办事流程,提高办事便利度,主要包括各校区下设办事大厅,提供"一站式"服务,有效节约师生办事成本;各部门入驻服务中心,按照需求设置办事窗口,为师生提供面对面的直接服务;实行网上网下联办制度,在建设实体办事大厅的同时建设网上办事大厅和微信公众平台,满足办事师生移动办事需要,提高在线效率;完善各项管理制度,比如服务中心实行办事公开制、首问负责制、一次性告知制、取号办事制、服务满意度评价制,以从制度上确保为师生提供优质高效的服务。②

(四)陕西师范大学:扩大学院办学自主权,激发学院办学活力

为逐渐完善学校内部治理结构,加快推进建设有中国特色的现代大学制度,许多高校持续深化学校校院两级管理体制改革,积极探索向院系、研发团队以及领军人物等放

---

① 教育部政法司:《高等教育领域"放管服"改革实践操作指南(第二期)》,中华人民共和国教育部官网,http://www.moe.gov.cn/s78/A02/gongzuo/fangguanfu/201901/t20190110_366579.html,2019年1月10日。

② 教育部政法司:《高等教育领域"放管服"改革实践操作指南(第六期)》,中华人民共和国教育部官网,http://www.moe.gov.cn/s78/A02/gongzuo/fangguanfu/201905/t20190515_382068.html,2019年5月15日。

权的合理运行机制。陕西师范大学立足新时代高等教育改革发展新形势、新任务,将扩大和落实学院办学自主权、调动学院办学积极性作为本校"放管服"改革的关键工作。

陕西师范大学于 2017 年 5 月正式印发《陕西师范大学学院工作规则(试行)》,把下放管理权限、完善工作机制、突出学院办学的主体地位作为深化院校两级管理改革的重点,以激发学院办学活力,增强办学特色。首先,陕西师范大学为进一步激发学院自我发展与提升的内在动力,提升学院办学活力,进行了多项权力的下移,赋予学院在党建和思想政治工作、人才培养、学科建设、科学研究、人事管理、国际交流合作、财务管理、资源配置以及社会服务等九个方面的自主权,切实为学院改革发展松绑减负。其次,学院治理作为学校内部治理的关键环节,陕西师范大学不断完善学院自身治理结构,合理界定学院内部的权力与责任,理顺决策机制,以保证学院自主权力的合理运用。比如陕西师范大学以条例的方式明确了学院党委以及学院行政班子的具体职责范围以及学院党委会议的作用,保障学院权力依法依规有效行使,促进党政各司其职,相互配合。同时设立学院党政联席会议和各类委员及代表大会,以保障学院决策的科学性和民主性,提高学院自我管理和监管能力。最后,陕西师范大学注重完善校院两级监督考核体系,通过建立考核评估办法与指标体系和完善院务信息公开制度,实施目标责任考核和加大对院级的审计力度,督察各项政策在学院的落实情况,加强内控机制建设,不断畅通各类监督渠道,以确保扩大学院各类自主权后的改革成效。[①]

(五)西南交通大学:打破科技成果转化坚冰,探索科技成果所有权改革

因受到传统专利法和相关体制机制约束,我国高校科技成果整体转化率较低,造成国家和高校科研资源的极大浪费。近年来教育部、科技部等部门为推动加快高校科技成果的转移转化,激发广大教学科研人员的积极性和主动性,陆续发布了《关于加强高等学校科技成果转移转化工作的若干意见》《关于提升高等学校专利质量促进转化运用的若干意见》《赋予科研人员职务科技成果所有权或长期使用权试点实施方案》等重要文件,各地各高校也纷纷出台配套措施,以提升科技成果转化的效率和质量。西南交通大学 2016 年出台了《西南交通大学专利管理规定》(也称"西南交大九条"),致力于打破本校科技成果转化的坚冰,积极探索职务科技成果所有权改革,极大点燃了全校科研工作者的转化热情,提升了科技成果的转化效能。

西南交通大学针对科技成果转化的"放管服"改革主要涉及以下四个方面的内容:第一,明确权属。该校规定执行学校的任务或者主要利用学校物质技术条件完成的发明创造为职务发明创造,学校与职务发明人就专利权的归属和申请专利的权利签订奖励协议,规定或约定按 3∶7 的比例共享专利权。第二,促进转化。学校单独享有的专利一次

[①] 教育部政法司:《高等教育领域"放管服"改革实践操作指南(第三期)》,中华人民共和国教育部官网,http://www.moe.gov.cn/s78/A02/gongzuo/fangguanfu/201904/t20190412_377619.html,2019 年 4 月 12 日。

性转让或许可后,学校从转让或许可净收益中(扣除相关费用)提取70%分配给职务发明人,剩余30%由学校与职务发明人所在二级单位按1∶1的比例分配。第三,强化管理。该校由科学技术发展研究院负责专利管理工作,通过科技建设专款提供支持知识产权申请、维持和保护方面的有关费用。第四,完善奖惩。学校依法保护职务发明创造、职务技术成果完成人的合法权益,按照国家规定给予奖励,并作为工作业绩和评定职称的重要指标之一,同时指明了给予当事人不同行政处分的四种情形。

据统计,在"西南交大九条"颁布的第一年里,有超过150件职务发明专利完成分割确权,10家高科技公司成立。总之,西南交大的职务科技成果所有权改革极大调动了本校科研人员的积极性,同时学校对作为发明人的职务科技成果的分割确权,有力促进了投资人与高校及相关科研人员的合作,推动了高校科研成果向公司产品的转化。①

四、高等教育领域"放管服"改革的实施路径

教育事业事关国之大计,党之大计。党的二十大报告首次将"实施科教兴国战略,强化现代化建设人才支撑"作为一个单独部分列出,充分体现了教育的基础性、战略性地位和作用。② 习近平总书记在第二十届中共中央政治局第五次集体学习时强调,要加快建设教育强国,加快推进教育现代化,为中华民族伟大复兴提供有力支撑。高等教育是我国教育体系的重要一环,中国式高等教育现代化是中国式现代化的重要组成部分,是实现教育现代化的重要保证。③ 加快推进高等教育领域"放管服"改革是推进中国式教育现代化的必然选择,我们要从顶层设计、多元主体、基层队伍、信息技术以及内控制度等方面不断探索和完善深化"放管服"改革的实施路径,不断推动我国高校治理体系和治理能力现代化④,打通高等教育改革发展的"最后一公里"。

(一)完善顶层设计,落实放权政策

理念是行动的指引和先导,高等教育领域"放管服"改革的根本目的在于推进新时期高校在思想和行动上摆脱传统落后治理观念的束缚,从而树立起契合于新时代中国特色社会主义现代化建设的大学治理理念,切实履行培养人才、专心科研和服务社会的职责。然而,当前改革中相关领导者和参与者在认识、观念以及习惯上仍然存在行政化色彩浓厚的问题,尤其是在科研层面,一定程度上忽视了学术规律,将本应归属于科研学术的事

---

① 教育部政法司:《高等教育领域"放管服"改革实践操作指南(第十七期)》,中华人民共和国教育部官网,http://www.moe.gov.cn/s78/A02/gongzuo/fangguanfu/202012/t20201214_505451.html,2020年12月14日。
② 怀进鹏:《加快建设教育强国(认真学习宣传贯彻党的二十大精神)》,《人民日报》2022年11月21日第9版。
③ 贺祖斌:《推进构建中国式现代化高等教育体系》,《中国青年报》2022年11月29日第7版。
④ 郭立宏:《"放管服"改革如何激发大学办学活力》,《光明日报》2019年12月17日第13版。

项当作一般行政事务来处理,使"放管服"改革仅仅变成了空泛的口号。因此,相关政府部门应坚持习近平新时代中国特色社会主义教育思想的指导,不断加强顶层设计,完善"放管服"相关政策,加强相关先进思想理念的指引,充分发挥其宏观调控的作用,强化宏观调控的方式,在政府积极履行自身作为地方高校管理者和举办者职能的同时,也有利于满足和解决大学内部优化自身治理的需求和问题。[1] 其次,高校作为"放管服"政策的实施主体,应当积极贯彻和落实上级部门的放权政策,坚持在去行政化的基础上实现学校内部治理的民主化和治理理念的现代化,坚持大学自治和学术自由理念,在合理可控的范围内积极向二级学院放权,充分激发学院自主办学的积极性和主动性,这不仅有利于降低学校整体治理成本、提高工作效率,还有利于各个学院充分立足自身特色资源禀赋和实际能力,制订适合于自身的发展规划或者行动计划,进而避免全校学院发展过于强调"同质化"和"步调一致"的问题,以致于脱离实际发展状况。总之,只有相关政策的不断完善才能推动理念的逐步更新,进而实现行动的持续前进,最终在深化"放管服"改革的进程中逐步推进实现大学治理的民主化与现代化。

(二)加强多元共治,促进协同发展

从上述政策分析中不难发现,当前高等教育领域"放管服"改革中政策颁布主体呈现出"多元参与,共建共治"的重要趋势,但同时我们也应当注意到除政府部门之外,高校、学生以及社会等在"放管服"改革中的重要作用,因此有必要建构某种机制以有效保障和支撑多元主体的共同行动,促进多元主体通过彼此间的非线性互动,共同治理大学公共事务,从而实现改革的既定目标。[2] 首先,在高校内部层面,要不断强化包括校党委、校长、教学科研机构、机关行政部门、教师以及学生和其自治组织之间的协同关系,协调多元主体之间的共同行动,不断厘清各权力主体之间的关系谱系,如妥善处理党政关系,坚持"放管服"改革中党委领导下的校长负责制,同时注重发挥学生自治组织的志愿作用,充分激发教师和学生对于所在学校的主人翁意识,切实深刻变革高校内部的权力配置。其次,在高校的外部层面,要积极打破高校权力主体身份的固化,重新塑造政府与高校间权力主体关系,加大政府的放权力度,努力推动服务型政府的建设。政府要准确执行"放管服"相关政策,改变自身传统封建式"全能主义"的角色定位,从直接干预转变为间接管理,充分发挥高校自主办学的主体地位和作用。此外,在重新构造新型政校关系和切实保障高校自主权力之后,政府应意识到社会主体在"放管服"改革中的强大力量,要有意识地培养社会主体的参与意识,提高其主动监管和自我管理的能力。高等教育领域"放管服"改革要坚持公共性价值原则,不断加强内外部多元主体的协同,以实现

---

[1] 强敏:《"放管服"背景下我国地方公立大学内部治理优化研究》,郑州大学硕士学位论文,2018,第50-51页。
[2] 骆聘三:《"放管服"背景下大学"去行政化"改革:内容框架和建构路径》,《湖北社会科学》2021年第4期,第139-145页。

公共利益为共同目标,努力克服多元主体之间的差异和矛盾,积极开展互动对话活动,进而推动改革中多元主体的协同发展。

(三)深化服务师生意识,建设优质基层队伍

高校管理部门是维持学校正常运转的综合办事机构,肩负着高校各项工作的重要任务,而基层管理人员是相关管理工作的直接执行者和高校形象的直接展示者,其工作服务对象是学校广大教职工和学生,其服务意识、能力素质和管理水平直接影响学校的教学和科研水平。① 因此,在日常的行政管理工作中,基层管理人员应不断深化服务师生的意识,始终坚持"以人为本,服务师生"的工作理念,始终将师生的合理化诉求放到工作首位,这也是新时代深化高等教育领域"放管服"改革的重要举措和现实要求。一方面,应加强对高校基层管理人员的业务培训,提高基层队伍的服务能力,促进相关工作人员将服务意识内化为一种自律意识,从根本上提高高校基层管理人员的服务水准。在日常的业务培训中,要将常规性与专题性道德素养教育相结合,不断提升相关管理人员的服务素养和道德自律意识,比如采取社会实践+理论学习的形式,加强对优秀工作人员的精神表彰和物质奖励,设立模范岗位,树立人物标杆,积极打造优质基层管理队伍,使服务师生意识真正内化于心,外化于行。另一方面,建设优质基层服务队伍需要相关制度的激励和约束,高校"放管服"改革的最终目的是学校内部的治理优化,实现民主管理和学术治理,因此各项制度的有效推进不仅需要一支专业的管理队伍发挥中流砥柱的作用,反过来也有利于工作人员加强自我约束和管理,在日常工作中既严格按照相关法律法规、政策规章开展工作,又能够在规则范围内灵活处理突发或者特殊事项,不断提高自身工作效能,有力承接"放管服"改革中的服务功能,推动学校整体自主又自律,从而保障各项工作的顺利推进。

(四)应用现代信息技术,更新高校治理手段

充分运用现代信息技术优化现行高校治理手段,不仅是评价一所高校治理现代化水平的重要标准,也是高等教育"放管服"改革中"优化服务"的内在要求。当前物联网、互联网、大数据以及人工智能等现代技术的喷涌为经济社会的发展带来前所未有的机遇,但是这一影响在目前高校治理中却不明显,呈现出网络治理应用范围狭窄、数据治理难以实施以及智能治理欠缺深入等问题。② 生产力决定生产关系,新一代信息技术的发展必然影响到高校治理能力的综合变革,同时也制约着我国高等教育领域"放管服"改革的深度和广度,因此,当代高校应不断更新本校治理手段,注重升级和广泛应用现代信息

---

① 郭元君等:《"放管服"背景下高校基层管理队伍建设研究》,《教育理论与实践》2021年第27期,第11—14页。
② 陈兴明、郑政捷、王静函:《"放管服"视域下我国大学治理现代化路径探析》,《黑龙江高教研究》2021年第1期,第52—57页。

技术,积极运用现代信息技术为自身治理赋能,推动实现校园治理信息化。首先,相关高校应积极探索和应用网络治理。学校要积极主动借鉴政府或企业中"互联网+"或者"人工智能+"等先进治理模式,加强校园各层次信息平台的整合,充分利用互联网的技术优势促进信息的交流与沟通,打破校院和师生之间的信息壁垒,比如建立一个容纳学校、学院、教师和学生四个层面的网络治理总平台,在该平台中推动信息的流动与共享,进而实现某一项事务在一个平台中即可完成,从而节约时间成本,提高办事效率。其次,相关高校应坚决打破"数据壁垒",破解数据治理困境。学校应建成统一开放的数据共享平台,充分体现大数据治理环境下现代信息技术快速、准确整理分析数据、清晰科学设置教学、科研以及管理等重要板块的显著特点,同时规范科学统一的导航查询等功能的标准,开通"一站式"网上查询服务,切实提高全校师生的学习和工作效率。最后,相关高校应积极开展智能治理,不断完善和优化"智慧校园"体系建设,创建便捷智能的校务服务体验,如推进校园后勤集团报修服务与个人智能终端相连接,实现校园网络泛在化以及不断优化各项事务审批流程,切实减轻师生额外负担。现代信息技术在高校中的应用,将有利于最大限度地激发科技活力、节约人力资源,最终不断深入推进"放管服"改革和提升高校治理能力。

(五)完善高校内控制度,规范科研经费管理

我国 2016 年大力推行"放管服"改革,其后科技部等相关部门进一步要求科研经费管理部门也要坚持"放管服"相结合的原则,不断改革和创新科研经费使用和管理方式,从而激发广大科研人员的积极性。随着我国科研经费改革的不断推进,高等教育领域在科研经费的"放管服"方面也在不断改革,虽然取得了一系列的成效,但是仍然存在科研经费管理"放管服"落实不到位等问题,具体表现为高校管理人员和科研人员对相关政策理解度较低、接受度不高,高校在科研经费自主权下放的过程中边界模糊、缺乏"放管服"三方面的清晰标准和具体完善的操作方案,高校因担心"一放就散"不敢放权或者因过度放权缺乏监管导致出现新的问题和风险。[①] 因此,在当前新形势下,高校应切实落实科研经费"放管服"改革,在完善自身内控制度的基础上以及在国家政策规定和风险可控的范围内将以往刚性严格的财政经费管理模式转变为"能放则放,能简则简"的相关经费管理办法。首先,高校应积极承担上级部门在科研经费管理权力下放过程中作为承担单位的主体责任,建立和完善科研项目的内部控制和管理制度,避免高校科研经费管理和使用中违法违规现象的出现。同时高校的内部控制管理制度应与"放管服"改革相结合,避免出现内控过严的问题,导致科研经费"放管服"改革红利难以惠及师生的衍生性问题。其次,相关高校要严格落实科研财务助理制度,保证科研人员能够集中精力潜心投入研究工作。由于部门和专业的限制,并不是所有师生都能够理解学校的财务相关制

---

① 徐玉娟:《高校科研经费管理存在的问题及对策——基于"放管服"背景下的分析》,《中国高校科技》2021 年第 S1 期,第 34—36 页。

度,在编制科研预算时可能会出现与实际相脱节的现象,造成科研人员在报销和采购过程中耗费大量时间和精力。因此,高校应积极为科研人员从事预算编制、经费报销等各个环节提供专业化的服务。比如可以创建和完善科研财务助理制度,而科研财务助理的招聘形式也可以是多元化的,可以是在职工作人员、离退休人员或者是临聘人员,其都可以通过培训成为专业的科研财务助理。同时要努力保证科研财务助理队伍的稳定,使科研人员潜心研究,提高科研经费的利用和管理效率。科研经费管理制度的规范有利于切实将科研活动的自主权还给科研人员,从而提高科研人员的积极性,切实顺应新时代高等教育领域科研经费的"放管服"改革趋势。

教育行政监管执法体制机制研究报告

汪 溢 李玮姝[①]

世界主要发达国家以法治形式开展教育行政监管执法体制机制建设,英国、法国、美国和日本各具特色。英国教育监管发展历史悠久,不同教育阶段,教育监管体制机制截然不同。尤其是在高等教育教育阶段,英国通过法律设置专门机构开展教育行政监管,以减少监管重复和资源浪费,并且根据教育发展需求,不断设置新部门以接替方式负责监管;制定行政监管标准,但根据区域发展差异,实施因地制宜开展监管,以保障高等教育品质,同时确保高等教育机构自主性。英国教育监管治理路径为我国教育行政监管执法体制机制建设提供科学合理借鉴。

2020年2月,中共中央办公厅、国务院办公厅印发了《关于深化新时代教育督导体制机制改革的意见》,要求深化教育督导管理体制改革,深化教育督导运行机制改革,深化教育督导问责机制改革,深化督学聘用和管理改革,深化教育督导保障机制改革,为我国教育督导发展进入新阶段提供了文件基础。

一、设立专门监管机构,以保障教育质量

20世纪80年代以来,因实施绩效责任制和高等教育预算削减,英国设立不同督导机构,以监管高等教育机构运行。然而,效果却不如预期,造成人力和资源的浪费。1997年,英国整合不同督导机构,设立高等教育质量保障机构,负责审核教学质量保障机制。英国大学监管分为大学经费补助委员会与质量保障局。前者以大学研究监管作业为主,后者以学术监管为主。英国高等教育质量保障制度采用质量管制、质量审议和质量监管方式,结合内部监管和外部监管,达到绩效和改进的目的。英国政府设立专门监管机构,希望通过定期的教育监管,让英国高等教育机构维持教学品质,制定完善课程规划,更重视学生实际学习成效。同时,英国公开定期监管报告结果,不仅让高校进一步改进,而且让学生、民众通过此调查结果,共同监督高等教育机构教学。

[①] 汪溢、李玮姝:东北师范大学国际教育法治研究中心博士研究生。

(一)因时而异设立专门监管机构

1. 设置国家学术资格授与委员会,监管多元技术学院

英国设立国家学术资格授与委员会,旨在通过制定高等教育标准,倘若多元技术学院达到标准,其方可授予学位和证书,使英国高等教育体系朝向双轨制发展。经政府核准而享有充分自主权的大学及高等技术学院,无须经过监管。经国家学术资格授与委员会负责颁授学位、师资训练机构,由英国政府直接控制。因此,国家学术资格授与委员会是英国双轨制高等教育体系的基础,使大学与多元技术学院两者形成分立之状态。此外,国家学术资格授与委员会以课程监管和机构监管的方式开展监管,其经费来自大学经费补助委员会。

2. 设立大学校长委员会(1980—1992年)

20世纪80年代中叶,大学校长委员会与彼得·雷诺兹教授成立大学校长委员会小组,以检视各大学校外考试委员的遴选,监督硕士研究生,审视大学监督课程情况。1986年,大学校长委员会出版报告书,据此列出一套大学学术标准指南,根据指南和建议,大学检视其本身的运作情形,进行自我检讨。然而,由于大学校长委员会拥有较少的监督执行权,以追踪各大学实施内部管理标准的结果,惟其成效未能彰显。

3. 成立高等教育质量评议委员会(1992—1997年)

1992年,英国通过《继续教育与高等教育法》,废除高等教育双轨制,高等教育分别从教学与研究质量管控,高等教育监管采用教学评量与研究评量,分开开展双轨评量机制。换而言之,其取代学术审核单位和国家学术资格授与委员会,继续开展质量保障的审核工作。高等教育质量评议委员会具有法人性质,以维持质量保障机制,负责教学质量与资金使用分配。高等教育质量评议委员会由各大学、学院、高等教育机构所共同组成,其任务是负责高等教育质量审核工作、学分承认与质量提升工作。其下设置三个单位,学分与入学部门取代国家学术资格授与委员会,质量审核部门取代学术审核单位和质量提升部门。在高等教育质量评议委员会监管中,多元技术学院所升格成的大学无法在监管项目中脱颖而出,推动高等教育质量保障署设置。

4. 高等教育质量监管署(1997年至今)

1997年,英国颁布《迪林报告书》,高等教育质量监管署取代高等教育质量评议委员会的职能。高等教育质量监管署为全英国高等教育机构提供统一的综合质量保障服务,具有监管中立化与学科化的性质。高等教育质量监管署旨在维持英国高等教育学术授予标准与质量,以确保社会大众与学生利益,确保英国高等教育治理与全球声誉,并与高等教育机构、管制机关与学生团体合作,共同目标为支持学生取得成功;公布学术标准与质量信息,提供学生选校、雇主了解学校、决策者制定公共政策的基础。提升英国高等教育标准与质量管理,促进认识质量保障标准与价值认识,促进了解高等教育标准与质量本质,维持与欧盟及国际事务的共同参照标准。

2002—2003年,高等教育质量监管署整合机构审核和学科审核,以外部审核方式监管大学内部质量保障程序。2005年,高等教育质量监管署以机构审核为主。高等教育质量监管署所开展的质量保障工作,依英国各地区有其差异性。例如,在英格兰与北爱尔兰地区,高等教育质量监管署已停办英格兰高等教育机构的学科教学监管,但监管英格兰地区扩充教育学院的高等教育学科。随着高等教育质量监管署监管项目的转型,在2012年机构监管的核心项目中,高等教育质量监管署在英格兰和北爱尔兰的机构则改为检视与判断高等教育机构四大核心目的,具体说明如下:提升高质量教学、资源、学术支持;确保学生、雇主或其他人对于高等教育机构所提供的课程及学术授予的资格与质量是否符合国家学术标准和质量的程度,能有快捷渠道来获取易于了解、可靠及有意义的信息;当高等教育机构授予学位的学术质量有缺失,通过监管确保其采取快速行动以求改进,以确保公共经费用于高等教育机构的绩效责任。

在高等教育质量监管署组成方面,其具有法人性质,由14位成员组成,分别为高等教育机构领导人(4名大学或学院校长)、4名高等教育拨款委员会委员、6名来自工业界或财务专家。依其组织组成小组,分别为质量检核小组、发展与促进小组、最高执行小组、行政部门、苏格兰高等教育质量监管署。需要特别指出的一点是,高等教育质量监管署每年经费约1507万英镑,有80%经费用于教育监管部分,以确保高等教育机构提供高质量的教育。

(二)现行教育监管机构的职责

高等教育质量监管署监管聚焦教育机构所提供的学位课程质量、学术授予标准、高等教育机构的基本责任。

1. 建立有效性的高等教育机构内部质量保障体制机制

依据高等教育质量监管署制定高等教育学术标准保实施规则,以审核高等教育机构制度是否符合该规则。其焦点在于机构内部质量保障制度及结果审核,并审核该高等教育机构如何使用高等教育质量监管署所公布的参照标准。

2. 确认高等教育机构发布信息的正确性、完整性和可靠性

高等教育质量监管署负责审核高等教育机构所公布的信息,如学位课程、学位授予标准,并保障信息的正确性、完整性和可靠性。高等教育机构公布的相关信息,应有利于学生、团体、企业了解高等教育机构,以获取完整且正确的机构信息。

3. 审核高等教育机构学科建设

由于目前机构监管已整合学科层面及机构层面的教学评量,机构监管是通过学科审核追踪的方式,在每次访视时,选取若干学科进行审核追踪。

4. 建立高等教育机构的学术标准

为建立一致的学术标准,通过机构监管,与高等教育机构之间共同讨论建立不同学科的学术标准,包括高等教育资格架构、学科标准说明、学位课程计划书以及高等教育学术质量与标准保障实施规则,以完善高等教育机构学术标准。

(三) 高等教育监管的流程

高等教育质量保障署的监管方式,不同区域采行不同监管机制。现行主要实施机构监管,即监管学校对学位水平和教学质量的管制,原则上是每 6 年一轮监管,其监管事项是学术计划核准、监督、评审、学校外部监管机制、学生评量和学术合作,机构监管流程是准备、访视、判断和提出报告。

1. 准备阶段

在正式监管前 10 个月,机构监管活动开始准备。首先,高等教育质量保障署向高等教育机构发出监管信息,其他团体在 6 年内对该大学所作的监管报告,经整理分析后,提供给监管小组的副召集人。其次,召开预备会议,厘清监管范围,确认监管学科和数目,并任命专家构成监管小组。以高等教育质量保障署监管苏格兰高教机构为例,每校是由 6 人组成的监管小组进行实地监管,其中学生代表和外国专家代表各 1 人、3 名英国资深学者、1 名监视协调员。最后,根据监管访视需求,要求受评高等教育机构在监管访视前,提交机构的自我监管文件。

此外,由于学生是机构监管过程的核心,提供给学生信息的质量,提升学生学习的方法,期望学生达成的学术标准及其实际达成的程度,这些是监管的重点。同时,除了受邀请参加预备会议外,学生有时需在访视前提交一份书面报告。

2. 访视阶段

访视阶段分为简报访视和审议访视两个步骤。简报访视指的是监管小组为厘清已收到的访视机构所提出的信息,或进一步搜集其他额外的信息,决定监管访视所要探究的细节,需要访视学科、分派小组成员个别任务等。通常,在监管访视的 5 周前,先进行为期 3 天的简报访视。简报访视以机构管理为主,而非个别学科,包括同机构教职员和学生代表的会议。在审议访视部分,即审议访视为期 5 天,从星期一至星期五,深入访视每一个学科,并视需要与教职员和学生会谈。

3. 判断和提出报告

机构监管结果必须提出报告,除判断文件审查与实地访视结果之外,报告包括对高等教育机构学位课程质量的健全程度、对其授予学位学术质量的信任程度。对于机构有关其学程与学位课程质量和学术标准出版信息应具有正确性、整合性、完整性及坦诚性,则给予信赖之判断,并提出可行建议。监管小组必须提出监管报告,报告内容主要包括监管背景说明、高等教育机构自我监管之设计和执行、监管小组对机构质量保障机制方法、特色及限制之分析,以及学科审议追踪结果。监管若要达到其效能,则必须进行持续追踪,高等教育质量保障署即根据不同结论判断,作出不同的持续追踪方式。

换言之,高等教育质量保障署在判断的部分分为三类,包括具成效、成效有限以及无成效。访评结束后,每校均被要求根据检视小组的意见提出追踪改善报告。高等教育质量监管署最后会针对每个机构在其网页上公布四种报告,即结果报告、技术报告、追踪改善报告和主题报告。高等教育质量保障署规范了这四种报告应呈现的内容重点。

综上,机构监管以高等教育机构的自我监管为基础,由高等教育质量保障局组成监管小组实地访评检视其自我监管结果,并进行期中评量追踪学校改善的监管方式,即经由准备、访视、判断与提出报告之监管阶段,最后监管结果再以等级呈现并公布监管报告,除陈述各项高等教育机构表现外,并指出未来改进方向,以供高等教育机构自我改善之用。

二、整合学校监管制度,制定共同监管准则

随着英国 2005 年《教育法》第 5 节、2006 年《教育与督导法》、2008 年《教育与技能法》第 109 节、2014 年《教育规则之私立学校校务标准》、2006 年《儿童照顾法》等的修订,为了适应法律调整,英国学校监管相应作出调整,改革聚焦于三个方面,即建立共同监管制度、认定为良好学校增加短式监管、教育标准局直接派人执行监管。英国实施共同监管准则,旨在促进监管连贯性和一致性,使提供相同教育的学校监管结果有可比较基础,也达到同一所学校前后监管结果可相比性。

(一)完善校务监管框架

根据共同监管准则,校务监管聚焦于四个方面。第一,领导与校务管理的效能;第二,教学质量、学习与学业测验;第三,学生个人发展、行为与权益;第四,学生学习成果。此外,学校维护校园安全、平等与多元环境所投入的心力也是监管重点。校务监管内容统一,有助于学校、地方主管机关、学生家长等掌握学校发展信息,在信息充足的情况下作出适当决定。值得注意的是,在具体监管事项、监管流程等事项,根据学校情况,存在差异。

针对各个监管事项,监管人必须搜集证据与资料,依据各个监管手册规定作出最终监管结果。监管结果统划分为四等级:第一等是优异,原则上可豁免例行性校外监管,但首席皇家督学或教育部长认为有需要时,可对学校开展监管;第二等是良好,原则上在三年内只需要接受为期一天的简式监管;第三等是有待改进,学校必须在两年内再接受一次复评;第四等是不合格,学校会被认定为不合格,是因校务表现有严重不良的情形,或是被认定需要特别的改善措施。一旦学校被评为不合格,学校将列入教育标准局观察名单。

为了维护学校督导的严谨性,在每个教育标准局区域中心,教育标准局设立一个审查委员会,由皇家督学、校长组成,该委员会职责在于负责执行督导内部审查工作,使教育标准局更加重视申诉处理,维护督导质量和公正性。

(二)优化教师评估机制

英国教师评估实施有翔实的法律基础,1986 年《教育法》规定定期评估教师工作,1987 年《教师薪资与服务条件法》要求教师必须参与评估,1991 年《教育〈学校教师评

估〉规程》明确规定实施全国学校教师评估制,1998年《学校标准架构法》规范教师评估的负责人和升级评估办法,1998年《教学与高等教育法》规定新任合格教师接受为时一年的评估等,2006年《教育〈学校教师表现管理〉规程》翔实规定教师评估实施流程,其依据2002年《教育法》而制定。2012年《教育〈学校教师表现管理〉规程》取代2006年《教育〈学校教师表现管理〉规程》。此外,2012年5月,英国制定《教师评鉴和能力:一份供学校采用的政策模板》,为学校和地方当局提供一份教师评估的政策模板,该政策范本分为教师评估和不合格教师处理程序。历年来的法律规定逐渐构建了英国教育评估制度。

教师评估准则分为教师标准、个人和专业行为。教师标准分为八个方面,即鼓励学生并给予高度期待、促进学生不断进步、能展示良好的课程知识、能设计和执行准备妥适的课程、因应学生需求和能力来教学、正确且有成效地使用学生评量、有效行为管理以确保学习环境、更全面地担负起教师专业责任。个人和专业行为包含三个方面:一是在校内或校外,教师应树立教师专业的公共形象,维系教师精神和行为的高标准;二是教师应践行学校精神、政策,严格执行工作时间;三是教师应理解和遵守相关教师专业责任的法律规定。

英国教师评估实施历程,是由学校和地方当局开展,依据国家统一制定的法规,自行制定校内或地方层级评估政策。第一,制定校内教师评估政策。学校管理委员会必须制定学校评估政策,需要为学校教师制定一份教师评估书面文件,内容包含评估流程,告知全体教师。第二,决定评估人员。在学校内部,校长负责实施评估工作,校长指派教师评估人员。评估人员可以是校长本身、副校长、教师、学科主任等。第三,教师评估期程。教师评估为期12个月。倘若教师聘期未满一年,以教师聘期长度为其评估期间,惟受聘时间未满一学期者,不用接受评估。第四,设定评估准则和目标。在教师评估前,校长必须告知教师评估标准。该评估标准结合2012年《教育〈学校教师表现管理〉规程》规定标准。评估人员和教师共同设定预计目标,作为评估检视之用。第五,评估教师表现,即依据设定教师标准和教师工作目标,评估教师角色和责任;评估教师专业发展需求,确认达成专业发展所需的配套措施;根据教师表现,提出教师薪资建议。

(三)完善教学监管框架

2015年11月6日,英国商业、创新及技能部公布《发挥才能:教学卓越、社会流动及学生选择报告书》,提出教学监管架构。监管指标分为教学质量和学习环境、毕业生就业数据、研究生数据,数据必须呈现不同社会经济背景学生的表现差异。监管指标会不定时调整,大学随之改变资料。根据监管标准,大学准备好资料,提交给独立委员会开展书面审查,此委员会成员由学术专家、学生代表及雇主代表组成。监管结果分四级,各大学依此结果可决定不同幅度的学费调涨。该监管标准有助于推动大学提高教学质量,学生可将监管结果作为选择学校依据,学校可将之视为招聘员工的参考选项。

(四)制定教育品质规制

高等教育质量监管署和高等教育机构共同制定《英国高等教育品质规范》,设定高等教育机构应达到目标。该规范分为三大部分,分别是学术标准、学术品质、高等教育内涵。每一部分均有明确期望和指标,如高等教育机构向其教职员工、学生、其他利益相关者说明监管体制机制,让每个学生得以发展为独立学习者,致力于研究其所选择学科,并提升其分析、批判和创造思考的能力。根据国际教育发展,会不定期更新这些规范。

高等教育质量监管署设置高等教育品质规范最低标准要求,英国顶尖大学校院自我要求更严格,以确保学生学习成效和学校声誉。如剑桥大学设立了教学服务指导小组,监督校内教学服务质量;巴斯大学自行设定了更加严格监管规则,并将该校监管报告公布与众。此外,各大学院会设计调查问卷,调查学生学习成效满意度,每年举行全国性学生满意度调查,主要涉及课程教学方式、课程评估方式和反馈意见、课程支援、组织和管理、学习资源、个人发展规划、整体满意度、对该校学生会满意度。此调查结果给高校提供建议,让高校针对不足之处,提出改善政策以改进现行做法,给进入申请阶段学生提供信息,让他们对选择适合自己学校提供更多依据资料。

三、教育监管治理的特点

英国高等教育质量保障制度多元,通过不同质量保障制度时期建立的监管机构或组织,开展高等教育监管,使高等教育机构妥善纳入英国高等教育质量保障。根据英国大学质量保障制度的沿革、发展、机构监管的实际做法,分别归纳特点如下。

(一)监管活动有其区域性差异

其区域性差异与1992年《扩充及高等教育法案》变革有关,各地拨款委员对其该区域高等教育发展有自主权。虽委托高等教育质量保障署进行监管,唯其监管项目仍有差异。

(二)监管活动与名称变更频繁

英国教育改革最大特色在于不断改革与创新,不论通过合并或取代,或是再分开,均有助于因应现今快速变迁社会。因此,在不同监管发展时期,英国高等教育监管机构或组织对不同类型的高等教育机构实施不同监管活动,或变更监管活动,通过不断改进,妥善协助各高等教育机构保障质量。

(三)成立单一专门组织,减少监管重复与资源浪费

英国监管机构或组织复杂且多变,源自英国高等教育机构类型多元。1992年以前采行双轨制高等教育体系,使多元技术学院和一般大学各有不同监管系统。自1997年开

始,英国整合了各种外部监管机构,结合经费补助与质量保障审核,设置高等教育质量保障署专责机构,负责学术质量的审核工作,以减低不同外在监管过程重复。

(四)确保大学内部质量机制自主性,强调再审核内部质量机制

在2002年之前,高等教育质量保障署采用机构监管、学科审核、监管质量架构。机构监管审核机构质量保障安排。换言之,机构监管是一种再审核内部质量机制。除保有其自主权利之外,依机构需要制定自我管理机制,并能通过外在监管力量,以确保其机制有效运作。

(五)制定参照标准,使大学学术质量具有一致标准

高等教育质量保障署为使机构监管有更客观的参照标准,包括制定高等教育资格架构、学科标准说明及质量保障实施规则等。其目的在于鼓励学术社群通过对话,将内隐形式规则,转变为明文规定,避免各高等教育机构自订标准的问题。

(六)重视外部审查制度,善用外部审查人员

机构监管是一项外在监管制度,针对机构内部自我管制机制的质量加以审核。同时,强调机构自我管制机制运作,应有外部审查制度,机构使用外部审查程度,将是判断自我管制机制质量主要因素。

英国高等教育机构依其成立地区、时代和背景呈现多元风貌。英国高等教育机构发展至今,分为古典大学、新大学、高等教育机构和开放大学,给予英国国内和国际学生不同选择。英国高等教育质量保障制度由多元高等教育监管机构,转变为整合且统一的高等教育质量保障署。曾经英国高等教育监管将研究与教学分双轨办理,办理过程饱受争议,存在重研究而轻教学现象。受全球化和绩效责任影响,英国高等教育监管机构转变至今,即高等教育治理保障署,其具有整合且重视内外部质量。英国高等教育质量保障署尊重英国各区域的高等教育机构自主发展,其机构监管内容和方式因地制宜发展。2005年以后,苏格兰地区改为"以促成改进为导向的机构监管",威尔士地区均以机构监管为主,即使是扩充教育机构提供的高等教育课程,也是以机构监管为主。除了为学术标准门槛、学术质量、改进措施、信息公开之外,英格兰机构监管每年增加特定主题项目检视。例如在2012至2013学年的英格兰及北爱尔兰地区,在高等教育质量团体项目,增加新生经验、学生参与质量保障及改进情形主题,确保机构监管能因地制宜发展,以达成质量保障效用。综上,高教质量保障制度也发展出重视学生学习成效、尊重大学自主检视、简化监管制度等作为,为我国高等教育监管提供科学合理参考。

校园矛盾纠纷多元解决机制研究报告

申素平　郝盼盼　延　然　王子渊[①]

一、校园矛盾纠纷整体情况及主要类型

按权益主体进行分类,校园矛盾纠纷主要分为学生权益纠纷、教师权益纠纷和学校权益纠纷三大类。诉讼既是校园矛盾纠纷的突出反映,也是校园矛盾纠纷的典型解决方式。在现有信息公开条件下,诉讼情况可以大体上反映校园矛盾纠纷的整体情况。本研究报告以公开的司法数据和裁判文书为基础,借助最高人民法院相关的司法统计数据,并在北大法宝司法案例数据库检索相关裁判文书,将2022年10月份之前可以检索到的相关案例全部纳入研究范围,以尽可能全面反映校园矛盾纠纷的整体情况。

根据最高人民法院全国法院司法统计公报,2017—2021年全国教育行政一审案件情况如表1所示。从结案数来看,如图1所示,2017年为848件,2018年为763件,2019年为599件,2020年为578件,2021年为943件,5年平均结案数为746件。从结案方式来看,不予立案、驳回起诉和撤诉三种结案方式占当年结案数比例较高,但整体呈下降趋势。如图2所示,2017年为76%,2018年为78%,2019年为70%,2020年为69%,2021年为66%,5年平均下来三种结案方式占总结案数的72%。

表1　2017—2021年全国教育行政一审案件情况　　　　单位:件

| 年份 | 受案 | 结案 | 结案方式 | | | | | | 未结 |
			判决	不予立案	驳回起诉	撤诉	调解	其他	
2017年	818	848	183	99	402	147		17	45
2018年	751	763	153	195	221	177		17	62
2019年	629	599	170	140	172	108	1	8	93
2020年	581	578	174	115	177	105	1	6	99
2021年	989	943	304	190	297	136	2	14	141
合计	3768	3731	984	739	1269	673	4	62	440

备注:上述数据来源于最高人民法院全国法院司法统计公报,教育行政案情情况从2017年开始单列。

[①] 申素平,中国人民大学教育学院教授,博士生导师;郝盼盼,北京教育学院讲师;延然,中国人民大学教育学院博士研究生;王子渊,中国人民大学教育学院博士研究生。

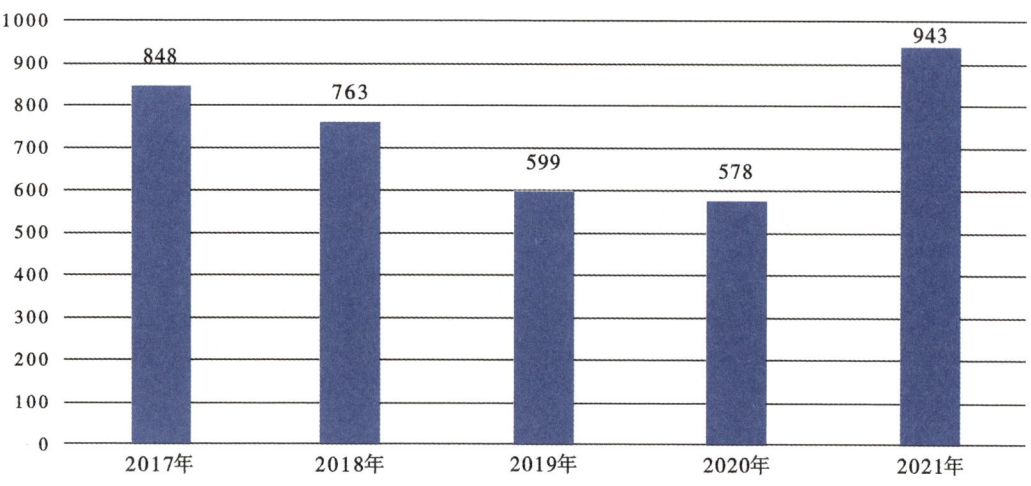

图1　2017—2021年全国教育行政一审案件结案情况

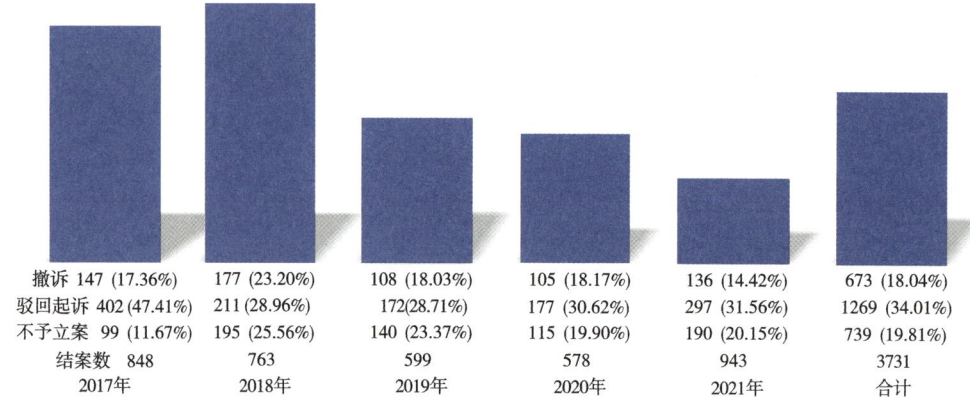

图2　三种结案方式占当年结案数的比例

（一）学生权益纠纷整体情况及主要类型

学生权益纠纷部分，基础教育阶段以民事法律纠纷为主，1998年"肖某诉上海市第五十四中学等赔偿案"[①]奠定了基础教育阶段民事诉讼的基础。高等教育阶段以行政法律纠纷为主，1998年"田某某北京科技大学案"奠定了高等教育阶段行政诉讼的基础。[②] 由于学生权益纠纷在基础教育阶段和高等教育阶段具有不同的特征，因此将学生权益纠纷分为基础教育和高等教育两个阶段展开论述。

[①] 参见1999年11月20日最高人民法院关于该案的复函，1999年11月20日(1999)民他字第25号。
[②] 申素平、周航、郝盼盼：《改革开放40年我国教育法治建设的回顾与展望》，《教育研究》2018年第8期，第11-18页。

1. 基础教育阶段学生权益纠纷整体情况及主要类型

在基础教育阶段,学生权益纠纷主要集中在生命权、身体权、健康权方面,突出体现在三种类型上,分别是学生伤害事故、教育惩戒和学生欺凌。近些年,因就近入学引发的受教育权纠纷逐渐增多。从纠纷的数量统计来看,如图3所示,学生伤害事故14 470件,教育惩戒531件,学生欺凌111件,就近入学122件,总案件数为15 234件。① 这说明基础教育阶段学生权益纠纷的总量较大,且民事案件占据绝大多数。从纠纷的占比统计来看,如图4所示,学生伤害事故占比95%,教育惩戒占比3%,学生欺凌占比1%,就近入学占比1%。学生伤害事故独占95%的比例,成为基础教育阶段学生权益纠纷的最主要类型,且远超其他的纠纷类型,是需要特别关注的领域。

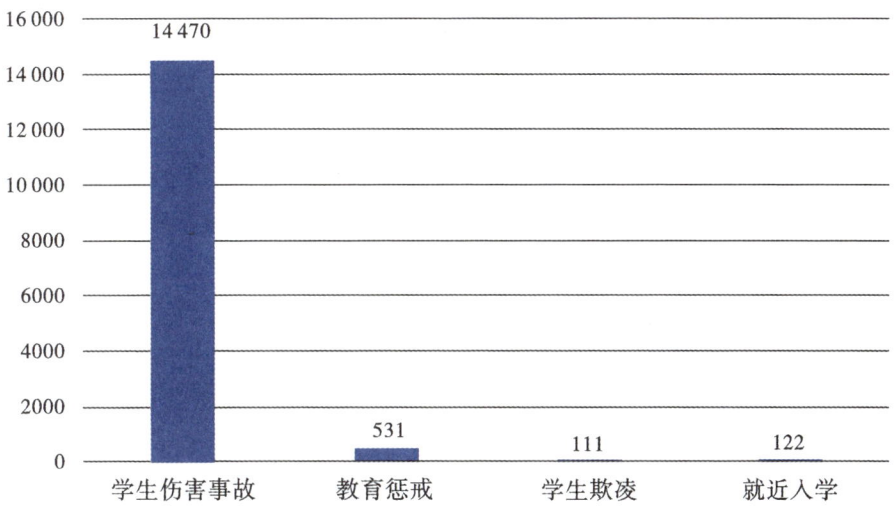

图3 基础教育阶段学生权益纠纷数量统计

---

① 基础教育阶段学生权益纠纷案例来自"北大法宝"司法案例数据库。案例分析旨在反映基础教育阶段学生权益纠纷整体情况及主要类型,时间跨度为1995年至2022年10月("北大法宝"上能检索到的最早案例到研究报告统计时的案例)。①学生伤害事故案例来源:在"北大法宝"数据库中,标题输入"小学"或者"中学",案由限定在生命权、身体权、健康权纠纷,检索到案件14 470起。②教育惩戒案例来源:在"北大法宝"数据库中,标题栏限定"小学"或者"中学",全文检索"体罚"与"变相体罚",检索到生命权、身体权、健康权纠纷284起,检索到侵权责任纠纷205起,两者合计489起。在此基础上,对《中小学教育惩戒规则(试行)》第8、9、10、11条规定的惩戒方式进行全文检索,得到案例42起。教育惩戒案例共计531起。③学生欺凌案例来源:在"北大法宝"数据库中,标题输入"小学"或者"中学",全文检索"欺凌"或者"霸凌",检索到人格权纠纷67件,侵权责任纠纷44件,两者合计111件。④就近入学案例来源:在"北大法宝"数据库中,标题输入"教育局"或者"教委",全文检索"就近入学",检索到行政案件122起。

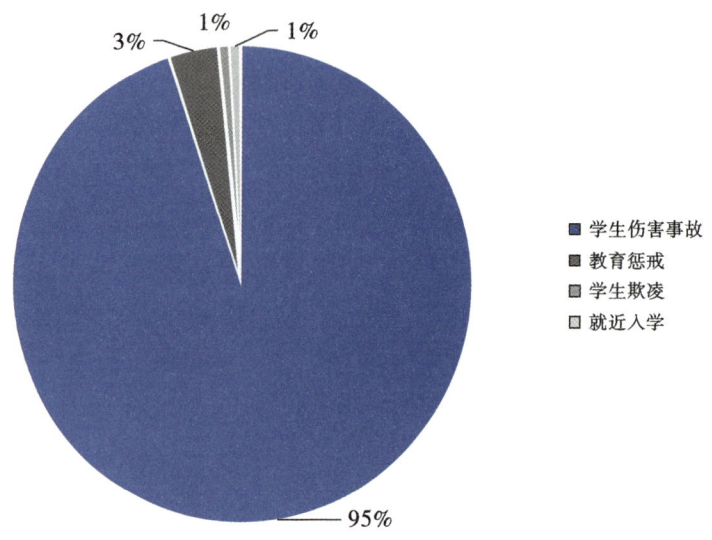

图4 基础教育阶段学生权益纠纷占比情况统计

2.高等教育阶段学生权益纠纷整体情况及主要类型

在高等教育阶段,学生权益纠纷主要集中在受教育权方面,学位纠纷、开除学籍、考试违规、招生录取、退学和留级是主要的纠纷类型。① 从纠纷的数量统计来看,如图5所示,学位毕业235件,开除学籍72件,考试违规50件,招生录取57件,退学25件,留级7件,总案件数为446件。② 从纠纷的占比统计来看,如图6所示,学位纠纷占比53%,开除学籍占比16%,考试违规占比11%,招生录取占比13%,退学占比16%,留级占比1%。学位纠纷、开除学籍、考试违规、招生录取四类纠纷占到了总纠纷数的93%。

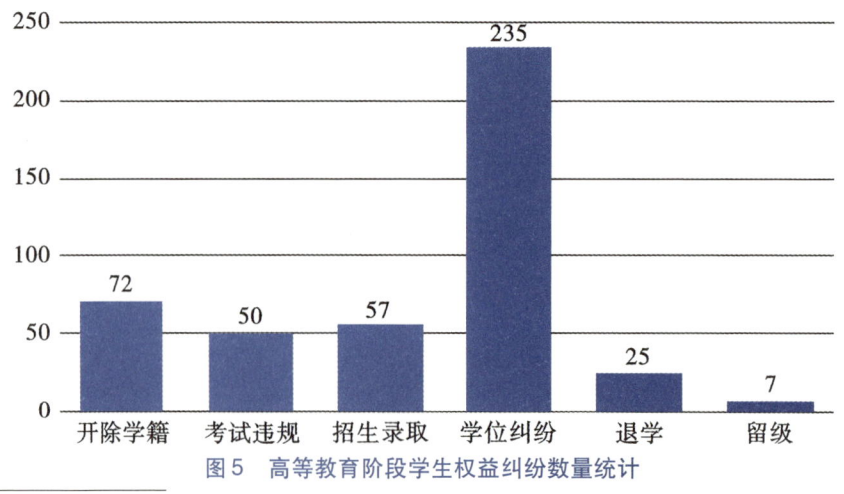

图5 高等教育阶段学生权益纠纷数量统计

---

① 申素平、郝盼盼:《我国高教法治现状分析——基于高教诉讼案件的视角(2010—2015)》,《复旦教育论坛》2017年第2期,第34-39、53页。
② 时间跨度为1995年至2022年10月("北大法宝"上能检索到的最早案例到研究报告统计时的案例),在"北大法宝"司法案例数据库中,标题输入"大学""学院",全文检索"学位""开除学籍""作弊""招生""退学",共检索到案件446件。

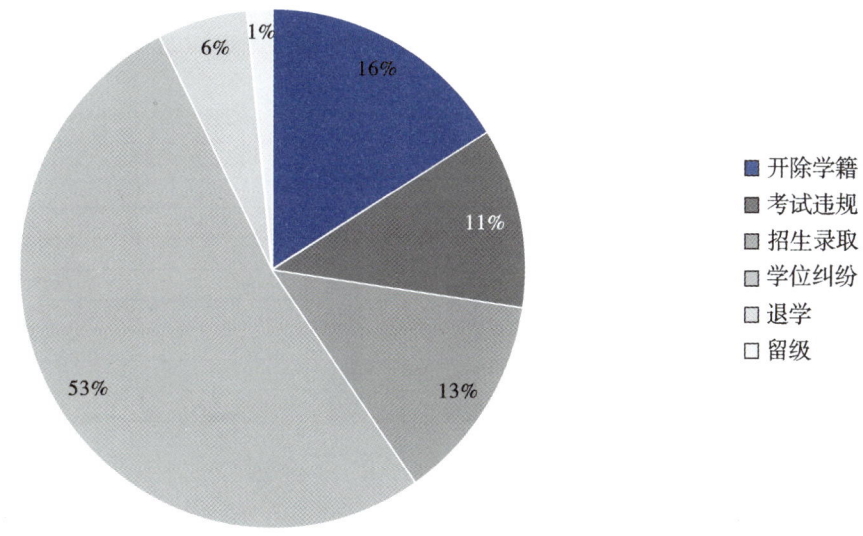

图 6　高等教育阶段学生权益纠纷占比情况统计

（二）教师权益纠纷整体情况及主要类型

教师权益纠纷主要集中在劳动权方面，集中体现为六种类型，分别是教师招聘、教师聘用合同、教师处分、教师工资、教师社会保障和教师职称评审。从纠纷的数量统计来看，如图 7 所示，教师社会保障 1324 件，教师聘用合同 1220 件，教师工资 1120 件，教师招聘 435 件，教师处分 72 件，教师职称评审 45 件，共计 4216 件。[①] 从纠纷的占比统计来看，如图 8 所示，教师社会保障占比 31%，教师聘用合同占比 29%，教师工资占比 27%，教师招聘占比 10%，教师处分占比 2%，教师职称评审占比 1%。从占比上来看，教

---

① "教师权益纠纷整体情况及主要类型"的权益纠纷案例来自"北大法宝"司法案例数据库。案例分析旨在反映教师权益纠纷整体情况及主要类型，时间跨度为 1995 年至 2022 年 10 月（"北大法宝"上能检索到的最早案例到研究报告统计时的案例）。①教师招聘案例来源：在"北大法宝"数据库中，在"法院认为"检索"教师""招聘"的案件，其中与"劳动争议""人事争议"相关的民事案件有 315 件，行政案件有 120 件，共有 435 件。②教师聘用合同案例来源：在"北大法宝"数据库中，在"法院认为"检索"教师""聘用合同"的案件，其中与"劳动争议""人事争议"相关的民事案件有 1119 件，行政案件有 101 件，共有 1220 件。③教师工资案例来源：在"北大法宝"数据库中，在"法院认为"检索"法院认为"为"教师""工资"，并且"裁判依据"为《劳动法》的案件。其中与"劳动争议""人事争议"相关的民事案件有 1095 件，行政案件有 25 件，共有 1120 件。④教师社会保障案例来源：在"北大法宝"数据库中，在"法院认为"检索"法院认为"为"教师""社会保障"的案件，其中与"劳动争议""人事争议"相关的民事案件有 611 件，行政案件有 713 件，共 1324 件。⑤教师处分案例来源：在"北大法宝"数据库中，在"法院认为"检索"教师""处分"的案件，共有 72 个行政案件。⑥教师职称评审案例来源：在"北大法宝"数据库中，在"法院认为"检索"教师"和"职称评审"的案件，其中与"劳动争议""人事争议"相关的民事纠纷有 16 件，行政纠纷有 29 件，共有 45 件。

师权益纠纷以教师社会保障、教师聘用合同和教师工资的纠纷为主,三类纠纷占比达到了87%,接近90%。虽然教师招聘、教师处分和教师职称评审纠纷的诉讼案件数量较少,但也是现实中常见的教师权益纠纷类型。

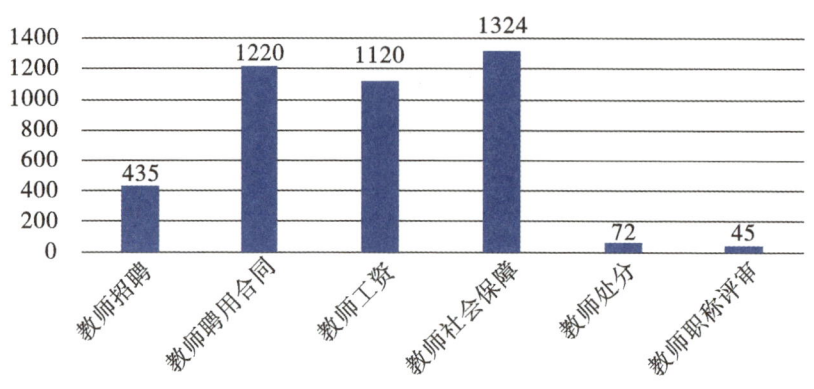

图7 教师权益纠纷数量统计

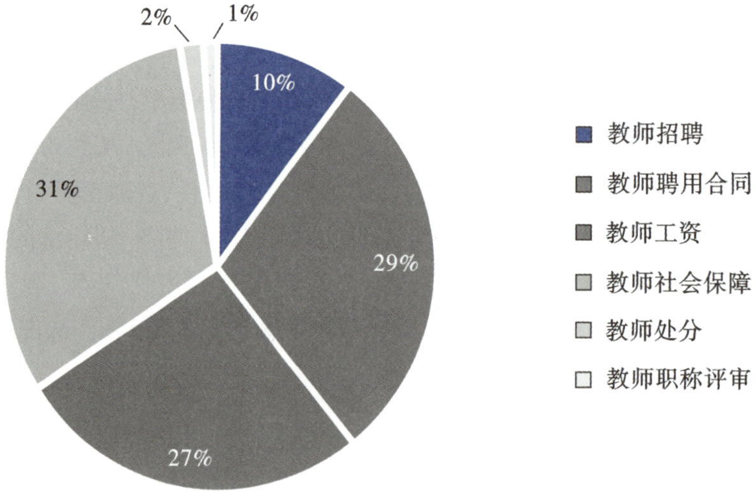

图8 教师权益纠纷占比情况统计

(三)学校权益纠纷整体情况及主要类型

学校权益纠纷主要分为两个方面。一是学校与其他平等主体之间的纠纷。该部分属于民法调整范畴,不具备教育法上的特殊性,故此报告从略。二是学校与政府部门之间的纠纷。在此类法律纠纷中,因为公办学校与政府之间的法律关系具有特殊性,相关争议大体都由行政内部解决。因此,报告主要针对民办学校与政府部门之间的纠纷展开研究。

民办学校权益纠纷主要集中在不服政府部门的相关行政行为,包括行政处罚、行政许可等。从纠纷的数量统计来看,如图9所示,行政处罚23件,行政许可6件,行政机关不履行职责5件,行政协议1件,其他行政行为7件,共计42件。[①] 从纠纷的占比统计来看,如图10所示,行政处罚占比55%,行政许可占比14%,行政机关不履行职责占比12%,三种类型合计占比达到81%。行政处罚独占55%的比例,是民办学校权益纠纷最主要的类型。

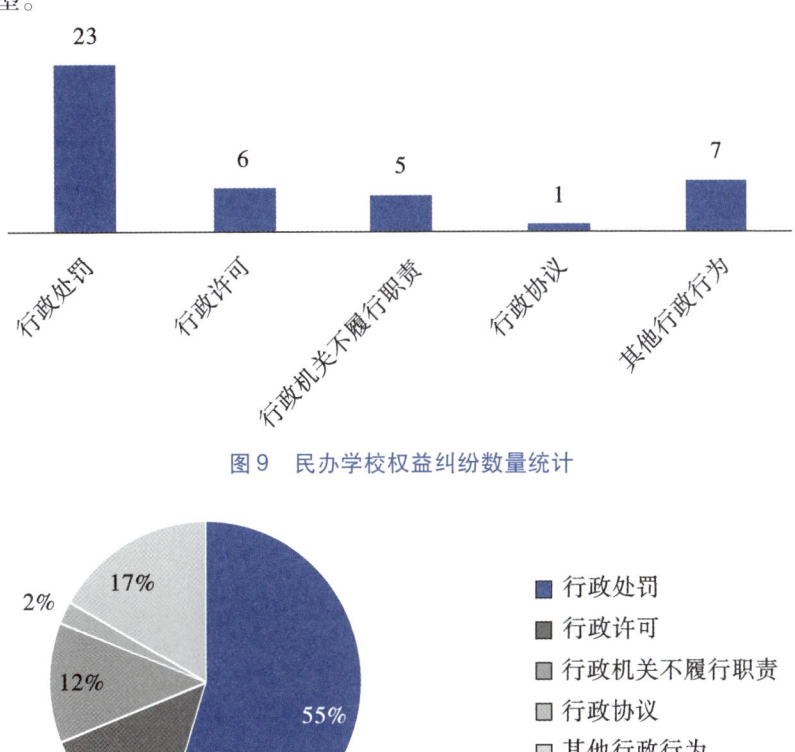

图9 民办学校权益纠纷数量统计

图10 民办学校权益纠纷占比情况统计

二、学生权益纠纷解决机制和途径

学生权益纠纷主要集中在人身权和受教育权方面。根据《中华人民共和国教育法》(以下简称《教育法》)第43条第4款规定,学生对学校给予的处分不服向有关部门提出申诉,对学校、教师侵犯其人身权、财产权等合法权益,提出申诉或者依法提起诉讼,建构

[①] 时间跨度为1995年到2022年10月("北大法宝"上能检索到的最早案例到研究报告统计时的案例),在"北大法宝"司法案例数据库中,标题输入"学校"与"教育局",全文检索"民办学校",案由"行政",当事人限定为"学校",检索到有关民办学校与政府部门之间的行政诉讼案例共42件。

了申诉和诉讼两种基本的学生权益纠纷解决机制。在纪律处分方面,《中小学教育惩戒规则(试行)》和《普通高等学校学生管理规定》对学生申诉机制作出了细化规定,并延伸出行政复议与行政诉讼等纠纷解决途径。在人身权方面,《学生伤害事故处理办法》形成了协商、行政调解和诉讼三种纠纷解决途径。现有学生权益纠纷解决机制发挥着重要作用,但在多元化纠纷解决机制背景下需要继续完善。

(一)基础教育阶段

1. 学生伤害事故

(1)纠纷整体现状。如前文所述,在北大法宝数据库,标题输入"小学"或者"中学",案由限定在生命权、身体权、健康权纠纷,检索到案件14 470起,接近1.5万起,是基础教育阶段法律纠纷中最多的一个类别。根据审理法院进行统计,排在前五位的分别是河南(2045起)、山东(1235起)、辽宁(789起)、安徽(783起)、江苏(751起);排在后五位的分别是西藏(1起)、海南(39起)、青海(42起)、宁夏(71起)、福建(159起)。可以看出,学生伤害事故纠纷较多的几个省区,也是学龄人口大省,而学生伤害事故纠纷较少的几个省份,学龄人口数也相对较少,纠纷数量与学龄人口基本成正相关。

学生伤害事故的类型可分为发生于学生间的学生事故(吴某诉朱某、曙光学校人身损害赔偿纠纷案)、教师于教学上的教育活动事故(马某诉首都师范大学附属苹果园中学生命权、健康权、身体权纠纷案)、学校设备之学校设施事故(崔某诉托克托县第一中学身体权纠纷案)。据统计,学校在90%左右的学生伤害案件中都承担责任,且承担主要责任和全部责任的情形居多[①②],我们的研究发现也与比一致。

(2)纠纷解决途径及完善建议。《教育法》第43条第4款规定,学生对学校、教师侵犯其人身权的,可以提出申诉或者依法提起诉讼。《学生伤害事故处理办法》第18条规定,发生学生伤害事故,学校与受伤害学生或者学生家长可以通过协商方式解决;双方自愿,可以书面请求主管教育行政部门进行调解。成年学生或者未成年学生的监护人也可以依法直接提起诉讼。因此,发生学生伤害事故纠纷可以通过协商、调解或者诉讼三种方式解决。2019年,教育部等五部门出台《关于完善安全事故处理机制维护学校教育教学秩序的意见》(教政法〔2019〕11号),对协商、调解和诉讼三种纠纷解决方式作出细化规定,并提出建立专业的学校安全事故纠纷调解制度。(见图11)

现有学生伤害事故纠纷解决机制比较完整,纠纷处理也比较顺畅,但其中一些纠纷解决途径还可以进一步优化。一是申诉途径。《教育法》规定了可以通过申诉方式解决人身权益纠纷,但基础教育阶段缺乏统一的细化规定,学生在校内申诉之后的救济途径

---

① 梁成、韩小雨:《学生伤害事故案件司法诉讼现状及特征分析——基于517份民事判决文书的实证研究》,《教育学报》2018年第4期,第47—55页。
② 方芳、陈涛:《学生伤害事故责任认定及风险防范——基于2017年510例司法诉讼案件的实证研究》,《复旦教育论坛》2018年第6期,第27—33页。

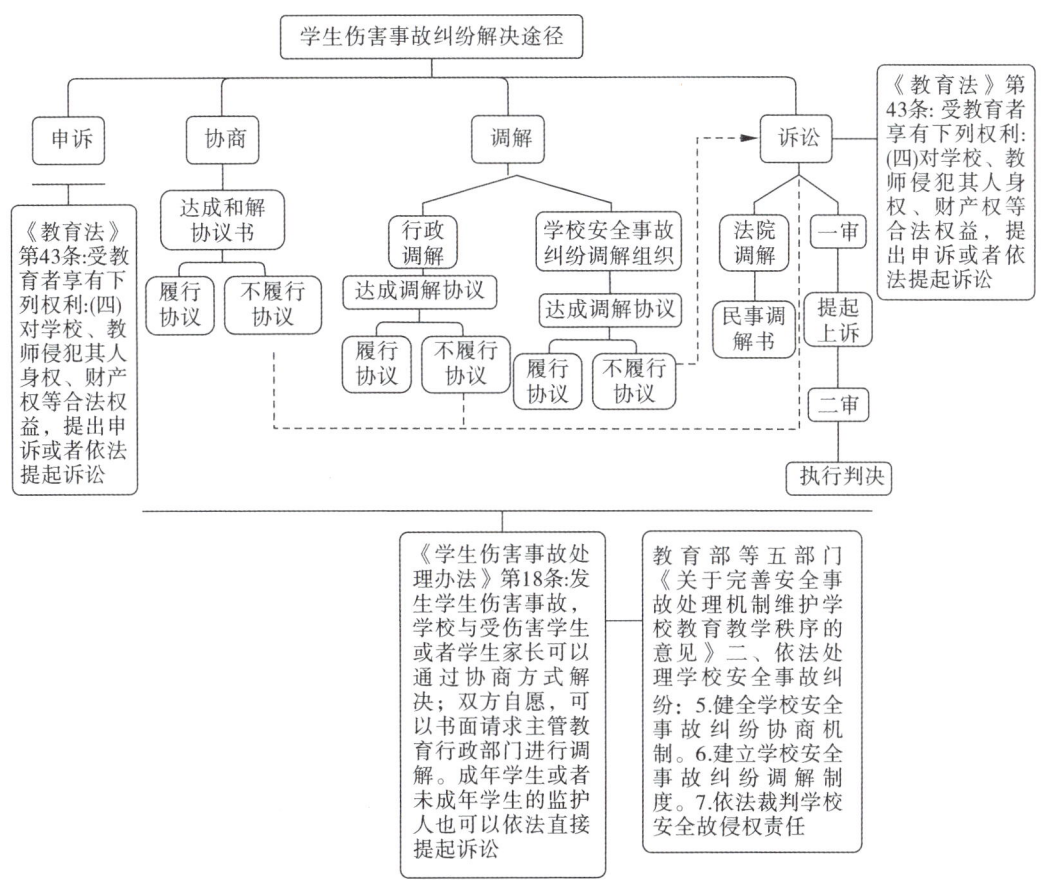

图11 学生伤害事故纠纷解决途径

并不明确。加之学生伤害事故纠纷中,校生之间是一种民事法律关系,申诉并非有效机制,实践中通过申诉方式解决学生伤害事故纠纷的情形也较少。可以考虑将学校学生申诉委员会作为校内协商解决学生伤害事故的平台,充分发挥学生申诉委员会中法治副校长和家长代表的作用。二是调解途径。《学生伤害事故处理办法》规定了主管教育部门的行政调解制度,但通过行政调解方式解决学生伤害事故纠纷的案例较少。一方面可能是学校担心教育行政部门知道发生了安全事故,规避此种纠纷解决方式;另一方面也有可能是教育行政部门没有时间和精力处理数量较大的学生伤害事故纠纷。教育部等五部门出台《关于完善安全事故处理机制维护学校教育教学秩序的意见》尝试从教育行政部门调解走向专业组织调解,推进学校安全事故纠纷调解组织建设。专业的学校安全纠纷调解组织在很多地方已经建立,如南宁市隆安县学校安全事故调解工作站、长春市二道区校园纠纷人民调解委员会等。但五部门出台的意见属于行政规范性文件,法律位阶较低,可在修订《学生伤害事故处理办法》时将专业组织调解的适用范围、组成人员、调解流程、调解效力等事项予以制度固化,坚持调解优先,实现能调尽调。特别是将数额较大的赔偿纳入专业组织调解,避免"学校花钱买平安",坚决杜绝"大闹大赔""小闹小赔"。

三是做好校方责任险理赔与调解等非诉讼方式的衔接。学生伤害事故纠纷诉讼案件数量较大,与校方责任险的理赔范围和理赔方式有一定关系,稍微复杂一些的赔偿费用都必须拿到法院判决书保险公司才给与理赔。为避免"诉讼爆炸",应进一步扩大通过非诉讼方式快速、便捷使用校方责任险,适时修订由教育部、财政部、中国保监会于2008年发布的《关于推行校方责任保险完善校园伤害事故风险管理机制的通知》(教体艺〔2008〕2号)。

2. 教育惩戒

(1)纠纷整体现状。《中小学教育惩戒规则(试行)》第12条规定了禁止实施体罚与变相体罚等八项侵权行为,这些违法的惩戒措施会引发学生权益纠纷。在北大法宝司法案例数据库中,标题栏限定"小学"或者"中学",全文检索"体罚"与"变相体罚",检索到生命权、身体权、健康权纠纷284起,检索到侵权责任纠纷205起,两者合计489起。可见,因体罚与变相体罚引发的生命权、身体权、健康权纠纷较多。不当教育惩戒引发的学生权益纠纷,有时不但要解决民事赔偿责任问题,学生家长还要求追究教师的行政法律责任,民事纠纷与行政纠纷交织,处理起来相对比较困难。

《中小学教育惩戒规则(试行)》第8、9、10、11条规定了轻微惩戒、较重惩戒、严重惩戒和强制措施等不同层级的惩戒方式,包括罚站、校内公益服务任务、停课停学、纪律处分等具体措施。这些法律允许的惩戒措施也可能会引发学生权益纠纷,主要是学生面对教育惩戒时选择自杀自伤等极端方式来应对和处理,出现了学生的生命、身体、健康权损害后果。根据统计,因点名批评、写检查、罚做值日(劳动)、罚站、调整座位、停课停学、记过处分等多种形式的教育惩戒引发的学生生命权、身体权、健康权纠纷合计42起。典型案例是"李某某、宋某某诉青海湟川中学人身损害赔偿纠纷案",该案因学生考试作弊被学校给予记过处分而引发,但学生想不开回家之后选择自杀的极端方式来应对,最后转化为人身损害赔偿纠纷来解决。① 教育惩戒一旦造成了学生生命权、身体权、健康权损害的后果,这部分纠纷解决就进入学生伤害事故处理流程,这里不再赘述。

《中小学教育惩戒规则(试行)》第10条第2款规定,对违规违纪情节严重,或者经多次教育惩戒仍不改正的学生,学校可以给予警告、严重警告、记过或者留校察看的纪律处分。对高中阶段学生,还可以给予开除学籍的纪律处分。现实中,由于基础教育阶段的学生大都属于未成年人,根据《中华人民共和国义务教育法》(以下简称《义务教育法》)和《中华人民共和国未成年人保护法》(以下简称《未成年人保护法》)对开除未成年学生的特殊限制,因开除学籍等纪律处分引发的纠纷较少,且主要集中在高中教育阶段,学校管理实践中对学生作出纪律处分的情况比较常见,也有个别因纪律处分引发行政诉讼的案件,如"黄某等诉广州市荔湾区教育局行政决定案"②。

---

① 申素平、周航:《惩戒造成学生伤害事故,学校是否要担责?——以某学生家长诉某中学案为例》,《中小学管理》2018年第8期,第52—55页。

② "黄某等诉广州市荔湾区教育局行政决定案",参见广东省广州市中级人民法院(2012)穗中法少行终字第88号行政判决书。

(2)纠纷解决途径及完善建议。(见图12)

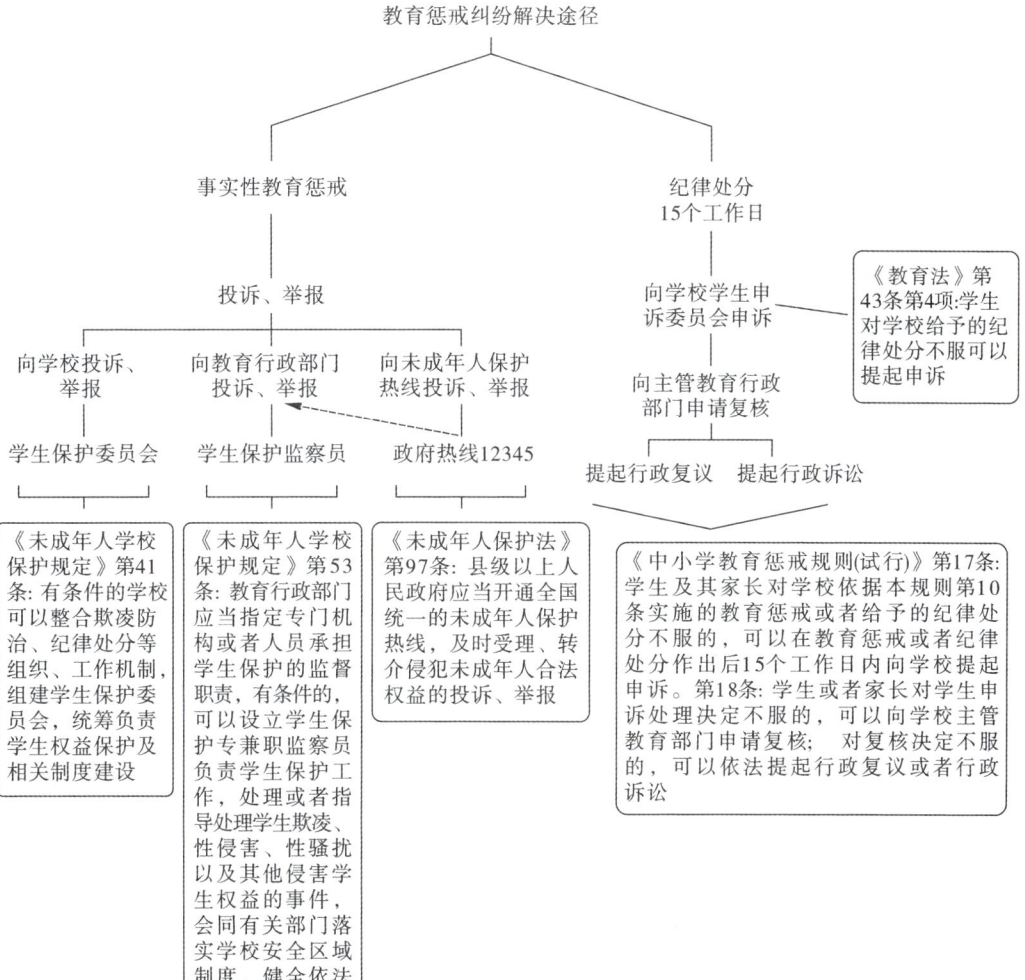

图12 教育惩戒纠纷解决途径

1)事实性教育惩戒主要通过投诉、举报方式解决。根据《中小学教育惩戒规则(试行)》第 16 条第 2 款的规定,家长对教师实施的教育惩戒有异议或者认为教师行为违反本规则第 12 条规定的,可以向学校或者主管教育行政部门投诉、举报。学校、教育行政部门应当按照师德师风建设管理的有关要求,及时予以调查、处理。《中华人民共和国未成年人保护法》(以下简称《未成年人保护法》)和《未成年人学校保护规定》细化了相关调查、处理的规定。

《未成年人学校保护规定》第 41 条规定,校长是学生学校保护的第一责任人。学校应当指定一名校领导直接负责学生保护工作,并明确具体的工作机构,有条件的,可以设立学生保护专员开展学生保护工作。有条件的学校可以整合欺凌防治、纪律处分等组织、工作机制,组建学生保护委员会,统筹负责学生权益保护及相关制度建设。据此,当接到家长的投诉、举报后,学校可由学生保护专员或者学生保护委员会进行调查、处理。

《未成年人学校保护规定》第 53 条规定,教育行政部门应当指定专门机构或者人员承担学生保护的监督职责,有条件的,可以设立学生保护专兼职监察员负责学生保护工作,处理或者指导处理学生欺凌、性侵害、性骚扰以及其他侵害学生权益的事件,会同有关部门落实学校安全区域制度,健全依法处理涉校纠纷的工作机制。据此,当教育行政部门接到家长的投诉、举报后,可由学生保护监察员进行调查、处理。

《未成年人保护法》第 97 条规定,县级以上人民政府应当开通全国统一的未成年人保护热线,及时受理、转介侵犯未成年人合法权益的投诉、举报。实践中,未成年人保护热线通常与 12345 市民服务热线共用一个平台,实行"一号对外"服务。12345 接到投诉、举报后,基本上会转给当地教育行政部门调查、处理。

事实性教育惩戒纠纷解决过程中存在三个问题:一是学校与教育行政部门调查、处理的权限未明确,即哪些惩戒行为归属哪个主体调查、处理。二是学校与教育行政部门调查、处理的时限未明确,即接到投诉、举报后多长时间调查处理完毕。三是学校与教育行政部门在解决纠纷过程中可能迫于家长压力片面处理教师。对此,提出三点完善建议:一是明确调查、处理权限,可以考虑将轻微惩戒和较重惩戒引发的纠纷由学校进行处理,严重惩戒引发的纠纷由教育行政部门处理。或者根据可能对教师作出的处理轻重程度划分权限,可能受到警告或者记过处分处理的,主要由学校调查、处理,重于记过处分以上处理的,主要由教育行政部门调查、处理。二是明确调查、处理时限,避免长时间拖延。参考教育部等十一部门印发的《加强中小学生欺凌综合治理方案》中对欺凌事件的调查处理时限,学校的调查处理时限为 10 天,教育行政部门的调查处理时限为 15 天。三是教师因实施教育惩戒与学生及其家长发生纠纷,学校应当及时进行处理,教师无过错的,不得因教师实施教育惩戒而给予其处分或者其他不利处理。

2)纪律处分主要通过申诉、复核等方式解决。《教育法》第 43 条第 4 款规定,受教育者对学校给予的处分不服可以向有关部门提起申诉。但该条规定相对比较原则,未对申诉组织、申诉时限、申诉效力、不服申诉之后的救济途径作出规定,现实中曾出现救济途径不畅通的问题。在"刘某某与乐陵市教育局行政处罚行政裁定书案"①中,法院认为,学校享有对受教育者进行学籍管理,实施奖励或者处分的权利。乐陵一中依照《教育法》及其内部规定对原告刘某某作出勒令退学处分,是学校依法行使管理权的行为。原告刘某某不服,向被告乐陵市教育局申诉,乐陵市教育局作出(2014)乐教复字第0901号答复,属于内部行政行为,并不属于人民法院直接受理的行政案件的范围。即使学生受到了勒令退学处分,依然没能获得外部的司法救济。

"刘某某与乐陵市教育局行政处罚行政裁定书案"中出现的救济途径不畅通的问题,随着《中小学教育惩戒规则(试行)》的出台得以解决。其第17条规定,学生及其家长对学校依据本规则第十条实施的教育惩戒或者给予的纪律处分不服的,可以在教育惩戒或者纪律处分作出后15个工作日内向学校提起申诉。第18条规定,学生或者家长对学生申诉处理决定不服的,可以向学校主管教育部门申请复核;对复核决定不服的,可以依法提起行政复议或者行政诉讼。

《中小学教育惩戒规则(试行)》的出台解决了纪律处分纠纷的部分问题,但还遗留了一些问题,与高等教育阶段的纪律处分纠纷解决机制相比,还有一些需要完善的地方。首先,很多地方中小学开除学籍事由没有法定化,实践中出现了随意开除学生的情况,中小学生都是未成年人,受教育权应得到更充分的保障。因此,需要在地方的学籍管理规定或者纪律处分办法中对此予以明确,一些地方,如《北京市中小学学生奖励和处分办法》第18条对开除学籍事由进行了明确限定。其次,对学生申诉事项的规定还需要细化,特别是关于申诉时限的规定。《中小学教育惩戒规则(试行)》虽然规定了学生申诉与复核等程序,但对学校学生申诉委员会作出申诉决定的时限,以及教育行政部门作出复核决定的时限,都没有明确规定,可能会出现程序上的不正义,需要进一步完善。

3. 学生欺凌

(1)纠纷整体现状。学生欺凌会对学生的身心健康造成损害,特别是心灵和精神损害,在很多学生欺凌事件中,被欺凌者出现了创伤后应激障碍(PTSD)。如前文所述,在北大法宝司法案例数据库,标题输入"小学"或者"中学",全文检索"欺凌"或者"霸凌",检索到人格权纠纷67件,侵权责任纠纷44件,两者合计111件。除了诉讼案件,现实中也有部分家长声称孩子在学校受到了学生欺凌,根据教育部等十一部门制定的《加强中小学生欺凌综合治理方案》,涉法涉诉案件等不宜由防治学生欺凌工作部门受理的,应明确告知当事人,引导其及时纳入相应法律程序办理。因学生欺凌事件造成生命权、身体权、健康权损害的,与一般的学生伤害事故纠纷没有太大的区别,对其纠纷解决机制此处不再赘述。

一般的学生伤害事故,对其概念界定不会产生争议,主要是解决民事赔偿责任问

---

① "刘某某与乐陵市教育局行政处罚行政裁定书案",参见山东省德州市中级人民法院(2015)德中行终字第44-1号行政裁定书。

题,核心在于学校是否承担民事赔偿责任。但在学生欺凌的问题上,各方对是不是学生欺凌产生了较大分歧,学生欺凌认定成为一个难题。在"中关村二小事件"上,受伤学生家长核心的指责是孩子在学校受到了学生欺凌,但实施行为的几个孩子的家长认为不是欺凌,就是孩子们之间开了一个过分的玩笑,学校也不认为出现了学生欺凌事件。受伤学生家长在网络上发布相关文章,试图通过制造舆论推动问题解决。学校经过调查发布最终的声明,认定其为"偶发事件",尚不足以认定涉事学生构成校园"欺凌"或"暴力"。学生欺凌认定是纠纷处理中的难点,背后反映的是各方利益分歧。学生欺凌事件中民事纠纷与行政纠纷交织,有时会发生法律责任博弈。

(2)纠纷解决途径及完善建议。(见图13)

1)学校学生欺凌治理委员会初步认定。《未成年人保护法》第39条规定,学校对学生欺凌行为应当立即制止,通知实施欺凌和被欺凌未成年学生的父母或者其他监护人参与欺凌行为的认定和处理。《未成年人学校保护规定》第19条规定,学校应当成立由校内相关人员、法治副校长、法律顾问、有关专家、家长代表、学生代表等参与的学生欺凌治理组织,负责学生欺凌行为的组织认定等。《未成年人学校保护规定》第23条规定,学校接到关于学生欺凌报告的,应当立即开展调查,认为可能构成欺凌的,应当及时提交学生欺凌治理组织认定和处置,并通知相关学生的家长参与欺凌行为的认定和处理。教育部等十一部门制定的《加强中小学生欺凌综合治理方案》明确要求,由学校学生欺凌治理委员会对事件是否属于学生欺凌行为进行认定。原则上学校应在启动调查处理程序10日内完成调查,根据有关规定处置。

现实中,学校学生欺凌治理委员会不愿意认定学生欺凌事件,因为学校一旦被认定出现了学生欺凌事件,就可能要承担相应的行政法律责任,这就是为什么学生欺凌的报告率比较高,但认定率非常低。由学校主导的学生欺凌治理委员会在认定欺凌事件上的中立性和权威性受到质疑,一些家长选择通过在网络上发布文章的方式控诉孩子在学校受到了欺凌。因此,需要提升学生欺凌治理委员会的中立性和权威性,可考虑由学校法治副校长主导学生欺凌事件认定。理由之一,根据《中小学法治副校长聘任与管理办法》,法治副校长具有参加学生保护委员会、学生欺凌治理等组织,指导、监督学校落实未成年人保护职责,依法保护学生权益。理由之二,根据《未成年人保护法》第39条第2款的规定,对严重的欺凌行为,学校不得隐瞒,应当及时向公安机关、教育行政部门报告,并配合相关部门依法处理。法治副校长多为公安机关民警,可以对实施欺凌的学生进行训诫。另外,可以适当弱化学生欺凌事件中责任的追究,从"报复性正义"转向"恢复性正义",尝试在轻微的学生欺凌事件中通过同伴调解等柔性方式解决纠纷。

2)县级防治学生欺凌工作部门组织复查。教育部等十一部门制定的《加强中小学生欺凌综合治理方案》明确指出,县级防治学生欺凌工作部门负责处理学生欺凌事件的申诉请求。学校学生欺凌治理委员会处理程序妥当、事件比较清晰的,应以学校学生欺凌治理委员会的处理结果为准;确需复查的,由县级防治学生欺凌工作部门组织学校代表、家长代表和校外专家等组成调查小组启动复查。复查工作应在15日内完成,对事件是

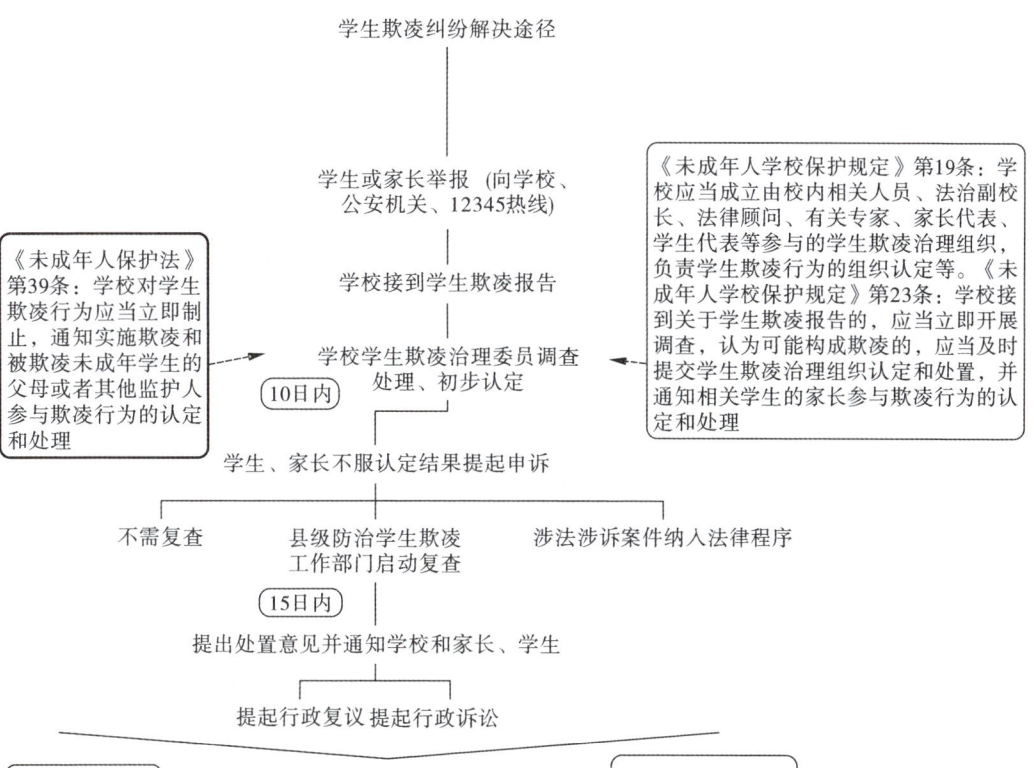

图13 学生欺凌纠纷解决途径

否属于学生欺凌进行认定,提出处置意见并通知学校和家长、学生。

实践中,教育行政部门认定学生欺凌事件也非常困难,主要也与可能要承担治理学生欺凌不力的责任有关。"白某诉苏州市教育局不履行认定学生欺凌职责案"①是典型案例。白某的家长向苏州市教育局反映孩子在学校受到了欺凌,教育局未进行认定,家长

---

① "白某诉苏州市教育局不履行认定学生欺凌职责案",参见江苏省苏州市中级人民法院(2020)苏05行终145号行政判决书。

向苏州市政府提起行政复议,市政府认为教育局未作认定构成未全面正确履行职责。之后,教育局要求学校对是否构成校园欺凌时间进行认定,经学校学生欺凌治理委员会和校委会研究、讨论,认为该事件尚不符合学生欺凌事件的界定,属于"学生之间的矛盾冲突"。经人民调解委员会调解,学校一次性补偿白某10万元。学生家长拿到补偿款后仍不满意,向市教育局提起校园欺凌复查申请,要求市教育局:①对事件是否属于学生欺凌进行认定;②将欺凌学生送专门(工读)学校;③对苏州枫华学校小学部校长进行处理。市教育局复查后维持了不构成学生欺凌的结论。家长不服市教育局的结论提起行政诉讼,一审法院判决家长败诉,家长不服提起上诉,二审驳回上诉,维持原判。现有纠纷解决机制一定程度上违背了"任何人不得做自己法官"的法治原则,申诉程序在学生欺凌事件认定中空转就不足为奇。为更好地解决学生欺凌纠纷,可以考虑将认定职责转移至教育督导部门。教育部等十一部门制定的《加强中小学生欺凌综合治理方案》明确要求,把防治学生欺凌工作专项督导结果作为评价政府教育工作成效的重要内容。

4. 就近入学

(1)纠纷整体现状。就近入学纠纷一般发生在学生与教育行政部门之间,影响较大的案例是2016年"顾某诉南京市建邺区教育局就近入学案"①。也有个别学生在就近入学的问题上起诉学校,如"李某与湖南省某市第九完全中学侵害未成年人接受教育权纠纷案"②。在《义务教育法》第12条就近入学条款下,"北大法宝"上共有司法案例245件,其中行政案件122件。有学者对19起主要的学区划分行政诉讼案件进行了分析,从案件结果来看,19起案件中有17起原告败诉,其中因程序问题而被驳回起诉的有9起,因实体问题而被驳回诉讼请求的有8起。只有2起案件原告胜诉,这2起案件法院都是以当地教育行政机关没有履行政府信息公开义务而判被告败诉。③

(2)纠纷解决途径及完善建议。近些年,因就近入学纠纷引发的行政诉讼案件较多。但通过行政诉讼解决就近入学纠纷存在两个问题。一是法院在受案上存在摇摆现象。"顾某诉南京市建邺区教育局就近入学案"影响很大,但我国不是判例法国家,顾某案也没有被确定为最高人民法院指导案例。对于学区划分是否属于可诉的行政行为,存在各地法院判决不一致的情形。2019年"罗某与西安市未央区教育局其他一审行政裁定书"④中,法院认为学区划分文件作为一般规范性文件,其适用对象具有不特定性,且在一定时期内可以反复适用,该文件不具有可诉性,不属于人民法院的受案范围。二是法院

---

① "顾某诉南京市建邺区教育局就近入学案",参见江苏省南京市建邺区(2015)建行初字第19号行政判决书。
② "李某与湖南省某市第九完全中学侵害未成年人接受教育权纠纷案",参见湖南省彬州市湖区人民法院(2007)彬北民一初字第135号民事判决书。
③ 周慧蕾:《我国学区划分的司法审查实践评析》,《法学》2020年第8期,第143-159页。
④ "罗某与西安市未央区教育局其他一审行政裁定书",参见西安铁路运输法院(2019)陕7102行初2107号行政裁定书。

主要审查学区划分行为的合法性,尊重教育行政部门在合理性上的判断。在 2014 年的"朱某某诉上海市浦东新区教育局要求履行法定职责案"①中,法院确立了"就近入学不等于最近入学"这一原则,之后基本利用这一原则驳回学生家长的诉讼请求。为实质性解决就近入学纠纷,可以考虑进一步发挥行政复议机制的作用。通过上级教育行政部门的层级监督和专业优势,督促下级教育行政部门在划分学区时,更加注重通过公众参与等方式优化学区划分合理性。(见图 14)

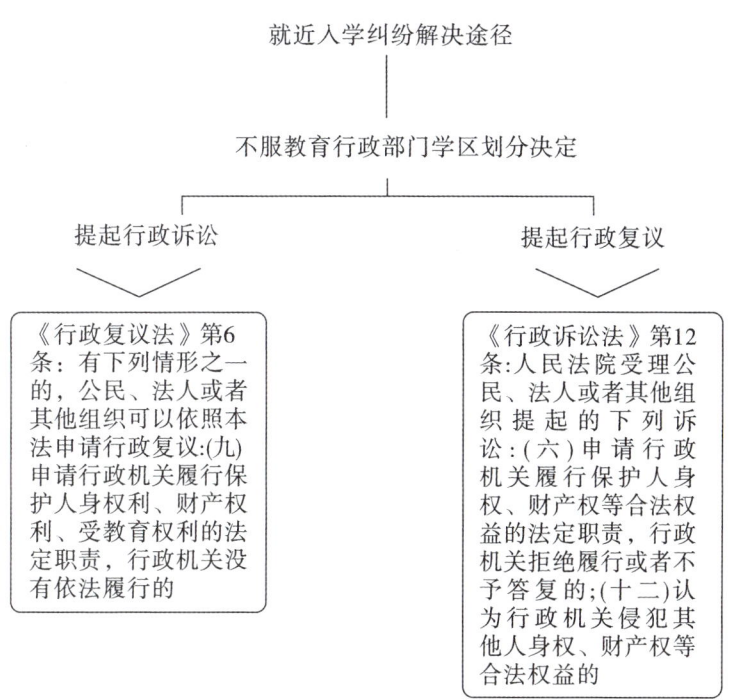

图 14　就近入学纠纷解决途径

(二)高等教育阶段

1. 招生录取

(1)纠纷整体现状。招生录取纠纷是在获得学生身份过程中产生的一种纠纷类型,因其与学生身份的取得密切相关,所以格外受重视,也因此产生一系列纠纷。以"大学"和"招生"为关键词在北大法宝数据库中进行检索,发现在行政案件中,招生信息公开、招生过程是否透明、不予录取、录取后取消学籍等类型较多,其中招生过程与是否录取方面的纠纷属于目前在纠纷解决过程中存在问题较多的纠纷类型。一般可以将此类纠纷分为高考招生录取纠纷和研究生招生考试录取纠纷。

---

① "朱某某诉上海市浦东新区教育局要求履行法定职责案",参见上海市第一中级人民法院(2014)沪一中行终字第 216 号行政判决书。

（2）纠纷解决途径及完善建议。（见图15）

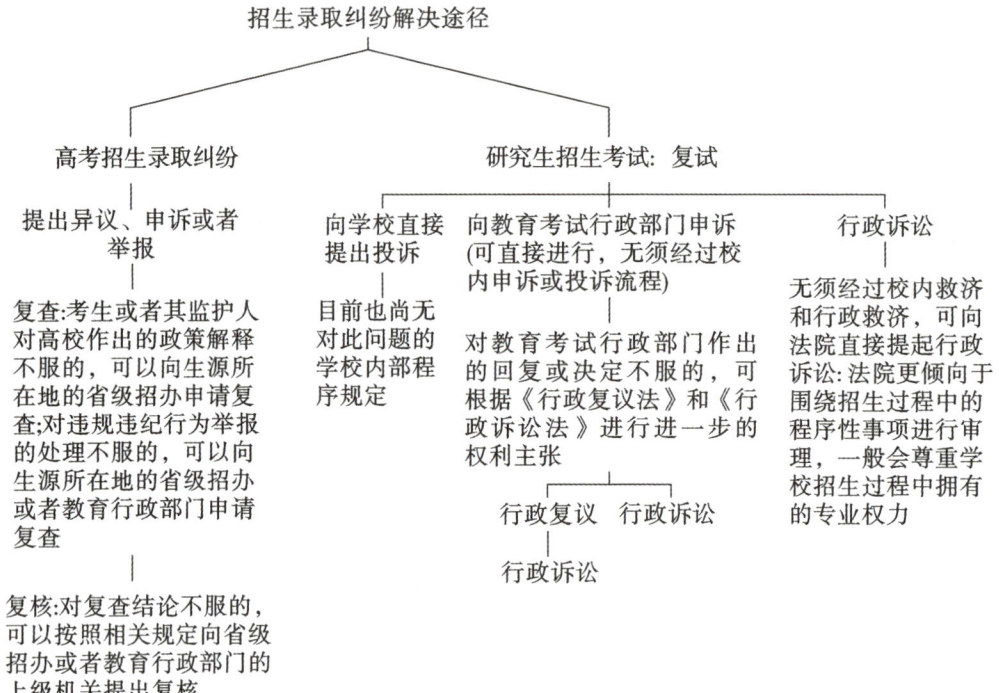

图15　招生录取纠纷解决途径

1）高考招生录取纠纷。高考招生录取纠纷以政策疑问和违规违纪为主。根据当年的高考招生规定可知此类纠纷救济渠道较为明确："考生或者其法定监护人认为所报考高校的招生录取行为违反本规定或其他相关规定的,可向所报考高校提出异议、申诉或者举报。高校应当进行调查、处理,属于对政策执行存在异议的,应当及时书面或者口头答复申请人;属于对违规违纪行为举报的,应当组织纪检监察机构或者专门的招生监督机构进行调查,并按照信访条例和有关规定作出书面答复。考生或者其监护人对高校作出的政策解释不服的,可以向生源所在地的省级招办申请复查;对违规违纪行为举报的处理不服的,可以向生源所在地的省级招办或者教育行政部门申请复查。对复查结论不服的,可以按照相关规定向省级招办或者教育行政部门的上级机关提出复核。"但是此规范依旧在每年高考招生规定中出现。以文件形式确定的高考招生救济渠道效力层级较低,且无法形成长期稳定的制度体系,建议以更高级别的立法或其他途径固定下来。

2）研究生招生考试录取纠纷。研究生招生考试的纠纷解决途径则较为复杂,一般需要分为校内救济、校外救济之行政救济和校外救济之行政诉讼三类,彼此之间并非互相排斥的关系,而是以并列关系存在。

校内救济存在的问题主要是校内规则及相关纠纷解决途径需要进一步明确。在已有的纠纷中,考生一般会围绕复试过程和复试结果提出投诉,但是目前并无对这两种投诉的制度化渠道,需要进一步明确。而对校内投诉回复不服的,在司法实践中法院是否受理并不确定。如"宋某诉中国人民大学案"中,法院认为"中国人民大学根据宋某的投诉作出相关回复,该回复是对于宋某未被人民大学录取的一个解释和说明,并非人民大学最终作出的行政行为,该回复对宋某的权利义务不产生实际影响,不属于人民法院行政诉讼的受案范围"。

校外救济的渠道相对来说比较完善和常规,但是纠纷解决过程中一方面应尊重招生单位的自主权力,另一方面要强化说理的可接受程度。由于上学这件事对每个考生都非常重要,所以在有机会入学的时候未能如愿入学,亦会寻求多种渠道为实现自己的愿望而努力。因此,即使是在招生单位按照要求完成招录程序,也会因为考生对其中流程以及规定的不理解而有不同意见,此时,就会有很大的可能使纠纷的解决地点转移至法院或者校外的教育行政部门等。从法院和行政部门解决纠纷的基本立场来看,其审查的主要内容是程序问题,只不过会格外关注程序问题是否对当事人的切身权益产生影响。在这个过程中,法院及教育行政部门如果认为程序问题不构成对当事人权利的实质不利影响,虽会认为学校招录程序不当,但不会支持当事人的诉求。此时涉及是否对实质权利产生影响的判断问题,在招生录取领域,很大一部分程序是专业教师考查考生的专业素质及能力,因此,这里会涉及学术判断的问题。法院及教育行政部门一般会认为,招生录取单位有权在统一规定范围内自主开展特定阶段的招生考试命题、复试等流程,如果招生单位据此完成招录工作,则属于学术判断领域的范畴,换言之,即使招生单位未公开有关办法,招录流程及结果也不会因此改变,除非是确有违规情形,那另当别论。除此以外,也需要纠纷解决机关强化说理内容,以当事人更容易接受的说法和方式进行法律的释明,而非仅依法律条文结案了事。

2.考试违规处理

(1)纠纷整体现状。考试违规是高等教育阶段纠纷大量产生的原因,无论是考生或者在读学生,考试违规均是触发惩罚或纪律处分的重要原因,比如2021年研招考试结束后,内蒙古和浙江考试院就相继公布了17人、108人考试违规处理公告。其在一定程度上可以连接招生录取、开除学籍以及学位证颁发等多种纠纷类型,且能影响学生诸多权利,故将考试违规处理作为一种单独的纠纷类型进行分析。考试违规通常出现在两种场合,一种是国家教育考试,包括普通和成人高等学校招生考试、全国硕士研究生招生考试、高等教育自学考试以及由国务院教育行政部门确定实施的、由经批准的实施教育考试的机构承办,面向社会公开、统一举行,其结果作为招收学历教育学生或者取得国家承认学历、学位证书依据的测试活动。另一种则是校内各类考试,比如期末考试、期中考试等,其在范围上通常限定于一所学校内部。对校内考试的管理通常依靠两种类型的规范,一个是《普通高等学校管理规定》中有关考试作弊的规定,另一个则是高等学校内部的各种管理规定,这一部分规定之细致以及其关联事项之多常常引起各种纠纷。根据学者统计,触发开除学籍处分的原因有考试作弊和其他严重违纪两种,其中因考试作弊触发的可占到73%的比例。①

（2）纠纷解决途径及完善建议。（见图16）

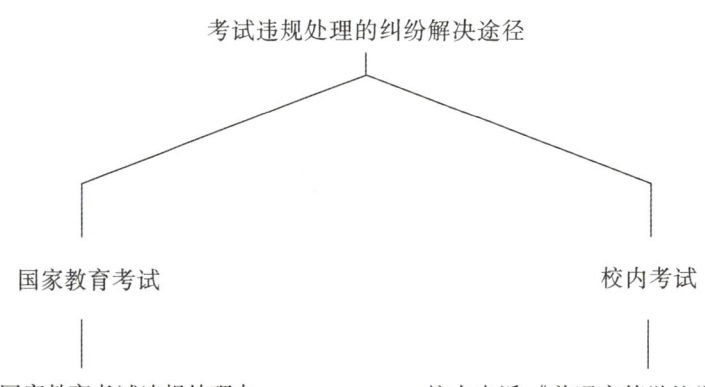

图16　考试违规处理的纠纷解决途径

1）国家教育考试。在国家教育考试中,目前存在的问题是教育考试机构无法完全处理在国家教育考试中出现的纠纷。《教育法》与《国家教育考试违规处理办法》中的规范需要体系解释,确定处理作出主体,以厘清应以哪个主体提起行政复议或诉讼。

根据《国家教育考试违规处理办法》第27条可知,考生或者考试工作人员对教育考试机构作出的违规处理决定不服的,可以在收到处理决定之日起15日内,向其上一级教育考试机构提出复核申请;对省级教育考试机构或者承办国家教育考试的机构作出的处理决定不服的,也可以向省级教育行政部门或者授权承担国家教育考试的主管部门提出

---

① 王工厂:《基于司法大数据的高校纪律处分实证研究——兼论教育法学研究范式的拓展》,《复旦教育论坛》2018年第6期,第34-41页。

复核申请。这一解纷渠道规定已很明确,但是存在一个法律不明的问题。第一,根据《国家教育考试违规处理办法》中的规定,如果考生违反相应的规定,可以对其进行停考的处理。虽然其未明确主体,但根据该办法的规定方式,处理主体应为教育考试机构。如此,该办法第27条的规定才有适用意义。第二,根据《教育法》第79条的规定,"考生在国家教育考试中有下列行为之一的,情节严重的,由教育行政部门责令停止参加相关国家教育考试一年以上三年以下",停考的决定是教育行政部门作出,上位法优于下位法,《教育法》的效力层级更高,因此教育行政部门似乎才是作出停考的适格主体,应以教育行政部门为复核主体,则不再适用教育考试违规处理办法中的解纷途径。第三,根据2021年新修订的《教育法》第77条来看,盗用、冒用他人身份,顶替他人取得入学资格的,由教育行政部门或者其他有关行政部门责令撤销入学资格,并责令停止参加相关国家教育考试2年以上5年以下,这里的责令停止还可能包括教育行政部门以外的有关行政部门,救济渠道就会更加复杂,复议被告或诉讼被告就更加多元。而只有在厘清不同处理决定的作出主体基础上,才能够根据该办法第27条的规定提起行政复议或行政诉讼。

2)学校内部考试。在校内考试中,一般存在校内救济这一种方式。但是由于考试作弊被认定后会附带纪律处分,因此需要区分两种情况以确定合适的纠纷解决途径。

第一种,不服学校处理作弊问题的处理决定,涉及作弊的认定条件问题。《普通高等学校学生管理规定》第60条规定学生对学校的处理或者处分决定有异议的,可以在接到学校处理或者处分决定书之日起10日内,向学校学生申诉处理委员会提出书面申诉。该规定还规定学生对复查决定有异议的,在接到学校复查决定书之日起15日内,可以向学校所在地教育行政部门提出书面申诉。但是由于考试作弊还属于校内事务,且不会影响学生的重大权益,故而一般不会进入行政诉讼的范围内,除非因之导致的开除学籍处分。

第二种,不服学校因考试作弊作出的纪律处分决定。涉及情节是否严重、处分是否符合比例原则等问题。根据《普通高等学校学生管理规定》第52条的规定,代替他人或者让他人代替自己参加考试、组织作弊、使用通信设备或其他器材作弊、向他人出售考试试题或答案谋取利益,以及其他严重作弊或扰乱考试秩序行为的,学校可以给予开除学籍处分。因为这一处分会影响到学生的身份权益,因此其除了第一种情况中的校内申诉和行政申诉外,还可以提起行政诉讼。

3. 开除学籍

(1)纠纷整体现状。开除学籍是高等教育阶段较为普遍的一类学生权益纠纷,根据研究统计,从2013年到2017年的五年间,就有56起开除学籍的纠纷诉诸法院。对北京市学生纠纷案例情况进行研究后可知,开除学籍处分在2015年到2019年也不鲜见。因开除学籍能够引起学生身份的变动,也被视为是对学生权益影响最大的一种处分,引起这类纠纷的原因较多。虽然引起开除学籍的原因较多,但是学生对处分决定不服寻求救济的渠道却较为统一,且基本能够解决相关纠纷。

（2）纠纷解决途径及完善建议。（见图17）

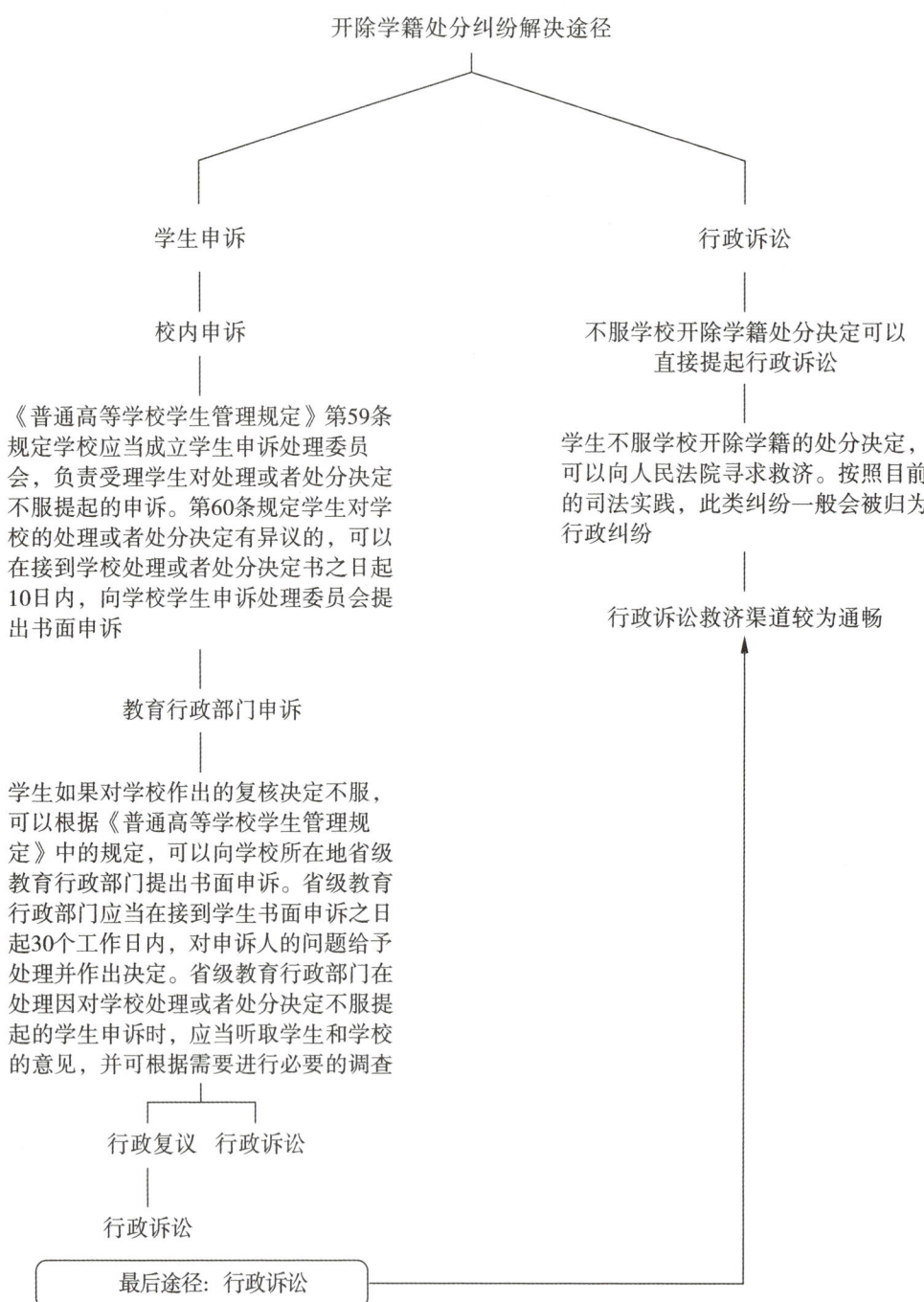

图 17　开除学籍处分纠纷解决途径

纠纷解决途径主要可以分为以下两种。

一是学生申诉途径,主要根据《普通高等学校学生管理规定》确定的程序进行,即先进行校内申诉,如对申诉结果不服可进一步向教育行政部门申诉,如对教育行政部门的申诉结果不服还可根据《中华人民共和国行政复议法》(以下简称《行政复议法》)及《中华人民共和国行政诉讼法》(以下简称《行政诉讼法》)等提起行政复议或行政诉讼。

对于目前的这一流程,提出有两条建议供参考。第一条是,在调研过程中,有人提出,目前以校内申诉为前置程序的申诉流程存在程序过多、职责重复等问题,具体表现在学生向教育行政部门申诉已经类同行政复议的性质,之后再进行一次行政复议存在程序冗余的情形。我们的看法是虽然程序过多的情况确实存在,但是申诉、复议机关属于不同的机关,对当事人的权益保障来说,多条渠道就多一重权利保障,应予保留。第二条是,通过立法完善一条规定,即学校作出处分决定后学生可以直接向教育行政部门提起行政申诉而无须必经校内申诉。① 整体上来看,从校内申诉到行政救济再到行政诉讼较为流畅,但给人的感觉难免繁复。目前的教育行政部门申诉制度以校内申诉为前置程序,并且校内申诉很少改变原决定。在对开除学籍的性质进行反思之后,其实还存在一种与校内申诉并列的纠纷解决途径,即在学校作出开除学籍处分决定之后,无须再于校内进行救济,而是可以直接向教育行政部门提起行政申诉,以节约制度资源,这一思路可供参考。

二是提起行政诉讼,一般是不服学校开除学籍处分决定可以直接提起行政诉讼。这一渠道相对来说比较通畅。按照目前的司法实践,此类纠纷一般会被归为行政纠纷。在法院处理此类纠纷的过程中,主要审查两方面的内容,一个是学校的开除学籍处分规定有没有比《普通高等学校学生管理规定》中的条件更为严格,另一个则是会考查学校开除学籍的程序正当问题。在对这两个方面进行综合考察的基础上,根据合法性原则、比例原则等妥当适用法律规范来化解相应纠纷。

4. 学位类型纠纷

(1)纠纷整体现状。根据学者对司法大数据的统计发现,到 2019 年 4 月 29 日止,学位授予争议占高校学生管理行政案件的 29%②,其案由涉及不授予学位与撤销学位两类纠纷。在"北大法宝"数据库中,分别以"不授予学位"和"撤销学位"为关键词在法院认为部分进行统计,其中与不授予学位有关的纠纷为 100 起左右,与撤销学位有关的纠纷为 30 起左右,足见这两种纠纷在此类纠纷中的常见与重要。

在此类纠纷当中,因学生作弊或论文抄袭等学术不端行为而决定不予授予学位的案件最多,其次是因学生英语成绩、学位论文未达要求而不予颁发学位的案件,还包括因学

---

① 田飞龙:《高校学生权利救济的法律辨思——中央民族大学"学生开除案"的法律分析》,《山东科技大学学报(社会科学版)》2009 年第 5 期,第 87-93 页。
② 王工厂:《基于司法大数据的高校学位授予实证研究——兼论高校学位授予关联行为的规范》,《学位与研究生教育》2021 年第 1 期,第 36-45 页。

生受过其他类型的处分而不予颁发学位证的案件。对于因考试作弊而不授予学位的案件,校方都是依据本校制定的工作细则,对于考试作弊的学生予以相应的处分,进而认为其不满足学位授予的条件。法院在审查时,有些认为这属于学术自治的范畴,因此驳回学生要求授予学位的请求。例如在"刘某与南京大学案"①中,法院认为南京大学将违反学术诚信且受到一定处分行为与学士学位挂钩,属于学术自治的范畴。在"高某诉苏州大学案"②与"黄某与广州航海学院案"③中,法院认可了考试作弊属于学术道德问题,认为考试作弊属于较为严重的学术道德品行不端行为,因此不能满足授予学位的基本要求。对因考试作弊而受处分者不授予学位,可以促进学校提高教学质量和学术水平,实现《教育法》《高等教育法》等确定的教育目标。但是在"朱某与辽宁石油化工大学案"④中,法院认为学校规定的学位授予细则将考试作弊与学位授予挂钩,混淆了学士学位授予与学生管理的边界,有悖学位授予的根本目的,认定细则的规定违反上位法的内容。可以看出,在司法实践中,对于考试作弊与学位授予的关系,大多数法院是认可高校学位授予细则的规定,可以因此拒绝授予学位,但也存在不同的观点。

整体而言,在学位相关的诉讼中,法院一般认为学位相关的纠纷属于学术自治或道德品行的范围,因此认可学校制定的细则以及不授予学位的行为。但当法院认为学校校规的内容违反了上位法的规定,或者学校不授予学生学位的程序违法,则会撤销学校的相应决定,责令其重新作出。学位证与毕业证纠纷是一类非常常见的高校纠纷类型。目前此类纠纷基本都能进入行政诉讼的救济渠道之中,但是法院也多从程序方面进行审查,在与学术判断的距离中保持了相当的自制。

(2)纠纷解决途径及完善建议。(见图18)

1)不授予学位纠纷。根据《学位条例暂行实施办法》第18条第9项之规定,校学位评定委员会的职责之一为:研究和处理授予学位的争议和其他事项。自田某案⑤以来,高校在授予学位这件事情上已经被作为法律法规授权的组织而被纳入行政主体的范围。因不授予学位而提起行政诉讼在司法中已经较为常见。虽然因《中华人民共和国学位条例》(以下简称《学位条例》)的年久失修导致许多问题无法找到法律依据,但是最新的《学位法(修订草案)》已经对其中诸多问题进行了规范,因此会疏通一部分行政诉讼解决思路。但是就校内救济而言,制度的供给十分不足。从实际中看,学校有关学位评定

---

① "上诉人刘某与被上诉人南京大学教育行政管理行为一案的行政判决书",详见江苏省南京市中级人民法院(2019)苏01行终317号行政判决书。
② "高某与苏州大学应用技术学院行政确认二审行政判决书",参见江苏省苏州市中级人民法院(2019)苏05行终343号行政判决书。
③ "黄某与广州航海学院教育行政管理(教育)一审行政判决书",参见广州铁路运输第一法院(2018)粤7101行初5469号行政判决书。
④ "能源行政管理(能源管理)二审行政判决书",详见辽宁省抚顺市中级人民法院(2019)辽04行终237号行政判决书。
⑤ "田某案",参见北京市海淀区人民法院(1998)海行初字第142号行政判决书。

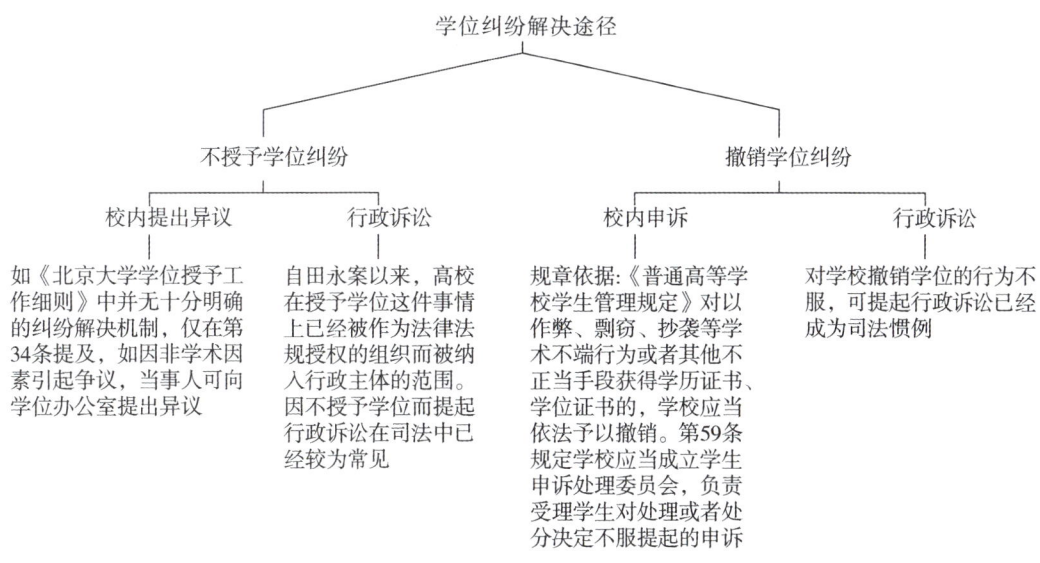

图18 学位纠纷解决途径

产生的纠纷并无明确的规则指引,学位评定委员会如何处理授予学位的争议并没有形成较为完善的途径,既缺乏程序性途径,又缺乏实体性途径(如授予学位争议的类型等)。如《北京大学学位授予工作细则》中并无十分明确的纠纷解决途径,仅在第34条提及,如因非学术因素引起争议,当事人可向学位办公室提出异议。应要求各高校完善校内规章制度,明确校学位评定委员会处理授予学位争议的程序性与实体性途径。至于为何无须行政救济途径,我们认为学位授予工作是拥有学位授予权的高校或科研院所学位评定委员会基于学术要求完成的一项工作,需要极高的专业性和自主性,因此因学位授予工作产生的争议不适合寻求行政救济。

2)撤销学位纠纷。目前存在两条相互交叉的纠纷解决渠道。一条是根据《学位条例》确立的以诉讼为导向的渠道。学位授予单位对于已经授予的学位,如发现有舞弊作伪等严重违反本条例规定的情况,经学位评定委员会复议,可以撤销。其暂行实施办法中规定学位评定委员会的一项职责为:作出撤销违反规定而授予学位的决定。问题在于,虽然目前各学校都对撤销学位的条件进行了细致规定,但是撤销的程序及救济并无系统性的规定。最后只能通过行政诉讼来解决。根据司法实践可知,对学校撤销学位的行为不服,可提起行政诉讼已经成为司法惯例。

另一条是根据《普通高等学校学生管理规定》确立的校内申诉渠道。即对以作弊、剽窃、抄袭等学术不端行为或者其他不正当手段获得学历证书、学位证书的,学校应当依法予以撤销。该规定第59条规定学校应当成立学生申诉处理委员会,负责受理学生对处理或者处分决定不服提起的申诉。不过,按照该规章的规定,对于此类对当事人不利的决定可以向学生申诉处理委员会提起申诉。虽然学生申诉处理委员会由学校相关负责人、职能部门负责人、教师代表、学生代表、负责法律事务的相关机构负责人等组成,可以聘请校外法律、教育等方面专家参加。但问题在于,学位评定委员会既不是职能部门,也不是其他任何一类申诉处理委员会的组成类别的一类,那么学生申诉处理委员会在规范层面并不能受理对撤销学位的申诉。故而需要在具体的实施过程中进行一定的调整,即将学位事项与其他事项进行剥离,如此才能疏通校内申诉这条路径。

三、教师权益纠纷解决机制和途径

教师权益纠纷相关的类型包括:教师招聘、教师聘用合同、教师工资、教师社会保障、教师处分以及教师职称评审。整体来看,虽然在《教师法》和《事业单位人事管理条例》等法律法规中规定了教师在面对上述问题时可以选择救济的途径,但是在教育实践中存在着例如教师申诉制度虚置、有些影响到教师权益的纠纷无法被纳入法院受案范围等问题,致使教师无法及时有效寻求相应的救济途径。因此,本部分通过对于相关规定和实践中的现状和困惑进行分析,对此提出相应的发展建议。

(一)教师招聘

此部分所分析的与教师招聘相关的纠纷,主要发生在公立高校或教育行政部门与教师之间。在教育实践中,教师可以通过提起行政复议或行政诉讼的方式解决此类纠纷。

1. 纠纷整体现状

1995年至2022年10月,在"北大法宝"检索"法院认为"为"教师""招聘"的案件,其中与"劳动争议、人事争议"相关的民事案件有315件,行政案件有120件,共有435件。按照教师招聘的流程进行分类,可以将教师招聘相关的纠纷分为以下几种类型:资格审查、面试、体检、政审等。

2. 纠纷解决途径及完善建议(见图19)

对于教师招聘的纠纷解决方式而言,教师可以选择提起行政复议或行政诉讼的方式予以解决。根据《事业单位公开招聘违纪违规行为处理规定》第20条的规定:应聘人员对处理决定不服的,可以依法申请行政复议或提起行政诉讼。在教育实践中,教师如果对于招聘的结果存在异议的,可以选择通过提起行政复议或行政诉讼的方式解决。但是需要注意的是,此规定为部门规章,其效力级别较低,因此可以考虑在《教师法》修订的过程中,加入教师在招聘环节中可以选择行政复议或行政诉讼作为纠纷解决途径的规定,在法律层面明确这一纠纷解决途径。纵观教师招聘的现状,可以看到大多数招聘教师的主体是教育行政部门,但是也逐渐开始出现招聘主体为学校的情况,因此今后需要考虑对于此类纠纷可以采取何种纠纷解决措施,尤其要考虑是否可以被纳入行政诉讼受案范围的问题。

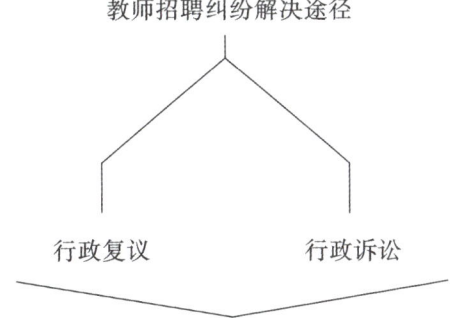

图 19　教师招聘纠纷解决途径

（二）教师聘用合同

教师聘用合同的相关纠纷涉及聘用合同的订立、履行、变更、解除和终止。教师对于教育行政部门作出的有关聘用合同的决定不服的，可以通过协商、调解、仲裁或诉讼的方式予以解决。

1. 纠纷整体现状

1995 年至 2022 年 10 月，在"北大法宝"检索"法院认为"为"教师""聘用合同"的案件，其中与"劳动争议、人事争议"相关的民事案件有 1119 件，行政案件有 101 件，共有 1220 件。与教师聘用合同相关的纠纷主要涉及聘用合同的履行、终止和解除等。

2. 纠纷解决途径及完善建议（见图 20）

教师可以选择协商、调解、仲裁或诉讼的方式解决与学校或教育行政部门之间有关聘用合同的纠纷。《事业单位人事管理条例》第 37 条规定：事业单位工作人员与所在单位发生人事争议的，依照《劳动争议调解仲裁法》等有关规定处理。《最高人民法院关于人民法院审理事业单位人事争议案件若干问题的规定》第 1 条规定：事业单位与其工作人员之间因辞职、辞退及履行聘用合同所发生的争议，适用《中华人民共和国劳动法》（以下简称《劳动法》）的规定处理。《劳动法》第 77 条规定：用人单位与劳动者发生劳动争议，当事人可以依法申请调解、仲裁、提起诉讼，也可以协商解决。第 79 条规定：劳动争议发生后，当事人可以向本单位劳动争议调解委员会申请调解；调解不成，当事人一方要求仲裁的，可以向劳动争议仲裁委员会申请仲裁。当事人一方也可以直接向劳动争议仲裁委员会申请仲裁。对仲裁裁决不服的，可以向人民法院提起诉讼。《劳动争议调解仲裁法》第 5 条规定：发生劳动争议，当事人不愿协商、协商不成或者达成和解协议后不履行的，可以向调解组织申请调解；不愿调解、调解不成或者达成调解协议后不履行的，可以向劳动争议仲裁委员会申请仲裁；对仲裁裁决不服的，除本法另有规定的外，可以向人民法院提起诉讼。

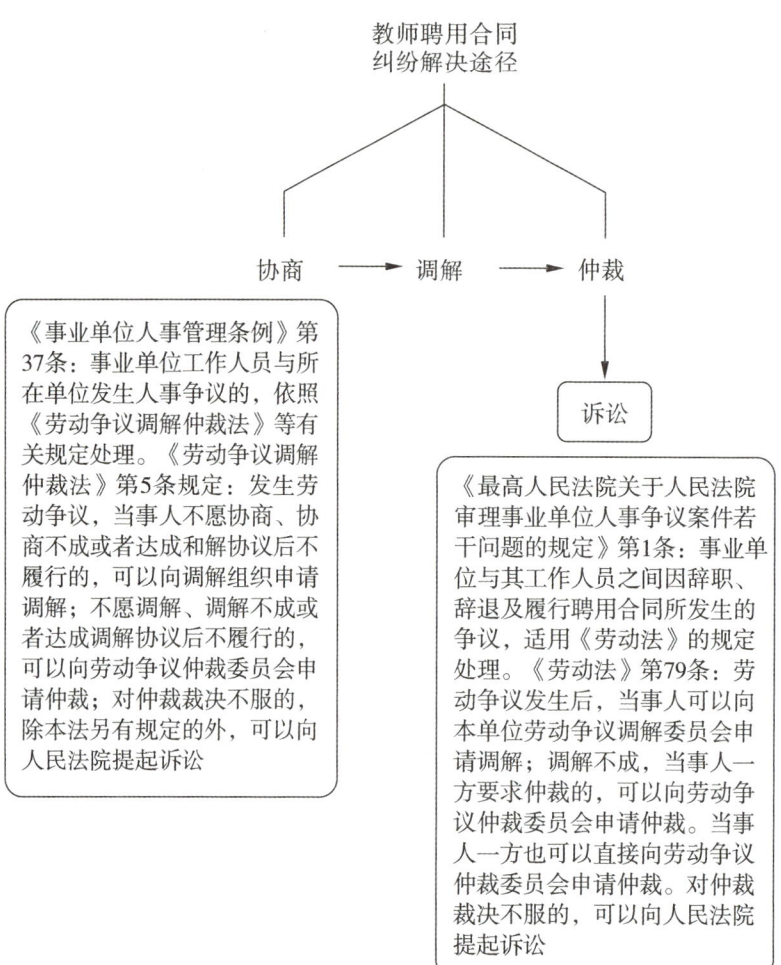

图20 教师聘用合同纠纷解决途径

目前与教师聘用合同相关的纠纷主要集中在聘用合同的履行、解除和终止等方面,以下分别对这些纠纷在解决过程中遇到的问题和解决的建议进行分析。

对于履行教师聘用合同而言,根据《最高人民法院关于人民法院审理事业单位人事争议案件若干问题的规定》第3条的规定,本规定所称人事争议是指事业单位与其工作人员之间因辞职、辞退及履行聘用合同所发生的争议。据此,法院受理有关履行聘用合同产生的纠纷,但是在教育实践中,何种情形属于"履行聘用合同"还有待进一步明确,尤其是涉及有关教师工资和社会保险相关的纠纷,是否也属于"履行聘用合同"的范畴。

对于解除教师聘用合同而言,在主体和条件上存在一些待解决问题。首先,就解除聘用合同的主体问题而言,由于签订教师聘用合同的双方主体为教师和学校,但是作出解除教师聘用合同决定的主体是教育行政部门,很多时候教师在面临解除聘用合同的纠纷时无法确定合适被告,这实际上给教师通过诉讼解决纠纷带来了障碍。其次,就解除聘用合同的条件而言,《国务院办公厅转发人事部关于在事业单位试行人员聘用制度的意见的通知》中规定了聘用单位解除受聘人员聘用合同的几种情形,这一规定对于解除教师聘用合同也同样适用。但是有些情形存在一些不合理之处,例如受聘人员存在"未经聘用单位同意,擅自出国或出国逾期不归的"情形时,聘用单位可以随时单方解除聘用合同;以及受聘人员存在"被录用或者选调到国家机关工作的"情形时,可以随时单方面解除聘用合同。因此有必要对于解除聘用合同的情形进行重新梳理和系统调整,提高解除聘用合同条件的合理性。并且,从效力层级来看,《国务院办公厅转发人事部关于在事业单位试行人员聘用制度的意见的通知》属于行政规范性文件,级别较低。因此在《教师法》修订的过程中,可以考虑规定解除教师聘用合同的情形,在法律层面对此予以明确。在有关解除教师聘用合同的纠纷解决中,根据《事业单位人事管理条例》第37条的规定,事业单位工作人员与所在单位发生人事争议的,依照《劳动争议调解仲裁法》等有关规定处理,因此很多法院认为不属于行政诉讼的受案范围。但是也存在着法院予以受理的特例,例如在"温某与诸暨市教育体育局"一案中,由于诸暨市教育体育局作出的《关于解除温某聘用合同的批复》抄送给了温某本人,因此法院认为此批复是诸暨市教育体育局在行使教育行政管理职权过程中所作的对行政相对人权利义务产生影响的行政批准行为,属于法院行政诉讼受案范围。

对于终止教师聘用合同而言,聘用合同的解除条件以及解除后的经济补偿事项有待进一步完善。"在舒某与北京市丰台第八中学"一案中,舒某在收到丰台八中终止聘用合同的决定后对此存在异议,同时要求丰台八中给予其经济补偿。法院经审查认为,按照双方签订的《北京市事业单位聘用合同书》的约定,在聘用合同期限届满前,丰台八中应当提前30日将终止意向书面通知教师,由于丰台八中履行了合同约定的告知义务,因此可以终止聘用合同。对于解除聘用合同后是否要给予经济补偿这一问题,在《国务院办公厅转发人事部关于在事业单位试行人员聘用制度的意见的通知》中聘用单位向被解聘人员支付经济补偿的情形中并不包括终止聘用合同的情形。但是《劳动合同法》第46条规定了在一些情况下,用人单位应当向劳动者支付经济补偿金,其中包括终止劳动合同的情形。因此按照现行的法律法规规定,教师在被终止聘用合同时无法得到相应的经济补偿。可以考虑在修订《教师法》的过程中,增加有关终止教师聘用合同的情形和终止聘用合同后给予经济补偿的规定,更加充分地保障教师的权益。

(三)教师工资

教师和学校之间的有关工资的纠纷在教育实践中的数量很大,涉及的问题比较复杂,包括有关工资标准、工资发放等纠纷,但是大部分纠纷无法被纳入法院的受案范围,因此教师寻求救济的途径十分有限。

1. 纠纷整体现状

在"北大法宝"检索"法院认为"为"教师""工资",并且"裁判依据"为《劳动法》的案件。其中与"劳动争议、人事争议"相关的民事案件有1095件,行政案件有25件,共有1120件。

2. 纠纷解决途径及完善建议(见图21)

对于教师工资相关的纠纷而言,教师可以选择通过协商、调解、仲裁或诉讼的方式予以解决,但是只有很少的案件可以被纳入法院受案范围中。此外,教师的工资与考核结果挂钩时,教师还可以选择申请复核、提出申诉的方式解决纠纷。

在教育实践中,不同法院对于教师工资争议是否属于受案范围存在不同的理解。《最高人民法院关于人民法院审理事业单位人事争议案件若干问题的规定》第1条规定:事业单位与其工作人员之间因辞职、辞退及履行聘用合同所发生的争议,适用《劳动法》的规定处理。很多法院认为工资纠纷不属于"辞职、辞退及履行聘用合同"的事项,因此不予受理。但也有少数法院认为有关教师工资的争议属于"履行聘用合同"相关的争议,因此予以受理。例如在"秦某与武汉市第十六中学"一案中,法院认为秦某提出的武汉市第十六中学扣发其工资行为,属于双方履行聘用合同所发生的争议,因此属于法院审理范围。《劳动法》第77条规定:用人单位与劳动者发生劳动争议,当事人可以依法申请调解、仲裁、提起诉讼,也可以协商解决。《劳动法》第79条规定:劳动争议发生后,当事人可以向本单位劳动争议调解委员会申请调解;调解不成,当事人一方要求仲裁的,可以向劳动争议仲裁委员会申请仲裁。当事人一方也可以直接向劳动争议仲裁委员会申请仲裁。对仲裁裁决不服的,可以向人民法院提起诉讼。

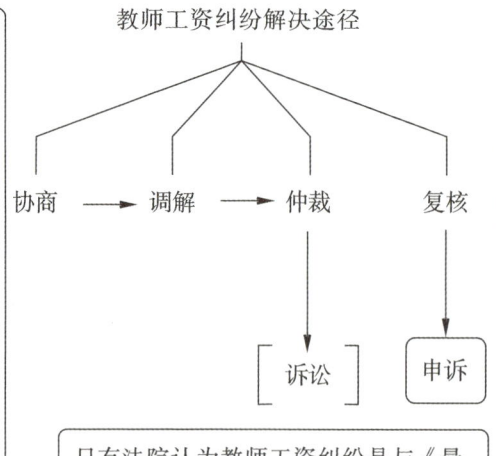

图21 教师工资纠纷解决途径

在教育实践中也存在着少数法院直接对于工资相关的人事争议予以受理的案件,典型的例如"黄某诉上海市松江区佘山学校案",法院对于当事人主张的有关佘山学校对于绩效工资的分配情况进行了审查。因此,为了更加有效保障教师的权益,如果能将该争议直接纳入法院的受案范围,而不是通过"履行聘用合同"这一规定间接进行受理,可能会有更好的效果。

教师工资争议与考核结果挂钩时,教师还可以选择通过申请复核、提出申诉的方式解决纠纷。根据《事业单位人事管理条例》第 38 条的规定,事业单位工作人员对涉及本人的考核结果、处分决定等不服的,可以按照国家有关规定申请复核、提出申诉。

(四)教师社会保障

教师社会保障纠纷因教师不服养老、医疗、工伤、失业和生育保险待遇而引起,可通过我国的社会保险纠纷解决制度化解。

1. 纠纷整体现状

在"北大法宝"检索"法院认为"为"教师""社会保障"的案件,其中与"劳动争议、人事争议"相关的民事案件有 611 件,行政案件有 713 件,共 1324 件。实践中,因医疗、失业和生育保险待遇引起的教师社会保障纠纷非常少,因工伤保险待遇引起的纠纷占据教师社会保障纠纷的主体部分,此外还有部分因养老保险待遇引起的纠纷。工伤保险争议主要因事故发生后,教师不能享受工伤保险待遇而引起,主要争议点在工伤认定。养老保险争议主要是事业单位养老保险制度改革后,之前的退休金制度和养老保险制度衔接不畅而引起的教师退休待遇认定争议,属于历史遗留问题。

2. 纠纷解决途径及完善建议

(1)工伤保险纠纷解决。教师工伤保险争议的解决流程集中规定在《工伤保险条例》,相关流程如图 22 所示。我国工伤保险纠纷解决制度已经比较完备,能够及时使教师获得经济补偿,高效解决教师工伤保险纠纷。

(2)养老保险纠纷解决。除上述历史遗留问题外,用人单位不缴或少缴教师养老保险费也在养老保险纠纷中占有一席之地。这些纠纷可以分为以下两类。

第一类纠纷是学校未为教师缴纳养老保险,导致教师无法享受养老保险待遇而产生的纠纷。对此,教师可以投诉、申诉、申请调解、申请仲裁或者提起诉讼。

就投诉、调解而言,根据《社会保险法》第 83 条第 3 款的规定,个人与所在用人单位发生社会保险争议的,可以依法申请调解、仲裁,提起诉讼。用人单位侵害个人社会保险权益的,个人可以要求社会保险行政部门或者社会保险费征收机构依法处理。因此,教师可以向人社部门或者社会保险费征收机构投诉。就目前而言,养老保险费征收机构一般是社保经办机构,其中公立学校有事业编制的教师的社保经办机构是机关事业单位社保基金管理中心,而民办学校教师与公立学校非事业编制教师则是社保基金管理中心。此外,据《教师法》第 38 条的规定,教师也可以向人民政府投诉。

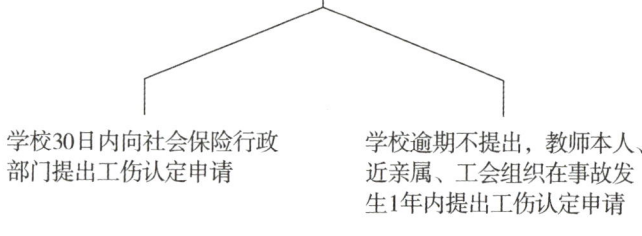

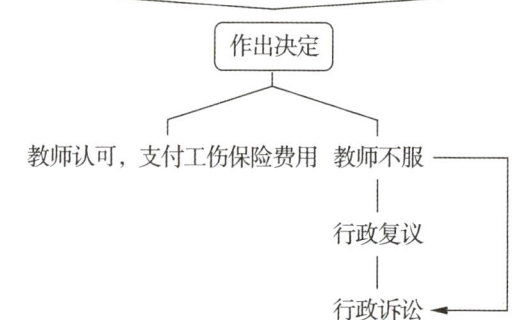

图 22　教师工伤保险纠纷解决途径

据《教师法》第 39 条的规定,教师对学校或者其他教育机构侵犯其合法权益的,或者对学校或者其他教育机构作出的处理不服的,可以向教育行政部门提出申诉。据此,教师可以向教育行政部门提起申诉。

就仲裁而言,民办学校教师与非事业编制的公立学校教师可以向当地的劳动仲裁机构申请劳动仲裁,而公立学校有事业编制的教师则可以向人事仲裁机构申请人事仲裁。

就诉讼而言,依据《最高人民法院关于审理劳动争议案件适用法律法律问题的解释（一）》第 1 条第 5 项、第 6 项的规定,教师可以向人民法院提起诉讼。

第二类纠纷是学校已经为教师办理社保手续但因欠缴、拒缴养老保险费或者因缴费年限、缴费基数等产生的纠纷。对此,教师可以向社会保险经办机构寻求救济。根据《社会保险费征缴暂行条例》第26条,缴费单位逾期拒不缴纳社会保险费、滞纳金的,由劳动保障行政部门或者税务机关申请人民法院依法强制征缴。法院据此认为这一类纠纷属于行政管理范畴,不属于法院受案范围。除无法提起诉讼外,其他的救济方式与第一类大体相同。

(五)教师处分

当教师学术不端、失职或不当惩戒学生时,学校或教育行政部门可能对此予以处分。教师如果对此处分决定存在异议,可以通过教师申诉制度、事业单位工作人员申诉制度、行政复议或行政诉讼的方式解决纠纷。

1. 纠纷整体现状

如前所述,在"北大法宝"检索"法院认为"为"教师""处分"的案件,共有72个行政案件。《教师法》第37条规定,教师有下列情形之一的,由所在学校、其他教育机构或者教育行政部门给予处分或者解聘:"(一)故意不完成教育教学任务给教育教学工作造成损失的;(二)体罚学生,经教育不改的;(三)品行不良、侮辱学生,影响恶劣的。教师有前款第(二)项、第(三)项所列情形之一,情节严重,构成犯罪的,依法追究刑事责任。"在教育实践中,教师处分纠纷的起因包括教师学术不端(喻胜与中南大学)、指导失职(戴某与上海市教育委员会、上海市人民政府)、有偿补课(迟某与海城市教育局)或者刑事犯罪(葛某与沭阳县教育局)等情况。

2. 纠纷解决途径及完善建议(见图23~图25)

按照当前法律规定,教师处分纠纷的解决途径包括教师申诉制度、事业单位工作人员申诉制度、行政复议和行政诉讼。教育行政部门撤销教师资格的决定属于行政处罚,无法通过事业单位工作人员申诉制度进行救济,只能通过教师申诉制度、行政复议、行政诉讼解决纠纷。

教师申诉制度的流程规定于《教师法》和《关于〈中华人民共和国教师法〉若干问题的实施意见》中。《教师法》第39条规定:教师对学校或者其他教育机构侵犯其合法权益的,或者对学校或者其他教育机构作出的处理不服的,可以向教育行政部门提出申诉,教育行政部门应当在接到申诉的三十日内,作出处理。根据《关于〈中华人民共和国教师法〉若干问题的实施意见》,申诉当事人对申诉处理决定不服的,可向原处理机关隶属的人民政府申请复核。其申诉内容直接涉及其人身权、财产权及其他属于行政复议、行政诉讼受案范围事项的,可以依法提起行政复议或者行政诉讼。

事业单位工作人员申诉制度规定于《事业单位人事管理条例》《事业单位工作人员处分暂行规定》《事业单位工作人员申诉规定》中。根据《事业单位人事管理条例》第38条,事业单位工作人员对涉及本人的考核结果、处分决定等不服的,可以按照国家有关规定申请复核、提出申诉。根据《事业单位工作人员处分暂行规定》第39条,受到处分的事业单位工作人员对处分决定不服的,可以向原处分决定单位申请复核;对复核结果不服的,可以向原处分决定单位的主管部门或同级事业单位人事综合管理部门提出申诉。根据《事业单位工作人员申诉规定》第9条,事业单位工作人员对主管部门作出的申诉处理决定不服提出的再申诉,由同级事业单位人事综合管理部门管辖。事业单位工作人员对市级、县级事业单位人事综合管理部门作出的申诉处理决定不服提出的再申诉,由上一级事业单位人事综合管理部门管辖。

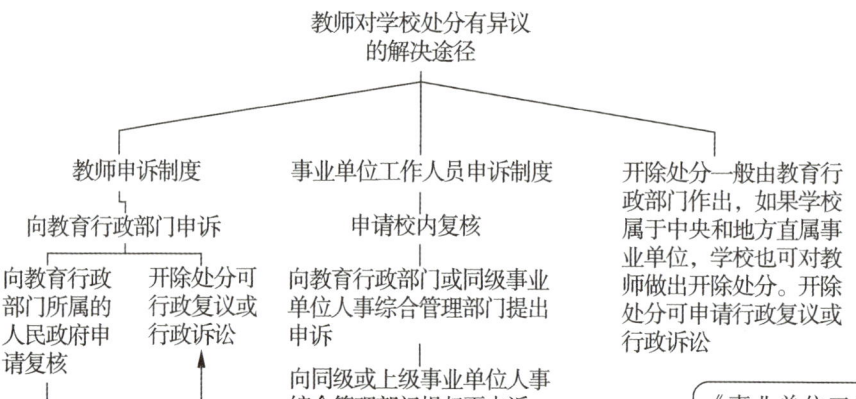

图23 教师对学校处分有异议的解决途径

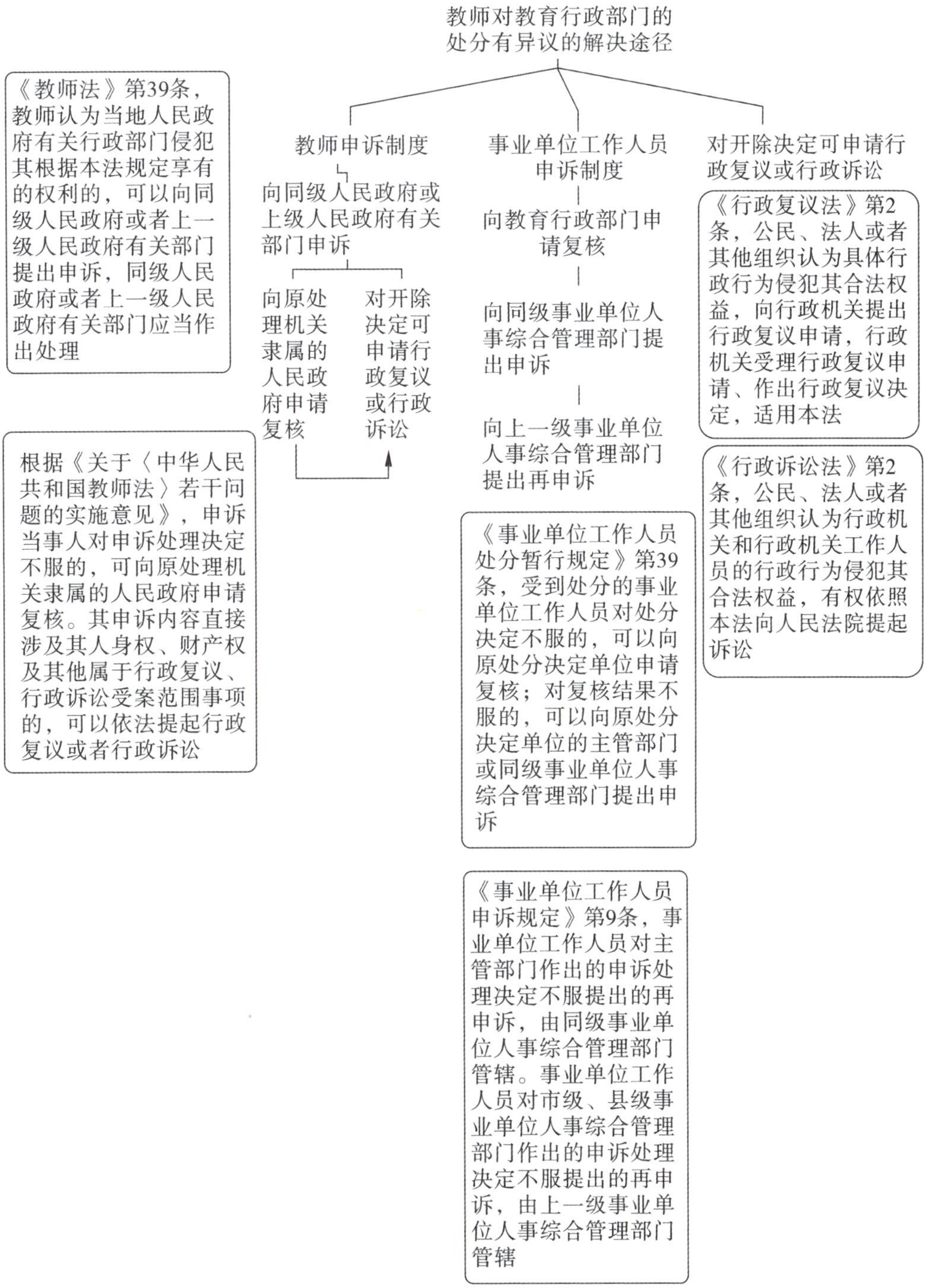

教师对教育行政部门的处分有异议的解决途径

教师申诉制度
- 向同级人民政府或上级人民政府有关部门申诉
  - 向原处理机关隶属的人民政府申请复核
  - 对开除决定可申请行政复议或行政诉讼

《教师法》第39条，教师认为当地人民政府有关行政部门侵犯其根据本法规定享有的权利的，可以向同级人民政府或者上一级人民政府有关部门提出申诉，同级人民政府或者上一级人民政府有关部门应当作出处理

根据《关于〈中华人民共和国教师法〉若干问题的实施意见》，申诉当事人对申诉处理决定不服的，可向原处理机关隶属的人民政府申请复核。其申诉内容直接涉及其人身权、财产权及其他属于行政复议、行政诉讼受案范围事项的，可以依法提起行政复议或者行政诉讼

事业单位工作人员申诉制度
- 向教育行政部门申请复核
- 向同级事业单位人事综合管理部门提出申诉
- 向上一级事业单位人事综合管理部门提出再申诉

《事业单位工作人员处分暂行规定》第39条，受到处分的事业单位工作人员对处分决定不服的，可以向原处分决定单位申请复核；对复核结果不服的，可以向原处分决定单位的主管部门或同级事业单位人事综合管理部门提出申诉

《事业单位工作人员申诉规定》第9条，事业单位工作人员对主管部门作出的申诉处理决定不服提出的再申诉，由同级事业单位人事综合管理部门管辖。事业单位工作人员对市级、县级事业单位人事综合管理部门作出的申诉处理决定不服提出的再申诉，由上一级事业单位人事综合管理部门管辖

对开除决定可申请行政复议或行政诉讼

《行政复议法》第2条，公民、法人或者其他组织认为具体行政行为侵犯其合法权益，向行政机关提出行政复议申请，行政机关受理行政复议申请、作出行政复议决定，适用本法

《行政诉讼法》第2条，公民、法人或者其他组织认为行政机关和行政机关工作人员的行政行为侵犯其合法权益，有权依照本法向人民法院提起诉讼

图24 教师对教育行政部门的处分有异议的解决途径

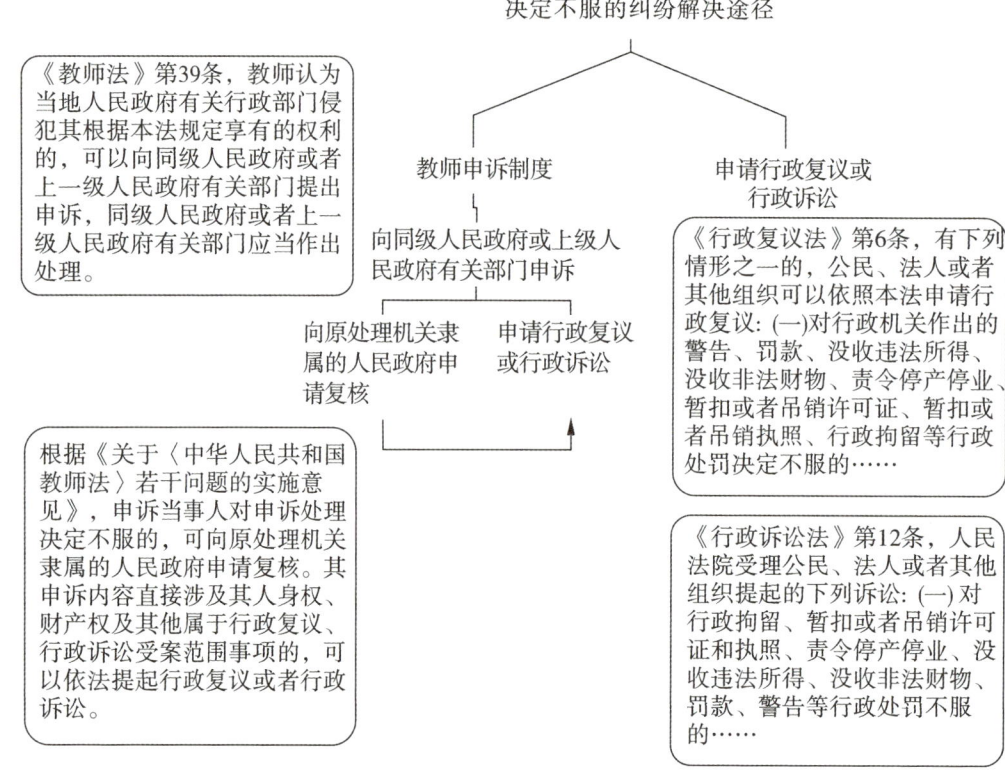

图 25 教师对教育行政部门撤销教师资格决定不服的纠纷解决途径

纵观与教师处分相关的案件,除开除处分以外,其他教师处分纠纷一般不能通过诉讼的方式解决。对于开除处分,法院受理是因为这属于因履行聘用合同而产生的纠纷,依《最高人民法院关于人民法院审理事业单位人事争议案件若干问题的规定》第 1 条的规定,即事业单位与其工作人员之间因履行聘用合同所发生的争议,适用《劳动法》的规定处理。对于开除外的其他处分纠纷,很多法院以这属于内部管理行为而驳回起诉。《事业单位人事管理条例》第 38 条的规定排除了教师通过行政复议和行政诉讼的途径解决争议。因此,教师处分争议解决的大部分任务须由事业单位工作人员申诉制度和教师申诉制度承担。

然而,在规范文本层面上同时存在的教师申诉和事业单位工作人员申诉并未真正成为教师处分纠纷的两种不同解决途径。现行《教师法》及其实施意见中的相关规定过于原则宽泛,教师申诉制度无法从中获取足够的规范指引和支撑,进而有效解决教师处分纠纷。因此,在教育纠纷解决实践中,教师申诉制度实际上长期虚置,并未发挥定纷止争作用,难以有效保障教师权益。事实上,教师对处分决定不服时,主要依据《事业单位人事管理条例》第 38 条以及《事业单位工作人员处分暂行规定》《事业单位工作人员申诉规定》有关规定提出复核或申诉、再申诉,事业单位工作人员申诉制度已实际成为教师处分纠纷解决的核心途径。因此，可以考虑废止教师申诉制度。

可考虑在《教师法》修订时规定校内申诉制度。教师对学校或其他教育机构作出的处理决定不服，《教师法》并没有规定校内救济这一渠道。实践中部分学校给教师提供了校内救济渠道，但仍有很多学校并未建立这一制度。相比教育行政部门和法院，学校更加了解相关纠纷的来龙去脉，在成功解决纠纷上具有天然优势。《教师法》明确规定建立校内申诉制度，不仅可使教师权益多一重被救济的可能性，及时化解纠纷，也可减轻国家公权力部门处理此类事务的负担。

（六）教师职称评审

教师职称评审纠纷中，教师对学校作出的职称评审决定存在异议，进而欲寻求救济。相关救济基本局限于校内，无法通过外部救济途径解决。

1. 纠纷整体现状

在"北大法宝"检索"法院认为"中"教师"和"职称评审"的案件，其中与"劳动争议、人事争议"相关的民事纠纷有16件，行政纠纷有29件，共有45件。其中一部分案件法院以其不属于受案范围而裁定不予受理，其余案件被受理基本是因为职称评审结果对教师权益产生影响。可见，教师职称评审纠纷在实践中较为常见，但并未进入法院受案范围。

2. 纠纷解决途径及完善建议

现实中，教师职称评审纠纷基本是通过校内救济解决，无法通过外部救济途径解决。首先，职称评审不属于教师申诉制度和事业单位工作人员申诉制度的申诉范围。其次，教师职称评审无法通过行政复议解决。在"中国高校职称评审第一案"中，华中科技大学的讲师王某对学校职称评审结果存在异议。在经历了向学校申请申诉、向湖北省教育厅申请仲裁均失败后，该教师向教育部提起行政复议。教育部认为教师职称评审活动是学校内部管理行为，不属于具体行政行为，因此作出不予受理的决定。王某进而向法院提起诉讼，法院认为教育部的决定是正确的。最后，教师职称评审也无法进入诉讼程序。无论主体是中小学教师还是高校教师，法院一般认为职称评审属于学校的内部管理行为，不属于行政诉讼受案范围，如"姚某与山阳区教育局"一案，法院认为教育部门对姚某与十七中之间的特定人事管理关系的争议处理与否，属于教育行政部门履行内部管理职责形成的法律关系，不属于人民法院行政诉讼受案范围。

四、学校权益纠纷解决机制和途径

如前所述，在此类法律纠纷中，因为公办学校与政府之间的法律关系具有特殊性，相关争议大体都由行政部门内部解决，因此本报告主要针对民办学校与政府部门之间的纠纷展开研究。

（一）纠纷整体现状

在"北大法宝"数据库中检索有关民办学校与政府部门之间的行政诉讼案件，共收集到 42 件相关案例。按照被诉行政行为的类型来划分，其中行政处罚共 23 例，行政许可共 6 例，行政机关不履行职责共 5 例，行政协议 1 例，其他行政行为共 7 例。可以看出，在民办学校与政府部门之间的各类法律纠纷当中，以民办学校不服行政处罚决定的纠纷最为典型。

结合具体案情来看，如图 26 所示，在 23 件行政处罚案例中，有 6 例涉及办学自主权问题（如宁夏岳麓高级中学与银川市教育局、银川市人民政府行政处罚及行政复议案），4 例为民办学校违法收费（如耒阳市金华小学与耒阳市综合行政执法局行政处罚案），4 例为民办学校在教育活动中违反教育法、教师法规定（如吉林市昌邑区芳林幼儿园与吉林市昌邑区教育局处罚纠纷案）；4 例为民办学校发布虚假招生简章或者广告，骗取钱财（如温州市新世纪服装职业培训学校与温州市人力资源和社会保障局劳动行政处罚上诉案）；4 例为民办学校管理混乱严重影响教育教学，产生恶劣社会影响（如深圳市龙华新区横朗小学与深圳市宝安区教育局处罚上诉案）；1 例为民办学校出租办学许可证（如广州市荔湾区芳华小学、广州市荔湾区芳华初级中学教育行政管理案）。

6 例行政许可案件主要关于办学许可证的取得。行政机关不履行职责的 5 例案件主要包括政府未按要求发放奖补资金、未按要求划拨土地等。1 例行政协议案件也涉及办学自主权。另外，对于教育行政部门其他类型行政行为不服的 7 例案件中，有 4 例涉及办学自主权，另 3 例分别为民办学校与政府部门关于申请注册商标的争议、职工工伤认定争议，以及民办学校与政府部门关于学校年检评级结果的争议。

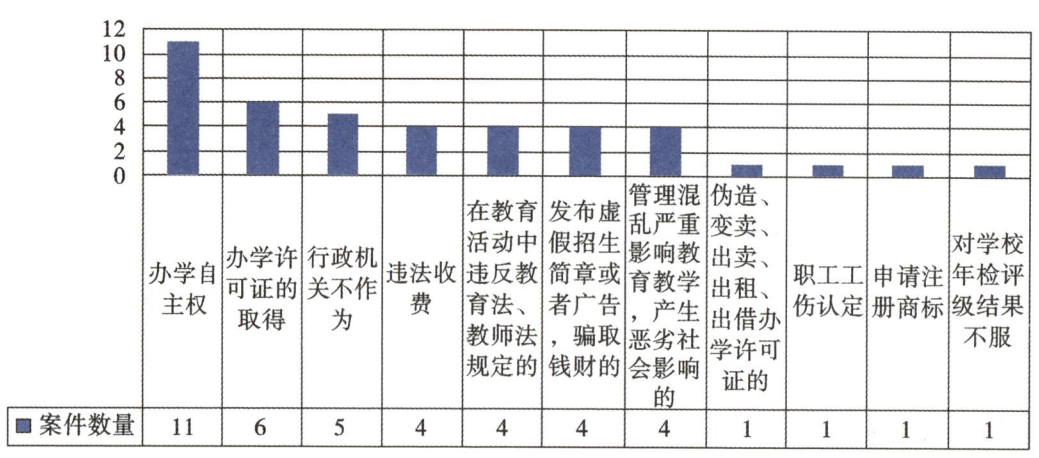

图 26　民办学校权益纠纷具体情形

在搜索到的 42 例诉讼案件中，共有 11 例案件涉及办学自主权问题，其中 4 例系民办学校违法招生的争议；另外 7 例系政府以土地拆迁、房屋征收、强制托管等为由，在《民办教育促进法》第 56 条规定的民办学校的三项终止情形之外,要求学校终止办学或停止招生的争议。可以看出,办学自主权的问题是民办学校与政府部门之间的主要争议内容。

(二) 纠纷解决途径及完善建议(见图 27)

对于民办学校和政府部门之间的教育行政管理纠纷,可以先向行政机关申请复议,对复议决定不服的,再向人民法院提起诉讼;也可以直接向人民法院提起诉讼。《行政诉讼法》第 44 条对此予以明确规定,已形成较为成熟的纠纷解决机制。

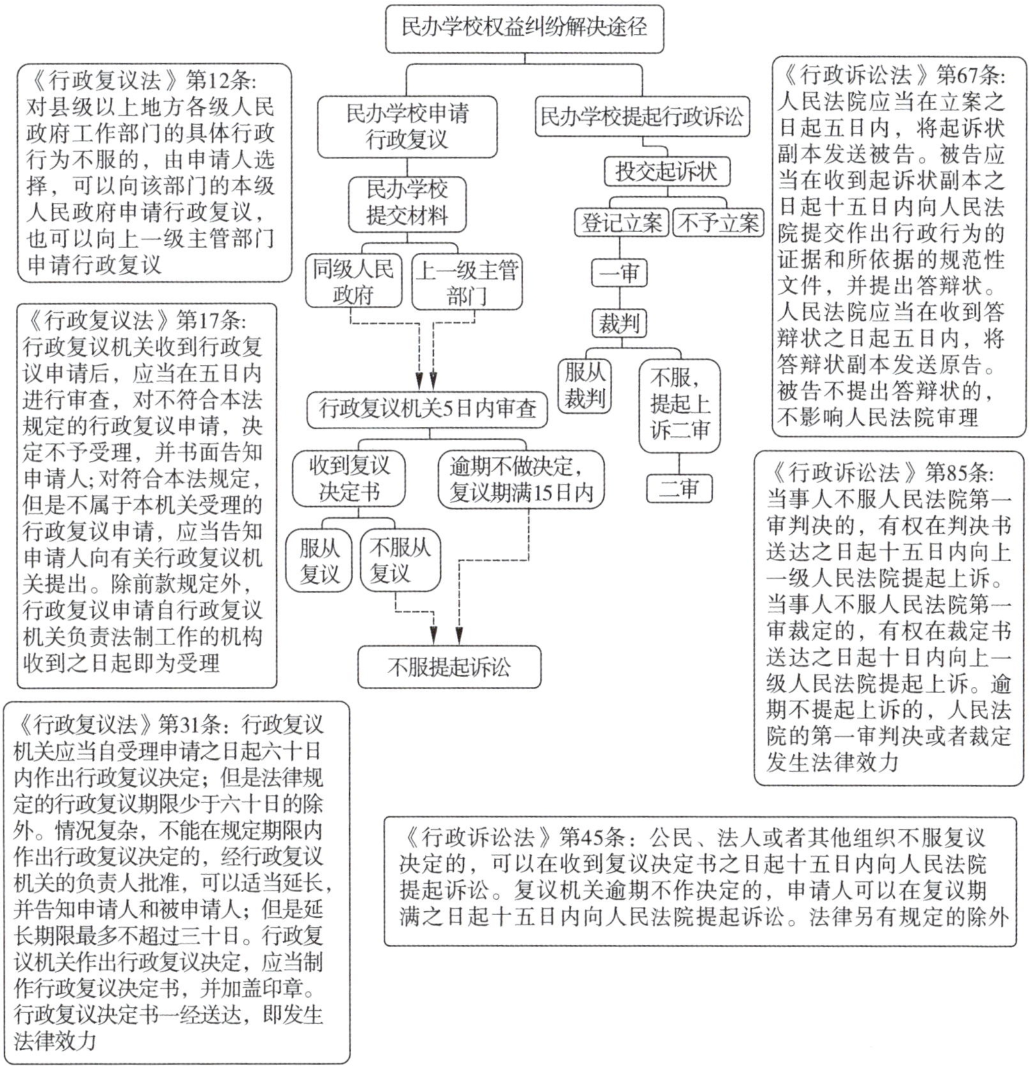

```
                            民办学校权益纠纷解决途径
                           ┌──────────┴──────────┐
                    民办学校申请              民办学校提起行政诉讼
                      行政复议                        │
                         │                       投交起诉状
                    民办学校                          │
                    提交材料                  ┌──────┴──────┐
                  ┌─────┴─────┐             登记立案       不予立案
                同级人民      上一级主管           │
                  政府        部门              一审
                    └─────┬─────┘                │
                          ↓                    裁判
                  行政复议机关5日内审查       ┌───┴───┐
                  ┌─────────┴─────────┐   服从    不服,
               收到复议          逾期不做决定,  裁判   提起上
               决定书           复议期满15日内          诉二审
               ┌──┴──┐                │               │
              服从   不服从                              二审
              复议   复议
                       │
                       ↓
                    不服提起诉讼
```

《行政复议法》第12条:对县级以上地方各级人民政府工作部门的具体行政行为不服的,由申请人选择,可以向该部门的本级人民政府申请行政复议,也可以向上一级主管部门申请行政复议

《行政复议法》第17条:行政复议机关收到行政复议申请后,应当在五日内进行审查,对不符合本法规定的行政复议申请,决定不予受理,并书面告知申请人;对符合本法规定,但是不属于本机关受理的行政复议申请,应当告知申请人向有关行政复议机关提出。除前款规定外,行政复议申请自行政复议机关负责法制工作的机构收到之日起即为受理

《行政复议法》第31条:行政复议机关应当自受理申请之日起六十日内作出行政复议决定;但是法律规定的行政复议期限少于六十日的除外。情况复杂,不能在规定期限内作出行政复议决定的,经行政复议机关的负责人批准,可以适当延长,并告知申请人和被申请人;但是延长期限最多不超过三十日。行政复议机关作出行政复议决定,应当制作行政复议决定书,并加盖印章。行政复议决定书一经送达,即发生法律效力

《行政诉讼法》第67条:人民法院应当在立案之日起五日内,将起诉状副本发送被告。被告应当在收到起诉状副本之日起十五日内向人民法院提交作出行政行为的证据和所依据的规范性文件,并提出答辩状。人民法院应当在收到答辩状之日起五日内,将答辩状副本发送原告。被告不提出答辩状的,不影响人民法院审理

《行政诉讼法》第85条:当事人不服人民法院第一审判决的,有权在判决书送达之日起十五日内向上一级人民法院提起上诉。当事人不服人民法院第一审裁定的,有权在裁定书送达之日起十日内向上一级人民法院提起上诉。逾期不提起上诉的,人民法院的第一审判决或者裁定发生法律效力

《行政诉讼法》第45条:公民、法人或者其他组织不服复议决定的,可以在收到复议决定书之日起十五日内向人民法院提起诉讼。复议机关逾期不作决定的,申请人可以在复议期满之日起十五日内向人民法院提起诉讼。法律另有规定的除外

图 27 民办学校权益纠纷解决途径

当通过申请行政复议解决纠纷时,民办学校作为行政相对人,对县级以上地方各级人民政府工作部门的具体行政行为不服的,应遵循《行政复议法》第 12 条的规定,可以向

该部门的本级人民政府申请行政复议,也可以向上一级主管部门申请行政复议。受理申请的行政机关对发生争议的具体行政行为进行复查并作出决定。其中,要注意保证申请人的直接利害性、被申请人的明确性、复议请求和事实依据的具体性、满足受理范围与法定期限的要求。对复议不服,可再向法院起诉,根据《行政诉讼法》第45条的规定,可以在收到复议决定书之日起15日内向人民法院提起诉讼;复议机关逾期不作决定的,申请人可以在复议期满之日起15日内向人民法院提起诉讼。而《行政诉讼法》第18条也对管辖法院予以规定,即行政案件由最初作出行政行为的行政机关所在地人民法院管辖;经复议的案件,也可以由复议机关所在地人民法院管辖。当民办学校直接提起诉讼以解决纠纷时,应注意其时效性。根据《行政诉讼法》第46条的规定,除法律另有规定外,应当自知道或者应当知道作出行政行为之日起6个月内提出。我国既有法律已相对完备,能够为民办学校法律纠纷的解决提供重要参考。

高校信访法治化的内在逻辑和完善路径

王智勇　刘雅婷[①]

法治,是治国理政的基本方式。高校信访,是推动高校高质量发展、内涵式发展的重要手段,是依法治校的重要内容。信访工作,在反映校情民意、推进民主监督、化解矛盾纠纷、维护校园安全稳定方面发挥着重要作用,是高校行政管理的重要组成部分,对推进高校治理体系和治理能力现代化具有深远的意义。

1995年,我国第一部信访条例颁布后,各高校相继出台了相关信访条例和试行办法。2005年国家对《信访条例》(已废止)进行修订之后,各高校也根据各自的实际情况制定了相应的信访条例,加强了信访工作在维护学校的稳定和发展上的作用。[②] 2020年教育部颁布了《教育信访工作办法》,成为规范教育信访工作的行动指南。2022年2月25日,中共中央、国务院联合发布了《信访工作条例》,并于同年5月1日起施行。该条例兼具政治性和法律性,对信访工作体制、信访事项的分类、受理、办理、终结等内容作出了全面规定,是新形势下高校信访工作的根本遵循,为高校信访法治化提供了新的指引。

一、高校信访的特点

(一)信访主体多元化

通过信访途径向高校反映问题、提出意见建议、控告检举、申诉求决的主体大致可以分为两类:一是在校师生员工,二是校外人员,包括已离校的毕业生、离退休人员、学校周边居民、其他高校人员等。

在校师生员工,通常具有较强的民主意识和法治意识,思维活跃度高,对各类问题的敏感度、认知水平较高,既是学校各项事务的重要参与主体,也是发现问题、落实监督、深

[①] 王智勇,北京信息科技大学党校办主任,哲学博士,研究方向为马克思主义哲学;刘雅婷,北京信息科技大学法务,助理研究员,法学博士,研究方向为经济法、行政法。

[②] 李永亮:《高等学校内部治理结构优化研究》,山东大学博士学位论文,2016,第26页。

化治理的主要力量。校外人员具有突出的"外部性"特征,是推进高校治理体系和治理能力建设的社会监督力量,该类主体与高校的利益关系复杂,因与高校不存在人事隶属及管理关系,导致信访事项的解决难度大、满意率低。

(二)信访事项覆盖面广

高校信访事项覆盖面广,体现在以下几个方面:

1. 涵盖内容广

不仅涉及干部人事、工资待遇、教务教学、学历学位、后勤服务、安稳保障等校内事务,也包括土地及房产纠纷、校务信息公开争议、家属区及周边相邻关系纠纷、与校外人员的人身、财产侵权纠纷等。

2. 时间跨度大

高校信访不仅需要解决正在发生的实时问题及纠纷外,还涉及历时久远的历史遗留问题。多数高校具有悠久校史,在发展过程中历经分立、合并等政策调整,许多档案和记录存在遗失的情况,证据材料的缺失及瑕疵,不仅使许多案件在司法救济中"悬而未决",也造成"久访难决",复访、缠访、闹访不断。

(三)信访频次的时段性、周期性突出

高校信访件数量变化呈现时段性、周期性特征,诸如毕业季的学位及就业问题、夏季空调使用及食堂卫生、寒暑假人员管理等信访事项,多集中出现在特定月份与时段。并且,同一事项、同类事项会随着重要节日、重大活动频繁出现。这也意味着高校有关职能部门须提高信访工作的前瞻性、系统性、科学性,结合部门特点、实践经验,在重要的时间节点"早介入、早预防",针对特定问题预先研判、提前部署,能够有效化解矛盾纠纷,做好"源头治理"。

(四)信访途径多样化

随着教育领域信访政策的刚性推进与细化规定,拓宽信访渠道、畅通信访沟通机制变得尤为关键。许多高校开设了多样化的信访途径,充分利网络信息技术,打通信访工作"第一步":信访人员可以通过来信、电子邮件、传真、电话等线上方式向学校反映问题、表达诉求。许多高校开设了校长信箱、"12345 接诉即办热线",并在学校官网、官微公布,方便公众查询。同时,许多高校有专门的信访接待室,明确的信访接待日,并安排了校领导轮岗接待。信访途径多样化,一方面是深入基层、狠抓落实的体现,另一方面也加大了高校信访工作的广度和深度,为高校信访工作的提质增效提出了一系列新挑战、新要求。

二、高校信访法治化的内在逻辑

（一）推进高校治理全过程民主的必然要求

高校治理现代化就是一个经由传统向现代不断转型与变迁的渐进发展过程，同时也是多元治理主体共同参与的合力的体现。[①] 民主，是以"集体意志"为内核，凝聚集体智慧，防范管理权力的集中与滥用。民主治理是高校治理现代化的重要方向，是弘扬现代大学精神，推动现代大学建设的要求。知情权、参与权、表达权、诉求权以及监督权的实施程度如何，是检验高等学校民主权利落实与否的重要指征。[②]

高校信访，正是发挥广大师生员工、社会及市场的作用，共同致力于高校治理，通过"平等参与、科学决策"实现从"管理"到"治理"的转变。"建言献策"是信访活动的重要内容，实践中仍存在"不敢发声、难以发声"的现象，构建"听民声、汇民智"的机制具有现实意义。推动高校信访法治化，是在坚持始终贯彻党的领导的基础上，将信访工作各方面和全过程纳入法治化轨道，为充分调动多元主体参与高校民主治理提供制度支持。

（二）切实维护信访权益的程序性保障

信访，本质上是"民众向国家和政府表达意志的自由"。与古代"挝鼓申冤、赴阙陈情、拦路喊冤、邀驾告状"相类似，但不同之处在于：现代社会的信访兼具政治性和法律性，信访权由法律确认，并有一系列严格的程序和配套机制予以保障。

尽管就"信访权"的权利属性仍有诸多争议，笔者认为，我国虽未从法律条文明确规定"信访权"这一概念，但已具备权利之实：从权利内容方面，信访权是《宪法》第41条"批评权、建议权、申诉权、控告权、检举权"的总称和延伸。从权利与义务相统一的角度，《信访工作条例》将保障公民信访权作为包括党政机关、人大机关、审判机关等公权力机关及国有企事业单位、群团组织等单位的职责，并且规定了"复查、复核"的救济程序。

信访权类似于"诉权"，是旨在实现和维护实体权利的程序性权利，与公民基本权利的关系是方法手段与权利内容的关系。[③] 高校信访，在教育领域，作为与行政复议、行政诉讼等并存的权利救济途径，较后者而言，由于一度缺乏明确的受理、办理、终结的标准，低门槛低成本的信访，不仅造成与司法程序的衔接冲突，也使信访人员形成"信访不信法"的观念，既不能从根本上达到权利救济的目的，也不利于校园稳定和长远发展。高校信访法治化，是以"程序正义"实现"实体正义"，实现"实体正义"和"程序正义"的统一。

[①] 陈良雨：《教育治理现代化视阈下政府能力陷阱研究》，《教育发展研究》2015年第12期，第13页。

[②] 吴明华：《现代大学的治理逻辑及其在中国大学实现路径研究》，上海交通大学博士学位论文，2013，第138页。

[③] 任喜荣：《作为"新兴"权利的信访权》，《法商研究》2011年第4期，第38页。

(三)构建公开、公平、公正办学环境的重要监督环节

随着高校深化体制改革,利益关系的调整、利益格局的重构,"公开、公平、公正"的办学环境变得尤为重要。高校自主办学权的依法运行离不开全面、高效、深入的监督体系。信访,具有"控告检举"之功能,是党内监督和群众监督的结合。《信访工作条例》是党内法规的重要组成部分,信访监督与述职述廉、民主生活会、谈话诫勉、询问质询等监督制度共同构成了完善的党内监督体系。[①]

高校信访法治化,一方面通过依法规定受理部门、反馈流程、问责方式等,发挥群众力量对权力运行进行监督制约,及时发现在招生、就业、收费、教学等方面违法违纪行为,推进反腐倡廉建设;另一方面,通过依法依规引导群众正确行使监督权,减少因私人恩怨、主观偏见、打击报复等原因的错告、误告、诬告,实现有效监督,共创和谐校园。

三、高校信访法治化的现状及困境

(一)信访工作理念存在误区

高校信访工作的认知偏差,极大地阻滞信访法治化进程,影响"以访促改"的实效。当前,高校信访工作中存在以下几个理念误区:

1. 以"量"论"质",严控信访数量,压制诉求表达

部分高校着眼于信访件的数量,仅以信访件的多少来判断信访工作及治理成效。这样的考核评价标准,罔顾信访作为基层"发声筒"的功能,既解决不了实际问题,也错失了"发现问题、汇集民智"的契机。须注意的是,信访及其问题是社会矛盾的"显示器"。[②] 但信访件的数量变化与学校矛盾纠纷总量并不一定呈正相关关系。一些时段里,尽管矛盾纠纷总量增多,但由于相关职能部门未及时处置、当事人维权意识不足、当事人选择和解或其他救济途径等因素,未直接反映到信访部门。而信访件的增多,也不必然是矛盾激化的结果,而可能是信访渠道的全面普及、优化升级所致。

2. 认为信访工作就是"疏导情绪,避免扩大争端"

将信访人当作"无中生有、故意挑事"的刺头,处理过程中"被动应付、消极处理",对信访事项的处理,抱着避重就轻、大事化小的侥幸心理,缺乏积极性和主动性。

3. 以"权力施压"为导向,而非法律规则为指引

尽管信访工作具有很强的政治属性,但是通过权力配置中的压力传导机制,对治理

---

① 陆锦冲、丁建生:《刍议高校信访监督机制的创新》,《人民论坛》2011年第8期,第166页。
② 宋协娜:《再制度化与格局建构:信访治理的创新路径——基于〈信访工作条例〉的考察》,《中共中央党校(国家行政学院)学报》2023年第1期,第106页。

过程中出现的各类问题起到督办作用。实践中,还会产生"审判审判者"的现象,即如果上级单位处置不当,有可能被信访人进一步上访,成为潜在的"被审判者"。

随着信访法律规范的完善,信访工作须遵循关于接收、办理、反馈、终结等流程的规定,让信访工作减少人治色彩,全方位、全过程纳入法治化轨道。

(二)缺乏行之有效的机制体制

从机构设置来看,高校的信访部门有的内设于党办、校办,也有的设置于纪检监察部门,都是在党委的统一领导下开展工作,虽符合部门职能,但存在一定的弊端:将信访工作机构内设于党办、校办,对于"控告检举"类的信访件,处理、反馈等规定会与纪检监察部门的相关规定产生重复甚至冲突,信访人既向纪检监察部门反映问题,又向党办、校办进行信访,形成"多头管理"的局面;将信访工作机构内设于纪检监察部门,虽能更直接处置"控告检举类"的信访,但对于"建言献策""申诉求决"类信访件,纪检监察部门并不具备对学校各项事务统一领导、统筹规划、协调安排的职能。

从部门协同机制来看,因信访事项涉及学校发展的各个方面,除了成立统领全校的信访工作机构以外,诸如后勤、安稳、学工、教工等重要的职能部门也会安排专人负责本信访。信访事项的处理、反馈、办结离不开各部门的协同配合,目前存在的问题有以下几种:

1. 归口部门不明确

部分信访事项涉及多个部门,比如关于疫情防控期间的学生管理。学工部负责对学生的思政引导和政策解释,校医院负责对学生的健康检测、接诊、转诊,安稳处负责校门出入管理。如果学生因违反学校疫情防控规定受到处分,信访事由既有可能是政策解释不到位,也有可能是日常检测不及时、校门管理的疏忽。在没有明确归口标准下,部门推诿现象时有发生,无法从根本上解决现实纠纷。

2. 转办、督办流程不完善,效率低下

学校信访部门并无实际处理信访事项的权限,行使的主要是提供咨询、协调、督办职能,具体信访事项的处理最终由相关职能部门负责。而信访件转办依赖校领导批示,校内各二级单位办理信访件的规范性、自觉性不够,对复杂信访件的协调力度和办理质量有待提高。[1]

3. 对信访事项缺乏全面、系统的梳理

各职能部门对派单到本部门的信信件进行处理,在处理过程中就事论事,以求大事化小、小事化了[2],未对关联事项进行系统性梳理分析,导致线索的流失,类似问题重复发生。

---

[1] 孙赢、蔡晓平:《高校治理视阈下的信访工作效能提升路径探究》,《法制与社会》2021年第15期,第104页。

[2] 黄紫劲:《高校纪检监察信访举报工作的研究》,《大陆桥视野》2023年第1期,第110页。

从诉访衔接机制来看,高校信访与行政复议、仲裁、行政诉讼等法定程序的衔接不当,存在诉访交织混同的现象,比如信访人将正在由行政机关、司法审判机关处理的事项向学校申诉,或者绕过法律途径直接选择信访,或对已作出行政、司法裁决的事项再次向学校提出申请。诉访交织,不仅影响司法权威,也会增加信访工作的负累,造成信访资源的浪费。

尽管 2015 年教育部办公厅发布《关于推进教育领域通过法定途径分类处理信访投诉请求工作的通知》(教办厅函〔2015〕51 号),列出了教育领域通过法定途径分类处理信访投诉请求的清单。但该清单对"诉"与"访"仅作出"一刀切"分离,在实践中并不能有效指导具体信访活动,反而造成受理困局,无法化解甚至激化矛盾。[①]《信访工作条例》第 31 条要求对申诉求决类信访事项分类处理,但仅以"依法律法规程序处理""导入相关程序"等表述简而概之,仍须高校进一步细化规则,形成诉访分流、衔接顺畅的机制。

(三)亟须加强信访工作法律人才队伍建设

部分高校在一定程度上存在"信访部门不是重要职能部门""信访工作基本上靠经验"等认识偏差[②],于是安排"退二线"老干部负责信访工作,在处理信访事项主要依赖于个人权威和经验,主观性、随意性较强,着眼于"维稳",而不是为信访人解决现实问题。高校信访人员,多数是高层次、高学历的知识分子,具有较强的思辨能力和维权意识,也有一定的法律知识储备,这要求信访工作人员必须了解和掌握相应的法律知识,运用法律思维和法治方式开展信访工作,才能"以法服人"。

四、高校信访法治化的完善路径

(一)发挥党建引领作用,践行群众路线

信访,是党联系人民群众的桥梁和纽带,体现了以人民为中心、为人民服务的宗旨,是群众路线的具体实践。作为重要的党群工作机制,信访工作法治化,是在总结我党群众工作经验与成果的基础上,将党群工作智慧上升为国家意志,实现信访工作的标准化、规范化、制度化,让信访工作发挥"为民解难、为党分忧"的作用。

高校信访工作须始终坚持党建引领,发挥党员干部在信访工作中的示范带动作用,持续推动高校党委领导主动联系群众的常态化、制度化。《信访工作条例》要求将信访工作作为党性教育内容纳入干部培训,建立健全年轻干部到信访工作岗位锻炼的制度。通过党委领导联系专家、学院、支部、班级等形式让校领导主动下沉到教学服务一

---

① 杨小青、陈雪瑶:《高校涉法涉诉信访工作的实践与思考》,《法制与社会》2021 年第 3 期,第 137 页。
② 南旭良、夏禹:《高校网上信访和传统信访结合机制的构建》,《现代交际》2020 年第 22 期,第 178 页。

线,进一步提升校领导对于师生反映强烈的突出事项的指导性与针对性。① 各级领导干部要重视信访工作,充分认识到信访工作在学校党建、行政管理中的重要地位,将群众意识、群众路线、群众工作方法贯穿工作的始终。

(二)正确认识信访工作的功能定位

信访工作是了解校情民意的"传输器",是监督运行、发现问题的"探测仪",也是化解校园矛盾纠纷的"安全阀"。为实现高校治理的提质增效,扭转对信访工作的观念误区,应从以下法治化视角认知信访工作的功能定位。

1. 不以"减量"为根本目的,而将"为民解忧"作为出发点和落脚点

一方面,要求拓宽信访渠道,以"疏"代"堵",正视校内外矛盾,不以规避信访风险而阻碍、限制群众发声。高校应构建网上信访与传统信访相辅相成的机制,落实校园接待日、校园开放日,为线下走访、接访提供服务保障,运用网络平台和信息技术提升信访的便捷性和实时性。另一方面,在把握信访件总量的同时,也须立足于个案,针对具体事项进行分析,通过个案响应率、解决率、满意率等指标,弥补单一量化的不足,为群众办实事,让群众在个案中感受到学校的人文关怀。

2. 将"被动应付"转变为"主动治理",积极创造联系机会

信访工作需要直面矛盾纠纷,长期以来,信访机构的设立出于"应对矛盾,化解危机"的目的,信访部门工作人员也秉持着"多一事不如少一事"的心态。信访工作,须持续深入作用高校治理体系和治理能力现代化中,变"坐等"为"出击"。除了常规的信访形式,还要探索将校领导接待日、校长面对面等活动制度化、常态化,形成长效机制。另外要推动高校领导"走下去",变师生信访为校领导主动接访、下访,不断增强学校领导与师生群众的主动联系,通过现场办公、主动沟通、就地协调等方式,尽可能将信访萌芽就地化解。②

3. 法治是信访工作的核心要求,须以"法"引"访"

尽管信访制度本身具有浓厚的行政色彩,但随着一系列法律法规的出台,信访活动需要严格遵循法律规范,无论是信访人行使信访权,还是各级机关、单位履行信访职责,都必须以法律为准绳。同时,《信访工作条例》进一步明确了诉访分离、上级机关及单位不予受理的情形,信访逐步从"权力施压"的政治选择转变为了"依法督办"的程序正义,从"领导治理"转变为"法治治理"。

---

① 孙赢、蔡晓平:《高校治理视阈下的信访工作效能提升路径探究》,《法制与社会》2021年第15期,第111页。

② 王莘、冯俊波:《高校信访治理困境与解决路径研究》,《发展》2019年第1期,第87页。

(三)健全信访工作组织机构,优化部门协同机制

1. 成立高校信访工作领导小组及信访工作办公室

领导小组负责协调处理信访工作,信访工作办公室负责处理具体事务。信访分为校、处两级信访,笔者认为,校级信访工作办公室更宜设置于党办、校办,在信访过程中可以更好地发挥党办、校办"上传下达"、统筹协调的作用。关于"控告检举"类的信访,应及时转交纪检监察部门,由纪检监察部门依规依纪依法受理、办理和反馈。

2. 明确归口部门,落实主体责任

严格落实"党政同责、一岗双责,属地管理、分级负责,谁主管、谁负责"的工作责任。根据职能部门和学院(系、所)的权限,分工分级落实,层层负责。学校主管领导有责任对投诉处理过程进行监督,抓好各项工作的推进和落实。明确包案领导,限期解决问题,定期督查,了解信访事项进展情况,并更新工作记录台账。各级领导干部、工作人员在信访工作中渎职不作为、越权乱作为的,要严格追究法律责任。

3. 优化转办流程,实施"首访责任制"

推进信访工作的信息化水平,建立转办、派单、反馈等环节的一体化流程。从登记开始,直至批转、回应、存档的全部信息化,进一步规范各类流程的办事方式,提高信访工作的效率。校内各二级单位实行信访"首访责任制",即"谁接访,谁负责"。进一步厘清各部门之间的职责,杜绝发现问题后各部门相互推诿现象的发生。

4. 发挥协作合力,健全联动调查机制

各部门共同排查、齐抓共管,及时研判风险,加强源头预防和前端化解,把可能引发信访问题的矛盾纠纷化解在基层、化解在萌芽状态;对重大疑难复杂案件,整合部门资源进行调度研究,多措并举、综合施策,积极化解积案。

(四)构建诉访分离的信访的层级体系

诉访交织,是出现缠访、闹访、"越级上访"的一个主要因素,甚至出现"弃法转访""以访压法"的现象。当前我国高校信访工作的功能多由过去的"诉情"(反映民情)转向现在的"求解"(解决问题),成为高校师生职工面临问题时所选择的且优先于其他行政救济或司法救济的方式。①

诉访交织,不仅扰乱了多元化解决纠纷体系,也从根本上悖离了司法独立的法治要求,须合理界定信访救济与其他救济的边界,形成有序的诉访衔接机制。

1. 对信访事项分类处理,区分情况,各有侧重

对建议意见类的信访件,须有研究论证、采纳或不予采纳的回复、奖励等措施;对控

---

① 黄娉婷、李培欢:《我国高校信访工作的困境与对策研究——基于利益表达的视角》,《高教探索》2017年第9期,第38页。

告检举类事项,应由纪检监察部门依规依纪依法处理;对申诉求决类,须区分涉法涉诉、党员申诉、申请复审、申请违法行为等情形区分处理。

2. 对于涉法涉诉信访件,应从普通信访中分离

信访工作人员应当进行解释说明,书面告知信访人相关情况,引导信访人向有关政法部门反映。如果信访人坚持信访,则不予受理。应当通过司法机关处理的、涉法涉诉信访事项未依法终结的,导入诉讼程序;应由仲裁解决的,导入仲裁程序;可以通过行政复议、行政裁决、行政确认等行政程序解决的,导入行政程序。

3. 充分发挥调解的作用

发挥调解的作用,在不违反政策法规强制性规定下引导争议双方当事人自愿和解,"先调后导":一是在依法分类处理之前,由行政机关担当信访主体双方的调停机构,通过解释、调解,有效化解群众的诉求,及时纠正行政行为。既提升信访事项的处理效率,又进一步密切政群关系。二是调解无果,如果涉及法律问题,根据法律的规定导入相关职能部门或者司法机关解决,用法治的方式解决信访诉求和矛盾。①

(五)加强信访专业化人才队伍建设

重视行政管理者法治意识和用法能力的培养,是行政管理者依法办事的前提,是推进高校法治工作过程的基础性环节。高校信访工作人员应选用善于沟通、熟悉法律、擅长管理,在工作中有热心、有耐心和责任感的人员。要加强信访工作干部队伍建设,健全校、院两级信访工作体系,建立健全信访督查专员制度,打造高素质专业化信访干部队伍。

信访工作人员不仅需要掌握信访政策法规,还需要熟知行政复议、行政裁决、行政确认、仲裁、行政诉讼等法律规则,对信访事项正确进行分类分流,为信访人释法明理,提供法律咨询,帮助信访人熟悉信访流程、时限、注意事项等内容。同时,熟练运用信息化手段提高工作效率,并应具有出色的心理素质,端正心态,无论面对什么样的信访问题,都要坚守职业素养,以冷静平和的心态和耐心的方式面对信访问题,不能毫无原则地息事宁人,更不能激化矛盾,造成不良影响。②

对信访重点领域,要有针对性地组织开展针对信访工作人员的专题培训或交流研讨,提高其信访处置能力。要完善考核激励机制,关心信访队伍成长,推进干部轮岗交流,激发队伍积极性。③

---

① 颜钰:《我国行政信访制度法治化改革路径探析》,三峡大学硕士学位论文,2022,第38页。
② 张开发:《信息化时代高校信访工作的优化路径》,《辽宁教育行政学院学报》2017年第5期,第42页。
③ 咸国伟、陈娇娇、李松涛:《治理现代化需求下的高校信访工作:形势与对策》,《长春师范大学学报》2022年第7期,第25页。

(六)培育法治意识,厚植校园法治文化

"青天"意识在本质上是依靠个人的行为来维持社会公正,这是人治时代的一种选择。① 信访法治化要求以"法治"为内核向导,将法治方式和法治思维贯穿于信访工作全过程和各环节。一是坚持抓住"领导干部"这个"关键少数"。高校领导干部要带头学法,发挥表率作用,转变管本位的治理理念,切实提高管理者运用法治思维谋划工作和处理问题的能力。② 二是加强法治宣传教育,形成对法律的敬畏、尊崇和信仰。"法律必须被信仰,否则它形同虚设"③,这就要求高校把法治文化建设作为校园舆论阵地建设的重要内容、把法治文化建设融入丰富多彩的校园活动④。三是发挥信访工作人员、校园法务在宣传法治、提供法律意见、解决纠纷等方面的作用,引导广大师生自觉守法、遇事找法、解决问题靠法,形成良好的校园法治环境。

教育是国之根本,民生之大计。法治是固根本、稳预期、利长远的重要保障。信访,是了解民情、集中民智、维护民利、凝聚民心的重要工作,对深化高等教育体制改革、推进治理体系和治理能力现代化具有深远意义。高校信访法治化是一项系统性工程,是实现教育强国的战略部署,须将法治思维和法治方式贯穿全过程和各个方面,从根本上实现好、维护好、发展好人民群众的权益。

---

① 李微:《涉诉信访制度研究》,中南大学博士学位论文,2008,第91页。
② 郝涛:《新时代高校法治建设的价值内核与实践进路》,《安阳师范学院学报》2021年第6期,第67页。
③ [美]伯尔曼:《法律与宗教》,梁志平译,商务印书馆,2012,第7页。
④ 杨光坤:《新时代提升高校信访法治化水平的建议》,《信访与社会矛盾问题研究》2019年第9期,第92页。

高校法治工作专业力量角色与价值分析

陈　娇　张海涛[①]

随着我国社会主义建设开启新征程,高校法治建设也进入了新阶段,高校法治工作的重要性和必要性都愈加凸显。

首先,加强高校法治工作是贯彻落实中央依法治国战略方针的重大政治任务。高等教育事业是我国科技文化事业的重要组成部分,高校法治工作本身也是依法治国的重要组成部分。高等教育作为民族精神的脊梁备受各界关注,高校积极推进依法治校能为各界厉行依法治国提供表率。反之,高校若不实行法治,作为社会栋梁的大学生将缺乏法治意识,让法治成为社会共识和基本准则的目标也将成为空谈。

其次,加强高校法治工作是实现高校内部治理高效有序的重要抓手。一方面,随着我国迈入高等教育普及化阶段,我国高等教育领域的主要矛盾已从规模扩张转变为更加注意内涵式发展和提高质量。[②] 另一方面,随着经济发展到一定阶段,人民群众精神追求日益多样化,对高等教育的要求必然多元化。为应对高等教育高质量、多元化的需求,高校的管理必须精细化、科学化、个性化。法治既能够为高校制度创新、管理水平提升设置防火墙,避免改革过激、破坏公平正义,又能凭其理性内核为高校内部治理提供思路与手段。

最后,加强高校法治工作是高校应对日益复杂的外部环境的必然要求。随着"放管服"改革的不断深化,高校办学自主权逐步落实,高校需要更多参与市场经济活动,对高校如何依法用好自主权,实现自主管理、自我监督,防止权力滥用、管理任性提出了新要求。[③] 同时,随着法治理念渐入人心,社会各界维权意识逐步提高。高校每年面对的各类纠纷、诉讼不断增加。此外,与高校紧密相关的合同管理、知识产权保护等工作都急需高校法治建设保驾护航。

---

① 陈娇,电子科技大学法务工作人员,具有律所、咨询公司、政府及大型外企多年法律实务经验;张海涛,男,副研究员,电子科技大学招标采购中心主任。
② 田学军:《全面加强法治工作推进高等学校治理体系和治理能力现代化——在全国高校法治工作会议上的讲话》,《中国高等教育》2020年第23期,第4-8页。
③ 田学军:《全面加强法治工作推进高等学校治理体系和治理能力现代化——在全国高校法治工作会议上的讲话》,《中国高等教育》2020年第23期,第35页。

高校法治工作意义重大、任务繁重,其推进需要一支站位高、专业过硬又了解高校实际情况的专门队伍。随着《教育部关于进一步加强高等学校法治工作的意见》及《高等学校法治工作测评指标》的发布,构建专业高效的法治工作队伍已成为各高校当务之急。

该队伍既应有在民商法、知识产权法、行政法等细分领域中专业过硬的成员,又应有对高校业务、组织架构、管理风格熟悉的内部人士,更应有对国家政策、国际形势、社会发展趋势高瞻远瞩的顾问专家。然而,目前部分高校的法治工作队伍建设还存在人员不足、分工不明、对外聘律师缺乏监督等各类问题。根据教育部相关要求,高校法治工作专业力量的主体应该包括校内法务人员、外聘执业律师、顾问专家,而三者应如何分工合作,发挥各自的力量与体现独特价值是一项亟待解决的课题。

一、高校法治工作的范围与特点

高校法治工作队伍应如何建设,必须首先对高校法治工作的范围和特点有所了解。高校法治工作的显著特点在于其范围和复杂度远超常规法律事务。《教育部关于进一步加强高等学校法治工作的意见》明确高校法治工作包含规章制度建设、完善法人治理体系、健全师生权益保护救济机制、完善法律风险防控体系、开展法治教育五项重点内容。教育部政策法规司负责人"就教育部关于进一步加强高等学校法治工作的意见答记者问"更强调:"着力纠正把法治工作定位为打官司、审合同等具体法律事务的片面认识,改变法治工作可有可无、可做可放、可多可少的局面,强调把法治作为学校治理的基本理念和基本方式,把法治工作融入学校工作全过程和各环节。"①由此可见高校法治工作的广泛性和系统性。鉴于此,我们暂可将高校法治工作分类为管理类法治工作、教育类法治工作及事务类法治工作。

(一)高校法治工作的范围

1. 管理类法治工作

管理类法治工作指依托法治建设促进高校管理改革,实现高校管理规范化、科学化、精细化、民主化、可监管化的系列工作。这类工作主要包括以下几方面。

(1)构建规章制度体系。包括学校章程的制定、修订与解释,规章制度体系的建立与管理等。高等学校章程是高校管理和运行的基础性、纲领性文件,它将国家法律法规和学校规章制度结合在一起,是高校依法治校的基础和依据,对高校建设管理的各项工作起到总体的约束和指导作用。②《高等学校章程制定暂行办法》于2012年开始施行,预计

---

① 中华人民共和国教育部:《加强高校法治工作 提升治理能力水平》,中华人民共和国教育部官方网站,http://www.moe.gov.cn/jyb_xwfb/s271/202007/t20200729_475696.html,2020年7月29日。

② 刘磊:《法律视角下的高等学校章程研究》,《教育理论与实践》2020年第6期,第12–14页。

到2015年底,全国高校基本实现一校一章程。① 但不少学校章程仍然存在对相关法律关系界定模糊、章程的制定与修改规定不完善、章程内容要素缺乏本校特色以及学校对章程的认同感和执行力不足等问题。② 因此,随着高校发展进程及因应时代需求的转变,高校章程的修订与解释势在必行。

高校章程的修订与解释工作,既包括章程内容本身的规划与设计,也包括已制定章程的修订和解释流程,即何时、何人、按何种程序、在何范围内启动章程的修订与解释。该项工作既要考虑是否符合法律法规及政策要求,又要思考是否能为后续制度体系搭建打下扎实基础,不但需要顾全社会舆论、精神价值导向,还需要度量各方合理诉求是否得到满足、权利义务是否均衡。另外,高校章程的修订与解释需要高度的专业性,例如如何在章程中界定学生参与权、教师学术权等。

建立规章制度体系指以高校章程为基础,结合学校实际需求,建立体系完整、分类合理、上下相接、内容科学的制度体系。构建规章制度体系是高校管理类法治工作的主要体现,其在高校法治工作中具有首要和基础的意义。

总体而言,高校的制度体系都比较庞大,既包含一般事业单位应具备的采购、财务、审计等制度,还包括学生培养、学术规划、科学研究等各类专门制度体系。就具体制度而言,其既需要满足上位文件的各种强制性要求,又必须结合高校实际,具有可操作性;既要翔实具体,以便师生手持该制度便知办理相关业务的全部流程和所需要素,又要简明扼要以突出重点核心;既要考虑对权力的制约以及程序正义,又要满足简政放权的指导思想。因此,该工作的复杂与专业程度不亚于章程的修订与解释。

健全规章制度的管理包括明确规章制度的起草、修改、解释权限及程序,建立合法性审查的范围与标准,建立规章制度定期清理、修改机制等。也包括规章制度的汇总、建立相关查询平台、根据信息公开的规定及时公开以及进行各类培训。

(2)完善法人治理体系及健全师生权益保护救济机制。包括建立权责清单及各类专项机制。这些机制包括师生权益保护救济机制、重大事项决策机制、学术治理机制、民主参与机制、信息公开机制、法治工作评价监督机制、法律风险评估与预防机制等。该工作的完成既有赖于前述规则制度的合理设计,更需依靠其严格执行及各利益相关方维护他人权益、履行自身职责观念的建立。

2.教育类法治工作

推进教育类法治工作是高校履行本职的必然需求,也是高校独特价值所在。此处论及的教育类法治工作是一个广义的概念,包含高校里与教育教学关联的方方面面工作。从法治的角度理解,需要将法治的各种要求落实到教育教学的各环节和各事务中,同时,法治教育也是高校教育教学的重要内容。因此,教育类法治工作具有既是法治工作也是教育工作的复合型要求。

---

① 张治国:《高校章程建设的问题、归因与对策》,《扬州大学学报》2020年第1期,第21-26页。
② 刘磊:《法律视角下的高等学校章程研究》,《教育理论与实践》2020年第6期,第12-14页。

对高校师生的法治教育对建成现代法治国家有着独特的意义。高校师生现在是社会精英的代表,高校学生未来是社会发展的支柱。高校法治教育既在目前有社会引领作用,又能为国家未来发展奠定坚实基础。高校师生作为受教育程度较高的群体,其法治素养本应高于社会大众。但目前,我国高校大学生各类涉法案例依旧层出不穷,既有学生因为法律意识淡薄而侵犯他人权益的,也有因为不具备基本的法律知识而不能及时维权的。这也体现出高校法治教育的紧迫性。

3. 事务类法治工作

事务类法治工作则主要指风险防控、纠纷应对等常规的法律专业事务,这也是高校法治工作的具体化体现。根据其适用法律法规的不同,可分为民商事法律事务、行政法律事务、刑事法律事务及其他。

(1)民商事法律事务。此法律事务主要体现在两方面:一是为正常运行必须进行的各类民商事活动中涉及的法律事务。如商品设备买卖类、工程建设施工类、物品或服务租赁类合同或事务的审核及相关纠纷处理。公办高校属于使用国家资金的事业单位,其工程发包及采购必须符合工程招投标及政府采购的相关规定。涉及专业设备进口的高校,还需要考虑海关及税务的相关规定。二是各类科研合作事项的审核及相关纠纷处理。如科研项目承接、协作、开发,研究基地或者实验室的建设运营,科研成果转化,知识产权作价入股、机构设立、股权调整等,这些事项都离不开法律咨询、文件审核、程序解释、纠纷处理等涉法事务。

(2)行政法律事务。此方面事务主要指高校因履行行政管理职责引发的各类法律事务。高校的行政管理职责具体体现在与学生受教育权紧密相关的领域,与招生相关的法律事务,如招生政策的制定;与学生日常管理相关的法律事务,如作出开除学生学籍决定的合法性审核;合作办学相关法律事务,如与境外高校签署联合培养协议;处理学生突发事件,如对学生意外引发的赔偿进行审批等。近两年,司法实践中也逐渐出现了对受教育权与学位获得的行政诉讼类案件,需要注意的是此类事务的程序性要求极高,多所高校曾因开除学生、不授予学位的处理程序瑕疵而败诉。

(3)刑事法律事务及其他。刑事法律事务主要是指协助处理校内刑事案件涉及的法律事务。这方面的法律事务在高校法治工作中比重较轻,高校的自主性也较弱,更多是在相关事件发生后予以积极配合协助。

高校其他法律事务指日常管理和运行中出现的轻微、少量或者按现行管理惯例难以准确划分的事务,比如与校内不同身份教职工之间出现轻微冲突时候的法律事务,与政府合作中的部分争议,处理涉及校友或者校友企业时的部分事务,维护校名校誉中出现的侵权事项等。

(二)高校法治工作的总体特点

经过前述分析,归纳可见,高校法治工作具有以下特点。

1. 依法治校要服从和服务于党的教育方针

作为人才培养的基地,高校同时也必然是思想意识形态斗争的关键场所。2021年9月13日,习近平总书记在陕西榆林考察时就明确指出:"我们办教育,就是要提高人民综合素质,促进人的全面发展,提升社会文明程度,坚定文化自信,增强全民族创造活力。"高校各项工作具有前瞻性、社会引导性、多重复杂性的特点,必须时刻与中央政策方针保持一致。近年来,随着教育改革的深入和一系列教育新政策的实施,针对特定问题的改革或探索的目的性非常明显,因此,党的教育方针和政策需要运用法治的思维和手段予以保证。

2. 教育事务专业性与法律事务专业性形成叠加效应

从前文对高校法治工作范围的介绍可以看出,相比企业或其他行业,高校法律事务涉及的面和主体更广、面对的事务类别多、法律事务内容相对特殊。既涉及较为常规的商务合同、建设施工合同,也涉及更为专业的教育管理、科技促进等。面对的主体既有各类企业、组织,也有家长、教职工等,还有虽然成年但却还未完全社会化的大学生群体。仅仅一个教职工群体,因其人员身份的不同,在处理涉及用工关系的法律事务时就可能需要适用不同的法律依据。

高校法治工作因高校学科、科研、教学、人才培养、人才引进、涉外办学等事务的独特性与跨界性,常常需要不同学科间的相互支持。这其中涉及的每一个领域都会有系列上位法规、文件的要求,也会关乎国家教育方针的整体布局,因此处理此类事务既需要法律专业力量的全程介入,更需要各类事务本身的专业力量,只有二者形成合力,才能确保各类事项规范有序、务实有效。

3. 社会影响与法律风险需要统筹形成法治综合力

教育是最大的民生之一,教育改革的每一个动向都关乎千千万万家庭和个人的权益。家庭和个人对教育高质量的追求都指向就读高质量的大学。因此,高校的事务常常形成涟漪效应,从象牙塔内向社会扩散,并形成社会关注的热点。这就要求高校法律事务从业者在就某一重大事项给出法律建议时不仅要评估法律风险,还需要对可能涉及的如师生隐私、涉密信息、意识形态之类敏感内容和时间节点等次生或者附属关联后果、舆论影响等进行认真思考和评估。关键时刻要有超越单纯法律思维的全局把控和思谋能力,要有超越某一职能部门仅从部门利益思考问题和提供建议的立场和客观理性态度,以形成学校内部治理的规范有序的法治综合力,达到管理的自主和谦抑之间的平衡。

二、三种专业力量在高校法治工作中的价值分析

(一) 校内法务人员

校内法务人员指与高校直接建立劳动关系,专职或兼职从事高校法治工作的人员。其中专职人员指校内法治工作机构人员;兼职人员指其工作职责中包含法治工作的人员,主要指分管法治工作的校领导、各二级单位的法治工作联络员等。对于大部分高校而言,校内法务人员应是负责学校法治工作的主体力量。

校内法务人员的最大优势在于对校内情况更为了解,与各相关方沟通更为便捷,能更及时地了解上级政策,或者在某些领域某些业务上可以比校外律师更加专业。如校内法务人员每年需审核各类招生文件、协助处理与招生政策有关的投诉、纠纷等,对涉及招生的规章制度、纪律要求、处理流程等专业性程度更高,而校外法律工作从业人员可能多年也难得处理一起此类纠纷。

此外,校内法务人员的工作更具有全面性、主动性与持续性。相对于各高校聘请的外部执业律师,校内法务人员则需接触高校法治工作的方方面面,并予以全盘考虑。类似年度法治工作计划、培训计划、风险评估及应对规划等主动性工作更需要依靠校内法务人员推动落实。校内法务人员因为编制、工作环境、持续学习可能性等福利性因素,工作流动性相对较低,工作的持续性更强。这种持续性对于高度专业领域工作及持续年限较长的专项工作意义重大。

高校校内法务人员也存在着局限性。其一,高校法治工作的多样性决定了其需要具备不同类型知识、经验的专业人才,高校由于编制、人力成本等原因不可能也没有必要配备一个面面俱到的内部团队。其二,高校法治工作体量较大,以合同为例,西部某双一流高校平均一天有 20 份以上合同需要审核,仅依靠内部团队难以保质保量完成任务。其三,校内法务人员缺乏外部律师的各种资源和大量案件积累的经验,更没有相关专家的研究资源,在细分领域的专业度上与专职律师、相关专家存在一定差距。

(二) 外聘执业律师

外聘执业律师是指律所与高校签署专项或常年法律服务合同后,受律所指派为高校提供法律服务且具有律师资质的专业人士。

外聘职业律师的主要优势在于其法律实务的专业性。在我国现行律师执业体制下,执业律师必须接受系统的法律学习、通过严苛的司法考试,并在律所实习一年以上。因此,合格的执业律师一般具有基本的法律素养和风险意识,能够帮助高校控制住基本风险。优秀的执业律师往往还在某一领域拥有扎实的理论功底、多年累积的实战经验和丰富的案例资源,能够就其领域内问题在短时间内作出正确的分析和合理的建议。此外,律师事务所的信息共享机制、律师协会的定期专业培训等各种渠道更是为执业律师

服务提供了质量保障。

外聘执业律师的另一明显优势就是能够提供更加客观的第三方意见。校内法务人员,难以避免领导、同事、部门对法律事务施加的影响。相比而言,执业律师能够提供更加客观、中肯、理性的意见或建议。鉴于其专业身份,其意见更具权威性,也更易被领导决策所采纳和接受。

相比校内法务人员配置需要申请编制、自行招聘、入岗培训等必不可少的环节,外聘执业律师选用程序简单,方式灵活,能更便利快捷地解决高校法治工作人员不足的问题。

外聘执业律师的局限性主要体现在如下两方面。一是其专业领域不能涵盖高校的各类需求。出于经济与效率的考虑,各律所的专业领域一般较为常规,能涵盖高校法律事务的一部分。如各律所一般均会涉及的房地产与建设工程业务,与高校基建发包、工程建设中需要的法律服务相匹配;诉讼仲裁业务与高校纠纷处理中需要的法律服务相匹配;合同审核业务与高校合同管理中需要的法律服务相匹配;知识产权业务与高校知识产权保护中需要的法律事务相匹配。学生管理、教学管理、招生录取、科研管理等高校核心业务相关的法律需求,则通常都不属于律所的常规业务范围,执业律师很难在这些领域拥有足够的经验与专业程度。但实际上,高校每年都需要对主管部门出台的上百项制度进行解读和落实,期待执业律师花费大量时间研究分析并熟悉此类法律法规、规范性文件缺乏现实基础。二是外聘执业律师工作具有滞后性、被动性。由于执业律师未参与高校的日常工作,只针对高校的具体要求提供对应的法律服务,此外执业律师的职业思维逻辑、思维重点与管理者的思维逻辑、思维重点有所不同,因此其较难从战略和全局的角度为高校法治建设提出全局性规划。

(三)顾问专家

顾问专家不仅包括在高校任教的专家,也包括高校通过各种途径聘请的校外专家;不仅包括法学专业的专家,也应包括与高校业务相关的其他方面的专家。

顾问专家在高校法治工作中的最大优势在于其专业性、权威性,能够就疑难复杂事项给予高校站位更高、考虑更全面、立场更客观的建议。顾问专家的意见和建议,也更能为校领导所采纳,有助于更快、更科学地作出决策。

其局限性在于部分顾问专家可能缺乏实务和实务经验,其建议的实操性可能较弱。另外,顾问专家时间精力宝贵,一般不会负责其建议的落地与实施,也很难对所提意见或建议进行有效性跟踪和评估。

三、三种专业力量在高校法治工作中的价值发挥

校内法务人员、外聘执业律师、顾问专家在高校法治工作中均有独特价值与不足,其具体分工及法治团队组织架构需结合各高校的实际予以考虑,遵守如下原则。

（一）坚持校内法务人员在高校法治工作中的主体地位

高校法治工作的复杂性、全局性、专业性决定了外聘执业律师及顾问专家均不可能在此工作的推进中起主导作用。一是外聘律师与顾问专家的时间、精力难以匹配；二是其缺乏对高校的深入了解。

坚持校内法务人员在高校法治工作中的主体地位具有必然性。一方面，高校法治工作的整体规划与实施监督必须由任职稳定的专职人员总体把控；另一方面，高校法律风险的识别、预防与控制，必须依靠对高校既有深入了解又能及时介入的内部人员。

除前文所论及法治工作计划的制定与实施、法律风险评估外，逐步将更多工作纳入内部法务人员的工作范围，有利于工作效率的提高与工作成本的降低。现有部分高校的实践结果证明，目前规章制度管理、重要事项合法性审查、简单诉讼事务应对、师生普法宣传等工作均由校内法务人员主导或牵头。

发挥校内法务人员在高校内部治理中涉法事务的主体作用，也是很多高校设置校内法务岗位的必然要求和主观期待。但当前高校法务人员普遍面临权威性不足、独立性不够、职责边界不清等问题。一步到位，成立由校领导牵头、人员充足、各领域法律专业人士分工协作的校内法务团队不具有现实可能性。首先，国内高校对法治工作重要性的认识尚需时间，投入需逐步到位；其次，高校法务人员待遇与行业平均水平尚有差距，难以吸引大量优秀人才；最后，国家制度方面也存在一定障碍，如根据目前规定校内法务必须放弃律师执业资格却又无专门执业资格予以匹配，这一方面导致校内法务难以具备调查取证等必备权利，另一方面导致择业成本过高。

需要注意的是，校内法务人员作为整体，应具备法律专业知识、法律实务经验，又需熟悉学校各部门的情况，但就个人而言，不必要求同时既具有法律专业背景又熟悉学校情况，这样能使高校在选人用人上具有更大的灵活性与可操作性。一方面，通过同事间及时沟通、相互配合能够弥补个人在某方面的不足；另一方面，高校组织结构的复杂性、业务的多样性与专业性，使得个人除非多年在高校工作且经过不同部门轮岗，否则不可能对学校达到高度熟悉的程度，而多年高校工作则必然导致难以在更专业机构大量从事法律工作、积累法律实务经验。

（二）坚持对外聘执业律师工作的审慎运用

目前，绝大多数高校校内法务人员有限，工作推进必须依靠外聘执业律师。国内高校普遍都委托一所到数所律师事务所作为本校的法律顾问单位，确定了受委托的律所执业律师担任本校的常年法律顾问。执业律师以其专业能力和实务水平为高校规章制度的合法性，师生重大权益处理处罚的合法性，具体法条、实务风险点分析提供日常的咨询服务，但其更重要的作用是在高校面对涉及其他法人、组织、个人的纠纷或诉讼时，能以其执业资格和执业经验代理出庭、辩诉、和解等法律事务，为高校处理相关事务留出缓冲空间，也避免高校陷入耗时漫长的诉讼流程。

利用外聘律师工作,有两个注意事项:一是选聘、二是监督。

选聘方面,高校法治工作的多样性及体量,决定了仅一个律师团队难以提供及时高质的法律服务,且难以形成律师团队间的相互竞争与约束。有条件的高校可根据自身情况,聘请一到两个有一定规模的律师团队提供常年法律服务,协助处理合同审核、咨询等常规法律事务。另可建立由多家各具特长的律所组成的律师库,提前评估其专业所长并确定基本的收费标准,为启动专项法律业务提供便利。该律师库应包含具备知识产权、行政法、国际合作与纠纷、人事劳动、网络信息管理等方向各有擅长的执业律师。需要注意的是,根据现行规定,高校仅能与律所而非律师个人签订合同,但鉴于同一律所律师水平及专业方向亦有差距,高校在选聘律师时,既需要考察律所的资质水平,更应加强对律师本人的考察,并在合同中明确所选择的律师。

监督方面,一是执业律师一般需要同时服务于若干不同客户,即使再负责、再自律的执业律师,在缺乏监督的情况下,也难以保证对每一客户投入足够的时间与精力。二是执业律师由于对高校专门业务缺乏深入了解,其所提意见、方案需要校内法务人员的复核与修改。

(三)充分利用顾问专家的权威理性

专家意见在管理提升及改革中极其重要,可以在前期为整个规划工作指明方向,在中期为具体制度的设计提供思路,在后期为解决落实过程中的难题出谋划策。特别是在涉及高校大政方针、改革思路、法律价值等方面,由于涉及的利益多元,宏观微观兼顾,专家以其在具体领域内的专业、权威、理性,其解读与分析能为高校领导决策提供良好的视角与洞察,也能发挥积极的参谋、指导作用。

高校是富集高素质专业人才的地方,但各高校在顾问专家资源上也存在不平衡不充分的问题,如政法类高校教职工中往往就有各法律领域的领军人物,而理工科高校却难有此类人才。理想状态下,各高校应分别建立适合自身特点的专家库,但现阶段,可以思考通过高校间合作或教育主管部门牵头,建立各高校均可咨询联系的高校顾问专家库。合作建设专家库,优势是专家基数大,更能吸引高级别专家,还可以适当减轻一定时间段内需要咨询专家的事项不多而造成专家库建立后因长期无业务而逐渐荒废的情况。

综上所述,高校法治工作量大、事务繁杂、专业性强,其完成必须依托由校内法务人员、外聘执业律师、顾问专家组成的专业力量。高质量的教育,需要高质量的依法治校,而本文论及的三支高校法治工作专业队伍各自效能的发挥需要根据高校实际情况予以分配和平衡,最终汇聚成高校的"法治领导力"。

我国残障人受教育权保障状况研究(2017—2021年)

刘 璞 乔安心[①]

教育属于社会公共产品,它决定并影响着个人参与社会生活、参与公平竞争、参与合作的机会。教育是民族振兴的基石,关乎个人的切身利益和国家的长远发展。残障人是社会中长期存在数量庞大,最为困难而又最需要保护的弱势群体,因身心障碍和外界环境的阻碍,残障人在经济、政治、社会、文化等领域容易处于不利地位或陷入困境生活。残障人作为人类群体的一分子,理应同等享有各项权利,但不可否认,教育资源的有限性常常引起教育发展不均衡的问题。

残障人受教育水平是评价一国教育公平指数的重要指标;残障人受教育权的保障状况决定着一国的人权保障状况,也决定着社会公平的实现程度。为了保障残障人合法地享有权利,实现社会公平,联合国等国际组织和各国政府都通过法律或政策调整资源分配规则,引导教育资源的合理分配,最大限度地保障残障人的权益。我国在20世纪80年代后,制定了《中华人民共和国残疾人保障法》(以下简称《残疾人保障法》)、《残疾人教育条例》、《无障碍环境建设条例》、《中华人民共和国教育法》(以下简称《教育法》)、《中华人民共和国义务教育法》(以下简称《义务教育法》)、《中华人民共和国高等教育法》(以下简称《高等教育法》)、《中华人民共和国职业教育法》(以下简称《职业教育法》)等法律、法规,初步形成了残障人教育法律保障体系。教育部、残疾人联合会等部门先后颁布了《残疾人中等职业学校设置标准》《残疾人参加普通高等学校招生全国统一考试管理规定》《国家通用手语方案》等政策,加大残障人受教育权的政策保护力度。通过第一期和第二期特殊教育提升计划,我国残障人教育法治化、规范化、体系化建设卓有成效。但同时,我们也认识到,由于我国残障人数量多,特殊教育发展起步晚,残障人教育发展水平与残障群体强烈的教育需求仍然存在一定差距。

为进一步考察我国残障人教育发展状况,本报告以《第二期特殊教育提升计划(2017—2020年)》的起始时间为起点,以《"十四五"特殊教育发展提升行动计划》颁布时间为终点,依据2017—2021年教育部公布的《教育发展统计公报》《教育统计数据》的数

[①] 刘璞,西北政法大学教授,西北政法大学教育立法研究基地执行主任;乔安心,西北政法大学人权研究中心硕士生。

据,以及中国残疾人联合会公布的数据,并按照《中国教育监测与评价统计指标体系》规定的方法,进行统计分析,以期客观反映近5年我国残障人教育事业取得的成就,正视其存在的问题,明晰残障人教育的发展方向,为调整相关政策提供参考。

一、残障人受教育权的制度与行政保障措施

(一)制度保障措施

新中国成立以来,我国残障人受教育权保障制度不断发展完善,尤其是我国签署和批准《残疾人权利公约》之后,政府推行以人为本的发展理念,采取多项措施保障残障人受教育权利。2017年我国修订《残疾人教育条例》,本次修订在法规层面首次确认了融合教育的概念和原则,建立了残障儿童入学登记制度、残障人教育专家委员会制度、入学争议解决制度、个别化教育制度、特殊教育资源中心制度、与保育、康复相结合的残障儿童学前教育制度、特殊教育教师制度、残障人教育投入保障制度、残障学生资助制度、参加考试的合理便利制度等,这对我国特殊教育事业发展有着重要意义。

为进一步加大教育执法力度,切实保障残障人受教育权的实现,我国出台多部残障人受教育权的政策性文件如《第二期特殊教育提升计划(2017—2020年)》《"十四五"特殊教育发展提升行动计划》《"十四五"残疾人保障和发展规划》。教育部、残疾人联合会等部门颁布《残疾人中等职业学校设置标准》《残疾人参加普通高等学校招生全国统一考试管理规定》《国家通用手语方案》《国家通用手语常用词表》《信息技术产品国家通用语言文字使用管理规定》《关于加快发展残疾人职业教育的若干意见》《普通学校特殊教育资源教室建设指南》等政策性文件,制定残障人参加教师资格考试体检标准。此外,残疾人联合会与教育部共同修订《残疾人中等职业学校设置标准(试行)》等,共同完善残障人高等教育单考单招政策,并取得相应成效、不断发展完善。同时,国家发布《汉语手指字母方案》,组织研制国家通用手语和国家通用盲文水平等级标准、手语翻译资格(水平)等级标准,细化国家通用手语水平等级考核标准。组织制定国家通用手语语料库技术规范,研制国家通用盲文测试大纲和题库。开展国家通用手语和国家通用盲文的国家级培训。[①] 为残障学生享有平等的受教育权提供有力的政策支持,残障人受教育权得到了更好的保障,提高了特殊教育发展水平。

此外,为落实中央精神,地方政府积极出台具体保障措施。2021年,江苏省出台《江苏省"十四五"教育发展规划的通知》,要求推进特殊教育全纳融合发展,加强特殊教育学校建设,健全特殊教育师资、经费、设备保障机制,构建布局合理、学段衔接、普职融通、医教结合的特殊教育体系,高质量普及残障儿童少年15年免费教育;2020年,海南省出台

---

① 中国残疾人联合会:《2019年残疾人事业发展统计公报》,中国盲人协会网站,https://www.zgmx.org.cn/newsdetail/d-73995.html,2020年3月31日。

《海南省深化教育教学改革全面提高义务教育质量行动方案》,组织实施特殊教育提升计划,各市县成立残障人教育专家委员会,实现所有乡镇特殊教育资源教室全覆盖,通过随班就读、特教学校就读和送教上门等方式提高残障儿童少年义务教育阶段入学率;2021年,陕西省出台《关于印发妇女发展规划和儿童发展规划的通知》,加大了对特殊教育投入,建立以普通学校随班就读为主体、特殊教育学校为骨干、送教上门和远程教育为补充的适龄残障儿童少年义务教育安置体系,并鼓励发展学前阶段和以职业教育为主的高中阶段特殊教育。这些规范性文件完善了残障人教育保障制度,推动了残障人教育事业的发展。

(二)行政保障措施

1. 加大教育经费投入

经济基础是保障特殊教育事业发展的关键。首先,我国加大残障人事业专项彩票公益金助学项目的实施。2017年,为全国1.9万人次家庭经济困难的残障儿童享受普惠性学前教育提供资助。各地多渠道争取资金支持,对2971名残障儿童给予学前教育资助。[1] 2018年,为全国1.7万名家庭经济困难的残障儿童享受普惠性学前教育提供资助。各地多渠道争取资金支持,对4993名残障儿童给予学前教育资助。[2] 2019年,为全国1.5万名家庭经济困难的残障儿童享受普惠性学前教育提供资助。各地多渠道争取资金支持,对7489名残障儿童给予学前教育资助。[3] 2020年,为1.5万名家庭经济困难残障儿童享受普惠性学前教育提供资助,带动各地对5409名残障儿童给予学前教育资助。[4] 2021年,资助全国30所中高等特殊教育院校改善办学条件。[5]

在此基础上,据不完全统计,四川、广东、安徽、江苏、吉林等地均将此标准上调。云南提出,到2025年,将义务教育阶段特殊教育生均公用经费补助标准提高至每生每年7000元以上。吉林提出,确保家庭经济困难残障学生接受15年免费教育。山东提出,到2025年全面普及15年免费特殊教育,将义务教育阶段特殊教育生均公用经费拨款标准

---

[1] 中国残疾人联合会:《2017年残疾人事业发展统计公报》,中国残疾人联合会网站,https://www.cdpf.org.cn/zwgk/ggtz1/43f1e66f2b7d4576bc69bf39a9508121.htm,2018年4月26日。

[2] 中国残疾人联合会:《2018年残疾人事业发展统计公报》,中国残疾人联合会网站,https://www.cdpf.org.cn/zwgk/zccx/tjgb/2e16449ca12d4dec80f07e817e1e3d33.htm,2019年3月25日。

[3] 中国残疾人联合会:《2019年残疾人事业发展统计公报》,中国盲人协会网站,https://www.zgmx.org.cn/newsdetail/d-73995.html,2020年3月31日。

[4] 中国残疾人联合会:《2020年残疾人事业发展统计公报》,中国残疾人联合会网站,https://www.cdpf.org.cn/zwgk/zccx/tjgb/d4baf2be2102461e96259fdf13852841.htm,2023年6月28日。

[5] 中国残疾人联合会:《2021年残疾人事业发展统计公报》,中国残疾人联合会网站,https://www.cdpf.org.cn/zwgk/zccx/tjgb/0047d5911ba3455396faefcf268c4369.htm,2021年4月9日。

提高至9000元。①

此外,为保障特殊教育的发展,财政投入制度不断完善,2016年起,将义务教育阶段随班就读残障学生生均公用经费标准提高到6000元,达到普通学生的6~8倍。中央特教专项补助经费每年投入4.1亿元,2021年补助经费达到5亿元,比上年增长22%,支持地方尤其是中西部地区改善招收较多残障学生随班就读的义务教育阶段普通学校的办学条件,为特殊教育资源中心(教室)配置必要的设施设备等。② 2022年,中央财政安排"十四五"国家基础教育重大项目计划资金共计605亿元,其中学前教育发展资金230亿元、义务教育薄弱环节改善与能力提升项目资金300亿元、普通高中学校改善办学条件补助资金70亿元和特殊教育补助资金5亿元,支持引导各地增加普惠性学前教育资源和完善普惠保障机制,改善中小学办学条件,加大特殊教育学校建设,并向中西部地区倾斜。③

2. 提升资源教室环境建设水平

我国对特殊教育事业发展的财政支持呈现逐年增长的趋势,特殊教育事业的物质保障基石也愈发坚实。政府为特殊教育加大校舍建筑投资力度,丰富图书资源,并于2021年开始逐步构建以学习者为中心的全新教育生态,提升特殊教育学校的教学条件,满足残障学生多样化的学习需求(见表1)。目前我国资源教室的平均面积至少在60平方米以上,有条件的普通学校会结合自身需要适当扩大面积④;对空间的功能区域规划比较合理,一般分为办公区、接待区、诊断区、康复训练区、阅读区等;有丰富的图书、音像资料、训练器材等物质资源,资源教室条件提升力度大,越来越多的残障学生可以无障碍地接受教育,减少因客观原因导致无法顺利接受教育的困难,残障学生的入学率以及毕业率得到提升,残障学生的受教育权得到切实保障。

表1　特殊教育学校办学条件统计表

年份	2017年	2018年	2019年	2020年	2021年
占地面积⑤(平方米)	20 557 725.68	21 184 513.87	22 417 421.44	23 528 246.01	24 484 564.77
图书(册)	9 474 607	10 040 337	10 613 707	11 177 572	12 346 331

---

① 李莹、王阳、施剑松:《多地纷纷出台新政推动特殊教育从"有"到"优"——特殊教育如何迈上新台阶》,《中国教育报》2023年3月3日第3版。

② 教育部:《关于政协第十三届全国委员会第四次会议第4083号(教育类392号)提案答复的函》,中华人民共和国教育部网,http://www.moe.gov.cn/jyb_xxgk/xxgk_jyta/jyta_twys/202111/t20211104_577685.html,2021年10月15日。

③ 教育部基础教育司:《2022年基础教育发展提升有关情况》,中华人民共和国教育部网,http://www.moe.gov.cn/fbh/live/2023/55167/sfcl/202303/t20230323_1052202.html,2023年3月23日。

④ 教育部办公厅:《普通学校特殊教育资源教室建设指南》,中华人民共和国教育部网,http://www.moe.gov.cn/srcsite/A06/s3331/201602/t20160216_229610.htm,2016年1月27日。

⑤ 包括绿化用地面积、运动场地面积。

续表1

年份	2017年	2018年	2019年	2020年	2021年
教学及辅助用房占地面积①(平方米)	4 419 923.74	4 668 288.01	4 898 731.78	5 113 899.57	5 711 073.36
校园足球场(个)					609
数字终端(台)					142 765
多媒体教室(个)					21 222

数据来源:中华人民共和国教育部门户网站2017年至2021年教育统计数据。

3.增加师资力量

党的十八大以来,党和政府高度重视特殊教育,作出了一系列重大决策部署,其中将特殊教育教师队伍建设作为重要内容。修订《残疾人教育条例》,连续实施三期特殊教育提升计划,制定《特殊教育教师专业标准(试行)》《特殊教育专业师范生教师职业能力标准(试行)》,不断扩大特殊教育教师培养规模,加大特殊教育教师培训力度,提高特殊教育教师的专业化水平。经过多年发展,2021年我国特殊教育专任教师达到7万人,比2017年增加1.5万人,增幅达26.7%,特殊教育学校师生比在2021年为4.66:1,相较于2019年在逐渐缩小师生数量差距(见表2),由此可以看出我国每年从事特殊教育的教师数量不断增涨,平均每位专任教师所教的学生数在合理区间内减少,教师有更多的精力去关注每一个残障学生,有助于取得更好的教育效果,为特殊教育事业的发展筑好了稳固的基础。此外,近年来我国殊教育教师学历层次显著改善,本科及以上层次学历的教师由2009年的40.7%提高至2019年的72.6%,研究生学历的特殊教育专任教师人数由270人增至1632人,增幅为504.4%②,为残障学生接受教育提供了良好的质量保障。

表2 特殊教育学校师生比情况统计表

年份	2017年	2018年	2019年	2020年	2021年
专任教师数量(人)	55 979	58 656	62 358	66 169	70 925
学生数量(人)	242 659	271 519	303 545	320 775	330 375
师生比	4.33:1	4.63:1	4.87:1	4.85:1	4.66:1

数据来源:中华人民共和国教育部门户网站2017年至2021年教育统计数据。
计算公式:特殊教育学校生师比=特殊教育学校在校生总数/特殊教育学校专任教师总数

---

① 包括普通教室、专用教室、公共活动及康复用房、图书阅览室、体育康复训练室、心理咨询室及其他。
② 刘春玲:《新时代特殊教育师资培养的反思与建议》,《教育学报》2021年第17期,第74页。

二、残障人教育取得的成效

(一) 全国残障人入学增长率呈逐年递增趋势

笔者按照《中国教育监测与评价统计指标体系》规定的计算方法,依据2017—2021年教育部和残疾人联合会公布的数据,对残障学生各阶段入学增长率进行统计,并与各教育阶段的总入学率进行对比,可以看出在各教育阶段的残障学生入学增长率逐年增长,且增长速度高于同阶段整体入学增长率。这说明国家重视残障教育儿童少年的教育问题,残障儿童少年入学机会得到充分的保障。以下将分四个阶段分别统计分析。

1. 学前教育阶段

截至2021年,全国教育事业发展统计,学前教育在园幼儿①总计为4805.21万人,比上年减少13.06万人,降幅为0.27%。学前教育毛入园率为88.1%,增长2.9%。我国残障学生在学前教育阶段在园幼儿数2020年以前逐年递增,2021年人数出现下降,截至2021年,学前教育阶段在园幼儿33 076人,比上一年减少3756人,降幅为10.19%。这一下降趋势由我国新增人口逐渐减少,老龄化社会出现导致。(见图1)

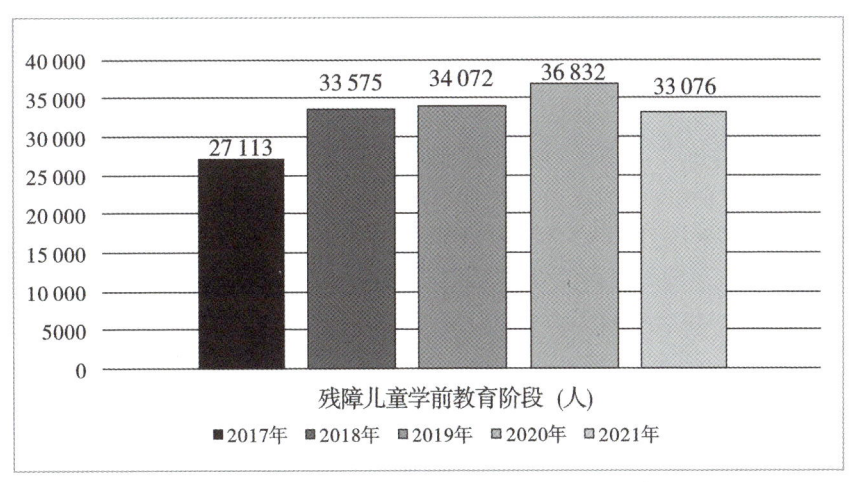

图1 残障儿童学前教育阶段(人)

数据来源:中华人民共和国教育部门户网站2017年至2021年教育统计数据。

计算公式:入学增长率=(本期入学人数−去年同期入学人数)/去年同期入学人数×100%

2. 义务教育阶段

2019年7月,国务院新闻办公室发布《平等、参与、共享:新中国残疾人权益保障70年》白皮书,白皮书显示,我国残障学生义务教育在校人数由2013年的29.8万人增加到

---

① 学前教育在园幼儿含独立设置的幼儿园和其他学校附设幼儿班的幼儿。

2018年的66.6万人,5年增长81%。2020年普通学校随班就读的残障学生由2015年的23.9万名增加到2020年的43.9万名,增长83.6%。2021年,全国小学净入学率99.9%以上,初中阶段毛入学率保持在100%;我国残障学生义务教育入学率已达到95%。[①] 可以看出,残障学生与普校学生在义务教育阶段学生入学率基本趋同,残障学生平等受教育权稳步实现。

(1)小学阶段。截至2021年,全国教育事业发展统计,小学阶段在校生1.08亿人,比2020年增加54.58万人,增长0.51%;我国残障学生在小学阶段在校生数逐年呈递增趋势,截至2021年,小学阶段在校生616 456人,比2020年增长12 212人,增幅为2.02%。(见图2)

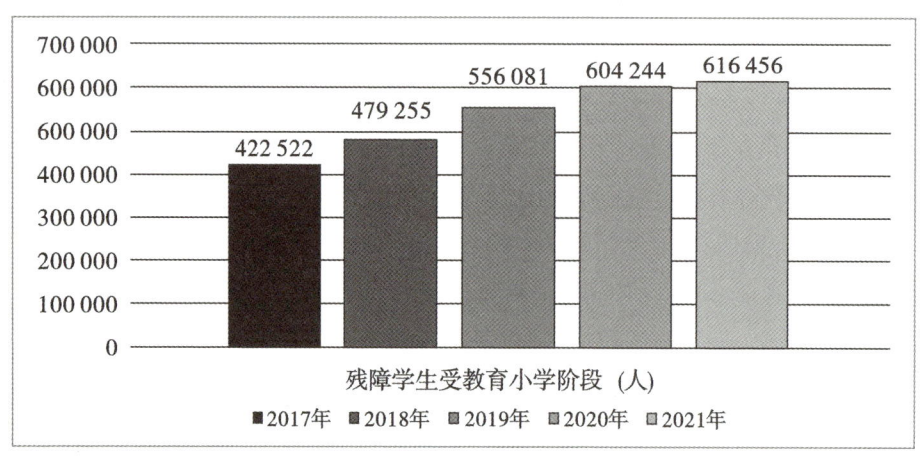

图2 残障学生受教育小学阶段(人)

数据来源:中华人民共和国教育部门户网站2017年至2021年教育统计数据。
计算公式:入学增长率=(本期入学人数-去年同期入学人数)/去年同期入学人数×100%

(2)初中阶段。截至2021年,全国教育事业发展统计,初中阶段在校生5018.44万人,比上年增加104.35万人,增幅为2.12%。2021年,初中阶段在校残障学生人数不断增长,2021年在校生共285 302人,比上一年增长了25 103人,增幅为9.65%。(见图3)

3. 中等教育阶段[②]

截至2021年,全国教育事业发展统计,普通高中在校生2605.03万人,比上年增加110.58万人,增幅为4.43%。2021年,我国高中阶段在校残障学生总人数是12 745人,比上一年增长1008人,增幅为8.6%。(见图4)

---

① 教育部:《教育部:全国小学净入学率提高到99.9%以上》,中国新闻网,http://www.moe.gov.cn/fbh/live/2022/54598/mtbd/202206/t20220621_639420.html,2022年6月21日。
② 此处将初中纳入九年义务教育阶段进行简述,因此关于中等教育阶段只介绍普通高中阶段。

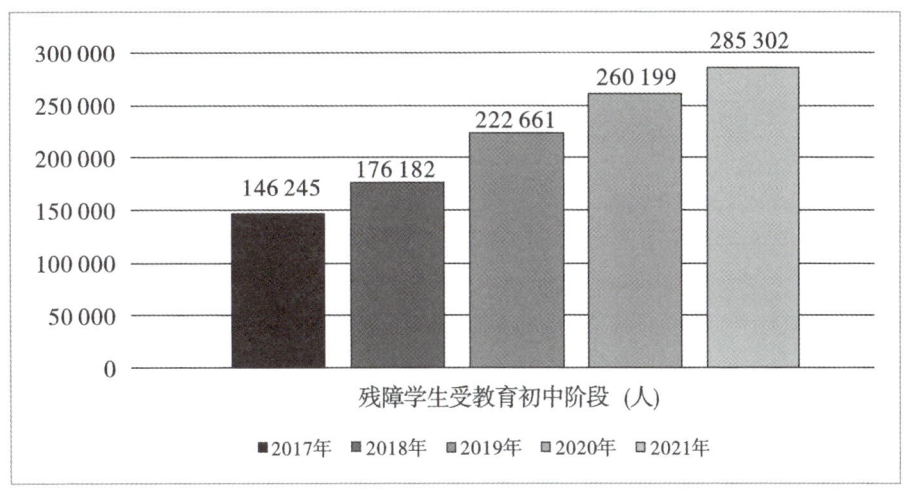

图3　残障学生受教育初中阶段（人）

数据来源：中华人民共和国教育部门户网站2017年至2021年教育统计数据。

计算公式：入学增长率=（本期入学人数−去年同期入学人数）/去年同期入学人数×100%

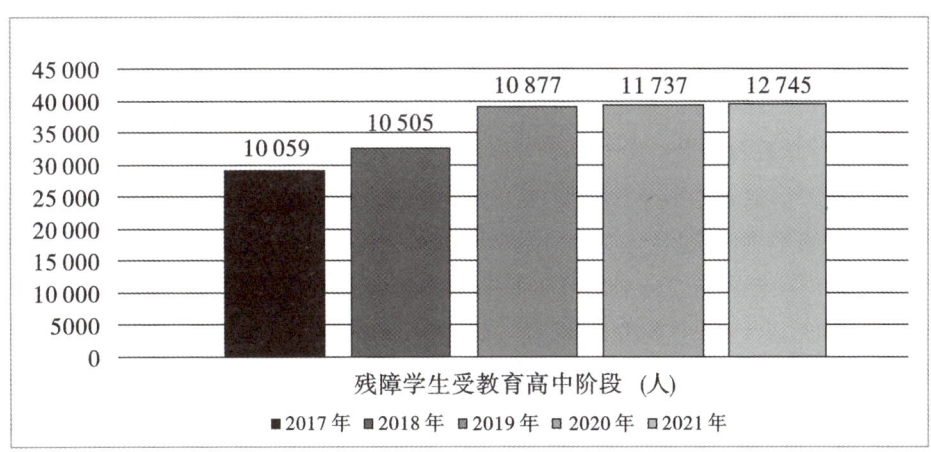

图4　残障学生受教育高中阶段（人）

数据来源：中华人民共和国教育部门户网站2017年至2021年教育统计数据。

计算公式：入学增长率=（本期入学人数−去年同期入学人数）/去年同期入学人数×100%

4.高等教育阶段

近年来，我国残障学生高中升学率稳步上涨，越来越多的残障学生享有与普校学生一样接受高等教育的机会。截至2021年，全国教育事业发展统计，我国高等教育毛入学率57.8%，比上年提高了3.4个百分点。在"十三五"期间，中国普通高校录取残障学生数量比"十二五"期间增长了50.11%；残障人士通过单考单招被高等特教学院录取人数

也比前五年增长47.54%。①（见图5）

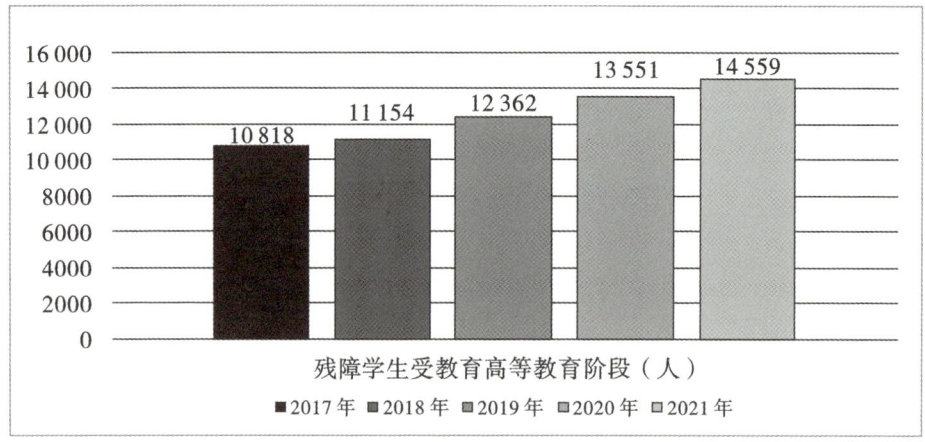

图5 残障学生受教育高等教育阶段(人)

数据来源：中国残疾人联合会2017年至2021年残疾人事业发展统计公报。
计算公式：入学增长率=（本期入学人数-去年同期入学人数）/去年同期入学人数×100%

（二）地方残障人教育取得发展成效

为促进我国特殊教育事业进一步健康快速发展，切实保障残障人受教育的权利，各地在《第二期特殊教育提升计划（2017—2020年）》的指导下纷纷出台具体政策，开展系列工作并取得一定成效。本文按照东、中、西部地区，各选取江苏省、黑龙江省、陕西省三个省份作为代表举例说明。

截至2020年，江苏省全省各级各类特殊教育普及水平全面提高，残障幼儿学前三年入园率达到80%以上，适龄残障儿童少年义务教育入学率达到98%以上，残障少年高中阶段入学率达到80%以上，基本普及残障儿童少年15年教育，发展残障人高等教育。融合教育全面实施，各学段在普通学校接受教育的残障学生占该学段残障学生总数的80%以上，基本形成以随班就读为主体的特殊教育发展格局。特教师资建设有力推进，各地各校按需配齐配足专职特教师资，所有专职特教教师持双证上岗。特殊教育质量大幅提升，贯彻落实了国家特殊教育学校课程标准，积极开发校本课程，全面实施个别化教育，实现了特殊教育按需服务。②

黑龙江省在《残疾人事业"十三五"规划中期评估自评报告》中指出，全省全面提升了特殊教育水平。按照"全覆盖、零拒绝"要求"一人一案"做好适龄残障儿童少年入学安置工作，适龄残障儿童少年义务教育入学率提高到86%。推进以职业教育为主的残障

---

① 王祖敏：《"十三五"中国普通高校录取超5.7万残疾学生较"十二五"增逾50%》，中国新闻网，https://www.chinanews.com.cn/gn/2021/10-11/9583824.shtml，2021年10月11日。

② 参见《江苏省第二期特殊教育提升计划（2017—2020年）》。

人高中阶段12年免费教育发展,残障少年高中阶段毛入学率达到80%。达到高考分数线的残障考生录取率为100%。国家彩票公益金共资助1624名残障儿童接受普惠性学前教育;"通向明天——交通银行残障青少年助学计划"共资助400名应届高考贫困残障大学生;完成1506名残障青壮年文盲扫盲教育任务。

陕西省各级各类特殊教育普及水平全面提高。大力解决了实名登记的未入学适龄残障儿童少年就学问题,残障儿童少年义务教育入学率达到95%以上;加大力度发展残障儿童学前教育,加快发展以职业教育为主的残障人高中阶段教育,稳步发展残障人高等教育,非义务教育阶段特殊教育规模不断扩大。特殊教育学校、普通学校随班就读和送教上门的运行保障能力逐步增强。加强统筹,逐步提高了经费保障水平,倾斜支持特殊教育全面改善办学条件,不断加强无障碍环境建设,配备康复训练设备,提高残障学生资助水平,免除了残障学生从学前教育到高中阶段教育的学费(保教费)。特殊教育质量得到有效提升。义务教育阶段盲、聋、培智三类课程标准全面落实,教科研工作得到加强,促进医教结合,建立多部门合作机制,加强专业人员的配备与合作,提高了残障学生评估鉴定、入学安置、教育教学、康复训练的有效性。特殊教育师资队伍建设不断加强。落实了特教教师编制核定机制和待遇保障机制,补足配齐了特殊教育学校、特教班、特殊教育指导中心、资源中心和资源教室的教职工。特教教师培养体系进一步健全,逐步建设一支数量结构合理、具有前沿视野、专业水准较高、职业素养优良的特教师资队伍。[1]

综上,各省区均根据各自经济社会发展情况,分别从师资队伍建设、财政支持、资残助残等方面推进特殊教育发展提升计划的贯彻落实,并取得积极成效,推动了我国残障人受教育事业发展。

三、我国残障人教育存在的问题

(一)区域发展不平衡

教育公平是社会教育体系的核心所在,但受经济、社会发展不平衡因素的影响,残障人受教育状况在地区之间、城乡之间、校际之间存在差距。尤其是西部及边远、农村地区的学校数量、教育质量及残障人受教育年限相对低,教育资源均衡发展面临挑战。

我国东西部高等教育发展不平衡是一个长期现象,从区域教育公平的视角审视我国高等教育,不难发现这是一个历史遗留问题。改革开放以来,经过多年国家政策支持,西部教育面貌有了极大改善,但西部地区高等教育与东部地区相比,发展速度较低。根据教育部各地特殊教育学校校舍情况统计数据可知,截至2021年,我国东部地区特殊教育学校为821所,西部地区为664所[2];根据教育部特殊教育基本情况统计数据可知,截至

---

[1] 参见《陕西省第二期特殊教育提升计划(2017—2020年)实施方案》。
[2] 东部地区未统计我国港澳台地区,东部省份总计10个,西部省份总计12个。

2021年,我国城市特殊教育学校为1148所,农村为179所,我国特殊教育学校数城乡比约为7∶1。虽然城镇化进程的加快,使得农村人口减少,但是偏远地区、农村地区残障人教育与城市相比差距大。

(二)教师胜任力有待加强

教师是传递知识的桥梁,是专业人员。由于残障学生的特殊性,对专业教师的需求更高。近年来,国家逐年增加特殊教育教师数量,通过专业培训提高教师的专业水平。但是在特殊教育学校,专业管理者和专业教师数量仍显不足。[①] 专任教师资源的缺乏将会直接影响到特殊教育的质量,不利于我国特殊教育事业的发展。

我们调研发现,在传统的二元分割的培养体制中,国家关注特殊教育学校教师的培养培训,但对普通学校教师的融合教育培训不足。普通教育教师在职前培养中缺少特殊教育相关知识与技能培训,对残障儿童的发展特征与教育策略了解不够,对融合教育的理念与教育教学能力掌握不足,难以胜任融合教育班级课堂教学管理工作,在实施随班就读的普通学校,教师运用资源教室为随班就读学生提供特殊教育支持的专业能力有待加强,融合教育质量堪忧。

(三)对融合教育理念的认识有待改进

对于年幼的孩子来说,对残障人士的偏见不是与生俱来的,他们的偏见来自成年人、媒体和社会组成方式。[②] 长期以来隔离式教育模式下,将残障学生与非残障学生隔离,接受不同的教育,会基于人的健康、生产力、美和价值的偏狭思想意识,使残障者被视为能力标准低下的群体,形成偏狭的观念和社会刻板印象。这种刻板思维与融合教育形成相冲突,阻碍融合教育发展。在西部经济欠发达地区、偏远农村地区,由于经济水平的制约,大众对融合教育的观念认识不足。一些教育管理部门的人员认为发展残障人教育事业就是提高特殊教育学校的办学水平,对普通学校的融合教育理念认识不到位。在一些地区残障儿童少年评估认定机制不完善,残障人教育评估委员会运行效率不高。同时,我们发现,部分非残障学生家长对残障学生的接纳度、心理包容度不够。

(四)学校无障碍环境建设程度有待提高

随着经济社会发展,教育公平持续全面推进,从隔离走向融合,从有障碍到无障碍,意味着更多有特殊需要的学生能够顺利在普通学校学习,接受高质量的教育。近年来,学校的无障碍环境建设取得一定成果,但仍有改进空间。以高等学校为例,绝大多数高等学校校园内的无障碍厕所设置不足、轮椅坡道设置不合理、盲道设置不足。在信息

---

① 王超:《新时代特殊教育教师队伍建设策略研究》,《才智》2021年第24期,第132页。
② Mason, Micheline. "Disability Equality in the Classroom: a Human rights issue.", *Gender & Education*, 2.3(1992): 363-366.

交流无障碍环境建设方面也显得薄弱,如手语翻译、语音播报、盲文电子检索等辅助设备资源较为缺乏。还有一些高校的教学楼、宿舍楼没有电梯或电梯没有残障人可使用的按键,校园无障碍环境建设缺乏系统的制度保障机制。造成这种现象的主要原因是无障碍环境建设执行不到位、学校开展无障碍环境建设的经费不足。

(五)资源教室利用率有待提高

资源教室作为一种特殊教育服务的形式与支持体系,对改善特殊需要学生生存与学习环境、提高资源的利用率、满足各类随班就读学生的特殊需要有重要的作用。为了提高残障人教育水平,国家出资改善特殊教育学校的办学条件,在一些义务教育阶段的普通学校建立了特殊资源教室,但由于担任资源教师工作的大多为兼职的任课教师,面临着职责过多、培训途径单一、专业化标准不统一等发展困境,且多数资源教师任职时间不足一年,资源教师整体的专业化和稳定性严重不足[1],导致资源教室的利用率并不高。

(六)特殊教育经费筹资渠道的多元化发展有待加强

我国特殊教育学校的经费来源主要包括:国家财政教育经费、民办学校中举办者投入、捐赠收入、事业收入以及其他教育经费。目前,国家财政教育经费投入是特殊教育经费筹资的核心渠道,其所占比重极高,且呈现逐年上升趋势。2017年,该比重数值已经接近98%。[2] 我国社会力量参与残障人教育事业建设明显不足,社会办学以及捐赠投入占比极小,总计不足0.3%[3],且呈减少的趋势。由于政府投入是我国特殊教育经费的主要来源,随着经济、财政体制的变革及教育的大规模扩展,我国的教育经费投入仍然无法满足日益增长的教育需求。如何激发社会力量参与残障人教育事业,促进残障人教育事业长远发展,需要政府出台相关激励制度。

四、提高残障人受教育权保障水平的制度建议

(一)完善教师培养培训与残障人从教制度

专业教师是保障教育质量的核心,师资队伍的建设要实现"量"与"质"的双重达标。首先,要提高专业教师的培养与培训效果,建议出台常态化资源教师培训制度,提高教师

---

[1] 马春梅、宿淑华:《我国资源教室研究的热点主题及前沿趋势——基于CiteSpace的可视化分析》,《现代特殊教育》2022年第14期,第57页。

[2] 教育部财务司国家统计局社会科技和文化产业统计司:《中国教育经费统计年鉴》,中国统计出版社,2018,1-2各级各类教育机构教育经费收入情况(全国)。

[3] 教育部财务司国家统计局社会科技和文化产业统计司:《中国教育经费统计年鉴》,中国统计出版社,2018,1-2各级各类教育机构教育经费收入情况(全国)。

的专业化水平,帮助教师利用好资源教室,更好地适应学生多样化的需求。其次,加大融合教育教师就业优惠政策,进一步加强对普校中从事融合教育的教师的教师编制、工资待遇、职务(职称)评聘的政策倾斜力度,提高教师从事融合教育的积极性。最后,建议完善教师体检标准,允许身体条件符合要求,有能力的残障人士从事教育工作。因为让残障教师从事特殊教育工作,可为学校带来不可估量的多样性与包容性理念。

(二)出台融合教育文化建设制度

态度障碍是残障人生活中"障碍"的主要来源之一。改变将残障学生排除在普通教育体系之外的现状,其本质在于形成残障人平等参与社会生活的文化氛围,打破根深蒂固的刻板印象,消除对残障人消极的能力认知。而平等、包容的思想理念、文化氛围的形成,离不开学校文化的建设。我国可以借鉴英国高校的"平等、多样性和融合战略"(equality, diversity and inclusion strategy 2018—2020, EDI)措施,出台相关制度,形成"为了所有学生"(all students approach)的融合理念,秉持全局性、多样性原则,考虑所有学生的不同需求,确保所有学生的融入并享有高质量的学习体验。教育领域应通过"包容、平等、多元"理念培植互相关怀的学校文化,充分体现人与自然、人与社会、人与人之间的和谐,使学生养成善待自然、关爱他人的思想意识和行为习惯,培养学生树立正确的残障观念、平等、尊重和全纳的态度。在学校教育中从为个别残障学生作出合理调整的模式,升级为保证所有学生在所有方面的可及性,从而形成正确的融合文化观念,即获得合理便利的社会资源辅助是人人享有的公民权利,而非对残障人士的社会优待。

(三)建立残障人教育多元扶持措施

社会扶持是推动残障人教育事业发展的重要力量。《残疾人教育条例》第9条规定,社会各界应当关心和支持残障人教育事业。残障人所在社区、相关社会组织和企事业单位,应当支持和帮助残障人平等接受教育、融入社会。建议通过相关制度积极引导社会参与残障人教育事业。首先,通过制度激励相关社会组织有针对性的或者定期举办公益捐助活动,将捐助的爱心公益基金"一对一"地转交被帮扶对象;其次,进一步鼓励对西部地区、偏远农村地区的公益教育捐助,降低残障学生家庭经济负担,减少或避免因经济困难导致残障学生辍学或者无能力接受教育情况的发生,引导社会资金参与学校教学资源环境的改善工作;最后,出台社会慈善组织、残联等社会组织为残障学生的家庭提供合理便利帮助的制度,减少或避免残障学生在入学就读期间出现无人照料以及帮助的情形,帮助残障学生学业的顺利完成。

(四)出台融合教育统筹推进管理制度

融合教育作为推进新时代特殊教育的崭新方式,是教育事业的重要组成部分,是衡量社会文明进步的重要标尺。《残疾人权利公约》明确提出:"缔约国确认残疾人享有受教育的权利。为了在不受歧视和机会均等的情况下实现这一权利,缔约国应当确保在各级教育实行包容性教育制度和终身学习。"首先,建议成立或指定专门部门统筹管理融合教育工作,出台融合教育发展激励制度,提高普校和特教学校参与融合教育的主动性、积极性和创造性。办好融合教育试点校,整合特殊教育学校资源中心和普通学校的资源,搭建一体化备课机制,实现教学资源的共建共享。其次,出台加强落实高等教育阶段融合教育的政策,引导高校尊重残障学生身心发展特点和个体差异,进一步探索残健融合新模式,大力推动我国残障人高等教育的专业化、特色化、本土化。最后,建议教育管理部门和相关部门通过制度引导社会大力宣传融合教育理念,引导家长正确认识融合教育模式,减少或消除"不接纳、不支持"的消极态度,排除以残障人的特征预设残障人在学习和创造能力上不如普通人的错误观念,为残障学生提供公平和参与式的学习经历。

(五)建立学校信息无障碍改造制度和设施设备无障碍商议制度

中国数字化建设步伐不断加快,数字革命将给教育领域带来深刻的变化,这无疑为我国无障碍环境建设提供了强有力的技术支撑,是健全完善无障碍环境建设的重要机遇。建议出台学校无障碍信息改造的制度,利用IT、图书馆、教学等部门预算和学校基本建设资金进行无障碍信息环境建设;借助互联网平台,实现远程教育,保障每一位学生有学可上。鼓励通过数字技术确保学习资源能兼顾每位学生的需要。同时,建立相关制度,要求学校定期召集残障学生、学校相关负责人员、无障碍建设专业人员开展诸如"建筑物以及现代资源技术的使用""新的建设计划""无障碍政策的完善"等众多讨论议题。

中国高等学校依法治校评估报告

王惠莹[①]

高等教育关乎国家人才培养、关乎国家未来。[②] 根据教育部发展规划司的统计数据,2021年高等教育毛入学率57.8%,高等教育实现历史性跨域进入普及化阶段,2022年较上年提高1.8个百分点达到59.6%。[③] 随着高等教育规模不断壮大,教育法治化达到新阶段,提出了新要求。作为教育法治化的客观需要和必然要求,依法治校推进历程经历了三个阶段。

第一阶段从2003年7月教育部发布《教育部关于加强依法治校工作的若干意见》正式提出依法治校内涵及任务,这一阶段以制度建设为重点,国家颁布和修订与教育相关的法律法规;至2011年包括《中华人民共和国教育法》(以下简称《教育法》)在内的63部教育法律、法规、规章等规范性文件。[④]

2012年,教育部为贯彻《国家中长期教育改革和发展规划纲要》出台《全面推进依法治校实施纲要》,依法治校进入第二阶段。这一阶段的工作重点在于推进高等学校制定章程,建立科学民主治校机制,完善治理结构以及健全师生权利救济和纠纷解决机制。在第二阶段,高等学校依法治校取得长足发展,各省迅速完成本省高等学校章程核准,如2013年,吉林省率先完成包括部属、省属普通本科高校,职业院校和独立民办高校在内的全部高等学校章程制定,新疆于2018年实现所有学校"一校一章程"。在法治层面,这一阶段学生权利保障与救济也得到了极大发展,高等学校建立健全信息公开机制、决策与监督机制、学术自由的保障和监督机制以及内部纠纷解决机制。

党的十九大以来,中国特色社会主义进入新时代要求高等学校进一步提高治理体系和治理能力现代化,2020年,教育部发布《关于进一步加强高等学校法治工作的意见》,强调以宪法教育为核心的法治教育,要求各项机制走向实质法治,依法治校推进工作进入第三个阶段。党的二十大召开以来,中国特色社会主义开启新征程,在"两个一百

[①] 王惠莹,华中科技大学法学院硕士在读。
[②] 教育部:《推动高等教育高质量发展》,《人民日报》2022年6月7日第5版。
[③] 教育部:《2022年全国教育事业发展基本情况》,中华人民共和国教育部网站,http://www.moe.gov.cn/fbh/live/2023/55167/sfcl/202303/t20230323_1052203.html,2023年3月23日。
[④] 刘彦博、刘世勇等:《高等学校依法治校的理论与实践》,中国地质大学出版社,2014,第21页。

年"的历史交会点上,建成现代化教育强国需要高等学校进一步完善自我治理。

为尽可能全面、真实反映目前我国高等学校依法治校现状以及2022—2023年依法治校实践经验,研究团队采取对全国2759所高等学校随机抽样调查的方式,以华中科技大学图书馆数据库及调研对象官方网站的信息和数据为资料,结合来自样本学校的学生匿名访谈结果对样本学校依法治校水平进行评估。研究团队全面贯彻党的二十大精神,依据《全面推进依法治校实施纲要》和《关于进一步加强高等学校法治工作的意见》,参考教育部印发的《高等学校法治工作测评指标》,按照"落实办学自主权,内部治理法治化、制度化、规范化"的要求,围绕高等学校领导责任机制、学校规章制度、内部治理水平、法律风险防控、师生权益保障、法治服务机制和法治宣传教育七个方面,就我国高等学校依法治校的实践现状作出评估,总结高等学校依法治校的成功经验和工作亮点,客观反映高等学校依法治校的难点与不足,以期高等学校持续建设法治工作,进一步完善治理机制、提高治理水平,切实保障师生权利,突破高校法治工作推进中的困境,完善高等学校依法决策、民主参与、自我管理、自主办学的制度机制,提高高等学校管理者、师生和教育服务者法律素质,形成高等学校自主办学、依法接受监督的格局。

一、评估对象与评估原则、方法及评估指标

(一)评估对象

根据教育部截至2022年5月31日统计的普通高等学校名单,全国共有普通高等学校2759所,含本科院校1270所、高职(专科)院校1489所。考虑到研究团队的能力范围以及全面评估的巨大成本,本次评估无法将全部高等学校作为评估对象。按照最小样本量计算公式,如果将预设整体置信度为90%,最大容许误差为正负10%,需要的最小样本容量是66个。为保证样本的随机性和普遍代表性,本次评估利用Excel随机数生成公式在1到2759中随机生成66个编码,该编码对应教育部高等学校名单中学校的排列顺序。因此,本次评估的评估对象是被随机抽取的66所高等学校。评估对象的初步统计特征如图1所示。

1.办学层次

在2759所普通高等学校中,本科院校(1270所)与高职(专科)院校(1489所)的比例约为1∶1.17。推进高等学校依法治校要实现全覆盖就应当确保评估对象中本科院校与高职(专科)院校的数量相当。在随机抽取的66所高等院校中,本科院校与高职(专科)院校数量分别是31与35,比例约为1∶13,同全国本科院校与高职(专科)院校数量比例相当,可以认为评估对象选取在办学层次上符合要求,能够反映全国本科院校与高职(专科)院校的情况。

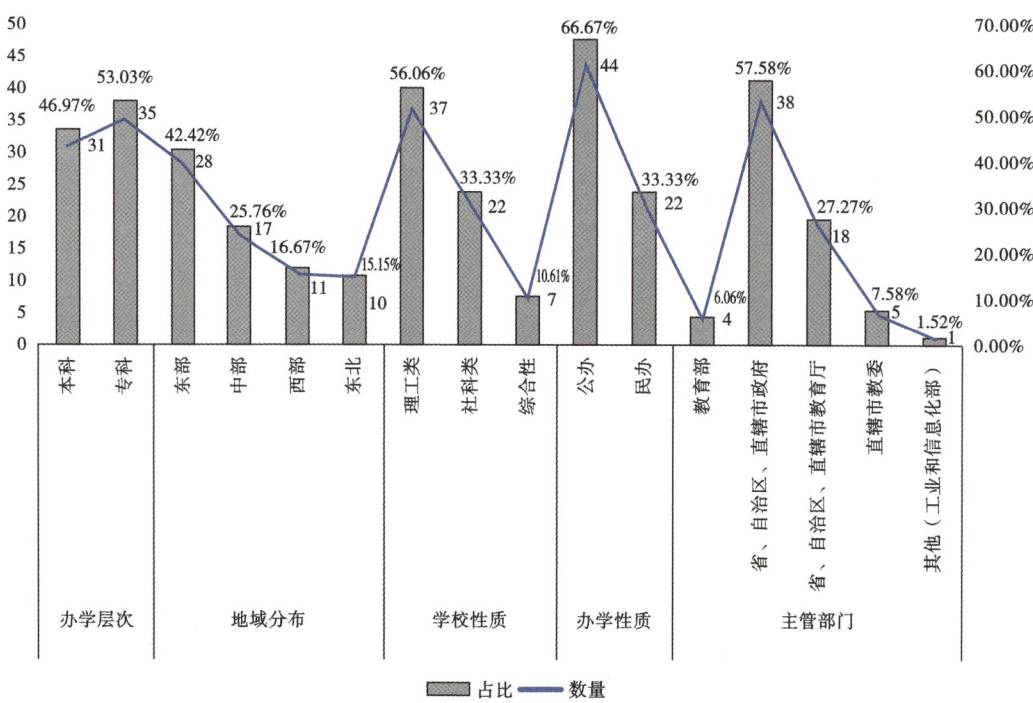

图1 66个评估对象的办学层次、地域分布等五个方面的统计特征

2. 地域分布

国家统计局根据党的十六大和国务院有关地区的政策文件将我国划分为东部、中部、西部与东北四大经济区域。由于四大经济区域经济发展水平和地域环境有所差异，全国高校在地域分布上并不是均等的。本次评估旨在全面、客观反映全国高等学校依法治校的水平，经济、地域因素对高校治理的影响不应被人为修正，因此66所高等学校不是平均取于各个地区，分布在东部、中部、西部、东北部的评估对象占比依次递减，分别为42%、26%、17%、15%。

3. 学校类型

本文所称"学校类型"，是指依据学校开办的专业、主要培养方向而区分的理工科院校、文社科院校以及综合性院校，其中理工科院校既包括各类理工学校也包括各类技术职业的应用型院校，文社科院校包括师范类、外国语类、财经类、政法类院校。研究团队在评估过程中发现不同的学校类型在办学过程中的侧重点不同，与依法治校活动开展的内容、形式和方式之间存在一定程度的影响，例如财经与政法类院校各类规章文件的形式和程序都较为正式，而理工类院校在依法治校信息公开网站方面较好。因此将学校类型也作为评估对象的特征进行分类，理工科、文社科、综合性院校的占比分别是56%、33%、11%。

4. 办学性质

办学性质是由学校的财产归属决定的。评估对象中公办和民办类学校分别占评估对象总体的67%和33%。

5. 主管部门

主管部门在高校依法治校的进程和标准上有一定影响。教育部主管的高等学校需要贯彻执行教育部下达的文件和要求,而由省、自治区、直辖市政府、教育厅等部门主管的高等学校会在本省教育部门的要求下具体推进依法治校工作。由于各省教育部门的具体标准、要求进度和考核指标存在一定差异,因此即使是同地区的高等院校依法治校的细节和进程也存在差异。

综合被抽取的66所高等院校的统计学特征,研究团队认为能够客观、全面反映全国高等院校依法治校的情况,具有代表性,可以作为本次评估的对象。

(二)评估原则

1. 依法设立评估指标

本次评估所涉及的指标均以教育部《高等学校法治工作测评指标》和各省制定的依法治校评估指标为参考,结合评估方法和数据搜集方法稍作调整。

2. 综合运用定性定量方法

评估过程综合运用定性和定量的分析方法。在依法治校工作要求问题上以定量方法为主,例如公开信息的条数、法治教育开展的次数、大学章程修订的次数及年份。在依法治校效果上以定性方法为主,从实质法治的层面评估高校依法治校实施后在治理水平以及师生权益保障方面是否有效。

3. 客观评估原则

在评估过程中坚持客观评估原则,仅以调查、访谈得到的资料为依据进行客观评估,不以评估对象本身的特征和评估者以往的经验为评估依据;在评估资料收集过程中既注重真实的数据材料也关注与评估对象密切相关的访谈者的感受,秉持客观、中立的态度判断资料的可信程度。

(三)评估方法

评估方法选取会影响评估数据,而评估数据是否可观直接导致评估结果的客观性。本次评估由研究团队作为第三方主导,在评估数据收集上注重来源多渠道、形式多样化,为了保障结果真实准确,坚持数据由第三方主导,主要采取以下三种方式。

1. 公开数据查询

研究团队以华中科技大学数据库为主要资源,同时收集教育部、裁断文书网,以及评估对象所在的省政府、省教育厅等官方网站中有关评估对象的公开数据。其中既包括教育部、省政府及教育厅对高等院校依法治校工作的评价,也包括涉及评估对象的司法案件。该类数据的特征是可信度较高,但在高等学校依法治校具体方面的微观细节反映较少。

2. 评估对象自报数据

评估对象自报数据是指作为评估对象的高等学校在学校网站、公众号等媒介上主动公开和报道的数据和事实。按照信息公开的要求,评估对象大都建立了公开信息的网站,可信度较高但主动公开的数据有限或老旧;有关依法治校工作会议、活动、宣传的发布与其他海量活动公布在同一栏目,信息筛选存在难度,但也能反映学校法治教育的个性。

3. 相关主体访谈验证

访谈的主体包括被评估对象的在校学生、毕业学生,参与教学与行政工作的老师等。在访谈中尽量增加相关主体,从不同层面、不同角度了解学校依法治校的真实情况。访谈涉及有关规章制定、内部治理、权益保障等方面,具体细节比较丰富,但缺陷是访谈主体的主观性较强,因此需要将资料结合,互相印证,作为评估的材料。

(四)评估指标

评估指标参考教育部《高等学校法治工作测评指标》并做一定调整,包括 8 个一级指标、35 个二级指标以及 79 个三级指标。(见表 1)

表 1　66 所高等学校依法治校评估指标体系

一级指标	二级指标	三级指标
领导机制 18%	1. 党政责任制	(1)领导机构召开法治专项工作会议 (2)领导机构法治专题学习
	2. 法治整体规划	(1)制定学校依法治校工作方案或办法 (2)法治工作纳入校中长期规划和年度计划
	3. 法治分管工作	(1)学校法治工作有专门的领导分管 (2)主要负责人对依法治校情况专门报告
	4. 法治考评	(1)将法治观念和法治素养纳入干部考核内容 (2)部门工作进行依法治校考核
	5. 法治工作报告	法治工作情况作为学校年度工作的专项内容

续表 1

一级指标	二级指标	三级指标
规章制度建设 15%	1.学校章程宣传	(1)在学校网站显著位置公布章程 (2)在校内开展过章程宣传与培训活动 (3)学校有解释章程的程序
	2.章程修订	(1)学校其他制度不违反章程 (2)学校章程制度创新
	3.规章制度体系	(1)学校规章与章程之间衔接互动有序 (2)学校管理各方面有完备的制度规定 (3)分层分类汇编学校规章制度 (4)学生管理与处分依规备案,不与法律冲突
	4.校内规范性文件管理机制	(1)规范性文件起草、审查、发布程序健全 (2)规范性文件应审查尽审查 (3)规范性文件定期清理
	5.校内规范性文件管理信息化和公开化	(1)建立校内规范性文件公开发布机制 (2)设有规范性文件信息化管理平台,师生可以便捷查询
内部治理结构 17%	1.重大决策程序要求	(1)决策机构议事规程健全,议事范围明确 (2)重大决策经过专家论证、风险评估、合法性审查、师生参与等程序 (3)涉及学校社会参与、对外合作等方面的重大事项,在决策前征询理事会等决策咨询机构的意见或者建议 (4)涉及师生利益的重大决策,有听取师生意见、师生参与决策会议的机制
	2.校院治理体系	(1)学校治理体系清晰,校、院两级职权关系有制度规则予以明确 (2)院、系等基层单位自主管理的职责权限明确,决策机制健全 (3)学校内设机构、职能处室职责明确或者有权责清单
	3.法治工作机构及其负责人参与学校决策	(1)建立法治机构负责人参加(列席)学校决策会议的工作机制 (2)法治机构负责人在决策会议上有独立发表法律意见的权利 (3)法治机构或者其负责人意见记入文件起草说明或者决策会议纪要、会议记录
	4.学术规范和学术委员会运行机制	(1)制定学术委员会章程和议事规则 (2)校学术委员会及院系学术委员会在学术事项上能够发挥决策、审议、评定和咨询等职权 (3)建立学术争议和学术不端处理机制
	5.民主参与机制	(1)教职工代表大会制度 (2)健全学生代表大会制度
	6.信息公开机制	有部门和工作人员负责学校信息依法公开

续表 1

一级指标	二级指标	三级指标
法律风险防控 8%	1. 合同管理制度	(1)制定合同管理办法 (2)重大合同由法治工作机构进行合法性审查 (3)建立学校合同管理信息化平台
	2. 梳理法律风险	(1)重点领域管理制度,所涉法律关系清晰,权利义务明确 (2)编制学校法律风险清单(包括涉外法律风险)及处置办法
	3. 健全师生人身伤害事故纠纷的预防、处置和风险分担机制	(1)制定学校人身伤害事件处理预案,发生师生人身伤害事故,第一时间启动预案,进行处置 (2)有健全的安全事故处理机制,可以有效调处纠纷
师生法治教育 7%	1. 宣传宪法的法治教育首要位置	(1)每年国家宪法日组织宪法学习宣传活动,组织参加学宪法、讲宪法活动 (2)将宪法教育与学生日常培养过程相结合
	2. 学校普法规划	制定学校普法规划
	3. 法治文化建设	校园法治文化建设
	4. 学法制度	领导干部、教师学法每年有一定学时的培训
师生权益保护 8%	1. 对师生的处理、处分做到程序正当	(1)对教师、学生作出重大处理、处分前,履行合法性审查程序 (2)对师生的处理、处分程序完备,书面决定格式内容规范,载明救济渠道,事后归档
	2. 建立健全师生校内权益救济制度	(1)建立教师申诉的教师权益保护救济机制 (2)按规定建立学生申诉处理委员会 (3)制定并公布教师、学生申诉的规则与程序 (4)建立听证工作机制
法治工作机构和队伍建设 11%	1. 法治负责机构	有机构负责法治工作
	2. 法治工作人员	法治工作机构有专职工作人员
	3. 工作人员履职能力	(1)法治工作机构负责人具备法学专业背景或法律实务工作经验 (2)对专职法治工作人员有提升专业能力、安排专业培训、取得法律职业资格的鼓励支持措施
	4. 建立法律顾问制度	学校法律顾问制度健全,由法治工作机构人员、学校相关专家、外聘执业律师等组成法律顾问队伍,在学校决策中提供法律意见
	5. 建立法治工作联络员制度	学校各院系职能部门设有法治工作联络员,在学校法治工作机构指导下开展工作
	6. 加强法治工作机构条件保障	学校根据需要安排法治工作专项经费,保障法治工作机构的工作条件、办公经费

续表 1

一级指标	二级指标	三级指标
法治工作成效 16%	1. 学校治理体系和治理能力现代化水平显著提升，领导干部带头遵纪守法，依法管理水平逐步提高	（1）近两年学校领导干部在履行职务过程中没有因违法犯罪被追究刑事责任
		（2）近两年学校没有发生重大决策失误被追究和问责的情况
		（3）近两年没有发生因管理制度不健全、办学活动不规范等而发生社会影响恶劣和重大舆情的事件
		（4）近两年没有发生因安全事故纠纷处置不当引起的重大负面舆情
		（5）近两年学校各级部门、院系未发现因违法决策、违法管理，被有关部门通报、约谈或被新闻媒体曝光的事件或群体事件
	2. 法治工作业务水平显著提升，保障学校各项事业有序发展	（1）近两年招生章程、招生规则等合法、健全，未发生因招生规则不规范、不合法产生舆情或者群体事件，或出现招生违规行为被主管部门通报、处理或处罚情况
		（2）近两年学校没有因知识产权等资产保护不力发生资产重大流失或者损失情况
		（3）近两年学校没有因合同管理不规范或因合同审查存在明显漏洞导致违约或败诉赔偿
		（4）近两年学校没有因教职工聘用合同管理不善或合同中有明显侵害教职工合法权益的条款而产生人事、劳动纠纷，导致败诉或者主管部门追责的情况
	3. 教师、学生法律意识较强	（1）近两年教师、学生无贩毒、吸毒等涉毒违法犯罪和其他重大刑事犯罪行为
		（2）近两年师生无加入邪教情况，校园无宗教传教情况
		（3）当年没有因教师在履责过程中的违法违规行为以及学生违法违规导致的重大舆情事件
	4. 校内申诉渠道畅通，及时、有效处理教职工和学生的申诉	（1）近两年内实际处理教职工申诉案件，校内机制发挥作用，解决率不低于80%
		（2）近两年学生申诉案件校内申诉委员会处理后，解决率不低于80%

二、高校依法治校总体评估

时至今日,《教育部关于进一步加强高等学校法治工作的意见》已经发布、实施三年。按照法治工作推进和依法治校的要求,高等院校要在全流程上形成内部治理的法治化、制度化和规范化,将依法办学、依法治理作为学校管理的基本理念和基本方式,以法治思维和法治方式引领、推动、保障学校改革与发展。通过对66所高等院校的评估,2022—2023年我国高等院校依法治校工作整体上取得显著进展。

(一)落实领导责任,健全治理结构

党委领导下的校长负责制作为具有中国特色的现代大学管理体制,是我国高等学校管理体制长期探索和发展的历史选择。2014年,《关于坚持和完善普通高等学校党委领导下的校长负责制的实施意见》将党委领导下的校长负责制确认为中国共产党对国家举办的普通高等学校领导的根本制度。明确党政主要负责人作为推进法治工作和依法治校工作第一责任人的职责,是在学校领导核心层面强调法治理念,不仅要求党政主要负责人亲自协调推进依法治校,同时也要求负责管理学校的领导本身依法行使管理学校的职权,接受学校党委会的考核。

在评估对象中,有87%的高等院校在2022—2023年的党建活动中对依法治校或依法治理进行讲解与教学;67%的党政主要负责人或校长、院长领导就依法治校的内涵、要求开设讲座进行解读;84%的高等院校明确指出将依法治校作为干部考核考评的因素;77%的高等学校在校长办公室下设置了法律服务部门并明确分管法制工作的校领导。

(二)内部积极推进,优化治理水平

在党政主要负责人协调推进依法治校的领导下,评估对象积极开展修订章程、梳理汇编规章、完善院系管理、预防化解法律风险等工作,高等学校治理水平显著提高。

在章程与规章方面,23%的高等院校在2022—2023年上半年制定发布或修订核准学校章程,56%的高等院校在公开信息网上设立《规章制度》栏目对现行的校内制度予以分类汇编;在院系管理方面,学院发布的文件和学生处(学生工作部)发布的文件与通知较之前更为正式,学生参与决策渠道更多,在访谈中,78%的受访者表示院级校级的奖励、惩处制度与通报较以前更加公开、公正。在法律风险防范方面,89%的院校在信息公开网或后勤部门网站上持续更新与第三方的招投标信息,86%的院校在财务报账、报销等方面有明确的管理规定,保护学校财产。

(三)信息公开及时,规范发布内容

高等院校信息公开要求便于公众查看。评估对象在信息公开上整体存在三种模式:一是以"学校名+公开信息网"作为单独的网页,将学校基本信息、规章制度、信息公开制

度、依申请公开清单、年度报告等栏目包含在内;二是在学校官网首页开设《信息公开》专栏或在党委办公室网页开设《党办校办公开》栏目,主要公开整体的年度报告、预决算情况;三是将公开信息放置于《通知公告》栏目并设置快速搜索工具方便访问。在数据及时性方面,89%的高等院校将公开信息作为学校首页的《信息公开》栏目下或以单独网页的形式整合发布,并将信息公开年度工作计划、教育质量年度报告等更新至2022年和2023年。

(四)注重法治教育,提升法治素养

法治教育是实现依法治校的重要环节,令法治理念内化于心。2022—2023年,高等学校围绕民法典和宪法展开专题普法宣传活动。此外,结合普法对象和背景开设相应的特定普法教育(如《网络电信诈骗法》《传染病防治法》等)。对于法治理念的宣传教育主要以结合党建思想教育的方式展开,90%的高等院校在党建思想教育中涉及法治教育,65%的高等院校党支部在组织生活会或团日活动中开展普法教育。高职(专科)院校常常结合院校专业特色和应用要求,对本校学生开展专门的职业法律教育。此外,76%的高等院校以知识竞赛、知识问答等方式开展法律知识活动,23%的高等院校创建普法品牌,并周期性固定开展普法活动。

三、高校依法治校不足之处

在建设教育强国的新征程上,持续依法治校、进一步推进高校法治工作,需要将工作重点从章程、规章制度层面的机制完善转移到实质法治层面上。在评估中发现,高等院校在推进实质法治过程中存在以下四方面亟待改进的不足和问题。

(一)决策程序与效率问题

高等院校在依法治校过程中逐渐完善决策机制。民主决策、科学决策已经成为高校完善决策机制的重点关注方向。但在评估过程中,仍有许多与学生密切相关的决策无法有效实现学生参与。在访谈中,32%的学生访谈者认为学校"朝令夕改"现象仍然存在,仅有8%参与制度制定(例如奖学金评定规则)的学生认为提出的决策建议能反映在最终的制度版本中。另外,78%的学生受访者认为学校决策作出效率不高,81%的学生受访者认为学校行政效率低下或时间成本太高,68%的学生受访者认为学校存在长期没能解决的有关学生权益的问题。

在依法治校的过程中,民主程序与效率不是单纯此消彼长的关系。民主程序的重点在于决策事先听取相关群体意见、决策过程中保证民主参与、程序公正。而效率的重点在于减少办事的时间成本。按照访谈者的反馈,学校行政效率低下的原因并不是民主程序导致的,而是由于沟通成本和责任不明导致的。效率也是法治的价值之一,而效率的实现不仅要求程序固定、规范化,也要求依法治校过程中学校院系各部门在教学和行政

中权责分明,要求师生诉求能够够得到快速有效的回应。目前高等学校尚未将效率作为依法治校的要求。

(二)学生组织的管理问题

随着法治理念的深入,高等院校学生参与学校治理的需求日益增加。学生参与学校治理的主要形式是成为学生干部和加入学生组织。以学生会为代表的学生组织本质是服务于学生的群众性组织,但84%的受访者认为学生组织存在行政职能过大的现象,72%的受访者认为学校应对学生组织增加引导。依法治校的主要目标是在学校办学、管理学生过程中实现民主决策与民主参与,在这一过程中主要强调管理人员的职责。但随着学生组织无形中对学生产生日益加深的影响,高等学校应该加强对学生组织的规范与引导,对于担任学生干部的学生更应该加强法治教育。

(三)信息公开的形式问题

信息公开的目的一方面是便于师生查阅校内讯息,另一方面是为了实现公众监督。目前高等学校在信息公开的数量上已经取得长足进步,学校网站更新频率迅速。大部分高等学校专门设立了《信息公开》栏目,但仍有16%的高等院校在《通知公告》栏目中,将向社会公开信息与其他校内活动等诸多信息放在同一栏中,有11%的高等院校公开信息不易查询,网站中更新比较及时的信息88%是学校活动新闻报道。另外,评估对象在公开信息网站建设上呈现一种分化,文社科学校网站建设与理工科学校网站建设差距较大,在公开信息分类、检索便捷性和浏览简洁性等形式问题上仍然有改善空间。

(四)专门机构的设立问题

《高等学校法治工作评估指标》的第七项一级指标要求学校有专门的法治负责机构并建立法律顾问制度。在评估对象中,几乎所有学校均在学校章程有关"机构设置"的部门将法制办公室(或法律服务办公室)置于校长办公室内,法制办公室多代表学校处理法律事务。在访谈中75%的学生访谈者不了解法制办公室,也没有向法制办公室咨询法律问题。法制办公室在一定程度上以学校名义对外处理法律事务为主,其是否能够兼顾学校内部治理各个环节的依法治校值得斟酌。值得注意的是,在评估中有10%的高等学校专门建立了依法治校部门,为未来进一步推进依法治校工作提供机构和人才。但大部分学校尚没有建立有关学校内部治理的专业机构。

四、高校依法治校完善建议

党的二十大报告指出,教育是国之大计、党之大计。高等学校以面向国家和社会需要育人育才,在未来持续推进依法治校工作中应当更加注重切实维护师生权益,在实质层面实现法治工作的目标。

(一)结合学校实际,持续推进依法治校

高等学校在未来的依法治校工作中应当首先结合学校和当地的实际,实际考查本校目前的治理水平,不宜盲目以达标为任务。评估中不同办学层次、不同主管部门的学校在个体依法治校水平上差异较大。依法治校机制和机构较为健全的学校应当将法治工作重点扩大至实质层面。实质法治不仅要求高等学校建立依法治校的机制,还要求切实保障师生的权益、满足教育过程中的多样化需求,没有完成章程修订和规章制度汇编的学校则应当继续加强基础和机制的构建。

(二)强化办学理念,将法治融入教育过程

高等学校最重要的属性不是行政属性而是教育属性,依法治校不是一项孤立的行政活动,而是以服务、促进公平良好的教育为目的。高等学校应当加深法治理念对教育的深远影响,将依法治校与招生育人的活动结合在一起,以法治滋养教育。目前,将法治教育与思想教育和党建教育结合在一起的普法形式在实践中已经取得良好效果,在未来的普法教育中应当由普法教育主办单位结合高等院校学科与专业特色,为师生开展与自身密切相关的普法教育,促进学生对自身权益的维护。

(三)坚持法治理念,完善监督与救济环节

通过监督控制权力,通过救济保障权利是法治理念的重要体现。高等学校从章程制定到机构设置,从教学科研到生活管理都建立了多种监督和救济渠道,例如纪检监督部门举报以及学生申诉等方式。然而,监督与救济制度只有在运行过程中才能发挥其应有的价值。高等学校应当加大宣传学校治理的监督和救济方式,提高学生申诉的处理能力和水平,对于有关学生权益的问题积极回应,避免久拖不决。

(四)引进专门人才,提升依法治校水平

为促进依法治校引进人才并不仅指引进法律人才,而是指为了实现依法治校的要求,在每个工作环节都需要引进相应人才,专业的事交给专业的人做。依法治校的要求之一是学校治理规范化。加强依法治校最需要引进的是专门的法律人才,为依法治校专业机构提供专业力量。同时,学校治理规范化不仅要求规章制度制定规范,也要求各项配套制度专业化。例如学校规章的起草、公开网站的建设、普法教育的主讲人都需要专业人才。

第三编

案例研究报告

智慧教育的法治保障

崔梦雪　熊樟林[①]

一、智慧教育的法理意蕴

互联网、人工智能、大数据等新兴技术的发展不断重塑着教育结构和形态,推进教育事业的数字化转型与智能升级已经成为时代发展的必然趋势,依托物联网、云计算、人工智能、大数据等新一代信息技术的智慧教育渐成为教育领域的主流话语。对此,我国先后出台了《教育信息化2.0行动计划》《中国教育现代化2035》《"十四五"规划和2035年远景目标纲要》《"十四五"数字经济发展规划》等系列政策文件,对智慧教育作出了统筹部署。同时,我们也应当看到,智慧教育是一项复杂的系统工程,不仅需要高屋建瓴的顶层设计,也需要切实有效的制度体系和治理手段,确保智慧教育的美好发展愿景稳步转化为生动实践。在当前法治国家、法治政府、法治社会一体建设的宏观背景下,全面推进教育法治建设早已成为推进教育治理体系和治理能力现代化的重要抓手,是包括智慧教育在内的一切教育活动的根本依归。因此,智慧教育不仅需要技术层面的发展和谋划,更需要法治层面的学理阐释与现实关切。

(一)公平自由是智慧教育的核心诉求

1. 智慧教育与公平价值

公平是现代社会最具支撑意义的核心价值观念,是所有社会活动的行为准则。其中,教育是关系人类社会发展命运的基础性、先导性和全局性的工程,没有教育公平,就谈不上社会公平。[②] 纵向观之,教育公平的价值理念源远流长,早在几千年前就已产生,教育公平的内涵在时代发展下也不断丰富革新,从"有教无类"、人人都能受到平等的教育对待,发展到现代法治语境下的人人都能平等地享有受教育权利、人人都能平等地

[①] 崔梦雪,东南大学法学院2021级博士研究生;熊樟林,东南大学法学院教授、博士生导师。
[②] 周洪宇:《教育公平:和谐社会的重要内容、基础和实现途径》,《人民教育》2005年第7期,第7页。

享有公共教育资源、具有同等的取得学业成就和就业前景的机会等。①

当前,教育公平不仅是教育法治建设的核心价值追求,也是衡量人权实现程度的重要标尺。在联合国人权运动理念的影响下,教育公平逐步从教育政策性目标转变为法律保障目标,直到被确认为人人享有的法律权利——受教育权。可以说,从受教育权诞生之日起,教育公平的价值理念便贯彻始终,公平无疑是受教育权的首要价值属性。② 而智慧教育作为一种新型教育理念和教育手段,与教育公平的实现同样息息相关。智慧教育从基本理念到技术支撑均与受教育权的公平价值取向高度契合,为当下受教育权谋求更加公平、优质的教育目标实现提供了更多可能。

在起点阶段,智慧教育力求为所有学生提供平等的受教育机会。当下,依托人工智能、虚拟现实等技术的智慧教育已经显示出在帮助有视听障碍、社交障碍等特殊群体从教育中受益的有效性。③ 例如,对于有视力障碍的学生,使用人工智能技术的可穿戴设备可以帮助其阅读书籍和识别人脸④;对于有听觉障碍的学生,智慧教室配有的红外系统技术可以辅助听障学生实时跟进课堂学习⑤;对于有孤独症和注意力缺陷多动障碍(ADHD)的学生,增强现实技术(AR)、虚拟现实技术(VR)等技术可以帮助其探索提高社交技能和学习能力。⑥

在过程阶段,智慧教育力求实现优质教育资源共享和停课不停学,为公平学习条件权、上课权的实现提供有效保障,促进教育过程更加公平。城乡教育发展不均衡问题一向是我国教育改革关注的重点和难点,农村及贫困地区人口由于城乡经济发展不平衡、交通地理条件不便等原因,往往难以享受到与城市人口同等水平的教育资源和教育质量。针对这一难题,以泛在化、物联化、开放协同为表征的智慧教育创造了改善的契机。智慧教育公共服务平台可以促使各级各类优质教育资源到开放、互通和共享,这为农村弱势群体不离乡土也能获得与城市人口同等的优质教育资源提供了可能,农村弱势群体的公平学习权也因此可以得到保障。此外,不受时空限制的智慧教育模式还充分彰显了"停课不停学"的教学优势。线上教学平台可以稳定满足广大学子疫情防控期间足不出户的学习需求,有效确保学生的上课权不会因为疫情等突发情况而遭受限制和侵害。

在结果阶段,智慧教育力求让每个受教育者取得学业成功的机会更加平等。智慧教

---

① 石中英:《教育公平的主要内涵与社会意义》,《中国教育学刊》2008年第3期,第1页。
② 龚向和:《论新时代公平优质受教育权》,《教育研究》2021年第8期,第49页。
③ Vincent-Lancrin S, van der Vlies R, Trustworthy artificial intelligence (AI) in education: Promises and challenge, EDU/WKP(2020)6, p.8.
④ Vincent-Lancrin S, van der Vlies R, Trustworthy artificial intelligence (AI) in education: Promises and challenge, EDU/WKP(2020)6, p.8-9.
⑤ Bakken J P, Uskov V L, Penumatsa A, et al. "Smart universities, smart classrooms and students with disabilities", *Smart Education and e-Learning* 2016. Springer, Cham, 2016: 15-27.
⑥ Vincent-Lancrin S. "Smart Education Technology: How It Might Transform Teaching (and Learning)", *New England Journal of Public Policy*, 2022, 34(1): 5.

育坚持以尊重学生个体差异的个性化学习作为基本理念,借助大数据、人工智能、自适应学习分析等技术,深度挖掘不同受教育者的偏好、诉求和发展潜力并提供个性化的学习方案。这种在注意到人的差异性基础上提供适宜的差别教育模式,有助于让每个学生的学业成就和发展水平达到与其自身认知能力与发展潜力相符的结果,为受教育者学习成功权的真正实现提供了技术保障,亦为教育公平终极目标的贯彻落实提供了有力保证。

由此观之,智慧教育与分配正义和矫正正义理论在某种程度上具有一致性。智慧教育的表层意义是为了促进学生的自由全面发展,实现优质教育资源共享,实质意义上则是为了消除社会中的教育不平等现象,通过起点公平、过程公平和结果公平实现教育分配正义,从而实现智慧教育对社会公平的价值追求。

2. 智慧教育与自由价值

追求自由、理性和平等是人与生俱来的本性。[①] 在教育活动中,提升教育质量、促进个体的自由全面发展是人们在教育领域中对自由与理性追求的集中体现,这就要求个体通过参与教育活动可以至少获得自主学习和探索的能力、想象力、世界公民意识和批判性思维。[②] 就法理而言,任何一项权利的生成和内涵的转变都根植于特定的社会现实基础。[③] 当前,随着社会经济的迅速发展,人们的物质生活水平普遍提高,转而愈发关注精神生活品质的提升,"有学上"也不再是困扰各国的首要难题,"上好学"和发展更高质量的教育逐渐成为新时代教育事业的重点目标。在法规范层面,"提高教育质量""促进人的全面发展"也逐步被写入《中华人民共和国教育法》(以下简称《教育法》)、《中华人民共和国义务教育法》(以下简称《义务教育法》)等多部教育单行法当中,受教育权的自由价值诉求在法规范层面已有所体现。显然,传统教育模式对学生个体差异的忽视已然无法满足人们对高质量教育、个性化教育的合理期待,智慧教育便是在技术变革与这一社会发展现实需要的共同作用下应运而生的。

在信息技术的供给下,智慧教育的教学模式更加灵活、多样,受教育者在教育系统中的自由性和主体性地位得到增强,学习方式更加强调自主学习、个性化学习和协作学习,师生的交互关系更加健康、高效,学生角色更由知识接受者向知识创造者转变[④],教育教学服务体验飞速提升。例如,智慧教育借助大数据平台可以对受教育者的学习进行全过程记录、跟踪和分析,构建起受教育者的精准画像并依此给出个性化、精确化的学习评价和改善建议,提高受教育者的学习效率;数字孪生、全息投影等技术可以为受教育者提

---

① 龚向和:《人权法学》,北京大学出版社,2018,第17-21页。

② Nussbaum M C. "Education and democratic citizenship: Capabilities and quality education", *Journal of human development*,2006,7(3):385-395.

③ 姚建宗:《新时代中国社会主要矛盾的法学意涵》,《法学论坛》2019年第1期,第52页。

④ Kim T,Cho J Y,Lee B G. *Evolution to Smart Learning in Public Education:A Case Study of Korean Public Education*, IFIP WG 3.4 international conference on open and social technologies for networked learning. Springer,Berlin,Heidelberg,2012:170-178.

供可视化的三维学习情境,通过沉浸式虚拟场景打造和对抽象内容的具象化呈现,帮助受教育者加强人际协作和快速掌握学习重点,在提高受教育者注意力和学习兴趣的同时,有效防止认知过载①;智慧教育下的早期预警系统还能通过各类数据分析,预测出高中(或大学)阶段可能面临辍学风险的学生,并确定最有可能导致辍学的因素或指标,进而帮助教育工作者设计适当的干预措施和解决方案以减少辍学的可能,保障受教育者进一步提升自身知识学习、能力发展的机会和权利。② 此外,智慧教育在人工智能、互联网技术的辅助下,可以有效促进各地师资智力流转,加强不同地域学校间的教学合作,为教育活动的高质量、规模化提升提供了更多可能。③

总而言之,公平自由既是智慧教育的核心价值诉求,也是现代教育法治建设一以贯之的基本理念,在《教育法》规范层面亦可以找到与智慧教育发展目标相契合的规范性依据。

(二)法治保障是智慧教育的根本支撑

1.智慧教育法治化建构的必然性和现实意义

随着社会的发展,日益复杂的社会关系和社会纠纷愈发需要法律加以调适和解决,法律被赋予了越来越多的具体内容,与人们的切身利益和现实需求息息相关,法的功能也因此越来越具体化、现实化。④ 同样地,教育事业的发展也愈发离不开法治的保障。依法治教、全面推进教育法治建设始终是教育改革和发展的内生性、根本性的需要。首先,法律具有根本性、基础性、系统性、强制性的特点,能够为教育事业改革和发展进程中出现的复杂问题和矛盾提供强有力的制度保障。⑤ 其次,现代教育的发展历程实际就是一部教育立法史。从全球视野来看,世界各国均已通过教育立法,为教育事业的发展确立了一套稳定的制度基础。教育在法律规范的作用下有条不紊地进行,法律在教育实践中发挥着越来越重要的作用。⑥ 在教育治理体系和治理能力现代化建设进程中,最根本的就是依法治教,由国家制定颁布各种教育法律规范,并通过教育法律规范对教育活动进行宏观调控、制定规划、划拨经费、评估督导、追责问责。不难看出,法治保障能够为加快推进教育现代化、建设教育强国、办好人民满意的教育等现实需要提供根本支撑。

---

① 朱珂等:《全息课堂:基于数字孪生的可视化三维学习空间新探》,《远程教育杂志》2020年第4期,第40页。

② Vincent-Lancrin S. "Smart Education Technology: How It Might Transform Teaching (and Learning)", *New England Journal of Public Policy*, 2022, 34(1): 6.

③ 胡小勇等:《人工智能赋能教育高质量发展:需求、愿景与路径》,《现代信息技术》2022年第1期,第7页。

④ 孙宵兵、马雷军:《教育法理学》,教育科学出版社,2017,第42页。

⑤ 孙宵兵、马雷军:《教育法理学》,教育科学出版社,2017,第85页。

⑥ 张国霖:《教育法治化的内涵要素》,《教育评论》2001年第3期,第15页。

因此,智慧教育作为教育现代化变革的重要目标和制度实践,更加需要有效的制度供给提升教育治理水平,使受教育权在智能时代、数字时代背景下也能得到充分保障。当前,推崇技术与教育深度融合的智慧教育已然跃升为教育转型的全球性共识,这对传统教育模式带来的影响是颠覆性的。在大数据、人工智能等新一代信息技术对教育的赋能下,人们在接受教育的过程中既能够享受到科技发展带来的红利,也会面临科技可能带来的种种复杂风险。可以预想到的是,随着智慧教育的深入推进,数字鸿沟、算法歧视、隐私泄露等问题会随之而来,公民的个人信息权、知情参与权、平等受教育权、生存发展权等多项权益均存在着被侵犯的风险。对此,已有学者指出,"面对科学技术的双刃剑及由信息技术引发的社会风险,必须把互联网、大数据、人工智能等的开发运用置于法治的规制之中,使之在法治的轨道上运行,将其对人类有利的一面发挥到极限,而将其对人类有害的另一面及时拦截于外"[①]。由此,智慧教育对多种复杂信息技术的应用,也必然指向法治的调整与供给。因此,法治保障始终是智慧教育发展的现实需要和根本依归。智慧教育作为教育数字化转型和智能升级的新型教育结构和教育形态,其应用与治理也理应纳入法治轨道,在法律制度的框架内推进实施。

2. 权利本位论是智慧教育法治化的本质特征

权利本位是现代法律发展进步的标志,更是现代法学产生的根基。[②]"鉴于时空境遇的新变化,新时代国家治理现代化需要应对传统因素和国际局势的双重考验,由此,应以开放系统的视野分析国家治理转型的核心问题,切实将国家治理的逻辑落定于权利本位。"[③]因此,在数智时代下,权利本位依然是法律正义性的根基所在,权利保障也始终是现代法治的出发点、根本宗旨和价值基准。在教育法治化进程中,权利保障理念同样占据着主导地位,贯穿教育法治建设全过程、全方位。

在教育向数字化转型升级的进程中,教育结构和形态被不断重塑,教育目的和内容本身、教育方法、教育设备、教学环境等都在发生质变。可以看到,智慧教育已经打破了传统教学模式和教育体制,学生权利运行的生态环境骤变,新型教育生态系统催生出诸多传统教学模式下未曾出现的权利诉求,学生的人格尊严和人格自由、接受情感教育的权利、自由选择权、知情参与权等权利保障问题渐成为人们在智慧教育形态下关注的重点。数智技术的不确定性和复杂性,也决定了智慧教育带有悖离本真教育理念的不可控性。为实现促进学生个性自由全面发展、助力教育公平均衡和高质量发展的智慧教育目标,也只有将权利本位理念贯彻智慧教育发展始终,重建智慧教育系统下的权利保障体系,才能切实因应智慧教育实践当下亟待解决的问题和隐忧。

[①] 张文显:《"未来法治"当为长远发展谋》,《新华日报》2018 年 12 月 4 日第 15 版。
[②] 齐延平:《数智化社会的法律调控》,《中国法学》2022 年第 1 期,第 88 页。
[③] 夏志强:《国家治理现代化的逻辑转换》,《中国社会科学》2020 年第 5 期,第 4 页。

3. 国家义务论是智慧教育法治化的学理依据

随着人权理论的产生与发展,公民第一性、国家第二性的关系形态经过多次演变并最终成为学界统一的科学共识,这也是现代公法的核心价值取向。[①] 作为人权观念与人权分类变化的必然产物,基本权利的国家义务理论逐渐成为现代法治国家存在的基石。因此,国家义务理论也是研究教育法治和权利保障的一个重要理论视角,它以公民基本权利为目的,强调国家义务对公民基本权利实现的积极保障功能,与基本权利的防御权功能、受益权功能和客观价值秩序功能相对应,认为国家权力的基本取向也在于促进公民权利的实现。这种以国家义务保障公民权利的国家义务论,是对国家权利保障公民权利理念的超越。当前,通过国家义务保障基本权利尤其是受教育权的实现,已成为现代教育法治建设的一项重点任务。

因此,在现代法治国家,作为公民与国家关系宪法呈现,基本权利直接表征公民在国家中的地位、参与社会关系的资格及凭此获得的利益,它内含于公民如何在国家中寻找恰当生活方式的价值判断。[②] 国家义务作为促进受教育权实现手段中最核心、最直接的保障因素,在智慧教育应用场域下应当予以确认。值得肯定的是,在智慧教育推行进程中,对于包括受教育权在内的公民权利实现而言,国家义务已经彰显出其重要的引导与服务功能。从全球范围来看,智慧教育总体上是都由各国政府牵头推行的,在制度性给付、物质性给付和服务性给付等国家给付义务方面均发挥着重要作用,为公民在智慧教育推行过程中的受教育权实现创造了一定的客观条件。例如,我国在教育信息化进程中不断加大对信息网络基础设施的财政投入,助力实现网络基础设施建设全覆盖,努力让每个受教育者都能平等享有接受智慧教育的机会和权利。

二、智慧教育的法治风险

智慧教育是一把双刃剑,新兴技术与教育场域的融合纵然为实现教育公平、保障学生权利带来了诸多机遇,但技术与教育的内在张力亦不容忽视。我们应当看到,智慧教育已经打破了传统教学模式和教育体制,学生权利运行的生态环境也因此发生骤变,智慧教育实际潜藏着巨大的法治风险。教育活动的专业自主性和科技固有的二重性[③],意味着技术不只可以为教育"赋能",也可能会给教育活动带来"负能",数智技术在其他领域中无与伦比的优势可能反而成为颠覆教育活动基本格局的潜在力量。因此,由多种功能技术模块构成的智慧教育同样也存在侵害学生权益、冲击教育公平的法治风险和隐忧。

[①] 劳凯声:《论受教育权利的国家义务》,《中国教育学刊》2018 年第 1 期,第 38 页。
[②] 转引自张奇、湛中乐:《论我国教育扶贫法治化的基本逻辑》,《首都师范大学学报(社会科学版)》2022 年第 1 期,第 175 页。
[③] 张弘政:《从技术的二重性看技术异化的必然性与可控性》,《科学技术与辩证法》2005 年第 5 期,第 63 页。

（一）智慧教育对教育公平的冲击

从智慧教育对具体技术的实践应用出发，至少存在以下几点可能导致教育不公的法治风险。

1. 在线教育的应用对教育公平的冲击

（1）硬件设施的差距与结构性原生困境可能进一步加剧教育不公。理论上讲，在线教学能够让优质教育资源在更大范围内共享共用，对教育普及和教育公平具有重要的推动作用，但前提是学生家庭和学校具备开展在线学习的基本硬件设施设备。目前，智慧教育的应用模式在很大程度上都是通过在线界面接入和访问的，并以计算设备作为主要交互点，能否获取设备和充分的互联网接入口是智慧教育推行的先决条件。然而，从全球视角来看，农村和贫困地区往往缺少网络接入的条件，信息基础设施建设较为薄弱，互联网访问机会和程度也因此受到限制。受经济基础薄弱、地区财政收入欠佳等因素的影响，农村和贫困地区的智慧教育基础设施的投入难以得到有效保证，经济发展水平落后的国家同理。同时，家庭环境和条件对智慧教育推行效果的影响也至关重要。据统计，我国不少地区的网络软硬件设备、网络环境等方面无法满足线上授课和居家学习的现实需求[①]，尤其是西部地区在几乎所有数据指标上都显著落后于东中部地区。[②] 表面上，智慧教育的推行在促进优质资源共享、缩小教育差距、实现教育公平等方面具有积极意义；实际上，受这些结构性原生困境的影响，广大农村和贫困地区学生很难享受到智慧教育的红利，同等学习条件难以得到保证。智慧教育在形式上似乎为弥合教育鸿沟和保障平等受教育权提供了强大助力，但实质上却可能进一步拉大区域、城乡间的教育鸿沟，加剧教育的不公平。

（2）"数字土著"（digital natives）和"数字移民"（digital immigrants）之间的信息素养差距也会对教育的公平性保障带来挑战。[③] 基于智慧教育对多种先进信息技术的高度依赖性，充分利用和实现智慧教育需要受教育者和其他利益相关者具备良好的信息素养，韩国教育部就曾将智慧教育定位为"针对'数字土著'一代教育范式的转型"[④]。对于出生和成长在信息技术飞速发展时代下的"数字土著"而言，其对新兴技术的掌握和适应能力要远超"数字移民"，在智慧教育推行下更能凭借这一优势，找到长期保持其享受智

---

① 付卫东、周洪宇：《新冠肺炎疫情给我国在线教育带来的挑战及应对策略》，《河北师范大学学报（教育科学版）》2020年第2期，第15页。

② 中国教育科学研究院课题组：《大规模在线教育的六点启示》，《基础教育论坛》2020年第15期，第1页。

③ 顾小清、林仕丽：《理解与应对：千禧年学习者的数字土著特征及其学习技术吁求》，《现代远程教育研究》2012年第1期，第23页。

④ 王济军：《智慧教育引领教育的创新与变革——技术与教育深度融合的视角》，《现代教育技术》2015年第5期，第53页。

慧教育红利优势地位的机会和方法。而"数字移民"由于更难适应和融入信息技术加持下的智慧教育系统中,其所接触和使用到的网络与数字化教学资源相比于"数字土著"便存在较大差距。此时,这种"数字鸿沟"问题反映在智慧教育生态系统中,就极有可能导致"强者愈强,弱者愈弱"的教育马太效应,智慧教育的公平性难以自证。因此,如何弥合"数字土著"与"数字移民"之间的"数字鸿沟",破解教育领域的马太效应是智慧教育面临的一大难题。①

(3)教师的信息素养和教学成本也会影响智慧教育的公平性。智慧教育对教师的信息素养提出了更高的要求,教师对智慧教育技术的操作熟练度和依赖程度均关系最终的教学效果和质量。但人工智能"可能导致学校种族隔离":当人工智能技术在教育中的应用被证实有效且具有经济优势时,经济条件处于不利地位的学校可能会被迫依赖更加廉价的技术模式开展教学,但却以减少人类教师为代价。如此一来,较富裕的学生可以享受更加全面多样的教育形式,而贫困地区的学生则被剥夺了人类教师教学授课的机会。这种风险不仅真实存在,而且影响重大,将严重威胁教育的公平性保障。

2. 数据挖掘技术的应用对教育公平的冲击

随着信息技术和互联网技术的快速发展,人们越来越多的行为发生在网络中,网络中的数据呈现爆炸式增长。数据挖掘技术可以收集、处理规模庞大而复杂的数据,从而获得知识和洞见。同样地,数据挖掘技术也是智慧教育的一大技术支撑。在教育场域中,数据挖掘是指应用统计理论、数据挖掘和机器学习方法对教育大数据进行获取、处理以及利用,发现存在于教育大数据背后的潜在模式,挖掘发现学习内容、教学方法等与学习效果间的关联关系等教育大数据背后的潜藏价值。②

然而,随着大数据多元化、规模化的发展,以及数据预判精准度的不断跃升,人们容易走向一个极端:万事万物皆用数据开口说话,甚至是用数据进行重要决策、重要管理,在决策过程中,人为剖析在一定程度上被移除,人最终成为"被程序化了"的数据行动者,这种将数据作为检验事物唯一标准的决策过程即唯数据主义。在智慧教育场域中,当教育大数据的决策体系变得无所不能时,维系这个体制就有可能成为教育领域悉数价值的源头,进而致使教师和学校的教育教学活动愈发依赖教育大数据的决策体系,逐渐走向片面扩大数据作用的"数据独裁"③,形成类似"盲人摸象"的数据决定论④,这将严重威胁教育的公平性。

---

① 龚向和:《人的"数字属性"及其法律保障》,《华东政法大学学报》2021年第3期,第78页。
② 江波、邱飞岳、李浩君:《教育数据挖掘研究综述——技术的视角》,《计算机与教育》2014年第8期,第112页。
③ [英]维克托·迈尔·舍恩伯格、肯尼思·库克耶:《大数据时代》,盛杨燕、周涛译,浙江人民出版社,2013,第195-210页。
④ 刘希未等:《智慧教育》,科学技术文献出版社,2021,第29页。

3. 算法技术的应用对教育公平的冲击

在智慧教育场域中，个性化的教学方案和教学资源的精准推送都是基于算法技术生成的。其背后的运作原理是按照预先目标设定，通过机器学习、训练操作等一系列步骤模拟人类的思维过程和行为方式，以算法箱子输入端和输出端的既定数据运算模拟人类神经工作、协助人们处理繁杂事务的过程。① 然而，这种技术逻辑的背后也存在加剧教育不公的风险，集中表现为算法偏见和算法歧视所带来的教育不公。算法依赖于所收集的样本数据和计算规则，而样本数据是经过一定筛选和选取的，计算规则更是受技术设计者的价值观左右。算法技术中的偏见和歧视有其隐蔽的形成路径，看得见的、可计算的数据被装入算法盒子，而看不见的、难处理的数据则可能被剔除，在数据取舍的这一过程中就产生了算法偏见，也造成了最终运算结果的狭隘。

马克斯·韦伯(Max Weber)曾将技术的偏向性划分为实质的偏向和形式的偏向两种类型。② 实质的偏向着眼于技术内容和目的的偏向，算法程序背后所隐含的可能是资本以增加用户黏性来谋取利益的商业逻辑，也可能是技术设计者自身的价值观偏向；形式的偏向着眼于技术本身在形式和手段上的偏向，这种形式偏向往往暗藏在智能技术的筛选设定中，在不知不觉中就完成了对不同人群的区别化对待。③

（1）算法技术的实质偏向会冲击教育的公平性。算法向受教育者不断推送其感兴趣的内容，导致受教育者的固有观念在反复推送中被不断强化，而所能听到的理性且全面的声音则越来越少，受教育者接收的信息越来越单一、学习路径越来越窄，最终困囿于算法编织的"过滤气泡"中。④ 这一偏向将严重限制受教育者的全面发展，为教育带来更多隐性而深远的不公平。

（2）算法技术的形式偏向存在教育不公的风险。在智慧教育具体应用场域中，算法背后所基于的数据类型和计算逻辑是否带有偏见和是否混入虚假或质量较低的数据，会直接影响其对学生学习成效、课堂表现等公正评价。例如，在情感识别类人工智能技术应用中，其数据样本是对学生面部情绪表达、行为表现等数据的收集。然而，由于人们都在以会给自己带来好处的方式表现和行动，而非发自本心的自然行为，智能技术收集到的受教育者各项数据的真实性和质量存疑。同时，我们日常学习生活中自发的自然表达是复杂多样的，数据样本是否充足、多样也是衡量数据质量的重要标准。算法基于这些

---

① 冯永刚、赵丹丹：《人工智能教育的算法风险与善治》，《国家教育行政学院学报》2022年第7期，第89页。

② 王琴、罗甜田：《马克思与韦伯资本主义合理性批判的理论路径比较》，《四川轻化工大学学报（社会科学版）》2020年第3期，第58页。

③ 何舟洋、韦妙：《本体、认识与价值：智能教育的技术伦理风险隐忧与治理进路》，《现代远距离教育》2022年第1期，第79页。

④ Eli Pariser. *The Filter Bubble：What the Internet Is Hiding from You*. London：Penguin Press，2011：50-55.

真伪不明、质量不清的数据所生成的评判结果,直接影响教育的公正性,被算法技术判定为"表现糟糕"的学生也并非真的"表现糟糕",却由于算法技术的错误评判而遭受到不必要的监督和错误的教学导引。

此外,这种算法偏见所带来的教育不公风险尤其对弱势群体的冲击更大。由于教育领域同样存在性别、种族、家庭环境、教育条件等参差不齐的背景样本,面对这些大量的样本,当前算法技术尚难对其进行全面的评估和预测,甚至难以将这些数据样本带入算法中进行结果分析,这就导致教育不公不可避免地被放大。同时,地区的教育信息化水平和人们的信息素养也影响到对算法偏见的认识和处理水平,"数据鸿沟"问题在算法偏见的加持下可能被进一步放大,教育的天平在这一过程中不断被拉扯倾斜。因此,算法技术的应用在一定程度上也会给教育公平带来负面影响。

(二)智慧教育对学生权利的侵害

受教育权是每个公民与生俱来的一项基本人权,这早已成为国际共识。它在基本权利体系和教育领域中都有着举足轻重地位。同时,我们也需要看到,受教育权的实现与否与其他权利的实现也密切相关。在智慧教育场域中,学生不仅享有受教育权这一核心权利,个人信息权、隐私权、知情参与权、发展权、人身自由、人格尊严等基本权益能否得到有效保障,也直接关系到学生受教育权的实现。

1. 智慧教育对学生受教育选择权的侵害

教育选择权作为受教育权的子权利之一,强调的是每个人都能根据自身需要进行自我选择、自我设计和自我努力,从而真正实现自我发展和以尊重个体多样性为前提的实质平等。[①] 联合国教科文组织发布的《学习权宣言》也明确规定,学生享有想象与创造的权利、质疑与思考的权利、研究自己本身的世界而撰写历史的权利。利用大数据、人工智能等技术获取、分析学生在学习过程中产生的各项数据,依此提供个性化教学,最终实现学生的自由全面发展,一直是智慧教育的理想状态,这似乎也为学生受教育选择权的充分实现提供了可行方案。

其中,为这一理想路径提供技术支撑的主要是大数据与学习分析技术。目前,基于教育大数据和学习分析技术的学习预判服务已初具雏形,预判精确度的进一步提升还可促使学习进程、学习服务、未来发展等更趋理想化。但是,深入思考就可发现,这一技术路径忽视了对教育本质规律的把握。教育活动的本质是让学生在主动探索与试错的学习过程中螺旋式发展,而在智能算法技术应用下,学生则沦为"可被测量"的对象[②],在技术裹挟中失去了不断试错并发现自我的可能。在智慧教育系统下,学生所接受的个性化

[①] 劳凯声:《从教育选择权看教育发展的历史性转折》,《复旦教育论坛》2020年第4期,第7页。
[②] Berendt B, Littlejohn A, Blakemore M. "AI in Education: Learner Choice and Fundamental Rights", *Learning, Media and Technology*, 2020, 45(3): 312-324.

教育资源和教学方案早已经过人工智能的筛选和过滤,不经意中就会陷入"信息茧房"的桎梏。

(1)个性化、精准化的智能推送破坏学习资料原有的多样性和全面性,学生在这一过程中不仅丧失了全面获取相关教育资源的机会和权利,也被迫放弃了基于充分信息进行主动思考和自主选择的权利。① 此时,学生的自主探究能力无法得到有效培养,一定程度上禁锢了其自由选择的权利和机会。同时,学生未来发展的不确定性以及成长的无限性也圈囿于技术的牢笼。在技术支配下,个体学习只有在大数据预判的基础上去行动和进步,才是合理化的。每个人学习发展的可能轨迹也早已被预设成型。然而,这种人为控制过早定向的"限定式未来",严重钳制了学生个体潜能发展的可能性和无限性,学生自由选择自身未来发展路径的权利诉求在技术反向驯化下逐渐被掩盖甚至遗忘。

(2)一旦教育教学活动过分依附技术分析结果对学生学习趋向、学习进程所做的预测和评估,将严重阻挠学生创造性思维的发展,学生自主想象与创造的权利、质疑与思考的权利均会受到限制。学习者的创造性思维来源于持续不断的错误尝试与灵光乍现般的豁然大悟。然而,海量的预判式规制数据结果将会造成学习者放弃连续不断的试错创新机会②,整个课堂大幅追求预判精确度的提高,最终会彻底击垮学生的独立思考技能。③ 同时,个性化推送也导致学生长期处于贴合自身学习偏好的知识和价值观的围墙下,而且愈发依赖于智能技术进而产生思维惰性,极易造成学生的认知偏差和思维定式,学生的创造力、想象力以及质疑与批判的思维能力都在无形中受到技术的禁锢。心理学专家帕特里夏·格林菲尔德就曾指出,对智能终端的频繁使用将会影响和改变人们尤其是青少年的思辨能力、想象力等高阶认知能力④,人类的思维方式变得愈发"浅薄"。⑤

2. 智慧教育对学生接受情感教育权利的侵害

教育不只是单纯的知识传授活动,更是一项情感实践活动。⑥ 促进人的自由全面发展是教育活动的本质和最终目的,这就要求人的自然属性和社会属性均能得到充分的引

---

① 刘金松:《人工智能时代学生主体性的相关问题探讨》,《现代教育技术》2021年第1期,第8页。
② 钟绍春、唐烨伟:《人工智能时代教育创新发展的方向与路径研究》,《电化教育研究》2018年第10期,第16页。
③ 庞茗月、胡凡刚:《从赋能教育向尊崇成长转变:教育大数据的伦理省思》,《电化教育研究》2019年第7期,第32页。
④ [法]马尔克·杜甘、克里斯托夫·拉贝:《赤裸裸的人——大数据,隐私与窥视》,杜燕译,上海科学技术出版社,2017,第73页。
⑤ 张家军、陈苗:《回归人价值:数字全景敞视下教育规训隐忧的消解路径》,《现代远程教育研究》2021年第4期,第36页。
⑥ 冯锐、孙佳晶等:《人工智能在教育应用中的伦理风险与理性抉择》,《远程教育杂志》2020年第3期,第48页。

导和发展,而情感、人际的交往互动、价值观、态度等都是人的社会性培养所必需的。① 此时,技术本身发展的不成熟性与"技术热"导向下教师角色的淡化和虚拟化,便直接危及学生接受情感教育的权利。

(1)在线教育和虚拟现实教学的场景应用会带来情感关怀缺失的问题。相比传统物理空间"面对面"的教学形式,在线教学"屏对屏"的教学形式极易缺乏"人情味",学生在场的相遇感、深度的交流感、全方位的碰撞感遭到大幅削弱。然而深度的、全方位的、在场的、不可逆的相遇、交流和碰撞,恰恰是关怀发生的场域。同样地,在虚拟现实教学的场景中,师生、生生之间的交互关系也从"人—人"变成了"人—机—人"。于终端两头的师生而言,这种需要借助数字网络中介系统的交互模式容易造成情感遮蔽的"伪参与"现象,相互之间的情绪和感受不易被察觉,真实的人文关怀和情感交流在数据采集和共享中遭到削弱。② 同时,一旦对虚拟现实设备和网络在线学习形成长期依赖,使受教育者的社会交往场域在多数时间都限定于数字空间之中,也极易导致受教育者陷入自我封闭,加剧人的疏离感和孤独感。③

(2)情感人工智能的应用无法为学生接受情感教育的权利提供切实保障。当前,情感人工智能研究仍处于起步阶段,现有技术尚无法对人类复杂的情绪表达作出精准识别和全方位模拟。④ 人工智能驱动下的虚拟教师很难如人类教师一般以具身的形式与学生进行交互,无法给予其逼真的情感体验,一定程度上不利于对学生情感管理、情感责任等能力的培养。⑤

(3)对科技抱有乌托邦式幻想的"技术崇拜"问题会间接导致情感教育的缺失。在智慧教育具体实践场域中,部分学校和教师未能厘清技术之于教育的辅助性功能定位,反而陷入技术高效、便捷的迷思之中,对于人工智能分析提供的一切教学资源和教学评价深信不疑。由此,教师在对技术的过分依赖中逐渐沦为了技术的附庸,无形中让渡了其理应发挥的教学专业自主权,消解了自身的教学创造力和教学热情,对教学情境的研判能力和对学生真实情感状态感知的能力也逐渐钝化。⑥

因此,以人机互动为显著特征的智慧教育,在对人的社会性培育上面临着诸多难题。

---

① 马蕾:《"技术热"背景下学习共同体的哲学反思与本真意》,《重庆高教研究》2020 年第 2 期,第 70 页。
② 冯锐等:《人工智能在教育应用中的伦理风险与理性抉择》,《远程教育杂志》2020 年第 3 期,第 50 页。
③ 冯春艳、陈旭远:《人工智能在教学改革中的应然角色及理性审视》,《苏州大学学报(教育科学版)》2020 年第 1 期,第 29 页。
④ Gan W, Dao M S, Zettsu K, et al. IoT-based Multimodal Analysis for Smart Education: Current Status, Challenges and Opportunities, Proceedings of the 3rd ACM Workshop on Intelligent Cross-Data Analysis and Retrieval. 2022: 32-40.
⑤ 赵磊磊等:《教育人工智能伦理:基本向度与风险消解》,《现代远程教育》2021 年第 5 期,第 77 页。
⑥ 蒋艳双等:《教育领域中的情感计算技术:应用隐忧、生成机制与实践规约》,《中国电化教育》2022 年第 5 期,第 93 页。

随着虚拟性和间接性交互的常态化,学生将长期缺乏真实的情感交互,沉浸式和场景式的学习体验也在不断模糊与真实世界的边界。在这一趋向下,学生极易产生情感体验缺位和社会交往障碍,接受情感教育的权利将难以得到有效保障。

3. 智慧教育对学生人格尊严和人身自由的侵害

在智慧教育应用场域中,学生实际处于多种智能技术设备包围和监视下,仿佛陷入了福柯所构想的全景敞视般"圆形监狱",一举一动都在无形中遭受着来自学校、教师、企业等多方势力的监视和规训。① 这不仅会对学生的人格尊严构成威胁,甚至可以间接影响学生的人身自由。其中,情感计算技术和学习分析技术在这一问题上最为突出。

人身自由包括身体自由和精神自由,后者是指自然人按照自己的意志,在法律规定的范围内自主思维的权利。在智慧教育领域,情感计算技术可以通过对学生面部表情的识别来判断其学习状态。目前,我国浙江部分中学推行的"智慧课堂"项目可以通过教室前端的三个摄像头,识别学生在课堂上的七种情绪(恐惧、快乐、厌恶、悲伤、惊讶、愤怒和中性)和六种行为(读、写、听、站、举手、趴在桌子上),实时分析出学生们在课堂上的状态。由此可以看到,情感计算应用的重要假设是可以推断人们内心的真实情感,并以此为基础作出决策。

然而,学生可能会为了避免自己被定义为"危险""可疑""注意力不集中"而被迫作出符合"良好"情感标签的生理表达②,如何表现可以生成趋利评价的数据被迫成为学生的主要任务。如果情感计算能够准确识别并呈现每个人实时的情绪,并应用于课堂之中,可能会增加学生的心理负担,抑制其真情实感的表达,迫使学生开展频繁、高强度的情感劳动,最终导致学生情感的内在体验和外部表达之间的失调,自我呈现受阻。③ 由此可见,在情感计算技术的应用下,学生无法实现自由地思想和学习,并时刻处于被监控的恐惧之中,这不仅会导致学生的学习效果大打折扣,背离了教育的本质规律,也严重危及学生的人身自由和人格尊严。

同时,情感计算技术把学生区分为"注意力集中""注意力不集中"等,这种带有价值导向的分类方式,也无疑对学生的人格尊严构成侵犯。如前文所述,学习分析技术可以被用来预测学生的学习进度和学习趋向,甚至可以预测有"辍学"风险的学生。一方面,学习分析技术通过对个人数据的整合分析,为每个学生勾勒出完整的"人格画像",在无形中给学生贴上了带有价值评判色彩的标签。另一方面,教师或管理者得到这一结果后,在采取干预措施时,也有给学生"贴标签"之嫌。因此,智慧教育也存在着侵害学生人格尊严的潜在风险。

---

① [法]米歇尔·福柯:《规训与惩罚:监狱的诞生》,刘北成、杨远婴译,生活·读书·新知三联书店,1999,第215-218页。
② 王禄生:《情感计算的应用困境及其法律规制》,《东方法学》2021年第4期,第55页。
③ 程猛等:《"精准识别"的悖论及其意外后果——人脸情绪识别技术应用于大学课堂的冷思考》,《重庆高教研究》2021年第6期,第82页。

4. 智慧教育对学生隐私权和知情参与权的侵害

在大数据时代下,每个人无时无刻不在生产数据,这些数据也无时无刻不在面临着泄露的风险。在教育场域中,学生的各种数据信息和隐私分布在教育活动的各个环节。而在智慧教育的各种技术应用场域中,学生的隐私权面临着不同程度的侵害风险。并且,学生在智慧教育系统中所面临的风险危害程度和复杂程度,也远远要比传统教育结构下学生所面临的大得多。诚然,蓬勃发展的数据分析技术和智能决策系统为改进教育教学提供了创新技术手段,但随着人机交互的不断深化和技术风险控制的不确定性,多种复杂技术交织的智慧教育系统也会给学生带来隐私数据泄露的风险,更多、更深层次的隐私问题也会更加突出。

一方面,数据挖掘和学习分析技术的应用存在侵犯学生隐私权的风险。在线学习系统及移动终端的广泛应用,可以掌握学生海量的学习相关数据,数据挖掘和学习分析技术在运行过程中还可以将收集的碎片化数据整合分析,进而为学生提供具有针对性的教学策略。但是,无处不在的数据收集,在无形中亦为学生编织了弥天大网,学生学习阶段中的一举一动都为技术所捕捉和追踪[①],学生的隐私空间被不断侵蚀和压缩。同时,在对学生数据整合分析的过程中,也极有可能挖掘出学生个体与学习无关的隐私信息。另一方面,情感计算技术的应用也可能对学生的隐私权构成侵犯。情感作为人体的内在感受,并非无时无刻都要外化于行。于一般公众而言,控制情绪和不让内在真实情感的外露更是一项重要的社会规则,尤其是恐惧、焦虑、沮丧等负面情绪,这些情感信息尤其是个人不愿意外露的情感明显带有敏感和私密的性质。[②] 根据我国《民法典》的规定,隐私是自然人的私人生活安宁和不愿为他人知晓的私密空间、私密活动、私密信息。因此,个体不愿意外露的情感状态理应属于不愿为他人知晓的私密信息。同时,个体也理应享有可以呈现虚假情绪和隐藏真实情绪的私密空间。

在教育活动中,情感计算技术的应用让学生的日常外在行为表现都能成为智能机器的监视对象,严重压缩了传统教育模式下学生在学习过程中所享有的私密空间,超出了学生在教育教学场合期望保持个人情感隐私的原有预期。情感计算技术的应用能够让学生在课堂中的微表情等诸多非自愿性的面部情绪信息暴露无遗,这种行为实际构成了对学生隐私的窥视与刺探。根据《民法典》第1033条的规定,除了"法律另有规定或者权利人明确同意外",其他侵犯隐私的行为都是不具有合法性的。教育部原科学技术司司长雷朝滋也曾表示,人脸识别、肢体识别等技术软件,对学生个人信息能不采集就不采集,能少采集就少采集,尤其是个人生物信息。[③] 在我国,智能头环、"刷脸"报道等相关技术的应用已经引发了人们对于数据安全和隐私问题的深度担忧。尽管万物互联、人机共

---

① 王旦等:《智能时代的教育伦理风险及应然向度》,《教育研究与实验》2021年第4期,第37页。
② 王禄生:《情感计算的应用困境及其法律规制》,《东方法学》2021年第4期,第55页。
③ 巩帅、张冰清:《教育部雷朝滋司长:涉及人脸识别或肢体识别的教育APP,建议学校慎用》,未来网,http://edu.news.k618.cn/yc/201909/t20190905_17770943.html,2019年9月5日。

存给个性化教育的实施提供了更多可能,但当学生行为活动的每一种存在都成为数据的生产者和携带者时,学生隐私数据泄露的渠道和路径就会愈来愈多,学生隐私权遭受侵害的相关风险无疑也会越来越高。

另外,对于情感隐私的侵入性获取如果没有获得权利人的明确同意,不仅有侵害学生隐私权的可能,同时也存在侵害学生知情参与的程序性权利的风险。例如,在"智能头环"使用中,学生、家长、教师等利益相关者是否充分知晓设备可能带来的风险,在使用前是否经过了科学、民主的讨论和听证等程序性保障问题均无从得知,学生的知情参与权难谓得到有效保障。

三、智慧教育法治风险的分层治理逻辑

教育公平的实现与学生权利的充分保障是衡量智慧教育目标实现的重要标准,也是贯穿智慧教育法治化建构全方位的核心价值追求。与传统教育相比,智慧教育生态系统下的相关利益主体更加多元,法律利益关系呈现复杂化趋势。国家、社会、企业、学校、教师、学生等主体都是智慧教育中的利益相关者,存在着各不相同的利益诉求和视野局限。因此,针对智慧教育存在的上述法治风险,需要区分不同层级的治理主体,划分各自在智慧教育治理中的角色定位,分别对应不同的治理任务和治理范围。这种以民主、参与、协同、共享、法治为特征的分层治理方式,可以有效兼顾各方利益诉求,形成符合学生权益保障需求和教育法治建设的智慧教育治理体系。具体而言,智慧教育治理可以划分为宏观层、中观层和微观层三个层面。

(一)宏观层面:完善法律法规,履行国家义务

1. 完善智慧教育法律规范体系

制度保障是教育公平和学生权利得以实现的基本前提和规范基础。如前文所述,为大力推行智慧教育,我国已先后出台一系列政策性文件,并对智慧教育作出多方位的统筹部署。但是,这些顶层设计目前都只是停留在政策性谋划的层面,尚未制定出更具可操作性和强制力的法律规范,与智慧教育治理相配套的法律体系尚未形成。同时,现有教育法律体系的调整范围和监管逻辑仍未跳出传统教育系统的关系位面,难以有效应对智慧教育带来的不确定性因素,造成智慧教育治理缺乏切实的法律规范约束和指引。[①] 由此可见,现有教育法律体系已经呈现出诸多与智慧教育不相适应的地方,亟待进行规范层面的创新、调整和完善。其中,国家治理处于治理层级的最高位置,具有宏观治理与顶层设计的治理逻辑。目前来看,有如下两种立法路径可以为国家对智慧教育的法治化治理提供参考。

---

① 吴河江等:《人工智能时代的教育风险及其规避》,《现代教育技术》2020年第4期,第20页。

（1）在既有教育法治体系内进行"一揽子"调适。目前我国教育法主要根据教育类型和教育阶段分别进行专门立法，以九部分散式的单行法规范教育活动。[①] 在这一立法模式下，既有教育单行法规范尚未跟上教育智慧化、智能化变革。《教育法》虽然在2015年修订时将"推进教育信息化""加快教育信息基础设施建设""利用信息技术促进优质教育资源普及共享"等写入法律，但也无法跟进教育信息化2.0、3.0阶段下需要因应的复杂风险。其他教育法规则年代久远，更未涉及数智技术应用于教育领域的规范条款。由此，在既有教育法治体系下便需要通过"一揽子"修法，一同考量如何在单行法规范中将与智慧教育理念和技术应用相协调的内容融入其中。

（2）在教育法典的编纂中统一融入智慧教育的相关内容。目前，法典化已经成为我国未来立法模式的一大趋势。2021年，全国人大常委会将研究启动教育法典编纂列入年度立法工作计划当中，学界目前也正处在对教育法典编纂问题的火热研讨阶段，此刻正是将智慧教育相关内容引入立法工作者与教育法专家视野下的恰好时机。通过教育法典对智慧教育的统一整顿和规范指导，可以为受教育权实现提供稳定的法律保障体系，有效预防新法和旧法冲突、重复立法等混乱的法治格局。

不论采取哪种路径，最终目的都是构建起以保障受教育权实现为核心的教育法律规范体系。自"二战"以后，受教育权的自由价值属性愈发受到重视，终身学习已经在全球掀起热潮，建设"人人皆学、处处能学、时时可学"的学习型社会亦是我国大力推行智慧教育的战略目标。因此，在完善立法过程中，应当一改过去教育立法规范"重社会权面向，轻自由权面向"的传统受教育权保障理念，对受教育权的自由属性加以肯定和强调。其中，最为关键的是对公民享有接受信息素养教育的权利和对是否接受智慧教育的选择权利予以明确。[②]

同时，智慧教育系统下受教育权的实现与否，亦与学生的人格尊严、人身自由、隐私权、知情参与权等其他权利密切相关。因此，学生权利的法律保障不能纯粹依赖于教育法治体系，还应当重视与其他科技法、网络法、数据安全法等法律规范体系的衔接。只有在《教育法》和其他法律规范共同搭建的法律制度关系网下，才能切实保障受教育权的全方位实现。

2. 履行智慧教育中的国家义务

国家义务作为促进基本权利实现手段中最核心、最直接的保障因素，在智慧教育应用场域下也应当予以确认。为确保智慧教育中最为关键的受教育权的全方位实现，国家需要从三个层次履行义务，分别是尊重义务、保护义务和给付义务。

[①] 龚向和：《教育法法典化进程中的终身学习权保障研究》，《国家教育行政学院学报》2022年第1期，第24页。

[②] 管华：《智能时代的教育立法前瞻》，《陕西师范大学学报（哲学社会科学版）》2022年第4期，第109页。

（1）受教育权的国家尊重义务指向的是国家不得非法干预、限制或妨碍公民正当的自由受教育行为。这就要求国家在智慧教育的推行下，应当对每个受教育者的学习主体地位给予充分尊重和肯定，不得非法干涉或限制受教育者在谋求个体身心自由发展过程中的自主选择权，不得强制要求每个受教育者都必须接受智慧教育的教学模式。此外，教师的教学自主权也是受教育权实现的重要保障，国家同样应当对教师在教学方面所享有的专业自主权予以充分尊重，不仅限于对教学自由的强调和认可，同时也应当免去对教师教学活动可能带来的不合理、不必要的限制。放在智慧教育场域下，这就意味着国家不得让智慧教育发展目标异化为智能技术取代人类教师的价值取向，在具体落实环节应当始终贯彻智慧教育技术辅助教师教学的基本理念。

（2）受教育权的国家保护义务指向的是国家以作为的形式，对侵害公民受教育权的行为进行阻止、惩罚和补救，保护受教育权利免受第三人侵害。因此，这就要求国家采取积极作为的方式对智慧教育实践进行必要的干预和监管，防范公民受教育权在智慧教育应用场域中可能面临的威胁。具体而言，国家可以从事前、事中和事后三个阶段完成预防、排除和救济的国家保护义务。事前预防主要指向立法保障，前文已有所述及；事中监管指向行政监管，在智慧教育应用场域下主要表现为要求国家提供有效的监管手段，保证应用于教育教学活动的数智技术符合基本的教育伦理和统一的安全标准，这就需要国家研究制定出一套科学合理的智慧教育应用技术准入标准，为事中监管环节提供除法律规范以外可供参考、更具可行性和可操作性的依据；事后救济主要指向司法保护，当智慧教育应用侵犯公民受教育权及其他相关权利时，公民既可以通过向学校和相关教育主管部门反映、申诉的途径维护自身的合法权益，同时也可以提起民事诉讼、行政诉讼甚至刑事诉讼的方式，保障自身的受教育权、隐私权等权利免受如智慧教育技术研发企业、学校等主体的侵犯。

（3）受教育权的国家给付义务指向的是国家通过积极的制度性给付、物质性给付和服务性给付，为公民受教育权的充分实现创造客观条件。[①] 基于受教育权的受益权功能和客观价值秩序功能，国家应当在物质层面上给予公平的智慧教育优质资源，包括对弱势群体、特殊群体给予财政上的倾斜式支持和补偿，实现网络基础设施建设全覆盖，让每个受教育者都能平等享有接受智慧教育的机会和权利。同时，教育作为一项公共事业，还需要国家提供服务性给付和制度性给付来维持和保障智慧教育的具体落实。国家不仅应当提供稳定的网络环境和智慧教育管理平台，实时监测和保障教育资源互通共享的连续性和优质性，还要为受教育者提供畅通的申诉渠道和援助通道等程序性保障，维系安全便捷的智慧教育环境，并通过立法落实智慧教育推行所需的必要财政给付与各方主体的法律责任，确保智慧教育是在造福大众而非沦为资本的宰割工具。

---

① 莫静：《论受教育权的国家给付义务》，《现代法学》2014年第3期，第40页。

(二) 中观层面:构建多元协同、共治共享机制

在中观层面,应当注重协同共治。数智技术确有重塑教育生态的巨大潜力,在其与教育系统深度融合的过程中,应遵循灵活适切的治理路径,打破复杂技术在教育场域应用进程中的隔膜与障碍,保持智慧教育系统的动态平衡。① 政府、社会、企业、学校、家庭是智慧教育治理的多元主体,智慧教育的有效推进关键要充分发挥政府力量、社会力量、企业力量和学校力量和家庭力量,对智慧教育进行合力治理。具体而言,可以从事前、事中、事后三个环节构建起多元协同、共治共享的智慧教育治理机制。

1. 事前:保障治理的程序参与性和公开透明性

在事前环节,要营造开放包容、共治共享的智慧教育治理氛围,构建公开、透明、公平、尊重的对话和沟通环境,打造既有温度又有制度的治理流程。

(1)要保障智慧教育技术投入应用前的程序参与性。在智慧教育技术正式投入使用前,应当经过充分严密的讨论和评估,确保最终投入教育活动的技术是经过各方利益主体的充分表达、协商与妥协的结果。为此,需要同时引入专家技术和公众参与这两种相辅相成的程序技术。② 既要由专家研判技术的风险性和不利影响,例如在事前交由教育伦理委员会、技术伦理委员会对其潜在的伦理风险进行评估;也要充分保证公众的全过程参与,确保学生、家长、教师、学校等利益相关者可以通过听证程序等方式在技术准入环节和实施环节均能参与讨论并发表意见。此外,在技术研发环节还要加强技术与教育专业人士的联系,确保智慧教育技术真正起到育人作用,否则智慧教育技术将只是"简单地发现新的方法进行糟糕的教学,并在应用过程中进一步使有关教与学的错误观念永久化"③。

(2)要保障智慧教育技术投入使用的全过程透明性和公开性。智慧教育技术的风险不确定性可能对受教育者带来不可预测的潜在权益损害,政府和技术研发企业应当履行告知义务和解释说明义务,让受教育者充分知晓智慧教育技术可能收集哪些数据以及会如何使用、对受教育权等权利可能产生何种影响、应用可能存在的偏差和不利导向等实际状况,并以简洁易懂的方式进行说明。同时,为了减轻数智技术进入教育领域可能对学生带来不可逆的损害,还应当增加事前测试和训练程序,及时向利益相关者公布训练和测试后的结果信息。在这一过程中,可以帮助人们前瞻性地预判智慧教育技术的潜在风险和负面效应,及时采取有针对性的干预措施,预防智慧教育相关产品可能带来的法治风险。

---

① 李世瑾等:《人工智能教育治理:逻辑机理与实践进路》,《华东师范大学学报(教育科学版)》2022 年第 9 期,第 62 页。

② 熊樟林:《裁量基准制定中的公众参与——一种比较法上的反思与检讨》,《法制与社会发展》2013 年第 3 期,第 30 页。

③ Bates T, Cobo C, Mariño O, et al. "Can artificial intelligence transform higher education?." *International Journal of Educational Technology in Higher Education*, 2020, 17(1): 1-12.

2. 事中：加强协同监管，形成统一的监测标准

在事中环节，要建立合理有效的协同监管机制，形成统一的监管标准。此时，应当以政府相关部门为主导，企业、社会组织、学校、家庭等多元主体协同参与，协同政府制定出统一的智慧教育应用技术监测标准和参照标准，保证应用于教育教学活动的智慧教育产品符合基本的教育伦理和统一的安全标准。这也是多元主体开展"他律"、市场企业主体开展"自律"的重要依据。① 针对不符合教育规律和相关标准的智慧教育产品和服务，政府相关监管部门应当及时并强制性要求其快速退出教育市场。

同时，要重点关注智慧教育技术投入使用过程中的中立性。智慧教育技术的中立性要求集中表现为对智慧教育使用主体的非歧视性，在智慧教育技术投入使用中应当避免偏私，防范技术运算逻辑背后的隐性歧视。为防范投入使用的智慧教育技术混入技术研发企业和工作人员有意或无意的歧视，可以通过区块链技术对智慧教育技术应用过程中的教学和学习全过程同步记录和保存，防止他人对相关数据的肆意篡改。这不仅可以对技术研发者、学校等上位者形成外在约束，也可以有效保障受教育者监督和提出异议的权利。另外，政府或社会组织在事中监管环节还需构建动态化的智慧教育产品风险评估机制，以公平性、安全性、无歧视原则等作为评估指标，对技术研发企业的日常运营、管理行为做好监督备案。

此外，还可以积极利用智能化数据资产平台和基于区块链的安全保障技术，理性洞察及预测未来教育生态的发展态势，建立起教育数据采集、融合、分析、存储、监控的风险管理机制，提前化解智慧教育治理的应用误区和潜在法治风险。在确保学生数据隐私保障安全的基础上，促进智慧教育技术应用场景的普及和深化。

3. 事后：建立合理的权责分配制度和问责机制

在事后环节，要建立合理的权责分配制度和透明的问责机制，主要针对技术投入使用后造成的教育不公、学生权益侵犯等问题展开追责与惩戒。在智慧教育治理权责分配环节，应当构建起合理有效的权责分配制度，让政府、学校管理者、教师、学生和家长等多元主体在协同治理进程中各辖其域。在区块链技术的去中心化技术供给下，确保协同治理主体及其治理手段的透明化和扁平化，防范利益相关者在智慧教育治理中的缺位、越位。

透明的问责机制是智慧教育治理的重要手段。智慧教育技术应用过程中如果出现数据有误、数据泄露、算法偏见或者用户操作不当等问题，都有可能侵犯学生的具体权益，危及教育的公平性。因此，在问题发生后，技术设计者、技术开发企业、技术使用者各自该承担怎样的责任，需要有明确的追责问责机制。

此外，问责机制还需要建立在公开透明的基础之上，真正做到可追溯、可追责。通过

---

① 李世瑾等：《人工智能教育治理：逻辑机理与实践进路》，《华东师范大学学报（教育科学版）》2022年第9期，第62页。

区块链等安全保障技术的供给,建立统一完整的数据跟踪记录方案,始终保持系统算法和决策推理过程的透明,便于在任何情况下均可以快速找出责任主体。① 例如,在智慧教育产品发布并投入使用后,如果出现了损害学生相关合法权益的不良后果,政府应根据算法的透明性开发原则追溯相应的主体责任,做到追责时"有迹可循"。此外,政府还可以通过制定专门的法律和规章条例来约束智慧教育技术研发企业、设计者及其他主体的行为规范,在具体问责时可以做到有法可依,以法治的力量确保智慧教育的公平福祉。

(三)微观层面:提高教师和学生的数字素养

在智慧教育系统下,教师和学生是最直接的使用主体和适用对象,其数字素养的高低决定着智慧教育推行的真正成效,是教育公平和学生权利保障理想目标能否实现的关键。

1. 注重提升教师的技术应用能力和鉴别能力

教师的数字素养关系智慧教育产品对学生的普惠程度和正负面趋向。教师对数智技术的使用能力决定着智慧教育产品能否切实发挥其应用的教学功效,对数智技术的鉴别力则决定着教育活动的专业自守性和学生的权益保障。因此,提高教师的数字素养不仅需要提高教师对数智技术的使用能力,包括熟练使用基本数字化工具的能力②,利用数字技术进行创作、问题解决与创新、交流与协作的能力等,充分发挥出智慧教育产品的优势功用,为学生提供更加优质的教学;还要提高教师对数智技术的鉴别力,避免陷入"技术崇拜"的唯工具主义误区。对此,需要以技术谦抑性为底线,将智慧教育技术的角色定位为教师教学的辅助性工具。教育活动是一项直面人生、关注自我并提升价值的社会活动③,它不是教育者对既往经验的简单复制,而是结合自身见解并经过批判性思考后的教育实践④,这与技术的运作逻辑有着本质区别。因此,在教学活动中,需要充分尊重人类教师的教学专业自主权,尤其在情感教育领域必须由人类教师占据主导地位。当前智慧教育所依托的新一代信息技术尚不具备道德感、人文价值观等人类社会固有的复杂情感,而这又是教育实践必不可少的组成部分,这就要求教师在人机协作的智慧教育场域下还应当重视对学生价值观的引领和给予他们更多的情感关注,加强对学生的社会性培育,切实保障学生接受情感教育的权利,让学生的个性得到自由全面发展。

---

① 高山冰、杨丹:《人工智能教育应用的伦理风险及其应对研究》,《高教探索》2022年第1期,第48页。
② [美]新媒体联盟:《新媒体联盟地平线报告(2015图书馆版)》,北京开放大学项目组编译,《北京广播电视大学学报》2015年第5期,第43页。
③ 吴小贻:《教师专业自主权的解读及实现》,《教育研究》2006年第7期,第53页。
④ [德]康德:《康德论教育》,李其龙、彭正梅译,人民教育出版社,2017,第174页。

2. 强化学生的技术应用能力和数字安全意识

提高学生自身的数字素养是实现教育公平和权利保障的首要任务。不论是起点公平、过程公平还是结果公平,学生本人的数字素养高低均起着决定性作用。

数字鸿沟不只是基础设施方面的"接入鸿沟",还包括数字技术应用能力方面的"应用鸿沟"。[①] 后者直接关系学生能否平等享有接受智慧教育的机会和能力,真正共享优质教育资源,使自身的个性和潜能得到充分释放。同时,大数据时代"万物皆数据"的特征以及数智技术固有的伦理风险,对现阶段数字素养的内涵提出了新要求,数字素养还应当包括数字安全保护能力和数字道德伦理规范。[②] 智慧教育具有侵犯学生的隐私权、人格尊严、人身自由等基本权利的法治风险。除了法律制度的后置性保障手段以外,学生自身的数字安全保护能力和数字道德伦理规范也理应得到提升和强化。对此,政府和学校可以通过技术宣讲、统一开设数字素养教育课程、技术专业人员进校指导等方式,深刻剖析投入使用的智慧教育产品可能存在的信息安全、隐私、舒适感等问题,引导学生通过自主独立的思考,增强智慧教育技术伦理风险的预警意识,充分提升学生在智慧教育系统下学习的能动性与独立性。

---

① 胡鞍钢、周绍杰:《新的全球贫富差距:日益扩大的"数字鸿沟"》,《中国社会科学》2002年第3期,第45页。

② 中央网络安全和信息化委员会:《提升全民数字素养与技能行动纲要》,中国网信网,http://www.cac.gov.cn/2021-11/05/c_1637708867754305.htm,2021年11月5日。

政府购买义务教育学位的法治逻辑、地方实践与制度完善

卢若彤　郑　磊[①]

随着城镇化背景下的人口流动以及规范民办义务教育占比政策实施的影响,政府购买民办义务教育学校学位(服务)正在成为基本公共教育服务供给的新方式。[②] 教育部发布的数据显示,2022年,义务教育阶段全国政府购买学位高达736.37万个,其中进城务工人员随迁子女在公办学校就读和享受政府购买学位的比例达95.2%。[③] 为此,中共中央办公厅、国务院办公厅《关于规范民办义务教育发展的意见》明确提出,"各地要完善政府购买学位管理办法,优先将随迁子女占比较高的民办义务教育学校纳入政府购买学位范围"[④]。基于上述背景,本报告聚焦"政府购买民办义务教育学校学位(服务)"这一主题,尝试探寻其背后的法治原理,全面总结地方的探索与实践,以期提出完善政府购买学位制度的建议。

一、政府购买义务教育学位的法治逻辑

《中华人民共和国义务教育法》(以下简称《义务教育法》)第2条规定:"义务教育是国家统一实施的所有适龄儿童、少年必须接受的教育,是国家必须予以保障的公益性事业。"因此,"义务教育首先是国家的义务,是政府的义务"[⑤]。在义务教育的实现方式

---

① 卢若彤,教育立法研究基地(教育部政策法规司和郑州大学共建)研究助理;郑磊,郑州大学法学院副教授,教育立法研究基地(教育部政策法规司和郑州大学共建)研究员。
② 扩展来看,政府购买学位不限于义务教育阶段,还包括学前教育、普通高中教育、中等职业教育等。学前教育,如上海市《上海市学前教育与托育服务条例》;高中,如潍坊市《我市在全省率先实施政府购买民办高中学位政策》;中职,如泉州市《泉州台商投资区和泉港区:"购买学位"培养急需人才》。
③ 教育部:《2022年全国教育事业发展基本情况》《2022年基础教育发展提升有关情况》,中国教育部政府门户网,http://www.moe.gov.cn/fbh/live/2023/55167/sfcl/202303/t20230323_1052202.html,2023年3月23日。
④ 《中共中央办公厅　国务院办公厅印发〈关于规范民办义务教育发展的意见〉的通知》(厅字〔2021〕15号)。
⑤ 杜柯伟:《义务教育　谁之义务》,《人民日报》2014年4月10日第18版。

上,除了国家直接举办学校实施教育的传统方式,政府购买公共服务逐渐进入大众视野,并在义务教育供给领域积极实践。政府购买义务教育学位就是指政府以契约的方式向民办学校购买服务,以保障适龄儿童、少年平等接受义务教育权利的一种方式。

(一)政府购买义务教育学位的法理依据

1. 政府购买义务教育学位是受教育权国家保障义务的题中之义

《中华人民共和国宪法》(以下简称《宪法》)第46条第1款规定:"中华人民共和国公民有受教育的权利和义务。"受教育权作为公民的基本权利之一,其受益权功能所针对的乃是国家的积极义务,国家有义务保障适龄儿童接受教育,为他们接受教育提供条件。受教育的权利同时也被规定为一种义务,为了使所有适龄儿童和少年都有可能履行这一义务,现代国家需要保障其中特别重要的教育阶段资源,就我国而言,政府需要确保义务教育阶段的适龄儿童能够接受教育。① 作为扩大义务教育资源的有效方式,政府向民办学校购买义务教育学位保障了适龄儿童义务教育阶段的入学机会。为通过立法实施宪法,根据《中华人民共和国民办教育促进法》第46条的规定,政府可以向民办学校购买服务。根据《中华人民共和国民办教育促进法实施条例》第58条第1款的规定,政府根据义务教育的需要,可以与民办学校签订协议,以购买服务等方式,委托其承担相应教育任务。

2. 政府购买义务教育学位是保障公民平等享有基本公共教育服务的重要手段

习近平总书记指出:"教育公平是社会公平的重要基础,要不断促进教育发展成果更多更公平惠及全体人民,以教育公平促进社会公平正义。"②妥善解决进城务工人员随迁子女的入学问题是实现教育公平的重要体现。近年来,随着城镇化进程的加快,进城务工人员随迁子女的总量也呈加快增长的趋势,2021年义务教育阶段进城务工人员随迁子女总规模达到1372.4万人。③ 然而,随迁子女由于没有流入地本地户籍,在流入地难以平等享有受教育的权利,公立学校也很难接收数量庞大的随迁子女入学就读。针对随迁子女的入学困境,国家发展改革委印发《2022年新型城镇化和城乡融合发展重点任务》,要求"优先将随迁子女占比较高的民办义务教育学校纳入政府购买学位范围"。政府可通过购买学位服务的形式,把随迁子女安排到所在学区的民办学校就读,克服公立学校资源不足的局限,优先将随迁子女占比较高的民办义务教育学校纳入政府购买学位范围,为随迁子女创造了良好的受教育机会,促进了教育公平。

3. 政府购买义务教育学位是优化公共教育服务供给方式的创新之举

《宪法》第19条第2款规定:"国家举办各种学校,普及初等义务教育,发展中等教

---

① 林来梵:《宪法学讲义》,清华大学出版社,2018,第418-419页。
② 丁雅诵:《推进教育公平 共享优质教育(谱写新篇章)》,《人民日报》2022年5月5日第6版。
③ 教育部:《全国2895个县全部实现义务教育基本均衡》,中国教育部政府门户网,http://www.moe.gov.cn/fbh/live/2022/54875/mtbd/202209/t20220927_665337.html,2022年9月27日。

育、职业教育和高等教育,并且发展学前教育。"《宪法》第 19 条第 4 款规定:"国家鼓励集体经济组织、国家企业事业组织和其他社会力量依照法律规定举办各种教育事业。"即义务教育通常由国家承担保障供给主要责任,国家引导市场主体和其他社会力量供给。义务教育结构调整和布局优化政策推进过程中,政府通过购买学位方式提供义务教育学位,以此来降低民办义务教育占比。与西方国家推行公共服务民营化目的在于精简机构、消减开支有所不同,我国引入政府购买学位是在政府自身无法充分、有效提供义务教育公共服务情况下,政府需要有效动员社会力量"做增量",即通过政府购买服务"改进政府提供公共服务方式""增加公共服务供给"。[①]《财政部关于做好 2023 年政府购买服务改革重点工作的通知》要求:"优化完善政府购买民办义务教育学校学位(服务)机制,合理确定购买学位(服务)的学校范围、购买标准和方式,支持加快义务教育优质均衡发展。"不少地方政府的规范性文件中体现了这一要求,例如,湖南省印发的《中共湖南省委教育工委湖南省教育厅 2022 年工作要点》中指出,实施好省政府"增加公办义务教育学位"重点民生实事项目,将政府购买学位作为主要措施,以确保公办义务教育学位占比至 95% 以上。

(二) 政府购买义务教育学位法治的特征

政府购买义务教育学位服务优化义务教育服务的供给质量和效率的同时,也打破了传统公共服务供给模式下,由政府直接提供服务给社会公众的"二元主体"关系。在政府购买义务教育学位服务过程中,购买主体(行政主体)、承接主体(民办学校)、公民之间形成了一个三元法律关系。某些情况下还会出现作为服务监督者的公民、第三方评估机构等第四方主体,进而转向购买主体、承接主体、公民之间与公民之间多元混合关系。[②](见图 1)

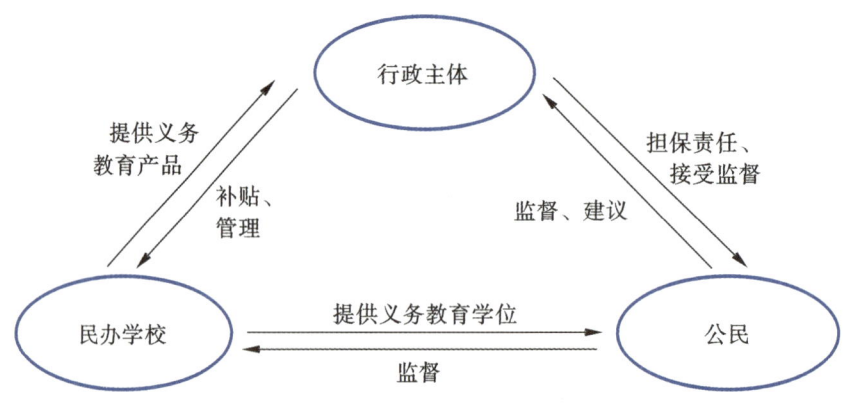

图 1 政府购买义务教育服务中三元法律关系

[①] 吕芳:《我国政府购买服务的特殊制度逻辑——基于中西方公共服务合同外包实践的比较》,《中国行政管理》2019 年第 9 期,第 36 页。

[②] 胡敏洁:《论政府购买公共服务合同中的公法责任》,《中国法学》2016 年第 4 期,第 149 页。

在传统行政管理模式下,地方政府既是教育服务的直接提供主体也是管理主体,直接向公众提供教育服务。但在购买义务教育学位服务中,政府不再是"直接生产"教育服务的提供者,而变成为"间接生产"教育服务的提供者。[①] 地方政府承担履行教育行政职能的职能,决定了它应该作为教育服务购买过程中的购买主体。《政府购买服务管理办法》第5条中明确规定,我国的各级地方政府是公共服务的购买主体。按照国家担保责任理论,公共服务虽然由市场主体直接供给,政府不再承担履行给付行政服务,但并非在给付行政中"完美隐身",其仍要承担担保责任,具体而言,政府应保证私人部门能够在规制范围内实现有限竞争,确保公众以合理价格,持续、均等地获得质高价廉的公共服务。[②]

在我国的教育服务领域中,民办教育机构通常会更多地关注教育发展趋势,能够注意到政府无法顾及的教育细节,在提供义务教育学位服务时,民办学校必须依靠教学质量站在市场中稳脚跟,运用自身的优势资源来弥补政府在教育服务供给中的缺口来满足不同层次的公共教育需求,通过市场机制来充分发挥教育资源配置的效用和效力。它已经成为政府购买教育服务活动中主要的合作伙伴和重要的服务承接主体。具体而言,承接主体是指能够提供义务教育学位服务的私主体,即由国家机构以外的社会组织或者个人,利用非国家财政性经费,面向社会举办的学校及其他教育机构。[③] 并且依法在民政部门登记成立或经国务院批准免予登记的社会组织或是依法在工商管理或行业主管部门登记成立的企业、机构等社会力量。[④] 承接服务主体包括营利性或非营利性的民办学校、教育机构,具体的承接主体资格,则由相关的政府部门予以规定。

政府购买义务教育学位的法律关系中,公众改变了过去只是教育服务受众的形象并转变成为教育服务的共同管理者,主动、积极地参与到政府购买教育服务。一方面,公众有权利了解民办教育机构的资质以及提供有义务教育服务的过程,监督民办教育机构的运行情况。另一方面,由于民办教育机构管理不当造成服务受众利益受损时,公众有权要求其作出相应的调整,在民办教育机构不符合资质时,公众有权要求政府终止其供给教育服务。但国家直接举办公立学校实施义务教育中,政府是公办义务教育的设计者和提供者,公民作为教育服务的受众,并没有充分的参与权,与政府之间表现出明显的支配和被支配关系。在这种背景下,政府有可能会过当使用公共权力,违背教育服务受众的诉求和意愿,为他们提供需求程度低或根本不需要的教育服务。[⑤]

---

① 周翠萍:《政府购买教育服务的内涵、类型与展望》,《全球教育展望》2010年第8期,第73页。
② 邢鸿飞:《论政府购买公共服务的保证责任》,《法商研究》2022年第1期,第147页。
③ 《民办教育促进法》第2条:"国家机构以外的社会组织或者个人,利用非国家财政性经费,面向社会举办学校及其他教育机构的活动,适用本法。本法未作规定的,依照教育法和其他有关教育法律执行。"
④ 《国务院办公厅关于政府向社会力量购买服务的指导意见》(国办发〔2013〕96号),2013年9月26日。
⑤ 毛明明、罗崇敏:《我国政府购买教育服务的主体关系困境及重构路径》,《现代教育管理》2016年第6期,第3页。

二、我国政府购买义务教育学位的制度演进

21世纪初,中国经济迅猛发展,向城市流入的农民工随迁子女数量急剧上升,对教育的需求迅速上涨,而已有的公办学校短期内无法满足大量农民工子女受教育的需求。政府逐渐意识到民办教育应是公办教育不可或缺的补充,并通过购买服务的方式与之合作,扩大基本公共教育服务供给。从早期的浙江长兴县教育券制度扶持民办教育探索,到上海市义务教育学位购买的实践创新,再到政策确认政府购买教育服务,最终全面推行政府购买义务教育学位。这一系列的教育改革措施不仅强化民办义务教育规范管理,营造良好教育生态,同时满足了适龄儿童、少年入学需求,促进学生全面发展、健康成长。

(一) 政府购买义务教育学位的早期探索(2001—2003年)

民办学校和职业教育的发展,相比于公立教育以及高等教育,前两者的发展本就存在诸多劣势,包括人们传统观念上的误解以及相对较少的财政扶持。相比较而言,西方国家对民办学校扶持、补贴模式发展较为成熟,例如美国政府实行教育券制度。[①] 2001年,浙江长兴县在学习借鉴国外教育券制度的基础上,结合实际,出台了《长兴县教育局关于教育券使用办法的通知》,规定民办学校读书的新生可得到500元的教育券、职业高中的学生可领取300元的教育券,共计发放了65万元。学生持教育券可在入学报到时冲抵相应的学杂费,教育局则根据学校所收教育券发给学校相应的办学经费。2002年,长兴县又把教育券扩展到了义务教育阶段的贫困学生,出台了《长兴县贫困学生互助会经费补助实施细则》,规定从当年秋季入学起,小学阶段的贫困学生每学期可获得200元的教育券,初中阶段的贫困学生每学期可获得300元的教育券,共计发放了156万元。[②] 引入教育券制度两年后,长兴县当地的民办学校、各职业教育学校均有很大程度的受益。职教招生从2000年的1403人增加到2003年的3306人,当地民办清泉武校在校生由2000年的341人增长到2003年的1171人。[③]

由于之后浙江省全面实施诸多替代性政策,使长兴县关于教育券的政策失去了存在意义。长兴县教育券制度设计并不是为了满足义务教育公共服务的供给,更多是为了扶持民办教育的发展。但其中也包含了政府提供民办义务教育公共服务的尝试,为之后探索政府购买义务教育学位提供了宝贵的经验。

---

① 教育券制度,即政府把原来直接投入公立学校的教育经费按照生均单位成本折算以后,以面额固定的有价证券(即教育券)的形式直接发放给家庭或学生,学生凭教育券自由选择政府所认可的学校(公立学校或私立学校)就读,教育券可以冲抵全部或部分学费,学校凭收到的教育券到政府部门换取教育经费。

② 王增伟:《关于教育券制度在我国的实施》,《中国职业技术教育》2008年第11期,第47页。

③ 陈新科:《长兴发放中国首批教育券》,浙江在线新闻网,https://zjnews.zjol.com.cn/system/2008/08/28/009883911.shtml,2008年8月28日。

(二) 政府购买义务教育学位的地方实践(2005—2010 年)

随着城市化进程也不断深入,大量人口向城市转移,但公办学校却无法满足大量进城务工人员的随迁子女受教育的需求。民办打工子弟学校应运而生,接收大批随迁子女入学就读。2003 年,国务院明确进城务工就业农民子女义务教育问题"以流入地为主、以公办中小学为主"的政策原则,又强调要加大投入力度减免学费,扶持规范打工子弟学校。① 开启了中央鼓励各地政府调动民办学校参与提供公共教育服务的开端。

政府购买民办学校学位服务,起初主要是为了解决进城务工人员的随迁子女的就学问题。截至 2010 年,全国拥有 0~17 岁流动儿童 3581 万,农民工随迁子女 2877 万,占全国所有同龄儿童的 80%。全国城镇儿童总数是 12 448 万,其中的流动儿童有 3106 万,占 25%。农村户籍流动儿童从 2000 年的 1405 万,上增到 2010 年的 2877 万,2005—2010 年,每年均增流动儿童数量 200 万。② 流动儿童在公办学校就读的覆盖率并不高,截至 2010 年底,全国正在上学的流动儿童中,在流入地就读公办学校的比例仅为 69%。③ 很大比例的流动儿童在民办打工子弟学校就读,然而多数民办打工子弟学校的硬件设施、教学质量与公办学校相距甚远,甚至义务教育阶段民办学校只有少数能达到国家的申办标准。

国务院在 2006 年提出,"输入地政府对委托承担农民工子女义务教育的民办学校,要在办学经费、师资培训等方面给予支持和指导,提高办学质量"④。明确政府对民办教育阶段学校有具体方面的支持与管理,指导地方各级制定相应政策。2005 年,深圳市宝安区为弥补公办学位不足,向有资质的民办学校购买了少量学位。⑤ 2006 年,成都市郫县教育局向具有民办性质的树德联合学校购买学位,以缓解当地外来人口子女学位不足的状况。上海浦东新区在尝试新型政府管理职能的背景下,于 2007 年制定了《浦东新区民办农民工子女学校申办办法》,鼓励支持农民工子女学校申办具有独立法人资质的民办学校,区财政给予民办农民工子女学校生均补贴。2008 年上海市教委《关于进一步做好本市农民工同住子女义务教育工作的若干意见》(沪教委基〔2008〕3 号)规定,初中阶段将不再允许农民工子弟学校存在,小学阶段农民工子弟学校不再增加。之后,上海市浦东新区政府将区内的 12 所农民工子女学校转为专门招收农民工子女的民办学

---

① 参见《关于进一步做好进城务工就业农民子女义务教育工作的意见》(国发〔2003〕78 号)。
② 杨东平、杨旻、黄胜利:《教育蓝皮书:中国教育发展报告(2015)》,社会科学文献出版社,2015,第 284 页。
③ 杨东平、杨旻、黄胜利:《教育蓝皮书:中国教育发展报告(2015)》,社会科学文献出版社,2015,第 285 页。
④ 参见《国务院关于解决农民工问题的若干意见》(国发〔2006〕5 号)。
⑤ 邓小群:《宝安三千万购买民办学位增加两千学位缓解公办学校压力,入读学生同样享受免费义务教育》,《深圳商报》2010 年 7 月 15 日第 7 版。

校,并向转正后的民办农民工子女学校购买按照公办标准收费的小学学位 11 365 个。① 上海市浦东新区政府首次进行了政府购买学位服务的政策探索。2010 年,深圳市效仿上海市的政策创新,宝安区教育局制定并下发《宝安区向优质民办学校购买学位管理工作暂行办法》,向优质民办学校购买学位,并将按照公办学校学生教学行政经费标准,向其拨付教育经费,确保被购买学位民办学校的教育教学水平。

政府为随迁子女购买学位的制度创新与实践,为流动儿童亟待解决的基本教育需求的公共治理提供了一种新的路径。与增加公办学校的学位更多的财政投入相比,购买学位的方式有利于提高教育产出的效率。政府向民办学校购买学位意味着为民办学校营造了一个公平的市场竞争环境,使政府对公共教育资源配置更加公开化、透明化。

(三) 政府购买义务教育学位的政策确认(2010—2016 年)

2009 年,小学学龄儿童净入学率已经达到 99.4%。初中阶段毛入学率为 99%,小学和初中阶段教育在规模上已基本满足了国民的教育需求。② 流动儿童义务教育入学机会供求得到很大程度的满足,但是公办学位已经不能满足有高层次教育需求家庭的需求。此外,叠加划片就近入学政策的深入执行,保障常住人口的义务教育均衡发展也成为政府制定政策的考量。在此背景下,"政府购买教育服务"这一概念被首次引入国务院《关于当前发展学前教育的若干意见》文件中,引起了社会普遍关注,之后中央不断出台相关政策来深化这一措施。

1. 购买义务教育服务使得随迁子女的受教育机会扩大

教育部《关于做好 2011 年秋季开学进城务工人员随迁子女义务教育就学工作的通知》提出,要通过积极扩大公办教育资源、购买民办学位等渠道,落实好"两为主"政策,确保所有符合输入地政府规定条件的随迁子女平等接受义务教育。2012 年,国务院颁发《关于深入推进义务教育均衡发展的意见》,要求尽力满足进城务工人员随迁子女在公办学校平等接受义务教育。在公办学校不能满足需要的情况下,可采取政府购买服务等方式保障进城务工人员随迁子女在依法举办的民办学校接受义务教育。2014 年,中共中央、国务院印发《国家新型城镇化规划(2014—2020 年)》,提出"对未能在公办学校就学的,采取政府购买服务等方式,保障农民工随迁子女在普惠性民办学校接受义务教育的权利"。

2. 购买义务教育服务促进教育产品质量与效率不断提升

在义务教育均衡发展目标下,购买义务教育服务促进教育产品质量与效率不断提升。2011 年,教育部与 27 省区市签署义务教育均衡发展备忘录,2020 年将全面实现义务

---

① 王红、陈纯槿:《流动儿童义务教育保障机制的探索——由"政府购买学位"引发的思考》,2009 年中国教育经济学学术年会论文集,第 1012 页。
② 教育部:《2009 年全国教育事业发展统计公报》,中国教育部政府门户网,http://www.moe.gov.cn/srcsite/A03/s180/moe_633/201008/t20100803_93763.html,2010 年 8 月 3 日。

教育均衡发展。① 2013 年,国务院颁发《关于政府向社会力量购买服务的指导意见》,明确界定了"购买主体""承接主体"的社会组织性质及政府进行购买服务的各个方面,成为政府购买学位的指导性文件。2015 年,教育部在《关于深入推进教育管办评分离促进政府职能转变的若干意见》中,为了提高公共教育服务的质量和效率,创新提供公共教育服务方式,健全政府购买教育服务机制,在提供义务教育和学前教育学位等领域推广政府购买服务。2016 年,国务院发布《关于统筹推进县域内城乡义务教育一体化改革发展的若干意见》,再次强调"对于公办学校学位不足的可以通过政府购买服务方式安排在普惠性民办学校就读",将承接主体义务教育阶段民办学校明确界定为"普惠性民办学校"。

2016 年 11 月 7 日,第十二届全国人民代表大会常务委员会第二十四次会议审议通过了《关于修改〈中华人民共和国民办教育促进法〉的决定》。《民办教育促进法》的修订是中国民办教育发展历程中的一个新的里程碑,修订的法律确立了中国民办教育分类管理的法律依据,将民办学校分为非营利性和营利性;强调民办学校与公办学校具有同等的法律地位,提出"县级以上各级人民政府可以采取购买服务、助学贷款、奖助学金和出租、转让闲置的国有资产等措施对民办学校予以扶持"。至此,政府购买教育服务有了明确的法律保障。

(四)政府购买义务教育学位的全面推行(2016 年至今)

近年来中国民办教育得到较快发展,截至 2015 年,全国共有民办学校 16.3 万所,占全国学校总数的 31.8%;在校学生 4570.4 万人,占全国在校生总数的 17.6%。② 为落实政府举办义务教育的主体责任,2021 年 5 月,中共中央办公厅、国务院办公厅《关于规范民办义务教育发展的意见》要求,"义务教育学位主要由公办学校提供或通过政府购买学位方式提供"。

多地教育部门学习贯彻文件精神,分别发文调整民办义务教育在校生比例,个别省份明确表示要将义务教育阶段民办学校在校生人数缩减到 5% 以下。例如,北京市政府印发《2022 年市政府工作报告重点任务清单》,其中要求:完成"公参民"学校治理等各项民办中小学治理任务,确保全市民办义务教育在校生占比控制在 5% 以内,各区控制在 15% 以内。上海市宝山区在《上海市宝山区教育局 2022 年工作意见》中提出,"将民办义务教育在校生总数严格控制在 5% 以内,切实落实政府举办义务教育的主体责任"。到目前为止,有的城市甚至已经完成了这一目标,例如苏州市教育局关于印发《2023 年苏州市义务教育阶段学校入学工作意见》的通知中,要求"持续巩固全市民办义务教育在校生规模占比 5% 以内的调控成果"。

2022 年 9 月,教育部发布的《2021 年全国教育事业发展统计公报》显示,全国民办义

---

① 吴晶:《教育部已与 27 省区市签署义务教育均衡发展备忘录》,中央政府门户网站,https://www.gov.cn/jrzg/2011-07/12/content_1904184.htm,2011 年 7 月 11 日。

② 李培林等:《社会蓝皮书:2017 年中国社会形势分析与预测》,社会科学文献出版社,2016。

教育阶段学校在校生1674.10万人,比上年减少10.89万人,占全国义务教育阶段在校生的比例10.60%。① 距离实现义务教育阶段民办学校在校生人数缩减到5%以下目标有一定距离,地方各级政府不得不加快推进义务教育结构调整和布局优化的脚步,根据《关于规范民办义务教育发展的意见》指出了解决此问题的三种方式:一是引导符合条件的民办义务教育学校逐渐转为公办学校;二是针对不具备整改条件或经整改仍不合格的民办义务教育学校,依法依规进行处理,直至责令其停止办学;三是已有民办义务教育学校,经协商一致、条件成熟的转为公办学校,也可通过政府购买学位方式继续办学。相较于前两种方式,第三种政府购买学位的方式效率更高,符合政府如期完成调整民办义务教育在校生比例,故而政府购买义务教育相关的行政法规、部门规章等如雨后春笋般不断公布(见表1),政府购买民办义务教育阶段学位服务迎来了飞速发展阶段。

表1 政府购买学位的主要依据(政策、文件)(2016年至今)

效力等级	文件名称	颁布年份
法律	《民办教育促进法》	2018
行政法规	《民办教育促进法实施条例》	2021
国务院政策文件	《国务院关于鼓励社会力量兴办教育促进民办教育健康发展的若干意见》	2016
	《国务院关于印发〈国家教育事业发展"十三五"规划〉的通知》	2017
	《国务院办公厅关于深化产教融合的若干意见》	2017
	《国务院办公厅关于进一步调整优化结构提高教育经费使用效益的意见》	2018
党内规范性文件	《中共中央办公厅 国务院办公厅印发〈关于规范民办义务教育发展的意见〉的通知》	2021
部门政策性文件	《教育部等十四部门关于印发〈中央有关部门贯彻实施《国务院关于鼓励社会力量兴办教育促进民办教育健康发展的若干意见》任务分工方案〉的通知》	2017
	《教育部关于印发〈县域义务教育优质均衡发展督导评估办法〉的通知》	2017
	《教育部办公厅关于做好2019年普通中小学招生入学工作的通知》	2019
	《国家发展改革委、中央宣传部、教育部等关于印发〈国家基本公共服务标准(2021年版)〉的通知》	2021
	《教育部等八部门关于规范公办学校举办或者参与举办民办义务教育学校的通知》	2021
	《国家发展改革委关于印发〈"十四五"新型城镇化实施方案〉的通知》	2022
	《国家发展改革委关于印发〈2022年新型城镇化和城乡融合发展重点任务〉的通知》	2022
	《财政部关于做好2023年政府购买服务改革重点工作的通知》	2023

---

① 《2021年全国教育事业发展统计公报》,中央政府门户网站,http://www.moe.gov.cn/jyb_sjzl/sjzl_fztjgb/202209/t20220914_660850.html,2022年9月14日。

三、政府购买义务教育学位存在的问题

从上述国家出台的有关政府购买义务教育学位的文件以及实践中可以看出,尽管一系列相关政策文件中都对政府购买教育服务的购买主体、承接主体和方式进行了规定,但目前不论是国家还是地方,都还未出台专门针对政府购买教育学位相关政策,使得很多政府购买义务教育学位停留于抽象层次,缺少具体、细化的政策文件纲领,更没有管理的法律规范框架,出现立法层面、制度设计以及监管方面出现了部分缺少、与实际相冲突的情形。

(一)部分地区欠缺政府购买学位管理办法

在中央政策的引导下,各地政府纷纷对政府购买义务教育学位服务展开政策实践,北京市、上海市、广州市等地都根据地方发展的实际需要出台了相关文件。由于全国试点地区的经验有限,导致各地政府购买学位管理办法缺失、进度不一。从我国流动儿童分布以及发展优质教育的现状来看,其高度集中在一些经济发达城市尤其是特大城市。笔者以上海、北京、深圳等 7 座超大城市以及武汉、东莞、西安等 14 座特大城市[①]政策出台情况为例,仅有上海、北京、深圳、广州、东莞 5 座城市出台了专门针对政府购买义务教育学位服务的专门管理办法(见表2)。

表2 五座城市政府购买义务教育学位服务的主要政策文件

城市	文件名称	出台年份
上海	《上海市教育委员会关于进一步做好本市农民工同住子女义务教育工作的若干意见》	2008
	《关于进一步完善本市义务教育学校免试就近入学工作的若干意见》	2014
北京	《北京市教育委员会关于印发〈政府购买公共教育服务实施方案(试行)〉的通知》	2016
广州	《广州市义务教育阶段学校招生工作指导意见》	2015
	《广州市人民政府办公厅关于进一步做好来穗人员随迁子女接受义务教育工作的实施意见》	2016
	《广州市教育局关于印发〈广州市购买民办义务教育学校学位服务实施意见〉的通知》	2022

---

① 超大城市有 7 座:上海、北京、深圳、重庆、广州、成都、天津(按城区人口数排序);特大城市有 14 座:武汉、东莞、西安、杭州、佛山、南京、沈阳、青岛、济南、长沙、哈尔滨、郑州、昆明、大连(按城区人口数排序)。城市规模按照《国务院关于调整城市规模划分标准的通知》(国发〔2014〕51号)进行划分,城区常住人口 500 万以上 1000 万以下的城市为特大城市,城区常住人口 1000 万以上的城市为超大城市。数据来源:国家统计局,第七次全国人口普查标准时点为 2020 年 11 月 1 日零时。

续表2

城市	文件名称	出台年份
深圳	《深圳市民办学校义务教育阶段学位补贴试行办法》	2012
深圳	《深圳市民办教育发展专项资金奖励和资助项目实施细则》	2012
东莞	《东莞市政府购买义务教育阶段民办学校学位暂行办法》	2016
东莞	《东莞市异地务工人员随迁子女积分制入学民办学位补贴实施办法》	2017
东莞	《关于印发〈东莞市教育局东莞市财政局非户籍适龄儿童少年积分制入学民办学位补贴实施办法〉的通知》	2020

资料来源：根据北京市、上海市等市的政府信息公开资料整理。

政府购买义务教育学位虽然已成为落实政府义务教育主体责任的措施之一，但大多数地区相关的规章政策尚处于研究的阶段，对购买义务教育学位的范围、对象、内容、形式等方面并无明确规定。这种情况下，即使地方政府实行义务教育学位补贴措施，由于没有相关制度执行约束，也难免流于形式，在民办义务教育阶段就读学生的受教育权、平等权等难以获得实质性的保障。

（二）现有政府购买义务教育学位制度不合理之处

现有法律法规对民办学校进行义务教育学位补贴的规定比较笼统，并不能作为具体的制度指引，地方政府主导设计购买义务教育学位制度时应注重合理性问题，现有政府购买义务教育学位制度设计不合理之处包括以下几个方面：

1. 政府主体身份定位模糊

在政府购买义务教育学位过程中，政府承担了购买者和监管者的双重身份，将行政权力贯穿于购买合同整个过程，使得政府购买行为偏离了合同双方当事人应享有的地位平等、充分合意。政府以购买人和监管人双重身份出现，掌握了合同的主动权，购买服务的价格往往由政府提前确定。不少地方学位补贴标准仅包括民办学校收费标准，即政府固定了学位服务的"单个价格"，而各民办义务教育学校的招生计划又是由教育行政部门下达，相当于政府确定了购买学位服务合同的"总体价格"。对于教育服务供给过程中，行政机关出于提升公信力、打造政府良好形象，政府又强调其监管者身份，为教育组织机构规定了严格的错误责任。例如《儋州市政府购买民办学校义务教育学位办法（暂行）》中规定，"受委托学校若有弄虚作假或使用补贴资金不当的，从下一年起三年内取消各类奖励和资助资格，依法追究举办者、学校领导和直接责任人的相关责任"。

2. 未明确承接主体的具体资格标准

《中华人民共和国政府采购法》（以下简称《政府采购法》）第22条、《国务院办公厅关于政府向社会力量购买服务的指导意见》第3条、《政府购买服务管理办法》第6—8条中，均对承接主体作出了一定标准和限制规定。上述规定只能作为政府购买服务的承接主体的基础性条件,而各地结合实际对承接主体制定具体的资格标准,即对民办学校的校园规划、校舍建设、教育装备配置、师资队伍和教育经费等方面作出详细的标准。例如,《北京市教育委员会印发〈关于政府购买公共教育服务的实施方案〉的通知》中,仅仅重复了《国务院办公厅关于政府向社会力量购买服务的指导意见》的承接主体的规定,没有进一步细化。《广州市教育局关于印发〈广州市购买民办义务教育学校学位服务实施意见〉的通知》更是没有关于承接主体标准的直接规定,期望于各区具体的方案细则中明确。

3. 学位补贴标准设置不合理

为保证民办学校就读学生的平等权,各地均明确购买学位标准不低于公办义务教育学校生均公用经费标准补助,例如,上海市教委公布《2023年本市义务教育阶段学校招生入学工作的实施意见》中,对于纳入购买学位范围的民办义务教育学校,各区可参照本市义务教育阶段公办学校生均经费基本标准购买学位。但是,经济发达地区的民办学校成本与运营费用往往高于同类公办学校,《深圳市民办义务教育收费管理办法(征求意见稿)》的数据显示,深圳市民办小学学费平均为每个学生每学期9221元,民办初中学费平均为每个学生每学期1.1209万元。目前,深圳市对民办学校符合就读条件的学生给予学位补贴,小学标准为每个学生每学期3500元,初中为每个学生每学期4500元,需要家长承担超过学位补贴标准的部分学费。虽然深圳市补贴金额相较于一般城市较高,但是学位补贴仅补助公用经费基准定额,难以减轻就读学生家庭的经济负担。近几年,深圳的民办学校需求并没有随着民办学校数量缩减而减弱,需求反而旺盛,甚至2021年深圳民办学校普遍出现了学费价格上涨的情况,偏离了政府对民办学校扶持、扩大教育资源的初衷。如何确定科学合理的义务教育学位补贴标准,让购买教育服务的经费发挥最大价值,是整个购买义务教育学位制度设计首当其冲的问题。

4. 政府购买服务程序不完善

义务教育服务属于公共教育服务中的一种,购买义务教育学位服务关系流动儿童能否直接入学接受教育,有其特殊性,故《政府采购法》并不完全适用,《政府购买服务管理办法》也有不足,对政府购买服务的程序规定模糊。《国务院办公厅关于政府向社会力量购买服务的指导意见》对政府购买服务规定了大致程序,包括:建立健全项目申报、预算编报等规范化流程;采用公开招标等方式确定承接主体;与承接主体签订合同,按照合同要求支付资金,并加强对服务提供全过程的跟踪监管和对服务成果的检查验收;承接主体要严格履行合同义务,按时完成服务项目任务,保证服务数量、质量和效果。大部分省级文件提出了要完善政府购买服务的标准和程序、建立绩效评价制度,但是并未细化政府购买服务程序。

(三)配套的监督评估机制薄弱

配套的监督和评价机制薄弱是导致政府购买服务执行乏力的重要原因,《政府购买服务管理办法》第30条规定:"有关部门应当建立健全政府购买服务监督管理机制。购买主体和承接主体应当自觉接受财政监督、审计监督、社会监督以及服务对象的监督。"其中涉及对购买主体和承接主体的监督,也涉及对政策执行结果的评估。但从全国情况来看,已经实施政府购买义务教育学位的个别省市政策评价和监督机制均不完善,存在以下几个方面的问题。

1. 内部协同监督效能低下

根据《政府采购法》第13条、第67条以及第30条的规定,政府购买服务是由各级人民政府财政部门、行政监督部门和审计等部门所进行的"内部监督",并贯穿政府购买教育服务活动的整个过程。这种监管模式下,各个部门处理对应负责的监管事项,监管效率突出,但每个监管部门所形成的监管系统独立性很强,在它们之间难以有效整合。如对政府学位补贴发放的监督,涉及财政、教育行政、审计三部门的监管职责,但多数文件中仅规定了各个部门的具体分工,未涉及内部监管职责。例如《东莞市2019—2021年度购买义务教育阶段民办学位经费项目绩效评析报告》中指出,购买学位过程中缺乏对学校层面学位补贴发放的有效监管,须提升内部控制监督的有效性。

2. 缺乏第三方绩效评估机制

《政府购买服务管理办法》第20条中,虽然提出了购买主体应定期对所购服务实施情况开展绩效评价,但并未将第三方评价评估列为必经程序,仅规定"具备条件的项目可以运用第三方评价评估"。受政府封闭式行政管理的影响,短时间内政府难以进行职能转变,将对政府购买教育服务的评估委托给第三方评估机构。政府依旧采用内部行政部门评估方式,增加了评估过程的稳定性,但"政府评价权力相对集中,造成权责不清,容易出现既做'运动员'又兼'裁判员'的问题"①。以广西南宁市的财政支出绩效评价报告为例,南宁市2019年与2020年的民办教育专项经费财政支出绩效均采用政府部门自评的方式,但在两份报告中均表明在绩效考核中未发现相关问题。②

3. 公众监督参与度不高

《政府采购法》对政府采购活动的社会监督问题作了明确规定,其第70条规定:"任何单位和个人对政府采购活动中的违法行为,有权控告和检举,有关部门、机关应当依照各自职责及时处理。"该条赋予了公众对政府采购活动中的违法行为进行监督的权利。监督是公民与监管主体之间沟通、反馈的桥梁与纽带,但公众由于受限于自身的知识结构以及外部的宏观环境很难获取完善的购买信息,他们对政府购买教育服务相关政策和活动的了解主要来自政府的宣传或自身的体验感受,难以及时对购买教育服务提出建

---

① 曹晶、车丽萍:《依附式自主:高等教育评价中第三方组织与政府的关系重构》,《中国高教研究》2021年第9期,第59页。
② 南宁市教育局:《南宁市财政项目支出绩效评价报告 南宁市2019年民办教育专项经费》,广西南宁市教育局网站,http://jy.nanning.gov.cn/xxgk/fdzdgknr/cwysj/jyjftrtjglysj/t4408250.html,2020年2月28日。

议。多数公众并不知道应当通过什么渠道监督、如何监督,造成其对政府购买学位监督参与程度低的情况成为一种常态。

四、完善政府购买义务教育学位法律制度

为落实政府举办义务教育的主体责任,进一步扩大义务教育阶段公办学位,以政府购买学位的方式降低民办学校义务教育学校的比例成为一种发展趋势。而教育服务本身具有特殊性和复杂性,其效果不能简单量化进行,并且服务效果的显现具有一定的"滞后性",因此,需要根据教育服务的特点让政府购买义务教育服务体制规范化和制度化。

(一)省级或设区的市应制定统一的政府购买学位管理办法

针对政府购买服务,多部法律、行政规章、规范性文件已有分散条文,如《政府采购法》《国务院办公厅关于政府向社会力量购买服务的指导意见》《政府购买服务管理办法》等。购买公共教育服务被纳入中央本级政府购买服务指导性目录的二级目录,由地方政府主导制定购买公共教育服务政策。陈宝生同志在全国县域义务教育优质均衡发展督导评估认定启动现场会上的讲话中强调,义务教育主要是地方事权,办好义务教育是地方各级政府的法定职责。[①] 故现阶段应发挥省级政府的统筹作用,鼓励有立法权的地方出台地方性法规规章,建立政府购买学位制度机制,完善范围、标准、程序、监督等,因地制宜制定或修订地方财政补助标准。

各地政府制定购买义务教育学位的专门性政策文件,需确定政府购买义务教育学位服务的主体范围、规范政府购买义务教育学位的工作的流程、加强政府购买公共教育服务资金管理、根据实际情况建立政府购买义务教育学位工作体系,形成与经济社会发展水平相适应的、符合当地市教育事业改革发展方向和社会公众对公共教育服务需求的政府购买公共教育服务的工作机制。目前,我国几个经济发达地区对政府购买义务教育学位的方式作了相关规章政策的规定,虽然其主要是针对本地区的方案,但综合来看具有一定的政策推广性和借鉴性。例如《广州市购买民办义务教育学校学位服务实施意见》与《三亚市民办学校义务教育阶段学位补贴暂行办法》均对购买服务的享受对象、购买标准、分担原则、补助程序、职责分工、工作责任等作出了细化规定。省级或设区的市应制定统一的政府购买学位管理办法,落实政府购买义务教育学位的具体方案,扩大增加义务教育学位供给,同时保障民办学校义务教育阶段学生享受同等教育,进一步促进教育机会、资源配置、制度政策公平。

---

① 曹建:《以优质均衡为引领 着力办好中国特色世界水平义务教育全国县域义务教育优质均衡发展督导评估认定工作启动》,教育部门户网站,http://www.moe.gov.cn/jyb_xwfb/gzdt_gzdt/moe_1485/201910/t20191012_403050.html,2019年10月12日。

(二)优化政府购买义务教育学位制度设计

1. 明确政府"双阶段"中的身份责任

所谓"双阶理论",是指将政府购买养老服务拆解为不同阶段,分别适用不同性质的法规范学说,两个阶段分别具有公法与私法属性,政府具有不同角色类型,履行不同角色职责。① 约束拥有购买人与监管人身份的政府行为,明确政府在不同阶段的责任界限。在购买义务教育学位合同的缔约阶段,政府须维护购买秩序,为市场竞争创造和维护必要的规则环境,保障购买教育服务的质量,否则政府承担公法上的行政责任。而在民办学校根据合同提供义务教育服务阶段,由私法性质主导,本质上属于市场交易的行为,政府对合同的另一方承担私法上的责任,②包括政府未按时支付学位补贴费用等违约责任。

2. 确定承接主体具体资格标准

为保证民办学校提供的义务教育学位服务质量,应对民办学校的承接主体资格标准作出详细规定。借鉴《三亚市民办学校义务教育阶段学位补贴暂行办法》第4条中对承接主体的具体标准:"承接我市政府义务教育阶段学位补贴服务的民办学校应为经教育行政部门审批且通过年检审核的民办学校(不包括民办幼儿园、民办培训机构)。承接我市义务教育阶段学位补贴服务的民办学校应同时满足以下基本条件:①学校办学条件应基本达到《海南省义务教育学校办学基本标准(试行)》。②学校按同类同规模公办学校规定编制标准配备合格教师,并按规定办理教师聘用手续,有高质稳定的师资队伍。③学校接受教育行政主管部门的统一管理,按照三亚市教育局最新招生文件规定招生。④学校严格按照党和国家的教育方针依法办学。"首先,基本达到当地的义务教育学校基本标准是民办学校的合格要求,政府可提高作为购买义务教育学位的承接主体的标准,将"基本达到"提高为"达到"。其次,要求民办学校按同类同规模公办学校规定编制标准配备合格教师,保障了民办学校的教学质量。政府与民办学校行政契约关系中,民办学校得到了国家财政经费的扶持补贴,同时接受行政机关对其办学招生的管理,确保由政府主导义务教育学位配给,强化了政府举办义务教育的主体责任。

3. 制定合理的购买学位补贴标准

逐步加大政府购买义务教育学位的财政支出,扩大政府购买公共教育服务的范围和规模,更好地发挥市场在资源配置中的决定作用。《国家基本公共服务标准(2021年版)》中明确义务教育阶段生均公用经费基准定额为小学650元、初中850元。目前为止,各地政府购买义务教育学位补贴标准都远超国家基本公共服务标准,由于各地经济发展水平不一,学位补贴标准应参考具体各省的义务教育阶段的生均教育事业费

---

① 严益州:《德国行政法上的双阶理论》,《环球法律评论》2015年第1期,第92页。
② 杨复卫:《政府购买养老服务:角色冲突、责任风险与治理创新》,《云南民族大学学报》2023年第2期,第88页。

标准。以三亚市为例,海南省 2023 年春季学期起义务教育学校生均公用经费基准定额,小学每生每年 720 元,初中每生每年 940 元。而三亚市现行的学位补贴标准则为小学每生每年 1600 元,初中每生每年 2000 元。远超生均公用经费的学位补贴标准,切实减轻了流动儿童家庭的经济负担,在降低民办学校数量的教育改革中,资助优质民办学校进一步发展。

4. 加强对民办学校收费管理

防止因政府补偿办学成本导致民办学校收费虚高现象出现,地方政府应根据民办学校的教学质量、运营成本、市场需求等方面建立动态的学位补贴调整机制。例如,2021 年 7 月 1 日,深圳市发改委发布了《深圳市民办义务教育收费管理办法(征求意见稿)》。该意见稿要求政府按照补偿成本、奖优惩劣的原则建立学费标准动态调整机制,倘若学费标准超过深圳市同类公办学校上一年度生均教育成本 5 倍的,原则上不予调整学费标准。

5. 细化政府购买学位的有关程序

各省公开的文件中,有不少地区对购买学前教育服务的程序规定比较详细,学前教育与义务教育同属于基本公共教育,两者的购买程序在法理上十分相似。其中,青海省教育厅、青海省财政厅印发的《政府购买学前教育服务项目实施办法》第 8 条,规定了购买学前教育公共服务程序:①编制年度购买计划;②公开公示;③选择承接主体;④签订购买合同;⑤组织实施。该规定为政府购买义务教育服务程序提供了蓝本。

(1) 制定购买学位的预算。科学的学位补助预算能够保证政府教育财政经费合理运用,《广州市购买民办义务教育学校学位服务实施意见》和《三亚市民办学校义务教育阶段学位补贴暂行办法》也确定了这一程序。

(2) 公开公示。政府主动向社会公开相关信息,既提高政府购买程序透明度,又加大政策宣传力度,便于民办学校选择购买项目,吸引更多优质民办学校参与竞争。

(3) 依法确认民办学校作为承接主体。除明确承接主体具体的资格标准之外,政府应依照《政府采购法》相关规定,按照财政部门批准的购买方式,确认承接主体。

(4) 与民办学校签订购买义务教育服务合同。合同明确双方的权利义务关系以及民办学校应该达到的教育服务质量与标准等,也促使政府观念转变树立服务型政府的理念,从公共教育服务的直接生产者转变成提供者与监管者,从行政隶属关系向法律契约关系的转变。

(5) 组织各部门实施。交由不同的部门实施各个流程,能够确保程序的有效运转,追责到具体部门。

(三) 政府购买义务教育学位监管制度的完善

公共教育服务的有效供给离不开监督评价机制,完善的监督评价体系是政府购买义务学位的重要保障,内部监督、第三方绩效评价与社会监督存在的缺失将严重影响制度价值的实现。因此,有必要健全政府购买学位教育服务监管制度。

1. 建立有效的内部监督机制

内部监督机制应当吸收财政、教育、审计等多部门人员,建立政府购买学位联席会议制度。

政府购买学位联席会议主要负责不定期通报政府购买义务教育服务工作的开展情况和联席会议安排、决定事项的办理情况,适时组织开展集中排查调研专项活动等。联席会议的各部门成员密切配合、相互支持、形成合力,从不同部门职能角度进行监督,充分发挥联席会议作用,防止部门之间相互推诿。政府建立有效的内部监管体系,才能为政府购买义务教育学位服务提供监管保障。

2. 引入第三方绩效评价

2015年,教育部印发《关于深入推进教育管办评分离促进政府职能转变的若干意见》,强调"必须深入推进管办评分离",政府应加快职能转变,在做好内部评估的同时,主动委托第三方对政府购买教育服务开展全面、深入、客观的评估。义务教育学位直接关系到适龄儿童、少年的受教育权和平等权,政府购买义务教育学位服务应运用第三方绩效评估机制,独立于政府部门的第三方评估机构既能有效减轻政府监督的人力消耗,节约政府管理成本,也能有效监督购买主体和承接主体的双方的行为。

3. 提升公众对购买学位的监督参与度

一方面加强和规范政府购买义务教育学位的信息公开制度,政府须遵照执行财政部发布的《政府和社会资本合作(PPP)综合信息平台信息公开管理办法》,加强和规范政府和社会资本合作(PPP)信息公开,促进各方诚实守信、严格履约,保障公众知情权和监督权。另一方面建立就读学生家长反馈监督机制,就读民办学校学生及其家长是政府购买义务教育学位的直接受益者,政府购买民办学校学位政策设计是否科学合理和实施效果如何,受影响的首先就是入读学生群体,因此,入读学生及家长对政府购买学位的监督具有很大积极性,其评价也更加直观和客观。

(四)政府购买义务教育学位合同救济制度

政府购买义务教育学位制度设计中,救济制度是不可缺少的一环。政府购买服务合同的法律性质一直以来都存在较大争议,理论上,关于行政合同的法律性质存在多种学说,归纳起来主要有以下三种:民事合同说、行政合同说和混合合同说。[①] 目前,行政合同兼具公法与私法的双重法律性质的观点在学术界和实务界逐渐成为主流学说。"再审申

---

① 陈阵香、陈乃新:《PPP特许经营协议的法律性质》,《法学》2015年第11期,第25页。

请人杨某因与被申请人贵州省三都水族自治县人民政府确认行政协议无效案"①中,最高人民法院秉持了行政合同具有行政性和合同性的观点。② 我国行政合同兼具公法与私法两种性质,导致对其救济阶段存在选择行政救济或是民事救济的不确定性。

针对政府购买服务行政合同的法律文件主要散见于部门规章、国务院规范性文件、部门规范性文件中,并未专门出台国家法律和行政法规层面的立法文件,且不同的法律文件常存在矛盾或冲突,造成立法层面上政府购买服务行政合同救济的规定混乱,司法层面上中适用法律救济途径一段时间内也未能一致(见表3)。

表3 关于政府购买服务行政合同救济的主要规定(政策、文件)(2014年至今)③

效力等级	文件名称	颁发部门	颁布时间	具体条款	救济途径
法律	《中华人民共和国行政诉讼法》	全国人大常委会	2017年6月	第2条第1款、第11项	行政诉讼
	《中华人民共和国行政复议法》	全国人大常委会	2023年9月	第11条第1款、第13项	行政复议
	《政府和社会资本合作法(征求意见稿)》	全国人大常委会	2016年6月	第49条	民事诉讼或仲裁
行政法规	《基础设施和公共服务领域政府和社会资本合作条例(征求意见稿)》	国务院	2017年7月	第40条、第41条	仲裁或民事诉讼;行政复议或行政诉讼
规范性文件	《政府和社会资本合作项目政府采购管理办法》	财政部	2014年12月	第22条第2款	仲裁或民事诉讼
	《政府和社会资本合作模式操作指南(试行)》	财政部	2014年11月	第28条第1款第3项	仲裁或民事诉讼
	《政府和社会资本合作项目通用合同指南》	国家发改委	2014年12月	第73条第3款	仲裁或诉讼

资料来源:根据国家法律法规数据库相关数据整理。

---

① "再审申请人杨某因与被申请人贵州省三都水族自治县人民政府确认行政协议无效案",参见最高人民法院(2020)最高法行申2119号再审行政裁定书。在该案中,最高人民法院认为,行政协议是行政机关为了实现行政管理或者公共服务目标,与公民、法人或者其他组织协商订立的具有行政法上权利义务内容的协议,是双方当事人的合意结果,体现了当事人对自身权利的处分,因此兼具行政性和合同性。
② 孙海涛、王星月:《行政协议的救济困境与化解路径》,《行政与法》2022年第9期,第113页。
③ 尹少成:《PPP协议的法律性质及其救济——以德国双阶理论为视角》,《政法论坛》2019年第1期,第90页。

从法律效力等级上来看,《中华人民共和国行政诉讼法》《中华人民共和国行政复议法》都是法律,二者的法律效力都明显高于财政部和发改委的规范性文件。从立法上来看,关于政府购买服务行政合同协议纠纷的法律救济路径是行政复议或者行政诉讼。但是,2016年公开征求意见的《政府和社会资本合作法(征求意见稿)》,以及国务院法制办于2017年7月发布的《基础设施和公共服务领域政府和社会资本合作条例(征求意见稿)》表明,协议纠纷应当或者可以适用民事诉讼或仲裁,如果该法及该条例最终能够获得通过,作为政府和社会资本合作领域的"特别法",可以作为协议纠纷提起民事诉讼或仲裁的依据。立法上救济规定的混乱不可避免会影响司法实践。在2020年之前,法院适用民事诉讼程序审理政府购买服务合同纠纷①,有的法院却采用行政诉讼程序审理②。2019年,最高人民法院为统一内部做法,公布《关于审理行政协议案件若干问题的规定》,将"政府与社会资本合作协议"纳入行政诉讼受理范围,但适用行政诉讼程序。

学术界也在探究关于该种行政合同纠纷救济途径的理论,基于政府购买服务合同的双重法律属性,有学者跳出了单一民事或行政救济的局限性,认为应"以协议签订时间为分界线,将协议的法律性质重新界定为:'行政处理+民事合同'和'行政处理+行政合同'模式"③。也有学者提出,明确以争议性质为导向的综合救济思路。采用对应的民事或行政救济,如果产生的是民行交叉争议,采用合并审理的办法,允许行政附带民事诉讼、民事附带行政诉讼。④ 前一种观点的提出具有一定的理论意义,"但'以协议签订时间为分界线'来界定协议的法律性质本身是难以成立的。在所谓'分界线'之前的合同签订阶段,因为缔约问题引发的争议中,实际上也完全有可能从属于民事争议。而在'分界线'之后的阶段,也还难以断言必然形成非民事合同即为行政合同的态势,因为此处还存在一个应如何看待混合合同的问题"⑤。显然,运用"双阶理论"机械地将政府购买服务合同分为民事救济、行政救济两个阶段,与司法实践中复杂情况不相符。

由此分析以争议性质为导向,如果合同产生的是民事争议或是行政争议,则采用对应的民事救济或行政救济。在政府购买服务合同领域,若争议起因于政府基于规划、许

---

① "辉县市人民政府、河南新陵公路建设投资有限公司合同纠纷案",参见最高人民法院(2018)最高法民终1319号民事判决书。在该案中,最高人民法院认为,辉县市人民政府与河南新陵公路建设投资有限公司签订的投建辉县经营公路的合同,属于政府特许经营协议,应当定性为民商事合同。

② "和田市人民政府与和田市天瑞燃气有限责任公司、新疆兴源建设集团有限公司其他合同纠纷案",参见最高人民法院(2014)民二终字第12号民事裁定书。在该案中,最高人民法院认为,所涉合同系由和田市政府作为一方当事人根据其行政机关公权力所签订,是行使行政职权的行为,属于民事案件受理范围,当事人可另行提起行政诉讼。

③ 尹少成:《PPP协议的法律性质及其救济——以德国双阶理论为视角》,《政法论坛》2019年第1期,第90页。

④ 刘海鸥、贾韶琦:《论政府和社会资本合作项目合同争议的综合救济》,《湘潭大学学报(哲学社会科学版)》2020年第3期,第61页。

⑤ 刘飞:《PPP协议的法律性质及其争议解决途径的一体化》,《国家检察官学院学报》2019年第4期,第100页。

可、管理、监督、强制、处罚等行政职能所作出的行政行为,属于行政争议,应当适用行政复议或行政诉讼;若争议涉及行政合同的履行、变更、解除、违约责任等方面纠纷,"常见的包括土地使用权的取得、项目产权的归属、项目收益的分配、项目公司融资、项目担保、工程建设、项目收益权抵押、项目回购、税费负担、违约责任等"①属于民事争议,该种情况适用仲裁或民事诉讼。

针对政府购买服务合同产生的民事行政交叉争议,采取合并审理的方式,允许行政附带民事诉讼。首先,适用行政附带民事诉讼解决政府购买服务纠纷,充分体现了民事、行政诉争行为间的关联性;其次,以附带诉讼的方式能够审查整个合同的争议,避免了案件在不同类型诉讼中切换,也方便审判庭审查遗漏;最后,行政附带民事诉讼能够降低当事人"一事多诉"概率,节约司法成本。对于"民事争议在整个争议中居于基础性地位,则适用民事附带行政诉讼"②的观点,也有一定争议。一方面,由于政府购买服务合同涉及民事与行政交叉纠纷,秉承"公益至上"的理念,应当以行政诉讼为主导;另一方面,民事附带行政诉讼涉及民事审判能否审查具体行政行为的合法性,可能影响行政诉讼受案范围,造成民事审判权对行政审判权的不当干预,应尽量避免。③

综上,政府购买义务教育服务合同兼具公法与私法双重属性,故而由此引发的纠纷包括行政争议、民事争议和民事行政交叉争议。基于争议性质,若政府购买义务教育学位合同涉及行政或民事争议,则选择对应的行政救济或者民事救济;若涉及民事行政交叉纠纷,为避免当事人缠诉,结合我国目前的人民法院司法体制,应采用行政附带民事诉讼方式,确保审判高效。

---

① 江苏省高级人民法院民一庭课题组、潘军锋:《政府与社会资本合作(PPP)的法律疑难问题研究》,《法律适用》2017年第17期,第74页。

② 刘海鸥、贾韶琦:《论政府和社会资本合作项目合同争议的综合救济》,《湘潭大学学报(哲学社会科学版)》2020年第3期,第64页。

③ 杨荣馨:《民事诉讼法原理》,法律出版社,2003,第300页。

行政法视角下上海某高校田某开除学籍案解析

梁雪红　黄　鑫[①]

一、案件背景及其基本情况

田某(原告)系上海某高校(被告)基础医学院临床医学(八年制)专业 2017 级本科生。2021 年 1 月 11 日上午,在被告枫林校区 F2306 教室"病理生理学"课程闭卷期末考试过程中,监考老师发现原告试卷下有手机,将其手机没收,并交巡考教师处理。经检查原告手机,发现内有四张拍摄于考试当天的病理生理学知识照片,网页浏览器内容与考试无关。同日,原告作出书面陈述,称其"在考试前将手机放在笔袋中进入考场,考试中试图从桌上的笔袋中拿手机时被监考老师发现并批评;其已了解考试违纪可能受到的处分,以及如对处分决定不服有向学生申诉处理委员会提出对处分决定进行复议的申诉权利"。

被告上海某高校基础医学院于 2021 年 1 月 26 日建议给予原告记过处分。经监考教师和原告陈述,并查看考试监控录像,被告教务处于 2021 年 4 月 6 日经处务会讨论,在《上海某高校学生违反学习纪律处理审核表》中建议给予原告开除学籍处分。2021 年 9 月 26 日,被告教务处作出《关于对违反考场纪律的田某同学进行纪律处分的请示》,认为原告在 2021 年 1 月 11 日进行的"病理生理学"考试中使用通讯设备作弊,违反考试纪律,根据《上海某高校学生纪律处分条例》的相关规定,建议给予原告开除学籍的纪律处分,并附相关材料。

经过原被告律师公司事先的合法性审查后,原被告校长办公会议已于 2021 年 11 月 11 日经会议讨论决议给予原告开除学籍的处分,并已于同月 15 日发出给予原告被诉处分的决定,于同月 25 日向原告送达。法院还认为,根据《中华人民共和国教育法》(以下简称《教育法》)第 29 条第 1 款第 4 项和《普通高等学校学生管理规定》第 51 条、第 52 条规定的相关条款,被告上海某高校,对被教育者进行学籍管理,并依法具有作出被诉处分

[①] 梁雪红,西北政法大学行政法学院讲师、西北政法大学教育立法研究基地研究员;黄鑫,西北政法大学教育与经济管理专业 2022 级硕士生。

决定的法律职权，其所作出的开除学籍决定可能对控告人田某的受教育权利产生影响，该情形属于民事行政诉讼的受案范围。

根据《普通高等学校学生管理规定》第55条的规定，在校方对该学生作出行政处分或者其他不利决定之前，学校应当告知其所作出决定的事实、理由和依据，并同时告知该毕业生享有陈述和申辩的权利，并听取该生的陈述和申辩。根据《普通高等学校学生管理规定》第56条的规定，对学生作出的取消入学资格、取消学籍、退学、开除学籍或者其他涉及学生重大利益的处理和处分决定的，应当经过校长办公会或者校长授权的专门委员会商议后决定，并应当事前进行了合法性审查。

根据《上海某高校学生纪律处分条例》第11条的规定，主管部门在出具处分意见之前，应当检查其违纪的有关材料，查明其基本信息，并告知该学校作出处分决定的真正情况和依据，并且应当告知其拥有陈述和申辩的权利，能够听取其的陈述和申辩，或者征求其所在院系的意见。二审判决被上诉人是否重新启动调查处理程序，实则属被上诉人进行学籍管理的职权范畴。被上诉人如仍要对上诉人的行为作出处理，则需重新经过事实调查、对相关证据进行认定、听取上诉人陈述及申辩意见、经校长办公会议讨论决定等法定程序。届时上诉人既可在新的行政程序中对是否构成使用手机作弊的事实发表自己的意见，亦可在被上诉人作出新的处分决定后通过法定途径再行主张权利。因此，综合上述因素，法院在本案二审审理期间，既无再行审查被诉处分决定认定事实是否清晰之基础，亦无必要，更不宜对上诉人的行为直接作出判断。故就上诉人提出的该项上诉主张，法院难以支持。此外，为实质性解决行政争议，法院审理期间曾开展协调工作，但双方未能达成一致意见。法院对被诉处分决定认定事实问题未予评判，也出于留有余地切实化解行政争议的用心。法院希望被上诉人在今后的处理过程中，本着教书育人的教育理念，充分听取上诉人的意见，综合考量各项因素后作出慎重、适当的处理意见。

二审判决后的情况：二审判决于2023年3月2日送达上海某高校。2023年3月4日上午，田某致电上海某高校基础医学院教务处，要求回校上课。教务处相关人员或许并不理解田某的学籍自判决生效之日起便自动恢复，其答应会为田某恢复学籍，但须"上校会、走流程、要审批"，让田某继续等待通知。2023年3月4日下午，田某收到上海某高校上海医学院教务处于2023年3月3日落款并寄出的《告知书》一份，告知："经查明，你于2021年1月11日在枫林校区F2306教室参加《病理生理学》课程期末闭卷考试过程中，多次取出藏匿的手机，使用手机作弊……本处拟向学校提出给予你开除学籍处分的建议。"

学校行为的性质实质是行政处罚，形式上是依据教育部《普通高等学校学生管理规定》作出的处分。我国没有法律排除对学校损害学生权益行为的审查。学生并不因为进入校园，就被剥夺宪法上的公民基本权利。本案涉及学生的受教育基本权。我国法律上不承认"特别权力关系"，该理论在发源地德国也已经被抛弃。尤其是涉及受教育权剥夺，理所当然属于法院受案范围。

二、对案件基本情况的分析与思考

根据《上海某高校学生纪律处分条例》(2017年7月6日校长办公会议通过,2017年9月1日起施行,2019年7月16日上海某高校校长办公会议修正)第六章的"扰乱学校教育教学秩序的行为和处分"中第67条的规定,违反考试纪律,有下列行为之一的,给予记过处分:①携带通讯设备参加考试;②携带与考试内容相关的材料参加闭卷考试,或者携带规定以外的、与考试内容相关的材料参加开卷考试的;当事人的行为涉及以上两种情形,按照处分条例应当给予记过处分。而根据《普通高等学校学生管理规定》相关规定,包括"代替他人或者让他人代替自己参加考试、组织作弊、使用通讯设备或其他器材作弊、向他人出售考试试题或答案牟取利益,以及其他严重作弊或扰乱考试秩序行为的",有以上情形之一,学校可以开除学生学籍。上海某高校在确认当事人使用通讯设备作弊的情况下可以按照《普通高等学校学生管理规定》规定的程序,给予当事人开除学籍的处分,但根据此案件的描述只能认定考生携带了通讯设备,而不能直接认定其使用通讯设备完成了作弊行为。在一审判决书中,校方表示,凭借监控录像、监考老师陈述和考生陈述等证据,认为其存在作弊事实,"在考试过程中多次使用手机进行作弊"。一审法院认定的事实则是,考试当日,监考老师没收考生试卷下的手机,并交由巡考老师处理。检查发现,考生手机中有四张当天拍摄的课程知识照片,网页浏览器内容与考试无关,但并未判定考生是否作弊。用手机拍摄课程知识照片有可能只是为了在考试前能够浏览熟记知识,并不能因此认定考生实施了作弊行为,应当将手机交由专门的检测机构进行鉴定,提取数据,查验当天考试时间考生是否打开相册并浏览了拍摄的课程知识照片,这是判定考生是否携带通讯设备作弊的重要依据。仅凭借监控录像、监考老师和考生的陈述等证据就认为该考生存在作弊行为,难以成立。

根据考生提交给学校的书面陈述,他在考试前将手机放在笔袋中进入考场,考试中试图从桌上的笔袋中拿手机时被监考老师发现并批评。2022年7月接受记者采访时,考生解释,当天他吃了感冒药,大脑昏沉忘记把手机拿出笔袋,在准备拿橡皮时发现了笔袋里的手机,正犹豫如何处理时,就被监考老师发现了。考生当天感冒是否属实,是否有室友可以作证,如果考生当天确实感冒并且吃了感冒药,忘了取出笔袋中的手机,那么应当可以认定该考生并没有作弊的主观意愿。此外,还有一个问题值得注意,监考老师是否应当在考生进入教室之前使用金属探测仪搜寻考生是否携带通讯设备。

一审人民法院指出,由于上海某高校的处理程序严重违规,其在对学生作出开除学籍的行政处分决定时,"并未告知原告拟作出开除学籍决定的事实、理由及听取原告的陈述申辩",因而撤销了对某学生的开除学籍处分。根据《上海某高校学生纪律处分条例》第11条的规定,主管部门在提出行政处分建议之前,应当检查涉及学生违法的材料,核对所涉及学生的基本信息,了解其作出行政处分决定的事实、原因和依据,了解有关学生拥有陈述和申辩的权利,听取相关学生的陈述和申辩权利,并征求相关学生及其所在院系的意见;主管部门提出行政处分建议的,应当由学校法学事务部主任进行合规性评估,经分管副校长或者院系的纪委副部长评估确认;对于需要进行开除学籍处分的,由校领导办公会议讨论后决定。很明显上海某高校存在明显的程序违法。而在一审判决后,上海某高校重新启动了处理程序。区别于2021年11月15日的处分决定书中"给予开除学籍处分"的表述,上海某高校上海医学院教务处2022年7月28日发给考生的告知书中,称"拟向学校提出给予你开除学籍处分的建议"。而在告知书中也并未明确提到会将给予该考生开除学籍处分的建议经由校长办公会议研究决定,仅仅只是告知考生向学校提出给予开除学籍处分的建议,因此,告知书也存在不完整的情形。

二审法院称,"被上诉人(上海某高校)如仍要对上诉人的行为作出处理,则需重新经过事实调查、对相关证据进行认定、听取上诉人陈述及申辩意见、经校长办公会议讨论决定等法定程序。届时上诉人既可在新的行政程序中对是否构成使用手机作弊的事实发表自己的意见,亦可在被上诉人作出新的处分决定后通过法定途径再行主张权利"。这意味着,上海某高校有权依照合法程序重新处理考生的疑似作弊行为,考生在按照二审判决恢复学籍后,如依旧被认定作弊,根据相关规定,他将再次被开除学籍。尽管未对作弊事实是否存在作出评判,但法院在二审判决中指出,希望上海某高校能够慎重处理该事件,"本院希望被上诉人在今后的处理过程中,本着教书育人的教育理念,充分听取上诉人的意见,综合考量各项因素后作出慎重适当的处理"。在上海某高校的高校章程中关于学生的规定中也提到,对学生有下列情况之一的,校方有权从轻给予行政处分:在违纪行为中,主动退出违纪行为或积极有效的防止违纪行为结果发生的;在违纪行为以后积极承认错误,并且如实说明了自己的违纪行为,或者态度端正的。尽管考生是否作弊法院尚未认定,但他携带通讯设备进入考场确实是违纪行为,如果考生在考试当天被监考老师发现后,能主动上交手机并承认错误,那么上海某高校是否应当本着维护学生利益的原则,从轻处分该考生。

三、高校类似案件的启示

作弊学籍纠纷判决结果中关于作弊的事实认定层面,高校若能提供充分证据证明学生确有作弊行为,即予以尊重和认可,例如"许某某诉中国海洋大学案"[①]中,法院认可并尊重该校监考老师对许某某存在作弊行为的认定结果,原因在于法院认为高校在学生管理方面享有一定的自主权。作弊处分决定以程序违法或证据不足为由,判决撤销处分决定的案件,仍有可能再次因为同一作弊事由被开除并诉至法院。在"陈某诉浦江学院

---

① "许某某诉中国海洋大学行政处罚案",参见山东省青岛市中级人民法院(2016)鲁02行终20号行政判决书。

案"①中,开除决定程序违法被撤销并责令重新作出具体行政行为,但是浦江学院又以同一作弊事实和理由将陈某开除。法院认为已补正程序,驳回陈某的诉讼请求。可见,作弊学籍纠纷案件中被撤销的处分决定,仍可通过补正程序或补充证据而重新获得效力。

(一)高校对作弊行为作出开除学籍决定的条件

因作弊而开除学籍纠纷案件中,核心问题在于高校作出的作弊开除决定是否满足开除条件。包括事实、主体、程度、程序等多维度条件,只要不满足其中任一条件该决定就应被撤销。

1. 对作弊行为的协同性有无要求

对作弊行为的协同性有无要求是指能够适用开除学籍的作弊行为是否需要满足与他人协作的行为要件,其争议焦点集中体现在"使用通讯设备作弊"这一行为上。使用通讯工具作弊是严重作弊行为,属于《普通高等学校学生管理规定》第52条所列的高校可以予以开除学籍的事实条件之一,对此高校和学生并无异议。其争议焦点在于:使用通讯工具作弊如何认定,是否仅限于使用其通讯功能作弊?"武某诉云南中医药大学案"②中,云南中医药大学以武某在考试过程中偷看存储在手机的考试资料属于"使用通讯工具作弊"为由将其开除。武某则辩驳称没有使用手机的通讯手段传送信息或者被传递应试资料,其作弊方式是"携带与考试内容相关的文字材料或者存储有与考试内容相关资料的电子设备参加考试",并没有使用通讯设备作弊。由此可见,在当事人双方之间存在"使用通讯设备的通讯功能作弊"与"不限于使用通讯设备的通讯功能作弊,使用其他功能作弊亦是使用通讯设备作弊"两种理解。一审法院认定手机是通讯设备是众所周知的事实,手机中附带了存储功能的软件不会改变手机作为通讯设备的属性。通话清单已证明该手机号码当时仍具备呼叫转移功能,该功能是手机具备的通讯功能。

二审法院回溯到2005年"使用通讯功能作弊"首次规定的立法背景,认为当时"使用通讯设备存储和查看学习资料作弊"不符合"使用通讯设备作弊"的主流认知。2017年修订为"使用通讯设备作弊或其他器材作弊"是对使用"通讯功能"作弊的强化理解。法院运用体系解释,"使用通讯工具作弊"与其他可以开除学籍的严重作弊或扰乱考试秩序的行为类型,规定于同一规章的同一条款且规定同样的法律责任,有理由认为所列举的作弊行为之间存在性质或危害后果的共性。故"使用通讯工具作弊"应具有《普通高等学校学生管理规定》第52条所列举的替考、组织作弊、出售试题或答案所存在两人以上参与、主体之间交互传递信息的特征,具有共谋性、群体性乃至组织性。只有理解为"使用通讯设备作弊的通讯功能作弊"方能与其他严重作弊行为的共性相一致,也与可以适用开除学籍的顶格处罚相

---

① "陈某诉浦江学院高等教育学籍管理行政决定案",参见江苏省南京市浦口区人民法院(2015)浦行初字第41号行政判决书。
② "武某诉云南中医药大学教育行政管理案",参见云南省昆明市中级人民法院(2020)云01行终12号行政判决书。

匹配。所以，认定考试中偷看和抄袭手机中存储的学习资料的作弊方式与携带含有考试相关内容的书本、纸条等更为类似。该判决通过历史解释、体系解释、目的解释将"使用通讯设备作弊"限缩为仅使用通讯设备的"通讯功能"作弊，提出了对"使用通讯设备作弊"有别于其他法院的认定标准。

2. 是否考量作弊学生的具体情节

学生在满足"严重作弊行为"事实条件的前提下，是否必然导致开除学籍的结果，学生个人因素是否也应纳入考量、学生个人的从轻情节是否应与开除学籍相关联，是否会影响处理方式的选择，"李某诉厦门海洋职业学院案"[①]和"王某诉四川大学锦江学院案"[②]给出了截然相反的答案。"李某诉厦门海洋职业学院案"中法院认为不论是教育部的《高等学校学生管理规定》还是学校自身均未对涉及替考作进一步具体规定的情节要求，判定按照规定和校内规范性文件，高校对学生出现请人替考和替考情形，可以直接予以开除学籍。法院虽对高校的处理决定合法性不持异议，但仍建议高校从"惩前毖后，治病救人"的角度出发，在不影响学校教学秩序和纪律管理的情况下，对相关学生妥善处理。"王某诉四川大学锦江学院案"中法院明确指出学生具有主动承认错误、深刻检讨的从轻情节，但高校未考虑从轻情节，对社会的危害程度也未进行评估，王某找人替考尚未达到可以开除的程度，学校的规定中也没有根据严重舞弊情况区别其是否为初犯、违纪行为定性、过错情况和平时在校情况以及其个人原因，而是直接认定属于严重舞弊情况，有悖于教育部规定的"可以"开除学籍而非"必须"适用于开除的立法原则。学生个人因素对能否达到开除学籍幅度的影响程度，是只从道德的角度对学生妥善处理而不影响处理结果，还是能够从法律的视角直接影响开除处理决定的合理性，存在较大意见分歧。

3. 直接规定给予开除学籍是否适当

高校有权根据自身的教学管理需要制定相应的规范性文件这点并无争议，但问题在于高校规范性文件中对严重作弊行为直接规定给予开除学籍是否适当，是否意味着对严重作弊的学生必须开除学籍？在"李某诉新疆大学案"[③]中，法院在援引《普通高等学校学生管理规定》，确定普通高等学校对参加考试舞弊的毕业生具有惩戒权的同时指出，应当根据考试舞弊等不同情况而选用处分措施的立法初衷。新疆大学针对李某代考舞弊的行为，也存在着"可以"选择适用开除学籍处理方式的权利，但"可以"并非"必须"适用开除学籍处分。在"王某诉四川大学锦江学院案"中法院同样指出，根据《四川大学锦江

[①] "李某诉厦门海洋职业技术学院行政处罚案"，参见福建省厦门市思明区人民法院（2016）闽0203行初124号行政判决书。

[②] "王某诉四川大学锦江学院教育行政管理案"，参见四川省眉山市东坡区人民法院（2016）川1402行初91号行政判决书。

[③] "李某诉新疆大学开除学籍案"，参见新疆维吾尔自治区乌鲁木齐市中级人民法院（2014）乌中行终字第63号行政判决书。

学院学生考试违纪作弊处理办法》第 19 条的规定,对由别人顶替考试的舞弊行为中未识别学生是否为初犯、违纪行为定性和过错的重大程度以及学生平时在校行为的其他情形,并规定构成了重大舞弊行为,予以开除学籍处分。此决定,有悖于《普通高等学校学生管理规定》所规定的"可以开除学籍"的立法基础因此,高校规范性文件中对作弊行为适用开除学籍的表述应与法律规范保持一致,其具体规定应为"可以"开除学籍而不能直接规定"应当给予开除学籍"。考试作弊适用开除学籍实体条件的规范依据。

(二) 高校对作弊行为作出开除学籍决定的规范依据

以上三点内容的核心是规定作弊适用开除学籍实体条件的规范依据,其主要有以下三种。

1. 教育类行政法律

《教育法》与《中华人民共和国高等教育法》(以下简称《高等教育法》)这两部法律都是考试作弊适用开除学籍实体条件重要的法律层级的依据,是高校开除作弊学生的重要权力来源。《教育法》第 29 条具体列举了普通高等院校及其他特殊高等学校单位学生所可以获得的权利,其中第 4 款规定:"对受教育者进行学籍管理,实施奖励或者处分。"《高等教育法》第 41 条第 4 款也进行了适当规定,该条款为高校开除考试作弊学生提供了法律权利依据和支撑。《高等教育法》第 53 条确定了所有高校学生必须遵守校规的义务。可见,高校所制定的考试作弊适用开除学籍的实体条件对学生具有约束力。《教育法》第 79—81 条列举了在国家教育考试中作弊的行为并规定了的相应的处理办法,虽未直接与高校开除作弊学生条件相关联,但其作弊形式和不同严厉程度的处理方式,可以为高校制定作弊适用开除学籍的实体条件提供指引。

2. 教育类行政规章

教育行政规章是对法律层级规定的进一步细化,对作弊适用开除学籍提供更具体、更具操作性的指引。在作弊学籍纠纷案件中,判定高校开除决定是否合法合理时,最重要和直接的依据莫过于《普通高等学校学生管理规定》。《普通高等学校学生管理规定》第 18 条第款 2 款规定:"学生严重违反考核纪律和作弊的,该课程考核成绩记为无效,并应视其违纪或者作弊情节,给予相应的纪律处分。"从该条款中可以解读出作弊行为处理方式的具体适用需要结合情节的严重程度。第 51 条规定:"对有违反法律法规、本规定以及学校纪律行为的学生,学校应当给予批评教育,并可视情节轻重,给予如下纪律处分:……(五)开除学籍。"即考试作弊这种失信的行为仍需综合具体情节的轻重,并不必然上升至开除学籍的顶格处罚。第 52 条规定:"学生有下列情形之一,学校可以给予开除学籍处分:……(四)代替他人或让他人代替自己参加考试、组织作弊、利用通讯设备或其他器材作弊、向他人出售考试试题或答案谋取利益,以及其他严重作弊或扰乱考试秩序行为的。"该条款直接呈现可以开除学籍的作弊类型,"严重"二字体现因作弊被开除的程度条件。第 54 条规定:"学校给予学生处分,应当坚持教育与惩戒相结合,与学生违法、违纪行为的性质和过错的严重程度相适应。学校对学生的处分,应当做到证据充分、依据明确、定性准确、程序正当、处分适当。"由此可知,从作弊的适用开除学生学籍既是在符合事实规定的前提下,又充分考虑了作弊的其他问题,这与开除学生学籍顶格处罚比较恰当。第67条规定:"学校可以根据本规定制定或修改学校的学生管理规定或者纪律处分规定。"该条款为高校根据自身管理情况自主细化有关开除实体条件提供了法律空间和依据。《国家教育考试违纪处理办法》(以下简称《处理办法》)同时也作为对学校参考作弊适用开除事实条件的依据,它把参加考试的违规行为细分成考试违纪行为、考试舞弊行为和确认存在考试舞弊的情况,并分别进行了管理。在《处理办法》中可以发现,严重作弊行为与《普通高等学校学生管理规定》存在一定的重叠。综上所述,作弊适用开除学籍的实体条件在上位法规范层面仅勾勒出大体框架,而对于具体作弊行为以及严重情节的认定未作详细规定,总体上存在一定的模糊性和原则性。致使高校在细化和实施作弊开除条件时,无法准确把握处分的"度"。同样的作弊行为在这个学校面临开除,在另一个学校却可能不受顶格处罚。所以,有必要对高校行政规范性文件中作弊适用开除实体条件的具体规定作深入探究。

3. 高校行政规范性文件

高校行政规范性文件是高校对考试作弊行为适用开除学籍最为直接的依据,相比法律规范更加贴近各高校实际情况。高校间对于教学管理的目标或要求各不相同,加之法律规范层面对考试作弊适用开除学籍的实体条件较为模糊和原则性的规定,各高校对作弊适用开除的实体条件规定差异较大、参差不齐。开除学籍的前提和必须遵循的基本原则是国家公权力的一种表现形式,其内在边界是改变或惩戒了权力和其他权利之间的联系,确定了权力的本质,从而避免了各种权力之间的混乱交叉甚至矛盾冲突。而其外部边界主要是调整惩戒权和学生权利之间的管理,须明晰惩戒的形式和原则等,避免对学生权利的越界。在前述论证开除学籍的实质属于行政处罚的基础上,其外部边界应当遵循合法性和合理性原则,从而调节开除学籍的公权力和学生私权利之间的关系。开除学籍是法律赋予高校的行政权力,但法律概括性授权赋予了高校在处理具体违法违纪行为的裁量权,埋下了高校权力恣意的隐患。

《普通高等学校学生管理规定》明确高校可以根据实际情况制定规范性文件,但因各高校情况截然不同,导致各高校具体规定差异较大。为促进高校对作弊行为正当行使开除学籍权,有必要从合法性和合理性两个方面进行明确:

(1)合法性要求:法律保留原则。法律保留原则是认为在我国的法制秩序领域中,由于宪法、法律所规定的事情都可以被立法规范,而行政机关却无权代为之,因此除非行政机关有法定的明文许可才可以作出规范,不然属于非法,特别是相对人来说可能有侵益性或者负担性的执法行为,就必须有立法明文的许可。涉及学生基本权利的高校管理规则,应得到硬性法律规范的刚性保护。从高校研究样本的考查结果看,多数样本高校从自身实际情况出发,依照教育行政规章进一步细化制定了具有可操作性并针对考试作弊这类不端违纪行为的规范性文件,并在作弊行为实际处理过程以此作为对作弊适用开除学籍的重要依据。但从样本类型化分析的结果来看,其存在的问题也很明显,规定作弊适用开除学籍实体条件的高校规范性文件多与现行法律规范之间存在三种主要的冲突和矛盾。开除学籍实质是行政处罚,在这一关系中,高校是具有强制力的一方,高校与学生是对立的。高校出于维护本校的教学秩序和教育公共利益等,有可能更倾向于保护自身的利益而牺牲学生的基本权益。尤其是开除学籍这类与学生的基本受教育权紧密挂钩的惩戒措施,且受教育权是在宪法层面予以明确规定和保护的重要事项。如果将作弊这类不端行为适用开除学籍的实体条件交由行政机关甚至是高校自行创设,势必造成学生私权利的严重损害。明确高校制定有关作弊适用开除学籍的实体条件须受到立法的严格限制,有利于避免高校通过形式合法的方式损害违纪学生的合法权益。一方面,作弊适用开除学籍,事实上更多的是高校对作弊学生违反考试规则或教学秩序行为的一种纪律性惩戒。这种处理方式并不类似于对学术不端等行为的学术性惩戒,原因在于作弊本身无涉学术性判断,属于非学术性事项,因此并未触及高校自治的内核即学术自治。另一方面,开除学籍的处理决定直接剥夺了学生在某一特定高校的在校学生身份,而在校学生身份与学生的受教育权息息相关,"事务对总体和学生个人越具有意义,法律调整就应当越精准确"。适用法律保留原则有其必要性和正当性。

(2)合理性要素:比例原则。比例原则是合理行政的内核,是衡量行政行为合理性的重要标准。其主要内涵是政府权力的实施要充分考虑社会公共利益的实现及其公民权益的保障,如果实现公共利益最大化可能对相对人权益造成某些影响,应将这种不良影响限制在尽可能小的范围和影响之中,使二者取得恰当的比例。比例理论中包含着三条种子准则:适当性原则、必要性原则、衡量性原则。开除学籍本质上是一种惩戒手段,高校在行使和细化开除学籍实体条件时,应当着重考量教学管理的目的与教育育人之间的适度比例,不能畸轻畸重。对作弊行为适用开除学籍,直接对学生基本权利"受教育权"产生侵害性,符合比例原则的适用条件。一方面,对于作弊行为的规制和处理,高校在实际操作中有多种处理方式可供选择。比例原则要求在能够满足高校教学管理目的的多种处理方式中,选择对作弊学生权益影响最小的且不可避免的措施,使对作弊行为的惩戒对学生所造成的损益程度与高校所维护的教育公共利益之间比例相称。高校为了维持教学秩序和保护考试公平,所制定的条款和采取的处理方式也不能逾越学生可以合理忍受的程度。即对学生的利益损害程度应小于高校所实现的教育利益,使对作弊行为处理的整体效果利大于弊。另一方面,应受惩戒的学生,其权利也需要得到合理保护。学生考试不端这类越轨行为的可缪性不等于学生本身全部的可缪性。这意味着对考试作弊行为的惩戒不能超过行为本身必要的惩戒限度,两者应当保持相互适应的基本关系,不可越界。因此,为追求教育公共利益,对作弊行为适用开除学籍务必符合以下几点要求:一是存在可以开除与不开除两可的情况下,选择不开除;二是对作弊行为存在可以从宽或从严处理时,选择可以从宽的处理方式;三是过罚相当,开除学籍应与作弊学生具体情节相适应,注重对学生过错程度的考量。综上所述,高校开除学籍及其实体条件,一是受到法律保留原则的制约,凡属于涉及学生基本权利"受教育权"等法律保留的重要事项,不属于高校自治的范畴。高校不得作出创设性规定。二是受到比例原则的约束,高校依法细化的关于作弊适用开除学籍的条件以及开除学籍的实施,应当做到学生受损的利益与高校实现的教育利益比例相称。

(三)启示

第一,事实情节上对学生具体情节的认定开除学籍涉及学生的基本权利,直接剥夺其毕业和获得学位的资格。所以,在满足作弊行为主体协同性行为要件的前提下,仍有必要考虑作弊学生的具体情节。若只顾行为要件而忽视学生具体情节,直接适用开除学籍规定将违背合理性的要求,同样也和教育与惩戒相结合的原则相悖。在具体个案中以事实为基础,充分考量法定事实情节和酌定事实情节,才能实现利益均衡的最佳效果和个案正义。[①] 对学生具体情节的衡量是达到学生基本权益与高校所承担的社会教育公平性等公共利益均衡保护目的的关键,体现的是对作弊行为程度上的要求。具体情节细化具有防止情节考虑的恣意和正当化裁量决定的双重功效。[②] 学生具体情节可以分为从宽情节和从严情节两个方面,"从宽情节"在校方权衡选择处理方式时,能够为学生留有一定的转圜余地。"从严情节"则是将学生过错程度与开除学籍的严厉程度相匹配,做到过罚相当。纳入考量范围的具体情节应当与个案事实之间具有合理、充分和实质上的联系和理由。

第二,处理方式选择上保留一定的选择空间。《普通高等学校学生管理规定》第52条对在校学生严重违法违纪行为适用开除学籍使用的是"可以"的表述。这表明对该类严重违法违纪行为并非可以不加区分和判断直接适用开除,或者说开除学籍并不是必然的结果。然而,样本高校中多数存在"应当给予开除学籍"的条款,直接缩小了上位法所留有的选择空间,没有选择余地对学生作弊行为怠惰裁量。司法实践中,法院亦指出开除学籍是"可以"而非"必须"。所以有必要将高校处理方式的选择空间与上位法保持一致,在法定选择空间内进一步细化。

[①] 周佑勇:《论行政裁量的情节与适用》,《法商研究》2008年第3期,第39页。
[②] 谭冰霖:《论行政法上的减轻处罚裁量基准》,《法学评论》2016年第5期,第180页。

2021年和2022年校外教育培训行政处罚案件实证研究

李永超　宋　慈[①]

行政处罚作为一种典型的负担性行政行为,可以有效缓解校外教育培训面临的得不到有效监管的问题。在落实"双减"过程中,行政处罚的规制成效究竟如何,则需要以近两年的行政诉讼判决书与行政处罚决定书为样本,分析校外教育培训行政处罚案件,窥探校外教育培训行政处罚存在处罚依据不足、程序规范性欠缺、执法效能较低等多重困境。为此,应当在分析2021年与2022年的校外教育培训行政处罚案例基础上,剖析其问题成因,并提出完善校外教育培训行政处罚的建议,加快形成关于校外教育培训行政处罚法治化路径。

一、校外教育培训行政处罚案件情况概述

(一)基本概念厘定

依照对《中华人民共和国民办教育促进法》(以下简称《民促法》)第2条以及第65条进行文义解释,我国的校外教育培训多表现为基本学历教育之外的面向社会创设的非学历教育活动,经民间社会组织机构或者公民个人出资自主创办。由此可知,校外教育培训的举办方和受众方均对全社会开放,而并非局限于国家机构和公共组织进行建设、接受学历教育者参与培训,以及它日常运作开销来源也不是依赖国家的财政补贴。2021年9月1日起施行的《中华人民共和国民办教育促进法实施条例》(以下简称《民促法实施条例》)第2条规定,国家机构以外的社会组织或者个人可以利用非国家财政性经费举办各级各类民办学校。该条将校外培训机构包含其中,从举办者的身份来看,校外培训机构大多是依法成立的法人组织。营利性的特点也决定了营利性民办教育机构在法律

[①] 李永超,郑州大学法学院副教授;宋慈,郑州大学法学院宪法学与行政法学硕士研究生。

上主要呈现企业法人的形式,在实践中校外培训机构也按照法人登记。①

目前我国校外教育培训依据其具体内容的差异大概分为两种类别:一类是职业化教育培训,即成年人为获取就业准入资格、学习提升职业技能进行教学;另一类是校内衔接补充教育培训,就是公众普遍意义上的"学前班""课外班""补习班",幼儿、大中小学生报以应试的心态参与的居多,详细的内容包括校内科目衔接辅导,或者以培养综合素质为由,接受具有针对性的教学,比如艺术、体育特长教育等。通常反对校外教育培训的呼吁主要是针对后者。

校外教育培训逐渐发展成一种提供额外教育服务的庞杂体系,与此同时,它的发展态势也渐渐偏离正轨,一些为提升培训教育机构生源吸引力而作出的不当行为屡禁不止,扰乱了社会与教育管理秩序,需要予以惩戒,而行政处罚是监督管理校外培训的过程中所广泛适用的行政手段。行政处罚指的是特定的行政主体对违反行政管理秩序而尚未构成犯罪的行政相对人所给予的行政制裁。② 行政处罚与其他监管手段的明显区别是惩罚性。根据惩罚性的一般逻辑,行政处罚应当具有惩罚违法的基本目的,它并非补救实际损害或者防范现实风险的必要手段。③ 一般而言,只要校外培训机构违反行政法的相关规定,具有行政处罚权的行政主体就可以采取不同程度的处罚措施,借此来加大对中小学生校外教育培训依法监督与管理。

实践中,难免会涉及一些问题:行政机关对校外教育培训行政处罚的合法性依据是什么?哪些行政主体有权对校外教育培训违法者作出行政处罚?校外教育培训行政处罚的程序是否正当?行政处罚监管校外教育培训的实际成效究竟如何?以上疑惑都需要在案例调研中寻找答案。

(二)2021年和2022年案件总体说明

"校外教育培训行政处罚的现状如何"需要借助详细案件进行分析,案件的来源有两种渠道:其一是行政处罚决定书,即行政机关对相对人作出校外教育培训的违法行为予以处罚的公文书证;其二是行政诉讼判决书,即从事校外教育的行政相对人对行政机关给予其行政处罚不服,提起行政诉讼,法院依法判决后形成的文书。

1. 以行政处罚决定书为样本

以2021年和2022年发布的校外教育培训行政处罚决定书的数目、主题分类、处罚对象分类、处罚种类、执法级别、处罚机关类型、执法地域作为要素条件,可以对校外教育培训领域行政处罚得出如下分析。

(1)处罚年份与数目。在北大法宝行政处罚数据库中,2021年可查询到的行政处罚

---

① 董清蕊:《营利性民办教育机构办学资格法律问题研究》,中国人民公安大学硕士学位论文,2020,第5页。
② 《行政法与行政诉讼法学》编写组:《行政法与行政诉讼法学》,高等教育出版社,2018,第145页。
③ 邹奕:《行政处罚之惩罚性的界定》,《行政法学研究》2022年第2期,第44页。

决定书数目为 316 万余件,2022 年为 228 万余件。在 2021 年所发布的行政处罚决定书中涉及校外教育培训行政处罚决定书的数量是 116 件,2022 年则是 98 件。由于庞大的处罚决定总基数,相较于 2021 年,2022 年校外教育培训案件在行政处罚总案件的占比以微弱优势提升。总而言之,2021 年与 2022 年针对校外培训行政处罚决定书数目差距不大。

(2)主题分类。校外教育培训行政处罚并非单一凭"教育"主题引发。在北大法宝行政处罚数据库中查询,2021 年,校外教育培训行政处罚在"疫情防控"主题下有 9 份决定书,在"市场监管"主题下有 92 份,在"互联网"主题下有 4 份,在"公安"主题下有 10 份,在"土地城建"主题下有 3 份,"文化旅游"主题下有 1 份,"其他"有 2 份,而"教育"作为行政处罚主题也仅有 2 份决定书;2022 年,校外教育培训行政处罚在"疫情防控"主题下有 20 份决定书,在"市场监管"主题下有 32 份,在"互联网"主题下有 1 份,在"公安"主题下有 19 份,在"土地城建"主题下有 20 份,"其他"有 1 份,"教育"作为行政处罚主题为 26 份决定书。

根据以上情况制作图 1,更为直观展示案件主题分类具有多样性的特征,不局限在"教育"中,体现出校外教育培训处罚现状的复杂性。不同类别的主题,可以反映出当年的校外教育培训大多存在何种问题。比如,2021 年校外教育培训存在市场管理违法违纪特别突出的现象,这也是校外教育培训自身具有营利性、竞争性、市场性的特征所造成的,需要下大功夫去监管。

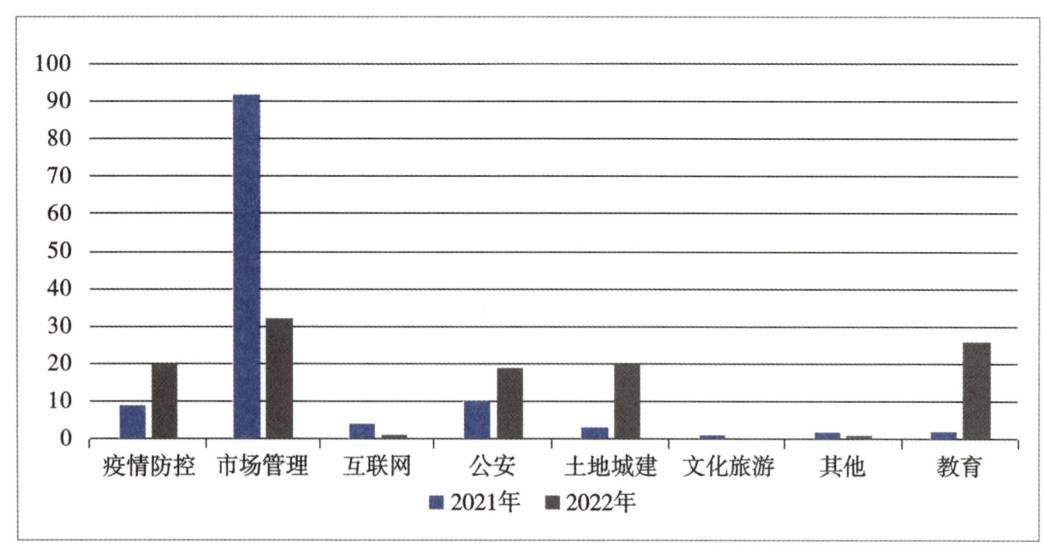

图 1 2021 年、2022 年全国校外教育培训行政处罚主题分类变化对比情况

(3)处罚对象分类。行政处罚的对象是行政管理的相对人,只要是实施了违反行政法规的个人和组织,都可以依法判处行政处罚。所以校外教育培训的行政处罚对象不仅可能是教育机构,也可能是个人承担处罚责任。正确认定行政处罚对象是行政机关和行

政执法人员正确实施行政处罚的前提和保障,是行政执法中关键的工作。在北大法宝行政处罚数据库中查询,2021 年度个人受处罚的案件仅 9 件,而机构受处罚为 107 件;2022 年度个人受处罚的案件 27 件,机构受处罚为 71 件。根据以上情况制作图 2,更有益于帮助我们看待近两年校外教育培训行政处罚对于处罚对象认定的变化。

单独分析图 2,为何两年内对于个人和机构两者分别的处罚在整个校外教育培训处罚的各自占比会发生相对较大变化,或许是在校外教育处罚的执法中对于执法对象的认定并非能够做到准确的程度,例如将个体工商户、个人合伙作为法人或者其他组织进行处罚,再比如将"法人"与"法定代表人"相混淆,等等。认定标准的不一致会导致结果超出预期,每个地方都存在不同的处罚对象判断就不存在结果上的规律。

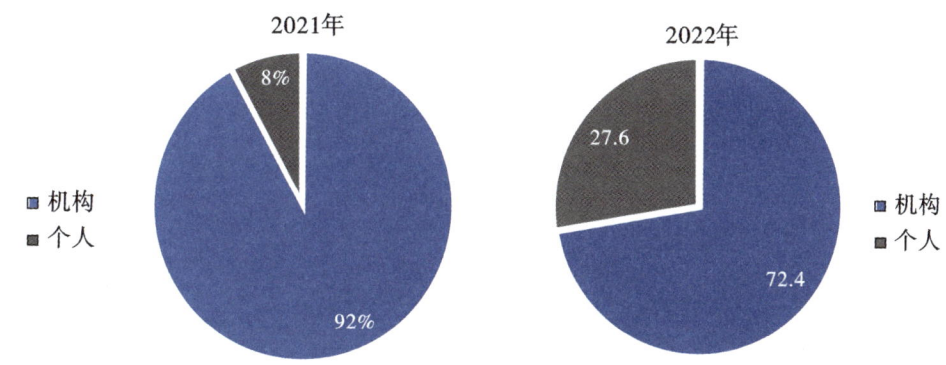

图 2　2021 年、2022 年全国校外教育培训行政处罚对象占比对比情况

(4)处罚种类。2021 年修订的《中华人民共和国行政处罚法》(以下简称《行政处罚法》)第 9 条规定:"行政处罚的种类:(一)警告、通报批评;(二)罚款、没收违法所得、没收非法财物;(三)暂扣许可证件、降低资质等级、吊销许可证件;(四)限制开展生产经营活动、责令停产停业、责令关闭、限制从业;(五)行政拘留;(六)法律、行政法规规定的其他行政处罚。"

如图 3 所示,通过在北大法宝行政处罚数据库查询,2021 年校外教育培训行政处罚案件中,对违法者作出的处罚种类有:警告、通报批评(14 件);罚款、没收违法所得、没收非法财物(106 件);暂扣许可证件、降低资质等级、吊销许可证件(23 件);限制开展生产经营活动、责令停产停业、责令关闭、限制从业(5 件);法律、行政法规规定的其他行政处罚(3 件)。2022 年对校外教育培训违法者作出的处罚种类有:警告、通报批评(33 件);罚款、没收违法所得、没收非法财物(77 件);暂扣许可证件、降低资质等级、吊销许可证件(27 件);限制开展生产经营活动、责令停产停业、责令关闭、限制从业(9 件);行政拘留(7 件);法律、行政法规规定的其他行政处罚(4 件)。

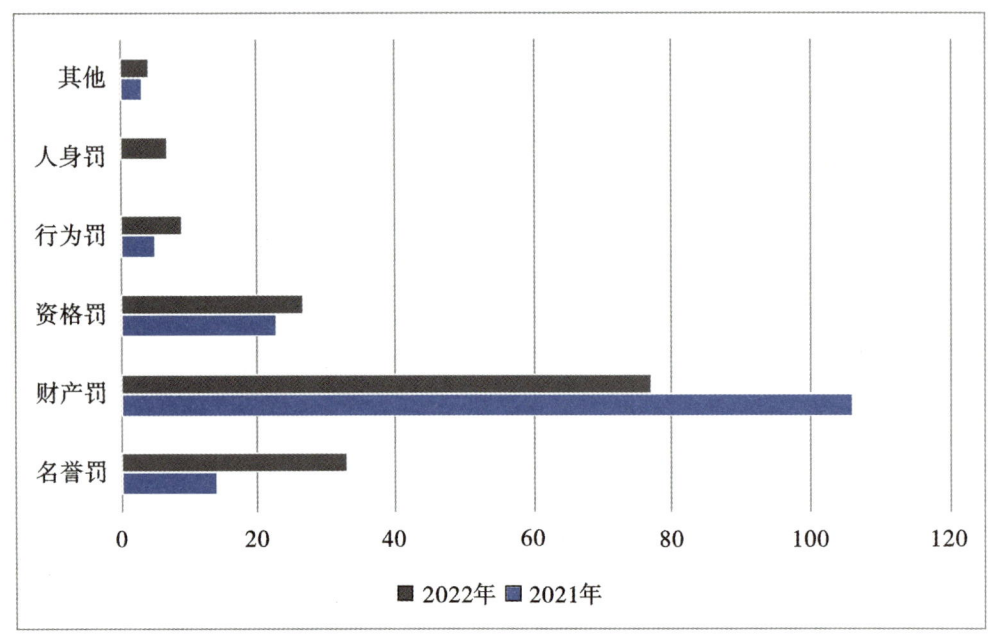

图 3 2021 年、2022 年全国校外教育培训行政处罚种类变化情况

总体来看,行政拘留本身具有其他处罚方式难以比拟的严厉性和威慑性,对行政拘留的适用具有严格的限制,适用人身罚情况案件要十分慎重。要在行政处罚结果和违规行为的危害结果间适当平衡,不能一味苛以重罚。在近两年决定书中能发现财产罚与名誉罚数量居多,一方面是此种处罚种类相对较轻,另一方面校外教育培训行政处罚在罚款的同时并罚相应的资格罚、名誉罚,就更能防止违法行为的发生,因此适当扩充行政处罚种类使其多元化,同时结合不同行政处罚手段才能更好地实现处罚目的,促使校外教育培训健康发展。同时,也要警惕是否存在"巨额罚款"的情况。此外,在校外教育培训行政处罚实践中,会存在一些"黑名单""关停取缔""清除销毁"措施,这是否也属于行政处罚种类,这些行为性质模糊也需要进一步讨论与界定。

(5)执法级别。《行政处罚法》允许有条件的乡镇街道在省、自治区、直辖市的决定下承接县级行政主管部门的处罚权。校外教育培训的行政处罚权也出现由区县级主管部门向乡镇街道下放的趋势。通过北大法宝行政处罚数据库查询得知:在 2021 年校外教育培训行政处罚中,省级执法 8 件、市级 27 件、区县级 81 件;2022 年,由省级执法为 3 件、市级 18 件、区县级 77 件。

(6)处罚机关类型。自"双减"[①]工作开展以来,大趋势是各地在各级党委和政府的统一领导之下,由教育行政部门居中协调,联合相关部门对校外培训违法违规行为进行

---

① "双减",即减轻义务教育阶段学生过重作业负担和校外培训负担。

查处。2021年至2022年的处罚机关类型有教育部(委、厅、局)、公安部(厅、局、分局)、市场监督管理总局(局)、旅游局(委)、综合行政执法局、消防救援局、人民政府。[①] 该数据反映了校外教育行政处罚普遍存在联合执法分别处罚、相对集中行政处罚两种模式。

(7)执法地域。将2021年和2022年我国34个省级行政区中已经公开的校外教育行政处罚执法案件数目归纳整合如下：结合地理要素、教育发展水平情况，可以得出关于校外教育培训行政处罚案件地域变化情况，案件来源地东部地区多于西部地区，教育水平要求较高地区多于教育环境压力较低地区的结论。依据北大法宝行政处罚数据库的查询结果，2021年北京市2件、天津市1件、河北省8件、山西省1件、内蒙古自治区1件、吉林省25件、江苏省12件、浙江省22件、安徽省8件、福建省7件、江西省2件、湖北省1件、广东省8件、广西壮族自治区1件、重庆市4件、四川省2件、云南省4件、陕西省6件、新疆维吾尔自治区1件；2022年北京市6件、天津市2件、河北省8件、江苏省1件、安徽省5件、福建省2件、浙江省19件、山东省10件、湖南省31件、广东省7件、重庆市3件、云南省2件、陕西省1件、甘肃省1件。校外教育培训一定是根据社会需求的发展而发展的，如果一个地区的经济教育水平良好对综合素质要求高，或者说教育压力大但教育资源供不应求，那么这个地方就是一片滋养校外教育培训的沃土。结合地理要素、教育发展水平情况，可以得出关于校外教育培训行政处罚案件来源地东部地区多于西部地区，教育水平要求较高地区多于教育环境压力较低地区的结论。由于部分地区的行政处罚决定书并没有公开网络数据，该结论也仅供参考。

2. 以行政诉讼判决书为样本

依托中国裁判文书网以及北大法宝数据库，能够检索到近两年发布且案由涉及行政处罚的行政案件数量较多，但校外教育培训范围内的仅有3个案件：北京顾亿人教育科技有限公司与北京市海淀区市场监督管理局行政处罚案、海城市市场监督管理局海城市腾鳌镇智慧幼儿园质量监督检验检疫行政处罚案、李某茅某等与海东市乐都区教育局行政处罚案。和大量的行政处罚决定书比较而言，以个别行政诉讼判决书为样本展开的分析并不具有广泛适用的价值，但有限的行政诉讼判决书为校外教育培训行政处罚研究打开了司法视角，从侧面反映司法机关对校外教育培训行政处罚的态度，以及更详尽地还原案件全貌。

---

① 校外教育培训行政处罚执法类型来源：在"北大法宝"行政处罚数据库中，全文搜索栏中输入"校外培训"或"校外教育"，限定在2021年与2022年，在执法类型栏中检索到2021年与2022年的处罚机关类型有教育部(委、厅、局)、公安部(厅、局、分局)、市场监督管理总局(局)、旅游局(委)、综合行政执法局、消防救援局、人民政府。

二、校外教育培训行政处罚案件具体分析

（一）校外教育培训行政处罚法律依据

事实上，校外培训监管目前仍然是以政策性规制为主，专门为校外培训立法的并非常见，所以立法方面仍显薄弱。根据214件校外教育培训行政处罚案件的处理结果来看，提到最多的处罚依据如下。

1. 处罚依据一：《民办教育促进法》与《民办教育促进法实施条例》

大部分2021年与2022年的行政处罚决定书的处罚依据中，常见到的就是《民办教育促进法》第九章法律责任部分和《民办教育促进法实施条例》第63条。

具体到行政处罚案件中，例如，长沙市雨花区教育局在监督检查中发现长沙市雨花区艾人培训学校有限责任公司存在预收培训费未全额纳入监管并开展培训的涉违法违规办学行为，针对以上行为作出行政处罚。[①] 本案中艾人培训学校有限责任公司预收费未全额纳入监管范围缴纳进入长沙市雨花区教育局指定备案的长沙银行资金监管账户，长沙市雨花区教育局依据《民办教育促进法》第62条以及《民办教育促进法实施条例》第63条对当事人进行处罚。石柱土家族自治县培蒙艺术培训有限公司以启智思维（暑假班）名义，违规招收学龄前儿童69名进行拼音学科培训。收费标准为每人625元，培训时间为25天，已累计上课7天，证据确凿，石柱土家族自治县教育委员会依据《民办教育促进法》第62条第5款、第63条、第64条的规定，作出行政处罚，没收违法所得10 287.9元，退还剩余学费32 578.35元，责令限期整改。[②]

2. 处罚依据二：《关于进一步减轻义务教育阶段学生作业负担和校外培训负担的意见》（以下简称《双减意见》）

湘潭市岳塘区教育局对湘潭市岳塘区艾博艺术培训学校有限公司的行政处罚决定书中说明其公司违反《双减意见》第30条规定，各地在做好义务教育阶段学生"双减"工作的同时，还要统筹做好面向3至6岁学龄前儿童和普通高中学生的校外培训治理工作，不得开展面向学龄前儿童的线上培训，严禁以学前班、幼小衔接班、思维训练班等名义面向学龄前儿童开展线下学科（含外语）培训。艾博艺术培训学校有限公司违规开设学科类幼儿英语培训，并且在家长群单方面宣布破产终止办学，严重损害302名受教育者利益，涉及金额148.48万元，其中欠创酷机器人学员102人课时费36.77万元；欠艾博英语学员154人课时费101.54万元，欠艾博静道书法46人课时费10.17万元。另拖

---

① "长沙市雨花区艾人培训学校有限责任公司违法违规办学案"，参见长沙市雨花区教育局〔2022〕14号行政处罚决定书。
② "梁某某无证照办学案"，参见石泉县教育体育和科技局〔2022〕2号行政处罚决定书。

欠艾博员工工资 10 余万元。①

宁乡市文曲星培训学校违规培训,宁乡市教育局认为宁乡市文曲星培训学校行为违反了《双减意见》第 14 条,校外培训机构不得占用国家法定节假日、休息日及寒暑假期组织学科类培训,宁乡市教育局对文曲星培训学校予以警告。②

吉首市铭雅乐学教育培训有限公司违规在暑期招收学生从事学科类培训,该行为违反了《双减意见》第 14 条规定,吉首市教育和体育局要求其立即停止培训行为,按照收退制度妥善退还培训费用并且罚款 2000 元。③

3. 处罚依据三:《中华人民共和国教育法》(以下简称《教育法》)

济南市教育局在校外培训线下监督检查中发现济南学易达教育咨询有限公司于 2022 年 8 月初利用暑假期间违规组织中小学生开展学科类培训,本单位执法人员经过现场调查、询问、实物取证等方式,发现当事人涉嫌存在未获得《中华人民共和国民办学校办学许可证》(以下简称《办学许可证》)开办教育培训机构的违法行为,2022 年 8 月 15 日,本单位决定对当事人无证办学的行为予以立案。经查,当事人未取得中华人民共和国民办学校办学许可证,属于无证办学。当事人违反了《教育法》第 28 条"学校及其他教育机构的设立、变更和终止,应当按照国家有关规定办理审核、批准、注册或者备案手续"、《民促法》第 12 条"举办实施学历教育、学前教育、自学考试助学及其他文化教育的民办学校,由县级以上人民政府教育行政部门按照国家规定的权限审批"的规定,构成了无办学许可证举办培训机构的违法行为,依据《民促法》第 64 条对其进行罚款。④

吉首市铭雅乐学教育培训有限公司违规暑期招收学生从事学科类培训,吉首市教育和体育局根据《教育法》第 76 条规定:"学校或者其他教育机构违反国家有关规定招收学生的,由教育行政部门或者其他有关行政部门责令退回招收的学生,退还所收费用;对学校、其他教育机构给予警告,可以处违法所得五倍以下罚款;情节严重的,责令停止相关招生资格一年以上三年以下,直至撤销招生资格、吊销办学许可证;对直接负责的主管人员和其他直接责任人员,依法给予处分;构成犯罪的,依法追究刑事责任。"要求其立即停止培训,并罚款 2 万元整。⑤

天津市蓟州区育学优冠课外培训学校有限公司在未经区教育部门批准的情况下于 2021 年 1 月 18 日至 21 日在天津星巴顿商务酒店有限公司餐饮部七号厅擅自设立分支

---

① "湘潭市岳塘区艾博艺术培训学校有限公司违法违规办学案",参见湘潭市岳塘区教育局〔2022〕1 号行政处罚决定书。
② "宁乡市文曲星培训学校节假日违规培训案",参见宁乡市教育局〔2022〕13 号行政处罚决定书。
③ "吉首市铭雅乐学教育培训有限公司违规招生案",参见吉首市教育局与体育局〔2022〕3 号行政处罚决定书。
④ "济南学易达教育咨询有限公司违法违规办学案",参见济南市教育局〔2022〕1 号行政处罚决定书。
⑤ "吉首市铭雅乐学教育培训有限公司违规培训案",参见吉首市教育和体育局〔2022〕3 号行政处罚决定书。

机构(教学点),该分支机构开设了通用技术、计算机信息技术和综合知识三门课程,共有学生22名,收费标准为每人每天100元,截至案发共开课4天,收取学费8800元。上述行为满足违反国家有关规定招收学生的构成要件,依据《教育法》第76条的规定进行处罚,本案违法所得8800元。①

4. 处罚依据四:地方规范性文件

王某违反《湖南省校外培训机构管理办法》第40条"未经许可擅自举办校外培训机构的,依照《民促法》和国务院《无证无照经营查处办法》等法律法规予以处罚"。吉首市教育和体育局要求其立即停止培训行为,给予家长合理解释,按照收退费制度妥善退还培训费用,并罚款2000元整。②

根据2021年12月7日发布执行的《关于温州市义务教育阶段线下学科类校外培训收费有关事项的通知》要求,温州市学科类培训收费必须执行政府制定的收费标准,其中10~35人班次收费为45元每课时每人次,35人以上班次收费为35元每课时每人次,以上所有单价上浮不得超过10%,下浮不限。经调查,温州市鹿城区博艺培训学校351人中24人在扣除减免优惠之后实际收取费用并未超过政府指导定价,其余327人当事人总计超出政府指导价上限多收取10 948元。温州市鹿城区市场监督管理局认为其违反物价管理规定,决定对当事人责令改正并处以罚款5474元上缴财政。③

5. 处罚依据五:《中华人民共和国广告法》(以下简称《广告法》)、《中华人民共和国反垄断法》(以下简称《反垄断法》)

在教育领域外,由于校外教育培训涉及宣传与市场竞争,因此也会依据《广告法》和《反垄断法》有关法条判断违法行为。

林某从2022年9月1日开始在未取得办学许可证的情况下,为满足部分学生家长的课后辅导需求,在"三好教育"校外培训机构为学生提供功课辅导、作业辅导服务,截至案发日有老师2名,学生15名,当事人未取得广告内容涉及的功课辅导的行政许可。福安市市场监督管理局认为其行为违反了《广告法》第11条第1款的规定,依据《广告法》第59条第1款第2项规定,决定责令当事人停止发布广告,处罚款人民币800元。④

北京市市场监督管理局对北京凯瑞联盟教育科技有限公司涉嫌与交易相对人达成并实施固定转售价格垄断协议的行为立案调查。北京市市场监督管理局认为凯瑞公司违反了《反垄断法》第14条"禁止经营者与交易相对人达成下列垄断协议:(一)固定向第三人转售商品的价格"的规定。当事人违法所得主要涉及对违反协议中价格条款的加

---

① "天津市蓟州区育学优冠课外培训学校有限公司违规办学案",参见天津市蓟州区教育局〔2021〕7号行政处罚决定书。
② "王某违法违规办学案",参见吉首市教育和体育局〔2022〕1号行政处罚决定书。
③ "温州市鹿城区博艺培训学校违规收费案",参见温州市鹿城区市场监督管理局〔2022〕82475号行政处罚决定书。
④ "林某违法违规办学案",参见福安市市场监督管理局〔2022〕29号行政处罚决定书。

盟商收取的罚款。因实际收取的罚款往往不只是针对违反价格条款这一项,还涉及未经验收私自开业、未录入系统等与价格条款无关的其他违约情形。而当事人凯瑞联盟教育公司在处罚通知及内部财务操作中均未明确每项违约情形对应的罚款数额,因此无法将针对价格管控作出的罚款准确剥离,无法精确计算罚款数额,故违法所得无法计算。根据当事人提供的《北京凯瑞联盟教育科技有限公司审计报告》,当事人2020年销售额为人民币3141万元。综合考虑当事人违法行为持续时间较长、影响较大,但在案件调查后期积极配合、承诺整改消除影响等因素,根据《反垄断法》第46条、第49条规定,北京市市场监督管理局责令当事人停止与交易相对人达成并实施固定向第三人转售商品价格垄断协议的违法行为,决定对当事人作出如下行政处罚:处2020年度销售额3%的罚款,计人民币94.24万元。根据《行政处罚法》第72条规定,到期不缴纳罚款的,每日按罚款数额的3%加处罚款,并将依法申请人民法院强制执行。①

(二)校外教育培训行政处罚主体

行政处罚的行使比一般行政管理权更具有主动性、裁量性、广泛性,具有更强的命令性,行政处罚逐渐进入社会生活的各个领域。因此,绝大多数国家对可以进行行政处罚的主体施加了严格限制,只有经过法律法规规定、法律法规授权的组织或者有条件的行政机关委托的组织才能实施行政处罚。《民促法》以及教育部、人力资源和社会保障部、工商总局(现已撤销)联合制定的《营利性民办学校监督管理实施细则》都规定对校外培训机构行政处罚主体主要包括教育行政部门、市场监管部门、人力资源和社会保障行政部门等,对培训机构进行管理的行政机关必须在法定职权范围内活动,任何越权行为都要受到法律追究。

1. 教育行政部门

作为对校外培训机构的主管部门,2021年6月,教育部新设校外教育培训监管司,专门承担校外教育培训管理工作。其职能可以概括为三个方面:一是指导职能。指导校外教育培训机构党建工作,指导校外教育培训综合执法情况,指导和规范中小学生社会竞赛等相关活动。二是政策拟定职能。制定规范的校外教育培训管理政策,与相关方面共同制定校外教育培训机构设置、培训内容、培训时间、人员资质、费用监管等相关标准和制度。三是监督职能。监督实行、组织实施校外教育培训综合管理,及时反映和处理校外教育培训的重大问题。

综合中央和地方教育行政部门的职能,教育行政部门职责总结归纳为四个方面。第一,教育行政部门负责各类教育的统筹管理,其中包括民办教育。根据《民促法》第7条、第8条规定,国务院教育行政部门负责全国民办教育的统筹规划、综合协调和宏观管理;

---

① "北京凯瑞联盟教育科技有限公司固定转售价格垄断协议案",参见北京市市场监督管理局[2022]06002号行政处罚决定书。

县级以上的教育行政部门主管本行政区域的民办教育工作。第二,教育行政部门承担民办教育的指导工作。根据《民促法》第40条,教育行政部门应该对民办学校的教育教学工作和师资培训进行指导。第三,教育行政部门有监督责任。根据《民促法》第41条,教育行政部门依法对民办学校进行督导。根据2018年《国务院办公厅关于规范校外培训机构发展的意见》(以下简称《规范意见》),教育部门负责查处未取得办学许可证违法经营的机构,并在做好办学许可证审批工作基础上,重点做好培训内容、招生对象、教师资格、培训班次和培训行为的监管工作。第四,教育行政部门有处罚权。根据《民促法》第62条、第63条、第64条,对于有特定行为的民办学校,教育行政部门可以采取相应的处罚措施。

2. 市场监管部门

2018年4月,由国家工商行政管理总局、国家质量监督检验检疫总局、国家食品药品监督管理总局等合并组成的国家市场监督管理总局正式设立,负责市场管理工作,行使包括登记注册、市场监管、行政执法、消费者权益保护等行政监督管理职能。各级市场监管部门在自己职责范围内对所管辖事项行使职权。

其中,市场监管部门对培训机构的职责包括以下四个方面。第一,依据相关要求办理企业法人登记。根据《国家市场监督管理总局职能配置、内设机构和人员编制规定》,指导各类企业、从事经营活动的单位、个体工商户等市场主体的登记注册工作,负责市场主体的统一登记注册。根据教育部等五部门印发的《民办学校分类登记实施细则》,正式批准设立的营利性民办学校,依照相关法律规定到辖区内市场监管部门登记。第二,负责市场综合监督管理。根据国家市场监督管理总局"三定规定",对培训机构市场的监督管理职责主要是起草市场监督管理有关法律法规草案,规范和维护市场秩序,营造诚实守信、公平竞争的市场环境;组织指导查处价格收费违法违规、不正当竞争行为;指导广告业发展,监督管理广告活动;指导查处无照生产经营和相关无证生产经营行为。根据《关于加强校外培训机构预收费监管工作的通知》,市场监管部门要健全预收费监管机制。根据《规范意见》,市场监管部门重点做好相关登记、收费、广告宣传、反垄断等方面的监管工作。第三,负责组织和指导市场监管执法工作。根据国家市场监督管理总局"三定规定",指导地方市场监管综合执法队伍整合和建设,推动实行统一的市场监管,规范市场监管行政执法行为。指导实施公平竞争审查制度,负责反垄断统一执法。第四,市场监管部门有监督处罚职权。根据《民促法》第62条,市场监管部门可以对在日常监管中发现的发布虚假广告、管理混乱等严重影响市场秩序的予以处罚。

例如,北京顾亿人教育科技有限公司与北京市海淀区市场监督管理局行政处罚案"中,顾亿人公司在其网站发布违反广告法相关规定的广告内容,已构成使用虚构、伪造或者无法验证的科研成果、统计资料、调查结果、文摘、引用语等信息作证明材料的虚假广告行为;发布的广告含有妨碍社会公共秩序或者违背社会良好风尚的违法情形及发布的教育、培训广告含有对升学、通过考试、获得学位学历或者合格证书,或者对教育、培训的效果作出明示或者暗示的保证性承诺的违法行为。《广告法》第9条第7款、第24条第1

款及第 28 条第 2 款第 3 款分别规定了广告不得具有的情形,教育、培训广告不得含有的内容及虚假广告的情形。同时,该法分别于第 55 条、第 57 条、第 58 条规定了违反上述法律规定应承担的法律责任。依据《行政处罚法》第 24 条的规定,对当事人的同一个违法行为,不得给予两次以上罚款的行政处罚,海淀区市场监管局依据广告法的相关规定,结合认定的顾亿人公司的多项违法行为,最终对其处以罚款 20 万元。[①]

3. 人力资源和社会保障行政部门

随着政府协作能力的增强和人民对政府宏观管理能力的热切期盼,2008 年人力资源和社会保障部门正式成立。人力资源和社会保障部门负有公共管理职能,其在两个方面发挥作用。一个是完善社会保障体系,一个是发挥公共人事管理职能。从对人力资源和社会保障部门的多次调整可以看出,该部门严格贯彻以人为本的宗旨,旨在维护社会的公平正义。

近年来,人力资源和社会保障部门为了规范培训市场秩序,作出了一系列决策部署,采取了一系列规范行为,使得市场体系逐步完善。现将其对培训机构的管理职责概括为以下三个方面。第一,在自己职责范围内负责民办教育工作。根据《民促法》第 7 条、第 8 条的规定,国务院及县级以上人力资源和社会保障部门在各自职责范围内分别负责有关的民办教育工作。第二,人力资源和社会保障部门有部分审批权限。根据《民促法》第 12 条的规定,以职业技能为主的职业资格培训、职业技能培训的民办学校,由县级以上政府人力资源和社会保障行政部门按照国家规定的权限审批,并向同级教育行政部门备案。第三,人力资源和社会保障部门有监督职权。根据《规范意见》第 10 条的规定,人力资源和社会保障部门要做好职业培训机构的监管工作。根据《民促法实施条例》第 47 条的规定,人力资源和社会保障行政部门应当对民办学校进行执法监督的情况和处罚、处理结果应当予以记录,并依法依规公开执法监督结果。

(三)校外教育培训行政处罚法定程序

在"北京顾亿人教育科技有限公司与北京市海淀区市场监督管理局行政处罚案"中,针对被诉处罚决定的行政程序是否合法产生了争议。北京市第一中级人民法院认为本案中,被上诉人北京市海淀区市场监督管理局作出被诉处罚决定过程中,履行了立案、调查、延期、听证、送达等程序,并无违法之处。上诉人主张被上诉人对其调查询问仅有一名执法人员进行,事实依据不足。上诉人另主张被上诉人听证及延期审理程序未向其合法告知,构成程序违法。对此司法机关的态度是:存在一定瑕疵,但是法律法规无规定的情况下并非不合法。被上诉人举行听证程序前,已经依法向上诉人告知了相关权利义务,保障了其陈述申辩权。关于多次延期未向其告知的问题,由于有关规定并未对市场

[①] "北京顾亿人教育科技有限公司与北京市海淀区市场监督管理局行政处罚案",参见北京市第一中级人民法院(2021)京 01 行终 191 号行政判决书。

监管机关作出延期决定的次数及期限作出限制性规定,基于调查审理需要,被上诉人经多次延期审理后作出被诉处罚决定并不构成程序违法,考虑到上述规定并未对此作出强制性规定,故被上诉人的做法尚不构成程序违法。但基于充分保障行政处罚相对人程序权利的需要,被上诉人在以后的执法活动中须对此加以重视,有必要在作出延期审理决定后及时通知相对人。

虽然校外培训教育行政执法范围十分宽泛,但行政处罚是校外培训教育行政执法工作中最重要、最常见的部分,其程序的规范性直接影响着校外培训教育执法的成效,主要包括简易程序与一般程序,《行政处罚法》与《校外培训行政处罚暂行办法》等规范性文件对校外培训教育行政处罚程序作了明确规定。《校外培训行政处罚暂行办法》第25条至36条规定了处罚程序和执行(立案、调查取证、审查决定、制作处罚决定书等)程序。在具体实践中,"程序违法"多出现在告知、听证及送达阶段。

1. 关于告知程序

负责的主管部门拟给予行政处罚的案件,在作出行政处罚决定前,校外培训主管部门应当书面告知当事人拟作出的行政处罚内容及事实、理由、依据,并告知当事人依法享有的陈述权、申辩权。当事人提出陈述、申辩意见的,校外培训主管部门应当充分听取当事人的意见,对当事人提出的事实、理由和证据进行复核,当事人提出的事实、理由或者证据成立的,校外培训主管部门应当采纳。

2. 关于听证程序

《行政处罚法》第63条规定了适用听证程序须具备的条件,即行政机关拟作出"较大数额罚款;没收较大数额违法所得、没收较大价值非法财物;降低资质等级、吊销许可证件;责令停产停业、责令关闭、限制从业等较重的行政处罚",其中关于"较大数额罚款"的标准,各省、自治区、直辖市依据本区域实际情况作了具体规定。例如《湖南省行政处罚听证程序规定》第7条规定:"对公民处罚款在1000元以上,对法人或其他组织处罚款在2万元以上,应当书面告知当事人有要求举行听证会的权利。"《校外培训行政处罚暂行办法》第29条规定了告知听证的要求,校外培训主管部门对自然人处3万元以上、对法人或者其他组织处10万元以上的罚款,或者没收10万元以上违法所得,或者责令停业、吊销许可证、限制从业等其他处罚情形的都需要告知当事人。当事人依法要求听证的,由校外培训主管部门负责法制审核的机构按照行政处罚法等相关法律法规规定组织听证程序。听证结束后,校外培训主管部门应当根据听证笔录,依法作出决定。当事人自告知书送达之日起五日内,未行使陈述、申辩权,未要求听证的,视为放弃此权利。

3. 关于送达程序

送达是校外培训教育决定发生效力的前提,文书未经送达不具有约束力,校外培训主管部门作出行政处罚决定,应当制作行政处罚决定书,行政处罚决定书应当根据《行政处罚法》的规定载明有关内容,并加盖本部门印章。《校外培训行政处罚暂行办法》第34条规定,行政处罚决定书应当在宣告后当场交付当事人;当事人不在场的,应当在七日内依照《中华人民共和国民事诉讼法》(以下简称《民事诉讼法》)的有关规定送达当事人。当事人同意并签订确认书的,校外培训主管部门可以采用传真、电子邮件等方式,将行政处罚决定书等送达当事人。对于校外培训教育决定书的送达期限,《行政处罚法》第61条规定:"行政处罚决定书应当在宣告后当场交付当事人;当事人不在场的,行政机关应当在七日内依照《民事诉讼法》的有关规定,将行政处罚决定书送达当事人。"校外教育行政处罚决定书送达后,被处罚人应自觉履行处罚义务,不服处罚决定的,可依法申请行政复议或提起行政诉讼,若被处罚人在法定期限内未申请行政复议或提起行政诉讼,也未履行义务的,校外培训主管部门可以申请人民法院强制执行或依法强制执行。

(四)校外教育培训行政处罚法定种类

一般而言,只要校外培训机构违反行政法的相关规定,具有行政处罚权的行政主体就可以采取不同程度的处罚措施。例如,天津艺冉艺术培训学校有限公司因为发布虚假广告被天津市河北区市场监督管理局处以广告费的四倍罚款。① 天津艺冉艺术培训学校有限公司从事学科类和非学科类培训,其在简介中声称"办学至今已经输送近万名初升高以及高考的考生进入理想学府"。但是,"近万名"却是当事人编造的,当事人因为涉及虚假宣传,最终被处罚4000元。

根据新修订的《行政处罚法》,行政处罚的种类已经作出调整,主要包括警告、通报批评、罚款、没收违法所得、降低资质等级、责令停产停业、吊销许可证等。对培训机构的行政处罚种类增多,更能与培训机构的各种违法行为相适应。在众多的处罚种类中,罚款是常见的行政处罚方式。例如,2021年5月初,市场监督管理总局组织地方市场监管部门对"作业帮""猿辅导"两家校外培训机构进行检查后,又对"新东方""学而思""掌门1对1"等13家校外培训机构进行了联合检查。通过检查发现,该15家培训机构均存在虚假宣传行为,其中13家培训机构存在价格欺诈行为,最终市场监管部门对这15家校外培训机构分别予以顶格罚款,共计3650万元。

此次对15家培训机构虽处以顶格罚款,但却是依据公平公正和过罚相当的原则,根据培训机构违法行为的社会危害性、教育培训行业社会关注度、教育警示作用而作出的罚款规定,是完全符合《行政处罚法》的。惩罚只是手段,并不是最终目的,并不是惩罚的越严厉越好。行政处罚要遵循比例原则。行政处罚作为行政权力行使过程中表达国家意志最明显也最具有"公权力"性质的行政决定,必须依法进行。② 因此,对于校外培训机构监管的过程中,要坚持比例原则,公正的适用法律,做到过错与惩罚相当。

---

① "天津艺冉艺术培训学校有限公司虚假广告案",参见天津市河北区市场监督管理局〔2021〕3-27号行政处罚决定书。
② 陈新民:《中国行政法学原理》,中国政法大学出版社,2002,第205页。

（五）校外教育培训行政处罚案件管辖

校外教育培训行政案件的管辖涉及校外培训教育主管部门的分工与管理。以校外培训教育行政处罚案件管辖为例，包括级别管辖、地域管辖、指定管辖、移送管辖等。

关于校外培训行政处罚级别管辖，《校外培训行政处罚暂行办法》第6条明确由县级以上人民政府校外培训主管部门依法按照行政处罚权限实施。校外培训主管部门由省级人民政府根据国家有关规定确定。校外培训行政处罚由综合行政执法机关实施的，校外培训主管部门应当与综合行政执法部门建立行政执法信息互联互通、执法过程协作配合、执法结果及时反馈的工作机制。校外培训行政处罚由乡镇人民政府、街道办事处实施的，校外培训主管部门应当加强对乡镇街道校外培训行政处罚工作的组织协调、业务指导、执法监督。

关于地域管辖，若对线下校外培训违法行为的行政处罚，由违法行为发生地县级人民政府校外培训主管部门管辖。违法行为发生地与机构审批地不一致的，机构审批地有关部门应当依法予以协助。经审批的线上校外培训机构违法行为的行政处罚，由机构审批机关管辖，违法行为发生地或者损害结果发生地省级人民政府校外培训主管部门先行发现违法线索或者收到投诉、举报的，也可以进行管辖。未经审批进行线上校外培训活动的，由违法行为发生地或者损害结果发生地省级人民政府校外培训主管部门管辖。

关于委托管辖，校外培训主管部门可以在法定权限内书面委托符合行政处罚法规定条件的组织实施行政处罚。委托书应当载明委托的具体事项、权限、期限等内容。委托部门和受委托组织应当将委托书向社会公布。委托部门应当对受委托组织实施行政处罚的行为进行监督，并对该行为的后果承担法律责任。受委托组织在委托范围内，以委托部门的名义实施行政处罚，不得再委托其他任何组织或者个人实施行政处罚。

关于指定管辖和移送管辖，在《校外培训行政处罚暂行办法》第9条中规定："两个以上校外培训主管部门对同一个校外培训违法行为都有管辖权的，由最先立案的校外培训主管部门管辖。对管辖发生争议的，应当协商解决，协商不成的，报请共同的上一级校外培训主管部门指定管辖；也可以直接由共同的上一级校外培训主管部门指定管辖。校外培训主管部门发现立案查处的案件不属于本部门管辖的，应当将案件移送有管辖权的校外培训主管部门。受移送的校外培训主管部门对管辖权有异议的，应当报请共同的上一级校外培训主管部门指定管辖，不得再自行移送。"上级人民政府校外培训主管部门认为必要时，可以将本部门管辖的案件交由下级人民政府校外培训主管部门管辖。也可以直接查处下级部门管辖的校外培训违法案件，或者将某个下级部门管辖的校外培训违法案件指定其他下级部门管辖。

根据《行政处罚法》第27条关于移送管辖的规定可知，校外培训教育违法行为涉嫌犯罪的，校外培训教育行政主管部门应当及时将案件移送司法机关，依法追究刑事责任，对依法不需要追究刑事责任或者免予刑事处罚，但应当给予校外培训教育行政处罚的，司法机关应当及时将案件移送有关校外培训教育主管部门。

校外培训教育行政诉讼的管辖是上下级法院之间、同级法院之间受理第一审校外培训教育行政案件的分工。《中华人民共和国行政诉讼法》第14条至第17条规定了各级人民法院对校外培训教育行政案件的管辖范围;根据第18条对地域管辖的规定,校外培训教育行政诉讼案件由最初作出具体行政行为的校外培训教育行政主管部门所在地人民法院管辖;第21条规定了选择管辖,即当两个以上人民法院都对校外培训教育行政诉讼案件拥有管辖权时,原告可以选择其中一个法院提起诉讼;第22条至第24条分别规定了裁定管辖的三种情形,包括移送管辖、指定管辖及管辖权的转移。

三、校外教育培训行政处罚的问题及成因考究

(一)行政处罚依据不足

自2018年以来,我国有意识地在校外培训监管领域释放一些信号:先是在《规范意见》,教育部等四部门联合印发《关于切实减轻中小学生课外负担开展校外培训机构专项治理行动的通知》。之后,按照党中央、国务院决策部署,各地深入开展减轻义务教育阶段学生作业负担和校外培训负担(以下简称"双减")的工作。2021年7月,中共中央办公厅、国务院办公厅发布的《双减意见》。各地方又根据以上意见制定了符合自身情况的"双减"配套文件,要求对校外教育培训进行严格审批、禁止资本化、内容监督、时间限制、教师管理、收费控制,对违法违规培训行为依法依规严惩重罚。但这些政策大部分属于规范性文件,《行政处罚法》第16条规定,除法律、法规、规章外,其他规范性文件不得设定行政处罚。法无明文规定不为违法,法无明文规定不受处罚。处罚法定原则是行政处罚最重要的原则,其中处罚依据法定是处罚法定最核心的思想。校外教育培训行政处罚决定的作出都要符合法律法规,这需要有关行政部门依法行政、依法执法。

我国校外教育培训行政处罚的合法性依据散见于《教育法》《中华人民共和国未成年人保护法》(以下简称《未成年人保护法》)、《民促法》等法律法规中,而且进一步地直接涉及校外培训机构行政处罚的条文更是为数不多,因此在执法过程中一般参照民办学校的规范进行。[①] 而且即使法律法规直接对校外培训机构某些行为设置了禁止性条款,也普遍缺乏责任条款,并未赋予行政机关对相应违法行为的处罚权,对于校外培训的处罚缺乏明确与可操作的立法依据。例如,在《未成年人保护法》第33条、第38条中,明确校外培训机构不得对学龄前未成年人进行小学课程教育,不得与学校、幼儿园合作为未成年人有偿提供辅导。《教育法》第52条仅规定,国家、社会建立和发展对未成年人进行校外教育的设施。学校及其他教育机构应当同基层群众性自治组织、企业事业组织、社会团体相互配合,加强对未成年人的校外教育工作。此外,《教育行政处罚暂行实施条

---

① 张海鹏、张新民:《"双减"背景下的校外培训机构监管:理念转型与制度优化》,《河南师范大学学报(哲学社会科学版)》2022年第3期,第152页。

例》作为规范教育行政处罚重要依据,也是自 1998 年颁布以来,二十多年未曾进行修改,可想而知该条例并不能很好的与现今校外教育培训行政处罚相衔接。①

《行政处罚法》《教育法》《民促法》等法律法规的修订对教育领域的处罚种类、违法情形、程序规范等方面都提出了很多新要求,教育部关于《校外培训行政处罚暂行办法》在实体与程序方面存在诸多需要修订的内容。因此,当前教育领域行政处罚依据相对欠缺,难以适应校外培训监管实践的新形势,教育行政处罚相关法律法规规章在违法情形种类设定、种类数量、违法行为界定、处罚对象分类等方面均有不足,无法为校外培训监管提供全面的处罚依据。

(二)制裁行为性质不清

界定行政行为的属性通常是判断该行政行为合法与否的前提,涉及行政相对人应受到何种程度的程序性保护。② 行政处罚有着严格的处罚规范程序,在行政实务中,有的行政机关为了规避行政处罚相关制度的适用,会将实质上的行政处罚作为名义上的行政监管措施,执法实践中存在大量"换汤不换药""异曲同工"的行政管理手段,以监管措施之名逸脱《行政处罚法》的约束。③ 在校外培训监管实践中,也存在有性质模糊的行政行为。

如有的地方教育行政部门对存在问题的培训机构在主流媒体上进行"通报",亦有部分地方公布校外培训机构"黑名单",呼吁家长抵制"黑名单"中的问题机构。这里的"通报""黑名单",与《行政处罚法》作为声誉罚种类的"通报批评",有何法律含义上的区别,是否应当纳入行政处罚的规制范围? 由于立法没有对行政黑名单制度制定统一的规则,黑名单制度本身于上位法无据。且根据行政法治原则,可以制定行政处罚规范性文件的行政机关需要法律授权,除了《行政处罚法》第 9 条至第 13 条规定外,其他规范性文件不得设定行政处罚。《规范意见》中对不合规的校外培训机构列入黑名单且实行联合惩戒,明显与《行政处罚法》相违背:国务院办公厅下发的意见,在学理上属于"其他规范性文件",这样的法律责任设定,似有越位嫌疑。上位法的立法规定和现实的行政管理之间出现紧张的关系,对于法律规定的不同理解,极有可能导致对于同一类型的违法违规行为,出现不同的处罚裁判。而关涉立法中的这项内容有待回应,其实也在一定程度上制约着对校外培训机构公布黑名单的制度运行。对行政行为性质的判断尚不清晰,这不仅影响校外培训监管行政处罚行为的依法规范行使,还会对相对集中行政处罚改革背景下的部门间权力移转、职责配置等问题产生不利影响。④

---

① 刘虹、张端鸿:《国家教育行政权力清单的规范研究——以教育部行政权力为研究对象》,《复旦教育论坛》2016 年第 1 期,第 17 页。
② 陈鹏:《界定行政处罚行为的功能性考量路径》,《法学研究》2015 年第 2 期,第 112 页。
③ 张晓莹:《行政处罚的理论发展与实践进步——〈行政处罚法〉修改要点评析》,《经贸法律评论》2021 年第 3 期,第 2 页。
④ 蒋寅琦:《校外培训机构黑名单制度研究》,《法制与社会》2019 年第 11 期,第 210-211 页。

(三)处罚程序规范不强

"在价值层面上,行政程序不仅仅是实现行政实体或结果的技术性工具,它还有着独立于实体而存在的内在价值。"① 规范的程序既有利于实现行政处罚结果的公正,也能让行政相对人在处罚过程中感受到国家对基本权利的尊重与保障,从而加强对处罚结果公正性的确信,进而自觉履行处罚决定义务。而在媒体披露的一些执法案例中,存在处罚程序不规范的问题,如 2021 年 8 月 5 日,某地一名教师在补课过程中被执法人员以踹门、掐脖等方式查处,引起较大争议。这暴露出在校外培训监管行政处罚实践中,部分执法人员滥用权力,采用明显不合理手段过度执法、粗暴执法,侵害相对人合法权益,法治意识不强。

(四)处罚裁量约束不细

教育行政处罚领域存在着广泛的裁量权,教育行政处罚实施机关在职权范围内有权对当事人的违法行为,选择是否给予行政处罚、给予何种处罚,以及处罚幅度,处罚裁量存在着滥用的空间。一方面,赋予行政机关较大程度的自主裁量空间,有利于弥补校外培训相关立法的欠缺,为行政机关认定校外培训机构是否存在违法违规行为、采用何种法定范围内的处罚提供必要裁量幅度,保障行政主体能够有效行使处罚职能,提高行政效率。另一方面,部分教育法律责任条款规定模糊,为行政处罚裁量权的异化和滥用提供了可能。如《执法意见》要求"建立完善严重违法惩罚性赔偿和巨额罚款制度、终身禁入机制,让严重违法者付出应有代价"。但对于何种行为构成"严重违法",该文件本身并未言明,虽然教育部回应"严重违法行为原则上指全国性、跨区域,有重大影响、巨大危害的案件",但行政部门在具体认定中仍需要具体的、可操作的约束性规则。而"巨额罚款"的额度,根据《民促法》"对举办者处以违法所得一倍以上五倍以下罚款"的规定,要根据其违法所得来具体确定,但违法所得的认定和处置,也一直是行政处罚上具有争议性的议题。这些不确定的法律概念为处罚裁量权的滥用埋下了隐患,亟须行政机关依据法律授权,结合立法意图与执法经验,综合考量事实情节,细化行政裁量范围。

(五)部门执法协同不畅

自"双减"工作开展以来,各地普遍建立了在各级党委和政府的统一领导下,由教育行政部门统筹协调的专门机制,各相关部门联合对校外培训违法违规行为进行查处。在跨部门间的执法统筹过程中,主要存在联合执法分别处罚、相对集中行政处罚两种协作模式。

1. 联合执法分别处罚模式

联合执法处罚模式是教育行政部门在执法中牵头,会同其他部门联合执法,按照各自的职权范围对违法行为分别进行处罚,通过跨部门联合执法机制加强执法力量。例

---

① 周佑勇:《行政法基本原则研究》,法律出版社,2019,第 213 页。

如,深圳市教育行政部门曾联合市场监管、城管和综合执法、卫健、公安、消防救援等部门开展联合执法,各部门分别对培训机构的违法违规行为进行依法查处,作出责令限期整改、责令停止办学等行政行为。但这种模式存在一些弊端:第一,联合执法机制统筹协调成本较高,且一般只在开展专项治理时才会启动,难以常态化。第二,虽然联合执法能够同时调动多个相关部门,但各部门仍然依据职权独立作出处罚,并未打破我国传统行政管理体制"条块分割"的基本格局,与此相关的"部门主义"可能导致"搭便车"问题的产生。[1] 第三,也是最重要的,联合执法分别处罚的模式没有实质改变教育行政部门执法能力不强、教育法适用性不强的症结。

2. 相对集中处罚权模式

相对集中行政处罚权模式剥离教育行政部门的处罚权及相应检查权、强制权,转由行政执法能力相对充足的执法部门行使。这一方面可以解决教育行政部门执法资源有限、执法能力不足的问题,另一方面又能控制行政执法资源总量,避免执法机构膨胀、执法人员增多。实践中,上海市、北京市分别于2019年、2020年出台了针对教育领域相对集中处罚权的改革文件,将原本由教育行政部门行使的行政处罚权及与之密切相关的执法权力(如检查权、强制权)划转到市场监管部门集中行使。教育行政处罚体制呈现由部门联合执法各自处罚向处罚权跨部门相对集中的发展趋势,这对于"双减"校外培训行政处罚主体的权责划分、处罚过程中的部门协作等都提出了新的要求。但是,如前文所述,在校外培训监管实践中,存在着大量性质模糊的取缔、通报等行政行为,教育与市场监管部门之间往往会就这些行为应由谁具体执行产生争议。并且,由于教育行政管理具有专业性强的特点,在认定教学内容是否超纲超前等方面,市场监管部门往往难以作出判断,需要教育行政部门予以协助。但我国行政协助制度仍不完善,实践中一般由党委编办协调,部门联合制定执法协作方案,但这些文件规范层级较低,行政部门并不因此承担协助其他部门的法定义务。因此,如何妥善处理相对集中行政处罚改革过程中部门协同性不足的问题,是"双减"校外培训行政处罚效能提升需要认真思考的问题。

校外教育培训监管部门法定职责不清,监管或者执法信息共享不及时,不能形成监管合力是目前我国校外教育培训监管面临的最突出问题。法律法规对政府部门监管责任划分不清晰,就会导致监管权力的交叉和重叠,出现"都想管"和"都不想管"的尴尬局面。同时,各部门之间各自监管配合不足,没有有效的联动协调机制,又会出现监管不充分、处罚不及时的情况。这种矛盾的监管现状必然会造成行政处罚不到位,同时也会对政府监管权威造成负面影响。基于此,政府就需要强化权责分配,分工协作,落实依法监管。

---

[1] 高杭:《教育行政执法协同性:模式、问题与推进路径——基于当前改革实践的案例研究》,《华东师范大学学报(教育科学版)》2016年第3期,第91—99页。

现行《民促法》对政府部门监管职责划分的内容仅有两个条文进行了象征性说明。其一是针对教育教学工作及教师培训工作而言的第40条,教育行政部门及有关部门负有指导的义务。其二为第41条教育行政部门及有关部门依法对民办学校实行督导。这两个条文仅仅是原则性的规定,并没有明确有关部门具体包括哪些,指导和督导的内容又有哪些。这就会出现地方各级教育行政部门及有关部门分别划分自己的权责范围,内容及边界的确定具有很大的主观性,不能形成同步的监管标准。

而在实践中,根据培训机构营利性和非营利性的不同选择,营利性校外教育培训机构在设立成功取得办学许可证之后,还应到市场监督管理部门进行法人登记,从设立登记之初,两类机构就出现了主责及监管主体不同的情况,也就是教育行政部门和市场监督管理部门均实施了一部分监管职责。同样,在后续的日常运营中,监管部门涵盖教育行政、市场监管、民政、消防等,各部门根据自身职能范围对校外教育培训分别进行监督管理。一般为教育行政主管办学许可,市场监督管理主管登记注册等资质审查,而消防、卫生、建设部门主管运营管理条件。多数情况下都互不干涉,形成的检查结果甚至是处罚通知也不进行共享。在专项治理或者集中整治行动中,一家培训机构一天之内可能要接受多次来自不同部门的突击检查,并且各部门之间并没有同步统一的监管标准。甚至,由于办学许可证需要审查师资力量、办学场所等资质条件,在实践中还会出现一些个人开办的小型营利性教育培训机构,普遍为"无证办学""证照不全"的非法办学,这些培训机构直接登记为教育咨询、托管服务、文化传播,便开始进行课程培训。由于并未在教育行政部门进行登记取得许可,因此教育行政部门无法进行监管,甚至大部分情况下根本不知道这些教育机构的存在。

这种监管现象反映出目前我国对校外教育培训监管存在欠缺有效联动协调机制、监管标准不同步、事责不明确、监管主责部门之间信息不共享导致重复监管、监管缺位等一系列问题。也从侧面反映出目前我国治理结构呈现出只重视事前审批登记,忽视过程性监管的局面。事前审批只是对校外教育培训举办资质的静态"一次性认可",通过一次形式上的审查批准只能判定其符合市场准入的条件,不能保证被审批培训机构持续性满足许可条件,日常运营中的监管更加重要。否则校外教育培训行业可能会坚持自己资本逐利的原则,忽略教育的公益性及行业的社会效益导向,一味地追求利润最大化,在无过程监管的真空环境内,偏离有序轨道。遗憾的是,现行《民促法》对事中事后监管只简单地规定了建立信息公示和信用档案制度,以及通过社会中介组织评估办学水平和教育质量两个简单的指导性机制。信用监管与质量评估制度在监管中发挥了多大程度上的作用,或者说是否仅仅通过这两种监管方式就足以充实事中事后监管全过程,我们还需要在实践中进行深入考察和探究。但对于后者,答案一定是否定的。

长期以来,政府部门"以审代管"的监管方式占据主流位置,结合校外教育培训的监管效果来看,单一的事前审批制度以及有限的事中事后监管途径并不能有效规制校外教育培训的市场逐利行为,政府部门必须进一步扩宽途径,加强事中事后监管才能够弥补单一的行政审批功能上的不足。① 校外教育培训市场乱象也从侧面映射出"简政放权"改革后,政府监管部门日常监管缺位问题,加强事中事后监管有助于政府部门改进工作方式,有效履行职责,避免管理缺位。

(六)管辖机制

长期以来,本应作为基层执法重心的乡镇街道执法力量却最薄弱。为了化解"看得见的管不了,管得了的看不见"的执法异化现象②,2021年修订的《行政处罚法》允许有条件的乡镇街道在省、自治区、直辖市的决定下承接县级行政主管部门的处罚权。教育行政处罚权也出现由区县级主管部门向乡镇街道下放的趋势。在校外培训领域,一方面,校外培训机构的市场需求大、机构体量大,这导致校外培训机构的管理涉及省、市、区、乡镇、街道等各级行政部门权责的划分;另一方面,赋予乡镇街道一定的处罚权,实现执法重心下沉,尤其对于查处以"家政服务""一对一"私教等小规模形态存在、隐蔽性较强的隐形变异校外培训形式具有重要意义。

2021年,教育部办公厅印发《关于坚决查处变相违规开展学科类校外培训问题的通知》,明确提出"要将学科类培训隐形变异问题查处工作纳入省、市、县和乡镇(街道)网格化综合治理体系,充分发挥社区综合治理功能"。但实践中,执法权和执法力量的配置与执法实践需求尚未对接,基层执法力量仍较为薄弱;且基层乡镇街道主要是协助行政部门开展前期证据收集等事务性工作,一般不能直接作出教育行政处罚,法律赋予基层的处罚权力未得到实质落实。

四、校外教育培训行政处罚的完善建议

(一)健全校外教育培训行政处罚法律规定

一方面,应当尽快通过制定或修改相关的教育立法,为校外培训违法违规情形的认定提供合法依据。另一方面,应该确保教育行政处罚规范体系满足效益最大化的要求,克服"碎片化"、可操作性不强的问题。

具体而言,一是应当尽快制定统一的校外培训实体规范,为校外培训监管行政处罚提供合法性依据。在此需要注意的是,不仅要规定校外培训机构应受行政处罚的行为种类,还应当明确、细化相应的法律责任条款,增强校外培训监管行政处罚的可操作性。二是依据《行政处罚法》等法律的新要求加快修订《教育行政处罚暂行实施办法》,夯实教

---

① 李路:《以体制机制创新提升政府事中事后监管能力研究》,《理论导刊》2019年第9期,第46–52页。

② 卢护锋:《行政执法权重心下移的制度逻辑及其理论展开》,《行政法学研究》2020年第5期,第117页。

育行政处罚的制度基础,提高执法规范化水平。在这一过程中,尤其需要协调好教育领域行政处罚规范与《行政处罚法》的关系,在处罚种类法定的基础上,结合执法效能的最佳性考量,规范地判定有争议的行政行为是否应纳入行政处罚范围。

(二)严格校外教育培训处罚的程序与裁量基准

坚持以公正的程序实现公正的处罚结果,这需要行政机关制定和完善行政执法程序规范,在执法过程中充分履行告知义务,保障当事人的陈述申辩权。更重要的是,要建立健全处罚裁量基准制度,规范行政裁量权。处罚裁量基准制度的完善不仅对于促进同一事项相同情形同标准处罚、保障公平正义具有重要意义,而且能够通过分格适用的手段消除行政处罚中的模糊条款,提高行政机关执法效率。

据学者统计,近年来我国各级各地教育行政机关为控制行政裁量权,制定的教育行政处罚裁量基准数量达九十余个。① 但实践中各地对于裁量基准制度的性质看法不一,制定技术与程序也亟待规范。为此,要将处罚裁量基准制度进一步纳入法治化轨道:一是要将裁量基准的设定作为各地行政部门"法定的努力义务",要求行政机关必须就不制定裁量基准说明理由。② 二是要细化、量化、更新行政处罚裁量权基准,保证处罚裁量权既在法律、法规、规章的授权范围之内,也促进实现"双减"政策目标的实现。三是教育行政处罚裁量基准应当依法公开,为当事人预测相应处罚结果提供可能,降低当事人对处罚执行的抵触情绪,提高行政执法效能。

(三)深化针对校外教育培训机制体制改革

纵深推进综合行政执法体制改革、积极稳妥赋权乡镇街道实施行政处罚,是持续改革行政处罚体制机制的重要内容。其一,横向应处理好承接教育处罚权的部门与教育行政部门之间的关系。对校外培训机构的处罚是一项涉及教育、民政、市场监管、消防及省市区镇(街道)相关主体,涉及前期执法检查、后期行政强制等多层次多部门的系统性、综合性工作。相较于联合执法各部门分别处罚的模式,相对集中行政处罚权模式能够实质上增强教育行政执法能力,更有利于构建常态化教育行政执法体制,从而推进"双减"长效深入,避免"一阵风"的运动式执法。为此,要深化综合行政执法改革,明权定责、防止推诿,并且要进一步明确处罚流程,完善行政协助制度,建立健全行政权责清单、案件线索移送、案情通报、信息共享等工作机制。其二,纵向应明确各级权责和处罚层级。规范层面,应当及时修改配套的地方组织法,落实乡镇、街道处罚主体资格,针对"委托""派

---

① 王春蕾:《教育行政执法中裁量基准的实践逻辑与完善路径》,《湖南师范大学教育科学学报》2021年第2期,第34页。
② 周佑勇:《行政处罚裁量基准的法治化及其限度——评新修订的〈行政处罚法〉第34条》,《法律科学(西北政法大学学报)》2021年第5期,第57页。

驻""授权"等不同法律关系分别设计相应的监督保障机制。① 效能方面,应当提炼总结地方教育改革实践经验,进一步优化处罚权制度设计,增强处罚权承接主体的执法能力,为处罚权的有效运行提供必要的体制保障,保证权随事转、编随事转、钱随事转,确保放得下、接得住、管得好、有监督。

---

① 章志远:《习近平法治思想中的严格执法理论》,《比较法研究》2022年第3期,第24页。

学位授予纠纷司法审查研究
——基于85份学位授予纠纷裁判文书

杨 倩[①]

"田永案"在中国高等教育行政诉讼司法实践中具有里程碑式的意义,它不仅开启了教育领域行政诉讼的先河,而且实现了从无到有的质的飞跃,彻底打破了教育领域长期以来的"无讼"僵局。[②] 随着依法治校观念的深入,学校、教师、学生等主体的法律意识越来越强,越来越多人将教育领域的纠纷诉诸法律,寻求权利救济。其中最为典型的就是学位纠纷。学位授予纠纷是最为普遍和具有与典型特征的学位纠纷种类。由于高校内部纠纷解决机制不够完善,学位申请人多选择司法层面的纠纷解决机制。因此,有必要对该类纠纷的实际案例进行研究,了解学位授予纠纷司法解决机制的实践情况与问题,从而总结实践经验,完善司法层面的解决机制,达到实质化解纠纷之目的。

本研究运用"中国裁判文书网"检索与学位授予纠纷相关的裁判文书,以"学位授予"和"学位条例"为全文检索关键词,并将裁判日期限定在"2016—2023年"。截至2023年7月6日,共得到129份裁判文书。逐一分析与整理,剔除重复案例及无关案例,最终得出有效文书样本共85份,并以此为基础,进行分析。

一、学位授予纠纷司法实践状况分析

(一)诉讼整体情况描述

1. 时间分布总体情况介绍

从时间分布来看,2016—2023年学位授予纠纷频发不断。2016—2017年学位授予纠纷呈井喷式涌现,且在2017年到达顶峰,多达24件。随后学位授予纠纷案件数量虽呈逐渐递减状态,但在2021年之前每年案件数量均在10件以上。(见图1)

[①] 杨倩,华南师范大学法学院宪法学与行政法学硕士。
[②] 周梦圆:《高校学位纠纷司法审查的实证研究》,华中科技大学硕士学位论文,2020,第15页。

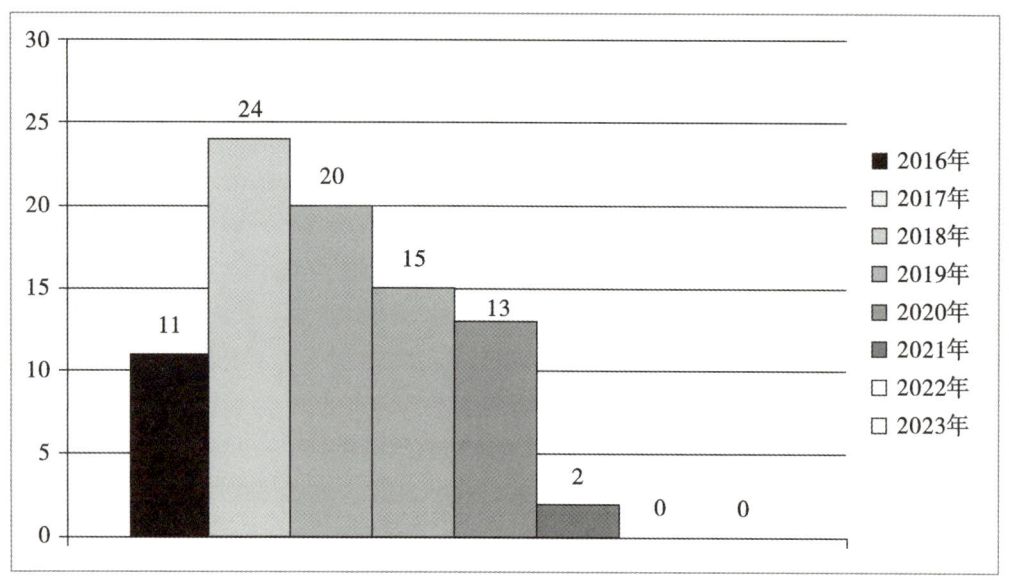

图 1　学位纠纷案件数量时间分布

2. 胜诉率、上诉率情况

从胜诉率来看,学校胜诉率高达 67%,学生胜诉率占 20%,撤诉率占 13%(见图 2)。由此可以发现,学位授予纠纷案,法院出于尊重高校自治的考虑,多选择支持高校。学位申请人通过司法保障其学位获得权的难度较大。

从审级角度来看,所选取的样本案例涵盖了不同阶段的诉讼程序,包括一审、二审以及再审案件。具体而言,仅通过一审程序结案的案件共计 38 件,进一步经过二审程序审理的案件有 32 件,此外,10 件案件进入了再审程序,还有 5 件案件最终以撤诉方式结案(见图 3)。由此可以发现,学位授予纠纷的案件上诉率高,较少案件的一审结果能够说服当事人,当事人试图通过反复诉讼来寻求公正,司法对于学位授予纠纷的案件解决效果不好。

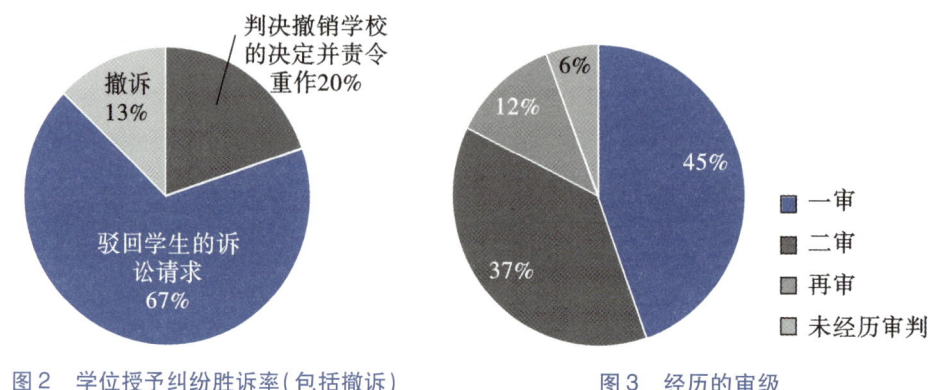

图 2　学位授予纠纷胜诉率(包括撤诉)　　图 3　经历的审级

通过学位授予纠纷案件时间分布、胜诉率及经历审级的数据梳理可以发现，相较于往年，近些年学位授予纠纷有所减少，学位授予纠纷纳入司法审判后，学生与学校之间的矛盾有所缓解，学校对待学位授予相关决议更为慎重，学生的权益得到前所未有的重视。但是，一旦学位授予纠纷产生，诉至法院，司法解决纠纷的效果不好。由于学位授予极其依赖专家的专业判断，法院在审理学位授予纠纷时，多倾向于尊重学校的判断，判决结果大部分为驳回原告诉讼请求，少部分学位申请人能获得学校学位评定委员会重新作出决定的救济。即使学生获得救济，也往往不是经历一次审理就能实现。因此，有必要对双方争议的焦点、法院的审判依据、理由进行分析，找出问题所在。

（二）双方争议焦点的考查

学位授予纠纷的起因在于纠纷双方当事人对是否授予学位的决定存在不同的见解。原被告双方各执一词，需要法官介入进行公正裁判。对双方说理及依据进行梳理能够从中总结出双方的争议焦点，了解学位授予纠纷案件的症结所在。

1. 原被告说理及依据考查

通过对样本的总体分析，原告主要从学校作出决定的依据、适用的程序以及事实认定不清等角度论证被告所作出的决定不合法，要求撤销不授予学位的决定或其他相关行为并授予其学位：

一是对学校制定的学位授予标准的合法性发出诘难。[1] 根据权力法定原则，原告主张高校学位授予权来源于法律法规的授权，其行使权力应严格依照相关法律法规的规定，认为高校审查是否授予学位应严格依据法律法规所确定的标准予以判断，高校不具有制定严于法定的学位授予标准的权力，从而论证高校所制定的学位授予标准不合法。通过总结《中华人民共和国学位条例》（以下简称《学位条例》）、《学位条例暂行实施办法》等法律法规规定的学位授予标准，原告依据法定学位授予标准主张其满足授予学位的要件，证成学校不授予学位的行为违法，请求撤销学校不授予学位的决定，并授予其学位。二是针对程序正当性、合法性角度证成自己的主张。[2] 原告主张被告在作出不授予学位决定时，损害了原告的告知、陈述申辩理由等程序性权利，违背了正当程序原则，因此认为被告所作出的不授予学位的决定不合法，从而要求撤销被告不授予学位的决定，并重新作出决定。三是对学校事实认定不清的角度证成自己的主张。原告认为其符

---

[1] "范某诉三明学院不履行法定职责教育行政管理案"，参见福建省尤溪县人民法院（2017）闽0426行初24号行政判决书；"王某诉广西大学不履行授予博士学位法定职责案"，参见广西省南宁铁路运输法院行政判决书；"刘某诉鞍山师范学院拒绝颁发学士学位证书案"，参见辽宁省海城市人民法院（2018）辽0381行初269号判决书。

[2] "柴某诉上海大学要求履行法定职责案"，参见上海市浦东新区法院（2019）沪0115行初362号判决书；"栗某诉中国海洋大学撤销硕士学位案"，参见山东省青岛市崂山区人民法院（2017）鲁0212行初91号判决书。

合授予条件,不存在不授予学位情形,学校事实认定有误,要求授予其学位。这类论证思路主要针对考试作弊类案件。原告通常主张其不具备作弊的想法,被告认定其考试作弊属于认定事实不清,要求授予其学位。

被告从以下几点对原告诉请及理由提出抗辩:第一,针对学位授予标准的合法性问题。① 首先,被告列举有关法律法规的规定证明其具有管理学位授予相关工作及细化法律规定的权限,证成其有权决定是否授予学位。其次,指出法定的学位授予标准是原则性规定,高校自身设定的学位授予标准是对法定标准的细化,并未违背上位法的规定,从而论证被告所依据的学位授予标准是合法有效的。第二,针对程序性问题,被告强调作出不利于申请人决定时所进行程序符合法律规定,充分履行了告知义务,保障了原告的程序性权利,符合正当程序原则。第三,针对事实认定问题,被告主要通过举证,证明原告确有不符合学位授予的情况,从而反驳原告所主张的事实认定不清。第四,部分高校对法院受理案件表示异议,认为学位授予属于高校自治的范畴,法院不应受理学位授予纠纷。

2. 原被告引发纠纷的案由

通过对原被告说理及依据的梳理,可发现原被告对学位授予纠纷的争议焦点在于是否应当授予学位,且主要围绕被告不授予学位的原因展开激烈争论。被告不授予学位原因主要有以下几种(具体占比情况详见表1):一是论文写作造假;二是未达到学术成果量化标准;三是学生课程未达到规定分数、学分或重修科目数量过多;四是未过英语四、六级或其他技能证书;五是作弊,受纪律处分;六是因作弊以外事项受纪律处分。原被告对不授予学位原因存有争议,实质上是对学位授予标准的合法性存有争议。可以依据与学术事务的关联程度将存有争议的学位授予标准分为以下两类。

表1 不授予学位的原因②

不授予学位原因	裁判文书数量(份)	占比(%)
因考试作弊受处分	24	34.29%
课程未达规定分数、学分或重修科目过多	14	20.00%
毕业论文作假等学术不端行为或论文不合格等问题	6	8.57%
未在指定期刊上发表一定数量的论文	4	5.71%
未通过英语四、六级或取得技能证书	12	17.14%
因打架等其他行为受处分	5	7.14%
其他	5	7.14%
	70	

---

① "刘某诉中山大学不授予学位案",参见广东省广州市海珠区人民法院(2015)穗海法行初字第173号判决书;"蔡某诉江西中医药大学科技学院拒绝颁发毕业证书案",参见江西省南昌市西湖区人民法院(2015)西行初字第1号。

② 说明:排除了15份因撤销诉讼、超过诉讼时效等原因未进入实质审查部分的裁判文书。

(1)学术标准。学术标准是对学生学术水平的评价标准,主要从是否精通基础内容、掌握专业理论和核心技能,能否胜任科学研究或专业技术工作以及能否在科学或专业技术领域取得创新性成果等方面对学生进行评价,具体表现为学业成绩类标准、学分类标准、论文作品类标准等。[1] 实践中存在争议的学术标准主要是学术成果量化标准、学分或重修科目数量相关规定以及英语四、六级或其它技能证书要求。对于这类学位授予标准,双方争议的焦点在于学校设置的标准是否过于严苛,是否具有合理性。

(2)非学术标准。非学术标准通常涵盖品行、纪律和政治等多方面的要求,在实际应用中则体现为个人应展现出高尚的道德品质、严格遵守法律法规和学校的规章制度等行为准则。[2] 存在争议的非学术标准主要是以下两种:一是将考试作弊作为学位授予的否定标准。根据是否与受处分挂钩,又可以分为两种情况:一种是指高校学位标准直接将"考试作弊"作为授予学位的否定要件;另一种是指高校以"受处分"作为考试作弊不授予学位的前提条件,即要求不授予学位必须同时具备"考试作弊"和"受处分"两个要件。二是除考试作弊以外的受处分行为作为学位授予的否定要件,如马某诉天津财经大学案[3],学校以原告因打架获记过处分为由决定不授予原告学位。对非学术标准的争议主要在于将纪律处分作为学位授予的否定要件是否超越法定授权范围。

(三)法院审理结果及其理据考查

法院审理结果及其理据的考查主要包括法院裁判方式和裁判理由两方面内容。通过梳理裁判文书,探究在学位授予纠纷中司法机关对高校学术自由与学生的学位获得权之间的价值权衡倾向,明晰在学位授予纠纷案件中司法介入的限度。

1. 裁判方式

针对学位授予纠纷案件,法院的裁判方式主要分为两类:一类是裁定。以裁定方式结案多是因为原告超过起诉期限或法院管辖等问题。另一类是判决,其中包括判决驳回诉讼请求、确认违法判决、撤销不予授予学位的决定、撤销不予授予学位的决定并要求重新作出决定以及确认违法等几种判决方式。经过实质审查,原告败诉,法院多以判决驳回诉讼请求。法院判决原告胜诉的方式较为多样,故以表格的方式进行梳理(详见表2)。

---

[1] 龚向和、张颂昀:《论硕士、博士学位授予学术标准》,《学位与研究教育》2019 年第 3 期,第 58 页。
[2] 龚向和、张颂昀:《论硕士、博士学位授予学术标准》,《学位与研究教育》2019 年第 3 期,第 59 页。
[3] "马某诉天津财经大学教育行政管理案",参见天津市河西区人民法院(2016)津 0103 行初 128 号判决书。

表2 原告胜诉案件裁判方式及裁判理由

裁判方式	案号	裁判理由	裁判结果
撤销判决	(2018)新0105行初51号	被告以基于未查清的事实作出留校察看的决定,并取消学士学位授予资格。同时,作出处分决定不符合法定程序	撤销处分决定及学士学位授予资格处分行为
	(2020)渝05行终514号	被告作出不授予学位决定程序违法,违背正当程序原则	判决撤销被告不授予学位决定
撤销判决并要求重作	(2017)琼0108行初38号	"在校期间未受过留校察看处分"作为授予相应学士学位的条件,与《中华人民共和国学位条例》的规定不相抵触。但处分决定未送达原告,以留校察看处分为由,不授予学位缺乏事实依据	判决被告在判决生效之日起30日内审查是否具备授予学位的条件,并将审查结果书面告知原告
	(2016)粤7101行初2515号	被告作出关于原告申请学位的回复不符合正当程序原则,没有事实依据,适用法律错误,应撤销	撤销被告作出的关于原告申请授予学位的回复,并要求被告于判决生效之日起15个工作日内对原告的申请重新作出回复
	(2017)粤0891行初184号	被告作出关于原告申请学位的回复未能保障原告的程序性权益,没有事实依据,适用法律错误,应撤销	撤销被告作出的关于原告申请授予学位的回复,并要求被告于判决生效之日起30个工作日内对原告的申请重新作出回复
撤销判决并要求重作	(2020)辽02行终318号	被告作出不授予博士学位决定,主要证据不足,程序违法,应予撤销	撤销原审被告不授予博士学位决定和准予结业决定,并责令被告于判决生效之日期60日内对原告博士学位授予事宜和学历证书颁发事宜重新作出决定
确认违法判决	(2019)沪0115行初362号	被告仅以微信通知的方式,告知原告驳回其博士学位申请,缺乏事实和法律依据,属于未履行法定职责的行为	确认被告对原告提交的学位申请未组织学校学位评定委员会予以审核评定的行为违法
	(2017)陕71行终580号	被告未作出不授予学士学位的决定,未进行说明解释,并未告知救济方式,程序违法	确认其违法;责令被告在判决生效之日起60日内重新审查,并书面告知审查结果

续表2

裁判方式	案号	裁判理由	裁判结果
判决确认违法并要求重作	(2018)陕71行终82号	被告不授予学位行为违背了正当程序原则,但行为不具有可撤销内容	确认被告不向原告颁发学士学位证书的行政行为违法,并责令被告在判决生效之日起60日内重新审查,并将审查结果书面告知原告
要求履行实体义务	(2018)粤7101行初717号	被告未能及时作出是否授予原告学位的决定,对原告生活就业产生重大影响,被告怠于履行其授予学位的法定义务,应对原告申请作出书面决定	判决被告在判决生效之日期60日内作出处理
要求履行实体义务	(2017)粤7101行初4047	被告未能及时作出是否授予原告学位的决定,对原告生活就业产生重大影响,被告怠于履行其授予学位的法定义务,应对原告申请作出书面决定	判决被告在判决生效之日期60日内作出处理
要求履行实体义务	(2018)粤7101行初1520号	被告未对原告是否获得学位作出明确回复,怠于履行其法定义务	判决被告在判决发生法律效力之日起60日内对原告张奇关于颁发毕业证书及学位证书的申请作出处理
要求履行实体义务	(2019)津0110行初227号	被告未对原告是否获得学位作出明确回复,怠于履行其法定义务	判决被告于判决生效后两个月内就原告硕士学位申请书中的申请作出决议,相关结果应通知原告
要求履行实体义务	(2020)沪0106行初791号	被告在学位评定委员会审核形成决议后,未经公示程序即报送了教务处审核,并且被告没有作出不授予学位的决定构成程序违法	责令被告于本判决生效之日起30日内对原告学士学位申请作出处理决定
要求履行实体义务	(2018)闽0104行初231号	不授予学士学位是损益性行政行为应严格按照正当程序原则,被告违反了正当程序	要求被告在判决生效之日起60日内对要求授予学士学位的请求重新作出相应行政行为

2. 裁判理由

法官对于判决驳回原告诉讼请求的理由基本一致。在大多数法院看来,学位授予单位有权制定学位授予工作的细则,并认为高校设定的学位标准不违反法定学位授予标准的概括性规定,一次驳回大多数学生的诉讼请求。法院普遍对学位授予标准的审查普遍倾向于进行合法性审查,且存在通过对其权限合法性的认定来确认标准的合法性。

法官判决原告胜诉的理由各有不同,主要从程序和事实的角度,认为学校作出不授予学位决定程序违法或事实不清。但也有少数法官对标准的合法性进行了审查。如在"朱某诉辽宁石油化工大学案"中,法官认为将学位授予与考试作弊直接挂钩,模糊了学位授予与学生管理的边界,判决撤销高校不授予学位的决定,并要求其重新作出决定。[①] 在"孙某诉中国民航大学案"中,法官认为授予学位的申请无导师签字不是不授予学位的否定性条件,要求学校及时作出学位授予的决定,并告知孙某。[②]

(四)法院审查思路

通过对法院审理的结果及其理据的考查,可以将法院对学位授予纠纷案件的审查思路梳理总结如下。

1. 以审查被告是否适格作为统一起点学位

学位授予纠纷案件,法院首先对高校的学位授予权限进行界定,即通过明晰高校学位授予权限的来源及性质,判断被告是否适格。法院通过对《教育法》第21条、第22条、第29条,《学位条例》第2条、第4条、第8条,《学位条例暂行实施办法》第3条等规定进行解读,判断被告是否具有授予学位的权限,以及判断高校学位授予权的来源。人民法院普遍认为高校是适格被告,认为高校的学位授予权源自于相关法律法规的授权,高校在进行学位管理时,其属于法律法规授权的组织。此时,高校应具有行政主体资格,能够作为行政诉讼的被告。

2. 人民法院审查高校制定的学位授予细则和标准

人民法院审查学位授予标准时,存在"法律授权——不抵触"和"高校自治——不违法"两种不同的审查思路。

(1)"法律授权——不抵触"审查思路。"不抵触"审查思路从法律法规的授权出发,认为学校制定学位授予标准的权力来源于《学位条例》及《学位条例实施暂行办法》等法律法规的授权,认为学校制定的学位授予标准只要不和法定学位授予标准相抵触即

[①] "朱某诉辽宁石油化工大学履行授予学士学位职责案",参见辽宁省抚顺市新抚区人民法院(2019)辽0402行初17号行政判决书。
[②] "孙某诉中国民航大学履行法定职责案",参见天津市东丽区人民法院(2019)津0110行初227号判决书。

合法。如刘某诉鞍山师范学院案①中,法院首先依据《学位条例暂行实施办法》第25条规定,判定学校制定学位授予细则的权力来自法律法规的授权,其次根据《学位条例》第17条规定,认为"不得有舞弊作伪行为"属于授予学位的先决条件从而判断《鞍山师范学院工作细则》规定"因考试作弊或剽窃、抄袭他人研究成果受到记过以上(含记过)处分者,不授予学士学位"没有超出法律、法规的授权范围。"不抵触"审查思路暗含对法律优位原则的遵守,但只采用了一个面向,即法律作出规定的,不与法律规定相抵触,但未采用在法律规定情形下下位法自主设定的面向。②

(2)"行使自主权——不违法"审查思路。"不违法"审查思路从学校的自主权出发,《学位条例》对学校授予学位的情形进行了概括性规定,为学校的具体操作提供了基本框架。学校依据《学位条例暂行实施办法》第25条制定学位授予标准,并非源自法律法规的授权,而是行使高校自治权。高校自治权的行使旨在更具体、更细化地落实学位授予的规范,确保学位授予的公正性和科学性。只要学校所制定的标准不违背上位法的精神与原则,那么学校所制定的标准便具有合法性。因此,学校制定学位授予标准的行为属于其自治权的合理范畴,应当得到尊重与认可,法院应当尊重高校制定的细则,不对标准及依据标准所作出的决定过度的干预。如在何某诉重庆第二师范学院案中,"人民法院认为《学位条例暂行实施办法》第25条规定赋予学位授予单位在不违反《学位条例》所规定的授予学位的基本原则的基础上,可在依法行使教学自主权和自治范围内对授予学位的标准进行细化,制定学位授予标准的权力和职责。所以重庆第二师范学院制定的学位授予细则不违法"③。"行使自主权——不违法"审查思路更强调权利的保护,只要不违反法律的规定,则应尊重高校的办学自主权。

3. 以事实和程序审查为终点

经过对授予标准的审查,如果法院认为高校学位授予标准不合法,高校不予授予学位则失去了依据,审查程序终结,高校败诉;如果法院认为高校学位授予标准合法,则进入对高校不授予学位的事实是否清楚以及程序是否合法正当。一方面,基于双方提供的证据,审查高校作出决定所依据的事实是否清楚;另一方面,审查高校作出不授予学位决定时是否遵循正当程序的原则,学位申请人的程序性权利是否得到保障。如果高校在学位授予过程中,存在事实认定不清或违背正当程序原则,都将败诉。

---

① "刘某诉鞍山师范学院拒绝颁发学士学位证书案",参见辽宁省鞍山市中级人民法院(2019)辽03行终346号行政判决书。
② 陈越峰:《高校学位授予要件设定的司法审查标准及其意义》,《华东政法大学学报》2011年第3期,第113页。
③ "何某诉重庆第二师范学院不予授予学位案",参见重庆市第五中级人民法院(2020)渝05行终514号行政判决书。

二、实践反思:学位授予纠纷案件的司法困境

(一)两条审查思路并行,导致矛盾的审判结果

在案件梳理过程中发现,各地法院对同一标准给出了截然相反的审查结论。同样针对"在校期间接受过处分不授予学位"这一标准,法院对这类标准依据不同的审查思路存在着不同的判断,形成了不同的审判结果。在许某诉南京邮电大学案①中,人民法院认为高校将考试作弊等违纪行为作为不授予学位的要件,此举属于高校行使教育自主权。只要高校不违背法律的强制性规定行使自主权,其有权对所培养的本科生教育质量和学术水平提出具体规定和更严格的要求。高校将学生存在违纪行为与不授予学位挂钩并不违反上位法的强制性规定。在本案中,法院采取了"行使自主权——不违法"审查思路,也有法院认为该规定是违法的。在张某某诉中原工学院信息商务学院案②中,一审法院认为相关法律规范均未将学生是否接受过纪律处分作为影响学士学位授予的条件,被告自行将受过处分与不授予学士学位挂钩,明显超越法律法规既有规定,增设学位授予条件,其行为缺乏法律授权依据。显然,法院以"法定授权——不抵触"审查思路进行审查时,强调相关法律法规是高校制定学位授予标准和审查被申请人的学位授予条件的绝对前提。

基于不同的审查思路,对于相同的学位授予标准,不同的法院出现了相互矛盾的判决,降低了判决的说服力和威信力,司法解决纠纷的效果不好,甚至有可能激发当事双方的矛盾,还会弱化了司法裁判的指引功能。法律具有一般性,这要求类似行为在法律上得到相同的评价和处理,以确保法律的公正性和可预测性。然而,当同案不同判发生时,类似行为在法律上的评价产生较大偏差,这不仅破坏了法律规则的统一性,也削弱了公众对法律的信任和尊重。依据不同的审查思路,会使同类标准在法院得到不同的法律评价,纠纷双方当事人获得不利判决时,会依据同类案件不同判决结果从而对法院判决的公正性产生怀疑,有关裁判的公信力难以得到保障。同时,也会造成学位授予纠纷出现"累诉"的情形,从而加重法院审理的负担。对于学位申请人来说,司法是维护其权利的最后一道防线,却不能遵守"同案同判"的原则,当事人的权益需要通过屡次提起诉讼才能得到保障,增加了当事人寻求权利救济的负担。

---

① "许某诉南京邮电大学教育行政管理案",参见江苏省南京铁路运输法院(2018)苏 8602 行初 1205 号行政判决书。
② "张某某诉中原工学院信息商务学院履行授予学位职责案",参见河南省郑州市中级人民法院(2017)豫 01 行终 836 号行政判决书。

(二)法定的学位授予要件内容宽泛,难以把握其合法性

目前的制定法未明确学位授予标准的具体范围,且其内容较为抽象,高校在细化法定授予标准时,缺乏明确的法律依据,使得司法实践中难以把握法律授权和法律保留的范围。通过梳理《学位条例》中有关有关授予标准的规定(详见表3),可以发现法定标准中运用了很多抽象的修饰性词语,如"优良""较好""深入"等,使得学校在细化学位授予标准时享有极大的裁量空间。出现这种情况的原因主要是因为不同的高校具有各自的特色和不同的定位,有必要对允许各高校根据自己的需要在法定框架基础上细化标准,国家立法需要保留一定的模糊性,给予学术自治的空间。[①] 但现行规定过度模糊导致司法裁判很难判断学校在细化学位授予标准上享有多大的空间,很难把握学校制定的学位授予标准是否合法。也正因为如此,学校和学生往往会因学位授予标准的合法性产生纠纷,且多持相反的理解,导致诉讼解决纠纷的效果不理想。

表3 各级学位授予标准

标准类型		学士	硕士	博士
非学术性标准		拥护党和社会主义		
学术标准	学业成绩	成绩优良	通过硕士学位的课程考试和论文答辩,成绩合格	通过博士学位的课程考试和论文答辩,成绩合格
	知识掌握程度	较好地掌握本门学科的基础理论、专门知识和基本技能	在本门学科上掌握坚实的基础理论和系统的专门知识	在本门学科上掌握坚实宽广的基础理论和系统深入的专门知识
	科研能力	具有从事科学研究工作担负专门技术工作的初步能力	具有从事科学研究工作或独立担负专门技术工作的能力	具有独立从事科学研究工作的能力;在科学或专门技术上作出创造性的成果

(三)侧重程序审查,导致司法实质解决纠纷功能未能发挥

法院之所以倾向于从程序的角度审查高校行为的合法性,一方面是因为程序违法则高校行为违法即败诉,学位申请人能够因此获得高校重新审查的机会。另一方面是因为法院以程序作为审查的切入口,能够避免对高校制定的学位授予标准进行实质合法性评价,从而避免司法过度干预高校自主办学。但是法院仅对程序进行审查,并不能实质解决问题。在法院责令重作后,高校只需通过补正程序,同样有可能重新作出拒绝授予学

---

① 巢永乐:《学位争讼与立法完善——基于135份裁判文书的考察》,《重庆高教研究》2021年第9期,第8页。

位的决定。原告极大可能依据新作出的决定再次起诉,这样既浪费司法资源,同时又不能及时保护学位申请人的合法权益。

三、学位授予纠纷司法审查之意见

(一) 坚持尊让原则和合法性审查原则

尊让原则是指人民法院审查学位授予纠纷案件时,应充分尊重高校在自主管理权行使上的专业性和独立性,保持适当的克制。尊让原则确立于"何小强案",该案的最高人民法院公报要点指出,学位授予类行政诉讼案件司法审查不能干涉和影响高等院校的学术自治原则。① 自此,尊让原则逐渐成为学位授予纠纷司法审查时必须遵守的核心原则。我国实施的国家学位制度展现了其独特的行政法特征。在这一制度下,国家对学位授予的严格管理和规范,学位授予权源自国务院学位主管机构的学位点授权。通过行政授权,确保了学位授予的权威性和统一性,也维护了学位制度的稳定和公平。与此同时,学位授予标准的内涵则深深扎根于知识创新与传承的传统之中,充分展现了学术界的自治精神和专业判断,蕴含着丰富的自治权内涵。自治是现代高等教育的灵魂。② 大学作为学术研究机构,学术自由这一基本权利决定"大学自治与学术自由是支配国家高等教育正常运行与发展的基本原则,是大学法形成和维系的根基"③。大学应具有独立、依自身裁量权规制的权力,司法不能过多干预高校进行自主治理。尊让原则有以下两方面要求:一是学术尊让,法院应尊重高校在学术事务的专业判断,避免对学术事务的过度干预;二是内部行政尊让,司法应尊重高校进行校内的秩序管理或维护活动。法院尤其要注意对学术事务的尊让。学术判断是高校专家的领域,凡是学术事务,高校一律不得涉足。④

根据裁判梳理,合法性审查是学位授予纠纷的司法审查应坚持的原则。合法性审查对于推动学位授予纠纷司法审查的法治化进程至关重要。法院在进行司法审查时,必须严格遵循制度规范,以法律条文为基石,确保司法解释与司法适用的准确性。在坚守法治原则的基础上,以法律条文为基石,进行恰当的司法解释与司法应用,将规范主义精神

---

① 郑磊:《论学术自治尊让原则的具体化——基于最高人民法院指导案例39号之展开》,《郑州大学学报(哲学社会科学版)》2016年第3期,第40页。
② 周详、延然:《学位授予行为的法律性质及制度创新——基于司法审判的反思》,《清华大学教育研究》2020年第2期,第148页。
③ 陈文贵:《大学自治之权限划分与监督》,《教育法学评论》2020年第5期,第103-116页。转引自姚荣:《国家角色与大学形象:高等教育治理变革的国际比较研究》,《华东师范大学学报(教育科学版)》2023年第5期,第65页。
④ 徐靖:《高校校规:司法适用的正当性与适用原则》,《中国法学》2017年第5期,第105-107页。

深入贯彻到每一个司法实践环节,从而使学位授予纠纷的司法审查工作既公正又高效。① 高校在国家立法设定的学位授予标准框架下,有权根据人才培养的风格,实现特定的教育理念,维系大学品质,自主制定学位授予的条件及细则。② 法院在进行司法审查时,坚持合法性审查原则,审查高校所制定的细则和标准是否超越了法定的学位授予框架,是否存在与上位法冲突的情况。一旦存在上述现象,法院应及时撤销依据不合法的标准所作出的不授予学位的决定,维护学位申请人的合法权益。

(二)重视正当程序对学位授予行为的控制

教育法治包含程序正义的理念,重视正当程序是教育法治的应有之义。高校在制定学位标准和依据标准作出决定时,应严格遵守正当程序原则。在当今社会,接受高等教育并获得学位愈发重要,不授予学位将严重影响学位申请人的职业资格、生活条件、发展空间等。③ 正当程序原则能够通过利害关系师生的过程性参与,提高高校学位授予标准及授予行为的接受度,从而更好地保障学位申请人的权益。如高校不能依照正当程序作出决定,则不能违背了程序正义,将严重损害当事人的权益,影响行为的合法性。并且正当程序原则能够在缺少法律法规等具体规定的情况下,弥补法律的漏洞,从而更好地为行政管理领域树立其法律的界碑。④ 在我国重实体、轻程序的传统下,学位授予相关规定缺乏程序性要求。也正因为如此,高校在进行学位管理时对程序的重视不够,损害学位申请人的程序性权利,从而引发不少纠纷。因此,法院理应在司法审查中将程序的正当性与合法性纳入审查的范围中,是法院进行形式审查的重要内容。

(三)加强对学位授予标准的实质审查,明确司法审查的限度

对于学位授予标准的司法审查限度,学界存在着不同的观点。有学者认为应对学位授予标准开展差异化审查⑤;也有学者认为学位授予条件和学位授权审核标准的设置属于立法行为,不属于行政受案范围,但如存在违反上位法的条件和标准,法院可以采取"不予适用"的方式否定其效力。⑥ 笔者认为,考虑到现行学位制度相较于实践发展的快速步伐,确实展现出一定的滞后性,相关规定较为模糊,导致在实际操作中存在法律空白

---

① 魏文松:《司法介入高校授予学位的正当依据与审查权限》,《苏州大学学报(教育科学版)》2023 年第 2 期,第 58 页。
② 伏创宇:《大学生考试作弊与学位授予挂钩的合法性反思》,《法律适用(司法案例)》2017 年第 12 期,第 87-88 页。
③ 凌一帆、徐肖东:《司法审查高校授予学位纠纷的强度——以指导案例 39 号和柴某案为主的分析》,《公法研究》2021 年第 2 期,第 174 页。
④ 何海波:《司法判决中的正当程序原则》,《法学研究》2009 年第 1 期,第 144 页。
⑤ 魏文松:《司法介入高校授予学位的正当依据与审查权限》,《苏州大学学报(教育科学版)》2023 年第 2 期,第 59 页。
⑥ 周佑勇:《法治视野下学位授予权的性质界定及其制度完善——兼述〈学位条例〉修订》,《学位与研究生教育》2018 年第 11 期,第 6-7 页。

和漏洞。而法院在介入学位授予纠纷时不可避免会关注到学位授予标准,因此法院有必要介入学位授予标准的审查。而学位授予标准必然需要到学术事务和学术判断,为了充分尊重高校的专业判断,法院应根据标准与学术事务的关联度对学位标准进行差异化审查。

1. 学术标准——最低干预审查

学术标准是高校教授们基于学术权力所制定的标准,其行使和制定都需要发挥专业人士的专业知识予以判断,对其进行审查应遵循最低干预审查原则。最低干预审查即尽可能对高校设立的学术标准予以尊重,除存在明显违法的情形之外,法院应当对高校的专业评价保持尊重。大学作为人才培养的重要组织,其所提出的符合学校人才培养目标并反映学生专业能力的要求和标准,既是对学生的考核,也是对学校人才培养质量的评估。这类考核和评估离不开专家的专业判断,属于学术自由的范畴。而学位申请人作为等待授予单位认可的对象,应满足其学术性要求,通过学校的考核,才有权获得学位。此情况下,学术标准只要不抵触上位法的规定,即尊重学校的判断。但尊重并不排除司法的介入,一旦学术标准明显违法,司法理应介入。

2. 非学术类——合法原则+比例原则

由于非学术标准不能和学术自由产生直接联系,法定非学术标准过于模糊授予学校自治的权限较大,需要防止高校以学术自由之名,滥用权力,损害学生的利益。有必要在非学术标准进行合法性审查的前提下,依照比例原则,审查非学术标准设立的是否超过法定应有的精神,违背法律的初衷。非学术标准主要是评价学校所培养的可授予学位的人才应品行和道德,但现有的法律关于非学术标准的规定过于宽泛,缺乏合理的边界。学校非学术评价制定内容有可能超出法定界限,需要依据适当性原则、必要性原则和均衡性原则三项比例原则的子原则考察其是否与法定目的有不当关联。法院在审查学位授予的非学术标准时,应严格遵循适当性原则,确保这些标准与实现德行评价之间存在实质性联系。例如,将学位申请人的"计算机二级考试通过"①等行为与学位授予挂钩。学位标准主要是对学位申请人是否符合其所申请学位应具有的专业知识和专业技能,以及优良的道德品质进行考核的标准。"计算机二级考试通过"只是学位申请人计算机技能的体现,并不能体现学位申请人的道德品质。如果学生为非计算机专业,计算机运用能力不应当为其必备的专业技能,将其与学位授予挂钩,显然是在"计算机二级考试通过"与学位授予之间构建了不正当联结。法院应禁止此类不当联结,以维护学位授予的公正性和合理性。必要性原则要求在多个手段可维护学位荣誉性和培育德才兼备人才的前提下,选择是必要的,对申请人侵害是最小的。② 即对非学术性标准认定的严重程度

---

① "何某诉重庆第二师范学院履职案",参见重庆市第五中级人民法院(2020)渝 05 行终 514 号行政判决书。
② 徐靖:《论学位授予中的非学术标准设定》,《复旦教育论坛》2020 年第 4 期,第 41 页。

予以审查,只有达到一定严重程度才能决定不授予学位。均衡性原则要求立法者或高校设定的非学术标准所达到的目的与对学生因遵守非学术标准而需承担的负担成比例,即学校可以相较于国家学位授予标准适当提高学位授予标准,但不能过度拔高,让学生承受的负担远超其初始目的。所以,当法院进行审理时,有必要遵循必要性和均衡性原则,一旦发现高校的非学术性标准设定违背了必要性和均衡性原则,法院有权撤销其不予授予学位的决定,并要求学校重新作出决定。

高校教师管理纠纷司法案例研究报告(2022年度)

郑 宁 穆随心 刘 蓓 程 洁[①]

一、研究情况概述

(一)问题的提出

高校教师管理纠纷问题由来已久,高校教师管理纠纷的存在,必然影响教师队伍的稳定,对教学科研活动产生负面影响、阻碍高校的长远的发展。过往该方面的研究,多立足于理论层面和宏观维度分析制度缺失与不足,鲜有全面、深入地剖析高校教师管理纠纷的类型而后对其制度进行反思的研究。

在事业单位改革、大学法人化改革、"放管服"改革、管评办分离的大背景下,如何正确处理高校与教师之间的关系是社会面临的重要挑战。因此,本报告致力于对高校教师管理纠纷问题展开实证研究,即从中国裁判文书网中筛选出2022年度涉及高校教师管理纠纷的裁判文书,并进行实证分析。在此基础上,通过实证分析折射出来的问题,以涉高校法律政策、规章制度实施效果以及治理效能的提升为中心,提出高校教师管理纠纷防范与化解相应的具体对策。

(二)数据库的建立

本报告的实证分析主要建立在裁判文书样本的基础上,形成了一个由33份涉及高校教师管理纠纷的裁判文书组成的数据库。该数据库的建立,经历了四个主要步骤:其一,以"高校、教师、管理"为关键词在中国裁判文书网进行初步筛选,共得到112份样本;其二,为了尽可能地使样本丰富和充实,将关键词中的"管理"分别替换为了"劳动"和"人事",得到的样本数量分别为49份、46份;其三,在此基础上对三次检索出的文书进行初步整合,共计207份,后剔除掉其中重复的84份,剩余123份文书;其四,通过人工筛

[①] 郑宁,华中师范大学学校治理研究中心研究员;穆随心,陕西师范大学国家安全学院教授;刘蓓,华中师范大学学校治理研究中心助理研究员;程洁,华中师范大学学校治理研究中心助理研究员。

选,得到了33份以高校教师管理纠纷为实质内容的有效文书,完成了裁判文书数据库的建立(见表1)。

表 1　数据库建立情况概览

类型	关键词	案由及份数			总计
		民事	刑事	行政	
第一类	高校、教师、管理	111	1	0	112
第二类	高校、教师、劳动	47	2	0	49
第三类	高校、教师、人事	46	0	0	46
筛选过程中的样本数量	初步筛选后	204	3	0	207
	剔除重复后	121	2	0	123
	人工筛选后	33	0	0	33

在确立样本时,以案件裁判时间为标准,选择了2022年1月1日至2022年12月31日的时间区间。审理程序既包括一审又包括二审。文书种类既包括判决又包括裁定。案件性质涉及民事、刑事,但最终确立的33份样本均系民事案由。裁判文书的筛选没有限定地域条件,以求尽可能全面、真实地反映实践中教师管理纠纷的具体情况。关于教师权益救济途径,在此只针对诉讼途径进行实证分析,没有囊括复核、申诉等教师权利救济途径,复核、申诉等因可能涉及单位内部信息而难以掌握,故主要围绕33份符合研究主题的裁判文书展开调查。

此外,需要特别说明的是,本研究以裁判文书为主的司法案例反映的高校教师管理纠纷,仅仅是高校教师管理纠纷进入诉讼程序的部分,对未进入诉讼程序的纠纷不作统计。

(三)采用的研究方法

1. 文献研究法

本研究拟通过搜集、整理分析教师管理纠纷有关的研究文献,力图全面把握高校教师管理问题所涉理论的国内外研究现状,并在此基础上形成本文的研究思路,为研究建立坚实的理论基础,厘清高校的法律身份、职能,高校管理的背景及主要方式,并对相关的法律条文进行文本分析。

2. 比较研究法

通过搜集国外相关的教师管理制度,对比域外各国在处理高校教师管理问题方面积累的经验,了解各国对高校教师的法律身份问题不同的看法。立足我国国情的基础上进行借鉴,有利于规范我国高校教师管理。

3. 历史研究法

通过收集及研读相关历史资料,旨在梳理高校教师法律身份的转变过程、分析对高校进行管理的合理性、了解高校管理制度的历史转变,力图掌握高校教师管理制度发展的科学导向。

4. 实证研究法

这是本研究报告写作中使用的最主要的研究方法,包括统计分析方法和个案分析方法。统计分析方法是指借助中国裁判文书网,从纷繁复杂的裁判中筛选出符合研究条件的研究对象,同时对整理出的裁判文书进行归纳、整理与分类,发现实践中高校教师管理纠纷的主要案由。个案分析方法是指在统计分析所归纳出的裁判文书的基础上,筛选出具有典型意义的高校教师管理案例,并探讨其存在的问题。

二、高校教师管理纠纷现状:以裁判文书为中心

(一)高校教师管理纠纷案例综述

1. 裁判年份

在建立数据库时,对"2022 年度"的确定以案件裁判的时间为标准,选择了自 2022 年 1 月 1 日至 2022 年 12 月 31 日之间作出裁判的文书。

2. 文书种类

在本数据库中,高校教师管理纠纷案件的裁判文书的性质基本表现为判决。其中,判决性质的文书共有 32 份,占比 96.97%,裁定性质的裁判文书仅有 1 份,占比 3.03%(见图 1)。

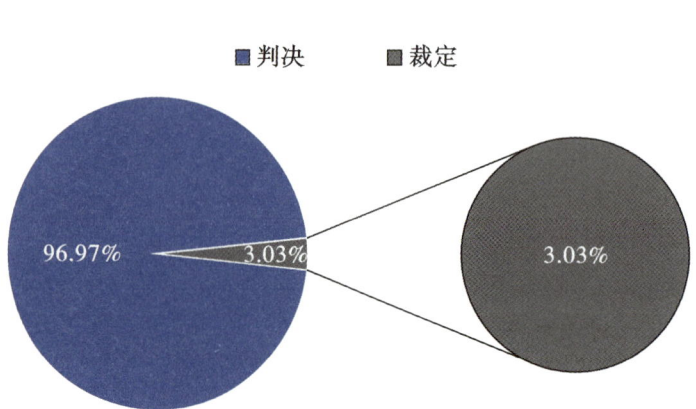

图 1 2022 年度高校教师管理纠纷裁判文书种类占比

通过文书种类的分布可以看出,二者数量有明显差异,反映出法院在处理该类型的案件时通常会对主体的实体权利义务进行处置,仅有 1 例裁定不予受理或者驳回起诉,说明诉讼途径在解决高校教师管理纠纷中发挥着重要作用。

3. 审理程序

在 32 份判决书中,从高校教师管理纠纷裁判文书审理程序的分布可见,一审的高校教师管理纠纷裁判文书数量和二审相差较小,数量分别为 19 份与 13 份,占比分别为 59.38% 和 40.62%。此外,再审裁判文书数量为 0 份(见图 2)。

通过审理程序分布可以看出,一审的高校教师管理纠纷裁判文书数量与二审基本持平,由此说明,一审程序并不能全然有效地化解争议,将问题遗留到了二审程序,这也反映出高校教师管理纠纷的复杂性,需要得到高度重视。

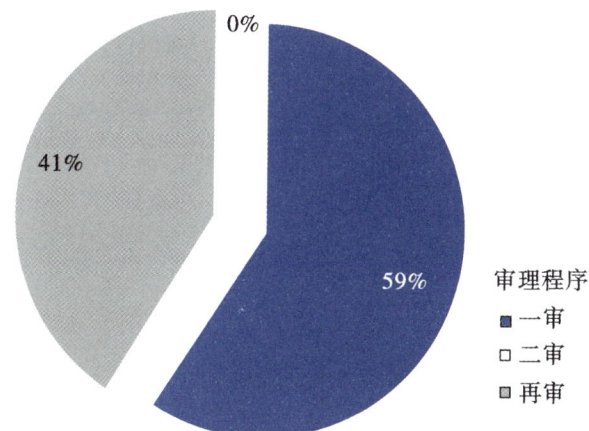

图 2　2022 年度高校教师管理纠纷裁判文书审理程序分布

4. 案件性质

从中国裁判文书网中以"高校、教师、管理、人事、劳动"为关键词搜索出的裁判文书共有 207 份,其中案件类型为民事、刑事、行政的裁判文书数量分别为 204 份、3 份、0 份。经过归纳整理,发现实质涉及高校教师管理的民事、刑事、行政的裁判文书数量分别为 33 份、0 份、0 份,即民事裁判文书占比 100%。因而本文将研究范围限定在民事裁判文书,以此为研究重点。

通过案件性质的分布可以看出,在"放管服"改革、事业单位改革、大学法人化改革、管评办分离的大背景下,教育法公私法融合,致使高校教师管理纠纷基本以民事案由的面貌出现,涉及高校教师管理纠纷的裁判文书均为民事。

5. 裁判结果

高校教师管理纠纷案件的审理结果大致分为以下几类。一是支持全部诉讼请求。该类裁判文书有 2 份,占裁判文书总数的 6.06%。二是支持部分诉讼请求。支持部分诉讼请求得裁判文书18份,占裁判文书总数的54.55%。三是驳回诉讼请求。本研究所统计的驳回诉讼请求的审理结果中囊括裁定不予受理、裁定驳回起诉、判决驳回诉讼请求三种情形,经过筛选统计出的涉及驳回诉讼请求的裁判文书有13份,占总比39.39%(见图3)。①

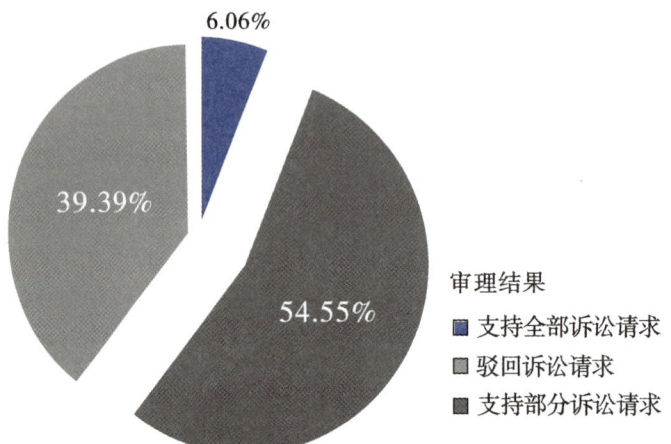

图3　2022年度高校教师管理纠纷裁判文书案件类型分布

通过裁判结果的分布可以看出,无论是教师起诉高校,还是高校起诉教师,驳回诉讼请求占比达39.39%,由此说明,高校教师管理纠纷的解决并不彻底,可能存在诉讼外隐患,还需要借助其他救济渠道进行解决。

6. 高校规章制度的运用

通过对33份裁判文书进行筛选与分析,最终发现其中11份裁判文书在裁判说理中适用了高校的规章制度,援引率达33.33%(见图4)。被援引的规章制度依照法律体现了高校自治精神,且得到了法院的认可。

---

① 部分裁判文书中包含反诉,本研究将其视为两份裁判文书,因而裁判结果统计出的总数可能会与裁判文书总数不等。

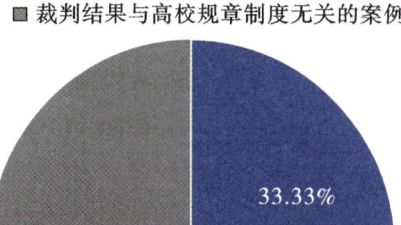

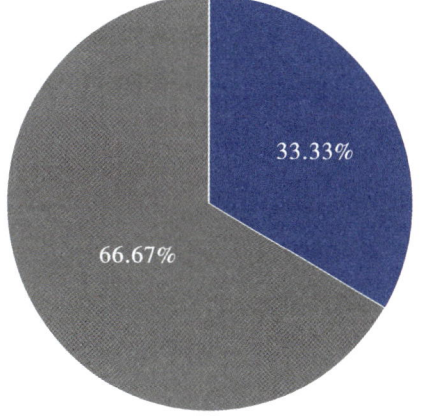

图 4　2022 年度高校规章制度在裁判文书中的援引率

(二)高校教师管理纠纷类型分析

在"放管服"改革、事业单位改革、大学法人化改革、管评办分离的大背景下,教育法公私法融合,致使高校教师管理纠纷主要以民事案由的面貌出现,涉及高校教师管理纠纷的民事裁判文书越来越多。在 2022 年度作出的诸多裁判文书中,高校教师管理纠纷的民事案由主要集中为四种类型:服务期履行纠纷;确认、解除人事关系或劳动关系纠纷;支付工资、社保、赔偿金等纠纷;职工房屋所有权纠纷。其数量分别为 4 份、21 份、23 份、1 份,具体占比分别为 12.1%、63.64%、69.70%、3.03%(见图 5)。需要强调,同一案件的纠纷事由不限于一项,可能同时涉及两到三项。

1. 服务期履行纠纷

服务期履行纠纷,即在服务期未履行完毕而申请离职导致的纠纷。该类纠纷是高校与教师产生纠纷的重要原因,本次筛选出的该类案由的裁判文书有 4 份,占裁判文书总数的 12.1%。服务期主要以两种形态存在,一是高校教师入职时,高校与教师签订的聘用合同中约定服务期限,即教师必须为高校服务满一定的年限才能离任。二是高校教师决定继续深造时,出于培养及留住人才的考虑,高校会选择与教师签订协议书,约定教师在深造期间,仍享受由高校提供的工资和福利待遇。某些高校甚至会每年支付一定的培养经费,要求教师深造完成之后必须返回高校继续工作一定年限。关于该协议书的名称,现实中有不同的表述,如本数据库中所涉及的《克拉玛依市在职人员参加研究生学历(学位)教育管理办法》《辽宁科技大学教师在职攻读博士研究生管理办法(试行)》《教职工进修学历协议书(博士研究生)》等。实践中,部分教师完成深造后,在服务期尚未履行或者未完全履行服务期的情况下便不愿在原单位继续工作,选择申请离职,与高校产生了纠纷。因此,服务期履行纠纷的争议焦点主要集中在以下两个方面。

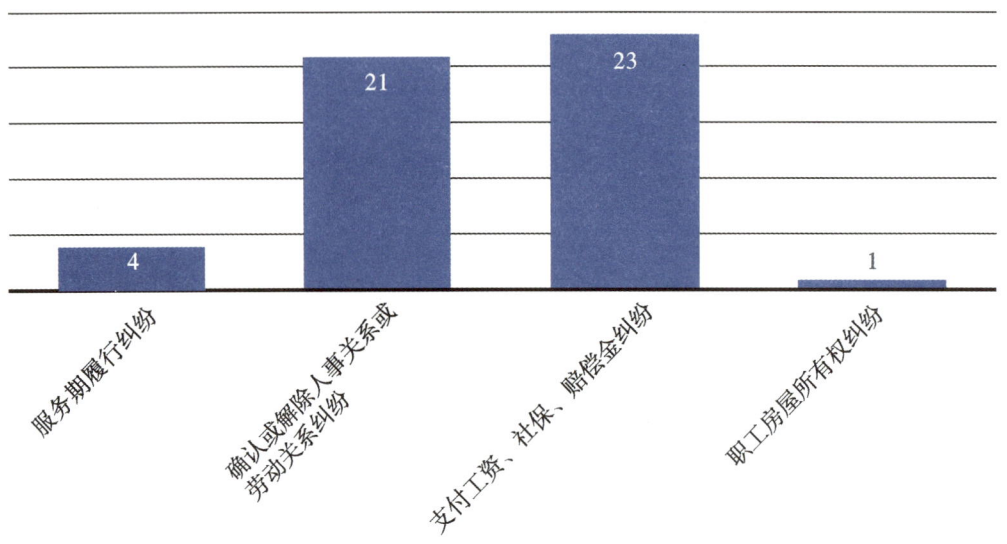

图 5　2022 年度高校教师管理纠纷类型分析

（1）教师进修期间高校所支付的工资的定性问题。高校在与教师的协议中通常约定由高校给予一定的福利待遇，而教师则以必须在该单位工作一定年限的服务期作为对价。如果教师违反约定，则需要返还之前所享受到的福利待遇并支付违约金。根据我国法律规定，只有满足用人单位为劳动者提供专项培训费用或者对其进行专业技术培训两个前提条件之一，用人单位才能向劳动者主张违约金。《中华人民共和国劳动合同法》（以下简称《劳动合同法》）第 22 条①、第 25 条②规定，用人单位为劳动者提供专项培训费用，对其进行专业技术培训的，可以与劳动者订立协议、约定服务期，劳动者违反服务期约定的，应当按照约定向用人单位支付违约金。除此情形外，用人单位不得与劳动者约定由劳动者承担违约金。实践中，对于教师在进修期间高校所支付的工资能否被定义为培训费用，法院的态度逐步趋于肯定。

在 2022 年作出的裁判文书中，泰州学院李某等劳动合同纠纷一案③中，法院认为，"《泰州学院教师在职进修协议书》中虽未明确约定原告为被告提供专项培训费用，但约

---

① 《劳动合同法》第 22 条："用人单位为劳动者提供专项培训费用，对其进行专业技术培训的，可以与该劳动者订立协议，约定服务期。劳动者违反服务期约定的，应当按照约定向用人单位支付违约金。违约金的数额不得超过用人单位提供的培训费用。用人单位要求劳动者支付的违约金不得超过服务期尚未履行部分所应分摊的培训费用。用人单位与劳动者约定服务期的，不影响按照正常的工资调整机制提高劳动者在服务期期间的劳动报酬。"

② 《劳动合同法》第 25 条："除本法第二十二条和第二十三条规定的情形外，用人单位不得与劳动者约定由劳动者承担违约金。"

③ "李某诉泰州学院劳动合同纠纷案"，参见江苏省台州市医药高新技术开发区人民法院（2021）苏 1291 民初 2448 号民事判决书。

定被告在进修期间享受基本工资(岗位工资和薪级工资),在不到一年的脱产期和其余非脱产期间均享受全额绩效工资,进修期满后可报销相关费用。就被告从事的高校教师这一特定行业而言,结合社会公众一般认知,学历进修应属专业技术培训范畴,且应视为原告提供了相应的专项培训费用"。在姜某与大连理工大学劳动争议一案①中,法院认为,被上诉人(大连理工大学)依据《出国留学协议书》在上诉人出国留学期间向其支付的工资和支出其他费用,与国家留学基金管理委员会的资助一起,共同保障了上诉人留学期间培训费和正常生活费用的支出,在性质上宜认定为培训费用。

然而在过往其他同类型的案件中,法院却有作出相反判决的情形。在庞某诉六盘水师范学院合同纠纷一案②中,教师庞某在与所处高校通过协议书约定了服务期的情况下,深造完成之后拒绝履行服务期约定并向高校提出离职申请。法院根据《中华人民共和国劳动合同法实施条例》(以下简称《劳动法合同法实施条例》)第16条③的规定,主张培训费用只能是为培训而产生的费用,并不包括基本工资,高校与教师所签订的协议书中违约金的约定违反了法律的强制性规定,违约金条款属于无效约定。因此,高校要求教师支付违约金的诉讼请求无法得到支持。

(2)约定服务期内教师能否主动申请离职问题。高校与教师签订的协议书约定了教师必须在高校服务一定的年限,具体年限不等,但在实践中通常表现为5年到10年。在约定的服务期内,教师是否能够通过申请解除与高校间的人事聘用关系的问题仍未得到一个准确的答复。在大部分案件中,法院认为高校教师在服务期内申请离职的行为违背约定,高校可以依据约定要求教师支付赔偿金,但不能强行要求教师服务期内必须在高校工作。

以2022年的司法实践为例,在姜某与大连理工大学劳动争议一案中,法院认为双方在《出国留学协议书》第6条中关于服务期的约定并不违反法律法规的强制性规定,合法有效,双方应当依约履行。在赵某与河南理工大学劳动争议一案④中,河南理工大学(2018)26号文件《河南理工大学教职工辞聘管理暂行办法(修订)》对在职人员的服务期进行了规定。法院认为,河南理工大学作为事业单位,只要不违反相关法律法规的规定,是有权在自己权限内制定本单位的用人管理规定的,赵某在申请调离前属于河南理工大学事业编制人员,应当受到河南理工大学相关规定的约束。同时,赵某与河南理工

---

① "姜某诉大连理工大学劳动争议案",参见辽宁省大连市中级人民法院(2022)辽02民终6123号民事判决书。
② "庞某诉六盘水师范学院劳动合同案",参见贵州省六盘水中级人民法院(2018)黔02民终778号民事判决书。
③ 《劳动合同法实施条例》第16条:"劳动合同法第22条第2款规定的培训费用,包括用人单位为了对劳动者进行专业技术培训而支付的培训费用、培训期间的差旅费用及因培训产生的用于该劳动者的其他直接费用。"
④ "赵某诉河南理工大学劳动争议案",参见河南省焦作市中级人民法院(2022)豫08民终733号民事判决书。

大学签订的聘用合同中约定赵某辞职和调出须按照河南理工大学的相关规定进行处理。故一审法院不予支持赵某要求返还 60 000 元和确认服务期的诉求并无不当。

但在过往的淮北师范大学张某人事争议一案①中,法院依照《事业单位人事管理条例》第 17 条②的规定,因淮北师范大学不同意教师的辞职申请,根据双方的合同约定,二者间的人事聘用关系不应予以解除。在蒋某与百色学院辞职争议案③中,法院也将决定教师是否能够离职的主动权交到了高校手中,教师虽然有选择职业的权利,但在合同解除条件没有出现时,高校有权作出同意或者不同意的意见和决定。

2. 确认、解除人事关系或劳动关系纠纷

由于事业单位改革,形成了包括人事关系、劳动关系等多种法律关系,多种法律关系并存且法律规定不明致使人事关系、劳动关系认定混乱,但总体上都定性为民事争议。确认、解除人事关系或劳动关系纠纷在所有案由中占比仅次于支付工资、社保、赔偿金纠纷,33 份裁判文书中有 21 份,达到 63.64%。确认、解除人事关系或劳动关系纠纷占比较高,反映出高校教师流动率较高。

聘用制改革之后,聘用合同与劳动合同没有得到明确区分,人事争议与劳动争议在处理方式、法律适用、受案范围等方面都有很大区别。正确认识案件所涉及的法律关系的性质是合理裁判案件的基础。一般而言,对原被告双方签订聘用合同的,法院将二者的争议界定为人事争议;对于签订劳动合同的,则应界定为劳动争议。但是,观察裁判文书发现,司法实践中将同类型法律纠纷认定为不同法律关系的情况时有发生。

在姜某与大连理工大学劳动争议一案中,原被告双方签订的是《聘用合同书》,但法院将案件性质定义为劳动争议。在金某与厦门大学嘉庚学院劳动争议一案④中,双方曾经两次签订聘用合同及合同变更书,但法院将其界定为劳动争议,并在判决中指出,"从《合同变更书》的具体内容来看,并非提前续签劳动合同,应视为对劳动合同的变更。本院认为,现嘉庚学院与金某已签订二次固定期限劳动合同"。由此看来,人事关系、劳动关系的性质界定及区分标准存在某些混乱。

3. 支付工资、社保、赔偿金纠纷

支付工资、社保、赔偿金纠纷诉讼请求一般依附于其他各种诉讼请求而存在,故具有普遍性和广泛性。在 33 份裁判文书中,有 23 份涉及因支付工资、社保、赔偿金等引发的

---

① "张某诉淮北师范大学人事争议案",参见安徽省淮北市中级人民法院(2017)皖 06 民终 887 号民事判决书。

② 《事业单位人事管理条例》第 17 条:"事业单位工作人员提前 30 日书面通知事业单位,可以解除聘用合同。但是,双方对解除合同另有约定的除外。"

③ "蒋某与百色学院辞职争议案",参见广西壮族自治区百色市右江区人民法院(2018)桂 1002 民初 3186 号民事判决书。

④ "金某与厦门大学嘉庚学院劳动争议案",参见漳州市龙海区人民法院(2022)闽 0681 民初 5765 号民事判决书。

纠纷，占比69.70%，在所有纠纷类型中占比最高。但该类诉讼请求在司法实践中很少作为一种独立的诉讼请求出现，在一份裁判文书中，更多地表现为依附于其他诉讼请求，如确定、解除劳动关系或者人事关系的附带性诉讼请求出现，法院是否支持该类诉讼请求也很大程度上取决于主要诉讼请求能否得到肯定。

对于支付工资、社保、赔偿金等纠纷的解决，其面临的最显著的问题是司法救济途径不畅。高校教师法律身份较之于一般的劳动者具有特殊性，《最高人民法院关于人民法院审理事业单位人事争议案件若干问题的规定》第3条规定："本规定所称人事争议是指事业单位与其工作人员之间因辞职、辞退及履行聘用合同所发生的争议。"现行法律明确将教师与高校因辞职、辞退及履行聘用合同所发生的争议纳入法院受案范围，而教师管理纠纷中涉及的其他法律关系则处于模糊地带，能否受理在很大程度上依赖于法官的自主裁量权，具有不确定性。

在咸阳职业技术学院杨某劳动争议一案①中，法院认为社会保险不属于人民法院民事案件受案范围，故不予处理。同样，在刘某与中共克拉玛依市委员会党校人事争议一案②中，法院认为社会保险的征缴、发放属于行政机关的行政职责，故对原告提出的相关诉讼请求不予审理。

4. 职工房屋所有权纠纷

高校教师由于身份原因，在单位出售职工住房时享有优惠，这可被视为高校给予教师的福利。但是当教师因工作变动离职时，职工房屋的所有权问题随之而来。在本数据库中，涉及职工房屋所有权纠纷诉讼请求的裁判文书仅有1份，占总数的3.03%。高校与教师对职工房屋的所有权问题各执一词，且职工房屋所有权争议问题是否属于人民法院的受案范围，也尚未在法院之间形成统一认识。职工房屋所有权纠纷主要存在以下两点问题。

一是职工房屋所有权争议处理中能否采取司法救济途径存在争议。高校教师管理争议受案范围法律规定的模糊，导致实践中人事争议的确定缺乏可操作性，相关部门也没有对规定进行细化和解释。实践中对于该规定的解释不一，有的法官认为受案范围应当只包括辞职、辞退、履行聘用合同三种情况，有的法官则认为受案范围不应只从法条文义进行解释，还应包括导致辞职、辞退、履行聘用合同的基础和结果。教师管理纠纷的受案范围不仅狭窄，而且由于缺乏规范，在部分程度上可能会受到法官主观因素的影响，致使法院对于相似案件的受理持不同态度。

二是职工房屋所有权争议在审理中面临的主要问题是对该类纠纷受案标准的不统一。在2022年作出的裁判文书中，涉及职工房屋所有权争议的仅有上述1例，法院对该

---

① "咸阳职业技术学院杨某劳动争议案"，参见陕西省咸阳市秦都区人民法院（2022）陕0402民初534号民事判决书。
② "刘某与中共克拉玛依市委员会党校人事争议案"，新疆维吾尔自治区克拉玛依市克拉玛依区人民法院（2021）新0203民初5665号民事判决书。

问题持肯定态度,即教师应当退回职工房屋。

以张某与重庆邮电大学人事争议纠纷案①为例,当事人双方在《重庆邮电大学教职工住房申购协议》中约定,购房人购房不满 5 年(以产权证登记时间为准)或在校服务年限未达到 8 年而要求调离的,须将所购买的学校住房退回邮电大学,邮电大学无息归还购房款。法院认为,张某申请离职时,案涉房屋尚未办理产权证,张某应按合同约定将职工住房退回邮电大学,其主张邮电大学返还案涉职工住房,没有合同依据和法律依据,不予支持。

三、高校教师管理纠纷中存在的问题

(一)高等教育立法不足,高校教师权利救济困难

我国高校教师权利救济对司法手段的重视长期不足,形成了非司法化途径解决高校教师管理纠纷的路径依赖。换言之,高等教育立法存在诸多不足。

1. 司法受案范围狭窄

高校中因工作考核、职务任免、职称评定等引发的高校教师管理纠纷,在现行法律体系中未明确规定救济路径,仅限于辞职、辞退和履行聘用合同争议。这导致大量高校教师管理纠纷被排除在司法救济范围之外,难以涵盖实然状态下纠纷的多重样态,使高校聘用人员在受到权益侵害时无法获得有效的司法救济。相关矛盾得不到解决,便存在进一步激化的风险,可能会严重破坏高校与聘用人员之间的和谐稳定关系,从而对高校的教学、科研和管理工作产生负面影响。②

2. 立法模糊

目前,我国涉及高校教师权利救济的法律中,《最高人民法院关于人民法院审理事业单位人事争议案件若干问题的规定》仅将辞职、辞退、履行聘用合同争议纳入仲裁、诉讼。《中华人民共和国教师法》(以下简称《教师法》)中并未涉及仲裁、诉讼。而《劳动合同法》《劳动争议调解仲裁法》的规定意味着,事业单位与其工作人员发生的聘用纠纷,首先需要通过《事业单位人事管理条例》调整,没有规定的,再由《劳动合同法》《劳动争议调解仲裁法》来调整。因此,《事业单位人事管理条例》具有优先适用性,但《事业单位人事管理条例》仍将工作考核、职务任免、职称评定等引发的人事争议排除在外。至于《劳动人事争议仲裁办案规则》,其中虽然规定"事业单位与其建立人事关系的工作人员之间因终止人事关系以及履行聘用合同发生的争议"可以仲裁直至诉讼,但上述问题目前仍未

---

① "张某与重庆邮电大学劳动争议案",参见重庆市第五中级人民法院(2021)渝 05 民终 8844 号民事判决书。
② 石晶:《高校人事争议司法受案范围研究》,《中国高教研究》2019 年第 1 期,第 98 页。

得到明确。如此,直接导致司法实践出现显著分歧,"同案不同判、同案不同理、同案不同法"的现象较为严重。

(二)现存规章制度不完善,作用发挥不足

根据教育部2021年10月25日发布的2021年度全国高等学校名单,全国普通高等学校共有3012所,据《全国普通高校本科教育教学质量报告(2020年度)》提供的信息,2020年全国本科高校专任教师总数126万人。面对如此庞大的群体,完善高校规章制度是应然之需。

由2022年度的裁判文书可知,其纠纷类型主要集中在支付工资、社保、赔偿金领域,其次集中在确认、解除人事关系或劳动关系领域,最后集中在服务期领域。由此可见,在规章制度制定和完善时,应以规制上述三类事由为重点。通过规章制度细化法律规定,促使纠纷得以事先防范与顺畅化解。例如,解除人事关系或劳动关系的一个基本理由在于"严重违反"规章制度,而"严重违反"规章制度的前提是存在规章制度。因此,只有制定好规章制度,才能使人事关系或劳动关系的解除"有法可依"。

33份文书中,有11份裁判文书在说理中援用了高校的规章制度。高校规章制度依照法律拟定,反映了高校的意志、体现了高校自治,得到了法院的认可。对此,我们认为,第一,从11份述裁判文书对规章制度的援用中,可以看出规章制度对高校教师管理纠纷的解决发挥了一定作用。第二,高校规章制度在其他22份文书中没有得到运用,这也从另一个侧面反映出高校规章制度的作用发挥不足,并没有成为一些案件的裁判依据和理由,不利于高校自主治校的实现。总体来说,高校规章制度目前尚不能满足纠纷解决的需要。规章制度建立的作用本身就在于减少纠纷产生,但是从高校教师管理纠纷的发生率和规章制度的援引率来看,规章制度在有效解决纠纷的进程中还任重道远,各高校需要继续努力完善其自身的规章制度。

四、高校教师管理纠纷的防范与化解

通过对2022年度涉及高校教师管理纠纷裁判文书的整理,依托以上实证分析折射出来的问题,结合高校改革背景及高校规章制度的重要作用,笔者拟以高校规章制度的实施效果、治理效能的提升为中心,提出高校教师管理纠纷防范与化解在法律政策和规章制度层面的具体对策。

宏观来看,对依法治校理念与价值追求的宣传与普及,是依法治校的必然要求,并且具有提纲挈领般的精神导向作用,不容忽视。依法治校理念与价值追求已然成为新时代高校教育法治的强音,需要各大高校自觉践行,将其嵌入相应的制度安排和制度实践之中,坐实制度的"工具性"与"刚性约束力"。目前,亟须克服高校规章制度在价值理念层面体现出的"管理本位",而应充分体现其"权利本位",深入落实依法治校的价值理念。

法律政策的完善是规章制度制定和运行的前提与保障。高校内部的自治性规章制

度必须以符合国家法律法规、符合国家大政方针为前提,否则,自治性规章制度将因缺乏合法性与合理性而失去应有的效力。尽管高等教育立法以往取得了较大成绩,但是当前高等教育立法仍存在不足,这就给高校自治性规章制度的完善提出了很大挑战,需要高校在自治性规章制度的制定落实中发挥主动性、前瞻性和创造性。

概言之,高等教育立法完善的愿景为:在政策和法律良性互动的基础上,高等教育立法要反映新时代要求。一是注重立法的复杂性。高等教育立法要跳出"部门立法"的窠臼,更加关注和调整高等教育外部关系,均衡与高等教育相关的各种关系。同时,还要回应"智能时代"的教育变革,面向未来。二是高等教育立法的重心要由宏观叙事向微观规范转变。主要包括:要确保法律供给充足,尤其是配套的法规、规章及规范性文件要及时跟进,同时还要在"废""改"和解释上下功夫,使其反映时代性;法律条文要由"宜粗不宜细"的"软法"变成具有法条逻辑结构的"硬法",尤其是要强化法律责任;转变立法理论依据,适应高校事业单位分类改革、"管办评分离""放管服"要求,由行政法这一公法依据转变为教育法学的"公法私法融合"依据;从长远讲,为加强立法系统性,统筹法治,还可以为高等教育法典的制定做准备。具言之,聚焦于高校教师管理纠纷的防范与化解,在"上位法"层面,可从厘清人事争议及劳动争议的区分标准,明确教师深造期间高校支付的工资、福利的性质,明确服务期内教师申请离职的条件,拓宽高校教师管理纠纷的司法受案范围四个方面展开完善。

(一)厘清人事争议及劳动争议的法律标准

人事争议与劳动争议在法律适用、受案范围、救济途径等方面都存在较大区别,高校教师管理纠纷出现之后,明确其法律性质成为顺利解决纠纷的前提条件。在受案范围方面,人事争议着重强调因教师流动等引发的争议,而劳动争议则侧重于支付工资、福利等所引发的经济纠纷。人事争议的处理方式除了调解、仲裁、诉讼等普遍方式之外,还有行政复议、行政诉讼等。《劳动合同法》第 96 条规定:"事业单位与实行聘用制的工作人员订立、履行、变更、解除或者终止劳动合同,法律、行政法规或者国务院另有规定的,依照其规定。"《最高人民法院关于事业单位人事争议案件适用法律等问题的答复》中规定:"人民法院对事业单位人事争议案件的实体处理适用人事方面的法律规定,但涉及事业单位工作人员劳动权益的内容在人事法律中没有规定的,适用《中华人民共和国劳动法》(以下简称《劳动法》)的有关规定。"《劳动合同法》(2012 年修订)、《劳动争议调解仲裁法》(2007 年)、《事业单位人事管理条例》(2014 年)、《最高人民法院关于人民法院审理事业单位人事争议案件若干问题的规定》(法释〔2003〕13 号)、《人事争议处理规定》(2011 年修正)、《劳动人事争议仲裁办案规则》(2017 年修订)等也有相同规定。由此表明,高校与签订聘用合同的教师之间产生的管理纠纷优先适用人事法律的有关规定,这是由高校法律身份的特殊性所决定的。

在人事争议与劳动争议的区分方面,存在多重标准。在界定争议性质时,一般以主体身份为主要标准,其他因素为辅助标准,有时也可以综合、交叉运用。具体而言,判断争议性质的通用标准首先是主体是否具有事业单位编制,如果有则将其定性为人事争议,如果没有则定性为劳动争议。其次,争议人员编制不明确时,各地在实践中采用不同的认定标准。①按工资来源。当争议人员编制无法确定时,一些地区的相关部门则根据该人员工资是否由财政统发来进行区分。各地机关事业单位工资统发办公室对于本地各事业单位由财政统发工资的人员均有记录,按照这个记录来判断人员身份和争议性质,具有较强的可行性和可参考性。②依合同类型判断。教师与高校签订聘用合同的,按聘用关系对待,其争议相应地定性为人事争议;签订劳动合同的,则按劳动关系对待,发生争议按劳动争议处理。随着事业单位岗位设置管理的推行,这种区分方式在各地实践中呈现出不断增长的趋势。③看合同内容。如前所述,有些人员与单位签订的聘用合同仅具聘用合同的名称和形式,而在内容和实质上则完全是劳动合同与劳动关系;也有人员虽签的是劳动合同,但实质上与高校之间是聘用关系,后者较之于前者较为少见。在此情形下,判断争议性质就不能只依据合同类型的标准,还应对合同内容进行具体分析,确定其与单位的法律关系,从而区分争议性质。④查原始就业档案,结合最初的录用情况进行判断。若争议人员在进入单位时,是由主管部门审批通过的,那么无论是专业技术人员、管理人员还是工勤人员,其争议一律按人事争议处理。①

(二)依法认定教师深造期间高校支付的工资福利的性质

在对教师进修期间学校所提供的工资福利待遇进行定性之前,应首先考虑到其性质的确定所带来的社会影响及价值导向。高校作为事业单位,对于某些教师的非公派进修行为,学校难以直接为其提供培训费用与生活费,只能通过在教师进修期间继续为其提供工资、福利待遇来代替培训费,这是高校在现行实践中采取的普遍做法。如果法院将高校所支付的工资、福利待遇排除在专项培训费用范围之外,损害的不仅是部分高校的经济利益,更会动摇高校现行的人才培养制度,最后阻碍教育事业的发展。

教师作为育人活动的主体、青年的引路者,更需秉持诚实信用原则。双方签订的协议书属于双方的真实意思表示,高校提供的工资福利保障教师的进修顺利完成。高校为了培养高水平的师资队伍,推动教学科研活动的发展,倾人力物力尽可能地为教师打造良好的在职进修环境、提供完善的深造条件,但部分教师在深造完成之后便提出离职,这不仅违反了合同约定,更是对诚实信用原则的漠视,也不利于良好学术风气的养成。如果法院认为工资、福利待遇不能被定性为专项培训费用,则相当于变相鼓励了服务期违约行为,或会迫使高校终止带薪进修制度,对整个教师行业的发展带来负面影响。因此,除某些存在明显不当的情形外,将支付工资、福利待遇等同于变相支付培训费,更利于提高校培养高端人才、鼓励教师深造的积极性,从而推动高水平师资队伍的建设。

---

① 金志峰:《我国事业单位劳动人事争议的现状、问题及对策思考》,《人才资源开发》2016年第4期,第6—9页。

(三)依法明确服务期内教师申请离职的条件

《事业单位人事管理条例》第 17 条规定:"事业单位工作人员提前 30 日书面通知事业单位,可以解除聘用合同。但是,双方对解除聘用合同另有约定的除外。"根据该规定,事业单位工作人员提前 30 日书面通知事业单位,便满足了解除聘用关系的法定要件,可以解除聘用合同。在该规定的适用方面,争议焦点在于对最后一句话的理解。部分法院将高校与教师签订的协议书中服务期条款的约定理解为:双方对解除聘任合同另有约定,离职申请没有获得高校批准的情况下,教师无权单方面终止双方人事关系,不支持教师想要解除聘任合同的诉讼请求。

服务期条款的一般表述为:"甲方完成学历进修后,在乙方处工作服务期不少于×年,服务期未满要求调出,须归还学校承担的培训费用与相关待遇。"服务期条款中约定了违约金事项,应被视为对违约责任的约定,不应认定为阻却当事人申请解除聘用合同的依据。《劳动合同法》《事业单位人事管理条例》等相关法律法规均赋予了劳动者单方申请解除劳动合同或聘用合同的权利。教师违约提出离职,高校可以依据合同追究其违约责任,但不能因此剥夺被告解除聘用合同的权利。

(四)建立高校教师管理纠纷多元解决机制

1. 在校内要进一步完善教师权益保护机制

要依托教职工代表大会,健全完善学校教师申诉制度、听证制度,设立师生权益保护、争议调解委员会、仲裁委员会等机构,吸纳师生代表,公平、公正调处纠纷、化解矛盾;在招生、职务评聘、学术评价、学术不端行为认定等领域,探索试行专业裁量或者仲裁机制。

2. 拓宽高校教师管理纠纷的司法受案范围

接受公正审判权的内涵首先是当事人有获得司法救济的权利,在此基础上,才能进一步论及公正的审判。[①] 但在实践中,受传统行政思维的浸染,在处理高校教师管理纠纷时,审判机关也会倾向于将二者之间的关系定性为隶属关系而非平等主体之间的合同关系,致使高校教师管理纠纷的可诉性较低。当高校教师管理纠纷产生之后,当事人、法院通常会犹豫该事项能否诉诸司法途径,致使矛盾发酵。随着聘用制改革的推进,平等合同的概念正在取代传统的管理观念;提高教师管理纠纷的可诉性,使人事争议的解决回归正常司法轨道[②],也成为广大教师的诉求。法院以相关人事争议"不属于法院受理范

[①] 沈亚萍:《民事诉讼受案范围与基本人权保护——以诉权保障为中心》,《武汉大学学报(哲学社会科学版)》2014 年第 2 期,第 59-63 页。

[②] 徐雷、陶好飞:《公立高校教师人事争议诉讼现状及特征研究——基于 134 份裁判文书的实证视角》,《复旦教育论坛》2017 年第 4 期,第 40-46 页。

围"为由,裁定驳回绝大多数当事人的起诉,实质上剥夺了公民的诉权,与《中华人民共和国宪法》(以下简称《宪法》)中"国家尊重和保障人权"的价值追求相悖。[①] 因此,应进一步拓宽高校教师管理纠纷的司法受案范围,鼓励高校聘用人员通过诉讼方式,请求法院对其自身的合法权益提供有效救济。

3. 加强高校教师管理纠纷仲裁同诉讼的衔接

首先,整合上位法,做好仲裁与诉讼衔接的前提工作。结合《人力资源和社会保障部、最高人民法院关于加强劳动人事争议仲裁与诉讼衔接机制建设的意见》和《中共中央办公厅、国务院办公厅关于完善矛盾纠纷多元化解机制的意见》中的要求,对《人事争议处理规定》《最高人民法院关于人民法院审理事业单位人事争议案件若干问题的规定》等涉及仲裁和诉讼的法律加以整合,避免法律与法律之间的冲突,统一裁审受理范围及法律适用标准,充分发挥仲裁的制度优势。对于仲裁和诉讼在实践中受案范围或者法律适用不一致的问题,相关部门应当考虑通过出台司法解释等进行说明。其次,加强仲裁机构与司法部门的协作。在程序设置上为仲裁机构和司法部门的对接提供便利,加强二者的沟通与合作,实现各个环节的协调与配合,确保裁审一致,提高裁决的执行率,避免矛盾激化,减少各方讼累。仲裁机构与司法部门之间构建信息共享机制,实现裁、审信息及法律文书在二者之间的共享。信息共享的形式不应当局限于将仲裁卷宗移送至法院,可探索利用信息网络平台共享电子信息的有效途径,提高办案效率。最后,构建法院对仲裁裁决的监督机制。根据相关规定,当事人对裁决有异议,可以诉诸法院。《最高人民法院关于审理劳动争议案件适用法律若干问题的解释》中规定了起诉后仲裁自动失效,法院便较少对仲裁裁决进行审查,容易导致当事人滥用诉权,也使得仲裁机构缺乏监督,影响裁决的公正性。如果采取全面审查,则动摇了仲裁制度设置的基础。构建诉讼机制对劳动仲裁的有限审查,有利于抑制部分滥诉行为以及提升仲裁的权威。[②]

(五)健全高校自治性规章制度

高校内自治性质的规章制度是大学自治的直接手段,因为其最直接有效地作用于高校的运行管理,因此,理应对规章制度的制定投注更多目光。前文已述,尽管以往高等教育立法取得了较大成绩,但是当前高等教育立法仍然存在不足,这就给高校自治性规章制度的完善提出了相当挑战,需要高校自治性规章制度在制定和落实中发挥主动性、前瞻性、创造性,以确保其在符合国家法律法规、符合国家大政方针的前提下,做到程序正当充分、内容合法完备,具备针对性与可操作性。

---

① 石晶:《高校人事争议司法受案范围研究》,《中国高教研究》2019年第1期,第97-103页。
② 李晏:《劳动争议仲裁与诉讼衔接机制研究》,《中共山西省直机关党校学报》2018年第6期,第46-49页。

1. 厘定制定主体

制定主体合法是规章制度具有法律效力的必备要件之一。对于实践中存在的规章制度制定乱象导致教师无法适从的问题,根据规章制度在本单位范围内具有的普适性特点,立法应当明确,并非单位任何机构均有权制定,仅在单位行政管理系统中处于最高层次、统领单位各部门的机构,有规章制定权。至于其他的管理机构,可以参与规章制度制定活动,但不能以单位名义发布规章制度。①

2. 明确内容范围

规章制度涉及教师基本权利,涉及与工作密切相关的各个方面,包含的事项十分宽泛。如,涉及人事关系或劳动关系的确立与解除、工作条件、工作环境、涉及工资、社保、工作纪律,等等,基本覆盖了工作的全部。明确规章制度的内容范围,可以对用人单位内部自治权形成合理、有效的限制,有利于保障教师的合法权益。

3. 制定综合性文件

习近平总书记2018年在北京大学师生座谈会上的讲话中谈道:"评价教师队伍素质的第一标准应该是师德师风。师德师风建设应该是每一所学校常抓不懈的工作,既要有严格制度规定,也要有日常教育督导。"严格的制度规定是高校落实依法治校的制度基础,而综合性文件在高校教学科研制度体系中更是发挥着提纲挈领的作用,对于规章体系的系统化及完善化发挥着不容忽视的作用。高校应重视综合性文件的制定工作,着手并逐步推进该工作的进程,确保综合性文件制定过程的民主性以及最终内容的合法性。

4. 加强规章制度整合

目前,高校中存在的一个共同问题是规章制度越来越多、越来越细,形式和内容上均有与国家法律法规以及相对人实际不相符的情况。在这些规章制度中,有的是没有随着法律"与时俱进",有的是超越"立法权",有的是相互冲突等。为保证规章制度的统一性和连贯性,应定期整理和审核已存在的规章制度。要将一些条文过细、过于零散的规章进行整合,注重适用对象处理尺度的一致性,形成数量适当的基本规章体系。②

5. 制定规范程序

适应高校事业单位分类改革、"管办评分离""放管服"要求,高等教育立法由行政法这一公法依据转变为高等教育法学的"公法私法融合"依据,高校规章制度也不例外,这就要求增加高校规章制度制定过程的民主性。这是规章内容具备合法性、合理性,充分反映相关主体意志以及推进规章顺利施行的重要保证。最为理想和合理的规章制定过程显然是所有利益主体的共同参与,学术力量与行政力量都应参与规章的制定过程中

---

① 孟会洁:《用人单位劳动规章制度法律规制研究》,西南政法大学硕士学位论文,2016,第18页。
② 高世英等:《高校规章制度建设存在的问题及法治化思考》,《北京青年政治学院学报》2010年第3期,第51~55页。

来,其在规章制定中相互博弈,并最终促成具备合理性与民主性的规章制度的形成。但从现实情况来看,前者的参与度不足。实现规章民主性的重要途径便是拓宽参与途径,为相关利益主体提供座谈会、论证会和听证会等形式的参与途径,使其意见和看法获得发表的渠道。最后,还要完善公示程序。公示系影响规章制度效力的重要程序,未公示不应具有约束力,且不仅公示程序本身应当是恰当的,还应充分考虑规章制度的公示效果。

6. 重视后续程序

高校规章制度中还存在的一个显著问题便是体系冲突,该问题主要由规章后续环节缺失以及制定主体不明确等原因导致。众所周知,制度具有滞后性,其并不可能充分及永远契合现实情况,这也是修改、废止等后续环节存在的合理之处,需要在"废""改"和解释上下功夫。在实践中,教学科研规章后续环节缺失已是普遍现象。因此,高校在制定教学科研规章制度时,就应明确制定的后续程序如解释、修订和废止。现实条件的不断变化,对规章的修改及废止提出了要求。只有不断对教学科研规章进行修订,才能使其一直保持先进性,发挥促进教学科研活动的作用,对于完全或大部分内容已不符合现实需要的规章,则应予以废止。

7. 畅通救济途径

畅通纠纷解决的法治渠道,探索建立法治框架下多元矛盾纠纷解决机制。校内纠纷解决机制主要包括:鼓励依托教职工代表大会、学生代表大会制度,健全完善学校的学生申诉、教师申诉制度(我国台湾地区规定教师应占二分之一以上,学生不少于三分之一)[①],设立师生权益保护、争议调解委员会、仲裁委员会等机构,吸纳师生代表,公平、公正调处纠纷、化解矛盾;在招生、职务评聘、学术评价、学术不端行为认定等领域,探索试行专业裁量或者仲裁机制。宏观上,纠纷解决机制主要包括:继续完善司法依据,增强法院裁判说服力;鼓励"法官造法",倒逼立法及学说的发展;继续扩大司法的范围和程度;完善行政复议案件处理机制,规范办案流程、加大听证力度,依法加强对下级教育行政部门的层级监督。

---

① 陈举欣:《高校规章制度法制化建设问题研究》,山东大学硕士学位论文,2013,第31页。

中小学教育惩戒案例研究报告

车 骋[①]

一、教育惩戒权纠纷整体情况及分析类型

2019年《中共中央国务院关于深化教育教学改革全面提高义务教育质量的意见》(以下简称《意见》)提出了"制定实施细则,明确教师教育惩戒权",这不仅意味着中央文件首次聚焦义务教育阶段教育教学改革问题,也意味着在中央层面正式开启"教育惩戒"规范化的进程。

相关规范的出台意味着中小学惩戒从无序到有序、从放任到限制、从学校规制到国家与学校共力规制、从缺乏规范依据到合规合法的并行、从外部规训到立德树人的良性回归。根据《中小学教育惩戒规则(试行)》(以下简称《惩戒规则》)第2条第2款规定的教育惩戒权行使行为的定义,"教育惩戒,是指学校、教师基于教育目的,对违规违纪学生进行管理、训导或者以规定方式予以矫治,促使学生引以为戒、认识和改正错误的教育行为"。由此可见,教育惩戒权行使主体为学校和教师;惩戒对象为学生的违规违纪的失范行为;惩戒依据为校规校纪以及法律法规的相关规定;惩戒程序为相关法律法规和校规校纪规定的规范性程序;惩戒措施为《惩戒规则》第8条、第9条和第10条规定的相关措施。

通过"中国司法大数据服务网"查询2022年至2023年教育机构责任纠纷案件[②],其中一审率为33.33%,二审率为66.67%,这说明有关中小学惩戒的司法审查仍然存在较多争议,以至于二审率较高。本研究报告从以下几个维度,即主体合法性、依据正当性、程序规范性以及措施适当性阐述中小学惩戒的司法审查逻辑。通过分析现有司法案例,以阐述中小学教育惩戒法律规制方面存在的问题,以期从立法和司法两个角度提出相关建议。在目前法律法规体系下,由于《惩戒规则》的位阶归属于部门规章,并且还没

[①] 车骋,郑州大学法学院讲师,教育立法研究基地(教育部政策法规司和郑州大学共建)研究员。
[②] 本研究报告以"惩戒"为关键词,在"中国司法大数据服务网"搜索河南省范围内的教育机构责任纠纷案件。

有法律法规明确规定教育惩戒权不当行使的司法规制范围,因而,有关教育惩戒权的司法审查大多以违反侵权法为依据,以教育机构责任纠纷为案由纳入民事诉讼范围。本研究报告在"北大法宝"以"惩戒"为关键词全文搜索教育机构责任纠纷,共获取87份司法判决案例,其中删除与教育惩戒权行使无关的案例,以典型案例与二审案例为主,共获取30份司法案例。

二、教育惩戒权行使主体和对象的合法性分析

《惩戒规则》第2条、第7条、第8条、第9条、第10条、第11条明确规定了教师和学校教育惩戒权适用的范围和情形,这意味着教育惩戒权主体为"教师和学校双主体",其他主体不能作为教育惩戒权的适格主体,例如在"韦某某诉大化瑶族自治县第二中学教育机构责任纠纷案"[1]中,法院认为宿舍管理员可以行使惩戒权。然而,将教育惩戒权赋予教师与学校,是基于教师与学校在特定场域下能够作出教育性及专业性判断的考量。如果过度泛化教育惩戒主体,则不仅会导致侵害学生的受教育权,也会导致惩戒权的滥用和教育专业性的消解。

教育惩戒规制的对象是学生的特定"不服从"行为,也就是指学生通过各种不服从行为对教师和学校的教育和管理进行反抗的社会行为。从2018年中国司法大数据研究院发布的有关未成年人犯罪报告来看,其中初中生成为犯罪的高发人群,在2016年至2017年间,初中生犯罪占68.08%。[2] 这说明在学生处于身心发展阶段,在学校这一教育场地规制其越轨行为的重要性。只有教师和学校正当行使教育惩戒权,及时教育和矫正学生的越轨行为,培养学生的健全人格,引导学生树立正确的人生观、价值观,方能从源头遏制青少年犯罪问题。

例如,在"梁某某诉徐州市第三十六中学"[3]一案中,班主任针对梁某某与另一学生上课吃零食和化妆这一问题要求其家长到学校沟通,要求其停课一下午,并且在与家长沟通后仍然让其上课,且之后采取了将梁某某调整座位的教育措施。这说明教师针对学生的失范行为虽然采取了停课的惩戒措施,但是其基于教育目的,及时与其家长沟通,并且为了保证学生的学习质量,在后续积极采取调整座位的措施以达到教育目的。与行政惩戒不同的是,教育惩戒是以教育为目的,以将学生培养为合格人才为目标[4],其是学生培养过程中不可缺少的手段,是对学生偏差行为的矫正方式。如果教师正当行使惩戒

---

[1] "韦某某诉大化瑶族自治县第二中学教育机构责任纠纷案",参见广西壮族自治区大化瑶族自治县人民法院(2019)桂1229民初146号民事判决书。

[2] 中国司法大数据研究院:《从司法大数据看我国未成年人权益保护和未成年人犯罪特点及其预防》,最高人民法院网,2018年6月1日。

[3] "梁某某诉徐州市第三十六中学教育机构责任纠纷案",参见江苏省徐州市中级人民法院(2021)苏03民终2016号民事判决书。

[4] 任海涛:《"教育惩戒"概念界定》,《华东师范大学学报(教育科学版)》2019年第4期,第146页。

权,根据《惩戒规则》第 15 条的规定,"教师无过错的,不得因教师实施教育惩戒而基于其处分或者其他不利处理"。因此,法院应该保护教师与学校正当行使教育惩戒的权利,避免出现"不敢罚、不能罚"的情形。

但是,与行政处罚行为"一概而论"特征的客观性认定不同,教育惩戒注重"因材施教",具体而言,由于不同学生承受力和心理素质具有差异性,不能仅依据学生的失范性行为和后果就判定出惩戒的严厉程度,也就是说,教育惩戒行使依据需要纳入学生心理因素这一主观性考量标准。尤其是中小学教育惩戒,其面对的是"未完成的人"①。应当考虑学生犯错的动机以及场景,应将不同年龄段学生的心理状态纳入考量范围,不应用同一标准适用所有年龄段的学生。例如在"高某诉宁津县张大庄镇双碓中学"②一案中,老师针对学生抢餐盘的行为,并未认真询问其原由,而是使用过激的语言对仅处于小学六年级的学生进行训斥,未能考虑学生的心理变化和承受能力。

对于教育惩戒权主体合法性的问题,虽然学术界已经普遍认同教师与学校作为教育惩戒权双主体的观点,并且《惩戒规则》也作出了相应的规定,但是根据司法案例可见,实践中仍然存在教育惩戒权主体泛化的现象,教师与学校的双主体制度需要进一步完善;对于教育惩戒对象合法性的问题,虽然根据司法案例分析可见,法院目前对于教师、学校行使教育惩戒权行为持肯定态度,也通过在实践中谨慎判断双方在特定情形下是否存在过错行为的方式以保障教师教育惩戒权的正当行使,但是由于《惩戒规则》第 15 条属于宣示性规定,在适用条件与后果方面存在模糊性。该条款仅规定了学校应支持教师正当行使惩戒权的行为,但是对于"正当性"的标准以及在司法中承担举证责任的主体,并未明确规定,这将导致法条适用条件与后果的差异性,进而导致教师履行职务的犹疑,以及法院针对教师是否正当行使权力的审查标准不清。

三、教育惩戒权行使依据的正当性分析

根据《惩戒规则》第 5 条和第 7 条第 6 项的规定,校规与班规应为教师惩戒行为的具体行动指南。例如在"文某诉北大公学禹州国际学校"③一案中,被告人在提出答辩过程中,认为其行使惩戒的正当依据为学校校规《学生日常行为规范量化管理规定》中禁止吃零食和不得扰乱课堂秩序影响别人学习的纪律规定,然而在法院后续审查时并未对此作出回应,并未将此规定作为判断教师是否正当行使惩戒权的依据。这说明,目前法院未

---

① 金马妮、杨文杰:《中小学教育惩戒司法审查的教育学反思——基于 65 份判例的实证研究》,《教育发展研究》2022 年第 16 期,第 95 页。
② "高某诉宁津县张大庄镇双碓中学等教育机构责任纠纷案",参见山东省德州市中级人民法院(2021)鲁 14 民终 3974 号民事判决书。
③ "文某诉北大公学禹州国际学校等教育机构责任纠纷案",参见河南省禹州市人民法院(2022)豫 1081 民初 3212 号民事判决书。

能将校规与班规纳入教师惩戒行为的正当依据范畴。

校规与班规应作为教师行使惩戒权的规范依据,原因在于以下三个方面:第一,根据《惩戒规则》第 5 条对于校规校纪制定程度的规定可以看出,校规校纪是在广泛征求学生、监护人、教师等多方意见基础上形成的,具有民主性基础,并且体现了"多方共育"理念;第二,相比于统一规定的法律法规,校规班规能够根据学校的特殊需求以及根据学生的年龄、心理等特殊情形制定特定规则,具有特殊性。教育惩戒应为一个"因材施教"的过程,然而法律规范是一个统一适用的过程,因此教育惩戒处于制度的统一性与适用的特殊性之间的矛盾,而校规班规的实施能够消解这一矛盾;第三,校规班规的制定体现了学生的主体性。学生参与校规与班规的制定过程使其真正理解规则内容,并且在参与制定过程中真正参与班级与学校公共意志的形成过程,进而彰显了学生的主体性。

然而目前法院未能将校规与班规纳入教师惩戒行为的正当依据,究其原因在于以下两个方面:第一,《中华人民共和国高等教育法》(以下简称《高等教育法》)第 28 条明确规定了高校校规制定的具体事项,然而未有法律明确规定中小学校规规定的具体事项。虽然《惩戒规则》第 5 条规定了校规可以作为学生行为规范的法律地位,但是未能明确规定校规有权规定的事项范围,具体而言,《惩戒规则》未能明确规定校规班规的适用情形,导致法院在审查教师惩戒行为过程中缺少判断其是否正当行使权力的正当性依据。第二,由于法律未能明确规定校规班规的法律地位、属性,以及适用情形,导致校规班规与法律法规之间的关系模糊。不同于秉持学术自由原则的高校校规,中小学校规应在法律授权范围内制定并细化相关法律规定,然而相关法律并未明确规定授权的范围和细化的事项,导致校规与法律法规之间关系模糊。

四、教育惩戒权行使程序的规范性分析

在高校惩戒中,基于保护学生正当权益的需求以及保证惩戒权利行使的"最低限度的公正"将正当程序原则作为高校惩戒权利行使的合法性标准。[①] 具体而言,出于充分保障学生权益原则的需要,在惩戒决定已经影响到学生基本权利时,可以适用正当程序原则。在学校行使教育惩戒权过程中,如果惩戒决定影响到学生的基本权利,学校应当履行通知义务以及保障学生的申辩权。另外,《中共中央关于全面推进依法治国若干重大问题的决定》指出依法治校、依法执教是依法治国在教育领域的具体体现,必须遵守正当程序。《全面推进依法治校实施纲要》指出对学生进行处分,应当做到事实清楚、定型准确、依据充分、程序正当,重教育效果,做到公平公正。《惩戒规则》第 14 条规定学校对学生实施教育惩戒或者纪律处分的,应当听取学生的陈述和申辩。这说明在规范层面,相关法律法规认可了正当程序适用于教育惩戒权适用过程的必要性。

---

① 车骋:《高校惩戒学生行为救济制度之建构》,《高教探索》2021 年第 4 期,第 57 页。

正当程序原则有诸多要求,例如告知、回避、说明理由、听取意见或听证、送达、权利救济告示等。① 在教育惩戒语境下,正当程序原则要求教师与学校调查与认定学生是否具有失范行为的事实、当面告知学生惩戒措施及理由、听取学生的陈述和申辩、在执行惩戒措施后应及时通知家长,在学生或家长申请听证并且惩戒措施对学生权益影响较大的情况下,学校应组织听证。例如,在"李某某、宋某某诉青海湟川中学"②一案中,虽然法院认为涉案学生李某(原告之子)在见到学校公布的处分决定后,即向班主任老师、监考老师和政教处领导作了解释,行使了申辩权。但是,学校在作出处分决定前未能听取李某某的意见,而是李某某在看到处分决定后自行选择向老师解释。对此,法院认为学校未能充分保障学生的申辩权,换言之,学生的申辩权应在学校作出决定前行使,其目的在于通过吸收学生对决定的异议,进而保证学生作为惩戒决定"参与者的尊严"③,以及学生和家长对惩戒决定的可接受性。此外,此案中,根据学校的校规规定,对违纪学生作出处分决定,应经校政教处落实后,报请校务处批准,然而,此惩戒决定在作出后未能报校务处批准,违反了该校校规的程序性规定。且此惩戒决定作出后,学校未能及时通知家长,导致家长没有机会及时对学生作疏导、教育工作,违反了《中小学德育工作规程》第27条的规定。由此可见,此案中湟川中学的惩戒决定不仅违背了正当程序原则的要求,也违反了法规和校规的规定,不具有规范性。

在"韦某诉大化瑶族自治县第二中学等教育机构责任纠纷"④一案中,涉案学生唐某(原告之子)因违反校规使用手机被班主任将手机暂扣予以保管,并口头宣布停课两周的决定。在惩戒决定发生时,唐某正处于高三这一关键时期,班主任对其作出停课两周的惩戒措施对其学业造成较大影响。在此情况下,根据《惩戒规则》第10条和第14条规定,班主任在作出严重惩戒措施前应听取学生申辩并告知家长,如果学生和家长申请听证,学校应组织听证。然而,此案中,班主任仅口头宣布了惩戒决定,不仅未能听取学生申辩,也未能告知家长,甚至在作出惩戒决定后也未能及时通知家长,违背了正当程序原则中听取学生申辩的要求,以及违反了相关法规规定,导致惩戒程序不具有规范性。

教育惩戒权行使的合法边界在于过程的合标准性以及合义务性。然而,根据上述案例分析可见,目前教师和学校行使惩戒权过程中未能遵循正当程序原则,且多存在惩戒程序不规范的情形。究其原因,在于有关程序性规定的规范供给不足,以至教师与学校缺失正当程序的理念,且缺乏有关规范的指引。并且,关于正当程序原则的规定大多存在于不具有法律效力的指导性文件,即使《惩戒规则》规定了程序性要件,仍

---

① 杨登峰:《法无规定时正当程序原则之适用》,《法律科学(西北政法大学学报)》2018年第1期,第192页。
② "李某某、宋某某诉青海湟川中学人身损害赔偿纠纷案",《最高人民法院公报》2009年第4期,第39页。
③ 何海波:《正当程序原则的正当性——一场模拟法庭辩论》,《政法论坛》2009年第5期,第101页。
④ "韦某诉大化瑶族自治县第二中学等教育机构责任纠纷案",参见广西壮族自治区河池市中级人民法院(2021)桂12民终1644号民事判决书。

然存在规定过于笼统,缺乏具体实施程序性条款的困境。由此,上述原因导致教师与学校行使惩戒权出现违背正当程序理念,违反程序性规范的情形,进而导致学生权益的减损。

五、教育惩戒权行使措施的适当性分析

教育惩戒是一个关乎"度"的艺术。① 申言之,教育惩戒应定义为教师及学校自由裁量是否以及如何惩戒学生的行为,在此基础上,把握教育惩戒的语言、尺度、场合和时机,以及惩戒对学生的教育效果,显得尤为重要。将公法原则的比例原则适用于教师及学校行使惩戒权的行为,以达到规制惩戒权和保护学生权利的目的。2004 年,国务院发布《全面推进依法行政实施纲要》,在规范性文件层面规定了比例原则的具体要求,即"行政机关行使自由裁量权应当符合法律目的,排除不相关因素的干扰;所采取的措施和手段应当必要、适当;行政机关实施行政管理可以采用多种方式实现行政目的的,应当避免采用损害当事人权益的方式"。学界将比例原则总结为以下子原则,即适当性、必要性与均衡性。② 在规制教育惩戒权场域下,比例原则子原则应具体化为三个步骤:第一,要求教师与学校选择与预期教育目的相适应的惩戒措施,换言之,要求教师与学校选择与预期教育目的具有实质关联性的惩戒措施;第二,要求教师与学校应选择对学生权益侵害最小的惩戒措施;第三,要求教师与学校采取的惩戒措施与预期教育目的应成比例,换言之,教师与学校采取的惩戒措施对学生造成的损害与惩戒措施增进的教育效果应具有均衡性。

(一)惩戒措施适当性的审查

《惩戒规则》第 12 条、《义务教育法》第 29 条、《教师法》第 37 条均规定了禁止教师采取体罚措施。由此,教师与学校在采取教育惩戒措施时,不能实施上述法律法规规定的禁止性体罚措施。例如在"李某诉奉节县竹园初级中学"③一案中,法院认为"由于涉案教师梁老师因该班学生李某的作业未完成,将其叫到办公室批评,并存在使用竹条的责罚方式……虽然出发点是善意的,但是其体罚方式违反了教育部的相关规定"。由此可见,此案中教师虽然出于教育目的,然而未能采取适当的惩戒方式,反而采用了禁止性体罚措施,违反了比例原则中的适当性原则。

---

① 劳凯声等:《教育惩戒:价值、边界与规制(笔谈)》,《教育科学》2019 年第 4 期,第 4 页。
② 刘权:《比例原则审查基准的构建与适用》,《现代法学》2021 年第 1 期,第 145 页。
③ "李某诉奉节县竹园初级中学教育机构责任纠纷案",参见重庆市第二中级人民法院(2020)渝 02 民终 2101 号民事判决书。

(二)惩戒措施必要性的审查

根据《惩戒规则》第 7 条规定"学生有下列情形之一,学校及其教师应当予以制止并进行批评教育,确有必要的,可以实施教育惩戒",可推断出,法律法规规定教师只有在必要情形下方能启动教育惩戒手段,并且应采取对学生权利侵害程度最小的措施。例如在"冼某、欧某诉佛山市三水区西南街道第八小学"[①]一案中,法院认为"涉案教师李老师因学生冼某说英语脏话而将其带至老师办公室、副校长办公室、级长和班主任办公室等不同地点进行批评教育且时间长达 43 分钟,与冼某的年龄、心智、行为的错误失当程度相比较,超出了合理的教育管理惩戒限度"。由此可见,此案中教师采取的惩戒措施并未采取对学生权利侵害程度最小的惩戒措施,其在将学生带至教室门口批评后已经达成教育效果,然而其仍然选择将学生带至不同场所进行长时间的批评教育,侵害了学生的权利,违背了必要性原则。

(三)惩戒措施均衡性的审查

例如在"谢某诉韶关市第十三中学"[②]一案中,教师对违反课堂纪律的谢某采取了搜查和罚站的处罚措施,虽然教师采取了在法律规定范围内的处罚措施,起到了教育的预期效果,然而该处罚措施间接导致的后果是谢某不能承受这样的处罚措施进而产生自杀行为,由此该处罚措施产生的侵害学生权益后果与预期达到的教育目的不成比例,违背了均衡性原则。法院认为"学校在事故过程中对谢某进行了搜查和罚站的处罚欠妥",也能推断出法院针对该惩戒行为依循比例原则进行了实质合法性审查。

由此可见,虽然现有法律法规并未明确规定教育惩戒权行为的适度标准和不当界限,也未明确规定适用比例原则,但是法院在实践案例中已经关照到比例原则中的子原则。换言之,虽然缺乏相关法律法规规定供给,但是法院已经在个案中作出了依循比例原则的要求对教师与学校惩戒措施进行适当性审查的探索。然而,由于缺乏相关规范性规定,法院依循比例原则要求对惩戒措施进行适当性审查仍然停留在法官自由裁量的阶段,换言之,由于缺乏统一的审查标准和明确的法律制度,导致法官只能通过日常生活经验和个案情形进行判断,进而出现审查标准不一致,法律适用后果差异化、模糊化的困境。

---

① "冼某、欧某诉佛山市三水区西南街道第八小学、李某教育机构责任纠纷案",参见广东省佛山市中级人民法院(2020)粤 06 民终 2569 号民事判决书。
② "谢某诉韶关市第十三中学教育机构责任纠纷案",参见广东省韶关市中级人民法院(2015)韶中法民终 927 号民事判决书。

六、中小学教育惩戒法律规制的完善建议

基于上述对中小学教育惩戒司法案例的梳理,可以看出,虽然中小学教育惩戒制度已经在司法中得到实践确认,但是仍然存在相关法律法规规定模糊、规范体系不完整、缺乏相关原则规制权力等问题,进而导致司法权力难以有效介入。对此,本研究报告认为在立法完善方面,应将中小学教育惩戒权纳入行政法律关系,并在此基础上一方面将公法原则中的正当程序原则与比例原则纳入权力行使原则;另一方面,完善上位法相关规定;在司法完善方面,将改变学生在学关系的身份性惩戒行为以及影响学生受教育权的学业惩戒行为纳入教育惩戒司法审查范围,并且将合法性审查作为教育惩戒司法审查标准。

(一) 立法完善

1. 将教育惩戒权纳入行政法律关系

"教师教育惩戒权是一种特殊的'行政惩戒',其具备了行政法律关系的基本属性。"[①]"学校教育惩戒权应遵循行政法治的价值理念。"[②]"学校、教育机构与受教育者之间是一种行政法律关系。"[③]上述学者的观点都说明了教育惩戒权并非归属于平等关系的私权利,而是源自国家教育权,教师与学校采取单方强制性措施的不平等权利。具体而言,教师与学生的关系并非基于平等地位的私法关系,而是具有强制性、管理性、源自宪法规定的国家教育权的具有公法性质的关系。由此,基于教师教育学生的教育惩戒关系应定性为行政法律关系,遵循行政法治的价值观念。

2. 遵循公法原则中的正当程序原则和比例原则

将教育惩戒关系纳入行政法律关系基础上,遵循公法原则中的正当程序原则与比例原则。既然将教育惩戒关系纳入行政法律关系,则其应遵循行政法治的价值理念。在程序方面,应遵循正当程序原则;行政程序的正当性蕴含着尊严、平等、秩序、公正和效率的价值。[④] 在教育惩戒权行使过程中,正当程序原则意味着学生能够在惩戒过程中行使申辩权,保证了学生作为被教育对象的尊严;意味着教师与学校应履行听取学生和家长异议的义务,在一定程度上淡化了教育惩戒权的单方强制性特征,保证了教育过程中学生与教师在一定程度上的平等性;意味着教师与学校应履行调查与认定事实的义务,限制了权力行使的恣意和武断,维护了日常教学秩序;意味着教师与学校在惩戒过程中应履

---

① 刘旭东:《教师教育惩戒权的立法分析》,《中国教育学刊》2020年第1期,第35页。
② 劳凯声等:《教育惩戒:价值、边界与规制(笔谈)》,《教育科学》2019年第4期,第3页。
③ 刘明萍、张小虎:《论我国教育惩戒权的两极化运行与理性化回归》,《复旦教育论坛》2020年第1期,第37页。
④ 章剑生:《行政程序正当性之基本价值》,《法治现代化研究》2017年第5期,第102页。

行向学生及家长告知的义务,保证了惩戒决定的公正性;意味着教育惩戒的过程逐渐走向有序性和规范性,保证了教育惩戒权力行使的效率。总体而言,正当程序原则是引导教育惩戒决定不偏不倚,合情合理的重要因素①;在实体方面,应遵循比例原则;在规范层面,《惩戒规则》第4条"选择适当措施,与学生过错程度相适应"的规定,体现了比例原则中手段适当性与必要性的理念。并且,比例原则作为公法的"帝王原则",其子原则即目的正当性与手段的适当性、必要性与均衡性能够从目的到手段有效约束教育惩戒权,防止教育惩戒权行使的武断与肆意,使教育惩戒权真正达到实质合法性标准,进而形成良性教育秩序。

3. 完善上位法相关规定

虽然《惩戒规则》从主体、对象、程序、措施等方面系统规定了教育惩戒制度。然而,教育惩戒行为属于减损学生权利的行为,《惩戒规则》作为部门规章规制减损公民权利的权力缺乏合法性,因此,应在上位法中完善并规定教育惩戒权的相关内容,明确上位法的有关依据。梳理《教育法》第29条、《教师法》第7条、《义务教育法》第29条的规定可以看出,虽然上述条款均规定了教育惩戒权,但是较为笼统,并未明确教育惩戒权的性质、形式、程序及内容等,这就造成仅以部门规章系统规制教育惩戒权这一具备损益性质的权力缺乏合法性基础,违反了《立法法》第80条的规定。由此,应在《教育法》《教师法》《义务教育法》等上位法中系统规定教育惩戒的制度内容,形成系统完整的教育惩戒法律体系。

(二) 司法完善

1. 法院应起到全面救济学生权益的功能

司法作为权利救济的最后一道屏障,法院应起到全面救济学生权利的功能。然而,受司法权力边界性和司法资源有限性的制约,正如"并非所有侵害相对人权利的行政行为都应受到司法监督"②,并非所有影响学生权益的惩戒行为都应受到司法监督。司法救济的根本目的在于保护公民基本权利,只有影响学生基本权利的惩戒行为方能纳入司法监督范围。在教育惩戒行为中,除了直接侵害学生身体权、人格权的禁止性体罚行为纳入受案范围外,应将改变学生在学关系的纪律处分以及影响学生受教育权利的学业惩戒行为纳入受案范围。如果学校惩戒行为影响到学生的在学关系,例如《惩戒规则》第10条第2款规定的开除学籍的纪律处分,这一处分直接改变学生身份并损害其受教育机会,也就是影响了其受教育权利,应纳入教育惩戒诉讼受案范围;教育惩戒分为纪律性惩

---

① 季卫东:《大变局下的中国法治》,北京大学出版社,2013,第86页。
② 邓刚宏:《行政诉讼受案范围的基本逻辑与制度构想——以行政诉讼功能模式为分析框架》,《东方法学》2017年第5期,第24页。

戒与学业惩戒①,受教育权是宪法保障实施的公民基本权利,如果学校作出的学业惩戒影响了学生的受教育权,那么司法有权予以监督。例如在"南昌学生弃考"事件中,教师暗示学生弃考的行为,不仅侵犯了学生的受教育权,也侵害了教育公平。由此,如果学校作出影响学生受教育权的学业惩戒行为,例如降级、延迟毕业等,应将其纳入司法监督范围。

2. 将合法性审查作为教育惩戒司法审查标准

在明确教育惩戒关系为行政法律关系的前提下,法院应转变审查理念与审查标准。在教育惩戒权处于性质不明时期,法院多以违法侵权法为依据审查教育惩戒诉讼。然而,将教育惩戒诉讼纳入侵权诉讼存在以下两个问题:其一,对于侵权行为的审查,法院更注重判定双方行为的过错以及责任分配,然而,教育惩戒行为属于教师、学校履行教育职务的公法行为,对其进行审查时,应审查教师、学校是否依法、正当履行职务。如果按照侵权行为逻辑进行审查,会忽略审查教师、学校审查职务的合法性与正当性。其二,正如前文所述,教育惩戒法律关系应定位为行政法律关系,因此应遵循行政法治观念规制教育惩戒法律关系。然而,侵权法律关系是法律主体之间基于平等地位形成的法律关系,与教育惩戒关系的强制性、不平等性的权利性质不符。并且,将教育惩戒纠纷纳入侵权纠纷,会导致公法原则无法适用于私法纠纷,具体而言,会导致正当程序原则与比例原则无法规制教育惩戒关系,进而无法有效约束教育惩戒权力。

既然将教育惩戒关系纳入行政法律关系范围,在立法上应遵循行政法治理念,在司法上应遵循行政诉讼审查标准。故应将合法性审查标准纳入教育惩戒纠纷的审查标准。法院通过判断教育惩戒行为是否符合合法性以判断教师、学校是否正当行使教育惩戒权,进而通过司法权力规范教育惩戒权、保障学生权利,进而形成良性教育秩序。

---

① 任海涛:《"教育惩戒"的概念界定》,《华东师范大学学报(教育科学版)》2019年第4期,第147页。

2022 年教育纠纷司法案例研究报告

潘伟杰　顾心瑜[①]

教育是国之大计。教育兴则国家兴,教育强则国家强。教育事业的发展与人民群众的利益息息相关,也关系国家和民族发展的未来。

教育领域的改革发展的稳步推进离不开法治的保障。自全面依法治国被纳入"四个全面"战略部署后,依循着依法治国这一大政方针的指导,教育法治改革也在"依法治教"的纲领之下得到了深入的发展。伴随着我国整体法治建设的进展,目前已经初步形成了一个相对完整且独立的教育法律体系。除了《中华人民共和国宪法》(以下简称《宪法》)当中对教育、教育权、受教育权的相关规定以外,先后颁布了《中华人民共和国学位条例》(以下简称《学位条例》)、《中华人民共和国义务教育法》(以下简称《义务教育法》)、《中华人民共和国教师法》(以下简称《教师法》)、《中华人民共和国教育法》(以下简称《教育法》)、《中华人民共和国职业教育法》(以下简称《职业教育法》)、《中华人民共和国高等教育法》(以下简称《高等教育法》)、《中华人民共和国民办教育促进法》(以下简称《民办教育促进法》)、《中华人民共和国家庭教育促进法》(以下简称《家庭教育促进法》)8部教育领域专项立法,以及《中华人民共和国未成年人保护法》(以下简称《未成年人保护法》)、《中华人民共和国预防未成年人犯罪法》(以下简称《预防未成年人犯罪法》)等与教育密切相关的法律,初步形成了教育法律框架;另有正在实施的教育法规15部;以及有关部门颁布的规章以及规范性文件。以上法律、法规、规章到规范性文件的一整套教育法律制度规则框架构成了我国当下的教育法律体系,也是我国教育法治实践和司法适用实践的基础。

我国教育法律体系已基本形成,但立法的数量和完整度只能表征教育法治运行状态的一个方面。同样作为实现教育法治的重要环节,法律的实施也至关重要。如果缺少把法律从抽象到具体的适用过程,就不能够使法律规范与具体的人、具体的事物、具体的行为相联系,无法使法律真正发挥作用。因此,在教育立法工作初显成效的基础上,随之需要解决的重点则是如何应用有关的教育法律规范解决实际问题,也就是如何依据教育法律制度来调整教育法律关系。通过法律适用这个中间媒介,抽象的法律可以深入每一个

[①] 潘伟杰,复旦大学法学院教授;顾心瑜,复旦大学法学院2021级博士研究生。

现实的个案当中,解决教育活动和教育关系当中的困惑、矛盾和冲突,为促进教育公平、提高教育质量、维护教育权利提供保障。

近年来,涉及教育纠纷案件(简称涉教案件)一直都是社会普遍关注和讨论的问题。司法机关在案件审理裁判过程中适用教育法律法规的情况,表征着教育法治运行状态的另一个方面。了解这些案件的整体情况能够对我们理解把握涉教案件的规律框定大体脉络,也能够通过横向、纵向的比较为教育法律适用的未来发展寻找有益经验或发展空间。

本年度报告着眼于本年度涉教司法案件,主要运用案例研究法,总结归纳司法实务中的规律,针对其中具有典型意义的教育法律案例和现象进行分析。

涉教司法案件的纠纷类型按照案由划分,主要可以分为三种:涉教行政法律纠纷、涉教民事法律纠纷及涉教刑事法律纠纷。按照其中开展教学活动的主体或场域区分,又可以划分为高等教育纠纷、中等教育纠纷、初等教育纠纷、学前教育纠纷、职业教育纠纷,等等。不同于往年报告中主要以涉高等教育案件作为着眼点,本年度报告将对全国各地法院审结的所有涉教案件进行综合梳理与分析,以行政、刑事和民事纠纷案件为分类视角,主要围绕教育行政主管部门、以学校为代表的各类教育机构、学生及教师之间的纠纷展开。

本年度报告通过对2022年已生效案例的搜集、筛选和分析后发现,从案件的数量和类型来看,2022年度涉教民事案件数量最多,其中又以侵权责任纠纷案件居多;刑事案件次之,其中以贪污贿赂罪案件居多;行政案件较少。与上一年度相比,刑事案件显著增加,行政案件大幅减少。

而从不同案由类型来看,2022年全国各地法院审结的教育行政案件纠纷仅涉及学历证书颁发、学位授予纠纷;2022年全国各地法院审结的教育刑事案件当中,涉及的罪名主要包括贪污贿赂罪、侵犯公民人身权利民主权利罪和教育设施重大安全事故罪三类;2022年全国各地法院审结的教育民事案件纠纷则主要包括教师与学校或其他教育机构之间的劳动人事争议纠纷、学生与学校或其他教育机构之间的侵权责任纠纷、学生与课外教育培训机构之间的教育培训合同纠纷等。

本年度报告通过对2022年国内涉教案件的类型化分析,管窥我国高等教育法治的发展现状,以期对高等教育主体的依法治教、依法治学、依法治校行为提供一定的预测与指引。

一、涉教案件基础问题研究

(一)教育法律主体概述

依法治教,即依据法律来治理教育、规范教育行为。所有的教育活动都应当符合教育法律的有关规定,所有的教育法律主体在从事各类教育时都应当遵守教育法律的规定和精神。① 教育法律主体是指教育法律关系的参加者,所有参与教育法律关系的主体都是依法治教的主体。凡是和教育相关的政府机关、司法机关、人民团体、企事业单位和公民,凡是在教育法律关系中承担义务或享有权利的主体,都可以且应当按照宪法和有关法律,通过各种途径参与有关教育的工作或参与教育事业的管理和教育。在我国,能够参与教育法律关系的主体有以下几类。②

1. 各级政府及其教育行政机关

国家教育行政职能通过各级政府及其教育行政机关形成一定的教育法律关系,并以教育行政行为来行使权力、承担义务从而促进国家教育行政职能的实现。各级政府及其教育行政机关对教育行政职能的行使是教育法律关系产生的重要前提条件。

2. 机构和组织

作为教育法律主体的机构和组织主要包括三类:一是学校和其他教育机构;二是企事业单位;三是社会团体。这些机构和组织都是法律意义上的法人。其中,学校和其他教育机构是教育法律关系中的核心,承担了最主要的教育管理职能。企事业单位和社会团体在一定条件下也可以成为教育法律关系的主体,比如在委托办学或合作办学时,企事业单位可能会同教育机构以及教育主管单位之间形成教育法律关系;社会团体根据有关法律规定,向政府主管部门申请办学时,也可以形成教育法律关系。

3. 自然人

自然人在依法参与教育、教学、科研活动时就可能形成教育法律关系。作为教育法律关系主体的自然人当中包含了多种身份类型的主体,比如受教育者、教师和其他教育工作者、家长以及其他公民个人等。

除此以外,各级权力机关,即各级人民代表大会及其常务委员会,有权制定教育方面的法律法规,听取政府有关教育工作的报告,审议有关教育经费的预算和决算,对政府教育工作提出质询,检查、监督教育法律的实施情况。它们往往不直接参与教育法律关系,但对于教育法律关系的形成和各主体在其中的权利义务关系可以产生决定性的影响。

随着社会发展转型的加速和社会结构的变迁,一些新的教育主体开始出现,比如教育中介组织等。随之而来的是一些新的教育法律关系的形成,比如产生了一系列"市场化的教育关系"。在纷繁复杂的教育法律关系当中,想要勾画我国教育法治运行的整体情况,必须厘清各种教育主体的内涵与关系。其中,受教育者是教育中最基本的主体,没有受教育者,一切教育法律都不会形成。在2018年全国教育大会上,习近平总书记就新时代的教育改革发展提出了一系列新理念新思想新观点,其中的"九个坚持"提出要"坚持以人民为中心的教育发展理念",明确了在教育主体当中,人民处在中心的位置,办教

---

① 段冰等:《教育法律法规概论》,南京大学出版社,2022,第9页。
② 刘复兴等:《高等教育法规概论》,首都师范大学出版社,2021,第14页。

育是为了人民的发展,要把人民利益放在首位,办好人民满意的现代化教育。这一理念明确了教育法律关系的主体和目标,也充分指明了在教育法律关系主体当中应当围绕作为基本主体的受教育者来考察各种主体间的教育法律关系,从而把握我国教育法律关系的基本构架。

(二)教育法律关系概述

教育法律关系是教育法律规范在调整教育活动中各主体行为的过程中形成的权利与义务关系。它是法律关系的一种,而法律关系又是社会关系的一种。社会主体在社会生活中以不同的形式结成了广泛的社会关系,如公民关系、行政关系、经济关系、教育关系等,但并非所有的社会关系都是法律关系。某一社会关系只有当它适用法律规范来调整,并且在这一关系的参加者之间形成一定的权利义务关系时,才能构成法律关系。其中,适用教育法律规范来调整的社会关系就成了教育法律关系;同时,教育法律关系也是教育关系的一种。在教育活动中,教育活动主体之间可能会形成各种教育关系,比如教与学的关系、家校关系、同学关系等,但并非所有的教育关系都是教育法律关系。二者的区别就在于,教育法律关系是一种由具有法律强制性的行为所规范或调整的。[①]

可见,教育法律关系以教育法律规范的存在为前提,只有适用教育法律规范调整的教育关系才是教育法律关系。与一般法律关系相比,教育法律规范除具有以权利、义务为内容,并由国家强制力保证实施等一般法律规范的特征之外,还具有自身属性。一方面,教育法律关系主体之间的关系具有复杂性。平等的民事法律关系和不平等的管理与被管理的行政法律关系同时存在,这与民事法律关系和行政法律关系的单一性有着明显的区别。另一方面,教育法律关系中的教育权利和义务有时具有同一性。比如对高校而言,开展符合国家要求的教育教学工作是其义务,同时自主开展教育教学工作也是其权利;对青少年儿童,接受义务教育既是权利也是法定义务。[②]

根据法律关系性质的不同,可以将教育法律关系分为两类:一类是纵向的教育法律关系,包括行政法律关系和刑事法律关系;另一类是横向的教育法律关系,即教育民事法律关系。

1. 教育行政法律关系

教育行政是国家教育行政机关在行使教育行政管理职能过程中与教育行政相对人所发生的关系。这种关系反映的是国家对教育的管理关系,其实质是如何领导、组织和管理教育活动。以下是比较典型的几类教育行政法律关系。

(1)学校与政府之间的行政法律关系。学校和政府之间的行政法律关系是指政府在行使行政职权依法对学校的教育教学活动进行管理的过程中发生的权利义务关系。在

[①] 段冰等:《教育法律法规概论》,南京大学出版社,2022,第31页。
[②] 崔明石等:《高等教育法规概论》,高等教育出版社,2019,第53—54页。

学校和政府的关系中,政府既有权依法对各级各类学校进行行政管理,也要依法履行职责,为学校教育教学活动的开展提供各种服务;而学校一方面处于服从政府行政管理的地位,必须遵守法律法规、履行行政决定和命令中所规定的义务,另一方面则依法享有独立自主的办学权。

学校与政府的权利义务都是由法律规范预先规定的。政府机构在与学校发生行政法律关系时是以国家的名义行使法定的职权。当学校不履行义务时,政府机关可以依法对学校实施行政处罚或强制其履行;而当不履行职责时,学校可以通过申请行政复议或提起行政诉讼的方式来维护合法权益。

(2)学校与学生之间的行政法律关系。不同于纯粹的民事主体,学校以公共利益为运行宗旨,代表国家行使对学生的教育管理职能,是具有一定公共管理职权的组织。《教育法》第29条中规定的学校享有的招生权、对受教育者进行学籍管理权、实施奖励与处分权等均具有明显的单方意志性和强制性,符合行政权力的主要特征,在性质上应当定性为行政权力或公共管理权力。

学校教育管理行为中的行政权力特征在高校当中体现尤为明显。《中华人民共和国学位条例》(以下简称《学位条例》)第8条第1款中规定:"学士学位,由国务院授权的高等学校授予;硕士学位、博士学位,由国务院授权的高等学校和科学研究机构授予。"该款明确了高校在授予学位时,作为被授权组织,具有行政主体法律地位。自1999年田某诉北京科技大学拒绝颁发毕业证书、学位证书案①,第一次在司法裁判中确定了高校的行政主体法律地位之后,包括杨某诉天津服装技校不履行法定职责案②、何某诉华中科技大学履行法定职责纠纷案③、甘某诉暨南大学开除学籍案④在内的一系列案件,确定了高校拒发毕业证或学位证、退学或开除学籍等行为的可诉性。法院在裁判中指出,在高校实施这些行为是基于法律赋予的一定行政管理职权,此时高校与相对人之间不存在平等的民事关系,而存在特殊的行政管理关系,他们之间因管理行为发生的争议,不是民事诉讼而是行政诉讼。这些案件对后续各级人民法院审结类似案件时具有重要的参照意义,高校学历证书颁发、学位授予、退学或开除学籍行为等相关案由属于行政诉讼受案范围这一判断已经在实务界和学术界得到了普遍公认。

(3)学校与教师的行政法律关系。学校教师有别于一般劳动者。《教师法》规定,教师的平均工资水平应当不低于或者高于国家公务员的平均工资水平,这是对教师工作的重视和认可。另外,在聘任制下,教师的具体管理往往参照公务员行政管理的做法。比

---

① "田某诉北京科技大学拒绝颁发学位证书、毕业证书案",《最高人民法院公报》1999年第4期,指导性案例第38号。
② "杨某诉天津服装技校不履行法定职责",《最高人民法院公报》2005年第7期。
③ "何某诉华中科技大学履行法定职责纠纷案",《最高人民法院公报》2012年第2期,指导性案例第39号。
④ "甘某诉暨南大学开除学籍案",《最高人民法院公报》2012年第7期。

如,对于教师资格的认定、职务的晋升、教师申诉权以及对于教师的奖惩和处分等仍采取行政公务的方式运作。以人事管理为例:第一,就准入资格而言,国家设置教师职业准入门槛,求职者除符合应聘条件外,还必须按照《教师资格条例》的规定,取得教师职业资格后方可上岗执教。第二,在用人模式上,新聘教师数量并不由校方直接决定,而是受到国家编制限额的制约。学校拟定用人计划并上报,待编制部门参考计划需求,根据师生比等指标,批复编制总数后才能开展聘用工作。

对聘任制教师进行类似行政管理的措施,主要是为了确保教师更好地承担国家振兴和公共教育服务的重要职责。教师作为知识和文化的传播者和传承者承担着重要且有意义的使命,为了更好地达成教育的公共目的,需要通过行政管理的方式强化对教师的管理。①《教师法》第17条规定"学校和其他教育机构应当逐步实行教师聘任制",也体现了法律对教师地位的认可和对教师职责的重视。

2. 教育刑事法律关系

当教育法律关系中的主体行为失范,违反刑事法律时,会形成国家和犯罪人之间的刑事法律关系。但有关教育法律关系是否包括教育刑事法律关系,目前学界争议较大,有部分学者持反对意见。② 本报告持肯定意见,主要理由是在《中华人民共和国刑法》(以下简称《刑法》)当中,部分罪名与教育领域直接相关,比如《刑法》第138条与《教育法》第73条所规定的教育设施重大安全事故罪就仅仅会发生在教育法律关系当中,且该罪的犯罪主体是特殊主体,仅包括对校舍或者教育教学设施直接负责的主管人员和其他直接责任人员,其在法律关系上的类别属性体现较为明显,因此本年度报告支持将教育刑事法律关系纳入教育法律关系的范畴,与教育行政法律关系、教育民事法律关系并举。

刑事法律关系并不是一直存在的,而是只有在教育法律主体作出违反刑事法律的行为时才会形成。教育刑事法律关系在刑事法律关系中具有一定的特殊性,特指危害教育教学秩序、严重侵害学校、学生、教师等主体的合法权益、构成犯罪而发生的纠纷。加害人与被害人均为教育法律主体,犯罪行为及其后果都与教育教学活动密切相关。教育刑事法律关系可能给犯罪人带来相应的刑事责任。

3. 教育民事法律关系

教育民事法律关系是指在教育、教学活动实施过程中发生的、以平等主体之间的民事权利和义务为内容的法律关系,与教育行政法律关系和教育刑事法律关系不同,教育民事法律关系的主体之间不存在隶属性,这种关系的形成、存续、消失都必须以主体之间的意思表示为基础,且主体之间的权利、义务具有对等性。在实际生活中,不具有隶属关系的国家机关、社会组织、学校、其他教育机构以及公民在开展或参与教育教学活动时,在平等自愿的基础上所发生的人身关系、财产关系、合同关系都属于此类关系。这类

---

① 崔明石等:《高等教育法规概论》,高等教育出版社,2019,第112-113页。
② 王景斌等:《论教育纠纷的法律关系及法律救济》,《现代教育科学》2006年第4期,第89页。

关系一般来说应由民法来调整,但其中有相当一部分关系具有明显的教育特征,不完全由民法来调整,而应由教育法民法共同调整。

(1)学校与学生之间的民事法律关系。学校与学生的关系,既是教育与被教育的关系,也是管理与被管理的关系。在这种关系中,学校与学生各自享有相应的权利,也承担相应的义务。根据我国教育法律法规的规定,学校与学生之间存在的民事权利主要包括以下几项:一方面,对于学校而言,其享有的权利包括两项,一是自主管理组织教育教学活动权,二是使用本单位设施和经费、拒绝任何组织和个人对教育教学活动的非法干扰权。其义务主要包括维护受教育者的合法权益、以适当方式为受教育者及其监护人了解受教育者学业成绩及其他有关情况提供便利、遵照国家有关规定收取费用并公开收费项目等。另一方面,对于学生而言,其作为民事主体享有的权利包括五项:一是参加教育教学计划安排的各种活动权,二是使用教育教学设施、设备、图书资料权;三是参加社会服务和勤工助学活动的权利;四是在校内组织、参加学生团体的权利;五是获得就业指导和服务的权利。其民事法律义务主要是应当按照国家规定缴纳学费。[①]

(2)学校与教师之间的民事法律关系。教师作为与学校签订合同的一方,是以劳动作为谋生手段的劳动者。在劳动法律关系当中,强调学校和教师之间平等自愿的关系,合同订立是双方自主选择和协商一致的结果,并且合同的内容是双方之间劳动和雇佣的经济利益关系。双方约定由教师向学校履行教学义务,校方支付相应工资报酬的劳动合同。

与此同时,高校教师还享有《教师法》赋予和保障的职业权利,包括教育教学权、科学研究权、指导评价权、报酬待遇权、民主管理权、继续教育权等,以及履行教育教学职责时的得到物质保障的权利;同时在劳动法律当中,教师的义务包括职业义务,包括教育教学义务、爱护尊重学生的义务、保护学生权益的义务等。高校与教师之间往往会在订立聘用合同时就这些权利义务作约定,当权利未得到保障或义务未履行时,基于双方劳动关系便可能会发生劳动关系的解除或就此引发劳动争议。

(3)学生与教师之间的民事法律关系。一方面,学生在学期间,需要学校或教育机构以及作为具体教育教学工作实施者的教师给予必要的引导和帮助,促进学生在德智体美劳各方面全面发展,其中尤为重要的是对学生在学期间人身权和受教育权的保护。另一方面,由于教师在教学关系中往往占据相对主导地位,这种主导地位的滥用也可能会对学生的权益造成损害,也会在社会上对高校和教师群体的声誉产生恶劣影响。

《教师法》中规定了教师负有教育教学、爱护尊重学生、保护学生权益等义务,同时也规定了不完成教学任务、体罚学生、侮辱学生等行为责任。在司法实践当中,教师侵害学生人格权或未尽到保护义务的相关民事、刑事案件的发生主要集中在义务教育阶段,本年度高校涉教案件中无相关案例。但师德师风建设仍然是当下教育法领域重点

---

① 陈鹏、祁占勇、管华:《公立高等学校法律问题研究》,陕西师范大学,2019,第31-32页。

问题之一,体现在了教育部等六部门印发的《关于加强新时代高校教师队伍建设改革的指导意见》中,也将会在正在修订中的《教师法》当中有所回应。

二、2022年国内涉教行政案件研究

(一)2022年国内涉教行政案件的类型

截至2022年11月25日,登陆"北大法宝"司法案例检索页,审结年份选定"2022",以案由为"行政"、当事人含"大学"为检索条件,共检索到2条结果;补充检索了同年行政案由案件当中当事人含"学校""中学"或"小学"的案件,无涉及本报告主题的其他行政案件。排除撤诉案件、管辖权异议案件、不公开案件以及与本年度报告研究内容无关的案件,2022年全国已生效的涉教行政案件共1件,具体情况详见表1。

表1 2022年国内涉教行政案件的总体情况

序号	案由	总数(个)	审理程序			裁判结果	
			一审	二审	再审	高校胜诉	学生胜诉
1	学业证书颁发、学位授予纠纷	1	1	0	0	1	0

从本年度审结的唯一一起教育纠纷行政案件就案由类型来看,是学业证书颁发、学位授予纠纷案件。往年曾出现的开除学籍处分纠纷案件、招生录取纠纷案件、其他违纪处分案件在本年度均未出现。就2019年至今的案件数量变化来看,教育纠纷行政案件数量明显减少(见图1)。

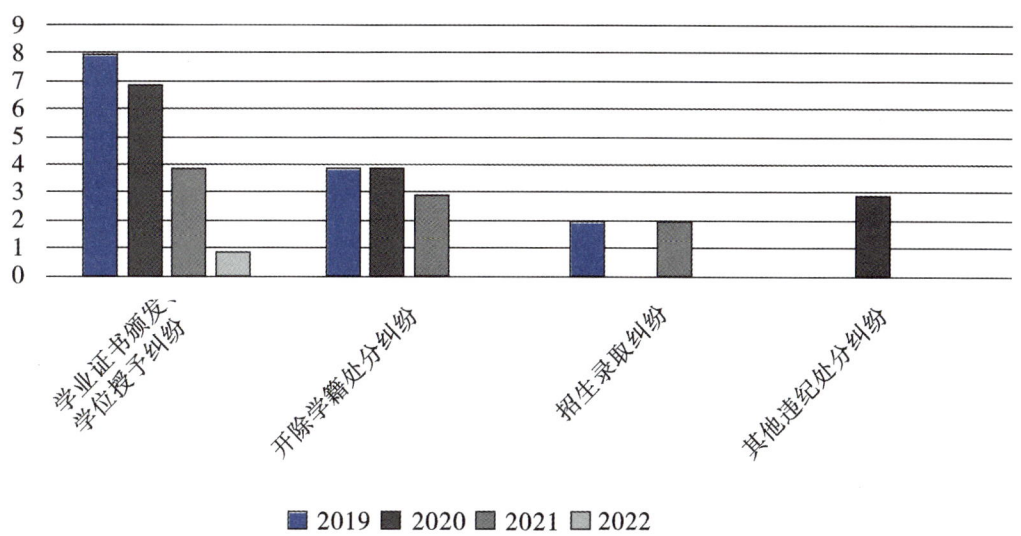

图1 2019—2022年涉教行政案件案由数量比较

就审理程序来看,本年度该起涉教行政案件虽系一审案件,但有同诉的其他案件一审审结后二审程序未结束,表现出该纠纷难以一次性解决。就案件裁判结果来看,该起案件中胜诉方为高校。但必须指出的是,由于案件样本数量较少,其反映的上诉率及胜诉情况的典型性和代表性较低,参考价值有限。本报告将基于对该个案的梳理分析,讨论其中折射的相关教育行政法律问题。

学位授予纠纷在近几年的教育行政案件案由当中从未缺席,且一直都是所占比重最大的一项纠纷类型。以下是2022年已生效的唯一一起有关学业证书颁发、学位授予纠纷案件的概况(见表2)。

表2 2022年学业证书颁发、学位授予纠纷案件概况

案件名称	案号	案情概要	处理结果	主要理由
韩某诉湖南师范大学案	(2022)湘8601行初244号	未完成教学实践活动导致延期获得毕业证书和学位证书	一审裁定驳回起诉	已经提起诉讼的事项在诉讼过程中再次起诉,且后诉与前诉当事人相同、诉讼标的相同、诉讼请求相同,属于重复起诉

就韩某诉湖南师范大学案[①]的审理情况来看,虽然该案中法院裁定驳回原告韩某的起诉所依据的理由是重复诉讼,但在案情概要当中也陈述了同一法院在前诉中审理该案实体部分时给出的说理内容。原告韩某因未完成毕业和取得学位要求的社会实践活动,被告湖南师范大学对其作出了延期答辩、延期毕业、延期获得毕业证书和学位证书的决定。原告主张其未完成社会实践活动是因为被告未安排实践活动所导致的,被告作出的上述决定存在过错,请求法院认定上述决定违法并判令被告补偿损失。法院将该案争点总结为被告在学生培养过程中发生纠纷,认为其属于学校内部管理事务,不属于行政法意义上的行政行为,不属于《行政诉讼法》所规定的受案范围。法院据此裁定驳回原告韩某的起诉。韩某不服该一审裁定,向长沙市中级人民法院上诉。韩某在二审程序未结束前,就同一事项提起诉讼,即本案之诉。法院以重复起诉为由,裁定驳回起诉。

(二)2022年国内涉教行政案件中值得重视的问题

本年度涉教行政案件的样本数量偏少。作为本年度迄今为止唯一一个教育行政案件,本案折射出以下两方面值得进一步关注的法律问题。

---

① "韩某诉湖南师范大学案",参见长沙铁路运输法院(2022)湘8601行初244号行政裁定书。

1. 应进一步明确受教育者或学位申请人的法定权益

学生通过完成学业、达到学术水平要求后可以依法取得学业证书和学位证书,这是宪法所规定的受教育权当中非常重要的一部分内容。学位证书和学历证书是高校学生接受并完成高等教育的证明以及对其学术能力和学术资质水平的评价,关乎学生毕业后的就业与发展。因此,与学位证书、学历证书授予相关的权利备受高校学生的关注和重视。

就本案的案情来看,与往年学业证书颁发、学位授予纠纷案件不同之处在于,在往年同案由案件当中,学生基本都是针对高校不颁发学位证书或不授予学位的行为,提出要求高校履行颁发学业证书或授予学位义务的诉讼请求;但本案中,原告韩某是针对高校迟延颁发学位证书、授予学位的行为,请求确认违法以及获得赔偿。由此可见,高校学生在获得学业证书、学位证书方面的权利意识有所提高,在关注获得学业证书和学位的权利本身的同时,也关注权利实现的及时性。

然而,相较于受教育权与取得学业证书、学历证书的权利之重要性以及学生相关权利意识的不断提高,相关法律法规当中对于这些权益的规定却不甚明确。例如,在《学位条例》当中,作为教育管理相对方的学生或学位申请人更多地表现为违法或责任主体,而不是权利主体。《学位条例》第17条规定:"学位授予单位对于已经授予的学位,如发现有舞弊作伪等严重违反本条例规定的情况,经学位评定委员会复议,可以撤销。"《学位条例》第18条规定:"国务院对于已经批准授予学位的单位,在确认其不能保证所授学位的学术水平时,可以停止或撤销其授予学位的资格。"这些规定,都是从教育管理的角度针对作为相对方的受教育者或学位申请人的违法或责任作出的规定,但其中对于教育管理相对方的权力性规定却寥寥可数。在立法当中采用这样的规则模式虽然有助于教育管理行为的有效实施,但针对一些涉及教育者或学位申请人正当权益的关键环节,却缺少必要的规定。[①] 比如在本案当中,原告作为学位申请人,是否具有按期、及时取得学位的权利,以及作为受教育者是否具有从作为教育资源和教育服务的提供者的高校处得到参与社会实践机会的权利,等等,在目前既有的法律法规当中均未明确规定。维护保障教育管理主体与教育管理相对方双方的正当权利,需要进一步明确和完善必要的法律规定,以回应教育权利保护的多元性和教育法治发展的需要,为司法裁判提供指引。

2. 法院对教育行政诉讼范围的认定体现司法谦抑的态度

我国行政诉讼的受案范围明确规定在《行政诉讼法》第12条中。高校颁发学历证书、授予学位的行为在其中并没有直接的正面列举,而是属于《行政诉讼法》第12条第12款"认为行政机关侵犯其他人身权、财产权等合法权益的"这类情形。根据《教育法》第43条的规定,(受教育者)对学校、教师侵犯其人身权、财产权等合法权益,可以提出申诉

---

① 秦惠民:《教育法治与大学治理》,人民出版社,2021,第216页。

或者依法提起诉讼。因此,对其中的"合法权益"的把握就是法院确定教育行政诉讼受案范围的关键问题。

而在教育法治领域,高校的学术自治对于教育行政纠纷是否属于行政诉讼受案范围带来了理论和实践争议。我国高校自主办学的权利来源于《高等教育法》第11条的规定。在涉教行政案件中,如何确保对高校行政行为的审查力度,同时又不干涉高校的自主权,是学生受教育权保障问题中的核心。

在法治国家,司法是解决纠纷的最后一道防线。法治精神学校管理尊重和保护个人权利,为此要求对学校管理行为进行必要的限制和监督。法院作为公民权利的救济者和公共权力的监督者,对行政行为进行司法审查并不是要代替专家的判断,而是为专家的行为划定最外部的界限。① 高校办学自主权的取得,既使其拥有了实现独立意志的法律保障,同时也让它成为司法审查的适格对象。因此,法院对高校作出的行政行为进行司法审查是必要的,而且并不必然造成对高校自治权的干预。

但司法审查也并不意味着司法力量可以全面侵入高校学术自主的领域。如何合理确定司法审查的界限这一问题,应对涉教行政案件类型进行区分。目前,教育理论界和司法审判实践中对于退学处分、开除学籍纠纷的受案范围已达成基本共识,但涉及高校在学生日常教育管理过程当中对学生的学业管理领域时,往往会带来高校自治权与司法审查权之间平衡的两难问题。

从本年度教育行政案件的审理情况来看,法院的判决很大程度上体现了司法机关就教育行政诉讼受案范围采取了相对谦抑的态度,将高校以学生未完成毕业要求的教学实践活动为由延迟发放学历证书、学位证书的行为视作高校的内部教学管理行为,将其排除出了行政诉讼的受案范围。虽然个案的结果并不具有典型性,但纵向比较,法院采用的这一立场与往年教育行政案件当中司法机关对相似问题的态度基本一致。

本报告认为,司法审查界限与高校自治之间的矛盾关系,追根溯源,来源于高校行政权力的两个部分,即来源于上级行政主管部门授权的学生学业管理职权与来源于法律直接规定的学术评价职权。基于前者,高校可以作出警告、严重警告、记过、留校察看、开除学籍等纪律性处罚;基于后者,高校可以对学生作出取消学籍、不予注册、取消考试成绩、留降级、休学与停学、退学、不授予毕业证书和学位证书等学术性处分决定。相对人不服纪律性处罚,可以向上级行政主管部门申请复议或向人民法院起诉,行政复议机关和司法机关均可对相关问题作实体和程序层面的全面审查;而相对人不服学术性处分时,法院应给高校保留充分的自主权,司法审查对其进行纠错的范围应限于程序违法或明显不当等情况。

---

① 湛中乐:《再论我国公立高等学校之法律地位》,《中国教育法制评论》2009年第7辑,第47页。

三、2022 年国内涉教刑事案件研究

(一) 2022 年国内涉教刑事案件的类型

2022 年审结的高等教育领域内的刑事案件主要涉及贪污贿赂罪、侵犯公民人身权利民主权利罪和教育设施重大安全事故罪三类。截至 2022 年 11 月 25 日,在北大法宝网站上,以案由为"刑事案件",审结年份为"2022",全文含有"大学",作为检索条件,共检索到的结果为 1160 篇,又进一步以"教师"或"学校"等作为全文关键词进行补充检索后缩小案件范围,排除与本年度报告研究内容无关的案件,2022 年国内审结的涉教刑事案件共有 16 件,总体情况见表 3。

表 3　2022 年国内涉教刑事案件的总体情况

序号	罪名	总数(个)	审理程序			
			一审	二审	申诉再审审查	刑罚与执行变更
1	贪污贿赂罪	10	7	1	1	1
2	侵犯公民人身权利民主权利罪	5	1	0	1	3
3	教育设施重大安全事故罪	1	0	1	0	0

可以看到,2022 年国内涉教刑事案件当中,以贪污贿赂罪案件居多,共 10 起,其次为侵犯公民人身权利民主权利罪,再次为教育设施重大安全事故罪案件。2021 年曾大量出现的组织考试作弊罪、非法出售提供试题答案罪以及代替考试罪案件在本年度均未出现。从案件审理程序来看,约一半的案件经过了二审或再审程序。所有案件中被告人均被定罪。

1. 贪污贿赂罪

贪污贿赂罪是本年度教育刑事案件当中数量最多的案由,共 10 起。案件概况如表 4 所示。

表 4　2022 年贪污贿赂罪案件概况

案件名称	案号	审理程序	罪名	裁判结果
马某贪污受贿案	(2021)鲁 0891 刑初 353 号	一审	贪污罪、受贿罪	马某犯贪污罪判处有期徒刑 3 年,并处罚金人民币 20 万元;犯受贿罪判处有期徒刑 3 年 6 个月,并处罚金人民币 30 万元,执行有期徒刑 5 年,并处罚金人民币 50 万元

续表4

案件名称	案号	审理程序	罪名	裁判结果
乔某行贿案	（2021）苏0812刑初525号	一审	行贿罪	乔某犯行贿罪，判处有期徒刑1年，并处罚金人民币15万元
于某受贿案	（2021）鲁0704刑初286号	一审	受贿罪	于某犯受贿罪，判处有期徒刑3年，并处罚金20万元。退赃款34.5万元，依法没收，由扣押机关上缴国库
周某贪污案	（2022）豫1002刑初36号	一审	贪污罪	周某犯贪污罪，判处有期徒刑6个月，缓刑1年，并处罚金人民币10万元
陈某单位受贿案	（2022）鄂1121刑初3号	一审	单位受贿罪	陈某犯单位受贿罪，免予刑事处罚
葛某贪污案	（2022）黑06刑终12号	二审	贪污罪	一审法院认定被告人葛某犯贪污罪，判处有期徒刑2年，并处罚金人民币15万元。监察机关在案扣押的赃款人民币17.8757万元予以没收，上缴国库。二审法院驳回上诉，维持原判
申某贪污案	（2022）豫08刑更1151号	刑罚与执行变更	贪污罪	准予减去有期徒刑7个月
孙某受贿案	（2022）鲁0786刑初15号	一审	受贿罪	孙某犯受贿罪，判处有期徒刑3年，并处罚金人民币20万元
王某受贿、私分国有资产案	（2021）粤刑申528号	刑事申诉再审查	受贿罪、私分国有资产罪	驳回申诉

根据表4可以看出，本年度涉教的贪污受贿案件当中，以受贿罪案由居多。就审理程序来看，大部分为一审案件。

在本年度涉教刑事案件中，有关侵犯公民人身权利民主权利案件有以下两个方面值得关注的问题。

（1）涉教贪污贿赂案件中的单位犯罪。在本年度涉教贪污贿赂案件中，有一起案件的案由是单位受贿。在陈某单位受贿案①中，被告人陈某在任团风县某小学校长期间，该小学非法收受团风碧桂园房地产开发有限公司、团风古潭房地产开发有限公司、湖北宏迈房地产开发有限公司、湖北新港天城房地产开发有限公司、湖北鸿园实业有限公司财

---

① "陈某单位受贿案"，参见湖北省团风县人民法院（2022）鄂1121刑初3号刑事判决书。

物共计131.3858万元,违规承诺和接收上述公司所开发的小区不符合就读条件的业主子女入读团风县某小学。法院认为,被告人陈某身为团风县某小学直接负责的主管人员,为了单位利益非法收受他人财物,为他人谋取利益,情节严重,其行为构成单位受贿罪。

在教育刑事案件中,贪污受贿案件的犯罪主体以个人为主,单位作为受贿主体较为少见。从学理上分析,单位受贿罪与受贿罪在构成要件的客体要素、客观方面、主观方面有诸多相同之处,都表现为以出卖公共权力为对价而索取或收受他人财物,为他人谋取利益,侵害刑法所保护的法益。而单位受贿罪与受贿罪不同的是,其主体为国有单位而非个人;根据《刑法》和最高人民检察院《关于人民检察院直接受理立案侦查案件立案标准的规定(试行)》,单位受贿行为只有情节严重的才构成犯罪。在实践当中,需要对单位受贿罪与单位中个人实施的受贿罪加以区分,考查受贿或者行贿行为体现的是单位的整体意志还是个人的意志。要判断犯罪行为是不是体现了单位的集体意志,当然首先考查的是犯罪行为是否经单位集体研究决定或者由有关负责人员决定的——这是形式上的判断标准;除了进行决策主体的形式判断外,还必须结合犯罪利益的归属进行综合判断,如果国有单位在受贿后财物又由个人占有了,这种情况下也应当以个人的受贿罪定罪处罚,而不能认定为单位受贿罪——这是实质上的判断标准。

本案中,被告人陈某是团风县某小学直接负责的主管人员,为了单位利益非法收受他人财物,为他人谋取利益,情节严重,贿款后用于学校开支,因此符合单位受贿罪的构成要件。

(2)涉教贪污贿赂案件中犯罪客体和犯罪对象的多样性。贪污贿赂案件当中的犯罪客体为复杂客体。通常情况下,贪污罪侵犯的客体是复杂客体。既侵犯了公共财物的所有权,又侵犯了国家机关、国有企业事业单位的正常活动以及职务的廉洁性;受贿罪的主要客体是国家机关、国有公司、企事业单位、人民团体的正常管理活动,次要客体是国家工作人员职务行为的廉洁性。

具体到教育案件当中,贪污贿赂案件的犯罪客体和犯罪对象也往往比较复杂。就本年度的相关案件来看,其中既包括套取科研资金、非法招录研究生、为他人谋取工作调动或科研项目中的利益等行为,侵害了依法平等获取教育机会和科研资源的权益[1];又包括在利用在管理学生入党、入团、奖学金、助学金方面的职务便利索贿或虚报冒领等行为,使得学校奖学金评定、助学金发放、发展团员、发展党员等活动无法依法依规正常进行,同时也侵害了学生的财产权利和政治权利。[2]

---

[1] "于某受贿案",参见山东省潍坊市坊子区人民法院(2021)鲁0704刑初286号刑事判决书。
[2] "于某受贿案",参见山东省潍坊市坊子区人民法院(2021)鲁0704刑初286号刑事判决书;"马某贪污案",参见山东省济宁高新技术产业开发区人民法院(2021)鲁0891刑初353号刑事判决书;"申某贪污罪刑罚与执行变更案",参见河南省焦作市中级人民法院(2022)豫08刑更1151号刑事裁定书。

2. 侵犯公民人身权利民主权利罪

本年度目前已生效的教育刑事案件当中,涉及侵犯公民人身权利民主权利罪的共有5起,案件概况如表5所示。

表5 2022年侵犯公民人身权利民主权利罪案件概况

案件名称	案号	审理程序	裁判结果	主要理由
陈某猥亵儿童案	(2022)豫05刑更219号	刑罚与执行变更审查	减去有期徒刑6个月	服刑期间认罪悔罪,确有悔改表现,符合减刑条件。作为教师当众猥亵多名不满14周岁女学生,主观恶性深,社会影响恶劣,对其应从严减刑
王某虐待被监护、看护人案	(2022)晋07刑申20号	刑事申诉再审审查	驳回申诉,维持原判	在担任班主任期间,多次对承担教育、看护职责的多名少儿实施虐待行为,情节恶劣,构成虐待被看护人罪
杨某猥亵儿童案	(2022)湘3122刑初27号	刑事一审	构成猥亵儿童罪,判处有期徒刑3年6个月,执行完毕后5年内禁止从事相关工作	身为人民教师,系对学生负有特殊职责的人员,违背教师职业道德操守,对未满12周岁学生进行猥亵,构成猥亵儿童罪
余某强奸、猥亵儿童案	(2022)川34刑更588号	刑罚与执行变更审查	减去有期徒刑3个月	刑罚执行期间确有悔改表现,符合减刑起报条件。综合考察犯罪性质、具体情节、社会危害程度、原判刑罚、交付执行后的一贯表现,对执行机关提请的减刑幅度予以下调
赵某强奸、猥亵儿童案	(2022)豫05刑更288号	刑罚与执行变更审查	减去有期徒刑7个月	服刑期间认罪悔罪,确有悔改表现,符合减刑条件。鉴于该犯利用小学教师的身份奸淫猥亵幼女多人,社会影响恶劣,应从严减刑

就案由来看,本年度5起涉教刑事案件涉及强奸、猥亵儿童罪和虐待被监护、看护人这两类罪名,其中以前者居多,占总数的4/5;就审理程序来看,1起案件为一审案件,1起

为刑事申诉再审审查,其余3起均为刑罚与执行变更审查。

在本年度涉教刑事案件中,有关侵犯公民人身权利民主权利案件有以下值得关注的问题。

(1)虐待被监护、看护人罪中的虐待行为认定。虐待被监护、看护人罪是2015年修订的《刑法》中新设的罪名,是指对未成年人、老年人、患病的人、残疾人等负有监护、看护职责的人,虐待被监护、看护的人,情节恶劣的行为。① 设置该罪名,是为了对犯罪主体限于家庭成员之间、不能够打击非家庭成员之间虐待行为的虐待罪进行补充,将非家庭成员之间的虐待行为纳入刑法打击和防范的范围。

就构成要件来看,在犯罪主体方面,与虐待罪类似,虐待被监护、看护人罪的犯罪主体是特殊主体,系对未成年人、老年人、患病的人、残疾人等负有监护、看护职责的人,且监护、看护人与被监护、被看护人不具有家庭成员关系,主要包括因为合同关系或者其他法律规定的关系而具有了监护、看护职责的行为人;主观要件方面,虐待被监护、看护人罪的行为人表现为故意,即行为人明知自己虐待被监护、看护人会造成他们肉体上和精神上损害的后果,而希望或者放任这种后果发生;犯罪客体是被监护人、被看护人的人身权利;客观要件方面表现为负有监护、看护职责的行为人违背监护、看护职责,对被监护、看护的人等实施虐待,情节恶劣的行为。

在王某虐待被监护、看护人案②中,法院根据虐待被监护、看护人罪的构成要件,对被告人王某的行为进行了具体分析。被告人王某在担任山西某小学班主任期间,对学生多次实施过扇耳光、踢打、拽头发撞书包柜等暴力行为,多次对班级内多名学生采用拉拽、捶背、脚踢等方式实施体罚。造成被打学生淤青、口鼻流血、牙齿磕掉等不同程度的损伤。被告人王某的申诉理由是认为没有实施殴打和体罚并造成损伤,其对学生的拉拽、拍背等行为,均出现在被害人违反学校纪律、不用心学习的时候,主观目的是维护课堂纪律、督促学习,不构成虐待被看护人罪。因此,该案的核心争议点是对虐待行为如何加以认定。该案中,法院采纳了"行为+伤害"的认定标准,即判断某一行为是否构成体罚,不仅看有无侵犯身体或造成身体痛苦的行为,还考量受伤程度或社会影响,两者同时具备时构成体罚。法院结合相关证据认为被告人身为小学教师,在担任班主任期间多次对承担教育、看护职责的多名少儿实施虐待行为,情节恶劣,其行为已构成虐待被看护人罪,被告人对该案的申诉理由不能成立,对原判决予以维持。

(2)"宣告禁止从事相关工作"的适用。在杨某猥亵儿童案③中,法院判决认为被告

---

① 《刑法》第260条之一(虐待被监护人、看护人罪)第1款:"对未成年人、老年人、患病的人、残疾人等负有监护、看护职责的人虐待被监护、看护的人,情节恶劣的,处三年以下有期徒刑或者拘役。"
② "王某虐待被监护、看护人案",参见山西省晋中市中级人民法院(2022)晋07刑申20号驳回申诉通知书。
③ "杨某猥亵儿童案",参见湖南省泸溪县人民法院刑事判决书(2022)湘3122刑初27号刑事判决书。

人杨某犯猥亵儿童罪,除判处有期徒刑3年6个月以外,还判处刑罚执行完毕后5年内禁止从事与未成年人教育、培训相关的工作。这也是本年度截至目前裁判文书已公布的涉教刑事案件当中唯一适用禁业制度的一起案件。

2015年的《刑法修正案(九)》和2021年的《中华人民共和国未成年人保护法》中均规定了禁业制度。其中规定,人民法院可以对"因利用职业便利实施犯罪,或者实施违背职业要求的特定义务的犯罪被判处刑罚的",禁止其自刑罚执行完毕之日或者假释之日起从事相关职业,期限为3~5年。换言之,如学校教师对未成年学生实施性侵害被判处刑罚的,法院固然可以根据该条规定宣告禁业限制,但期限最多只有5年。杨某猥亵儿童案发生于下述新的司法意见施行前,法院对杨某宣告禁止其从事与未成年人教育、培训相关的工作期限为5年,是在《刑法》第37条①的规定下采取了顶格处罚。

2022年11月15日,最高人民法院、最高人民检察院、教育部联合发布的《关于落实从业禁止制度的意见》(以下简称《意见》)正式施行。要求全国各级法院、检察院与教育行政部门认真贯彻执行《意见》,严格执行犯罪人员从业禁止制度,净化校园环境,保护未成年人。《意见》指出,教职员工实施性侵害、虐待、拐卖、暴力伤害等犯罪的,人民法院应当依照《未成年人保护法》第62条规定,判决禁止其从事密切接触未成年人的工作。此外,《意见》还明确,依照《教师法》与《教师资格条例》相关规定,受到剥夺政治权利或者故意犯罪受到有期徒刑以上刑罚的,不能取得教师资格;已经取得教师资格的,丧失教师资格,且不能重新取得教师资格。

《意见》施行之后,迅速得到了全国各地法院在司法实践当中的应用。2022年11月15日,《意见》施行的当天,北京市海淀区人民法院少年法庭审理了王某某猥亵儿童案件。该案被告人王某某利用其作为学校外聘教职人员的身份多次猥亵女童,在女童家人报案后被依法抓获。法院认为其构成猥亵儿童罪,判处有期徒刑的同时对其宣告终身禁止从事密切接触未成年人的工作,系全国首例对性侵害未成年人的教职人员宣告终身不得从事密切接触未成年人工作的刑事案件。海淀法院认为,为切实贯彻最有利于未成年人的原则,突出对未成年人的特殊、优先保护,搭建未成年人保护的"隔离带"和"防火墙",对实施性侵害犯罪的教职员工应严格执行终身禁业制度。11月17日,安徽省合肥市庐阳区人民法院也对一起教职人员猥亵儿童的案件进行宣判,被告人许某某被判处有期徒刑8年,同时被宣告"终身禁业"。11月22日,四川省成都市青羊区法院审理了一起家教猥亵未成年人的案件,以猥亵儿童罪判处被告人有期徒刑5年,同时判决禁止其从事密切接触未成年人的工作。

为人师者先为人。教师行业不仅需要具备专业能力,还应该具备较好的思想品德和法律素养,不能侵害自己的学生。禁业限制制度以及终身禁业限制的出现,都是我国在

---

① 《刑法》第37条之一第1款:"因利用职业便利实施犯罪,或者实施违背职业要求的特定义务的犯罪被判处刑罚的,人民法院可以根据犯罪情况和预防再犯罪的需要,禁止其自刑罚执行完毕之日或者假释之日起从事相关职业,期限为三年至五年。"

切实保障未成年人的合法权益方面坚持对性侵害未成年人行为的"零容忍"态度的体现,尤其在教育领域容易发生的性侵害犯罪方面具有很强的震慑警示和违法打击作用。禁业限制的目的,不只是惩罚违法当事人,更大的意义还是在于作为预防性措施,排除有过前科的人、教育和震慑潜在的犯罪行为,将对学生的保护从事后的救济向事前的杜绝防范倾斜,能够在更大程度上确保学生免受侵害。

3. 教育设施重大安全事故罪

本年度目前已生效的教育刑事案件当中涉及教育设施重大安全事故罪的仅有1起,案件概况如表6所示。

表6 2022年教育设施重大安全事故罪案件概况

案件名称	案号	审理程序	裁判结果	主要理由
王某教育设施重大安全事故案	(2022)辽01刑终224号	二审	教育设施重大安全事故罪。驳回上诉,维持原判	明知教育教学设施具有危险而不采取措施,导致一人死亡的重大伤亡事故发生,其行为构成教育设施重大安全事故罪

教育设施重大安全事故罪规定于《刑法》第138条:"明知校舍或者教育教学设施有危险,而不采取措施或者不及时报告,致使发生重大伤亡事故的,对直接责任人员,处三年以下有期徒刑或者拘役;后果特别严重的,处三年以上七年以下有期徒刑。"《教育法》第73条也规定:"明知校舍或者教育教学设施有危险,而不采取措施,造成人员伤亡或者重大财产损失的,对直接负责的主管人员和其他直接责任人员,依法追究刑事责任。"从以上两个条文可知,校舍或教学设施存在危险,而不采取措施,造成人员伤亡或者重大财产损失的,属于教育设施重大安全事故。这种行为既破坏了学校或其他教育机构的正常教育教学秩序,也侵犯了受害人的生命权、健康权或身体权等人格权利,使公共财产、国家和人民的利益受到损失。因此该行为已经超出了一般违法行为之范畴,构成了犯罪,应对行为人依法追究刑事责任。①

从上述法律条文可以看出,教育设施重大安全事故罪的构成要件包括以下几个方面。首先,客体要件方面,该罪侵犯的客体是学校及其他教育机构的正常活动和师生员工的人身安全。校舍和教育教学设施则是进行教育的最基本条件。校舍教育教学设施必须符合一定的安全标准,才能保障正常的教学秩序和广大师生员工的人身安全。否则一旦发生教育教学设施重大安全事故,不仅会造成不特定师生员工的重伤、死亡和国家财产的重大损失,而且还会扰乱正常的教学秩序,造成恶劣的社会影响。因此,对校舍、

---

① 顾基平:《高等教育法规概论》,湖南师范大学出版社,2021,第183页。

教育教学设施负有采取安全措施的主管人员和直接责任人员必须正确履行职责,维护教学活动的正常,进行和师生员工的人身安全。其次,客观要件方面,需要满足校舍或教育教学设施存在危险且明知其存在危险而仍不采取措施或者不及时报告,致使发生重大事故的行为的条件。校舍或者教育教学设施虽然出现了危险但并不明知,或明知危险且采取了有效措施或及时报告,或并未发生安全事故或事故不属于重大伤亡事故的,都不能构成该罪。再次,主体要件方面,该罪的行为方式只能是不作为。不作为行为要构成犯罪,必须以该行为人负有某种法律要求履行作为的义务为前提。那么在该罪中,担负对校舍或教育教学设施存在的危险采取措施或及时报告的这种义务的人员不可能是一般公民,而必须是具有某种特定身份而且必须担负这种特殊义务的特殊人员。因此,该罪的犯罪主体就必须是特殊主体,即对校舍或者教育教学设施负有维护义务的直接人员,主要是学校领导、负责学校后勤维修工作的职工。最后,主观要件方面,行为人必须存在过失,可以是疏忽大意的过失,也可以是过于自信的过失。

在王某教育设施重大安全事故案①中,法院根据教育设施重大安全事故罪的构成要件,对被告人王某的行为进行了具体分析。被告人王某系辽中区某幼儿园法定代表人兼园长。有员工向被告人王某反映幼儿园游乐设施的二层挡板活动、未固定,存在安全隐患,被告人王某仅告知员工注意看护在游乐设施上玩耍的幼儿,并未采取其他措施。被害人在该游乐设施玩耍时死亡。一审法院和二审法院均认为,被告人王某明知教育教学设施有危险而不采取措施,导致一人死亡的重大伤亡事故发生,其行为构成教育设施重大安全事故罪。被告人有自首情节,可依法从轻处罚;被告人自愿认罪认罚,可依法从宽处罚;被告人积极赔偿被害人家属经济损失并取得谅解,可酌情从轻处罚。二审法院认可一审法院的判决,认定被告人王某犯教育设施重大安全事故罪,判处有期徒刑1年2个月,缓刑2年。

(二)2022年国内涉教刑事案件中值得重视的问题

1. 师德问题的监督惩处

本年度涉教刑事案件当中,犯罪主体以学校直接负责的主管人员以及教师为主,其中尤以教师居多。师德问题再次成为本年度涉教案件当中的一大焦点。不论是利用职务便利通过贪污贿赂手段牟取利益,还是以暴力手段侵害学生的健康权、身体权的行为,都暴露了当前教师队伍师德建设的缺陷,不符合法律对教师义务的规定,也不符合社会对教师道德准则的期待。

2022年1月,教育部等六部门发布《关于加强新时代高校教师队伍建设改革的指导意见》(以下简称《指导意见》),强调了培育弘扬高尚师德、强化师德考评落实。其

---

① "王某教育设施重大安全事故案",参见辽宁省沈阳市中级人民法院(2022)辽01刑终224号刑事裁定书。

中特别强调了要落实《新时代高校教师职业行为十项准则》,依法依规严肃查处师德失范问题。建立健全师德违规通报曝光机制,起到警示震慑作用。依托政法机关建立的全国性侵违法犯罪信息库等,建立教育行业从业限制制度。在本年度涉教刑事案件的司法裁判当中,能够反映一些落实《指导意见》的新变化、新举措。比如《关于落实从业禁止制度的意见》中规定,教师对学生实施性侵害、虐待、拐卖、暴力伤害等犯罪的,法院可以对其宣告终身禁业。自该意见发布以后,各地法院结合具体案情,迅速在案件裁判当中开始适用该意见,对达到法定条件的犯罪人宣告终身禁止从事密切接触未成年人的工作,体现出了立法和司法对于严厉打击师德违法违规行为、充分保护学生权益已经达成了一致意见,并且积极地在实践当中通过法律适用来加大违法打击的力度和警示震慑的效果,使得已经发生的师德失范问题能够依法得到充分、有效、合理的处理,也能够有效起到防微杜渐的作用。

正如法院在"马某贪污受贿案"的判决书中所述的那样:"被告人马某作为国学文化传播者,文化知识的传授者,本应为人师表、立德树人,却在追逐名利和物质生活中迷失自我,坠入犯罪深渊。究其原因,是丧失理想信念、放松自我约束所致。学术探索无止境,纪律法规有底线,希望被告人能够从本案中吸取深刻教训,以此为戒,在自我改造的过程中,认真反思,悔过自新,不再触碰法律的'高压线'。"[1]立法和司法层面依法加强监督惩处,不仅是为了打击违法犯罪行为,更是为了教育警示广大教师:为人师者先为人。只有提高教师队伍的廉洁水平和道德观念,才能确保正常的教育教学活动能够有秩序地开展,确保学生能够安全、平等地参与学习学术活动。

2. 刑罚变更的考量因素

刑罚执行变更是我国刑法、刑事诉讼法所确定的刑罚执行中的一项重要法律制度。它是对发生法律效力的刑事判决、裁定所确定的刑罚在交付执行或实际执行过程中,由于发生了法定的事由而依法改变或调整原判刑罚的执行方式或内容的一项刑罚执行制度。

在本年度涉教刑事案件当中,刑罚与执行变更审查程序出现较多,主要涉及减刑制度的适用。根据《最高人民法院关于办理减刑、假释案件具体应用法律的规定》,对于罪犯符合《刑法》第78条第1款规定"可以减刑"条件的案件,在办理时应当综合考察罪犯犯罪的性质和具体情节、社会危害程度、原判刑罚及生效裁判中财产性判项的履行情况、交付执行后的一贯表现等因素。法院在考量犯罪人是否满足刑罚变更的条件时,会综合考查其犯罪性质、具体情节、社会危害程度、原判刑罚、交付执行后的一贯表现等诸多因素,结合执行机关提请的减刑幅度决定是否予以下调。[2]

---

[1] "马某贪污受贿案",参见山东省济宁高新技术产业开发区人民法院(2021)鲁0891刑初353号刑事判决书。

[2] "余某强奸罪刑罚与执行变更审查案",参见四川省凉山彝族自治州中级人民法院(2022)川34刑更588号刑事裁定书。

减刑是一项激励罪犯改造的刑罚制度,其适用应当贯彻宽严相济的刑事政策,最大限度地发挥刑罚的功能,实现刑罚的目的。在涉教刑事案件当中,因为犯罪主体和被害人的特殊身份、特殊关系,法院倾向于在刑罚变更审查决定中采取"从严减刑"。比如在陈某猥亵儿童案①和赵某强奸、猥亵儿童案②中,法院都认为犯罪人虽然在服刑期间认罪悔罪,确有悔改表现,符合减刑条件;但鉴于他们作为教师强奸或猥亵多名不满14周岁女学生,主观恶性深,社会影响恶劣,因而依法裁定对其从严减刑。

四、2022年国内涉教民事案件研究

(一)2022年国内涉教民事案件的类型

2022年国内涉教民事案件数量较多,案由类型较多,本报告根据检索情况,选取了三类与教育领域关系密切案由:①教育机构责任纠纷;②侵权责任纠纷;③教育培训合同纠纷。分类进行检索后,得到2022年国内审结的、与本年度报告主题相关的有代表性的涉教民事案件共709件,总体情况见表7。

表7 2022年国内涉教民事案件的总体情况

序号	案由	总数(个)	审理程序		
			一审	二审	再审
1	劳动争议、人事争议③	175	141	31	3
2	侵权责任纠纷④	302	246	52	4
3	教育教育培训合同纠纷⑤	232	217	15	0

通过对2022年国内涉教民事案件的初步搜集与归纳,可以看出,教育机构责任纠纷案件是以上三类涉教民事案件当中所占比重较大的案件类型。就诉讼程序而言,以上三

---

① "陈某猥亵儿童刑罚与执行变更案",参见河南省安阳市中级人民法院(2022)豫05刑更219号刑事裁定书。
② "赵某强奸罪、猥亵儿童罪刑罚与执行变更案",参见河南省安阳市中级人民法院(2022)豫05刑更288号刑事裁定书。
③ 截至2022年11月28日,在北大法宝网站上,以审结年份为"2022年",案由为"劳动争议、人事争议","法院认为"部分含"教师"作为检索条件,共检索到结果175个。
④ 截至2022年11月28日,在北大法宝网站上,以审结年份为"2022年",案由为"侵权责任纠纷","法院认为"部分含"教育机构"作为检索条件,共检索到结果302个。
⑤ 截至2022年11月28日,在北大法宝网站上,以审结年份为"2022年",案由为"教育培训合同纠纷",全文含《关于进一步减轻义务教育阶段学生作业负担和校外培训负担的意见》作为检索条件,共检索到结果232个。

类涉教民事案件当中,绝大部分为一审案件,14%的案件为二审案件,仅有不到1%的案件为再审案件,整体上诉率较低。

鉴于本年度涉教民事案件数量较多,以下分析当中主要选取中级及以上级别法院的裁判文书来进行分析讨论。

1. 劳动争议、人事争议案件

本年度报告主要研究学校与教师之间的劳动争议、人事争议案件。截至2022年11月28日,在北大法宝网站上,以审结年份为"2022年"、案由为"人格权纠纷"、"法院查明"部分含"学生"作为检索条件,共检索到结果310个。将范围缩小到中级及以上级别法院审理的案件,排除与本年度报告研究内容无关的案件、合并了同一案件的不同审理程序后,得到2022年中级及以上级别法院审理涉教劳动争议、人事争议案件共17件,其中申请再审审查3起,二审14起。案件总体情况见表8。

表8 2022年涉教劳动争议、人事争议案件概况

案件名称	案由	处理结果
楚某诉沈阳航空航天大学案	人事争议	驳回楚某的再审申请
马某诉北京市昌平区南七家村实验学校案	劳动争议	驳回马某的再审申请
张某诉河南师范大学案	人事争议	驳回张某、河南师范大学的再审申请
方某诉安顺学院案	人事争议	驳回上诉,维持原判
巢某诉长沙市雨花区德馨园小学案	劳动争议	驳回上诉,维持原判
胡某诉虞城县实验中学案	劳动争议	驳回上诉,维持原判
杨某诉葫芦岛市连山区教师进修学校案	劳动争议	撤销原判,发回重审
雷某诉苏州市吴江区维爵幼儿园案	劳动合同纠纷	驳回上诉,维持原判
李某诉沈阳市皇姑区岐山路第一小学案	劳动争议	驳回上诉,维持原判
万某诉莲南小学案	劳动合同纠纷	撤销原判,驳回原告诉讼请求
石某诉虞城县实验中学案	劳动争议	驳回上诉,维持原判
王某诉虞城县实验中学案	劳动争议	驳回上诉,维持原判
孙某诉西安市长安区第五中学案	劳动争议	驳回上诉,维持原裁定
刘某诉新余市职业教育中心案	劳动争议	撤销原判,依法改判
杨某诉大连外国语大学案	人事争议	驳回上诉,维持原判
岳某诉文县教育局等案	劳动争议	驳回上诉,维持原判
张某诉重庆邮电大学案	劳动争议	撤销原判,依法改判

根据表8可以看出,教师与学校之间劳动争议、人事争议案件当中,大部分案由为劳动争议,在17起案件中占11起,人事争议占4起,劳动合同纠纷占2起。

在本年度教师与学校之间劳动争议、人事争议案件当中,有以下两方面值得注意的问题。

(1)教师与学校法律关系性质的确定是司法裁判的基础。本年度教师与学校之间劳动争议、人事争议案件当中,作为当事人双方的教师和学校之间存在不同的法律关系。这是基于教师岗位的不同类别决定的。本年度相关案件当中,涉及编制教师、合同制教师、代课教师、辅导机构教师、民办学校教师等。他们与学校或教育机构之间形成的法律关系各不相同,而法律关系的不同也会对司法裁判意见产生很大的影响。

比如,在马某诉北京市昌平区南七家村实验学校案①中,马某自2013年至2020年在南七家村实验学校担任英语教师,主张南七家实验学校应按其正常提供劳动时的工资标准向其补发在职期间寒暑假期工资。但南七家实验学校系民办学校,且马某未能提交教师资格证以及相应的学历证明,不能证明其具有教师资格,因此一审、二审法院均认为马某不属于《教师法》规定的教师。不享有《教师法》第7条规定的教师"享受国家规定的福利待遇以及寒暑假期的带薪休假"的权利,其与南七家实验学校之间的法律关系为劳动关系。而因马某与南七家实验学校签订的《教师聘用协议书》中对寒暑假期间的工资待遇事项并未约定,因此马某也无法依据劳动合同获得寒暑假期的带薪休假的权利。类似地,在孙某诉西安市长安区第五中学案②中,孙某也是民办学校教师,无事业编制,法院认为其主张长安区第五中学支付的绩效增量款、精神文明奖、乡村教师补助、绩效奖励奖金均为在岗在编教师享有的待遇,孙某的请求不属于人民法院劳动争议案件的受理范围,因此裁定驳回上诉,维持原判。

教师与学校之间的法律关系不仅影响该关系存续期间双方的权利义务,还会产生一些后续的影响。比如,在岳某诉文县教育局等案③中,岳某由原文县桥头乡政府安排于1992年3月起在文县桥头镇岳家山教学点从事代课工作。从1992年3月至2019年3月,未与文县教育局、文县桥头小学、文县桥头镇政府签订劳动合同;2019年4月,文县桥头小学和岳某签订了一年的合同。2020年第二份聘用合同期满前,岳家山教学点因无学生而在当年9月被撤销,该合同再未履行,桥头小学也再未支付代课费,亦未与岳某续签聘用合同。岳某上诉主张与文县教育局续签教师劳动合同,并主张被告赔偿未续签劳动合同而造成其工资损失。法院认为,岳某该项诉请的实质是要对其身份进行确定即确定

---

① "马某与北京昌平区南七家村实验学校劳动争议案",参见北京市第一中级人民法院(2022)京01民终980号民事判决书;"马某与北京昌平区南七家村实验学校劳动争议再审审查与审判监督案",参见北京市高级人民法院(2022)京民申4584号民事裁定书。
② "西安市长安区第五中学、孙某劳动争议案",参见陕西省西安市中级人民法院(2022)陕01民终8841号民事判决书。
③ "岳某、文县教育局等劳动争议案",参见甘肃省陇南市(地区)中级人民法院(2022)甘12民终132号民事裁判书。

其为县聘代课教师。如其属于县聘代课教师的身份，文县教育局与岳某间就存在劳动合同关系且可能为无固定期限的劳动合同关系。但法院查明岳某在合同期满前并非县聘代课人员，文县教育局自始至终也未认可岳某为县聘代课教师的身份，在无证据证明岳某与文县教育局存在劳动合同关系且为无固定期限的劳动合同关系的情况下，岳某诉请由文县教育局与其续签合同以及赔偿的主张，缺乏事实和法律依据，不予支持。

（2）教师与学校约定服务期违约金的效力。国务院《事业单位人事管理条例》规定了事业单位与受聘人员可以约定服务期违约金。《中华人民共和国劳动合同法》第22条也规定了劳动合同中的服务期问题："用人单位为劳动者提供专项培训费用，对其进行专业技术培训的，可以与该劳动者订立协议，约定服务期。劳动者违反服务期约定的，应当按照约定向用人单位支付违约金。违约金的数额不得超过用人单位提供的培训费用。"其中明确了劳动者与用人单位约定服务期违约金的数额不得超过用人单位提供的培训费用。

实践中，对该类违约金条款的效力问题存有争议。在张某诉重庆邮电大学案①中，法院给出了对该问题的观点，认为在人事聘用合同关系存续期间订立人才培养协议可以约定服务期违约金，不适用《劳动合同法》第22条关于服务期违约金不得超过用人单位提供的培训费用之规定。法院认为：首先，张某和重庆邮电大学之间的关系是人事聘用合同关系，事业单位与受聘人员在人事聘用合同关系存续期间签订的人才培养协议，系双方在人事聘用合同关系基础之上订立，因人才培养协议约定的服务期违约金条款产生纠纷属于因人事聘用合同关系而产生的纠纷，应当适用国务院《事业单位人事管理条例》。其次，依据国务院《事业单位人事管理条例》规定，事业单位与受聘人员可以约定服务期违约金，不适用《劳动合同法》第22条关于服务期违约金不得超过用人单位提供的培训费用之规定。《劳动合同法》第22条基于劳动者与用人单位之间不平等的缔约地位而对违约金进行的限制性规定，体现了对劳动者的倾斜性保护。但事业单位不同于一般用工企业，案涉高等院校即邮电大学作为国家公益二类事业单位，资金主要来源于财政，具有明显的公共性与公益性；张某作为高校教师与一般的劳动者相比较具有较大差异，其与邮电大学在人事聘用合同存续期间订立的人才培养协议，系张某基于自身职业发展的考虑，充分权衡利弊后的抉择，没有适用《劳动合同法》第22条进行倾斜性保护的必要。因此，国务院《事业单位人事管理条例》第17条规定的"双方对解除聘用合同另有约定"应理解为事业单位与受聘人员可对解除聘用的其他事项进行约定，包括通过订立人才培养协议等方式对服务期违约金进行约定，且约定的违约金不以用人单位提供培训费用为前提。综上，案涉人才培养协议关于服务期违约金的约定系双方真实意思表示，并未违反国家法律、行政法规的强制性规定，未侵害公共利益，不违背公序良俗，应属有效条款。

《劳动合同法》第96条规定："事业单位与实行聘用制的工作人员订立、履行、变更、

---

① "张某与重庆邮电大学劳动争议案"，参见重庆市第五中级人民法院（2021）渝05民终8844号民事判决书。

解除或者终止劳动合同,法律、行政法规或者国务院另有规定的,依照其规定;未作规定的,依照本法有关规定执行。"依据上述法律规定,事业单位与实行聘用制工作人员的用工关系优先适用国家人事管理相关法律、法规。《最高人民法院关于人民法院审理事业单位人事争议案件若干问题的规定》第1条明确指出:"事业单位与其工作人员之间因辞职、辞退及履行聘用合同所发生的争议,适用《中华人民共和国劳动法》的规定处理。"在《最高人民法院关于事业单位人事争议案件适用法律等问题的答复》中,对于"适用《中华人民共和国劳动法》的规定处理"进行了明确,即人民法院审理事业单位人事争议案件的程序运用《中华人民共和国劳动法》的相关规定,人民法院对事业单位人事争议案件的实体处理应当适用人事方面的法律规定。服务期违约金的效力问题属于人事争议实体问题,应当优先适用人事方面相关法律规定。因此,本报告认为,上述案件中法院对教师与学校约定服务期违约金的效力的判断符合相关法律的规定,其论证思路也具有一定的借鉴价值。

2. 侵权责任纠纷案件

侵权责任纠纷案件是本年度涉教民事案件当中占比重较大的案件类型。本年度报告主要聚焦有关教育机构责任的相关案件。截至2022年11月28日,在北大法宝网站上,以审结年份为"2022年"、案由为"侵权责任纠纷"、"法院认为"部分含"教育机构"作为检索条件,共检索到结果302个。其中,中级及以上级别人民法院审理的共56个,排除其中3起与本部分研究内容无关的案件,本报告对53起案件进行了梳理。就法院审理程序来看,二审案件50起,申请再审审查3起;就案由来看,同为侵权责任纠纷之下的三级案由,53起案件的案由当中,43起案件的案由为教育机构责任纠纷,8起案件的案由为其他侵权责任纠纷,1起案件的案由为监护人责任纠纷,1起案件的案由为生命权、身体权、健康权纠纷;就案涉教育机构类型来看,18起案件中的教育机构为中学,13起案件中的教育机构为小学,9起案件中的教育机构为幼儿园,3起案件中的教育机构为职业学校,10起案件中的教育机构为其他课外教育培训机构。就被侵权人民事行为能力情况来看,36个案件中的被侵权人为限制民事行为能力人,其余17个案件中为无民事行为能力人。以上侵权责任纠纷案件梳理情况的可视化呈现如图2所示。

在本年度涉及教育机构的侵权责任纠纷案件当中,有以下两方面值得注意的问题。

(1)教育机构责任纠纷中的举证责任。《中华人民共和国民法典》(以下简称《民法典》)第1199条、第1200条和第1201规定了教育机构在无民事行为能力人、限制民事行为能力人在本机构内学习生活时受到人身损害的情况下所应承担的责任。其中明确规定,无民事行为能力人受到人身损害的,推定教育机构存在过错,因为无民事行为能力人自身的认知能力与自我保护能力较弱,故而教育机构担负的教育、管理责任更大;而限制民事行为能力人受到人身损害的,对教育机构的责任认定采用过错责任原则,这是因为限制行为能力人已经具有一定的识别能力,具有一定的社会经验,能够对于事件的性质和原因作出判断和理解。

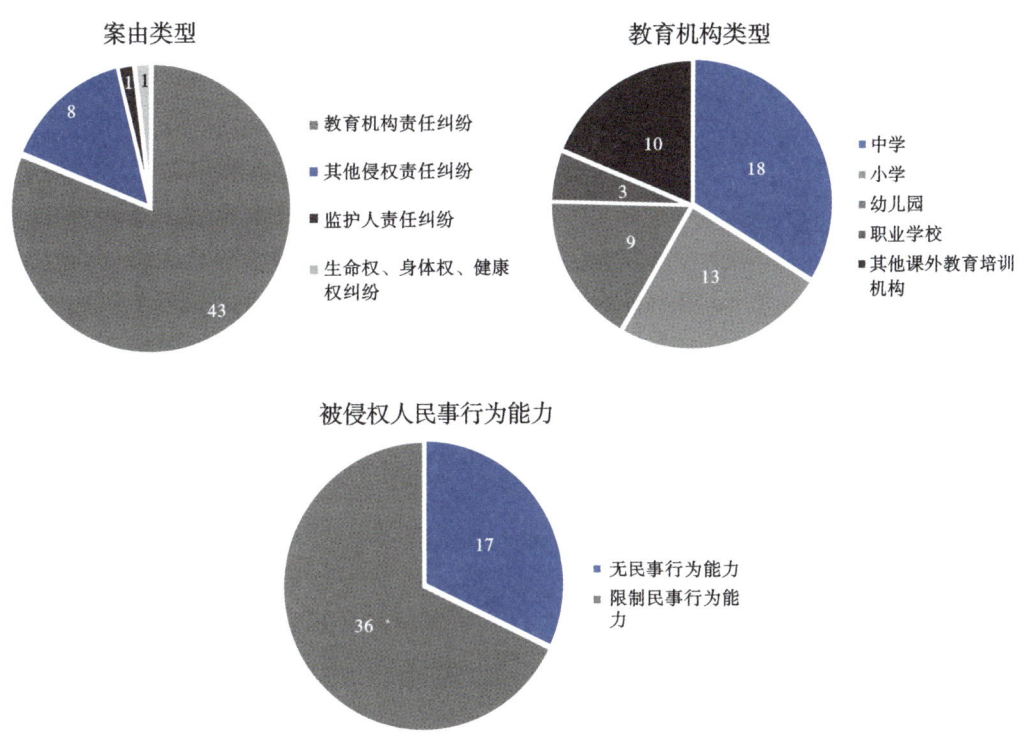

图 2 2022 年侵权责任纠纷案件概况

在本年度报告所梳理的相关案件当中,法院针对无民事行为能力人受到人身损害的纠纷当中教育机构承担责任的判断比较一致。被侵权人为无民事行为能力人的全部 17 起案件当中,法院均以教育机构未能举证证明其已经尽到教育管理职责为事实依据,支持了被侵权人请求教育机构承担赔偿责任的主张。比如贝贝贝蒂艺术培训部、曾某某等教育机构责任纠纷案①中,法院认为,在未成年学生在学校及教育机构发生的人身损害赔偿案中,对学校及教育机构应实行过错责任和过错推定原则。分析学校及教育机构是否有过错,应从学校及教育机构的职责方面以及学校及教育机构是否尽到了相当注意义务来看,根据通常预见水平和能力预见潜在危险或应认识到危险结果而没有注意或没有采取避免危害结果的措施的,就是未尽相当注意义务,学校及教育机构就存在过错,应承担相应的责任。本案中,在王某的监护人将王某送至贝贝贝蒂培训部后,贝贝贝蒂培训部作为教育培训机构,对王某应尽到教育、管理及保护的职责。王某在贝贝贝蒂培训部摔倒后因颅脑损伤致硬膜外血肿继发脑水肿、脑疝死亡。从本案现有证据来看,贝贝贝蒂培训部在安全管理方面存在缺陷,导致王某在一定时间内无人看管,摔倒受伤后贝贝贝

---

① "贝贝贝蒂艺术培训部、曾某某等教育机构责任纠纷案",参见江苏省无锡市中级人民法院(2022)苏 02 民终 1663 号民事判决书。

蒂培训部未能及时准确联系王某的监护人,也未及时将王某送医治疗,存在一定过错,应当承担相应责任。又比如,柘城县申桥乡袁楼西小学、张某教育机构责任纠纷案①中,被侵权人张某受伤时不满8周岁,属于无民事行为能力人,柘城县申桥乡袁楼西小学在二审上诉时主张已尽到教育、管理职责,对张某的受伤不应承担赔偿责任。对该主张,上诉人应当承担已尽到教育、管理职责的举证责任,上诉人在一审、二审期间均没有提供证据予以证明,法院据此驳回了柘城县申桥乡袁楼西小学的上诉,认为原审判决柘城县申桥乡袁楼西小学对张某的损伤承担赔偿责任并无不当。

然而,针对限制民事行为能力人受到人身损害的纠纷,法院对于其中教育机构是否履行教育管理职责的举证责任应当由谁承担的问题态度不尽一致。除去有证据证明教育机构存在明显过错的案件以外,其余案件当中,部分案件的审理法院认为应当由教育机构承担证明自己已经充分履行教育管理职责的举证责任。例如,在中国人民财产保险股份有限公司黄石分公司、蔡某等教育机构责任纠纷案②中,被侵权人蔡某作为一名限制民事行为能力人,在学校组织的中考体育训练中受伤,法院认为鹏程中学应该对蔡某在校期间的安全负有监管责任,而鹏程中学没有证据证明其尽到提醒、保护以及管理职责,亦未举证证明蔡某对自身的损害存在过错,故鹏程中学应对蔡某在校训练期间受到的损害承担全部赔偿责任;而也有部分法院观点相反,认为应当由被侵权人承担证明教育机构未充分履行教育管理职责的举证责任。例如,在张某某、吕某某等教育机构责任纠纷案③中,二审法院认为,张某某、吕某某主张八里小学承担责任,应当举证证明八里小学存在未尽到教育、管理职责的过错。事发时张某某、吕某某系五年级学生,当时正值午饭时间,学生在教室内应遵守学校的日常行为规范,无需老师一对一看管。张某某作为五年级的学生,应该知道在教室里活动要注意安全,不做可能危及他人安全的行为。张某某、吕某某以事故发生时无老师在场为由,认为八里小学对事故发生存在教育、管理缺失的过错,不能成立,因此二审法院认为,一审法院未判令八里小学承担责任,并无不当。

对于上述司法裁判当中适用法律不相一致的做法,本年度报告认为,法院在审理相关案件时,首先应当依据《民法典》第1200条的规定,对限制民事行为能力人侵权案件当中的教育机构责任,采取"谁主张、谁举证"的过错责任原则来确定举证责任的分配。而之所以会发生上述适用上的差异,很大程度上是司法机关考虑了在相关案件当中被侵权人的举证能力往往较弱,采用过错责任原则来确定举证责任分配可能导致双方当事人在

---

① "柘城县申桥乡袁楼西小学、张某教育机构责任纠纷案",参见河南省商丘市中级人民法院(2022)豫14民终2561号民事判决书。
② "中国人民财产保险股份有限公司黄石分公司、蔡某等教育机构责任纠纷案",参见湖北省黄石市中级人民法院(2022)鄂02民终2121号民事判决书。
③ "张某某、吕某某等教育机构责任纠纷案",参见江苏省徐州市中级人民法院(2022)苏03民终248号民事判决书。

诉讼过程中能力地位的不平等。比如,在马某某、平罗县城关第一小学等教育机构责任纠纷案①中,限制民事行为能力人马某某主张楼梯台阶有水导致其滑倒骨折,平罗县城关第一小学抗辩马某某系自己下楼不慎摔伤骨折。法院认为,因事故发生时的监控录像由平罗县城关第一小学所有并保存,但在本案审理中城关一小不能提供事故发生时的监控,也不能够证明其尽到教育、管理职责,故对马某某因本次事故造成的损失承担赔偿责任。该案件当中法院明显考虑了举证能力和证据掌握能力的因素,对《民法典》第1200条的适用进行了一定的变通,体现了对被侵权人利益的合理保护。但目前的法律规范当中尚未对这类情况加以明确,导致了司法适用上的不一致。因此,本年度报告认为,在立足于《民法典》第1200条规定的基础上,还应通过立法、司法解释或指导性案例等方式,对限制民事行为人教育机构责任纠纷案件中教育机构是否履行教育管理职责当中需要举证的事项进行进一步的细分和明确,从而为司法机关适用教育机构责任法律条款解决相关纠纷提供明确的指引。

(2)教育机构责任的判断标准。在该类案件当中,法院对教育机构责任的判断标准采取了比较多元的判断方式。

例如,在北京搏力优体文化艺术有限公司与北京宏远博大文化传播有限责任公司等教育机构责任纠纷案②中,由于该案中的宏远博大公司为被侵权人张某提供的课外培训课程内容是跆拳道,法院相应提高了对其应当尽到的教育管理职责的标准,认为宏远博大公司在培训教学过程中,对张某的动作和身体等情况关注不足,未尽到教育管理职责,因此应当对张某承担侵权责任。

又比如,在李某、山东省日照市第一中学等教育机构责任纠纷案③中,法院认为被侵权人李某虽非日照一中的学生,但属于日照一中有意对富有特长的学生进行观察及篮球培训、锻炼的考核对象。在篮球培训、锻炼期间学校会给这些人员就住宿、食堂就餐等方面予以安排,由此认定学校与李某在篮球培训、锻炼及住宿、食堂就餐方面存在相应的教育、管理关系,应当尽到教育管理职责。

从上述案件中可以看出,法院在考察教育机构是否应当以及应当在何种程度上对被侵权人承担教育管理职责时,并不仅以纠纷主体之间的身份关系来判断教育机构应当履行的教育管理职责,而是在具体案情当中充分考察了纠纷主体之间实际存在的法律关系。本年度报告支持该种判断方式,它能够最大限度保护教育法律关系当中往往处在弱势一方的受教育者。采用该种方式可以确保即便在被侵权人与教育机构之间的身份关系无效或失效的情况下,也能够让被侵权人有机会得到司法救济。

---

① "马某某、平罗县城关第一小学等教育机构责任纠纷案",参见宁夏回族自治区石嘴山市中级人民法院(2021)宁02民终1346号民事判决书。
② "北京搏力优体文化艺术有限公司与北京宏远博大文化传播有限责任公司教育机构责任纠纷案",参见北京市第二中级人民法院(2022)京02民终9491号民事判决书。
③ "李某、山东省日照市第一中学等教育机构责任纠纷案",参见山东省日照市中级人民法院(2022)鲁11民终80号民事判决书。

3. 教育培训合同纠纷

2021年7月24日,中共中央办公厅、国务院办公厅印发了《关于进一步减轻义务教育阶段学生作业负担和校外培训负担的意见》(以下简称《双减意见》)。该政策的出台对教育培训机构,尤其是学科类教育培训机构的影响甚大。

截至2022年11月28日,在北大法宝网站上,以审结年份为"2022年"、案由为"教育培训合同纠纷"作为检索条件,共检索到结果515个。将范围缩小到中级及以上级别法院审理的案件,合并部分一方当事人相同、案情相似的案件,将2022年中级及以上级别法院审理的15起教育培训合同纠纷案件分为5组。案件总体情况见表9。

表9 2022年教育培训合同纠纷案件概况

案件名称	裁判结果	处理结果
严某诉如皋市俪文英语培训中心案	驳回上诉,维持原判	解除合同,退还课时费用
北京福糖教育科技有限公司与北京飞博科技股份有限公司等教育培训合同纠纷案(共2起相关案件)	驳回上诉,维持原判	解除合同,退还课时费用
肖某诉常德市武陵区艾比培训学校有限公司案	驳回上诉,维持原判	解除合同,退还课时费用
黎川县爱贝培训中心有限公司、黎川县爱贝企业咨询服务有限公司等教育培训合同纠纷(共10起相关案件)	驳回上诉,维持原判	解除合同,退还课时费用
张某诉寿光天一教育培训学校股份有限公司案	驳回上诉,维持原判	解除合同,退还课时费用

以上15起案件均为二审案件。二审法院均支持了一审法院有关解除合同、责令教育培训机构退还课时费用的决定,判决驳回上诉、维持原判。其中有2组案件中同一教育培训机构作为原审被告同时在多起案件当中被起诉,法院对相关案件做了同类处理;这从侧面也反映出教育培训机构受到影响之广泛。

在上述案件的审理过程中,法院结合具体案情,均适用了《民法典》第533条有关"情势变更"的相关规定,认为《双减意见》的出台对教育培训行业属于无法预见的、不属于商业风险的重大变化,受不利影响的当事人可以与对方重新协商或者解除合同。但《双减意见》本身的政策要求显然大大限制了重新协商合同继续履行的可能性,法院在裁判过程当中也对该政策精神给予了充分的尊重和重视。例如,在严某诉如皋市俪文英语培训中心案[①]中,严某与俪文培训中心订立合同后,双方通过微信往来就培训时间达成一致,并已部分履行。后受"双减政策"影响,双方原来确定的于每周日下午的培训课程将

---

① "严某诉如皋市俪文英语培训中心案",参见江苏省南通市中级人民法院(2022)苏06民终2165号民事判决书。

无法进行,法院认为此属于《民法典》第 533 条规定的情势变更。发生情势变更有两个法律后果:一是产生再交涉的权利,即受不利影响的当事人可以与对方重新协商;二是当事人进行再交涉后不能在合理的期限内就变更或者解除合同达成一致意见时,有权请求人民法院或者仲裁机构变更或者解除合同。双方的微信往来证明俪文培训中心与严某已就培训时间进行重新协商,但未达成一致,故严某依法有权请求解除案涉培训服务合同及补充协议。而案涉培训服务合同及补充协议能否解除,则取决于俪文培训中心要求变更合同后继续履行的上诉理由是否成立。从表象看,俪文培训中心要求变更的内容仅仅涉及培训时间的调整,培训课程仍可照常进行。但一方面,原培训时间由 90 分钟缩短为 45 分钟,培训时间减少,则培训内容及效果存在缩水的可能;另一方面,案涉培训对象是学龄儿童,确定培训时间显得十分重要,在白天已有在校学习任务的情况下,作为监护人不愿意加重学龄儿童的负担应为合理,法院如判令案涉合同变更后继续履行显与"双减政策"精神不符,故俪文培训中心该上诉理由不能成立。

(二)2022 年国内涉教民事案件中值得重视的问题

从本年度涉教民事案件当中可以看到,诚实信用原则和公平原则在涉教民事案件当中得到了比较广泛的适用。该两项原则都是民法典中规定的两项基本原则,是民事法律主体行使权利、履行义务时必须遵循的原则。

1. 涉教民事案件中诚实信用原则的适用

诚实信用原则是指从事民事活动的民事主体在行使权利和履行义务时必须意图诚实、善意,行使权利不侵害他人与社会的利益,履行义务信守承诺和法律规定,最终达到当事人之间的利益、当事人与社会之间的利益得到平衡的基本原则。诚实原则中要求民事主体必须意图诚实、善意。

刘某、惠民县第一中学教育机构责任纠纷案[①]是本年度司法案件当中适用诚实信用原则的典型案例之一。该案中,原告刘某在被告惠民县第一中学上学期间,在参加篮球社团活动时不慎受伤。2018 年 12 月 25 日,刘某的父亲找惠民县第一中学要求为其出具这次事故校方无任何责任证明,且刘某父亲凭借该证明通过商业保险理赔了意外伤害保险金。刘某在得到保险公司理赔后,却再要求惠民县第一中学承担赔偿责任,法院认为该行为违背诚实信用原则,不予支持。

2. 涉教民事案件中公平原则的适用

公平原则是指民事主体应依据社会公认的公平观念从事民事活动,以维持当事人之间的利益均衡。公平原则中要求民事主体应当依据公平观念去从事民事活动。

公平原则在本年度的司法裁判中被大量适用于教育培训合同纠纷当中,用以确定当

---

① "刘某、惠民县第一中学教育机构责任纠纷案",参见山东省滨州地区(市)中级人民法院(2022)鲁 16 民终 1262 号民事判决书。

事人之间的教育培训合同因受到了"双减政策"这一在订立合同时无法预见的、不属于商业风险的重大变化影响,需在主管部门的指导下变更培训服务内容或依法解除合同。

本年度报告对2022年度涉教案件进行了研究,主要围绕高等教育领域,对2022年已生效案例进行了搜集、筛选和分析,针对教育行政案件、民事案件、刑事案件等不同案由进行了类型化梳理,在往年报告主要着眼于高等教育法律关系的基础之上,将案件梳理的范围扩大到了围绕以学校为代表的教育机构所产生的各类教育法律纠纷案件,考察对象更为丰富、视野更加开阔、得出的结论相对而言更具有普遍意义。

总体而言,2022年国内涉教案件的处理在体现出对于依法治教、依法治学、依法治校理念的进一步落实的前提之下,相对于往年呈现出了一些新变化。变化首先表现在案件案由方面:在教育行政案件当中,招生录取纠纷、违纪处分纠纷等往年较为常见的案件类型在本年度并未出现;在教育刑事案件当中,出现了贪污贿赂罪、侵犯公民人身权利民主权利罪和教育设施重大安全事故罪三类犯罪,2021年曾大量出现的组织考试作弊罪、非法出售提供试题答案罪,以及代替考试罪案件在本年度均未出现;在教育民事案件中,主要涉及教师与学校或其他教育机构之间的劳动人事争议纠纷、学生与学校或其他教育机构之间的侵权责任纠纷、学生与课外教育培训机构之间的教育培训合同纠纷等。这反映出我国教育法治场域仍然处于相对开放状态,既有问题和现象处在动态变化当中。

在此基础上,本年度报告根据对案情和法院裁判意见的梳理,总结出了本年度国内涉教案件当中一些值得关注的方面。其中不乏实践中有关涉教法律问题的一些较有参考价值的新规定、新做法、新思路。比如,为了解决在教师与学校约定服务期违约金的效力问题的争议,重庆市第五中级人民法院在张某诉重庆邮电大学案[1]中给出了"两步走"的论证理由:首先,人事聘用合同关系存续期间签订的人才培养协议系双方在人事聘用合同关系基础之上订立,因人才培养协议约定的服务期违约金条款产生纠纷属于因人事聘用合同关系而产生的纠纷,应当适用国务院《事业单位人事管理条例》。其次,《劳动合同法》第22条的规定基于劳动者与用人单位之间不平等的缔约地位而对违约金进行的限制性规定,体现了对劳动者的倾斜性保护。但事业单位不同于一般用工企业,其具有明显的公共性与公益性,高校教师与一般的劳动者相比较也具有较大差异,双方在人事聘用合同存续期间订立的人才培养协议,系教师基于自身职业发展的考虑,充分权衡利弊后的抉择,没有适用《劳动合同法》第22条进行倾斜性保护的必要。因此,国务院《事业单位人事管理条例》第17条规定的"双方对解除聘用合同另有约定"应理解为事业单位与受聘人员可对解除聘用的其他事项进行约定,包括通过订立人才培养协议等方式对服务期违约金进行约定,且约定的违约金不以用人单位提供培训费用为前提。综上,事业单位与受聘人员可以约定服务期违约金,不适用《劳动合同法》第22条关于服务期违约金不得超过用人单位提供的培训费用之规定。这一观点符合相关法律的规定,其论证

---

[1] "张某与重庆邮电大学劳动争议案",参见重庆市第五中级人民法院(2021)渝05民终8844号民事判决书。

思路也具有借鉴价值。同时，在涉师德问题刑事案件中，法院积极适用有关宣告禁业限制的相关法律规定，并且在2022年11月15日最高人民法院、最高人民检察院、教育部联合发布的《关于落实从业禁止制度的意见》正式施行之后、明确可以适用终身禁业宣告后，各地法院在司法实践当中迅速响应，突出对未成年学生的特殊、优先保护和对实施性侵害犯罪的教职员工的严厉惩处，体现了我国在切实保障未成年人的合法权益方面坚持对性侵害未成年人行为的"零容忍"态度。

与此同时，本年度报告也发现了目前国内涉教案件中出现的一些新问题。比如在教育行政领域，学生在获得学业证书、学位证书方面的权利意识有所提高，在关注获得学业证书和学位的权利本身的同时也关注权利实现的及时性；而从实践来看，有关受教育者是否具有从作为教育资源和教育服务的提供者的高校处得到参与社会实践机会的权利、按期及时取得学位的权利等基于高校基础学位学历管理制度之上相对复杂的权利问题，是缺少法律规范层面的明确的。又比如在司法实践当中，针对侵权责任纠纷中的教育机构责任问题，在被侵权人是限制民事行为能力人的情况下，法院对于证明教育机构是否履行教育管理职责的举证责任分配存在意见分歧，有待对相关问题的进一步明确。

通过对涉教案件的分析和考察，能够从一定程度上折射我国教育法治建设的现状。其中反映出的趋势、部分尚未得到解决的问题，一同对未来教育法治建设提出更高的挑战，也将会成为下一阶段我国教育法治建设的重点和焦点所在。

党的二十大报告中明确指出，要坚持以人民为中心发展教育，加快建设高质量教育体系，发展素质教育，促进教育公平，重新强调了"办好人民满意的教育"在新时代的深刻内涵与重要意义。而教育必须在法律的保障之下才能有序进行。教育法治建设不仅是我国教育改革发展的客观要求，也是落实教育创新和教育可持续发展的重要保证。

因此，在新时代新形势之下，依法治教的地位和作用显得更为突出和重要。在教育改革与发展中出现的新情况和新问题需要运用法律手段来调整和规范，这首先要求进一步通过推进教育立法来确保"有法可依"，同时也要求教育立法从宏观的层面统筹调整教育行政、刑事和民事法律关系，确保法律体系的完整性和衔接度，从局部向整体、从分散到整合地完善教育立法体系，避免出现规范冲突。

与此同时，也必须认识到，法律在规范和调整社会关系的功能上具有客观的局限性，这一点在高度复杂的教育领域尤为显著。立法的严格程序决定了法律不能对新时代下新兴的教育法律关系第一时间作出反馈；教育的专业性和人才的多元性和决定了司法机关无法代替教育机构决定其教育目标和教育方式；法律作为一种外在的他律决定了它在实现"立德树人"这一教育的根本任务时还需要额外的内化过程。上述因素都从不同角度印证了教育的发展不能仅仅依靠法律的约束。

随着全面依法治国、依法治教的推进，传统的教育法律关系将会发生更多变化。在习近平新时代中国特色社会主义思想的指导下，为了实现"以人民为中心"的目标，教育法律在承担既有的规范管理功能以外，还应更多地发挥服务促进的功能。一方面，必须继续坚持让法律规范在公民教育权利保护方面发挥的兜底性作用，并且逐渐将事后的救济转为事前的保护;另一方面,在明确各个教育主体之间的权利义务关系的基础上,充分认识和肯定不同教育主体在依法治教当中所发挥的作用,通过法律规范的调整,帮助和引导不同的教育主体各司其职,将外在的他律与内在的自律统一起来,借助法律资源的供给和社会资源的调配,鼓励和促进教育领域和谐、安全、文明发展,使教育法治继续沿着科学化、系统化、规范化的轨道向前迈进。

义务教育学区划分案例研究报告
——以张某诉郑州市二七区教育局学区划分案为例

杨会永　刘恩晓[①]

《中华人民共和国义务教育法》(以下简称《义务教育法》)第 12 条第 1 款规定："地方各级人民政府应当保障适龄儿童、少年在户籍所在地学校就近入学。"小学义务教育责任区划分问题关系到教育资源的公平分配,受到社会的广泛关注。但通常因法院认为学区划分行为具有普遍约束力,属于抽象行政行为,不属于行政诉讼的受案范围,拒绝受理此类质疑学区划分的案件,导致该问题无法纳入司法视野予以审视。2015 年,南京市民顾某认为南京市建邺区教育局施教区的划分不符合就近入学的规定,要求判决撤销施教区划分的具体行政行为,并重新划分学区。[②] 虽然法院最终认定学区划分符合该区教育现状,符合义务教育全员接纳、教育公平、就近入学原则,不属于法律规定的"明显不当"情形,驳回其诉讼请求,但作为法院受理的"首例"学区划分案件,该案具有重要的法律意

[①] 杨会永,法学博士,郑州大学法学院副教授;刘恩晓,郑州大学法学院宪法学与行政法学专业硕士研究生。

[②] 《江苏省实施〈中华人民共和国义务教育法〉办法》第 9 条规定："县级人民政府应当保障适龄儿童、少年在其户籍所在地就近入学。县级教育行政部门应当根据本行政区域内学校布局以及适龄儿童、少年的数量和分布状况,合理确定或者调整本行政区域内学校的施教区范围、招生规模,并向社会公布。确定或者调整施教区范围应当广泛听取意见。"顾某于 2014 年即对南京市建邺区教育局划分施教区的行为提起诉讼,但在南京市建邺区人民法院(2014)建行诉初字第 12 号行政裁定书中,法院认为人民法院审理行政案件系对行政行为是否合法进行审查,而教育行政机关划分施教区的行为具有普遍约束力,属于抽象行政行为,不属于人民法院行政审判的受案范围,法院不予受理。之后,二审法院认为施教区划分行为属于具体行政行为,撤销一审裁定,裁定南京市建邺区人民法院立案受理,但并未具体阐释施教区划分行为属于行政诉讼受案范围的理由。重审一审法院又以原告资格不符合为由驳回起诉,二审法院维持一审裁定。参见南京市建邺区人民法院(2014)建行诉初字第 12 号行政裁定书、南京市中级人民法院(2014)宁行诉终字第 127 号行政裁定书;南京市建邺区人民法院(2015)建行初字第 19 号行政裁定书、南京市中级人民法院(2015)宁行终字第 1 号行政裁定书。

义,法院对被诉行为采取了是否存在"明显不当"的合理性审查标准。① 张某诉郑州市二七区教育局学区划分案,是司法实践在该案基础上进一步发展而成的产物,确立了从行政程序视角审查"就近入学"问题的新思路和新方法。

一、案情概述

(一) 案情简介

原告张某系2020年9月份幼升小的适龄儿童,住郑州市中苑名都小区。该小区之前一直都在二七区实验小学划片范围内。2020年7月6日,在当年划片工作意见未发布之时,张某及其父亲张青卫②以其所居住的小区与二七区外国语小学距离较近为由,对郑州市二七区教育局提起行政诉讼,请求郑州市二七区教育局变更对原告居住的中苑名都小区2020年的学区划分,就近划入二七区外国语小学学区。2020年8月16日,郑州市召开2020年郑州市内九区小学入学政策新闻通气会,发布各区小学入学政策,坚持"免试、相对就近"原则,保证适龄儿童全部入学。2020年11月18日,郑州市二七区人民法院裁定驳回起诉,认为学区划分决定属于具有普遍约束力的决定,不属于行政诉讼的受案范围,且原告起诉时2020年的学区划分决定尚未作出,诉讼标的不存在。随后,原告提起上诉,郑州市中级人民法院认为一审法院裁定并无不当,驳回上诉。③

2021年1月4日,原告再次提起行政诉讼,将郑州市二七区人民政府、郑州市教育局、郑州市二七区教育局作为共同被告,请求确认被告将其居住小区划归幸福路小学义务教育责任区的行政行为违法,支持原告"就近入学"法定权利,责令被告同意原告入学二七区外国语小学的请求,同时要求对学区划分的依据《郑州市市区2020年义务教育阶段学校招生入学工作实施意见》《郑州市二七区教育局2020年小学入学工作意见》一并审查。郑州市中级人民法院认为,郑州市二七区人民政府、郑州市教育局不是学区划分公告的发布方,也非批准方,不是本案适格被告,本案不属于中级人民法院的管辖范

---

① "顾某与南京市建邺区教育局教育行政管理案",参见南京市建邺区人民法院(2015)建行初字第2号行政判决书;江苏省南京市中级人民法院(2016)苏01行终139号行政判决书。2017年1月6日,《人民法院报》编辑部评选出2016年度十大民事行政典型案例,其中案例十为"顾某诉教育局重新划分施教区案"。该案也被评为江苏省人民法院2016年度十大典型案例。姜明安教授对该案点评指出:"行政有一定的裁量空间,法院只能对行政行为的合法性问题而不是行政裁量的合理性问题作出判决。……但对于合理性存在瑕疵的行政行为不能无所作为。"参见《2016年度人民法院十大民事行政案件》,《人民法院报》2017年1月7日第4版。

② 经张某及其父亲张青卫本人授权,同意作者在本文中使用其实名。但因张某未成年,仍化名使用。

③ "张某与二七区教育局教育行政管理案",参见郑州市二七区人民法院(2020)豫0103行初107号行政裁定书、郑州市中级人民法院(2020)豫01行终767号行政裁定书。

围,于 2021 年 1 月 22 日裁定将案件移送至郑州市二七区人民法院审理。① 郑州市二七区人民法院仍然认为学区划分决定属于具有普遍约束力的决定,不属于行政诉讼的受案范围,于 2021 年 2 月 19 日裁定驳回起诉。原告不服,提起上诉,并援引《人民法院报》发布的 2016 年度十大民事行政典型案例之一"南京顾某诉教育局重新划分施教区案",主张学区划分行为属于行政诉讼受案范围。郑州市中级人民法院认为一审法院认定错误,于 2021 年 4 月 29 日撤销一审裁定,发回郑州市二七区人民法院继续审理。②

2022 年 12 月 27 日,郑州市二七区人民法院重新审理后,判决确认被告郑州市二七区教育局作出的 2020 年幸福路小学学区划分行政行为违法,驳回原告其他诉讼请求。原告不服一审判决,于 2023 年 1 月 12 日提起上诉。2023 年 3 月 14 日,郑州市中级人民法院认为一审判决认定事实清楚,适用法律正确,裁判结果正确,维持原判。③ 本案历经多轮诉讼,最终法院以认定学区划分行为违法而告终,原告就近入学的诉请也并没有得到支持。

(二)争议焦点及裁判理由

相较于顾某诉教育局重新划分施教区案,本案在审理结果上有所进步,即确认了教育局学区划分行为违法,但是关于"就近入学"的理解上是基本一致的,均认为"就近入学"不等于"最近入学",没有支持原告重新划分学区的诉讼请求。本案争议焦点有以下几个方面,其中的重点问题下文将专门分析。

1. 学区划分行为是否属于行政诉讼受案范围

在"顾某诉教育局重新划分施教区案"中,一审法院曾经认为学区划分行为属于"抽象行政行为",不属于行政诉讼受案范围,二审法院虽然最终认定该行为属于"具体行政行为",但并未具体分析论证。本案中,被告郑州市二七区教育局认为,包含学区划分方案内容的招生公告系行政机关依据法定职权,针对的是该招生范围内不特定多数人,具有普遍约束力,能够多次反复适用,且具有规范性,属于行政法律法规之外的规范性文件,不属于行政诉讼的受案范围。郑州市二七区人民法院在前两次审理中均认为,学区划分行为属于具有普遍约束力的决定,不属于行政诉讼受案范围,郑州市中级人民法院在第一次二审裁定中也持同样观点。

原告认为,学区划分行为属于行政诉讼的受案范围,理由是在学区划分行为中,相对人并非不特定对象,而是明确、具体的当年适龄儿童,是特定对象,招生时间也是固定

---

① "张某与郑州市二七区政府、郑州市教育局案",参见郑州市中级人民法院(2021)豫 01 行初 20 号行政裁定书。
② "张某、郑州市二七区教育局教育管理案",参见郑州市二七区人民法院(2021)豫 0103 行初 31 号行政裁定书、郑州市中级人民法院(2021)豫 01 行终 255 号行政裁定书。
③ "张某与二七区教育行政管理案",参见郑州市二七区人民法院(2021)豫 0103 行初 74 号行政判决书、郑州市中级人民法院(2023)豫 01 行终 104 号行政判决书。

的,对相对人的权利产生实际影响,并向法院提交"顾某诉教育局重新划分施教区案"等同类被纳入行政诉讼受案范围的典型案例。最终,郑州市中级人民法院在 2021 年 4 月 29 日作出的裁定中认为,学区划分行为具有可诉性,主要理由有:从时间上看,本案学区划分行为系针对 2020 年入学的适龄儿童;从影响的对象看,中苑名都小区 2020 年入学适龄儿童的数量也是明确的。同时,法院还指出学区划分的教育行政决策应属重大行政决策。

2. 原告是否适格

被告认为,原告张某并非提起行政诉讼的适格主体,其认为被告在作出涉案学区划分决定、将原告所在小区划入幸福路小学后,原告本人已经自愿前往该校入学,学区划分决定就不再对原告产生任何效力,因此原告并非学区划分行为的利害关系人。原告认为,其是当年的适龄儿童,且招生公告明确的招生时间仅有两天,对原告的权益产生实际影响,有法律上的利害关系,原告主体适格。一般认为,适龄儿童虽不是学区划分行为的相对人,但其权利义务会受到该行为的直接影响,例如就近入学、教育平等权的实现等。① 法院最终认定,原告作为被告辖区适龄入学儿童,与学区划分行为具有法律上的利害关系,其主体身份适格。

3. "就近入学"如何适用

原告认为,"就近入学"法律上不可能规定为"绝对就近入学"或"最近入学","就近"的判断应具有合理性。被告认为,就近入学原则一开始是因为我国特殊的历史情况,作为设置学校的基本原则,而经过几十年发展,很多学校的设置和布局已相对成熟和定型,划分学区需要综合考量安全、便利、稳定等因素。因此,"就近入学"不等同于"最近入学",只能是"相对就近入学"。结合实际操作情况,如果按照距离最近进行划分,势必会造成资源分配不合理。在"顾某诉教育局重新划分施教区案"中,法院对学区划分采取合理性审查标准,经过审查认为划分施教区的方式存在一定的不合理性,但顾某户籍地至学校的实际距离虽非直线距离最近,但并非过远,因而驳回其诉讼请求。本案中,法院则在合理性基础上采取了更加宽松的审查方法,认为学区划分职权在于行政机关,不宜由司法机关决定,实质上放弃了实质内容审查。法院认为,学区划分是一项全局性、系统性的社会管理工作,需综合考虑适龄儿童数量、学校分布、教育资源最大承载量等各项因素。现实情况不可能简单地仅按直线距离的远近来划分学区,也无法做到绝对"最近入学"。学区划分系教育行政部门根据辖区内实际情况作出的具有一定专业性要求的行政行为,属教育行政部门职权范围。学区如何划分、适龄儿童如何入学等具体事项不宜由司法机关决定。

---

① 周慧蕾:《论学区划分的法律性质及程序规制》,《东南学术》2021 年第 4 期,第 205 页。

4. 学区划分是否违反法定程序

原告张某父子认为,被告小学义务教育责任区划分的行政行为以及所依据文件的制定均违反法定程序,原告主张被告义务教育责任区划分的方案从来没有征求过小区居民意见,更没有举行过听证会,而且被告也从来没有公布过二七区外国语小学生源是否义务教育责任区来源情况,有违《重大行政决策程序暂行条例》。对于原告的该主张,被告认为现行法律并未规定具体程序,法律并没有强制性规定要保证公众参与,且被告对入学工作方案进行了公示,符合法定程序。法院最后确认被告作出的 2020 年幸福路小学学区划分行为程序违法。

二、学区划分行为的性质及可诉性分析

学区划分行为的可诉性,是此类案件的一个争议性难题,是能否启动行政诉讼的"门槛"。虽然在"顾某诉教育局重新划分施教区案"中,法院认定该行为可诉,但各地法院在办理此类案件时的态度并不一致。2014 年新修订的《中华人民共和国行政诉讼法》(以下简称《行政诉讼法》)将"具体行政行为"这一起诉标准修改为"行政行为",但司法实践中,"具有普遍约束力的决定、命令"的"抽象行政行为"仍然被排除在行政诉讼的受案范围之外。最高人民法院认为,"具体行政行为"的概念欠缺包容性和开放性,修改是为了使行政不作为、行政事实行为、双方行政行为(行政协议)等能够纳入受案范围,但是在撤销之诉中,"行政行为"的概念仍然应当理解为原来意义上的"具体行政行为"。[①]

1991 年,《最高人民法院关于贯彻执行〈中华人民共和国行政诉讼法〉若干问题的意见(试行)》将"具体行政行为"界定为"国家行政机关和行政机关工作人员、法律法规授权的组织、行政机关委托的组织或者个人在行政管理活动中行使行政职权,针对特定的公民、法人或者其他组织,就特定的具体事项,作出的有关该公民、法人或者其他组织权利义务的单方法律行为"。该司法解释之后虽然被废止,但其对"具体行政行为"的界定是准确的。原国务院法制办公室在《关于对房屋拆迁政策法规的答复是否属于具体行政行为的请示》的复函(国法秘函〔2002〕148 号)中认为,具体行政行为是"针对行政相对人、就特定的具体事项、作出的有关行政相对人权利义务的单方行政行为"。最高人民法院在大量裁判文书中,均强调"具体行政行为"应当是指"行政机关针对具体事件、单方面作出的、具有外部效果的、行政法上的、处理行为",具备单方性、个别性和法效性等特征。那些不是针对具体事件的普遍的调整行为,仍然属于不可诉的行为。本案中,被诉的学区划分行为系"具体行政行为",属于行政诉讼的受案范围。

[①] "金实等诉北京市海淀区人民政府履行法定职责案",参见最高人民法院(2016)最高法行申 2856 号行政裁定书。

(一)被诉行为是郑州市二七区教育局行使行政职权的单方行为

组织义务教育招生入学是县级教育行政部门的重要职责,学区划分是县(区)级教育行政部门规范义务教育招生入学秩序的重要方式。① 《义务教育法》第 6 条、第 7 条规定了义务教育由"省、自治区、直辖市人民政府统筹规划实施,县级人民政府为主管理的体制。县级以上人民政府教育行政部门具体负责义务教育实施工作"。《河南省实施〈中华人民共和国义务教育法〉办法》第 10 条规定:"县级以上教育行政部门应当根据适龄儿童、少年数量和分布状况合理确定公办学校接收学生的区域范围和人数,并向社会公布。"因此,郑州市二七区教育局作为县(区)级教育行政部门,是本案学区划分的主体,其作出的学区划分行为是依据法律法规行使行政职权。

(二)被诉行为所针对的事件是具体的、对象以及适用时间是特定的

根据《最高人民法院关于适用〈中华人民共和国行政诉讼法〉的解释》第 2 条的规定,不可诉的"具有普遍约束力的决定、命令"是指"行政机关针对不特定对象发布的能反复适用的其他规范性文件"。这里的不特定对象指的是适用范围,反复适用指的是适用时间。② 如何理解对象的特定性和具体事件,实践中争议较大。郑州市二七区人民法院在前两轮裁定中均认为学区划分针对的是不特定对象发布的反复适用,具有普遍约束力,因此否定其可诉性,其认定失之偏颇。

首先,被诉学区划分行为所针对的对象是特定的、事件是具体的,其针对的是 2020 年当年辖区内特定适龄儿童,属于"特定的或者可以确定的人群"。最高人民法院反对简单机械式的理解,强调可诉行政行为的一个重要标志,就是针对具体事件,并且指向特定个人,但是"个别与一般的区别不能仅根据数量确认,如果具体的处理行为针对的不是一个人,而是特定的或者可以确定的人群时,个别性仍然成立"③。可能有人会考虑到户籍的迁入迁出问题,认为这是个不确定因素的表现。但在这个具体特定的区域范围内,户主总是相对确定的,适龄儿童、少年更比较容易确定,即便有个别适龄儿童、少年的户籍有所变化也不会影响整个区域内适龄学生人数的稳定性。结合一定地域范围内的户主和适龄儿童、少年总是相对稳定和确定的,而这便已经达到了特定性、个别性的要求。

其次,被诉学区划分行为在时间上是一次适用的,并非可以反复适用。行政规范性文件是除国务院的行政法规、决定、命令以及部门规章和地方政府规章外,由行政机关依照法定权限、程序制定并公开发布,涉及公民、法人和其他组织权利义务,具有普遍约束

---

① 程雁雷:《论学区划分的法律属性及其法律规制》,《行政法学研究》2019 年第 5 期,第 97 页。
② 叶必丰:《行政行为原理》,商务印书馆,2019,第 101 页。
③ 最高人民法院(2017)最高法行申 7073 号行政裁定书。

力,在一定期限内反复适用的公文。① 由于学区划分所依据的生源数量、学校承载力、交通等因素均可能发生变化,二七区教育局每年都会根据实际情况作出相应的调整,当年的划分不具有反复适用性,对于未来的年份并不具有约束力。由此,无论学区划分以何种形式出现,其本身并不具有普遍约束力,不属于行政规范性文件。

(三)被诉行为是对外实施并对适龄儿童的权利义务产生影响的最后决定性行为

具体行政行为需要具备法效性,即直接产生外部法律效果。具体包括两层要件:一是法律效果,是指行政主体通过意志行为直接设定、变更、消灭或者确认某种权利义务关系;二是表示于外部,行政主体只有将自己的意志通过语言、文字、符号或行动等行为形式表示出来,并告知行政相对人后,才能为外界所识别,才能成为一个具体行政行为。② 本案中,学区划分的结果关系到适龄儿童少年究竟在哪所学校就近入学,不合理的学区划分行为不仅会造成义务教育资源分配不公平,也会直接影响到适龄儿童少年平等的受教育权,其权利义务会受到该行政行为的直接影响,比如有权上哪所学校或有义务到哪所学校报到,最终涉及就近入学、教育平等权的实现等。2020年8月17日,被告二七区教育局向"各中心校、辖区各小学"下发《郑州市二七区教育局2020年小学入学工作意见》,其中包含学区划分内容。2020年8月25日,二七区幸福路小学在本校门口张贴《2020年二七区幸福路小学(含幸福路小学南校区)新生招生工作公告》,明确了招生时间和招生范围。虽然被告没有直接向社会公示学区划分方案,而是通过学校间接公开的,但是最终学区划分已被公众所知悉,具有外部性。

三、"就近入学"的理解与适用

本案中,双方的一个重要争议焦点就是对"就近入学"的理解。原告认为郑州市二七区中苑名都小区距离最近的小学是二七区外国语小学,而小区划片学校是幸福路小学南校区,不符合"就近入学"要求。而被告则认为"就近入学"不等于"最近入学",只能是相对就近入学。对就近入学的理解与适用,直接影响到案件的最终判决。

(一)"就近入学"属于价值性不确定法律概念

我国司法实践已经开始区分行政裁量和不确定法律概念。理论上,以法律概念外延确定性强弱为标准,可将其划分为"确定性法律概念"与"不确定性法律概念"两种。确定性法律概念指意思确定、具有一义性,非此即彼。例如"儿童""少年""未成年人""成年人"等,这些概念的内涵和外延都相对确定,含义较为明显,能够为执法者和司法者明

---

① 《国务院办公厅关于加强行政规范性文件制定和监督管理工作的通知》(国办发〔2018〕37号)。
② 叶必丰:《行政行为原理》,商务印书馆,2019,第199–200页。

确把握,在实践中很少产生争议。而不确定法律概念则是指意思不确定,具有多义性,常使用一些概念不具体、不明确的用语,法律适用者可以斟酌实际情况来决定或者阐释其内容。① 在行政法中,不确定法律概念尤为普遍,一方面是因为法律规范自身的局限性,其预见和概述社会事实之能力不足,使用不确定法律概念可以在一定程度上克服法律的滞后和僵硬,使行政保有弹性;另一方面是一种立法技术,牵扯到立法与行政、司法与行政的关系,能够让行政在一定程度上发挥自身的技术专长和能动性。②

根据概念的基本内涵是否明确可辨,行政法中的不确定法律概念大体可分为"经验性"和"价值性"两种基本类型。③ 前者又被称为描述性、事实性不确定法律概念,是法律构成对现实生活的描述,可以通过感官或者是观察在现实生活中找到其原型,例如"夜间""机动车"等。后者又被称为规范性不确定法律概念,这类概念牵涉价值判断,法律适用者必须以主观的价值判断予以补充评价,或须经由特定专业知识加以确定,而非仅凭单纯的直觉、经验与推论。这些概念在行政法规范中大量存在,如"公共利益""必要措施""合理"等,因涉及主观价值因素判断,在理解与适用过程中难以把握尺度,答案不一,是引起行政纠纷的重要原因之一。

根据上述分类,"就近入学"可划归价值性不确定法律概念。《义务教育法》第6条设定了各级政府"合理配置教育资源,促进义务教育均衡发展"的职责,第12条规定了"就近入学"的原则,但何谓"就近"概念模糊、标准不明,不能通过一般经验加以明确,在具体适用过程中往往需要运用价值判断等多维的方法予以具体化。虽然国家标准《中小学校设计规范》(GB50099—2011)第4.1.4条规定"城镇完全小学的服务半径宜为500米",但本条内容不属于强制性规定,仍需要各地根据当地实际情况确定。从实践来看,各地对于"就近"的标准规定不一,更多地方根本没有规定,由当地教育行政部门根据实际情况具体决定。④ 在理论上,不同群体对于"就近"也存在不同解读。从文本规定来看,"就近"就是指学生居住地到就读学校的空间距离最近,很多家长都是持此观点,本案的张某父子同样认为就近应是距离最近。另一种解读认为,"就近入学"并非选择"离家最近"的学校就读,而是指地方教育局根据本地区的教育资源和学生人数的匹配情况,合

---

① 陈新民:《中国行政法学原理》,中国政法大学出版社,2002,第147页。
② 王贵松:《行政法上不确定法律概念的具体化》,《政治与法律》2016年第1期,第145页。
③ 尹建国:《行政法中不确定法律概念的类型化》,《华中科技大学学报(社会科学版)》2010年第6期,第45页。
④ 《四川省人民政府办公厅关于规范办学行为深入推进素质教育的意见》提到,小学设置原则上应使学生单程行走不超过1.5千米或单程行走时间不超过1小时。《广州市普通中小学建设标准指引》明确,为方便学生就近入学,居住区规划应合理布局教育设施,原则上小学服务半径宜为500米且步行时间不超过10分钟。根据南京市政府印发的《市公共设施配套规划标准的通知》,小学服务半径为500~1000米。《重庆市城市公共服务设施规划标准》第2条"服务半径"中规定,小学适宜步行时间为10~15分钟,适宜的服务半径为500~800米;考虑到山地因素和重庆市教育设施现状情况,服务半径定为1000米。

理进行教育规划,为每一位适龄儿童提供"就近入学"的义务教育名额。① 这一观点也得到了郑州市二七区教育局和法院的认同。

"就近入学"与"就近地段安置"属于一类问题。《国有土地上房屋征收与补偿条例》第 21 条规定,"因旧城区改建征收个人住宅,被征收人选择在改建地段进行房屋产权调换的,作出房屋征收决定的市、县级人民政府应当提供改建地段或者就近地段的房屋"。实践中,各方就如何理解"就近地段"争议很大。最高人民法院认为,"就近地段安置"是不确定法律概念,条例本身并未以数据形式具体量化何谓就近地段。因此,确定"就近地段"的范围,一般应考虑城市规模、交通状况、安置房源数量和户型面积等实际因素,由征收部门结合被征收房屋套型、面积和价值、被征收房屋与安置房屋匹配程度、当地大多数被征收人对安置房屋接受度等具体因素,选择确定更有利于保障被征收人居住权的安置房屋。二审法院仅以距离远近认定涉案安置房屋不属于"就近地段""周边小区"的安置地点,未考虑其他实际因素,确有不当。② 由此可知,在判断"就近"问题上,物理距离的远近以及个别人的实际需要能否满足并非主要因素,考量重点恰恰是社会福利资源的配置以及行政任务能否整体完成。

(二)何谓"就近入学"应归入行政机关的判断余地

不确定法律概念本身极为抽象,为了实现行政目标,准确地理解与适用法律,实现实质公平正义,行政机关必须在个案中予以价值判断,使之具体化,这样其法律功能才能得到充分发挥。③ 对于不同类型的不确定法律概念,其具体化方式也大相径庭。经验性概念存在真实性的问题,需要引用证据加以证明,理论上一般只有一个正确答案,行政机关无判断余地。而价值性概念必须经由评价才能阐明意义,可能有多个正确答案,伴随着行政机关的主观判断。④ 将不确定法律概念适用于具体关系时,行政机关得有自由判断之情形,称为判断余地。理论上,判断余地主要存在以下领域:第一,具有高度属人性的评定,例如国家考试评分、学生品行考核、学业评价、教师学术能力评价等;第二,高度科技性的判断,例如与生态环境资源保护、食品医药、计算机信息技术等有关之风险预测、评估或价值取舍;第三,高度政策性或计划性决定,例如国土空间规划、城乡规划等;第四,经社会多元利益代表或者独立专家委员会判断作出的决定,例如经依法组成的政府制定价格听证会作出的判断。⑤ 本案中,"就近入学"这一价值性概念涉及义务教育的社会福利事项,在资源分配问题上行政机关具有高度政策性,行政机关应享有判断余地。

---

① 宁本涛:《"就近入学"的政策实施的产权困境及改进策略》,《基础教育》2017 年第 6 期,第 42 页。
② "辽宁省兴城市人民政府与贲某等房屋拆迁征收补偿及行政复议案",参见最高人民法院(2020)最高法行申 6555 号行政裁定书。
③ 杨仁寿:《法学方法论》,中国政法大学出版社,1999,第 131 页。
④ 于立深:《行政事实认定中不确定法律概念的解释》,《法制与社会发展》2016 年第 6 期,第 81-93 页。
⑤ 陈敏:《行政法总论》,新学林出版股份有限公司,2013,第 203-208 页。

相应地,此类案件并不存在真实与否的问题,只需判断是否适当、合理,具体可以通过法律解释、司法实践共识加之本案的实际情况加以判断。

适用不确定法律概念时,须先探求立法者本意,明确立法者是否给予行政机关一定的判断余地。① 从立法演变角度看,"文革"结束后,社会百业待兴,在关乎人民利益和国家未来发展的义务教育方面,重点之一就在于学校的整体布局与设置上。对此,1980年中共中央、国务院发布的《关于普及小学教育若干问题的决定》提出:"力求使学校布局和办学形式与群众生产、生活相适应,便于学生就近入学。"②1986年《义务教育法》正式出台,其第9条规定"地方各级人民政府应当合理设置小学、初级中等学校,使儿童、少年就近入学","就近入学"首次法律化。1992年原国家教育委员会发布的《义务教育法实施细则》重申了该原则,并且明确了政府应提供教育资源的前提性义务,其第26条规定"实施义务教育学校的设置,由社区的市级或者县级人民政府统筹规划,合理布局。小学的设置应当有利于适龄儿童、少年就近入学"。由此可知,最初的就近入学规定都是与学校设置紧密联系的。经过二十年的发展,很多学校的设置和布局已相对定型,不能仅停留在学校的设置上,更应该在已有学校的招生区域划分层面进行落实。③ 因此,2006年修订的《义务教育法》将原规定修改为"地方各级人民政府应当保障适龄儿童、少年在户籍所在地学校就近入学",删除了旧法中与学校设置的关联要求,该条一直沿用至今。2016年教育部办公厅发布《关于做好2016年城市义务教育招生入学工作的通知》中提到,"鉴于一些地方人口分布和学校布局具有不均匀性、街区形状具有不规则性,就近入学并不意味着直线距离最近入学"。该立法历史表明,"就近入学"承担着政府设置学校和划分学校招生区域的基准功能,涉及教育资源的整体配置和调整,具有高度政策性,而不仅是解决个别学生最近上学问题。在新的时代环境下,教育资源配置涉及因素更加复杂多样,更无法满足所有学生最近入学,"就近入学"只能要求教育主管部门在已有学校的区域内结合安全、便利、稳定等因素合理进行教育规划。

从司法发展看,各地法院基本已达成共识,即:"就近入学"只是法律的原则性规定,在就近入学安排具体化为教育行政行为时,行政机关享有判断余地,需根据街区分布、社区规模、学校布局、班级规模、适龄儿童少年数量等因素,按照确保受教育权实现和整体就近入学原则进行综合考量。除前述的"顾某诉教育局重新划分施教区案"外,在"朱某某诉上海市浦东新区教育局案"中,法院也遵循同样的裁判逻辑。在该案中,因为原告户籍地址没有对口的小学,后被告将其安排到离家较远的一所小学,对此,原告提出异议,认为被告应按照学校离家距离从近到远安排原告入学,即实际上要求"最近入学"。法院经过审理认为,教育行政主管部门履行"就近入学"安排的法定职责并非安排其"最近入学",而是从整体上把握就近原则,充分考虑街区分布、社区规模、学校布局、班级规

---

① 翁岳生:《行政法与现代法治国家》,三民书局,1976,第71-72页。
② 人民教育出版社:《教育改革重要文献选编》,人民教育出版社,1986,第349页。
③ 周慧蕾:《我国学区划分的司法审查实践评析》,《法学》2020年第8期,第157页。

模、适龄儿童少年数量等情况,使适龄儿童、少年就读于相对就近所属地段的学校,保障受教育者接受教育的权利。原告就读小学虽非与其户籍地直线及步行距离最近的小学,但考量上述诸多因素,尚属就近入学的合理范围。① 本案在2016年被上海市高级人民法院确定为参考性案例,对后续类案具有一定影响。② 后续类似案件的处理方法受到这两个典型案例的影响,不同法院作出了同样的判决。在林某、唐某等六人诉温州市教育局一案③中,法院几乎照搬上述观点,提出"就近入学并不意味着单一的按直线距离最近入学"。在赵某诉北京市西城区人民政府一案④中,法院也有相似的表述,"就近入学原则不能简单狭隘地理解为派位学校必须距离每一位适龄儿童户籍所在地直线距离最近"。

结合上述分析,回归到本案的具体情节,原告认为学区划分文件中"坚持免试相对就近入学原则"中的"相对"一词扩张法律解释,与法律规定的"就近入学"不一致。但如前所述,《义务教育法》中的"就近入学"为原则性规定,概念本身就模糊,属于价值性不确定法律概念,需要地方行政机关予以补充评价。结合其立法本意和司法实践来看,"就近"只是相对意义上的就近,增加"相对"一词并未扩张其法律内涵。在具体适用过程中,郑州市二七区教育局享有一定的判断余地,可以结合多种因素综合考量。因此,学区划分文件使用"相对就近入学"的表述并不与法律相冲突。

四、"就近入学"司法审查的进路

行政行为司法审查基准和强度的确定,关涉着行政与司法权力分立关系的维系和人权的有效保障。"就近入学"被定性为价值性不确定法律概念,且被划入判断余地范畴,会影响司法审查的方法以及审查强度或密度。对于不确定法律概念之解释、适用及其为事实关系判断基础之事实存在与否,皆为法院固有之审查范围,原则上"就近入学"这一不确定法律概念也应受到全面司法审查。⑤

---

① "朱某某诉上海市浦东新区教育局不履行法定职责案",参见上海市浦东新区人民法院(2014)浦行初字第158号行政判决书;"朱某某诉上海市浦东新区教育局不履行法定职责",上海市第一中级人民法院(2014)沪一中行终字第216号行政判决书。
② 参考性案例56号"朱某某诉上海市浦东新区教育局要求履行法定职责案",载《上海高院参考性案例第51号—100号案例裁判要点》,2016年10月18日。
③ "林某、唐某等诉温州市教育局案",参见温州市鹿城区人民法院(2017)浙0302行初290号行政判决书。
④ "赵某诉北京市西城区政府行政复议决定案",参见北京市第四中级人民法院(2017)京04行初1151号行政裁决书。
⑤ 王天华:《行政法上的不确定法律概念》,《中国法学》2016年第3期,第70页。

(一) 审查强度的确定

司法审查的强度,即司法对行政的"介入程度",或者干预的宽严程序。[①] 它影响着司法在何种情况下,须对行政权予以"尊重与退让",既要防止审查不足,又要避免干预过度。各国在法律问题司法审查上态度趋同,基本上均采取三种司法审查强度,即:严格审查、中度审查和低度审查。从原理上,对于不确定法律概念,法院以全面审查为原则,但如果涉及判断余地的,则基于尊重行政不可替代性、专业性及法律授权之专属性,需要承认行政机关就此等事项所作的决定,尊重其判断余地,对其判断采取较低的审查强度。关于判断余地的审查强度,我国台湾地区有相对成熟的经验,主要考虑以下方面:第一,事件性质以及对基本权利的影响程度,单纯不确定法律概念之解释与同时涉及科技、环保、医药、能力或学识测验的,法院对机关判断的尊重即有差异,若判断涉及基本权限制的,应采取较高的审查密度;第二,机关判断之决策过程,系由该机关首长单独为之,抑或由专业及独立行使职权之成员合议机构作成;第三,有无应遵守之法律程序,决策过程是否践行;第四,法律概念涉及事实关系时,其涵摄有无错误;第五,对法律概念之解释有无明显违背解释法则或抵触上位规范;第六,是否尚有其他重要事项遗漏未斟酌。[②]

如上所述,关于"就近入学"法律无法明确规范就近的标准,因为各地的街区分布、社区规模、学校布局、班级规模、适龄儿童少年数量等方面都有所不同,需要各地因地制宜具体化。在涉及义务教育资源的分配上,教育行政部门更具有专业性,相较于法院更能就法律规范之具体化作出最佳、正确与适当的判断,所以作为法院在对"就近入学"进行司法审查时,应当给予行政机关一定的尊重,即针对"就近入学"这一具体化的过程与结果,只要处于法律授权的范围之内,法院就应当尊重其不可替代性、专业性及法律授权之专属性,仅在行政机关之决定有判断瑕疵时才能撤销,这也构成了法律解释适用由司法机关作最终决定的例外。

在前述的"顾某诉教育局重新划分施教区案"和"朱某某诉上海市浦东新区教育局案"中,法院对"就近入学"采取合理性标准进行内容审查。但在本案中,法院却没有从内容上判断其实体合理性,而是采取拒绝审查的态度,指出"学区划分系教育行政部门根据辖区内实际情况作出的具有一定专业性要求的行政行为,属教育行政部门职权范围。学

[①] 江必新:《司法审查强度问题研究》,《法治研究》2012年第10期,第3页。
[②] 吴庚:《行政法之理论与实用》,中国人民大学出版社,2005,第85页。

区如何划分、适龄儿童如何入学等具体事项不宜由司法机关决定"①。该论断并不妥当,因为法院仍对学区划分予以审查,并以程序违法为由确认其违法。"就近入学"这一不确定法律概念仍然是法律概念,而非抛给行政机关的法外自由。② 法院基于合法性审查原则,有权检查行政机关的选择是否超出了不确定法律概念所设定的边界,对超出边界的行政行为加以推翻。③ 如上所述,对于判断余地,法院仍然需要审查,仅是采取低度审查强度而已,程序合法性审查也是一种审查方法和标准。在本案中,法院采取的是最低程度的司法审查,即单纯的程序审查。

(二)正当程序审查基准的引入

审查基准是指合法性判断的标准。本案依据正当程序原则,将学区划分界定为重大行政决策,进而审查其程序合法性后确认其违法,是对前期此类典型案例的重大发展。我国《行政诉讼法》规定的审查基准之一是"违反法定程序",但如果法律没有规定具体的程序,行政机关是否需要遵守程序性要求存在争议。自1999年"田某诉北京科技大学拒绝颁发毕业证、学位证案"中确立正当程序原则以来,司法实践和立法中程序规范逐渐健全完善。如学者所总结的,"法定程序"的规定为"正当程序"提供了一个合法性基础,正是有法定程序的存在,才能在实践中生长出正当程序的要求。④ 对于学区划分事项,法院只需审查行政机关是否遵守了正当程序原则,是否履行了必要的手续、遵循了必要的步骤。⑤ 但正当程序原则仅是最低限的程序要求,具体内容包括告知、听取陈述申辩和送达决定文书。本案并未止步于一般性的正当程序,而是直接将学区划分定性为重大行政决策,依据国务院《重大行政决策程序暂行条例》相关规定审查其程序合法性,提高了程序性要求。

1.法院将学区划分界定为重大行政决策事项

如何对重大行政决策进行法律控制,一直是个难题。虽然2004年国务院《全面推进依法行政实施纲要》关于"完善行政决策程序"中规定,"社会涉及面广、与人民群众利益密切相关的决策事项,应当向社会公布,或者通过举行座谈会、听证会、论证会等形式广

---

① 事实上,本案学区划分是可以通过合理性审查标准的。本案中苑名都小区位于郑州市大学路和中原路交叉口,从小区西门出发,沿着大学路行走600米左右,在郑大市场南街东转,再走600米左右就可到幸福路小学南校区,全程1.2千米左右,与之最近的二七区外国语小学相距500米左右。参照前述案例,本案中对应的幸福路小学南校区,虽然距离上不是最近,但也在合理范围之内,对于学生上学而言并非过远。二七区教育局如此划分也是合理的,便于二七区各个区域内学生上学安全、便利,同时也是为了区域内合理分配学校资源的综合考量。参见郑州市二七区人民法院(2021)豫0103行初74号行政判决书。
② 王贵松:《行政法上不确定法律概念的具体化》,《政治与法律》2016年第1期,第149页。
③ 许春晖:《正当程序:解释不确定法律概念的判断标准》,《东方法学》2020年第3期,第59页。
④ 何海波:《司法判决中的正当程序原则》,《法学研究》2009年第1期,第128页。
⑤ 王贵松:《论行政裁量的司法审查强度》,《法商研究》2012年第4期,第69页。

泛听取意见。重大行政决策在决策过程中要进行合法性论证"。但是,实践中往往以重大行政决策范围不清楚等为由,规避决策程序,行政内部监督力度弱,法院也通常采取消极态度,不加干预。2019年国务院颁布实施《重大行政决策程序暂行条例》,列举了重大行政决策事项的范围。① 但学区划分是否属于重大行政决策事项,仍有探讨的空间,各地态度不一。

浙江省教育部门将学区划分或调整认定为重大行政决策。根据《浙江省教育厅关于进一步规范义务教育阶段公办学校学区划分调整和招生入学工作的意见》(浙教基〔2018〕19号),学区划分、调整要严格工作程序。教育行政部门要完善各利益相关方参与、专家论证、风险评估、合法性审查、集体决定的学区划分、调整工作机制。初步方案形成后要广泛征求相关街道(乡镇)、社区(村)、利益群体等的意见;相关单位、群体对初步方案意见分歧较大且难以协商达成一致意见的,教育行政部门要组织听证;方案基本成熟后,由教育行政部门集体研究决定。学区划分、调整工作要给社会留出合理的预期时间。新建学校学区划分或学校学区作调整的,一般应在公办学校招生开始前提前半年确定,并向社会公布。学校学区范围划定方案,被列入浙江省慈溪市教育局2023年度重大行政决策事项目录,要求:邀请相关专家进行可行性研究,根据省教育厅义务教育学校学区划分相关意见,按照公平和相对就近入学原则,拟定初步学区划分方案;全面分析方案实施可能引发的社会不稳定因素,与相关领导进行会商;出具部分学校学区划分社会风险评估报告。② 但郑州市教育部门并未将学区划分列入重大决策事项目录。被告认为,学区划分仅是对就近入学政策、学区划分政策的具体落实,现行法律、法规并未就上述行为规定具体程序;国家、省教育行政部门虽在施教区划分前通过各利益相关方参与、并广泛听取群众意见的工作要求,但该要求并非强制性规定。法院最终认定,学区划分涉及义务教育的社会福利事项,直接关系广大适龄儿童受教育的权利,关乎众多家庭的利益,属于与人民利益密切相关的重大决策事项。

---

① 《重大行政决策程序暂行条例》第3条规定:"本条例所称重大行政决策事项(以下简称决策事项)包括:(一)制定有关公共服务、市场监管、社会管理、环境保护等方面的重大公共政策和措施;(二)制定经济和社会发展等方面的重要规划;(三)制定开发利用、保护重要自然资源和文化资源的重大公共政策和措施;(四)决定在本行政区域实施的重大公共建设项目;(五)决定对经济社会发展有重大影响、涉及重大公共利益或者社会公众切身利益的其他重大事项。"2022年《河南省重大行政决策程序规定》第3条规定:"本规定所称重大行政决策事项(以下简称决策事项)包括:(一)有关劳动就业、社会保障、教育科技、医疗卫生、文化体育等公共服务方面的重大公共政策和措施;(二)有关市场监管、社会管理、环境保护等方面的重大公共政策和措施;(三)开发利用或者保护水、土地、能源、矿产、生物等重要自然资源的重大公共政策和措施;(四)开发利用或者保护历史文化街区、传统村落、风景名胜区以及其他重要文化资源的重大公共政策和措施;(五)经济和社会发展等方面重要的发展规划、空间规划、专项规划和区域规划;(六)在本行政区域实施的重大公共建设项目;(七)对经济社会发展有重大影响、涉及重大公共利益或者社会公众切身利益的其他重大事项。"

② 《市教育局2023年度重大行政决策事项目录》,慈溪市人民政府网站,http://www.cixi.gov.cn/art/2023/3/30/art_1229641758_4241036.html,2023年3月30日。

2.被诉学区划分行为违反重大行政决策程序规定

《重大行政决策程序暂行条例》规定了决策启动、公众参与、专家论证、风险评估、合法性审查、集体讨论决定和决策公布等决策程序。而本案中,因未将学区划分列入重大决策事项目录,教育部门不认为其属于重大决策,实际并未遵循重大决策的程序规定。因而,郑州市二七区教育局并未就学区划分问题进行征询意见①、实际调研、研讨论证②、合法性审查③等法定程序;在作出学区划分决定之后,未及时向社会公布,仅在开学前两天,通过学校自行张贴招生公告的方式予以公布④。据此,法院确认二七区教育局作出的2020年幸福路小学学区划分行为违法。

综上,法院在本案中主要从行政程序视角审查学区划分的合法性,对原告提出的"就近入学"的实质内容合理性分析不足,未能同时从实体和程序两方面对其全面审查。教育部门应通过本案认识到,学区划分事关广大群众切身利益,今后应依法履行行政决策程序,进一步提升合理性和可接受度。

---

① 《重大行政决策程序暂行条例》第14条规定:"决策承办单位应当采取便于社会公众参与的方式充分听取意见,依法不予公开的决策事项除外。听取意见可以采取座谈会、听证会、实地走访、书面征求意见、向社会公开征求意见、问卷调查、民意调查等多种方式。"第15条:"决策事项向社会公开征求意见的,决策承办单位应当通过政府网站、政务新媒体以及报刊、广播、电视等便于社会公众知晓的途径,公布决策草案及其说明等材料,明确提出意见的方式和期限。公开征求意见的期限一般不少于30日;因情况紧急等原因需要缩短期限的,公开征求意见时应当予以说明。对社会公众普遍关心或者专业性、技术性较强的问题,决策承办单位可以通过专家访谈等方式进行解释说明。"

② 《重大行政决策程序暂行条例》第19条规定:"对专业性、技术性较强的决策事项,决策承办单位应当组织专家、专业机构论证其必要性、可行性、科学性等,并提供必要保障。专家、专业机构应当独立开展论证工作,客观、公正、科学地提出论证意见,并对所知悉的国家秘密、商业秘密、个人隐私依法履行保密义务;提供书面论证意见的,应当署名、盖章。"第20条:"决策承办单位组织专家论证,可以采取论证会、书面咨询、委托咨询论证等方式。选择专家、专业机构参与论证,应当坚持专业性、代表性和中立性,注重选择持不同意见的专家、专业机构,不得选择与决策事项有直接利害关系的专家、专业机构。"

③ 《重大行政决策程序暂行条例》第25条规定:"决策草案提交决策机关讨论前,应当由负责合法性审查的部门进行合法性审查。不得以征求意见等方式代替合法性审查。决策草案未经合法性审查或者经审查不合法的,不得提交决策机关讨论。对国家尚无明确规定的探索性改革决策事项,可以明示法律风险,提交决策机关讨论。"

④ 《重大行政决策程序暂行条例》第32条规定:"决策机关应当通过本级人民政府公报和政府网站以及在本行政区域内发行的报纸等途径及时公布重大行政决策。对社会公众普遍关心或者专业性、技术性较强的重大行政决策,应当说明公众意见、专家论证意见的采纳情况,通过新闻发布会、接受访谈等方式进行宣传解读。依法不予公开的除外。"

第四编

教育法学发展报告

4

教育法典编纂研究评述

周 恒[①]

作为全面推进依法治国的重大举措,《中华人民共和国民法典》(以下简称《民法典》)的颁布施行在对我国私法秩序进行整合升级的同时,亦开启了其他法律领域的法典化想象。其中,教育法典的编纂尤受关注。2021年4月发布的《全国人大常委会2021年度立法工作计划》明确提出"研究启动环境法典、教育法典、行政基本法典等条件成熟的行政立法领域的法典编纂工作"。教育部在《教育部政策法规司2021年工作要点》中也明确提出要研究启动教育法典编纂工作。至此,教育法典的编纂工作被正式提上国家立法日程,并随即引发了学界关于教育法典编纂的系列研究。

关于教育法典编纂的研究同时存在于法学界与教育学界,其研究主题和内容涉及多个层面。湛中乐将教育法典编纂的关键性问题归结为八个方面:统一法典与单行立法的关系问题、法典编纂与现行规范的关系问题、法典总则编与各分编的关系问题、教育管理与权利保障的关系问题、实体规范与程序规范的关系问题、宏观叙事与微观规范的关系问题、域外经验与本土国情的关系问题、法典制定与法典解释的的关系问题。[②] 魏文松立足于本体论、价值论与方法论的区分,认为教育法典编纂需要着力解决三个核心问题:什么是教育法的法典化、为什么要推进教育法的法典化以及如何实现教育法的法典化。[③] 本文以研究的具体问题为标准,对既有的教育法典研究成果作如下区分和梳理。

一、关于教育法典编纂基础性问题的宏观研究

教育法典编纂的基础性问题主要指教育法典编纂的实际意义、可行性、面临的困境、在整体法律体系中的定位、编纂步骤等,此类问题偏重于对教育法典进行概念说明,统一有关教育法典的学术共识。相应的,对此类问题的研究需要对教育法治问题进行总体把握,研究视角较为宏观。

第一,教育法典编纂的实际意义。教育法典编纂的实际意义是致力于回答"为什么

[①] 周恒,郑州大学法学院副教授,中国法治现代化研究院特邀研究员,法学博士。
[②] 湛中乐:《推动教育法典编纂应当处理好八对关系》,《中国高等教育》2023年第5期,第22页。
[③] 魏文松:《我国教育法法典化的核心问题》,《理论月刊》2022年第9期,第131页。

要编纂教育法典"这一问题,这构成了教育法典编纂工作的正当性基础。童云峰与欧阳本祺认为,教育法典编纂能够矫正当前教育法混乱的体系格局,避免重复立法,统一法律适用,并促进教育法的独立化。① 周洪宇和方晶基于对习近平法治思想的学习,认为教育法典是全面、系统推进依法治教的重要抓手,是解决既有教育法治问题、实现教育强国目标的重要方略,是法典化时代提升治国理政水平的重要路径。② 王大泉结合教育立法实务工作的经验,归纳了四项教育法典编纂的现实意义:提供了全面梳理整合现有教育法律法规以及规章政策的机会;提供了全面研究教育领域综合性法律问题的机会;提供了全面进行教育制度创新、利用法治手段推进和保障教育改革的机会;提供了全面构建面向未来的、体现中国特色和现代化标准的教育治理体系的机会。③ 江子丹从价值逻辑与实践逻辑的视角,认为教育法典编纂的正当性可以从两个方面获得理解:一方面,教育法典编纂能够实现教育领域良法善治的价值目标,充分贯彻新时代教育法治理念,以法治手段保障公民受教育权和实现教育公平正义;另一方面,教育法典的编纂将降低教育立法的成本、减少教育立法冲突,从而更好地引领新时代教育事业的发展,推进教育治理体系和治理能力现代化,并进一步规范教育行政执法和统一教育司法裁判。④ 可以看到,学术界普遍认同教育法典编纂具有重大现实意义,这里的意义主要分为两大层面:一是教育法律体系本身的意义;二是教育事业发展的意义。

第二,教育法典编纂的可行性论证。在达成了关于教育法典编纂意义的学理共识后,教育法典面临的关键性问题即教育法典的编纂是否可能。一个被普遍接受的观点是,法典编纂是一种更高层次的立法工作,相比单行法的制定,法典编纂面临着更为艰巨的可行性论证任务。对此,教育法学研究者给予了颇多关注,总体的论证思路主要包括如下方面:既有教育立法成果思路,即认为我国当前已经形成了以《中华人民共和国教育法》(以下简称《教育法》)为基本法,以《中华人民共和国义务教育法》(以下简称《义务教育法》)、《中华人民共和国高等教育法》(以下简称《高等教育法》)、《中华人民共和国教师法》(以下简称《教师法》)、《中华人民共和国家庭教育促进法》(以下简称《家庭教育促进法》)、《中华人民共和国民办教育促进法》(以下简称《民办教育促进法》)、《中华人民共和国职业教育法》(以下简称《职业教育法》)、《中华人民共和国学位条例》(以下简称《学位条例》)、《中华人民共和国国防教育法》(以下简称《国防教育法》)等教育单行法为主干的教育法律体系,这些既有法律规范奠定了教育法典编纂的基本规范依据,降低了

---

① 童云峰、欧阳本祺:《我国教育法法典化之提倡》,《国家教育行政学院学报》2021年第3期,第26页。
② 周洪宇、方晶:《学习习近平法治思想 加快编纂教育法典》,《国家教育行政学院学报》2021年第3期,第19-20页。
③ 王大泉:《教育法典编纂的现实意义与实现路径》,《华东师范大学学报(教育科学版)》2022年第5期,第3-4页。
④ 江子丹:《教育法法典化的正当性基础、逻辑进路与立法路径》,《江汉论坛》2023年第4期,第116-118页。

教育法典的编纂难度①;教育法学学科发展思路,该思路主张我国教育法学近几十年蓬勃发展,创作了一大批高质量的教育法学著作和论文,且教育法学学术组织和学科建设也取得了显著成就,涌现了一批卓越的教育法治人才,这为教育法典的编纂提供了学理准备和人才支撑②;法典编纂经验思路,该论证思路认为我国《中华人民共和国民法典》(以下简称《民法典》)的成功编纂以及域外教育法典为我国教育法典的编纂提供了样本与参考,这有助于减少教育法典编纂的误区,帮助选择科学合理的教育法典编纂方案。③

第三,教育法典编纂面临的困境分析。教育法典的编纂承担了颇多的学理与实践期待,但不容忽视的是,教育法典编纂面临着多重挑战,学术界对此也有着较为清醒的认识。首先,我国虽然已经初步构造出具有中国特色的社会主义教育法律体系,但该教育法律体系尚不够成熟,也难称全面,包括高中教育、终身教育、考试、教材管理等在内的重要教育事项仍旧存在立法空白,且不同层级的教育法律渊源发展也不够平衡,上位法与下位法之间立体支撑、有效互补的格局尚未完全形成。④ 其次,我国教育法初期主要以教育行政法律关系为调整对象,属于公法体系,后开始逐步拓展至私法关系,这使得当前的教育法呈现出鲜明的公私交融特点,既有公法规范也有私法规范,如何对此进行协调,提取"最大公约数"作为教育法典的一般性原则面临较大挑战。⑤ 再次,教育法学研究存在不足,相关的研究对如何通过立法规制教育法律问题研究较为充分,而对教育立法自身的研究不足;对教育法律规范存在的问题研究较为充分,对教育立法原理、制度、技术等方面的建构性研究不足;对教育法律规范的研究较为充分,对教育立法过程、立法评估等研究不足。⑥ 最后,教育法典编纂面临着解法典化的冲击。所谓解法典化即在法典之外出现大量与法典一般理念有所区别的单行法,动摇法典中心地位的情形。当前来看,我国教育领域面临着信息技术的革命性影响,教育领域的深化改革工作不断推进,这将导致各种针对教育新兴领域与问题的单行法出现,使教育法典面临着"解法典化"的挑战。⑦

第四,教育法典的制度定位。教育法的制度定位决定着教育法典的基本样貌。对此,教育法学界一直存在争论,争论的焦点主要在于教育法同行政法之间的关系。一种

---

① 魏文松:《我国教育法法典化的核心问题》,《理论月刊》2022年第9期,第134页。
② 刘旭东:《教育法法典化:规范意涵、时代诉求及编纂路径——基于民法典编纂经验的理论研究》,《湖南师范大学教育科学学报》2022年第2期,第23页。
③ 孙霄兵、刘兰兰:《〈民法典〉背景下我国教育法的法典化》,《复旦教育论坛》2021年第1期,第31页。
④ 彭宇文:《理性主义的教育法法典化:理想与现实之间》,《华东师范大学学报(教育科学版)》2022年第5期,第43页。
⑤ 孟凡壮、周选伟:《挑战与突破:我国教育法法典化的路径选择》,《教育发展研究》2023年第6期,第63页。
⑥ 周航、申素平:《从教育立法到教育立法学:法典化的学术因应》,《教育研究》2023年第3期,第141页。
⑦ 刘旭东:《我国教育法典编纂的"不完全法典化进路"分析》,《复旦教育论坛》2022年第5期,第39页。

观点认为,教育法隶属于行政法,是行政法的子部门。如湛中乐认为,教育法仅创设行政法律责任,并不创设民事责任和刑事责任,教育法典是行政法典的分则的组成部分,这意味着教育法典无须规定行政法总则的内容,只需针对教育领域的特殊情况作出规定即可。① 尹建国和吴汉东持有类似的观点,认为教育法律规范对于教育关系调整后形成的是行政法律关系,民事法律责任、刑事法律责任仅存在于引致条款中,且我国在制度层面也将教育法归属于行政法部门,是与一般行政法相对应的部门行政法之一。② 关博豪基于教育治理由行政权主导、我国部门行政法的分类、教育法的管控属性、教育法关系的单方面特征等,论证了我国教育法的部门行政法属性,并因此主张行政法理主导和嵌入教育法典的编纂。③ 与上述基于传统部门法理论的定位不同,有学者提出了一种跨部门法的新视角,认为一些重要的教育关系已经兼具介于公法、私法之间的新特征,难以按照部门法学的要求划归任一既定法律部门,应当根据教育法的跨部门特征去甄别哪些更具公法性质,哪些更具私法性质,哪些兼具二者。④ 在此基础上,有学者提出了将教育法界定为领域法的思路。如任海涛和张玉涛认为,领域法思维强调多种知识谱系的融通,避免将某一新兴学科归入单一的部门或学科项下,而是将特定领域的学科建构为具有相对独立性的自洽体系,教育法学作为一门交叉学科,恰好能够同领域法学的研究范式相契合,因此应将教育法学界定为领域法学。⑤ 李红勃也认为,与民法典、刑法典不同,教育法典无论是从调整对象还是调整方法来看,都具有综合性、交叉性等突出特点,其法律规范包含了行政法律规范、民事法律规范以及其他领域的法律规范,教育法不是部门法而是领域法,教育法典也属于领域法典而非部门性法典。⑥

二、关于教育法典编纂技术方案的微观研究

在对教育法典编纂的基础性问题进行研究并形成基本的学术共识后,关于教育法典编纂的研究逐步转向更加微观的具体技术方案,以回答"如何编纂教育法典"这一核心问题。

第一,教育法典编纂方式的选择。实践中,法典编纂存在两种不同的编纂方式:汇编型法典与体系型法典。两种法典编纂模式皆强调形成内容全面的法典,不同的是二者在

---

① 湛中乐:《论教育法典的地位与形态》,《东方法学》2021年第6期,第115页。
② 尹建国、吴汉东:《编纂我国教育法典的基本定位与逻辑主线》,《陕西师范大学学报(哲学社会科学版)》2022年第5期,第128页。
③ 关博豪:《教育法典制定中行政法理的主导与嵌入》,《江汉论坛》2022年第9期,第120页。
④ 劳凯声:《教育法的部门法定位与教育法法典化》,《教育研究》2022年第7期,第26页。
⑤ 任海涛、张玉涛:《领域法学视野下教育法学的理论定位与体系建构》,《湖南师范大学教育科学学报》2021年第6期,第34页。
⑥ 李红勃:《教育法典的制度定位与逻辑框架》,《华东师范大学学报(教育科学版)》2022年第5期,第55页。

对相关法律规范的整合程度上有所差别,体系型编纂方式要求法典编纂形成逻辑严密、一致的法典,汇编型则仅要求法典呈现为一个统合性的整体。在当前有关教育法典的研究中,虽然也有学者主张:"教育法典编纂宜选择汇编型模式,以适应教育法的领域法地位,这符合教育法体系的现状和教育法律关系的特征,凸显教育法的实质理性追求和实践品格,满足教育法类型化整合的法典编纂需求。"①但整体来看,主张采用体系型编纂方式的观点占据了主流。如童云峰和欧阳本祺在对其他国家教育法典的编纂模式进行分析后认为,各国追求教育法典的目的皆是实现教育法的体系化,汇编式教育法典虽有法典之名,但体系化不足,我国当前的教育法趋近于日本模式,但因教育单行法并未齐备,尚未达到类教育法典的高度,法国模式存在"解法典化"危机,编纂式的教育法典才是我国教育法典编纂的方向。②周洪宇和方晶也认为:"从中国的国情实际出发,吸收《民法典》编纂的经验,以体系化的方式编纂教育法典,使教育法律体系形成概念统一、逻辑严谨、价值一致、内容全面且兼顾灵活的整体,是完善中国特色社会主义高质量教育体系的必然选择,也是中国教育法治建设的必然发展方向。"③

第二,教育法典的结构编排。关于教育法典的结构,学术界普遍认同应采用"总则+分则"的体例设计,总则提供基础,分则提供制度支撑,总则与分则之间具有统领和被统领的关系,从而形成内容融贯的教育法律规范体系。④但在教育法典总则、分则具体的内容编排上,不同学者由于视角和方法的不同,尚未形成一致意见。

在教育法典总则编的设计上,任海涛主张以教育法律关系作为编排主线,立足国情,考量教育领域的立法空白,按照教育法基本规定、教育主体概括规定、受教育权与教育权、教育类型、教育法律行为、教育法律责任六个部分来设计教育法典总则的内容,这不仅能够保证教育法典总则的科学性与完整性,也为教育法典分则的篇章体例奠定了基础。⑤张杰和唐远雄也认为法律关系应成为编纂教育法典总则的主线,并基于对国家教育权和社会教育权的区分,将教育法典总则的内容设计为基本规定、法律主体、权利和义务、国家教育权、社会教育权、法律责任六个部分。⑥李红勃主张教育法典总则的设计要以公民受教育权为逻辑起点,以教育关系为逻辑主线,以体系融贯为逻辑要求,分为基本规定、教育基本制度、教育主体、教育管理与监督、教育支持与保障、教育国际合作、教育

---

① 聂圣:《论我国汇编型教育法典的编纂——基于领域法学视角的论证》,《湖南师范大学教育科学学报》2022年第6期,第39页。
② 童云峰、欧阳本祺:《我国教育法法典化之提倡》,《国家教育行政学院学报》2021年第3期,第27页。
③ 周洪宇、方晶:《学习习近平法治思想 加快编纂教育法典》,《国家教育行政学院学报》2021年第3期,第18页。
④ 任海涛:《论教育法典总分结构的统领关系》,《复旦教育论坛》2022年第5期,第29页。
⑤ 任海涛:《教育法典总则编的体系构造》,《东方法学》2021年第6期,第123页。
⑥ 张杰、唐远雄:《法律关系视角下教育法典总则的逻辑与构造》,《中国教育法制评论》2022年第2期,第104页。

纠纷解决机制。① 与上述以法律关系为主线进行设计的思路不同,段斌斌在对既有教育单行法进行考察后发现,不同教育类型的共性内容在于学校、受教育者、教师、社会、政府等各类主体,因此主张以教育主体作为统摄教育法典总则的逻辑主线,将教育法典总则编设计为八个方面:基本规定、学校和其他教育机构、教师和其他教育工作者、受教育者、社会主体、教育投入与条件保障、管理与监督、法律责任。② 整体来看,学术界在教育法典总则的目的与方法上已经达成基本共识,即教育法典总则的编纂应以《教育法》为基础,围绕对受教育权的保障开展,采用"提取公因式"技术,来形成对分则具有统领性的内容。争议在于,在教育法典总则的编排主线上存在法律关系说和法律主体说两种思路。

教育法典分则在一定程度上可被视为教育法典总则的具体化展示,其具体的内容安排亦存在不同观点。任海涛认为,分则编宜采取"横向教育法律关系+纵向教育法律关系"的"入典"标准,按照教育主体编、学校教育编、教育与家庭和社会编、特殊事项编的结构来设计教育法典分则,其中教育主体编包括教师法律制度、学校法律制度、学生法律制度;学校教育编分为学前教育制度、义务教育制度、高等教育制度、民办教育制度、职业教育制度、特殊教育制度、学位制度、考试制度;教育与家庭、社会编分为家庭教育制度、终身教育制度;特殊事项编包括少数民族教育制度、国家通用语言文字制度、中外合作办学制度。③ 孙霄兵与刘兰兰立足于受教育权,认为应从国家保障、学校设立、学生发展、教师质量和社会支持五个主体角度来构建内在逻辑和体系自洽的教育法典,其分则编的编排思路为:受教育者、学校及教育机构、教师及其他教育工作者、学校教育、教育管理、教育投入保障、教育与社会、教育与对外交流与合作、法律责任。④ 张玉涛基于《民法典》的编纂经验认为,以教育类型为标准对教育法典分则进行体例编排较为妥当,这是因为我国长期以来的教育立法主要以此展开,且司法实践中也形成了区分教育类型、寻求相应规范的惯性依赖,因此教育法典分则应按照学前教育编、义务教育编、高等教育编、职业教育编、民办教育编、终身教育编、家庭教育编、其他教育编的结构进行编排。⑤ 在当前的学术研究中,教育法典分则编的体例结构仍存有较大歧义的问题,教育类型说、教育主体说、教育法律关系说、教育管理说、教育行为说等皆可获得一定程度的论证,如何设计合理完善的教育法典分则结构既需要全面把握我国教育立法的现实与计划,也需要结合教

---

① 李红勃:《教育法典的制度定位与逻辑框架》,《华东师范大学学报(教育科学版)》2022年第5期,第57-59页。
② 段斌斌:《教育法典的体例结构:域外模式与中国方案》,《华东师范大学学报(教育科学版)》2022年第5期,第125-126页。
③ 任海涛:《教育法典分则:理念、体系、内容》,《华东师范大学学报(教育科学版)》2022年第5期,第66页。
④ 孙霄兵、刘兰兰:《论以受教育权为核心制定教育法典》,《华东师范大学学报(教育科学版)》2022年第5期,第13页。
⑤ 张玉涛:《教育法典向何处去——基于〈民法典〉的编纂经验展开》,《教育发展研究》2023年第6期,第58-59页。

育法典总则的体例综合考虑。

第三,教育法典编纂过程中教育单行法、教育单项权利与教育单项事务的处理。教育法典的编纂以既有的教育单行法为基础,并将取代教育单行法成为教育工作的规范依据,这必然涉及教育法典与教育单行法的关系,尤其是既有教育单行法如何入典的处理。与此同时,随着保障受教育权逐渐成为教育法典编纂的共识性目的,如何将抽象的受教育权转化为具体的教育权利并提供法治保障,成为教育法典研究不容回避的关键问题。此外,由于教育法典承载着人们对综合性教育法律规范体系的期待,各种教育事务的处理和规范体系的构建也受到教育法典研究者的重视。

在既有教育单行法的入典问题上,刘宁与吴思雅探讨了《家庭教育促进法》的入典问题,认为家庭教育编乃是教育法典的基本制度,《家庭教育促进法》入典应采取小修小补和促进型立法的基本思路,以家庭教育法律关系作为编纂的逻辑主线,不独立成编,成为教育与家庭、社会编的分编,并对《家庭教育促进法》的一般规定、家庭责任、国家支持、社会协同、法律责任等制度进行全面调整。① 王思杰和包琳儿重点关注教育法典中的民办教育法,认为民办教育的法律关系主体更加多元,彰显了多元主体借由市场参与教育事业的价值,表现出公法与私法的结合,这有助于阐扬我国教育法典的整体性价值,民办教育法应当在教育法典中独立成编②,采用"通则—具体规定"的结构编排:先以本编通则明确民办教育的原则性规定,继而在具体规定中强化对教育主管部门、办学单位、教师与学生等内容的规范。③

在教育权利的法治保障方面,龚向和对教育法典编纂中终身学习权的保障问题进行了研究,认为我国教育法典的编纂是对学习型社会建设规范需求与公民终身学习权保障诉求的立法回应,因此教育法典的编纂应以终身学习权作为重要的权利基础,赋予其明确的规范内涵与权利内容,在总则中确立终身学习权的法律地位,在分则中形成终身学习权的规范依据。④ 任海涛先是对教育法典中的学生人格权保护问题进行了研究,认为实现学生人格权的体系化保护应当与教育法典的编纂相结合,在编纂教育法典时注重学生人格权的跨领域性和综合性保护,兼顾积极保护与消极保护、一般保护与特殊保护,在总则中明确学生人格权的法律地位,在分则中兼采确定性规则与准用性规则之优点,形成详密的规范依据。⑤ 此后,任海涛又对教育法典编纂中的学生参与权保护问题进行了

---

① 刘宁、吴思雅:《教育法典中〈家庭教育促进法〉的法典化问题》,《华东师范大学学报(教育科学版)》2022年第5期,第100页。
② 王思杰、包琳儿:《论民办教育法在教育法典体系中的地位》,《中国教育法制评论》2022年第2期,第116页。
③ 王思杰:《教育法典中民办教育法编的内容安排》,《青少年犯罪问题》2021年第6期,第40页。
④ 龚向和:《教育法法典化进程中的终身学习权保障研究》,《国家教育行政学院学报》2022年第1期,第20页。
⑤ 任海涛:《教育法典对学生人格权的体系化保护》,《陕西师范大学学报(哲学社会科学版)》2023年第1期,第90页。

研究。任海涛认为,学生参与权乃是受教育权的细化权利,但从当前的立法模式来看,学生参与权保护存在规范缺失、规范碎片化以及规范可操作性较弱等问题,不足以对学生参与权形成有效保护,为此,需要按照"区分主体,明晰权责"的指导思想实现学生参与权的法典化保护,在细化现有规范的基础上,明确校方不履行保障义务的责任,确保学生中间性参与和事后性参与得以顺利进行,并寻求学生参与权与学校自主管理权的平衡互动。①

在具体教育工作事务的处理上,李红勃和张玉芳就如何将教育考试制度编入教育法典进行了有益思考,认为教育考试制度乃是国家教育制度的重要组成部分,但当前的教育考试法律制度存在着法律规范体系不健全、价值理念单一、教育考试实施主体与职权规定不明确、部分规定违背法律保留原则等问题,教育考试制度入典需要进行体系化重构,在教育法典总则中规定教育考试的原则性、通行性、一般性规范,在教育法典分则中根据教育考试类型规定相应考试主体的权利义务、实施流程、考试监督以及争议解决机制等。② 程雁雷和蒋艳就教育法律救济制度的法典化问题进行了研究,认为以保障教育权利为立法目的的教育法典必然需要设计完善的救济制度,在具体的制度设计上,教育法律救济制度需遵循"总则+分则"的法典体例,在衔接上突出学校内部救济,在形式上实现公法和私法、实体和程序救济的二元协同共济,在内容上通过不同救济类型的分类分工形成体系上的衔接配套,最终实现教育权利的全方位保护。③ 冯铁拴注意到教育法典编纂中的教育财税规范问题,所谓教育财税规范专指以促进教育事业发展、保障公民受教育权为初衷的财税规范,教育法典中的财税规范应涵盖教育财政经费支出保障规范、教育财政经费筹集规范、教育财政事权与支出责任规范以及教育税收优惠规范,其设计既要坚持"总则+分则"的布局,也要遵循教育财政与教育税收相对分离的规范配置,还要运用"确定性+委任性+准用性"的混合型规则结构。④

不难发现,上述学者的研究虽然关注重点有所区别,但皆强调以教育法典编纂为契机,对相关的教育法律规范进行体系化整合,并主张适应教育法典"总则+分则"的结构体例进行设计。这些研究为教育法典具体制度内容的编排提供了理论准备,为潜在的其他同类型研究提供了有益的借鉴,具有重要的理论和实践意义。

---

① 任海涛、吴俊杰:《教育法典对学生参与权的体系化保护》,《教育发展研究》2023年第6期,第66页。
② 李红勃、张玉芳:《关于将教育考试制度编入教育法典的若干思考》,《中国考试》2023年第4期,第1页。
③ 程雁雷、蒋艳:《教育法典编纂背景下教育法律救济制度的规则探究》,《青少年犯罪问题》2021年第6期,第29页。
④ 冯铁拴:《教育法典中教育财税规范体系化研究》,《华东师范大学学报(教育科学版)》2022年第5期,第89页。

三、关于民法典或域外教育法典编纂经验的研究

《民法典》对我国教育法典的编纂具有重要意义。一定程度上而言,正是《民法典》的成功编纂施行,才开启了我国包括教育法在内的诸多法律领域的法典化想象。也因此,总结和提炼《民法典》的编纂经验成为教育法典研究的重要内容之一。与此同时,考虑到域外已经颁布施行的教育法典能够为我国教育法典的编纂提供有益的经验借鉴,教育法典研究者亦对域外教育法典给予了相当的学术关注,尝试从中获取对我国教育法典有益的启发借鉴。

第一,《民法典》对教育法典编纂的指导意义。《民法典》是我国第一部以"法典"命名的法律规范,是我国进入法典化时代的重要标志,也是教育法典编纂的重要参照蓝本。我国教育法典研究者普遍注重总结《民法典》的编纂经验,挖掘《民法典》所包含的关于法典的一般理念与共识。如张玉涛认为,通过审视"《民法典》如何而来",能够帮助我们思考"教育法典向何处去":在理念层面,《民法典》的启示意义包括追求体系理性,坚持问题导向,奉行权利本位;在编纂路径层面,教育法典应与单行法形成"分布渐进+动态同步"的统筹发展关系,采用"总则+分则"的结构,总则以法律关系为逻辑主线,分则以教育类型为编排基准。① 王海军从法律史的角度主张教育法典的编纂需立足传统与历史,发挥《民法典》的示范效应,这种示范效应包括:在法典编纂方式上要确保法律现实性、整合性与系统性的统一;法典应适应中国社会的运行和发展,在实践中回应社会需求;要在推进国家治理体系现代化、实现中华民族伟大复兴的过程中从高度上认识与定位教育法典的编纂工作,形成体系化的立法。② 孙霄兵和刘兰兰指出,《民法典》对我国教育立法的启示主要体现在法典的中国特色、法典化立法模式与立法策略三个方面:教育法典要积极回应教育法典中的时代挑战,适应中国教育改革的时代需求,集中、全面、系统地体现立德树人、培养社会主义事业建设者和接班人的重大主题;教育法典要按照特定的立法原则、根据特定的价值取向、选择特定的立法模式对教育法律规范进行创设、排列和编纂,使其形成体系完备、概念统一的规范体系;教育法典既要规定教育法律中重大、综合性法律制度,也要梳理、总结教育领域不同的法律关系,分别规定具体的法律保障制度。③ 刘旭东指出,基于《民法典》的编纂经验,我国教育法典的编纂旨在形成一部专

---

① 张玉涛:《教育法典向何处去——基于〈民法典〉的编纂经验展开》,《教育发展研究》2023年第6期,第53页。
② 王海军:《法典编纂史对中国制定教育法典的镜鉴》,《华东师范大学学报(教育科学版)》2022年第5期,第110页。
③ 孙霄兵、刘兰兰:《〈民法典〉背景下我国教育法的法典化》,《复旦教育论坛》2021年第1期,第32页。

门调整全部教育关系的逻辑化、系统化法典,教育法典宜采用总分结构,并采取分步编纂的策略。①

通过上述具有代表性的成果不难发现,当前学界关于《民法典》对教育法典指导意义的研究主要集中在如下几个方面:在编纂理念上,教育法典需立足中国的国情现实,回应教育工作的法治诉求,解决教育实践的关键问题,打造具有中国特色的教育法典;在编纂方式上,教育法典应参照《民法典》采用体系型编纂方式,对既有的教育法律规范进行体系化整合,确保教育法律规范内部的逻辑自洽与概念统一;在结构体例上,教育法典应采用总分结构,总则部分就教育法律关系的一般性问题作出规定,统领教育法典分则,分则部分就具体的教育法律问题予以说明;在推进节奏上,不能盲目地推进教育法典编纂工作,而应参照《民法典》采用渐进式的编纂策略,分步完成教育法典编纂工作。

第二,域外教育法典对我国教育法典编纂工作的启发借鉴。比较研究是我国教育法典研究中常用的研究方法之一,通过对域外主要教育法典的编纂历程和运行样态进行分析,我国教育法典研究者获得了较多的启发。叶强对美国教育法典进行了研究,发现美国教育法典没有严格的内在逻辑,其编纂方式是将主要的联邦教育公法汇编成卷,呈现出较强的技术性和实用性追求,其内容也较为有限,并未直接创设教育权利,其对我国教育法典的启示主要在于在确认教育法典的法源时要有所取舍,强调实用性,并以保障公民权利为特色。② 黄翔对俄罗斯的教育立法进行了考察,发现俄罗斯教育立法的法典化进程在总体上呈现出复杂而曲折的渐进式特征,其对我国教育法典编纂工作的启示包括总体框架的参考、立法主体和立法规划的选择、立法模式的设计、立法理念与立法定位的确认、国内法与国际法的衔接以及概念术语等的使用等。③ 李世刚对《法国教育法典》的特点进行了解析,认为行政部门在法国教育法典编纂中起到重要推动作用,其教育法典突出可操作性,并在体例结构与篇章安排上架构起教育立法的体系性,法典内容跨度大,兼顾公私法的内容,具有高度的契合度,兼顾稳定性与时效性。④ 李琴和张鑫源分析了《法国教育法典》对我国教育法典在编纂组织架构、体例与总则构建方面的参照意义,认为宜搭建由统筹全局的法典化准备委员会、教育部统领的起草委员会和赋予合法性的教育法典审查委员会构成的三委员会制,授权教育部起草权限,在体例上采用总分则体例,总则以法律权利说为编排逻辑,明确公民教育权和政府教育管理权的界限。⑤ 此

---

① 刘旭东:《教育法法典化:规范意涵、时代诉求及编纂路径——基于民法典编纂经验的理论研究》,《湖南师范大学教育科学学报》2022年第2期,第21页。
② 叶强:《美国教育法典的构成特点与启示》,《湖南师范大学教育科学学报》2022年第1期,第41页。
③ 黄翔:《法典化进程中的俄罗斯教育立法》,《湖南师范大学教育科学学报》2022年第1期,第63-64页。
④ 李世刚:《关于〈法国教育法典〉若干特点的解析》,《湖南师范大学教育科学学报》2022年第1期,第34页。
⑤ 李琴、张鑫源:《教育法典的编纂组织架构、体例与总则构建——以〈法国教育法典〉为参照》,《教育发展研究》2023年第6期,第74页。

外,刘玥也对法国教育法规法典化的经验和启示进行了分析,认为法国教育法规的成功法典化离不开中央政府的全力支持、丰富的经验技术以及实用主义的编纂思路,这启示我们要正视法典本身的限制与不足,制定科学的编纂计划。[①]

通过对域外主要国家教育法典的分析,我国学术界获取了对不同类型教育法典优劣的科学认识。这当中,美国作为典型的判例法国家,其所谓教育法典是一种汇编型法典,主要目的在于方便对教育法律法规的查阅和使用,这种缺乏严密的逻辑体系的教育法典与我国当前的教育法典诉求并不适应。俄罗斯教育法典在经历了曲折的发展历程后,其法典化程度较高,但考虑到我国当前教育单行法尚未完备的现实,俄罗斯教育法典所代表的"完全法典化"模式对我国而言有些不切实际。此外,还有日本"总则+教育单行法"的模式亦缺乏实际意义,因为我国《教育法》与其他教育法律法规已经基本形成了"教育基本法+教育单行法"的教育法律规范体系。相比较而言,在有关域外教育法典的研究中,《法国教育法典》尤其受到较多的关注和研究。《法国教育法典》乃是以中央教育政策为主导体制下诞生的,采用总分结构的体系化教育法典,这同我国教育法典的编纂背景和教育立法基础较为相似。当然,上述关于域外经验的总结分析仅对我国教育法典的编纂工作具有启发借鉴意义,我国教育法典的编纂必须立足我国的国情现实,回应我国教育领域的现实问题。

---

① 刘玥:《法国教育法规法典化的经验及启示》,《法学教育研究》2021年第4期,第306页。

中国教育法学学科建设现状与展望

周 详 刘植萌[①]

一、教育法学的学科历史沿革考察

(一)教育法治建设需要促成教育法学学科的出现

教育法学作为应用学科,其产生与发展都与我国教育改革发展以及教育法治建设紧密相连。一方面我国教育立法活动的开展与深入,催生了与教育法治建设相关的理论研究需求,另一方面法治国家建设的推进、法治观念的深入人心,与受教育权有关的纠纷、诉讼逐步增加,也催生了与之相关的实务研究需求。在面向教育立法规制与教育纠纷解决两大领域需求的基础上,教育法学研究者逐步形成了研究的组织和平台,孕育了相对稳定的核心关切点以及概念体系,在走向专业化的道路上形成了一定的学术与社会影响。

1.教育立法实践推动教育法学研究的出现

教育法学学科的出现是伴随着我国教育立法活动和教育法治体系建立的过程产生的。改革开放以后,伴随着教育领域重建教育法制体系的相关工作的展开,部分学者也开始发表相关教育立法的研究文章。[②] 改革开放以后,以1978年《全日制小学暂行工作条例(试行草案)》《全日制中学暂行工作条例(草案)》的颁布为标志,我国教育法治建设重新回归到正常化轨道。《中华人民共和国学位条例》(以下简称《学位条例》)于1980年2月12日经第五届全国人民代表大会常务委员会通过,确立了我国学位授予工作和研究生培养的基本框架,成为我国教育领域的第一部正式立法,开启了中国教育管理法治化的现代化进程。

以教育改革的相关政策文本和法律的公布为标志,教育法制成果显著(见表1),教

---

① 周详,中国人民大学教育立法基地研究员;刘植萌,全国高校信息资料研究会研究部副主任。
② 张瑞芳:《1980—2000:中国教育法学研究二十年》,《中国教育法制评论》2002年第0期,第424-442页。

育改革与发展为教育法治建设奠定了现实的基础,立法进程中对各种草案文本的起草与论证需求也促使针对特定法制问题的研究逐步增加,相关研究成果不断涌现,推动了教育法学学科雏形的出现。

表 1　三阶段教育立法活动对比表

时间段	第一阶段 1985—1992 年	第二阶段 1993—2002 年	第三阶段 2003 年至今
重大政策	《中共中央关于教育体制改革的决定》(1985 年 5 月)	中共中央、国务院印发《中国教育改革和发展纲要》(1993 年 2 月)	《国家中长期教育改革和发展规划纲要(2010—2020)》(2010 年 7 月)
重要规定	1.在简政放权的同时必须加强教育立法工作 2.需要制定义务教育法经全国人民代表大会审议通过后颁行	1.加快教育法治建设建立和完善执法监督系统逐步走上依法治教的轨道。……争取到本世纪末初步建立起教育法律、法规体系的框架 2.地方要从各自的实际出发加快制定地方性的教育法规	1.首次提出要实施"六修五立" 2.加强教育行政法规建设。各地根据当地实际,制定促进本地区教育发展的地方性法规和规章
立法成果	1.1986 年《义务教育法》施行,是我国第一部以"法"为名称的教育法律。 2.颁布了《关于教师节的决定》(1985)、《征收教育费附加的暂行规定》(1986)、《普通高等学校设置暂行条例》(1986)、《高等教育自学考试暂行条例》(1988)、《扫除文盲工作条例》(1988)、《禁止使用童工规定》(1991)、《义务教育法实施细则》(1992)等教育行政法规	颁布了《教师法》(1993)、《教育法》(1995)、《职业教育法》(1996)、《高等教育法》(1998)等 4 部教育法律,制定了《教学成果奖励条例》(1994)、《残疾人教育条例》(1994)、《教师资格条例》(1995)、《社会力量办学条例》(1997)《国家通用语言文字法》(2000 年)、《民办教育促进法》(2002 年)等多部教育行政法规	从 2003 年开始,教育法治建设进入了完善发展阶段,以《义务教育法》的全面修订为标志。颁布了《家庭教育法》等,修订了《职业教育法》《民办教育促进法》等多部法律,颁布了《中外合作办学条例》(2003 年)、《民办教育促进法实施条例》(2004 年)等多部行政法规
意义	为教育立法工作的提速奠定基础	《面向 21 世纪教育振兴行动计划》作出判断:"教育法规体系基本框架已初步形成"(如今教育法规范体系中的 8 部基本法律完成制定颁布)	截至目前,计划中的立法计划尚未完全实现

377

根据一项针对教育法学的文献计量学研究发现,每一部重要的教育法律出台,都会带来教育法学研究的大发展。① 受到第一轮教育立法活动的影响,教育学和法学刊物上开始陆续出现阐述与研究教育法制问题的文章。尤其在《中华人民共和国义务教育法》(以下简称《义务教育法》)的颁布实施之后,相应的配套和普法工作的展开为教育法学的发展营造了政策环境。1995年原国家教委颁布《关于各级各类师范院校学习宣传和贯彻落实〈中华人民共和国教育法〉的通知》,要求各级各类师范院校开设教育法相关内容的选修课、讲座,或在公共教育学中讲授相关内容。教育法学课程陆续在全国师范类院校开设,教材建设出现小的"高产期",据不完全统计有20余本教材、教参出版。② 同时,有关教育法学的论文和著作大量涌现。③ 教育法领域的相关研究呈现出繁荣的景象。

第二轮的教育立法活动推动教育法学研究内容的扩展,更多教育立法任务的知识支撑需要和更多法律文件的出台,教育法学科研领域逐步完善。学者们结合高等教育立法、职业教育立法、学位立法、未成年人保护立法等实践热点展开主题式研究,并有相关专著问世。④ 从这一阶段研究成果涉及的主题,诸如教育与法律的关系、教育与受教育权、教师的权利与义务、学校法律地位、教育惩戒合法性、教育管理与法律等问题,教育法学的研究已经开始向着更概念化、更基础化的方向发展。

进入新世纪以来,教育立法转入了立法与修法并重,注重构建教育法治体系,教育法学的研究也呈现出一些新特点。对以1979—2008年为时间段的教育法学文献分析研究发现,1999—2008年发表文章数量为972篇,占总数的55.13%,远远超过之前两个十年。⑤ 新世纪以来,教育法学研究呈现数量上的突破性增长,研究路径倾向于用功用视角思考教育法学学科的逻辑和规律性总结,主题涉及教育法学的历史演进、学科特征、研究范式、基础原理、主要范畴等,相继提出了重视学科基础理论、明确学科相对独立地位、融合教育学元素和法学元素、实现教育法治实践和理论的互联互动等命题,也在显示着教育法学界对教育法学学科定位与目的的反思与总结。⑥

---

① 王勇:《教育法学研究文献评析》,《重庆社会科学》2001年第3期,第71-73页。
② 余雅风:《我国教育法学的发展及其对教育法治的回应——基于学术史的视角》,《教育学报》2021年第1期,第143-157页。
③ 秦惠民:《中国教育法学的产生发展背景与研究状态》,《中国教育法制评论》2008年第6辑,第187-197页。
④ 张瑞芳:《1980—2000:中国教育法学研究二十年》,《中国教育法制评论》2002年第1辑,第424-442页。
⑤ 王燕华,闵令香:《近十年中国教育法学研究评析》,《黑龙江高教研究》2009年第10期,第14-17页。
⑥ 郭璨:《我国教育法学研究的热点与启示——基于2002—2015年〈中国教育法制评论〉刊载文献的分析》,《中国教育法制评论》2017年第1辑,第263-279页。

2. 教育法律纠纷的出现和多样化推动教育法学研究的兴起

党的十五大报告提出了依法治国方略,将"实行依法治国,建设社会主义法治国家"写入宪法,法治受到全民重视与维护。随着2002年我国加入世界贸易组织开启全球化条件下的深层次法治改革,各级政府依法行政水平和公民法治意识显著提升,法学研究和教育领域的法治实践也日益繁荣,教育领域的立法需求也日渐强烈。

在教育法律法规框架逐步成形的过程中,教育领域之外的法律法规也在同步完善,司法成为助推教育法治的重要力量。1989年《中华人民共和国行政诉讼法》(以下简称《行政诉讼法》)颁布与实施后,传统教育领域的学位授予、学校招生、学籍开除等纠纷开始进入法院司法裁判的视野。发生在世纪之交1998年的"田永诉北京科技大学案"、1999年的"刘某诉北京大学案"、2001年的"齐某被冒名上学案"等教育领域经典判例引起了法学界、教育界的热烈讨论。这种集中于教育法律救济、教育行政诉讼、学生申诉制度等主题的讨论引发了宪法和行政法领域学术争鸣的小高潮。

21世纪,教育法律纠纷解决的实践与案例的日益增加推动了教育法学的学术关注度不断上升,令教育行政诉讼问题的研究热度依旧未减研究形式和成果不断丰富不仅包括高水平的学术研讨和代表性的学术论文,同时还涌现出一批学术专著。[①] 2019年经推选、网络投票等程序评选出的"推动教育法治进程十大行政争议案件",教育行政争议的种类和形式多种多样,包括授予学位或颁发毕业证书(如"田永案""刘燕文案")、撤销学位(如"于艳茹案")、博士点申请审核(如"西北政法大学申博案")、学籍管理(如"刘璐案")、校规处分(如"甘露案")、义务教育阶段的就近入学(如"南京就近入学案")、学校招录(如"程蕴案")、信息公开(如"江苏高考查卷案")等类型,涉及大学、中学、小学等多个学段。[②] 对这些案例的讨论与关注,推动和扩大了教育法学学科领域的影响力,学科研究主题进一步丰富。

(二)学科体制维度上教育法学学科的发展

从传统人文社科学科内涵的维度来看,教育法学尚未成为一个成熟化的独立学科,其虽具备作为知识生产意义上的学科组织和平台,并且有一批致力于学科建设和人才培育的教育科研工作者,但从学科管理的视角来看并未完全被纳入学科管理体制的范围。

随着教育法学研究的繁荣,围绕教育法学学科建设的相关组织开始成立,学科试点也同步进行,作为一个学科独立的外部要素已经具备。

---

① 罗爽:《教育法治进程中的教育法律救济研究:回顾与展望》,《中国教育法制评论》2020年第2辑,第140-151页。

② 湛中乐、靳澜涛:《我国教育行政争议及其解决的回顾与前瞻——以"推动教育法治进程十大行政争议案件"为例》,《华东师范大学学报(教育科学版)》2020年第2期,第1-18页。

1. 拥有全国性教育法学学会组织

中国教育学会教育政策与法律专业委员会于 2000 年 10 月在京成立；中国教育发展战略学会教育法治专业委员会于 2013 年成立。湖北省教育法律与政策研究会、北京市法学会教育法学研究分会、上海市法学会教育法学研究会等省市级地方学会也相继成立。

2. 拥有专门的学术研究期刊

学术集刊《中国教育法制评论》也于 2002 年正式出版发行，以年度出版物的形式刊发教育法学领域的研究论文。

3. 学位授予的试点

2000 年 8 月，国务院学位委员会办公室发函，同意中国人民大学公共管理学院教育科学研究所试办教育法学专业，以"教育法学"名称招收硕士研究生，按教育学门类授予学位，确立了我国教育法学学科制度化。随后，其他学位授权单位也分别在法学和教育学门类下开设了教育法学方向，进行硕士研究生和博士研究生的培养探索，标志着教育法学作为研究领域已经开始逐步显示出学科体系化的雏形，教育法学人才培养的探索实践进一步推动学科体系化的发展和完善。

目前，教育法学作为一个实践型的学科还存在学科成熟化程度不足的问题。第一，从最新颁布的《普通高等学校本科专业目录和专业介绍》来看，无论是教育学还是法学，其二级专业目录中均无"教育法学"本科专业。国内也无高校按《普通高等学校本科专业设置管理规定》将"教育法学"设置为本科专业目录以外的新专业。[①] 第二，在 2011 年教育部办公厅关于印发《授予博士、硕士学位和培养研究生的二级学科自主设置实施细则》的通知后，研究生教育中的二级学科设置权归还了高校，有条件的院校在教育学学科下设置了教育法学二级学科招收硕士或博士研究生（更多学校是在二级学科下设一个教育法学的研究方向）。如北京师范大学自主增设二级学科"教育政策学与教育法学"，招收教育法学方向博士研究生；华中师范大学在二级学科"教育学原理"下设"教育法学"方向；华东师范大学在自设二级学科"教育政策学"下设"教育法学研究"方向。[②] 2022 年教育部学生司公布的《研究生招生学科、专业代码册》中教育法学（代码"040111"），在研究生招生信息网中检索教育法学专业的招生院校，硕士层次只有中国人民大学、博士层次只有西南大学，学科授权点的布局偏小。第三，在教育部公布的《普通高等学校本科专业类教学质量国家标准》的法学类和教育学类均无教育法学的课程进入，既没有进入法学类核心课程，也没有进入教育学类的通识教育课程和专业基础课程。

---

① 蒋后强、余兴凤：《教育法学学科建设及人才培养的路径探索》，《学位与研究生教育》2016 年第 9 期，第 23-27 页。

② 余雅风：《我国教育法学的发展及其对教育法治的回应——基于学术史的视角》，《教育学报》2021 年第 1 期，第 143-157 页。

教育法学在众多高校作为自设学科逐步得到认可,虽然一定程度凸显了教育法学的学科专业性和社会影响力,但其作为自设学科本身也意味着在国家宏观学科专业管理层面尚未具备主流学科的某些特征。

相比于学科设置上的单薄,教育法学研究生的培养呈现出多样化的格局。在部属、省属师范院校中绝大部分学校的教育法学课是在教育学或教育管理专业开设的[①],在教育学学科评议中教育法学常常被包含在教育经济学等学科中[②]。根据一项针对教育法学137篇博士论文的研究,博士生的培养数量很大程度上依赖其他学科对教育法学问题的关注程度;博士学位论文作者的培养单位集中在教育部直属师范院校和法学研究与培养的传统"五院四系"院校;所属二级学科中以教育学原理、教育经济与管理和宪法学与行政法学为主,所属一级学科教育学超过一半,法学占1/4,反映了在教育法学的研究和培养中,教育学学科的学者更早涉入、发展更成熟。[③]

二、教育法学学科研究现状

自1979年第一篇教育法学相关文章发表后,40余年来在各类期刊、报纸上有大量的相关文章发表。但由于教育法学学科形成的时间较短且一直处于不成熟的状态,各类文章散见于教育、法律、管理等不同门类的研究期刊之中。作为教育法学学科最为重要的交流平台,《中国教育法制评论》自2002年起出版后与教育法学学术年会共同成为教育法学界研究同仁学术发表的主要平台。该刊2008年起连续入选CSSCI收录集刊,在教育法学界产生了广泛的影响,致力于传播教育法研究前沿动态、推动教育法学研究专业化发展。

专业的学术出版物的刊文能够很好地反映学科发展的现状与研究重点,本研究尝试收集《中国教育法制评论》自2002年出版以来至2022年刊载的全部文献,剔除后记、投稿须知等共获得文献429篇,以此为统计分析的范围,集中地了解到教育法学学科的研究特点、状况及趋势。

(一)研究者群体

统计范围内的429篇论文,共有第一作者239位,其中,发文5篇(含)以上的有12位,发文3篇以上的共有32位,分别占到作者总数的5%和13.39%;共有42位作者发文2篇,164位作者发文1篇。

---

① 刘冬梅:《教育法学学科建构论略》,《河南师范大学学报(哲学社会科学版)》2011年第3期,第250–253页。
② 孙霄兵:《教育法哲学论纲》,《中国教育法制评论》2009年第1辑,第1–14页。
③ 刘昕鹏:《我国教育法学博士的培养现状与研究关注——基于1998—2015年137篇博士学位论文的分析》,《中国高教研究》2018年第2期,第83–90页。

活跃作者的出现与稳定是教育法学学科成熟化过程的表现,拥有一支稳定的活跃研究者队伍是保证学科知识生产和发挥社会影响力的重要保证。将发文3篇(含)及以上的作为定义为活跃作者(见表2),共有32位,合计发文181篇,占统计论文总量的42.19%,显示了活跃作者在教育法学研究中的主力贡献作用。

表2 发文3篇(含)及以上的作者统计表

序号	作者	发文量/篇	序号	作者	发文量/篇
1	劳凯声	18	17	牛志奎	4
2	湛中乐	17	18	王辉	4
3	余雅风	15	19	毕宪顺	3
4	申素平	10	20	陈园园	3
5	秦惠民	9	21	董新良	3
6	李晓燕	9	22	郭凯	3
7	蔡海龙	7	23	胡林龙	3
8	程雁雷	7	24	戢浩飞	3
9	杨颖秀	7	25	李小宾	3
10	谭晓玉	6	26	彭虹斌	3
11	解立军	5	27	石正义	3
12	祁占勇	5	28	孙霄兵	3
13	陈鹏	4	29	田鹏慧	3
14	管华	4	30	王重文	3
15	胡劲松	4	31	徐冬鸣	3
16	罗爽	4	32	张瑞芳	3

从论文作者的署名人数来看,独立署名是该刊中占比最高的署名方式,占比为80.19%,显示独立研究在长时间跨度里是教育法学研究的主要方式。但具体到年份,则呈现出独立研究下降的明显趋势,这反映出教育法学科研团队化趋势明显,近几年呈现较为清晰的合作研究态势。

我们将单独署名的论文数与论文总数的比值称作独著率,将各年份的数据进行计算,可以明显地呈现出"先降后升后持续下降"的趋势(见图1)。这一方面显示在教育法学出现的早期,以立法研究为主要内容和以思辨为主要研究方式的结合使得独立研究成为主流,但随着教育法学研究的深入,尤其是多样化研究方法的使用、不同研究背景的研究者的介入,使得合作研究逐步成为主流。合作研究更能够结合多样化的研究者背景,充分综合利用多样化的研究方法与资源,从而提升研究质量,更好地解决现实困惑与问题。

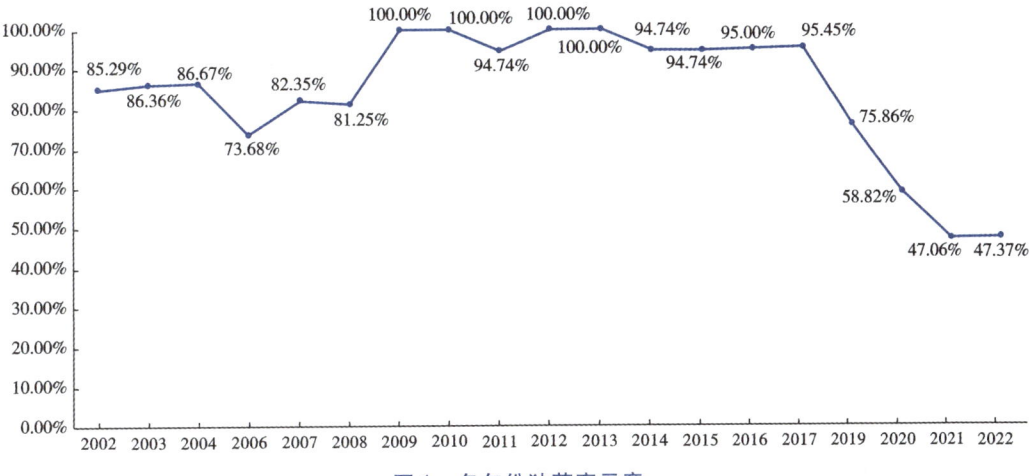

图1　各年份独著率示意

(二)研究机构

统计范围内的429篇论文的发文单位共有119家,其中发文数量在5篇以上的有14家,合计发文268篇,占总发文量的62.47%;发文10篇以上的共9家,发篇241篇,占总发文量的56.18%;发文20篇以上的共5家,发文196篇,占总发文量的45.69%(见表3)。这显示在教育法学的研究场域中,重要研究平台的引领作用,活跃机构与活跃作者形成良性互动,共同塑就学科发展的引领性力量。

表3　2002—2022年发文5篇(含)以上的单位统计表

序号	单位名称	发文量/篇	序号	单位名称	发文量/篇
1	北京师范大学	79	8	华南师范大学	11
2	中国人民大学	34	9	东北师范大学	10
3	陕西师范大学	32	10	上海市教育科学研究院	6
4	首都师范大学	30	11	安徽大学	6
5	北京大学	21	12	武汉大学	5
6	西南大学	12	13	山东省高密市教育科学研究院	5
7	华中师范大学	12	14	华东师范大学	5

随着教育法学研究的扩大与深入,促使相关高校成立专业的研究机构以更好整合资源,促进学科教学、科研工作的开展。自2001年北京师范大学设立教育法律与政策研究所后,中国政法大学教育法制研究中心、武汉大学教育法研究中心、北京大学教育法研究中心、中国人民大学教育法律与政策研究所、北京外国语大学中外教育法研究中心、中山大学教育法律政策研究所、河南师范大学教育法律政策研究所、西南大学教育法律政策研究中心等陆续设立,成为教育法研究的重要舞台。这些机构的成立使得教育法研究的品牌化效应得以凸显,为课题研究、立法参与、案件论证、人才培养、学科建设等活动提供了相对稳定的平台支撑。①

同时,教育部相关业务司局自2017年开始,陆续遴选出北京师范大学、北京大学、中国人民大学、复旦大学、东南大学、中山大学、西南大学、中南大学、华中科技大学、西北政法大学、华南师范大学、东北师范大学、华中师范大学和中国教育科学研究院合作共建14个教育立法研究基地,后又陆续与云南师范大学、郑州大学合作建设教育立法研究基地,围绕我国教育法治发展中的重大实践和理论问题进行深入研究,形成了一个相互支撑的教育法学的研究机构网络,为研究者的研究活动提供支撑机制和支持平台。这些基地立足平台长期培养教育法治研究人才,积极开展教育法学理论研究,为教育法治建设提供扎实的理论支撑。②

(三)研究主题

科研论文是反映学科发展趋势和水平的重要资料。科研论文关键词是科研论文的重要元素,是表征研究主题的词汇,能够有效反映教育法学所涉及的重要问题、热点、难点以及相互间的互动关系,进而能够反映出学科的整体研究态势。两个关键词共同出现的次数反映着两个研究热点或研究议题间的互动程度。

1. 词频分析

根据文献计量学分析方法,将统计范围内的论文全部关键词纳入分析范围,运用词频统计工具对429篇论文关键词进行处理和统计分析,共提取1780个关键词,篇均4.15个,其中独立出现的关键词有1360个。表4列举了词频在5(含)及以上的高频词,共有51个,词频在10个以上的6个,其中"受教育权"的词频大幅超过其他关键词的词频,初步显示受教育权、依法治教构成了教育法学研究关注的核心主题。从高频词的分布来看,其大致可以区分为以下几类:

(1)权利概念。包括受教育权、学生权利、合法权益等。重点关注在教育关系中所涉及主体的权利的概念阶段和保护。

---

① 程雁雷:《诉求与回应:构建教育法学学科的若干思考》,《中国高等教育》2014年第17期,第26-27页。

② 鲁幽:《当代中国教育法治建设的主要成就》,《教育史研究》2019年第4期,第40-47页。

(2)权力概念。包括办学自主权、国家教育权、学术权力、公权力、社会教育权等。关注在教育关系中的组织的法律规制与概念研究。

(3)活动及行为概念。包括教育惩戒、教育法制建设、校园欺凌、法律规制、司法审查等概念。

(4)组织及关系概念。包括家庭教育、最高人民法院、学位制度、民办学校、中国教育学会、学校事故、未成年人等概念。

表4 2002—2022年《中国教育法制评论》所刊论文中词频在5(含)及以上的关键词

序号	关键词	词频	序号	关键词	词频
1	受教育权	26	27	教育法	6
2	教育法制建设	10	28	教育法治	6
3	教育惩戒	10	29	最高人民法院	6
4	校园欺凌	10	30	中小学	6
5	学生权利	6	31	国家教育权	6
6	中国教育学会	6	32	教育立法	6
7	合法权益	6	33	学术自治	6
8	大学自治	6	34	家庭教育立法	6
9	政策与法律	10	35	学校事故	6
10	家庭教育	10	36	未成年人	6
11	《教师法》	9	37	法律关系	6
12	办学自主权	9	38	法律地位	6
13	义务教育	9	39	教育体制改革	5
14	民办学校	9	40	学术权力	5
15	学位制度	8	41	公办学校	5
16	法律规制	8	42	特别权力关系	5
17	学术自由	8	43	公权力	5
18	司法审查	8	44	学校	5
19	教育法学	7	45	教师聘任制	5
20	未成年学生	7	46	社会教育权	5
21	学生伤害事故	7	47	权利义务	5
22	美国	7	48	法律责任	5
23	法律保留原则	7	49	刘燕文	5
24	公立高等学校	7	50	举办者	5
25	特别权力关系理论	7	51	公民受教育权	5
26	公共性	6			

大量法学类专业名词和教育及社会热点词汇同时出现在高频关键词的范围之内,一方面,教育法学研究的基础仍然构筑在法学的知识基底之上,体现出其与法学学科紧密关联的属性;另一方面,社会热点词汇和教育词汇的出现又显示了其与教育学紧密联系的特性。

2. 关键词共现网络分析

在关键词分析的基础上,进一步将词频数3及以上的全部关键词,生成共现词对460对,其中2次以上的有60对。将词频3及以上的关键词与共现词对形成的共现矩阵处理后,并利用Ucient 6.0及Netdraw 2.141软件进行可视化分析,生成网络共现关系图(见图2)。

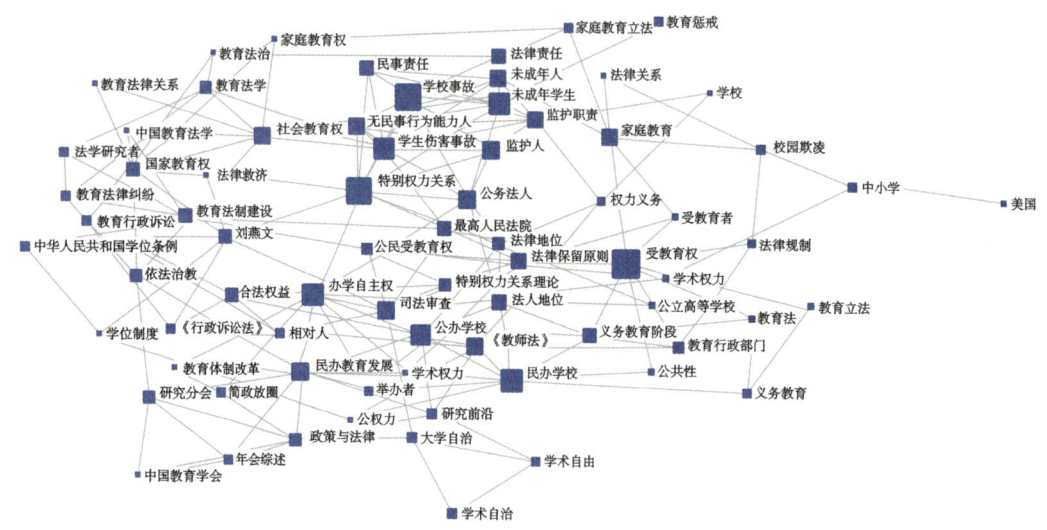

图2 教育法学研究关键词共现关系网络图

从图2可以发现几个较为集中的网络关系的联系中心,一是以"受教育权""办学自主权"为核心,一是以"教师法""中国教育法学""法律保留原则"为核心。除此之外的中介也构成次级的联系中心,这些联系中心一并构成了教育法学的研究重点分布,从而共同形成教育法学的研究谱系。第一,以"学术权力""国家教育权""公权力""教师惩戒权"等为核心的"权力—权利"概念,这一组概念构成教育法学研究的核心领域之一;第二,以"特别权力关系""法律保留原则""监护职责""无民事行为能力人""法律规制""法人地位""法律适用"等法律名词构成的关键词,这构成教育法学研究的概念体系的基底之一;第三,以"校园欺凌""学校事故""教育惩戒""学生伤害事故"等社会热点构成教育法学研究的重点领域,最为明显地显示着教育法学研究与社会需求之前的呼应关系;第四,以"公办学校""教育行政部门""公立高等学校""校规""教师聘任制""未成年学生""民办教育发展""民办学校"等教育专用名词也构成了教育法学研究的概念体系的另一个基底。①

---

① 随着教育法学学科研究的深入,一些杂志也开始设置教育法学、教育法治的专栏,如《复旦教育评论》《湖南师范大学教育科学学报》等。本研究统计尚未涉及,在后续的研究中将进一步跟进分析。

(四)教育法学的学科性质

明确学科的本质属性是学科生存与发展的基础,任何学科在发展的过程中都无法脱离对学科性质本体论的阐释。对于教育法学学科逻辑起点、研究对象、研究方法的论述与争议,几乎贯穿了教育法学发展的全过程,但最为核心的争议仍然是教育法学的性质,也就是教育法学学科的归属问题。要分析学科的本质,前提是需要厘清教育法律在整个法律体系中的地位,以及教育法学的学科功能。本研究简要梳理部分已有的教育法学学科本体论的研究成果,整理各类学说观点,反映了现有学科本体论之间的差异,如表5、表6所示。

表5 教育法律在国家整个法律体系中的地位的观点对比①

观点学说	要点	代表学者
隶属说	教育法从属于行政法,是行政法的一个分支	劳凯声
相对独立说	教育法不隶属于行政法,而是隶属于文教科技法	吴大英、沈宗灵
完全独立说	教育法就是教育法,不从属于行政法,也不从属于其他法部门,本身就是独立的法部门	郦渭荣、何瑞琨、彭宇文

表6 教育法学的性质观点对比

观点学说	要点	代表学者
交叉学科说	教育法学系法学与教育学的交叉学科	劳凯声、周光礼、张维平、谭晓玉
法学分支说	教育法学是法学的一个分支学科	何瑞琨、湛中乐、陈亮
教育学分支说②	教育法学是教育学的一个分支学科	
研究领域说	教育法学在学科归类上属于法学学科还是属于教育学科,实际上并不重要	秦惠民

---

① 表5、表6在谭晓玉、湛中乐、王春蕾的归纳研究基础上整理而来。湛中乐:《中国教育法学理论体系和学科构建研究的回顾与展望》,《中国教育法制评论》2014年第1辑,第233-250页。谭晓玉:《教育法学的何谓与何为——中国教育法治的困境与教育法学的使命》,《中国教育法制评论》2008年第1辑,第59-83页。王春蕾:《教育法学的理论体系与学科建设》,《中国法学教育研究》2021年第2期,第104-120页。

② 湛中乐的总结中认为:从学理上主张此种观点的几乎没有,但现实中这却是占比最大的主张,主要是基于两点事实依据:一是部属、省属师范院校中绝大部分学校的教育法学课是在教育学或教育管理专业开设的;二是在教育学学科评议中教育法学常常被包含在教育经济学等学科中。(湛中乐:《中国教育法学理论体系和学科构建研究的回顾与展望》,《中国教育法制评论》2014年第1辑,第233-250页)

教育现象原本就错综复杂,对于教育法学学科性质的讨论,源于其研究对象的复杂性。随着教育立法的深入,教育法制体系构建的逐步完善,教育法制也逐步向教育法治转向,从法制文本走向法治的综合治理。教育治理与教育生活本身具有较强的泛化特点,教育治理、教育纠纷等问题具有复杂性特点,不单单一个传统部门法抑或是教育管理、教育经济等教育学学科所能解释和解决,因此在教育法治建设的不同时期,其需求的不同也将某种程度上决定教育法学的侧重面向有所不同。

实践型学科的典型特点在于精准地回应社会需求,在解决社会问题的过程之中展现学科价值。毫无疑问,教育法学从研究内容、研究方法上是一个交叉的学科,是伴随着教育生活出现的新问题、新情况而诞生的,其发展、壮大也因其在回应社会问题的效果和质量而决定学科的未来发展走向。同时,随着教育问题呈现出交叉性、整合性和动态性,教育法学的研究也呈现出"坚持问题导向,不求体系完整和逻辑自洽,完全服务于社会的现实需要"①的领域法特征。学者们开始也尝试采用全新的"领域法学"视角来描述和分析教育法学的学科属性,更多的热点问题包括"教育法典化"等问题研究也采用了这一视角进行深入讨论,呈现出"热点主题"与"学科前沿"交叉的现象。

三、学科发展的问题与挑战

尽管教育法学的发展经历了 40 多年的发展,但总体上学科发展还未达到实现成熟化的状态,在因应教育法治出现的问题、指导教育法制建设和司法实践上存在着较大距离,总体上还尚显稚嫩,成熟的理论体系和独立的学科框架尚未完全形成。② 从其面临的发展问题来看,总体上可归纳为三对矛盾的处理上。

(一)教育法治需要与理论研究不足的矛盾

教育法治是建设现代教育治理体系和实现教育现代化的必由之路,高质量发展教育法治是教育法治事业的时代要求,也是摆在教育法学界面前的时代命题。从学科发展的现状来看,教育法学尽管发展形势喜人,但受制于教育法律立法整体尚不完善,相关研究水准不高,研究的重点、难点、前沿课题的较为分散等因素影响,教育法学在向纵深方向上拓展存在较大困难。同时,由于学科的交叉性质和研究者规模等复杂特性,教育法学研究进展和成果产出也相对缓慢。有研究者曾归纳了我国近 30 年教育法学研究的趋势为"十多"和"十少":定性研究多,方法创新少;实体法研究多,程序法研究少;教育法务学研究多,教育法理学研究少;成文法研究多,法案学研究少;泛化性研究多,学科视角研究少;单一学科的研究多,交叉学科的研究少;法制研究多,法治研究少;法律文本阐述研

---

① 熊伟:《法学现代化背景下领域法学之契机》,《中国社会科学报》2017 年 1 月 4 日第 5 版。
② 王春蕾:《教育法学的理论体系与学科建设》,《中国法学教育研究》2021 年第 2 期,第 104–120 页。

究多,法律创生研究少;宏观研究多,微观研究少;行政管理研究多,法人内部治理研究少。[①]

随着我国教育法治建设进入新的体系化时期,教育法治建设需要更多样化的方法、更系统的视角、更深刻的阐述、更灵巧的理论、更坚实的调研,而现有研究的现状不能很好地支撑全面开展教育法制建设的需要。包裹式立法模式的应用,更加强调教育法律体系的建设,既要"跳出教育看教育",也要"跳出法律看法律"。同时,教育司法中出现的更多复杂的问题与情况,伴随着教育生活的巨变、数字化技术的挑战、教育治理方式的革新以及教育改革的不断深入,教育法治要在解决教育问题的努力之中扮演的角色、发挥的作用也在发生变化。从根本而言在于,教育法学研究与教育法治实践之间的脱节,教育法学研究需要从处于"问题—对策"型的浅层教育法学,向着立足中国教育实践的、注重对思维模式和方法、模型和路径进行深入研究的"深层教育法学"演进。

(二)教育法治人才需求与培养供给不足的矛盾

2003年《关于加强依法治校工作的若干意见》、2012年《全面推进依法治校实施纲要》系列出台的规范性文件对教育领域的法治化提出了更高的要求。2018年11月,全国教育法治工作会议在京召开,这是新时代教育系统召开的第一次全国性教育法治工作会议,研究部署了新时代教育法治建设任务,为加快推进教育现代化、建设教育强国、办好人民满意的教育提供坚实的法治保障。随着教育法律法规体系的健全与完善,依法治教、依法治校的逐步深入,教育法治发展呈现出复杂化的趋势,各级各类行政部门、教育机构等对复合型的教育法学人才的需求规模不断增长,对专业要求呈现跨学科、高素质、复合型的趋势。目前的人才要求激增决定了短期、速成的教育法治培训不足以应对需求,同时学位点建设的滞后,带来的人才培养体系以及其所依赖的教材、课程、师资、教学方法等建设的滞后,也不能完全支撑社会对教育法学人才的需求,这些都需要通过学科专业布局统筹解决。

如前所述,目前大多数的高校仅仅将教育法学作为一个研究方向,设置在教育学原理、高等教育学或教育经济与管理等不同的教育学和公共管理学二级学科之下或设置在宪法与行政法学学科之下,人才培养名称、培养规格、培养方案以及培养方式都呈现出较大的差异,难以形成统一基础的差异化,也就难以保证人才培养的质量。同时,教育法学的课程也没有进入法学和教育学本科人才培养的课程体系之中,缺乏在培养的纵向上的贯通关系和支撑联系,难以形成统一高效的课程体系和教育教学模式,对新时代教育法学人才的培养形成一定的障碍。

---

① 祁占勇、陈鹏:《中国教育法学研究热点的共词可视化分析》,《华东师范大学学报(教育科学版)》2016年第3期,第79-90、121页。

(三) 问题多元与学科交叉融合程度不足的矛盾

教育纠纷天然地具有复杂性特征,任何传统学科的单一知识体系都不足以应对教育纠纷解决和教育的依法治理问题。如在校园伤害事故中,就会存在民法、行政法、刑法、校园安全管理等内容的交叉,在事故处理过程中又会涉及应急处置、舆情应对、诉讼准备等内容的交叉,单一的处理措施难以解决多元化问题,还易出现单一问题侧面的解决引起整体问题扩大化的风险。

教育法学目前的研究大都限于在传统法学理论和教育管理理论的宏观框架下,以思辨性、宏观性的研究为主流,尚未完全覆盖教育活动的具体现实和实践工作。应该说,在新时代的背景下,教育法学应该坚持法理分析方法、关注教育法律救济制度规范的同时,还应重视实证方法的运用、关注教育法律救济的经验性事实,通过对鲜活法治实践的观察和提炼来寻找理论突破的可能。[①]

四、学科发展的未来展望

继《中华人民共和国教育法》《中华人民共和国义务教育法》《中华人民共和国民办教育促进法》修订完成之后,《中华人民共和国职业教育法》也修订完成,随着《中华人民共和国家庭教育促进法》的出台,《中华人民共和国学位法》和《中华人民共和国学前教育法》立法进程也进一步加快,教育法律法规体系的建立趋于完善,教育法典化的呼声也越来越高。同时,在《中华人民共和国行政复议法》等一系列行政领域立法的进一步完善和强化依法行政,教育法律与行政法的衔接也趋于复杂,迫切需要相关学科研究和人才支撑。

中共中央办公厅、国务院办公厅印发《关于加强新时代法学教育和法学理论研究的意见》指出了法学教育与理论研究的光荣使命、重要地位与重大作用,明确提出以习近平新时代中国特色社会主义思想为指导,以习近平法治思想为根本遵循,从指导思想、主要目标、政治方向、组织领导等维度,对改革完善法学院系体系、法学教育体系、法学理论研究体系,优化法学学科体系,加快发展教育法学等新兴学科作出部署。教育法学作为适应法治建设新要求的新兴学科,在国家战略上予以明确,为教育法学的未来发展指明方向,也成为教育法学学科与教学体系建设与发展的政策依据。

根据这一定位,教育法学本身作为法学教育体系中的新兴学科,其可以归类到"新法学",与传统法学学科交叉融合,从传统的学科发展中汲取养料的同时又面向新的时代需求,也能够更好地为重点领域立法工作做好支撑。新法学是根据社会需求而提出学科发展新概念,旨在优化学科体系,以推动学科的内涵式发展为目标,发展基于中国实践、问

[①] 罗爽:《教育法治进程中的教育法律救济研究:回顾与展望》,《中国教育法制评论》2020年第2辑,第140-151页。

题导向的"新法科",从单一化走向交叉化,从注重学科规模扩张到强调学科内涵的转变,从封闭性走向开放性。① 教育法学作为教育学与法学的交叉学科,能否成为形成其成熟的学科体系,关键在于以问题为导向,不断提升学术研究水平,在形成自身的固定研究体系和知识谱系的同时与其他相关学科实现实质性融通和有机协作。

教育法学作为支撑教育强国战略和完善在不断更新管理、扩展知识与方法,不断沉淀学科知识体系的同时,政府的引导、规划、布局同样重要。教育法学的价值的实现,不仅仅需要教育法学学界的努力,也需要教育行政管理部门、高校科研院所和社会机构的协同,更需要司法、立法和其他横向职能部门的关注。教育法治不断深化的历史进程中,教育法学学科也必将伴随着中国教育法治建设历程走向成熟。

---

① 杨宗科:《适应新时代新要求 建设"新法科""新法学"》,《法学教育研究》2020年第1期,第29-46页。